大学问

始于问而终于明

守望学术的视界

伦理与生活

清代的婚姻与社会

ETHICS AND LIFE

Marriage and Society in the Qing Dynasty

郭松义 著

广西师范大学出版社
·桂林·

伦理与生活
LUNLI YU SHENGHUO

图书在版编目（CIP）数据

伦理与生活：清代的婚姻与社会 / 郭松义著.
桂林：广西师范大学出版社，2025.5（2025.7 重印）.
ISBN 978-7-5598-7905-9

Ⅰ．C913.13

中国国家版本馆 CIP 数据核字第 2025EE0729 号

广西师范大学出版社出版发行

（广西桂林市五里店路 9 号　邮政编码：541004）
　网址：http://www.bbtpress.com
出版人：黄轩庄
全国新华书店经销
广西广大印务有限责任公司印刷
（桂林市临桂区秧塘工业园西城大道北侧广西师范大学出版社
集团有限公司创意产业园内　邮政编码：541199）
开本：700 mm×960 mm　1/16
印张：39.75　　字数：500 千
2025 年 5 月第 1 版　2025 年 7 月第 2 次印刷
定价：98.00 元

如发现印装质量问题，影响阅读，请与出版社发行部门联系调换。

目 录

绪 论 ·· 1

第一章 婚姻社会圈（上）·· 23
　　第一节 择偶的等级和界限 ·· 23
　　第二节 嫁娶必论门户的习俗 ··· 49
　　第三节 表亲婚和士绅中的世婚制 ······································· 67
　　第四节 从族谱资料考察婚姻的社会圈 ································ 79

第二章 婚姻社会圈（下）·· 88
　　第一节 结婚论财之风的滥觞 ··· 88
　　第二节 婚嫁和溺婴 ··· 108

第三章 婚姻地域圈 ·· 122
　　第一节 几组不同资料的统计分析 ······································ 122
　　第二节 家庭生活面与通婚地域的关系 ································ 134
　　第三节 人口流动和婚姻地域圈 ··· 141

第四章 婚 龄 ·· 154
　　第一节 男女婚嫁各有其时 ··· 154
　　第二节 聘定以及聘与婚的时序间隔 ··································· 157
　　第三节 从数字抽样看婚龄 ··· 168
　　第四节 大量早婚者的存在 ··· 172
　　第五节 不同地区不同时期和不同阶级的婚龄差别 ··············· 179

第六节	夫妻年龄差	187
第七节	幼男娶长妇的习俗	196
第八节	"婚嫁愆期"辨析	204

第五章 童养媳

第一节	童养媳婚姻的普遍性	211
第二节	领养原因和领养形式	217
第三节	童养媳的领养年龄和婚龄、婚仪	230
第四节	养媳在童养期间的身份和地位	239
第五节	从55宗案例看童养媳婚姻的婚姻质量	245
第六节	关于童养婿	261

第六章 男子入赘

第一节	入赘的原因	264
第二节	赘婿的身份和地位	272

第七章 妾

第一节	妾的来源和社会地位	283
第二节	纳妾的理由	293
第三节	纳妾与财势	309
第四节	妾的地位的改变和妾生子女的身份	315

第八章 节妇、烈女和贞女

第一节	清朝政府的贞节表彰制度	321
第二节	旌表人数的迅速增长	331
第三节	备受压抑的寡妇生活	342
第四节	贞女	352

第九章 寡妇再嫁

第一节	寡妇再嫁的动因及其他	361
第二节	寡妇转房	379
第三节	妇女再嫁与地区、门第之间的关系	389

第十章 出妻、卖妻、典妻与妇女的拒嫁和弃夫他嫁 ·············· 396
  第一节 出妻 ································· 396
  第二节 卖妻和典妻 ······························ 402
  第三节 妇女的拒嫁和弃夫他嫁 ························ 412

第十一章 婚外性关系 ································ 421
  第一节 卖淫和嫖娼 ······························ 421
  第二节 403 例男女私通案例分析 ······················ 435
  第三节 男女同性恋及其他 ·························· 470

第十二章 离 婚 ·································· 480
  第一节 夫妻离异的法律规定 ························· 480
  第二节 提出离婚的原因 ··························· 484
  第三节 离异诉求中的角色分析 ······················· 506
  第四节 离婚的实践 ······························ 510
  第五节 离婚后妇女的归宿 ·························· 519

附 录
  一 方志所见清代妇女初婚年龄表 ······················ 525
  二 文献所见清代存在童养媳婚姻的州县厅 ················ 531
  三 苦志守节申报册式 ···························· 535
  四 清历朝实录所载历年旌表节烈妇女人数 ··············· 539

引用文献与书目 ··································· 548
重要人名和专有名词索引 ····························· 588
后 记 ·· 596
新版后记 ······································ 599

附表目录

1-1	门第婚姻示例	59
1-2	宗谱所见各家族通婚姓氏圈	80
2-1	各地婚聘财礼负担举例	91
2-2	因艰于妆奁而溺女的事例	109
3-1	族谱中记录的婚姻地域圈	123
3-2	二品官以上家庭择偶地域范围举例	132
3-3	单个客民在异地结婚示例	143
4-1	方志所见男女定亲年龄	159
4-2	年谱载录婚聘年龄举例	161
4-3	清代女子初婚年龄统计	169
4-4	清代男子初婚年龄统计	170
4-5	有关婚龄记载的史实举例	173
4-6	各省女子平均初婚年龄	179
4-7	清代绅士阶级男女婚龄	184
4-8	下层平民婚龄	185
4-9	夫妻年龄差统计	189
4-10	绅士阶级夫妻年龄差	194
4-11	下层百姓夫妻年龄差	194
4-12	文献载录的幼男娶长妇习俗	197
4-13	女子继配初婚年龄	207
5-1	记载童养媳婚的州县厅数统计	211
5-2	送养童养媳的原因统计及人数	217
5-3	士绅阶层送养或领养童养媳举例	227
5-4	童养媳领养年龄统计	231

5-5	童养媳初婚年龄统计	232
5-6	童养媳婚姻的夫妻年龄差	235
5-7	养媳与人私通导致丈夫被杀事件举例	248
5-8	方志中有关丈夫嫌弃童养妻子事件举例	259
6-1	男子因家贫入赘举例	265
7-1	妻为延嗣给丈夫置妾示例	298
7-2	多妻妾者示例	304
7-3	男子纳妾时年龄	306
7-4	女子始做妾时年龄	307
7-5	夫妾年龄差统计	308
7-6	上层宗室各时期拥有妻妾人数	310
7-7	各地各时期买妾价格举例	312
7-8	王崇简、阮元的儿女婚姻圈	319
8-1	顺治至同治朝旌表贞节烈女人数统计	333
8-2	州县方志所载历朝节妇旌表人数统计表	335
8-3	绅宦家庭妇女在受旌妇女中所占比例统计	338
8-4	方志所载已得、未得旌表孀妇人数统计表	341
8-5	29岁前守孀妇女年龄统计表	343
8-6	孀妇守节情况举例	347
9-1	各地寡妇转房示例	380
9-2	再嫁寡妇在已婚妇女中所占比例	391
10-1	各地卖妻事实举例	403
11-1	情夫、情妇私通年龄	438
11-2	情夫、情妇年龄差	439
11-3	情夫身份统计	442
11-4	情妇家庭情况统计	443

绪 论

一

在《礼记正义》中有这样两句话:"天地合而后万物兴焉,夫婚礼,万世之始也";又说:"婚姻者,将合二姓之好,上以事宗庙,而下以继后世也。"有了婚姻,才有夫妻和比较确定的父母、子女关系,由此形成一个个代相传承的、大小不同的家庭。众多的家庭组成一个社会,于是又有民族和国家。所以,社会学家把婚姻、家庭和性,看成人类初级社会圈。[①] 婚姻又是一种社会行为,从配偶的选择,婚姻的确定、延续乃至破裂,既与个人,亦与当时的政治、经济和思想文化环境有密切关联。婚姻质量的高低,以及男女成婚比例的大小等,又影响着家庭和社会的稳定。所以无论哪个国家、民族乃至家庭,都把规范男女婚姻放在十分重要的位置上,并为此制定了相应的法规和必须遵行的道德约束。

我们讨论的清代婚姻关系,属于中国传统社会的范畴。在中国传统社会里,指导婚姻行为的重点,不是男女个人的爱情和幸福,而是对上孝事父母尊长,以及繁衍教养子女。这是传统礼法的要求,也符合当时人们对婚姻的基本期盼。由于传统中国是一个等级森严的社会,所以婚姻又

---

① 郑杭生:《社会学概论新修》,中国人民大学出版社,1994年,第215页。

有其严格的等级界限,并形成了许多成文不成文的规定。首先是良贱不得通婚,如不同等级、不同集团存在不同的婚姻圈子。盛行于中上层家庭的门第婚,以及由门第婚发展而来的世婚制便应运而生。在这里,婚姻体现为财产和权力的结合,并将之延伸到政治和经济领域。

其次,男女择偶婚配,权在父母等长辈手中,这也是传统婚姻的一个重要特点。《明律》和《清律》都规定:"嫁娶皆由祖父母、父母主婚;祖父母、父母俱无者,从余亲主婚。若夫亡携女适人者,其女从母主婚。"①除少数特殊者例外,没有父母等长辈做主的婚姻,在法律上是无效的。有人写诗说:"父母之命礼经传,婚姻私订南词有。"(后一句也有作"私订婚姻小说有")②男女自订婚姻,只有在戏台和小说里,反映了人们对自由的爱情生活的向往,才被大胆地加以说唱和描绘,在现实生活中却不可想象。

最后,当婚姻成立后,夫妻间名义上是平等的,即所谓妻者齐也,与夫齐体。③但同时又有夫为妻纲之说,有的更明确指出:"妇人伏于人也,是故无专制之义,有三从之道。在家从父,适人从夫,夫死从子,无所敢自遂也。"④既然嫁人后,女子以服从丈夫为天职,这就注定了夫妻关系在事实上是不平等的。在此原则指导下,丈夫可以名正言顺地纳妾,借着名义"出妻",妻子在很大程度上不但只能消极忍受,而且要为丈夫守贞持节,甚至不惜以身相殉,以表示从一不二。

上述的婚姻原则,是君君臣臣、父父子子的等级制度十分森严的时代特点的反映,是对妇女所要求的"在家则为贤女,既嫁则为贤妻,嫁而生子则为贤母"⑤的道德准则在婚姻和夫妻关系中的体现。在他们看来,只有

---

① 万历《明会典》卷20;《大清律例通考校注》,中国政法大学出版社,1992年,第443页。
② 蒋士铨:《忠雅堂集校笺》,上海古籍出版社,1993年,第716页。
③ 最早言"妻为齐",是相对"妾者接"说的,并不指妻与夫齐。只是后来演变,才有夫妻平等之义(见陈顾远:《中国婚姻史》,上海书店,1992年,第176—177页)。
④ 《大戴礼记注》卷13,第12页。
⑤ 任启运:《女教经传通纂序》,《清经世文编》卷61,中华书局,1992年。

遵循上述原则,婚姻才有规度,夫妻关系才能稳定,最后达到家和万事兴的目的。

由于清代是我国帝制时期的最后一个朝代,古代专制主义和等级制度经过长期积累、发展,已经十分成熟,反映在婚姻关系上,不但全盘承袭了上述三条原则,而且在某些方面更趋于严密,择要而言:

一是更加强调婚姻的契约规定。婚嫁需凭婚书,在我国早已有之,但口诺为信的做法仍在民间流行,至清代还是如此。为了加以规范,清朝的《会典》和《律例》同时明载:男女订婚,"务要两家明白通知,各从所愿,写立婚书,依礼聘嫁";又定,"招婚须凭媒妁,明立婚书"。有时男女两家要先出具请书、允书,待确认后,再开婚书。按官方颁行的婚书格式包括:籍贯,父祖三代姓名,男女行次、年庚,以及主婚人、冰媒见证人亲押。有的家族为了表示隆重,在受聘、成婚时,还要具帖到祠堂或祖宗牌位前焚香禀告。及至清朝晚期,国家更明确规定,婚书由政府发放,使其完全纳入法律的规范之中。

强调婚姻以契约为凭,而且不断趋于规范化:一方面固然表现了双方家长、家族对子女、对本族男女终身大事的重视;另一方面也反映了传统社会后期,由于矛盾交织,各种不确定因素也在增加,其中就包括了婚嫁方面的纠纷。强调婚嫁凭证,为的是在调解和官府审判时有据可依,实乃时代变化使然。

二是加强了对节妇、贞女的表彰。我国自宋以降,政府对贞节妇女的表彰就一代盛于一代,及至清朝,已到了无以复加的地步。国家旌表贞节,目的是强化妇女终身不二的婚姻伦理观,要求妻子永远忠诚于丈夫。在清朝政府的大力倡导下,不但受旌人数急剧上升,迄清末,已累计达百万之众,[①]超过明朝很多很多倍,甚至比以往所有朝代的旌表总和还多,

---

① 参见本书第八章《节妇、烈女和贞女》。

更为重要的是,在一片渲染声中,有人对如何做妻子提出了更高的要求。康熙二十七年(公元1688年),清廷下诏对夫死妻子从殉的烈妇旌表做法实行"永永严禁",理由是人命为重,轻生从死,事属反常,似乎出于人道主义的考虑,其实却别有深意。正如雍正帝胤禛所说:女人除了要尽妻责,还负有尽孝道和尽母责的重任,即需要代亡夫孝养公婆、教抚子女、治家立业。殉夫尽管壮烈,却是在逃避责任,所以不能旌表。再比如,为了加重婚姻为承嗣的宣扬,清朝政府不但在法律上规定丈夫无子即可以出妻纳妾,而且动员舆论,把妻子主动为丈夫纳妾生子,作为妇女的至高美德予以褒扬。与此相反,对于妇女再嫁却极力贬斥,再嫁之妇不得随丈夫受封;儿子做官,推恩封赠,也不得及再醮母亲。有的家族还规定,女子再嫁无子嗣,在名分上只当以妾论,甚至不得写进族谱。如此等等,都说明在成婚后的夫妻关系中,妻子的义务就是服从再服从,这具体体现了"妇人伏于人"的伦理观。

  但是在清代,也存在着另外一种情况,这就是与统治者倡导的婚姻伦理观相背离的倾向也在滋长。导致这一变化的因素,是传统社会内部商品经济的发展和市场调节作用的加大。清代商品经济虽然在总体上仍归于传统经济,但从本质而言与传统经济格格不入,而且必然要在人们的思想和行动中表现出来。具体到婚姻关系,最直接的反映便是嫁娶论财之风的蔓延。嫁娶论财,说白了亦即买卖婚姻,世界各民族都不同程度地存在,当时的中国亦不例外,只是在士绅阶层中,论财在礼法的掩盖下显得并不直露。商品经济的发展,使受到贱视的商贾之家因拥有财富而显赫起来。他们不满原先的法律束缚,率先冲破藩篱,以奢华为时尚,甚至攀附阅阀,出现以厚币缔姻高门的现象。此种现象凸显于明朝中叶,到清代其势头已不可抑制。婚姻论财对于传统的门第婚以及以门第婚为基础的世婚制造成了冲击,也促使原先按等级制原则确定的婚礼制度产生裂变,正像当时有人说的:"今皂隶之家往往具仪卫,执事夹道,鸣金传呼,恬不为怪也。俗竞奢僭,尚为之坊哉。"①原来只有贵族品官才有资格享受的待遇,竟落到连归于贱籍的皂隶之家也可张扬于道的地步,相对凝固的关系被打进一个楔子。随着楔子的深入,缝隙也在变宽变深。从冲破等级制这一点看,婚姻论财,亦有其积极的一面。

婚嫁论财风气的蔓延也带来消极的内容。比如因女家苛索聘金,男家只得汲汲于妆奁的丰厚,加上婚礼讲排场,致使中人之家穷于应付,贫者则婚娶失时或不得良配,这也会给婚后的夫妻和家庭关系失和造成口实,增加了新的不稳定因素。

"自婚嫁竞尚华侈而溺女之风遂盛"②。把溺女与婚嫁论财之风相联系,这也是明清以来,特别是清代社会变化中值得注意的一个动向。如果说过去溺婴是基于贫穷,又重税难当,多系下层民众所为,那么因不堪婚嫁负担而溺婴者,就不仅限于下层民众了,不少中等小康家庭,甚至少数富有者也牵涉在内,使参与溺婴的层面更加扩大了。由于所溺多系女婴,在溺婴之风严重的地区,男女性别比例失调的矛盾亦更趋尖锐,给男子择偶造成新的困难。清代童养媳婚姻的普遍化,在相当程度上反映了人们为制止溺婴、补救日后婚娶困难所作的努力。至于清代文献中不断见到的夺寡、抢醮行为,尽管粗暴且触犯禁律,但多数亦系事出无奈,是男多女少、室女难聘所致。此外,屡屡见于政府案卷的丈夫出妻、卖妻和租典妻子,以及妇女背夫他嫁等行为的增多,也多与男女性别比例失调相关。

---

① 民国《献县志》卷17。
② 光绪《松江府续志》卷5。

二

由于婚姻的道德规范，以及在此规范下制定的法律条文，体现的主要是统治阶级的利益和意志，而各阶级、阶层所处的地位和条件不同，又决定了他们在对待这些规范和条文时，往往会有各种差异，于是便出现了在同一种情况下，因阶级不同，结果亦不一样的情况。仍以妇女的守节和再嫁为例。在清代，作为道德的主导方面和政府规定的旌表制度，对寡妇守节无疑是极力提倡的，许多女子也自觉不自觉、甘愿不甘愿地为此而献出个人的青春和希望。前述庞大的受旌队伍便是最好的证明。可是若深究人们对守节的态度，则可明显看到不同阶级之间的差别。

绅士家庭把受旌看成家门的荣誉，妇女们自幼受此熏陶，视贞节为性命，从整体环境到个人的思想活动，全被传统礼教俘虏，即使年轻守孀，乃至已聘未婚而聘夫早亡，也要挣扎着去做节妇、贞女。据我接触到的资料，绅士家庭虽不乏年轻寡妇，有的甚至还不到20岁，却无一例再嫁的。然而这种做法，在下层百姓中的反响就颇不相同了。诚然，下层妇女也有守节不嫁的，有的也受到了旌表，但是有很多人不顾伦理束缚，选择了再嫁之路，特别是年轻无子女的寡妇，比例还相当大。根据我对某些族谱资料的抽样，30岁以前寡妇的再嫁率竟占到总数的58.33%。[①] 有的地方甚至出现"夫死鲜守节"[②]；"夫死妇多再醮，鲜有从一而终者"[③]，或"妇人不

[①] 参见本书第九章《寡妇再嫁》。
[②] 道光《补辑石柱厅志》卷6。
[③] 雍正《景宁县志》卷1。

以再嫁为耻"的情况。①

在寡妇再嫁中,还有一种叫叔就嫂的转房婚,亦即民族学家所称的收继婚。如兄死,嫂转嫁于小叔,也有弟死,弟妹转嫁与伯兄的。依照清朝的法律,寡妇再嫁虽不被提倡,却无禁条,可是对寡妇转房,则以伦理攸关,定男妇俱绞。②律令昭昭,按理小民应无敢有再犯者,可是在民间不少地区,仍相当广泛地存在着转房的习俗,有的甚至还被写进族谱的族规中,得到家族的认可。再比如同姓为婚,亦被清律禁止:"凡同姓为婚者(主婚与男女)各杖六十。离异(妇女归宗,财礼入官)。"③但是,也有百姓不惜触犯刑律和背上有违人伦的包袱而与同姓结亲。

为什么不同阶级的人们在思想和行为上会有如此大的差别?这里既有道德宣传的问题,更重要的是不同生活环境造就的。在中上层人士中,特别是少数上层官宦之家,他们既是三从四德的倡导者、鼓吹者,自然也应该是实践者。他们用牺牲妻女们青春的代价来换取家门的荣耀,并以此作为社会的表率。可是下层百姓不行,他们本来生活贫困,尤其是小家女子,一旦失去丈夫,往往就意味着失去了生活的靠山。她们夫家不足倚,娘家不得归,只要不想殉死,选择再嫁就成为苟延生活的重要出路。正如人们所说:"家贫窭,无以为活,始不得已而再嫁"④;更悲惨的还有:"夫骸尚未入木,而此身已有所属,衣棺各项即指妇措办。"⑤现实的生活迫使她们选择再嫁。

至于寡妇转房,对于未婚的小叔或亡妻的大伯,等于是少了一笔开销而能圆成家之梦,对寡嫂、寡弟妹则意味着既不致子女分离、家庭破碎,又

---

① 陆耀:《保德风土记》,载《小方壶斋舆地丛钞》第6帙。
② 《大清律例通考校注》,第449页。
③ 《大清律例》卷10。
④ 光绪《吴川县志》卷2。
⑤ 康熙《定海县志》卷5。

有了新的依靠,所以尽管渎伦,仍为下层百姓所默许。至于同姓为婚,更多是反映了百姓生活圈的狭窄。他们不像当官或有钱者交际广泛,可以突破一区一隅,有机会向更多的人提亲相偶,而只能局限于几里、几十里范围之内,假若恰恰又是聚族而居的大姓,同姓为婚便很难避免。总之,是生活环境决定着对道德的取舍。在现实生活面前,僵死的伦理便显得无力了,何况这种伦理本来就充满着对人性的压抑。

在清人的婚姻行为中,也有一些并不牵涉伦理问题,更谈不上触犯禁律,可是在上层和下层之间同样存在着区别。以婚龄为例,据测定,清代全国男子平均初婚年龄为 20—21 岁,女子为 17—18 岁。若按不同等级排列,就明显地呈现出差别。据抽样资料,在上层绅士家庭,女子初婚年龄与全国平均婚龄差别不大,男子却要低 2 岁左右。上层男子除少数例外,绝大部分在 20 岁前已经成婚,而下层贫民男子有一半多是在 21 岁后才结婚的。在女子中,尽管平均婚龄差别不大,可在 15 岁以前(含 15 岁)的低婚龄中,两者仍有不同。绅士家庭占 20.22%,下层贫民为 29.76%,较绅士家庭高出近 10 个百分点。[①] 对于这种情况,有人归结说:"大抵富家结婚男早于女,贫家结婚女早于男。"[②]在中国传统社会里,早婚早育早立业的思想根深蒂固,但因婚嫁需要可观的开销,富家子弟有能力做到,对下层贫民却是件大难事,这就形成不同阶级男子在婚龄上的差别。至于下层女子平均婚龄偏低,除了与社会上男女性别比例不协调有关外,在很大程度上亦出于早嫁可省去一口吃食的观念。

童养媳婚姻和入赘婚本来是一种流行于下层百姓中的婚姻形式,特别是入赘婚,因赘婿地位低下,即使下层百姓也多不屑于此。即或如此,在一些绅士家庭,仍有选择童养媳和入赘婚的。绅士家庭的童养媳婚姻,

---

[①] 具体统计均见第四章《婚龄》,以下有关数字均同此。
[②] 民国《清河县志》卷 9。

多数是在原先聘定的基础上,因一方要外出做官、举家远迁,或因家里出现变故,需要将聘妻提前送领到夫家,是为了两家方便而采取的做法。入赘也一样,或基于婚娶方便,或为了就近照看,多数是一种临时性的安排。做丈夫的既可住在妻家,也可随时将妻子领返自家;既无入赘契约,更不牵涉赘婿的身份问题。所以尽管同是童养媳和入赘女婿,但目的和性质完全不同。

三

中国地域广阔,各地区间经济发展水平、生活传统,以及政治人文状况千差万别,这对婚姻、夫妻和家庭关系也有影响。在东南沿海等经济发达地区,开民气之先,早在明朝晚期已经出现了"婚姻不论门第,惟从目前富贵"的说法,[①]清代更有甚之。可与此同时,西北、西南等地,因远离喧嚣,民性近古,仍保留着结姻不论财、耻攀势力、罔争聘礼的淳朴习俗。

在男女婚龄方面,也存在着地区差别,资料显示,清代女子平均初婚年龄,南方高于北方,经济发达的江苏、浙江等省,可高出陕西、山西、甘肃、云南、广西1岁半到2岁多;同属沿海省份,近海和交通、商业较为繁兴的州县,又高于山区或边缘州县;在省内,省会等中心城市的婚龄高于一般地区。各地的经济、文化条件不同,反映的婚姻观念也不相同。

在与婚姻制度有密切关系的女子贞操和性观念上,亦因各地的人文环境而有不同的显现。仍以东南沿海地区为例,这里商业兴盛,交通发达,大小城镇星罗棋布,各色商贩和外来求食者麇集其间,与之相配的色

---

① 天启《海盐图经》卷4。

情行业也得到充分的发展,商人和富贵人家为寻求新的刺激,或于宦海、商潮搏击之余稍作休憩,或为应酬需要,经常出入于青楼、花艇之间,城市和交通沿线的下层单身伙计、帮工、苦力等大量存在,又造成土娼、游妓的空前活跃。在这些地方,人们的性观念和性行为,较之相对封闭的农村,就有很大的差异。

但是,东南沿海一带又是传统文化积淀最深厚的地区,有很多科举出仕者,不少人还做了大官,并累世相连,成了名门望族。由于乡里绅衿领袖人物频出,从而又促进了宗族势力的发展。他们热衷于收族修谱,又置义田、办义学,倡导节妇烈女,用宗族的财力资助寡妇守节,积极向官府活动旌表事宜。在清代旌表节妇、烈妇、贞女的活动中,这些地方总是走在最前面,是全国受旌人数最多的地区。这与内地某些偏远州县信息不灵,政事行运滞迟,缺少请旌门路,甚至有"不谙旌例",或根本不知有请旌之事,相差不知凡几。所以,当江浙一些州县受旌者动辄数百乃至上千人,而内地偏远州县积二百余年不过二三十、四五十人,两相对比,真不可相提并论了。

清代因人口急速增长,在传统农业区,人们得不到足够的耕地,谋生困难,不断向外流迁。他们中有的进入城市和交通沿线,打工求食,更多的向边疆、山区和海岛寻找新的土地,并出现了一个个土客相间或客民多于土著,以及纯由客民组成的新社区。清代移民的迁徙路线,常有相对的固定性,如山东流向辽东、内蒙古;直隶百姓多往辽西、内蒙古东部;叫作走西口的山西农民则集中于内蒙古土默特等河套西部地区,还有像福建漳泉百姓渡海到台湾,广东潮州垦民聚集于台湾淡水、凤山等近山地带等。但也有各地移民同奔一处,形成较为复杂的新垦区,像鄂西山区除本省武昌、黄州、安陆和荆、襄人士外,还有来自湘、赣、皖、粤,以及陕、豫、鲁、晋等省的流民;在陕南则聚集着江、广、黔、楚、川等省客民。其实,即使在客民籍贯相对单一的移垦地区,如山东农民到辽东等,也还有来自蓬莱、黄县(今龙口市)、荣成、宁海(今牟平)等不同州县的分别。客民流入聚居,由临时栖息,到逐渐长居下来,这就要触及婚姻问题。因为情况和条件改变了,他们与母体社会,即原居地时的婚姻行为,也会显示出一定的差异。反映在婚聘上,表现为打破了以往相对封闭的地域格局,有条件进行多种选择。一般的情况是,在移垦初期,人们多采取回原籍择偶,或在客地乡亲中结亲,慢慢地有人尝试在土客和不同原籍的客客中联姻。当然由于传统习惯所致,这些联姻有的经历了曲折磨合的过程,不过比起原先的婚嫁格局,毕竟是扩大了。

在客民聚居的新移垦区,初期都是男多女少,性别比例严重失调,所以妇女的地位亦相对较高,可以不拘伦理行事,如寡妇再嫁很少受到歧视,有的寡妇公然地一嫁再嫁,无妻鳏夫仍趋之若鹜。不但如此,有的妇女借口妍媸失配,或觉贫富失当,乃至夫妻吵架、婆媳失和等,都可作为琴瑟分张的理由。有的只要妻子坚持,丈夫和家人都无法拦阻。

在婚外性关系上,这些地方也较传统农业区放任。关外辽东一带有的女子丧夫后不再嫁,却与别的男子"伙度"过日子,甚至有丈夫外出时间稍长,妻子便与人"伙度"的。在更北的黑龙江一带,还有一种叫"拉帮套"的同居关系,即妻子在丈夫同意下,再招另一个男子进门共同生活,这与晋北、陕南、陇东等地的"招夫养夫""一妇或二夫",或称为"放鸽"等做法,在形式上都颇相类似。

上述那种被认为有违伦理的婚姻和性行为,在偏远新垦区能够允许流传,既有社会因素,也有经济方面的缘由。从社会原因看,这里的居民来自四面八方,旧风俗、旧习惯的束缚相对较少,加上政权建设薄弱,有的刚刚建厅设县,制度草创,秩序待明,不像在原居地,传统的家庭、家族势力强大,政府控制严格,随时受到监督,所以人们在精神上比较放松,对性关系的容忍度也较宽松。就经济原因而言,不少新垦区的自然环境恶劣,农耕条件差,需要经过艰苦努力,才能把生荒开成熟地。人们从创业到生存下去,往往要付出很多的劳动,有的还要依靠互相救助。有的家庭主妇以性为纽带,把另一个劳动力纳入共同的生产圈子,既缓解了需照顾幼小子女,或丈夫体弱多病,或男人因故外出谋生,留妻子在家谋生等困难,同时也使初来乍到或无家可归、四处流浪的青年汉子,能有一个相对稳定的生活歇脚点,是现实的生存需要迫使他们这样做的。

所谓地区之间的差别,归根结底就是生活环境的差别。

四

有清一代,从顺治到宣统,前后经历了268年。在这268年中,政治和经济领域都不同程度地发生了许多变化。作为生活习俗范畴的婚姻行为,反应相对要迟缓一些。但由于它毕竟属于社会的有机组成部分,政治、经济、人文环境改变了,婚姻行为迟早也要跟着变化。

清代婚姻行为的变化,可以分为局部地区性变化和整体趋势性变化两种。

局部地区性变化,主要指某些偏远地区,或新移垦区,随着社会经济条件和政治、人文条件的改变,原来比较原始放任的婚姻和贞操观念,逐渐朝传统地区的传统观念靠拢。比如像台湾,当康熙帝统一该岛三十多年后,那里"乡间之人至四五十岁而未有室者比比而是,闺女既不可得,或买掠贩之女为妻",通过正常途径聘娶者难焉。因为多男少女,妇女生活的自由度相对较大,平日常男女相杂,交往不避嫌,桑间濮上之风时有所闻,"见其守贞者鲜矣"。① 但是随着时间的推移,男女性别比例差距缩

---

① 康熙《台湾县志》卷1;康熙《诸罗县志》卷8。

小,清朝的政权建设由初创进至完备,还产生了一部分"知书达礼"的地主乡绅,从而促进了道德风尚的转变。婚姻讲聘定,女子渐以守贞持节为重,表现为被旌表者的人数亦呈节节攀升之势。康熙三十年(公元1691年),蒋毓英修《台湾府志》,仅列贞节烈女6人,且多系郑氏统治期间的上层人物;半个世纪后,乾隆十年(公元1745年)范咸重修府志,入志者31人,及乾隆二十五年(公元1760年)余文仪再撰《台湾府志》,包括烈妇、节妇、贞女、烈女已达53人。① 如果时间再往下延伸,变化更为明显。台湾府所辖凤山县,康熙末,被称为节妇的有阮荫娘、郑月娘和孙月娘3人,到清末光绪二十年(公元1894年),廪生卢德嘉编《凤山县采访册》,共辑得节烈贞孝女子128人。② 尽管表彰的总人数无法与大陆江浙各府州县相比,但增加的速度是惊人的,说明人们的婚姻行为,以及与婚姻行为有关的贞操观,较之初期有很大变化。

　　四川的移民来自各个省份,在相当长一段时间里,这里的移民活动是在政府的鼓励下进行的,且多男女老幼合家搬迁,或男子先往,待站稳脚跟,再回家接眷,所以男女性别比例失调的情况不如台湾突出,但新区毕竟不是祖居地,原来的婚姻圈被打破,无法继续了,必须寻求建立新的婚姻关系。新区居民来自四面八方,婚姻就要适应这个特点,所以在最初,接纳面比较广,可是小农的固有保守思想和传统守旧习俗根深蒂固,最终形成的,还是旧日那样相对固定、比较狭窄的婚姻圈。时间又使其回流到传统的婚姻模式。

　　在四川,反映上述变化的另一个方面,是贞节表彰制度。在最初,政府的主要精力是招民垦荒,改变因多年战乱造成的土满人稀、缺赋少课的局面;那些一批批初来乍到的移民,忙的是安家立业,憧憬着用劳动创造

---

① 康熙《台湾府志》卷9;乾隆十年《重修台湾府志》卷12;乾隆二十五年《台湾府志》卷12。
② 康熙《凤山县志》卷8;《凤山县采访册》辛集《列女》。

美好的未来。对于表彰贞节烈女之类的活动,只能排在次要的位置。乾隆四十年(公元1775年)刊行《威远县志》,共列节孝贞女17人。与成都府相毗邻的潼川府,辖三台、射洪、盐亭、中江、遂宁、蓬溪、安岳、乐至8县,乾隆五十一年(公元1786年),府志集已旌、未旌节烈妇女共136人,平均每县亦得17人。又,著名学者段玉裁于乾隆中主修《富顺县志》(乾隆四十二年、公元1777年刊),据说由于他的竭力搜索,得列名者百人左右。① 可同是这些州县,到清末同治、光绪时,情况就大不一样了:威远县列名者1457人,富顺县1145人(包括殉节节妇烈妇172人),潼川府仅三台一县列名880名。② 节烈妇女人数的增加虽有各方面的原因,但当经济恢复发展后,官府加强伦理道德宣传,使人们的婚姻取向更多地向传统方向靠拢,应是个重要的因素。

类似台湾、四川的情况,在关外东北、陕南等很多移民区,都可以不同程度地看到。

马克思和恩格斯在《德意志意识形态》中说:"统治阶级的思想在每一个时代都是占统治地位的思想。"又说:"那些没有精神生产资料的人的思想,一般地是受统治阶级支配的。"上述情况,证实了马克思和恩格斯所说的道理。作为受统治阶级支配的被统治者,尽管能一时摆脱束缚作离经叛道之举,但由于他们不具备创造独立的"精神生产资料"的条件,随着那些地区的社会环境逐步向中心地区靠拢,体现统治阶级思想意志的国家政权有了足够的力量后,政府的法律强制和道德诱导便会显出权威,把他们重新纳入规范的圈子。这就是传统婚姻模式得以回流的根本原因。

整体趋势性变化,主要反映在因婚姻论财势头蔓延而造成的对传统

---

① 乾隆《威远县志》卷7;乾隆《潼川府志》卷8;乾隆《富顺县志》卷5。
② 光绪《威远县志》卷5;同治《富顺县志》卷25、26;光绪《潼川府志》卷24。

婚姻格局的冲击。有关情况,前面我们结合对不同阶级、不同地区婚姻行为的讨论,已有叙述。这里还需说明的是,这种变化不只是地区(即面)的扩大,还包含了冲击力度的加强。

在大的趋势性变化中,公元1842年(道光二十二年)中国在鸦片战争中失败,应是个重要标志。以英国为代表的西方资本主义势力用大炮轰开了被清朝政府关闭的大门,中国社会从此发生巨变。封建专制主义的中国,迅速沦为半殖民地半封建社会的中国,伴随着大门被打开,西方资产阶级的新思潮也被带入了中国,它们改变着人们的思想,也触动了传统的婚姻制度。比如上层男子纳妾,以及丈夫因无子而纳妾,一直被视为天经地义。清代更发展到只要有钱都可纳妾。然而这一定律到清末发生了动摇,一些受西方男女平等思想影响的知识分子对此有质疑。他们提倡一夫一妻,反对纳妾,尽管这种声音非常微弱,尚不足以对整个社会造成震动,但毕竟是闻所未闻的新声音,为民国年间禁止纳妾在舆论上起了开道作用。再比如"禁止良贱通婚",这不只是清代,亦是相沿了千百年的传统婚姻制度中最基本的要点,清末也无法坚持。宣统二年(公元1910年),清政府参照中外通行法律,颁布了《现行刑律》和《大清新刑律》,又区别民法、刑法,将原婚姻类中的"良贱为婚姻"条芟削,同时删除的还有"同姓为婚"条。虽然新律颁行不久清朝就被推翻,可是上述的改变意义非比寻常,说明历史大潮已无法挽回。

清末现代工商业的发展,也使从事工商业人士的身份有了根本变化,很多官僚地主不再认为从事工商事业低贱,有的还参与其间。原来多是官绅或由商而绅而官,再与绅宦联姻的做法,直接进至商绅、商官联姻。有人说:"咸同前,缙绅之家蔑视商贾,至光绪朝,士大夫习闻泰西之重商,官商始有往来,与为戚友。"[①]由蔑视商贾到与之结成亲戚、朋友,这也是

---

① 徐珂:《清稗类钞》第5册,中华书局,1984年、1986年,第2051页。

形势促使观念的改变。

当然,在前进的大势中也有逆流。太平天国后,清朝政府出于维护统治的目的,大力表彰忠义节烈,一时间,请旌贞节之风大盛,仅同治元年至十二年(公元1862—1873年)的12年间,就旌表节妇、烈妇、贞女190 776人,年平均15 898人,远远超过清代以往各时期,而且这种势头在光绪朝还在发展。他们用加强愚忠愚孝、从一不二的做法,麻痹人们的不满情绪,笼络汉族地主士绅,是对前进潮流的反抗。

还有一些变化,比如婚龄,总的说来,后期较前期有所提高,但太平天国后,在一些经受战争创伤的地区,因人口减少、缺乏劳动力,婚龄又有所降低。安徽绩溪县,原先人们都在20岁上下言婚嫁,之后,"户口凋零,家家俱望添丁,婚嫁年龄较早,久则沿为习惯"①。再如童养媳婚姻,总的是呈上升势头的,可据有的学者研究,江苏苏南一带农村,太平天国后因农村经济极度不景气,促使童养婚增多,后来随着经济恢复,童养婚又趋减少。不同时间出现不同的变化,说到底还是经济和社会条件改变导致的。

五

在清代,这种因阶级感受和生活环境不同所产生的婚姻行为上的差别,如此广泛地存在着,且常常带有群体的性质,而清律在考虑矛盾普遍性时,对其矛盾的特殊性一面照顾不够,再加上某些条文的内在缺陷,以及官员们在执法过程中受"仁政"思想的影响,使得国家的法律和人们的行为之间会出现某种距离,造成法与行的脱轨。

---

① 刘汝骥:《陶甓公牍·申送六县民情风俗绅士办事习惯报告文册》,宣统年间排印本。

应该说明的是这里的法律,不仅指载入大清律例的条文,而且包括了各类政书中有关婚姻的定制,以及由皇帝颁诏行施的事例等。按照清朝政府的规定,"凡律所不备,必借有例以权其大小轻重"①。例与律具有同样的权威。不但如此,更有"既有定例,则用例不用律"的制度。所以我们说的"法律包容面",较通常所称清律要广泛得多。

关于法与行的脱轨,大概可分成以下几种情况。

一是某些条规从制订颁布之时起,就未能有效地执行,形成代代相沿,不得不列,又无法做到的虚文。比如"尊卑为婚律文"中的"若娶己之姑舅两姨姊妹者,杖八十,并离异"②一条就是如此。罗列此条的理由,是他们"虽无尊卑之分,尚有缌麻之服",牵涉伦理问题。何况无数的实践证实,"近亲为婚,其生不蕃"。所以法律作此规定,完全是从理性出发的。清律一沿前朝规例,将此条文列入。但在实际施行中,从皇帝到普通百姓,都没有认真执行。究其原因,在于现实的利害掩盖了法律的理性思考。在很多人眼里,联系婚姻的纽带是感情和全家、全族利益。社会上流传的"姑舅亲,辈辈亲,砸了骨头连着筋",或者"姨做婆,到了老来也和睦"等说法,证明了人们期望通过表亲婚延长双方的亲密关系,使夫妻、家庭和亲戚关系有稳定的基础,而一些世家大族更以此来加强权势。但是人们的这种选择,却使法律陷于尴尬的境地。这样在经历了96年以后,清政府于乾隆五年(公元1740年),不得不修改条文,将其更定为"姑舅两姨姊妹(为婚者)听从民便"③。这说明法律也要屈从于人们的习惯。

还有一些条例,因限于某些特殊环境而难以执行。比如前面提到过的同姓为婚即是,而且触犯此条的除了为数众多的普通百姓,还有少数

---

① 《大清律例通考校注》,第14页。
② 《大清律例通考校注》,第448页。
③ 《大清律例通考校注》,第448页。

"世族""衣冠家"。① 为了纠正此俗,某些地方官配合律条,曾屡下禁示。② 有的家族还以生不准入谱、死不得入祠来表示维护伦理的决心。③ 可有趣的是我所看到的民刑案件中,竟没有一例因触此禁律而被出首,更没有因此受杖离异的。不仅如此,在诸如旌表节妇、贞女中,她们同样被礼部审核通过,列名建坊。④

为什么会这样?除百姓有不得已之情外,根本原因是条文已不适应现实的情况。乾隆五十四年(公元1789年),湖南东安县发生丈夫唐化经砍伤妻子唐氏致死案。按律,唐既犯了"夫殴妻致死律",也犯了"同姓为婚律",可刑部定谳时,以重罪吸收轻罪的办法,只援前律,不计后律,理由正如当局所言:

> 同姓为婚,礼所禁也,第穷乡僻壤,娶同婚者,愚民事所恒有,若尽绳之以律,离异归宗,转失妇人从一而终之义。现录唐化经案内大部所议,情理兼美,问刑部衙门即可遵行为例。⑤

因为妇女从一的伦理准则,较之法律的规定意义更大,所以只要同姓为婚成了事实,便可置之不问。

第三种情况是法令规定强硬,执行中也不敢马虎,但由于它背离潮流,不合人心,实际很难做到,以致面对现实不得不有所妥协,直至完全退让。比如禁止旗民(满汉)通婚等就是如此。清朝统治者禁止旗民通婚,

---

① 参见道光《永州府志》卷5上;光绪《临高县志》卷4。又如张伯行说他的河南老家仪封一带"张姓为多,又均系大族,(同姓)结婚者往往而有"(张伯行:《正谊堂文集》卷9《同姓不为婚说》,载《丛书集成》本),亦可作为证例。
② 参见黄可润《劝诫》,见《牧令书》卷16《教化》;雍正《井隆县志》卷1;光绪《永寿县志》卷4。
③ 民国《蜀西崇阳王氏族谱》卷14《族规》。
④ 比如顺治十四年(公元1657年),河南巡抚亢得时疏报"节妇归德府宁陵县儒童张鹄妻张氏,年十九,鹄故……守节八十一年……请照例旌表,章下所司"(《清世祖实录》卷113),就是一例。
⑤ 《大清律例刑案汇纂集成》卷15《户律婚姻》,清刻本。

是与旗人,特别是与构成旗人主体的满洲人在清朝所处的特殊地位有关。清朝统治者害怕旗人因与人数众多的汉人结亲而丧失民族特性,更害怕他们的既得利益受损。禁止蒙汉和民苗、民番结婚,虽然情况复杂一些,但基本缘由亦是出于统治者对汉人的防范。禁止民族间自愿通婚,表明统治者实行的是民族隔离和民族防范政策,与国家政治上统一后,人们要求扩大交往、加深理解的大势背道而驰,事实上也很难做到。尽管禁令一个接着一个,但私下结亲者仍不断出现,以致统治者不得不步步退让,直到清末完全开禁。这也是国家法令和现实生活冲突,促使法律让步以适应形势的例证。

法与行的脱节,也与官员们面对已成习俗的违法行为而采取放任态度有关。此处所说态度,不是指某个具体官员,而是一类带有倾向性的行为。比如"居丧嫁娶律"中有"凡(男女)居父母及(妻妾居)夫丧而身自(主婚)嫁娶者,杖一百"[①]。可百姓由于"中馈乏人",急需新媳妇进门照料,或因"礼多从简",费用俭省,常常愿意这么做,[②]甚至相沿成俗。像山西晋南一带专门称此为"拜丧",直隶广平等府叫"孝扶",安徽颖上作"孝里扶",江苏苏南叫"拔亲""猝亲""忽亲"和"拜村头""孝里抄",福建霞浦称"从吉"。[③] 面对如此众多的违法者,官员们从上到下,出示禁斥者有之,若说动用法律手段加以制止,则没有见到,原因是既已成俗,便只有法不制众了。

还有像"绅衿庶民之家,如有将婢女不行婚配,致令孤寡者,照不应重律杖八十";"(文武)官(并)吏娶乐人(妓者)为妻妾者,杖六十,并离异"等。[④] 一般情况是,若无人出首状告,便默认不问,即使事情真的闹大,不

---

① 《大清律例通考校注》,第446页。
② 光绪《滦州志》卷8;民国《双林镇志》卷15。
③ 光绪《直隶绛州志》卷2;光绪《重修广平府志》卷17;光绪《定兴县志》卷13;顺治《颖上县志》卷3;光绪《无锡金匮县志》卷30;民国《双林镇志》卷15;民国《霞浦县志》卷22。
④ 《大清律例通考校注》,第451、454页。

得不问，也多以大事化小、小事化无来加以了结。那是因为犯事者大多是有钱有势之家，官官或官绅相护，既是常情，也是理。

牵涉官员的执法态度，亦与其中的"仁政"思想不无关系。在古代中国，历来有教化重于法治的传统，官员为政，追求的是狱简讼案少，认为这是恤民命、重教化，是施仁政的结果。民间流传的"民不告，官不究"，或所谓"圣人之为治也，以爵赏劝善，以化仁养民"，"刑罚不用太平可致"为本。这些都影响着官员对民事案件的态度，同时也使百姓面对法网常有转寰的余地。就以寡妇转房为例，法律对此判决是很严厉的，不少官员为施教化于事前，往往檄示严声厉语，目的是"劝化乡民，使不入禽兽之路"①。但真的碰到有人首告，或因此预见了人命官司，除了少数恰好碰到刀口上，一般都有意无意地加以回避，或用另外条文比附，从轻发落。因为穷乡小民，即使有触犯禁网，多数也是事出无奈，这是懂得民心的官员所不忍深究的原因。

在法和情的矛盾中，有时也表现为百姓对自身行为作适当修正，以表示对法的靠拢。清律规定："其招婿养老者，仍立同宗应继者一人，承奉祭祀，家产均分。如未立继身死，从族长依例议立。"②民间招婿入赘，除少数出于爱女之心，绝大多数是有女无儿，所以要求赘婿进门后能奉老养家、生子延嗣。可是按照传统的宗法制度，女儿是不能承祀的，女婿又是外姓，更在排斥之列，于是才有以上的法律规定。但这对赘婿是太不公平了，辛苦养家奉老，却连财产也不得全部继承。就女家老人而言，亦于心不甘，因为他们所爱的是亲生女儿和已把感情融合在业经组成家庭的女婿，希望由女儿、女婿及外孙们全额承袭家产。为了应付法律和宗法的查究，在民间出现了赘婿进门改从妻姓习俗。从此不但翁婿成了一家，亦由

---

① 同治《安陆县志补正》卷下。
② 《大清律例通考校注》，第443页。

更姓成了同宗,为承祀继产迈出了重要一步。然而入赘更姓,仍有很多麻烦,除了血缘方面的问题外,又因夫妻变成同姓,就是同姓为婚,既有悖伦理,也触犯了法律。于是,人们采用赘婿所生子女,或其中的一子改从妻姓,来加以变通。有的家族出于加强本族势力的需要,或鉴于现实已是如此,也有倾向于妥协的。福建晋江彭姓,在族谱中就写进了:"其男子为人招赘者,于本生父名下书曰出为某公似子,于妇人前夫之父名下书曰似子,似子所生之子书曰续子。"①从赘婿和赘婿后代可以入谱一事来看,有的家族的态度已有所软化,能接纳这些"归化者"了。

百姓们通过适当修正自身行为,由少及多,形成习俗,不但乡里之间已不以此为嫌,连有的家族亦可容忍接纳,这就使法律条文在很大程度上失去施行的效力。有位官员在目睹他治下百姓对赘婿承祀所采取的默许态度后,颇带感慨地说:"例载,异姓不准承祧,而执此以治诏安(指福建诏安县)之民,令必不行。"在习惯面前,法律再次显示出它的无力。

我们说,在婚姻关系中,当法律和人们的习惯或现实生活发生碰撞时,执法者常常显示出某种软弱和犹豫,绝不是说清律从整体上是无权威可言。清律和古代中国所有的传统律条一样,缺乏现代的刑律和民律的概念,但在具体条文上是可以分清的。一般说来,清朝政府对于刑事律的执行是严格的,特别是涉及危害宗社,直接触动统治阶级根本利益的如"谋反大逆""谋叛"等,不但律条无丝毫通融,有关官员也不敢怠慢。另外像牵涉杀人越货等命盗案件,亦多如律判决。问题是那些属于户婚田土的一般民事案件,特别像婚姻之类的案件。制订律文的依据,更多是从伦理原则出发的,何况这些伦理说教,本来就有不尽合理之处,加上随后的社会变化和生活变动,使某些律和行更难合拍。婚姻违律,只要不引起

---

① (晋江)《虹山彭氏族谱》卷首,转引自陈支平《福建族谱》,福建人民出版社,1996年,第163页。

纠纷,就无大碍,有的明知民间已形成习惯,或有不得已之情,却仍要强扭硬纠,弄不好反而会造成新的麻烦,甚至引出民愤民怨,这就是当局明知不问,使律文规定和施法存在差距的原因。

  以上是我在本书切入正题前讨论的一些问题,目的是说明,在清代的婚姻关系中,除了统治阶级倡导的、占有主导地位的婚姻行为以外,还存在另外一些做法,尽管它们之间有冲突,也有妥协,情况错综,各有消长,但矛盾始终贯穿其间,反映了历史是在如此多样复杂的情况中发展的。归结这些冲突和矛盾,就婚姻行为而论,主要是道德伦理和现实生活之间存在差异,是价值观念不同所致。基于以上看法,我把本书定名为《伦理与生活:清代的婚姻与社会》。

第一章　婚姻社会圈(上)

第一节　择偶的等级和界限

　　社会学家认为,婚姻除了有生物性(或叫作自然性)的一面,更重要的还体现在它的社会性。所谓婚姻的社会性,系指这种行为无不受到当时的道德、法律、传统习俗,以及政治、经济、文化水平的制约,而且随着时代的变化而有所变化。婚姻的社会性,反映在选择配偶上,也就是通婚的社会圈。清代是传统的阶级社会,在当时,阶级常常是由等级来体现的。在阶级社会里,每个人都具有阶级的属性,从而也给婚姻打上了深厚的阶级烙印。统治阶级或各种既得利益集团为了保持和扩大自身的政治、经济权益,常常把婚姻当成政治游戏中的筹码,由此出现了一个个命运与共、利害攸关的不同阶级、不同层次的婚姻圈。社会上流行的各种谚语,如"龙配龙、凤配凤""官寻官,吏寻吏,做伙的寻了做饭的;鱼配鱼,虾配虾,花里虎(蛙之一种)寻了疥河(蛤)蟆",或者叫"竹门对竹门,木门对木门"[①],都形象地反映了不同家庭的不同择偶圈。这也可以说是婚姻的社会属性。另外,清朝是一个以满族贵族为主体建立起来的政权,统治者为确保满族上层的统治利益,平衡与其他各民族间的关系,也常常对人们的

---

① 民国《新河县志》卷18,以及光绪《四会县志》卷1。

择偶范围作出种种限定。那么在清代,国家对婚配对象的选择,有些什么限制性规定呢?

一、良贱不得通婚

在清代,国家规定,良贱不能通婚。据清律记载:

> 凡家长与奴娶良人女为妻者,杖八十。女家(主婚人)减一等。不知者,不坐。其奴自娶者,罪亦如之。家长知情者,减二等。因而入籍(指家长言)为婢者,杖一百。若妄以奴婢为良人而与良人为夫妻者,杖九十。(妄冒由家长,坐家长;由奴婢,坐奴婢。)各离异改正。(谓入籍为婢之女,改正复良。)①

规定良贱不通婚并不始于清代,只是清朝政府沿袭不废。先说"良","良"就是良民,在户籍编制中,凡归入军、民、商、灶四类的,都叫作良。"贱"又叫贱民,主要指奴仆和娼优,此外在衙门应役的皂隶、马快、步快、禁卒、门子、弓兵、仵作、粮差、巡捕营番役,跟随官员的长随,因执贱役而与奴仆同。在清代,还有一些特殊人群如堕民、丐户、疍民等,出于历史原因受到歧视,不得与齐民等列。雍正时,清朝政府曾下令除籍,但社会上的偏见并未消失,故歧视如旧。良民和贱民,法律地位不同,政治待遇也有差别,比如同样犯罪,归入贱籍的就要比良民罪加一等;良民犯贱民,可以援例减等,反之则要加等科判。另外像入学科考、出仕做官,都没有贱民们的份,甚至连服饰也有良贱之别。②

---

① 《大清律例通考校注》,第452页。
② 参见经君健《清代的贱民等级》,浙江人民出版社,第44—46页。

良民和贱民的等差,既然泾渭分明,所以确定良贱不能通婚,从政府的角度,是保护良人的身份不致受到辱没,但更是为了显示等级制度权威的不可动摇。一些卫道者亦大肆鼓噪,有一则家谱的家训中这样写道:

> 婚姻乃人道之本,必须良贱有辨,慎选礼仪,不恣滥良,醇厚有家法者。①

良人与贱民通婚,被认为是甘作下贱,所以一些家族组织为配合政府法令,也罗列相应的处罚条规,有的家族在家谱中明确载入:

> 嫁娶不计良贱者,并削其名不书;
> 与娼优隶卒为婚者不书。②

就是说,凡发现有此等行为者,要赶出族门,根本不承认他或她是家族的成员了。江西临川县孔氏家族的"祖训箴规"中,一再警告,族人不得与娼优、皂隶和奴仆出身的联姻,否则不但本人受罚,父母以及兄弟叔伯,也要按族规施以应得的惩处。在一部《吴中叶氏族谱》中,记载了这样一件事:

> 绪延夫妇济恶,忤逆母命,甘以嫡女配王氏家奴王祥云之子。合族公议,控县薄罚,玉峰大吏责令出族,宜削去名字。③

这对叶氏夫妇为什么要冒风险,把女儿嫁给王姓家奴的儿子,原因我们不

---

① (绩溪)《华阳邵氏宗谱》卷4《潭渡孝里黄氏家训》。
② 《曲阜孔府档案史料选编》第3编,第1册,第51页。
③ 转引自邢永川编《中国家族谱纵横谈》,广西教育出版社,1993年,第51页。

清楚,但招来的却是一家的灾难,先被控告到衙门,接着又受到斥逐出族的处罚,可见局面之严重。

由于良贱之别如此森严,所以很多地方在谈到那里的男女婚配时,都有"婚姻论良贱,不论贫富"①,婚配"良贱之分秩然"②,或"极贫不与贱者为婚"的说法。③ 尽管如此,在大千世界中,还有良人和贱民通婚的事。这里排除某些人为钻营名利,通过巴结名宦家的豪奴以求一逞的做法。多数情况,都是因生活逼迫或其他缘故促成的。因为就良人而言,不到迫不得已是不会"自甘下贱的",有的还因此造成悲剧。江苏吴江县有一个叫徐凤姑的女子,随着改嫁的母亲来到施家,后来得知继父施某是个唱戏的"优人",凤姑认为有辱自己的身份,可又无力改变现状,只好上吊自尽以表清白。④ 还有一个女子受聘后,得知"夫家系人奴",发誓不嫁,婚娶前夕,竟削发投庵,当尼姑去了。夫家因耗费大笔婚聘财礼,无力再娶别的女子,其父亦因此忧愤而死。⑤ 发生于陕西泾阳县的一件事,更曾轰动一时。具体经过是这样的:

> 王社姐,王居正女也,年十五嫁孙氏子,其姑故娼也。社姐婚夕,一人华服入房。社姐谛视,非日中合卺者,坚闭房不纳。姑百计诱之不可,严拷之,复以竹签锁其指,血淋淋印壁上,皆成手迹,甚至烙以铁筋,社姐终不为所夺,赍志数十日而亡。⑥

从事件本身来说,应属于性质严重的骗婚行为,后来采取的手段也实在令

---

① 康熙《崇明县志》卷6;雍正《宁波府志》卷6。
② 光绪《东安县志》卷17。
③ 光绪《广州府志》卷15。
④ 光绪《吴江县续志》卷26。
⑤ 龚炜:《巢林笔谈》,中华书局,1981年,第109页。
⑥ 宣统《泾阳县志》卷15。

人发指。但王社姐的夫家孙姓之所以要这么做,也是为防备社姐一旦得知婆母曾经落入娼门身陷贱籍后,会作出抗婚举动。于是先用瞒天过海的手法,聘得王家姑娘,接着又偷梁换柱,采用替身拜堂成亲,以为待木已成舟,社姐便无能为力了。可偏偏在洞房前把戏便被拆穿。结果一方是王社姐在得知所嫁非人后,坚拒不纳孙姓丈夫;可另一方也不甘心于这样落得人财两空,严加逼迫,终于以牺牲人命的代价,了结这宗婚事。

上述三个例子,除了第二例确系反抗良贱相配,第三例只是婆母曾经为娼,而第一例则是女儿不满母亲改嫁给一个唱戏的,各都以死相拼。这从一个侧面反映了良贱婚配,给当事者的压力是何等巨大。其实,他们当中,即使像孙家、某女聘夫之父等,尽管各自立场和情况不同,都应属于受害者之列,在很大程度上,正是森严的等级制度和严格的良贱之别,才制造了这一出出悲剧,而当时的婚姻礼教制度,又像一只无形的大手,死死地掐住她们,令她们无法摆脱,以致最后竟要付出生命和青春的代价。

由于贱民的身份如此低下,他们中除了少数年轻有姿色的婢女被主人看中,充当侍妾外(地位可能有所变化,身份则并未改变,有关情况,在第七章《妾》中再作论述),多数只好自相婚配。在贱民等级中,地位最低的是家生或契买奴仆。他们的人身属于主人,婚配也得听从主人。所以在奴仆卖身契中,常常要写进"长大听凭婚配"或"日后成人长大,听主人择配,无得异说"等字样。① 有的奴仆中途转卖,其婚配权也得跟着新主人转移,下面便是这样的一份契纸:②

---

① 《康雍乾时期城乡人民反抗斗争资料》,中华书局,1979年,第380、381页。
② 转引自章有义《明清及近代农业史论集》,中国农业出版社,1997年,第420页。

四都三图立卖文书人汪松如,本家一仆名唤登科,系湖广人氏。年命上首原文书注明,因仆长大未有婚配,自情愿凭媒说合,卖与同都十图汪名下为仆,当日得受身价银六两正,其银当日是身一并收足讫。其仆随即过门,听从汪家更名使唤,任从婚配,并无来历不明及内外人生情异说。如有偷窃逃走等情,尽是承当;倘有风烛不常,各安天命。今[恐]无凭,立此转卖文契永远存照。

雍正十一年六月日
立卖文书人汪松如押
凭媒程孔友押

这是雍正时,发生在安徽徽州地区买卖奴仆的契约。原主汪松如将一名叫登科的奴仆卖与另一位同族为奴。汪松如在当初契买登科时,文书上已注明"因仆长大未有婚配,自情愿凭媒说合"字样,转卖后也得写上,听从新主人"更名使唤,任从婚配"。关于奴仆婚配,权在主人,在清朝法律中也有明确规定:

> 凡汉人家人奴仆,印契所买奴仆,并雍正五年以前白契所买及投靠养育年久,或婢女招配生有子息者,俱系家奴,世世子孙永远服役,婚配俱由家主。①

据说这种由主人指配的婚姻,不管奴仆本人是否愿意,都被认为是家长的恩情,要求作出相应的报答。河南光山等地,仕宦之家僮仆成林,其中不少是多代遗留,由主人配与妻室者。他们因"豢养日久,主仆之分亦自昭

---

① 《大清律集解附例》卷20。

然"①;又如江苏嘉定县(今上海嘉定区),"贫窭鬻身者,衣食婚配悉仰给家主,累世服役"②,故主仆名分极严。原来这些被恩典婚配的奴仆,便是以对主人的绝对忠诚,使主仆名分更加固定化。

尽管如此,仍有不少奴仆,特别是婢女们,因主人另有打算,竟至终身不得配偶的。浙江金华、衢州等地,富家大族习惯用无夫婢女,便于出入房帏,恐其一经婚配,便要分心,把原先专意勤事主人,转移到丈夫和将来的儿女身上,所以有年届30岁、40岁而勿予指嫁,甚至禁锢终身,发白齿落而未经字人者。③ 林铁岩在《禁锢婢》文中也说:

> 人家蓄丫环及笄而嫁者十无一二,往往逗留淹滞,蹉跎年月,至三四十岁犹不知正夫妻之伦,完家室之好者。纵幡然择配,而屈指归桃之日,亦就木之年矣。④

由于锢婢不予遣嫁具有一定的普遍性,促使有的官府出面,昭告蓄婢主人,要他们从人道、仁义出发,将婢女适时婚配。乾隆初,耿嘉平署理福建浦城县令,曾一次查出30岁以上、50岁以下的未嫁婢女几百人,督促登时遣嫁,被认为是一大德政。⑤

至于前面提到的像堕民、丐户、疍民等,直到清末,基本上仍处于自相婚配的状况。

> 堕民者,宁波、绍兴、金华皆有之,不与齐民齿,执贱役……光绪

---

① 乾隆《光山县志》卷19,金镇:《条陈光山叛仆详议》。
② 乾隆《嘉定县志》卷12。
③ 罗镜庵:《禁锢婢》,见胡衍虞《居官寡过录》卷2,青照堂丛书本。
④ 李渔:《资治新书》卷5。
⑤ 德福等:《闽政领要》卷中《风俗》。

季年弛其禁,自为婚姻,所居别有村落。①

在浙江建德一带有九姓渔船,亦称九姓渔户,据说原为陈友谅部曲的子孙,共九姓,至少从明初起已被编入贱籍,以船为家,以渔为业,并承担水上来往官差,饰女应客。清代贱籍虽除,可执业承役如故,百姓不与言婚姻,只得仍在九姓中选择配偶。② 也是以舟为生的闽广疍民,在广州一带,后来已有上岸陆居成村的,但仍然是"良家不与通婚"③;东边的潮州、嘉应(今梅州市)等地疍民,有麦、濮、苏、吴、何、顾、曾七姓,"以舟为家,互相配偶,人皆贱之"④。同样,生活于福建兴化、泉州、漳州等府江河海汊中的疍民,也是"自相婚配,从不上岸"⑤。

在良贱不能通婚的定制下,清代的奴仆,以及那些归入贱籍的人们,在婚姻选择中,只能局限于同样身份、同一生活圈子的人群。有的像堕民、疍民等,即使国家已给豁除贱籍,准与良民成婚,可因所执"贱业"不改,生活环境没有变更,准婚亦等于是句空话。

二、旗民不准通婚⑥

(一)由通婚到禁婚

这里的旗,是指清代所特有的、以八旗制度为基础,编制起来的那些

---

① 徐珂:《清稗类钞》第4册,第1905页。
② 徐珂:《清稗类钞》第4册,第1904页。
③ 同治《番禺县志》卷6。
④ 俞蛟:《梦厂杂著》,上海古籍出版社,1988年,第182页。
⑤ 施鸿保:《闽杂记》,载《小方壶斋舆地丛钞》第9帙。
⑥ 有关旗民不准通婚的问题,定宜庄《满族的妇女生活与婚姻制度研究》(北京大学出版社,1999年)一书中列出专章加以探讨。我在写作此题时,曾多次与她讨论,也吸收了她书中的很多看法。

人员。民则指编入民籍的人户(编户)。由于旗人的主体是满人,民人的主体是汉人,所以旗民不通婚,有时也叫满汉不通婚。所谓旗民不通婚,并不是一开始就是如此的。在关外的努尔哈赤、皇太极时期,满族(女真)上层常常把联姻作为政治上笼络的一种手段。他们不但与蒙古上层联姻,也与汉人结亲,其中最出名的就是天命三年(明万历四十六年,公元1618年),努尔哈赤以"七大恨"兴师征明前,向驻守抚顺的明朝守将游击李永芳发出劝降告谕,其中就有若李出城归降,即可"以女妻之,结为亲家"这样的言辞。① 当李永芳果真投降,努尔哈赤便将他第七个儿子阿巴泰的女儿嫁给了他,称之为"额驸"。次年(公元1619年)七月,努尔哈赤攻克开原城,又对投来的汉族军官,"按职份充足赐与妻室"②。此外像辽东大家佟姓佟养性、刘家刘兴祚(刘爱塔)等,都被赐配满族女子。皇太极时宠臣范文程,曾娶穆奇爵乐氏,据说也出自最高当局的安排。其中最有意思的是天聪六年(公元1632年)皇太极攻下大凌河后,贝勒岳托鉴于以往对汉人的屠杀政策造成人怀疑惧的局面,建议通过联姻的办法收拢人心。其中对汉族官员是:一品官以贝勒女妻之,二品官以满洲大臣女妻之,又把各牛录下寡妇配给各官从人;查察属内汉民女子、寡妇和诸贝勒下庄头女子,配给投降兵士。③ 若使此建议实现,这将是一场满汉集体大联姻。

入关之初,清朝当局面临着中原人民的反抗斗争和许多汉族士大夫的不合作态度,于顺治五年(公元1648年)八月,发布了一道谕旨:

> 方今天下一家,满汉官民皆朕臣子,欲其各相亲睦,莫若使之缔

---

① 《满文老档》,中华书局,1991年,第57页。
② 《满文老档》,第102页。
③ 《清太宗实录》卷11。

结婚姻。自后满汉官民欲联姻好者,听之。①

这实际上是承袭关外时期的联姻政策,希望借此与汉族上层联络感情,缓和矛盾,进而巩固清朝统治。为了做出表率,皇帝本人就娶了学士石申之女为贵人,后来又晋封为恪妃。在满族勋亲贵戚,也不乏此类行动。《纪载汇编》中有一篇《过墟志》,记载常熟一位姓刘的女子,为清军所掳,统军某王爷(有人认为是贝勒博洛。博洛于顺治六年进封端重亲王)艳其色,纳之为室。这位刘氏,据说一直被封为福晋。由皇帝出面赐婚的事,也颇有所见。如平西王吴三桂的长子吴应熊尚恪纯长公主,靖南王耿继茂第三子耿聚忠尚柔嘉公主,她们分别是皇太极的女儿、顺治皇帝的养女。其他像耿昭忠、尚之隆、尚之孝,也都配以宗室女,各称额驸。福临的母亲孝庄皇太后,还设想把定南王孔有德的独女四贞指配给她的儿子,只是四贞早有聘夫,这才遗憾作罢。

但是,顺治年间鼓励旗民通婚诏谕的响应程度和实际效果,却并不理想。究其原因,主要与两个民族之间文化习惯上存在的差异有重要关系。入关前,努尔哈赤、皇太极积极与蒙古以及周边各部族联姻,取得了巨大的成效,这是因为满(女真)、蒙以及东北其他各部间,生活习俗与伦理观念都颇相似,而且满洲和蒙古在实力上也大体对等,共同的文化形态和共同的政治利害关系,很容易把他们联系在一起。清朝统治者能顺利进关,并逐步稳定局面,满蒙结盟是个重要因素,而互通婚娅则又起了纽带的作用。汉族的情况有所不同。虽然明清(金)在军事斗争中,清朝方面,亦即满族上层属于胜利者,而且在取得胜利的过程中,不断吸收汉族的文化、政治营养,但直到入关之初,作为清朝统治者的满族上层和所有满洲旗人,在经济文化方面,仍有别于中原地区的汉人。由于经济文化的差

---

① 《清世祖实录》卷40。

距,又形成了思想观念和生活习俗的差异。比如在汉族中,特别是那些绅衿士大夫层,由于受儒家伦理道德的熏染,要求女子讲三从四德、孝敬公婆、服从丈夫等,这对于刚刚进关的满族女子,是新鲜陌生的事。她们粗犷豪放的行为,在汉族士大夫看来,则属于粗野不懂礼法,从心底深处感到无法接受。

满族方面也存在着巨大的心理障碍。他们中相当多的人于入关后以胜利者自居。他们在京畿圈地、接受投靠,在前线抢掠汉人的财物子女,还动辄屠城。在朝廷内外,对汉官常常随意呵斥指使,甚至视之如奴仆。他们属于既得利益者,可面对着幅员广阔、人口众多,经济文化又较发达的中原地区,又不免提心吊胆,时刻防备,害怕在汉人的汪洋大海中丧失业已取得的权益。当然,他们中也有人确认,要巩固权力,缺少不了与汉人、汉官合作。要合作,必须同时给予些什么,于是鼓励旗民通婚之类的举措,便是这一思想指导下的产物。但即使如此,就算最开明的满族人士,他们也或多或少、自觉不自觉地存在威胁感。面对 1 亿多汉人,满族的二三十万人口实在显得太渺小了,必须以保持传统来团结队伍、显示实力,使之不致最后遭到淹没。从这个角度进行考虑,他们又觉得实施旗民通婚,最可能从根本上冲垮民族界限。在不断相互联姻中,满族的特性将被侵蚀、消失,权力逐渐被割裂分享,最后,满族作为一个民族实体,亦将像过去的鲜卑、契丹,以及进入中原、建立金朝的老祖宗女真人那样,消失得无影无踪。所以同时,尤其是那些有权有势的上层满族中,抵制、抗拒的潮流也是十分强大的,从而又制约着旗民通婚的实施。

很多具体实例表明,旗民通婚的效果并不如期望的那么好。就从最早的汉人额驸李永芳说起。他投降努尔哈赤,完全是被敌盛我衰的形势威逼所致。后来他成了满族人的女婿,但并没有真正拢住他的心。这从努尔哈赤多次训斥他便可看出来了。天命八年(明天启三年,公元 1623 年)五月,当努尔哈赤听到复州汉人谋叛的消息后,便向在那里任职的李永芳致书责问：

> 李永芳昔于抚顺之时，曾念尔乃一通达明白之人，故收之，妻以金之骨肉。……辽东汉人屡欲谋反，彼等密谋之书不断传来，我每欲查抄之，因尔心向明，竟以欺瞒相谏。叛逃而往，尔心始快，一经发觉而诛之，则尔之心不适矣。①

努尔哈赤对李心向汉人的行为十分不满，还一度革罢了李的总兵职位。至于刘兴祚，更没有因为与满人结亲而彻底背明，最后不惜施行苦肉计，摆脱努尔哈赤的羁绊而重新投归明朝。② 入关后，清廷对吴、尚、耿三个藩王的子孙赐婚联姻，同样不成功。因为三藩依然跋扈不听指挥，而且还发动了武装叛乱。此外，顺康之际，江南等不少地方，屡因讹传清廷选秀女，造成民间的惊恐不稳，这对清朝当局无疑也是个刺激。③

　　正是基于上述种种原因，清朝统治者不得不重新审视顺治五年(公元1648年)颁发诏谕的正确性，并加以更正。即由允许旗民通婚到禁止旗民通婚。关于后一个规定，具体内容如何？是何时出台的？因没有留下记载，至今还是个谜，但我认为这个禁令肯定是有的，时间很可能是康熙初四大臣辅政期间。因为康熙在位的头几年，正是满族上层打出"仰法太祖、太宗谟烈"④，反对汉化最激烈的时期。他们竭力贬抑汉官，提倡保护满族利益，当然不会容忍旗民通婚的事。其具体时间，最晚不会迟于康熙四年(公元1665年)，就在这一年八月，刑部曾议复了宁古塔将军巴海的

---

① 《满文老档》，第483页。
② 参见孟森《关于刘爱塔事迹的研究》，载《清史论丛》第2辑，中华书局，1980年。
③ 参见拙著《明清两代诏选"淑女"引起的动乱——由日本史籍记载谈起》，载《故宫博物院院刊》1991年第1期。
④ 《清世祖实录》卷144。

一份有关该地流徙民人(汉人)内,有嫁女旗下者,"应听从其便"的咨请。① 设想,如果朝廷没有发布过有关禁止旗民通婚的告谕,巴海就用不着移文咨请了。

禁止满汉通婚的规定,一直要到清末光绪二十七年(公元1901年),才正式宣布开禁。②

从康熙初到光绪末,中间经历了240年左右。

(二)八旗内部的等级差别和通婚限制

清朝统治者禁止满汉通婚,但对编入八旗内不同民族间的通婚,还是允许保留了下来。所谓旗内的不同民族,除以满族为主编成的满洲八旗外,还有由汉人组成的汉军八旗和蒙古人组成的蒙古八旗,以及在此先后陆续被编入旗的朝鲜(高丽)、维吾尔、藏和俄罗斯族等民族,但后两种人数很少。为什么旗内各民族间的通婚不被禁止？这可能出于一定的政治考虑。因为只限于满族内部的婚配,包容性毕竟过于狭小,尤其在上层中显得太孤单、突出,不利于扩大统治基础,加强对满族统治的认同感。就汉军八旗而言,他们的主体和队伍的骨干,差不多都是关外的辽东籍人,即"从龙入关"者。这些人与满洲、蒙古八旗一样,是在与明朝和农民军争天下中一起走过来的,经受了血与火的考验,在政治上是可靠的。他们的身心和命运,已和大清朝结合在一起了。确定与汉军八旗结亲,只会使双方的关系连得更紧。在有清的皇妃中,像玄烨的母亲孝康章皇后佟氏,

---

① 《清圣祖实录》卷16。
② 《清德宗实录》卷492。按,在此以前,清朝政府曾于同治四年(公元1865年)六月奏准:"旗人告假外出,已在该地方落业,编入该省旗籍者,准与该地方民人互相嫁娶。"但仍禁止在京旗人将女儿嫁与民人为妻,若聘娶已成事实,"仍准完配,将该女开除户册"(同治《户部则例》卷1《旗人嫁娶》)。较之以前,法律上有了很大的松动。

康熙时的孝懿皇后佟佳氏、敬敏皇贵妃章佳氏，雍正时纯慤皇贵妃耿氏、敦肃皇贵妃年氏，乾隆的慧贤皇贵妃高佳氏、庆恭皇贵妃陆氏、淑嘉皇贵妃金佳氏、婉妃陈氏等，其父祖都是汉军旗人或汉人而入旗者。皇帝如此，下面的亲贵大臣以及一般旗人间，满族和汉军的通婚，当然更难以枚举了。

但是，在八旗内部，除了民族差别外还存在着阶级和等级差别，而这在某种程度上似乎比民族差别更重要。八旗内部，就大的阶级分野而言，可分为正身旗人、开户人和奴仆（包括早期的庄丁）三等。正身旗人指可以分得份地、后来又有资格领取粮饷的兵丁和余丁，还有他们的妻儿眷属。奴仆的来源主要是战争俘虏、因罪降等人员。正身旗人和奴仆，相当于前面说到的良和贱，属于两种不同性质的人，他们在通婚关系上是绝对不能混淆的。在身份上比较复杂的是开户人。这些人原来都是奴仆或种庄地的庄丁、贡纳户丁等，因随主作战有功等被豁除奴籍，在原佐领下独立开户而称开户人。开户人可以当兵、食饷，担任低级军官，享有高出于奴仆的政治地位，但又与正身旗人有一定差别。由于他们人数很多，在日常交往接触中，有的逐渐与正身旗人混淆莫辨。乾隆二十一年（公元1756年），清朝政府下令，允许开户人员出旗为民。这些出旗为民者，便被编入地方民籍，与民人同；另有一部分仍留在旗内，叫作"另户旗人"①，他们在待遇上已与正身旗人大体相等。开户人的这种曲折多变的经历，决定了他们的婚配范围也是复杂多变的。

与普通汉人不同的是在旗奴仆通婚，不但限于奴仆身份之内，而且不许超出所隶旗籍或家主允许的范围之外，因为不管是男是女，凡是奴仆（包括早期庄丁），都是家主的私有财产，让其任意出嫁或入赘，对于主人，无疑是失去了一笔财产。在此思想指导下，他们的嫁娶必须受到严格

---

① 《清高宗实录》卷664；又见同治《户部则例》卷2《军功跟役出户》条。

的限制。顺治五年(公元 1648 年)二月,北京总管内务府衙门在给盛京内务府有关官员的来文中指出:

> 着尔等二牛录之女及棉、靛拖克索①之女,与其父母相商,嫁于尔等之二牛录及棉、靛拖克索内之人。倘盛京无相称者,则嫁与北京汉人八牛录中之人。若嫁给旗外之人,即罪之。再,十个粮庄之女,斟酌嫁于拖克索内适当之人。若窃嫁与另外之人,则罪之。倘有俊俏之女,则行文北京。②

文中所说的如果违反"即罪之",既包括了拖克索内之人,也包括具体承办此事的管理人员。据另一份文件所说,如果未经允许,擅自嫁给本庄之内的额丁,罪名还比较轻,只将承办嫁娶及隐匿者之所管包衣佐领,各责打一百鞭就可以了。若嫁给不应嫁娶的旗民人等,也就是不在本庄,甚至与不在旗的汉人联姻,那就要罪加一等,不但要将成婚夫妻强行拆散,而且将其女子配给庄内愚懦额丁以示惩罚。至于经手承办嫁娶以及为之隐匿的人员,也一概责以鞭打。③ 实际上,这些人的婚嫁,很大程度上是根据主人或有关官员的旨意,强制指配的。顺治七年(公元 1650 年),根据皇帝的上谕,由总管内务府派往盛京乌拉打牲处的 60 名包衣(这里指皇家的奴仆),有 11 人尚未娶妻,于是查照皇室无妻者赏给妻子之例,由内务府负责,给这 11 人一一指配妻子。④ 康熙九年(公元 1670 年),总管内务府又根据成例,将盛京官庄中 82 名无妻额丁,买给女人婚配。⑤ 至于那

---

① 拖克索(tokso)即庄屯。文中所指为皇庄,早期的耕种、劳作者,其身份类似农奴、奴隶。
② 季永海、何溥滢译:《盛京内务府顺治年间档》,载《清史资料》第 2 辑,中华书局,1981 年。
③ 辽宁省档案馆编译:《盛京内务府粮庄档案汇编》,辽沈书社,1993 年,第 247 页。
④ 季永海、何溥滢译:《盛京内务府顺治年间档》,载《清史资料》第 2 辑。
⑤ 关嘉录、王佩环译:《〈黑图档〉中有关庄园问题的满文档案文件汇编》,载《清史资料》第 5 辑,中华书局,1984 年。

些从事非生产性的家内奴仆,他们或她们的婚配,更直接根据"豢养"者主人的好恶是从,这与前面说过民人家奴的婚姻,其权操于主人之手,是完全一样的。①

在正身旗人内部,身份上也大有区别。首先是宗室,也就是皇族。按照清朝政府的规定,在爱新觉罗姓氏中,凡太祖努尔哈赤父亲塔世克的本支,即努尔哈赤及嫡亲兄弟以下子孙,都归于宗室之列;再就是觉罗,觉罗也是爱新觉罗本家之人,不过比起宗室,关系便远了一些,属于塔世克叔伯兄弟支系的人。再以下才是一般正身旗人。宗室、觉罗和一般正身旗人,尽管在身份和政治、经济待遇上各有区别,不过体现在婚姻关系上,除了宗室上层通过皇帝或太后"指婚"嫁娶外,其他人员只要不违反旗民不通婚规制和良贱不婚例,均可自行婚配。在这些自行婚配中,实际起作用的是爵秩和门第。有关内容,我们在结合门第婚姻的论述中还会谈到。

包括皇帝、皇子、皇孙在内的宗室上层的"指婚",是通过选秀女的途径来实现的。清代选秀女的制度从顺治时已经开始。据光绪《大清会典事例》记载:

> 顺治年间定,八旗满洲、蒙古、汉军官员、另户军士、闲散庄丁、秀女,每三年一次,由户部行文八旗二十四都统,直隶各省八旗驻防及外任旗员,将应阅女子年岁,由参领、佐领、骁骑校、领催及族长,逐一具结呈报都统,汇咨户部。户部奏准日期,行文到旗,各具清册,委参领、佐领、骁骑校、领催、族长及本人父母,或亲伯叔、父母兄弟、兄弟之妻,送至神武门,依次序列,候户交内监引阅,有记名者再行选阅,不记名者听本家自行聘嫁。如有事故不及与选者,下次补行送阅。未经阅看之女子及记名女子私相聘嫁者,自都统、参领、佐领及本人

---

① 这样的例子,在内务府和宗人府档案中常有所见,不一一引述。

父母、族长,皆分别议处;有残疾不堪入选者,由族长、领催、骁骑校、佐领具结呈报都统,声明缘由,咨户部奏闻。①

引文所述,主要谈秀女的选择范围、选择手续,以及对违反者的责任处理。这一规定,后来虽有修订和补充,但基本情况不变,凡与选秀女,一是备充主位,即成为皇帝妃嫔、常在、答应的候选人;另一是作为皇子、皇孙、亲王、郡王、亲郡王子孙的配偶,如福晋、侧福晋等。通过选秀女,可以看到,正身旗人的女子,只有在经过遴选秀女这一关口后,做父母的才可作主议婚配。这也是正身旗人婚姻中与众不同之处。②

除了选秀女之外,还有选宫女。挑选宫女的手续与选秀女的在某些方面颇相类似,但挑选的对象和进宫的目的却不相同。挑选宫女只限于内务府所属包衣佐领范围之内,即皇帝的仆役们,而且其父的任职限于佐领、管领以下的及岁(虚岁13岁)女子。挑选宫女的目的是为内廷主位供差遣,即侍候太后、皇后和诸妃嫔的起居,再就是到尚衣、尚饰等所服役。她们中也有被皇帝看中,而升格为答应、常在乃至晋封为嫔妃而彻底改变地位的,但绝大多数直至出宫,仍属奴仆身份。

(三)违例婚嫁层出不穷

清朝统治者规定满汉不通婚,竭力倡导保持满洲的风俗传统。在生活上,京师诸旗各有方位界址,外地驻防则常常单独建立满城。但是,他们毕竟生活在汉人的包围之中,不能完全与汉人隔绝交往,特别是一些外地驻防者,本来人数不多,圈子狭小,随着战争的减少,双方的交往与日俱

---

① 光绪《大清会典事例》卷1114。
② 后来随着旗人人数增加,秀女的选择面已有所缩小。

增,包括结亲之事,也就频频地发生了。雍正四年(公元1726年),蔡良被任命为福州将军,行前向皇帝陛辞请训。胤禛特别交代了一个任务,要他调查那里的驻防旗人与汉人结亲事。经过蔡良近半年密询,得知在全部12 658名驻防男妇老小中,娶汉民女子及绿营兵丁之女为妻的有214名,将女聘与营兵为妻的2名。由于问题比想象的要严重,雍正帝不得不采取慎重态度。他在朱批中指示:"未办止此,但已往原不可究,将来当着实严禁。"①对既成事实一律免了追究。其实,类似情况并不限于福州,在广州驻防八旗中也有发生。据广州将军石礼哈在密折中称:

> 若辈自先在藩下,至今七十余年,生斯长斯,生齿日盛,父兄基业在此,亲朋婚媾在此,渐与粤人类成一事,势所必然。②

看来较之福州更有过之而无不及。

外地驻防旗人如此,在京师也不例外,乾隆二年(公元1737年),就有正白旗包衣常春,将女儿疑住私下配给永平府民人王逊英儿子王朝臣做了童养媳;③还有像镶红旗满洲马甲季爽亭继妻杨氏,原来亦是宛平县民户。④ 嘉庆十八年(公元1813年),皇帝颙琰针对移居盛京的宗室、觉罗们的婚姻,专门发了一道上谕:

> 宗室、觉罗,定例不准与汉人联姻。本日宗人府奏:移居盛京宗室户口单内开写妻室氏族,内有张氏、李氏、白氏、陈氏,是否汉军?抑系汉人?……着宗人府逐一查明,并普查宗室、觉罗有无与汉人联

---

① 台北故宫博物院编:《宫中档雍正朝朱批奏折》第7辑,1980年,第547页。
② 《宫中档雍正朝朱批奏折》第7辑,第761页。
③ 中国第一历史档案馆藏:档案,《内务府来文》,第2109号。
④ 中国第一历史档案馆藏:档案,《宗人府堂稿》,第560号。

姻之户,据实奏闻。已联姻者各予应得处分,不必离异。自此日始,申明定制,严行饬禁。①

几天后,宗人府具本回奏,否认宗室、觉罗中私下与汉人联姻事。至于原奏中出现的张氏、李氏等,是因为把汉军中的章佳氏、李佳氏取简讹写所致,又把蒙古中的博尔济吉特氏讹写成白氏。② 我很怀疑这是一种搪塞。因为在通常情况下,呈递给皇帝的奏疏,绝不敢疏忽行事,何况像宗人府这样专管宗室事宜的机构。回奏说把张佳氏简略成张氏等,系属讹写,这是不大可能的。按于汉姓原姓后加一"佳"字,依照清朝惯例,那是一种荣誉。又如博尔济吉特氏,乃蒙古著姓,更不可能随便加以略写。如果说宗室、觉罗在京师还有所顾忌,加上旗人众多,在婚姻选择上不敢太出圈子,到了盛京,天高皇帝远,仗着又是皇族本支,完全可能做类似满汉通婚这样的违禁事。大概皇帝也觉得不宜过分追究,只要有个说法,能防微杜渐,也就算了。实际上,既然开了口子,真的要再堵上它,那是很难的。③

旗人与民人之间的违例婚嫁愈演愈烈,使得统治者不得不面对现实,在某些方面稍作松动。首先是确认了旗民结姻中,汉人女子准许嫁给旗人为妻的做法。这是因为连皇帝本人也常常遴选汉族佳丽进宫,不时加以临幸。当然,她们不是作为秀女之身进来的,身份较低,只能作为媵妾,但若生有子女,或取得皇帝的欢心,地位就可能变化。仅以康熙帝玄烨为例,他频频临幸汉族进宫女子,生有子女并取得主位封号的就有密嫔王氏、贵人袁氏、陈氏、易氏,另有高氏、石氏、陈氏、陈氏、张氏、王氏、刘氏

---

① 《清仁宗实录》卷270。
② 《清仁宗实录》卷270。
③ 据乾隆二十九年(公元1764年)吉林将军在给三姓副都统衙门的一个咨文中,一再强调要查明旗人之女及孀妇并旗人家奴之女及孀妇,有无嫁给汉族流民,务必将"嫁给民人之事永行禁止,一个也不准嫁"。这间接说明,至少在此之前,有过旗女嫁与民人的事。(辽宁省档案馆:《清代三姓副都统衙门满汉文档案选编》,辽宁古籍出版社,1995年,第132页。)

等,有子女而无封号。① 既然皇帝可以这么做,底下的满族亲贵及各级官员也会跟着效仿,虽然这些汉族女子,多数也是以媵妾之身进府的,但她们所生育子女,有的承袭爵位或中举做官等,母亲随之取得诰命,地位也就改变了。

至于普通正身旗人聘娶汉族女子为妻,更多的是从实际出发的。随着岁月的流逝,满族和汉族之间,通过长期交往接触,文化心态和生活习俗,逐渐在互动中融合,彼此的包容性增多了。另外,满族人口中存在的男多女少的矛盾,也促使他们去聘娶汉人媳妇。根据美国学者李中清教授对清代皇族和辽宁省部分皇庄庄丁人口行为的研究,在新生婴儿死亡率中,女婴较男婴要高得多。② 又据宗人府所作皇族人口出生报告,自道光二十七年(公元1847年)正月至二十八年(公元1848年)六月止,共出生男孩312人,女孩275人,男女出生性别比例约为113：100;二十九年(公元1849年)出生男孩301人,出生女孩208人,性别比例约为145：100。③ 出生报告中的男女性别比例就已失衡,再加上婴幼儿养育时期女孩的死亡率又高于男孩,这就使得男女性别比例处于严重失衡状态。此外,满族家庭中多妻现象严重,也导致了少女难求。在当时,旗人中只要生活稍可过得,便不忘纳妾;生活优裕者常常拥有三妻四妾。满族的人口本来不多,特别是那些外地驻防者,如同在孤岛之中,只靠本民族或旗内通婚,已无法满足需要,聘定邻近汉族女子,属势所必然。按照传统的宗法制,继嗣是以父亲、父姓为准的,不致因为娶了外来、外族女子为妻,使所生子女的父系从属性发生改变,满族和旗人也是一样。这即是统治者对满人、旗人娶汉女,采取宽容政策的重要原因。至于汉族家庭愿意与满

---

① 参见杨珍《康熙皇帝一家》,学苑出版社,1994年,第425—427页。
② 李中清:《中国历史人口制度:清代人口行为及其意义》,载《清代皇族人口行为和社会环境》,北京大学出版社,1994年。
③ 鞠德源:《清代皇族人口册籍》,载《清代皇族人口行为和社会环境》。

族或旗人结亲,除了文化心态逐渐接近,亦与旗人的政治地位一般较汉人高,又每年定时关发粮饷,生活上能得到保障,有相当的关系。清朝政府规定:"若民人之女嫁与旗人为妻者,该佐领、族长详查呈报,一体给予恩赏银两。"①这便是统治者对满族或旗人娶汉女做法的肯定。

统治者虽然放开了旗人娶汉女的禁令,但对满族或旗人女子出嫁给汉人仍严禁如故。在以男性为主体的社会里,女子一旦嫁进来,便意味着必须接受这个家、这个族的规矩习俗,变成其中的一员;为这个家、这个族添丁进口,繁衍子孙。嫁出去就不一样了,本家本族再也无法控制,从此就成了别家别族的人。这实际上也是一个人数较少民族,在人数众多民族包围、影响下,为保存自己不被同化、融合的一种具体有力的手段。道光十六年(公元1836年),地方上发生旗人陈氏将女儿许配民人高纬保为妻一事。案件一直上送到朝廷,因双方业经聘定,所以经皇帝审核,决定网开一面,准许完婚。但同时告谕户部等有关衙门,要他们明定条例,制止此类事件再加蔓延。经商议批准:

> 嗣后八旗、内务府三旗旗人内,如将未经挑选之女许字民人者,主婚之人照违制律治罪。若将已挑选及例不入选之女许字民人者,主婚之人照违令例治罪;民人聘娶旗人之女者,亦一例科断。至已嫁暨已受聘之女,俱遵此次恩旨,准其配合,仍将旗女开除户册,以示区别。②

新例规定,既往者不究,但要开除旗女户册,只作民女,若有再犯,便要按违制例科断。诚然,这不足以从根本上消除旗人女子出嫁给汉人的事实,

---

① 咸丰《户部则例》卷1《户口·旗人嫁娶》。
② 《清宣宗实录》卷280。

可对抑制潜流的发展,也许能暂时起一定作用。①

在禁止通婚问题上,总的说来,统治者对上层的控制较下层要严,对宗室、觉罗比一般正身旗人要严;在八旗内部,对满洲八旗较汉军八旗要严;在时间上,前期严厉,后来因形势使然,不得不逐渐松动,直到后来完全开禁,这也是历史发展的必然。

三、禁止民苗、民番和蒙汉结亲

禁止汉人和南方苗族等少数民族结婚,主要是针对雍正至乾隆初,一些民族地区实行"改土归流"后,为防止汉人大量进入,与苗民等当地少数民族交结所作出的一项预防性措施,正如乾隆二十四年(公元1759年)湖南巡抚冯钤所言:

> 照得楚南辰(州)、永(顺)、沅(州)、靖(州)暨桂阳等府州所属地方,俱系苗疆。查苗瑶风俗人情究与民人各别,定例严禁奸民、兵役擅入苗地,文武失察,定有处分,凡所以防微杜渐,使民苗永永相安于无事也。……近来苗瑶向化,乐与民人亲近,而民人亦因其亲近,遂与之交往,或认干亲,或结弟兄,彼此绸缪。……此风断不可长,有苗各厅州县,务须严禁,不许与苗私相交结,并令峒寨各总长晓谕各苗瑶不得与民人往来,违者究处。②

冯钤的禁限主张实在没有道理,而且也行不通,但确实反映了一部分官员的思想。他们认为交往增加,纠纷也会随之多起来,把原来的稳定关系给

---

① 按照清朝政府的规定,旗人婚嫁、死亡、寡妇守孀无子赡养,都可得补贴。旗女外嫁,要革除旗籍,作民户对待,上述待遇就自动消失,这对阻止旗女外嫁是起作用的。
② 乾隆《永顺府志》卷11,冯钤:《抚苗条款》。

破坏了。这些人恰恰忘记形势不同、时代不同了,民苗之间交往的增多和关系的不断深入,乃是不可抗拒的潮流,随之而来的互结婚娅,也是必然的事实。

其实,政府禁止民苗结亲,在操作上就遇到很大的困难。它不像禁止满汉结亲那样,双方册籍明确,管理严密,很容易发现并制止。在这些民族地区,尽管已改土归流,设置了府州县厅,也派驻了相应的官员,可毕竟事属初创,基础薄弱,保甲组织不严密,有的还来不及建立。且苗瑶等百姓多居住在山区,交通不便,只要存心藏匿,官府很难查清。正是基于这样的现实,各任官员意见亦各有歧异,松严禁弛,反复不停,弄得朝廷也拿不准如何是好。直到乾隆二十九年(公元1764年),根据原任湖南巡抚陈宏谋的奏请,才算有了明确的方针。皇帝弘历在读了陈的上疏后,给军机大臣等下了一道上谕说:

> 根据陈宏谋奏,向例湖南省民人不准与苗人结姻,后经弛禁,近复禁止,于该处情形转觉不便等语。湖南沿边一带地方,民苗杂处,从前因苗人归化伊始,梗顽者尚未尽驯,恐与民人交通,汉奸或致构生事衅,是以定例甚严。今苗人向化有年,涵濡日深,渐习耕读,与内地民人无异,若令其姻娅往来,与苗民声息相通,则各峒寨风土人情,或可得其要领,于地方亦属有益,今陈宏谋既奏及此,于理似属可行。①

由于陈宏谋的条奏,使得禁止民苗结亲的规定,在几经摇摆后,终于被废止。乾隆三十二年(公元1767年),刑部修改律例,特别加进了"湖南省

---

① 《清高宗实录》卷712。

所属未剃发之苗人与民人结亲,俱照民俗以礼婚配"①的条文,但对未经入籍,在苗区来去不定的商贾客民,仍维持了不许结亲的原例。

与禁止民苗结亲性质相类似的,还有禁止移住台湾的汉民与高山族之间的婚姻,即所谓不许民番通婚。稍有不同的是前者于乾隆中业已弛禁,后者原先无禁令,乾隆初才加严禁。关于禁止台湾汉民与当地世居少数民族结亲的条文,起始于乾隆二年(公元1737年),由巡台御史白起图奏准施行的。内中规定:"违者离异,民人照违制律杖一百,土官、通事(译员)减一等,各杖九十。该地方官如有知情故纵,题参交部议处。"②这大概因为直至乾隆初年,清政府对大陆百姓去台湾还没有完全开放,后来又鉴于移居者日众,而台湾的面积毕竟有限,不能让汉民无节制地深入高山族人住地,不得不加以防范的一项措施。

禁止蒙汉结婚,始定于康熙二十二年(公元1683年),据乾隆《理藩院则例·录勋清吏司·婚姻》载:

> 凡内地民人出口,于蒙古地方贸易、耕种,不得娶蒙古妇女为妻。倘私相嫁娶,查出,将所嫁之妇离异,给还母家,私娶之民照内地例治罪,知情主婚及说合之蒙古人等,各罚牲畜一九。

这是明确规定汉人不得娶蒙古妇女为妻的禁令。由于从山东、直隶、山西、陕西等省百姓跨越长城到蒙古租地垦荒和从事贸易者愈来愈多,私下嫁女招赘的事亦禁不胜禁。③ 乾隆五十二年(公元1787年),一对汉蒙夫

---

① 《大清律例通考校注》,第454页。
② 《大清律例通考校注》,第454页。
③ 比如雍正十一年(公元1733年),清廷又就汉民娶蒙古女子事作了如下规定:"至民人出口,在各扎萨克地方贸易、种地,娶蒙古妇人,生有子嗣者,交归化城都统、同知等,细查伊等原籍、姓名、数目,造册具报。内有愿归原籍者,由该同知给与印结,准其带领妻子入口。嗣后仍照旧例,严禁蒙古妇女,不许与民人为婚。"(《清世宗实录》卷129)说明康熙年间的禁令,效果并不大。

妇因奸情发生命案,定罪时,在涉及汉蒙夫妻结亲是否具有合法性的问题上,直隶和山西两省衙门意见分歧,不得已,移咨刑部决断。可刑部也难定是非,最后只好请示皇帝。弘历在了解情况后,发布了一道上谕:

> 国家休养生息,中外一家,本无畛域之分。从前定例,内地民人不准婚娶蒙古妇女,或因民人等暂时出口谋生,在彼婚娶易滋事端,是以设有明禁。近来生齿日繁,内地民人子身出口贸易种地者不可胜计,伊等相处日久,往来婚娶,势难禁止,设遇有奸杀等案,自当按律办理,何必分别多立条款。……至民人不得婚娶蒙古妇女,不但此条可删,并可无庸形之章牍。①

由于此案,蒙汉结亲禁令被撤销,这一方面说明触禁者自不在少数,同时也说明统治者认识到原先的禁令已不适应形势了。遗憾的是,这并不是最后的结果,嘉庆六年(公元1801年),清朝政府在镇压湘黔苗民和白莲教起义以后,犹如惊弓之鸟。恰于此时,直隶等地遭遇水患,大批灾民纷纷出口,到蒙古等地觅工求食。为避免出现事故,清朝政府加强了对那里的控制,反映在蒙汉结亲上,又转向严厉,重申禁婚之令,只是考虑到曾经开禁的事实,对业经结亲、两家亦情愿继续生活者,允许陆续带回原籍。可在此之后,若有再犯,一经告发,不但要责令离异,将蒙古女子交还母家,其余参与人员亦得一并受罚,如主聘和违例之民,各枷号三月,满日鞭一百,非本籍者解回原籍;失于纠察的当地台吉罚三九牲畜,旗的长官札萨克罚俸六月。② 新令比原来的旧禁还要严厉,特别是加强了对台吉、札萨克的处罚力度,用以表明朝廷对抑制蒙满通婚的重视。

---

① 《清高宗实录》卷1282。
② 参见郭松义等《中国政治制度通史·清代》,人民出版社,1996年,第299—301页。

清朝统治者对蒙汉通婚防范甚严,与它对蒙古的结盟政策有密切关系。早在关外时期,努尔哈赤和皇太极就致力于与蒙古结好,通过满蒙联盟,对付明朝,互联婚姻乃是其中的重要手段。进关后,清朝的统治地域扩大了,政治权势得到加强,但面对众多的汉人和广阔无垠的北部边疆,与蒙古各部的结盟不但不能削弱,而且还得巩固和扩大,表现在联姻上亦一步步更趋于规范化,最后形成一套完整的"备指额驸"的制度。① 由于这种联盟,以及这种联盟指导下的互结婚娅,本来就是政治利害的结合,因此必然具有排他的性质,害怕因蒙汉缔姻,结成亲密关系,导致满蒙联盟被削弱和破坏。这就是清朝政府不惜违背潮流,一再下令禁止蒙汉结亲的根本缘由。

其实所谓满蒙通婚,也只局限于上层,因为结盟本身就是上层之间的行为。当然这中间也有一定的客观因素,比如清朝实施的八旗制度和蒙古各部中推行的盟旗制度,每个成员都被牢牢地固定在一定的组织之内,很难随意超越。何况在入关后,八旗的驻防地只有少数如归化城等在蒙古地区,绝大多数都不接邻,加上统治者又不倡导,八旗之外,满蒙下层是很难结亲的。不仅如此,清朝政府对蒙古各部间的婚姻也有严格的限制,康熙十八年(公元1679年)题准:

> 台吉等擅与喀尔喀、额鲁特结婚姻来往者,革去爵秩,不准承袭,所属人全给其近族兄弟,除妻子外,家产牲畜俱入官,所属人随往者各鞭一百,罚(牲畜)三九,将所属人女遣令随嫁;女之父不向札萨克王、贝勒处呈明者,鞭一百,所遣送嫁属人不自呈明者,亦鞭一百;失察之卡伦官员革职,籍其家,兵丁鞭一百,罚(牲畜)三九。若将所遣

---

① 参见郭松义等《中国政治制度通史·清代》,人民出版社,1996年,99—301页。

送嫁人,误以为逃人解院者,札萨克王等罚(牲畜)五九。①

上述台吉,指内蒙古各部台吉,清朝称内札萨克。喀尔喀、额鲁特,指居住在今蒙古共和国,以及我国新疆、青海和阿拉善等诸部蒙古,编立盟旗后,清朝称外札萨克。清朝政府既然对蒙古各部间的婚姻防范得如此严格,那么对于不断涌入的汉人,哪怕是下层间的蒙汉自发结亲,当然更是疑虑重重。清朝政府对蒙汉通婚,禁而复弛,最终还是要禁,这从限制蒙古内部结亲中,也可悟出一定的道理来。

第二节 嫁娶必论门户的习俗

除了前面说的良贱不能通婚,旗民不通婚,以及禁止蒙汉通婚,限制民苗、民番结亲等法令、规定,在清代,国家再没有对通婚的阶级、阶层或民族、集团作其他限制了。然而,由于阶级、等级制的存在,各自社会政治地位不同,造成权力、财富上的种种差异,从而使人们在选择婚姻时,事实上存在着这样那样的限制,尽管这不属于法律的限定。比如官和民,绅和民,普通百姓中的少数富有者和多数贫困者,习惯上都各有通婚的圈子。清代著名清官于成龙在其亲书的"治家规范"中,谈到嫁娶原则时认为:"结亲惟取门当户对,不可高攀,亦不可就下。"②于的"治家规范",被当时人看成待人处事的一种准则。他提到嫁娶要门当户对,就是指夫家和妻家必须在地位、富贵上大体相当,不要把择偶的社会圈子给弄混了。应该

---

① 康熙《大清会典》卷145。
② 余治:《得一录》卷1,光绪年间刻本。

说,类似这样的说法并不限于于成龙一人。比如:

> 择婿、择妇、大率门户相当者为之,贫富之相较为后,而清浊之分必严也;①
> 两姓相合最重门第,门第不当,断不苟就,贫富非所论也,非惟绅士为然,即商贾农工亦尔,倘非偶联姻,则乡党不齿焉;②
> 男女议婚,大率以门楣为重,亦互择人;③
> 婚娶必择家世相当者;④
> 婚姻论门第,辨别上中下等。⑤

以上所列,与于成龙的说法都大体相同。当然,也有人撇开家庭门第而谈择婿论人品、选媳重贤淑的。金姓在"家诫"中说:"娶妇与择婿,所重惟才贤,勿徒羡门阀。"⑥其实金姓说的重才,也是以一定的门第为前提。在当时社会里,一个官绅家庭,即使他再看重门第贤才,也不会去选择一个底层农民子弟作女婿。有人说得很好:

> 世人结婚,当以其家父母子女之贤良为主;其次只要门户对,纵贫富贵贱不宜太过。⑦

在此公的心目中,子女的贤良,与父母、门户是有关系的,只是不要把门当

---

① 光绪《乐亭县志》卷1。
② 乾隆《翼城县志》卷3。
③ 乾隆《吴江县志》卷38。
④ 同治《赣州府志》卷20。
⑤ 同治《祁门县志》卷5。
⑥ 张应昌编:《清诗铎》,中华书局,1983年,第783页。
⑦ 石金成:《传家宝》,天津社会科学院出版社,1992年,第185页。

户对、贫富贵贱看得太绝对了。应该说，这种说法符合清代家庭的门第富贵是处在不断变动之中的实际情况的。

所谓婚娶论门第，主要指中上等以上家庭，这一点早有人指出："中上之家只论门户。"①在他们看来，只有中上等家庭才有资格谈门第，众多的下等家庭，除了高攀以外，根本谈不上门第不门第。乾隆十年（公元1745年）初，浙江桐乡县（今桐乡市）发生了一件抢亲案。事主沈君候，从雍正八年（公元1730年）9岁时起，就受雇于姚天祥家做帮工。姚家是有若干田地，还娶得起妾的中等人家，有个女儿，年龄比沈小四五岁。乾隆三年（公元1738年），沈被辞工，但仍有往来。沈与姚女因小时熟识，并不互避嫌疑。大概因一方有意，而姚方家长却无反应。于是，沈约同亲友雇船2只，连同乐人、喜娘共12人，乘机将姚女（时年17岁）抢走成亲，企图造成既成事实，迫使姚家家长同意，不料被姚母金氏（此时姚女父亲已故）告到县衙。当桐乡县（今桐乡市）受理此案审讯时，金氏明白地说："小妇人家也有一碗饭吃，怎么肯把女儿许配与帮工的？"②在金氏看来，尽管姚沈两家同是平民家庭，但毕竟一个是稍有薄产的小康之家，另一个却曾为雇工，在门第上不般配，谈不上互相结亲。至于那些高官显宦，或本人虽已远离官场，但余威仍在，或托祖上荫德家大业大的世家大族，他们更是把联姻看成是交结同道、扩大权势的绝好途径。即使有人并不明确有此意图，从等级身份讲，也不屑与小门小姓或卑官杂职去谈亲论姻的。难怪很多资料记载："士大夫缔姻多重门第"③"故家巨族为婚必择门第相埒者为之，小家虽富不与焉"④"婚姻论阀阅，严故家小姓之辨"⑤。甚至连辟居边

---

① 民国《邯郸县志》卷6。
② 中国第一历史档案馆藏：档案，《刑科题本·婚姻奸情类》盛安题，第127号。
③ 光绪《镇海县志》卷3。
④ 民国《新昌县志》卷5。
⑤ 道光《恩平县志》卷15。

省的云南顺宁府,一些著姓望族,也把门第作为婚姻选择中的首要考虑目标。①

在门第婚姻中也有这样一种情况,他们曾一度辉煌,可因世道变迁,由盛变衰,遗憾的是主人的思想没有转过来,架子也没有放下,把业已流逝的追忆,当成仍可寻觅的现实,死抱着门第的牌匾不放,反映在婚姻选择上,便是高不就,低不成,以致延误了子女的终身。江苏靖江县陆奉贤为女择配例,就很典型:

> 陆氏,陆奉贤女,生性贤淑,父意欲得佳婿,但门户衰微,问名者少,由此愆期。道光十六年父故,年逾三十,女遂守贞不字,纺织自养。②

本来,陆女的自身条件不错,错就错在做父亲的忘记了家庭业已发生的变化,不明白很多人是势利的。他们看重的是现实的门第,要让人把过去的荣华富贵当成现在存在的东西,这实际上是一种高攀,是要对方低就于你,这当然很难实现,最后的代价是女儿"守贞不字",孤身至死。类似陆奉贤的事,不止一例。比如有的地方好指腹为婚,或从小聘亲,可后来两家中有一家发生变故衰败了,或两家一家上升一家下降,原本相等的门第出现了差错,于是"悔贫就富,讼讦叠构",不但失了两家和气,还耽误了男女婚嫁。③ 在清朝笔记小说中,利用此类素材编成故事的屡见不鲜,其主要情节,多系自小定亲,后来男家衰败或公子落难,投亲翁公之家,被赖婚斥逐等,那是要从道德的角度加以惩劝。有人曾感叹地说:

---

① 光绪《续顺宁府志稿》卷5。
② 光绪《靖江县志》卷15。
③ 乾隆《直隶通州志》卷17。

> 今世早聘图门第之高、财礼之盛，及期则家有废兴，往往不终，诚可戒也。①

也有的定亲后，眼看对方门第萧索，悔盟怕舆论讥讪，就此默认又于心不甘，就在婚期上做文章，一拖再拖，"迟嫁晚娶，不无习俗之累"，弄得两家都很被动。②

在结亲必就门第相当观念的支配下，一些满汉世家互为攀援，结成了一张张一荣俱荣的关系网。陈康祺《郎潜纪闻初笔》中有"宋夫人议论矜贵"条：

> 陈文简公娶长洲宋文恪公女。康熙间，文简由吏部侍郎巡抚广西，宾客入贺，宋夫人独愀然不悦者累日，曰：一门群从，咸列清华，我夫子乃出为粗官，令我惭颜于娣姒矣。见《鲒埼亭集·广陵相国伤逝记》。盖其时陈氏一门，宗伯清恪公、司空文和公、丙斋司寇、鲍庐少宗伯，皆官九列，而夫人之姊妹夫太仓王相国、海宁顾侍郎、合肥李宫詹、长洲缪宫赞，亦同时以巍科清秩，比踵朝端，故夫人云然也。

文中所说陈文简公侍郎即陈元龙，是著名的海宁陈家子弟，康熙二十四年(公元1685年)榜眼，五十年(公元1711年)由吏部左侍郎升任广西巡抚，后又历任工部、礼部尚书，授文渊阁大学士，文简是他死后的谥号。另如宗伯清恪公，指元龙从兄陈诜，举人出身，官至礼部尚书，死后谥清恪；司空文和公，指陈敱永，顺治十二年(公元1655年)进士，司空乃工部尚书的别称，谥文和；丙斋司寇系陈论，陈诜之兄，康熙三年(公元1664

---

① 乾隆《揭阳县志》卷7。
② 乾隆《蔚州志》卷26。

年)进士,官至刑部右侍郎,司寇便是刑部堂官异称;匏庐少宗伯即陈邦彦,康熙四十二年(公元1703年)进士,少宗伯指他所任礼部右侍郎。顺康之际,海宁陈家中进士和做大官的还有陈之遴,以及陈世倌、陈世仁、陈世信和陈世侃(均陈诜子)等,是清代江浙一带的赫赫名家大族。陈元龙的夫人宋氏的娘家,是江苏苏州府人,长洲属府附郭县。明清以来,苏州世家大族云集,宋家亦不是等闲之辈。陈夫人宋氏的祖父曾是明朝的监察御史、山东巡按使,因殉己卯难赠大理司卿;父亲宋德宜,也就是文中说的文恪公,更是官运亨通,出仕后由翰林院编修,一直到大拜太子太傅、文华殿大学士。宋德宜的四个儿子,亦即宋氏的兄弟,两个由进士进入翰林院,两个是国子监生,其中长兄宋骏业,官至兵部侍郎。他们选配的妻家,各都世家莫属。宋氏有10个姊妹,除她以外,姊妹中还有四个夫婿中了进士,即大女夫婿顾藻、三女夫婿王掞、四女夫婿顾用霖、七女夫婿李孚青,陈元龙排行是第五个女婿。剩下几个夫婿,也都是举人、监生出身,各有功名。至于文中说到的太仓王相国,便是三姊夫王掞。王掞的曾祖父王锡爵,是前明时期的有名首辅(大学士);父亲时敏则系清朝的太常寺卿,正三品官。王掞本人更屡任各部堂官、大学士。王掞的儿子中,也有两个是进士,做到三四品官,可谓族望悠久,长时不衰。通过陈、宋两家,可清楚地看到他们的婚姻关系,首先是显赫的家世将其联结在一起,而婚姻又加强和扩大了双方的声势。如此一层连着一层,编织成休戚与共的大网络。

  在康熙中期,中央上层官员中,曾发生过绵连多年的"南党""北党"争夺政治权力的争斗。所谓"南党",即由籍隶浙江和江苏苏、松一带士人所组成,主要成员有徐乾学、高士奇、王鸿绪、徐元文、王顼龄、陈元龙等。他们中像徐乾学和徐元文(清初著名学者顾炎武的外甥)、王鸿绪和王顼龄都是兄弟,同时又互结婚娅,比如徐乾学和高士奇有子女姻亲,王顼龄除与陈元龙有子女姻亲,又与高士奇结为亲家,如此等等,使他们的利害关系更加紧密。康熙二十八年(公元1689年),因结党事发,玄烨下诏解除了徐乾学、高士奇、王鸿绪、陈元龙、王顼龄等人的职务,但因他们的兄弟和姻亲纽带仍在,所以实际的政治潜力并没有消失。康熙三十三年(公元1694年),玄烨以修书缺乏人才为名,再次下诏起用徐乾学、王鸿绪和高士奇。他们中,除徐乾学病逝未闻命,另两人都重新返京获得任用,这也是荣衰与共的例子。

在清代,达官贵人结亲讲求名望的,不仅仅是汉人,在满洲旗人中亦毫无例外。在满洲家族中,除皇族爱新觉罗氏外,最著名的有瓜尔佳氏、钮祜禄氏、舒穆禄氏、纳兰氏、董鄂氏、辉发氏、乌喇氏、伊尔根觉罗氏和马佳氏。由于他们的祖先在协助努尔哈赤、皇太极打天下中功勋卓著,分别得到高官厚爵,并荫及后世,据说"凡尚主选婚","皆以八族为最云"。① 仅粗略统计,有清一代,八大家中被选进封为皇后、妃子的就不下数十人,其中以纳兰(纳喇)氏和钮祜禄氏受封为最多。他们也互结婚娅,像钮祜禄氏遏必隆,系康熙初四辅政大臣之一,他的孙子就娶了瓜尔佳氏、努尔哈赤最为依倚的名臣费英东的玄孙女。② 又如帮助玄烨平定三藩立了大功的马佳氏、一等公图海,他的元配伊尔根觉罗氏、继配钮祜禄氏,亦均系名族。③ 康熙己丑科进士、协办大学士文勤公章佳氏阿克敦妻伊尔根觉罗氏、继妻那拉氏,后来他的儿子大学士、一等诚谋英勇公阿桂娶瓜尔佳氏。④ 这些都是八大姓中相互结亲的例子。

满洲中的门第婚姻,当然不止八大家。历事康雍乾三代、权倾一时的

---

① 昭梿:《啸亭杂录》,中华书局,1980年,第316页。又据崇彝《道咸以来朝野杂记》载:"八大姓,为钮祜禄氏、瓜尔佳氏、舒穆鲁氏、那拉氏、完颜氏、富察氏、费莫氏、马佳氏、章佳氏,实为九姓,然费莫、马佳二姓乃一族也。"又,那拉氏"分叶赫、辉发二那拉,其初皆地名"(北京古籍出版社,1982年,第47页)。
② 黄培:《清初的贵族:婚姻与政治》,载《庆祝王钟翰先生八十寿辰学术论文集》,辽宁大学出版社,1993年。
③ 《马佳氏宗谱文献汇编》乙编卷3《恩荣》,1995年家刻本。
④ 参见那彦成《阿文成公年谱》,嘉庆年间刊本。

襄勤伯西林觉罗氏鄂尔泰,可算得上典型。鄂尔泰的祖父图彦图曾"从龙入关",袭骑都尉世职(相当于正四品官待遇),官户部郎中(正五品);父亲鄂拜任国子监祭酒(从四品)。虽然他的爵职在八旗世家中排不上名门,可也不是普通人家。到了鄂尔泰时,西林觉罗氏升起了一颗新星。鄂尔泰是凭借父祖家门的底子,再加上自身的努力,很快在官场中显露了风采。康熙时由佐领、侍卫而迁内务府员外郎,雍正年间又外任方面大员,进而授保和殿大学士兼兵部尚书、办理军机处事,授一等伯爵,世袭罔替,乾隆即位后继续受到重用。在此殊荣下,鄂尔泰及其子女的婚配都出自名门。鄂本人先娶满洲八大家之一的瓜尔佳氏,继娶席他拉氏。席他拉氏系大学士兼吏部尚书迈柱的女儿(鄂娶时,迈柱任户部员外郎)。其余如长子容安娶通政使博尔多女;次子实先娶漕运总督补熙女,继娶大学士、河南总督高斌女;三子家娶领侍卫内大臣、信勇公哈达哈女;四子先娶内务府总管、户部尚书海望女,继娶觉罗女;五子宓(沂)系成亲王允禄的额驸;六子宜(谟)则娶母家表妹、迈柱孙女为妻。还有鄂尔泰胞兄鄂临泰的女儿,被拴婚于怡亲王允祥第四子弘晈。鄂临泰的女儿下嫁时,允祥正得宠于雍正皇帝,权势如日中天,接着弘晈于雍正八年(公元1730年)晋爵宁郡王。就在这张婚姻网中,可以看到鄂尔泰一家声势之盛,是当时人难以比附的。①

嘉道之际的萨尔克图氏长龄一家也称望族。长龄正白旗蒙古人。当他成亲时,父亲纳延泰已故世了。纳延泰生前出任过议政大臣、理藩院尚书、镶黄旗蒙古都统授太子少保衔,所以为其子聘娶的汪嘉氏亦门第相当,岳丈海明曾任湖广总督。长龄47岁那年当了巡抚,②同年又为其独子桂轮娶了候补知府锡龄的长女何舍哩氏。何舍哩氏病故时,桂轮已40

---

① 参见《鄂尔泰年谱》,中华书局,1993年。
② 参见《长文襄公自定年谱》。

岁。但因长龄历任将军、总督等高官,又因平定新疆张格尔功进封二等威勇公;桂轮此时也位居镶蓝旗满洲副都统、兵部右侍郎,所以仍有直隶布政使素纳愿把年轻的女儿下嫁作填房。又如索绰络氏英和,内务府正白旗人,父亲德保历官礼部尚书。英和本人也少年得志,不满30岁已晋内阁学士,最后做到尚书、协办大学士、军机大臣。英和诩称他家是"祖孙父子兄弟叔侄四代翰林之家"。就是这种缘故,使很多名门奔之若趋,相竞与他家缔结姻亲。英和娶的便是漕运总督阿思哈的女儿;长姊下嫁简亲王第五子、镇国将军伊铿额;长子奎照先聘侍郎伊龄修孙女,又娶额驸武勋王扬古利五世孙女为继室;次子奎耀聘湖南巡抚高杞女为妻;五女以秀女资格备选入宫,又一女字学士法式善子、进士内阁中书桂馨为室。以下孙子、孙女,缔姻于高官之家,也是人们羡慕的对象。

在婚娶中,除父祖荫德以外,本人的地位和声望也很重要。顺天府大兴县人黄叔琳,父亲黄华蕃以明经出任大城县教谕,官小位卑。但黄叔琳很小就在科举的道路上表现了才华,14岁补廪膳生,时任礼科给事中冯云骕认定黄是块好材料,愿意把女儿许配与他。不到两年,冯氏病逝,而黄科场连捷,殿试一甲三名,不到20岁已是个探花郎了,所以很快又娶了年仅18岁的武昌知府周廷适的女儿(此时黄21岁)。黄28岁时,周氏又遭不幸,那时他正任翰林院侍讲,不久授山西学政。这样周氏的叔父候选主事周廷豫,欣然将19岁的女儿配黄做继室(该年黄32岁)。黄后来官至巡抚、侍郎,他的亲家也都地位相当,像长女适号称"浙东名族"的静海励氏。① 祖公励杜讷官至刑部右侍郎;公公励廷仪任吏部尚书,谥文恭;她的夫婿励崇万也是个进士,官一直做到都察院左副都御史。黄的儿子黄登贤,还就婚于曲阜孔氏。

在这些人物中,有的虽然后来做了大官,成了名人,但因为父祖门第

---

① 陈兆仑:《紫竹山房文集》卷17《光禄大夫光禄卿前刑部左侍郎静海励公墓志铭》。

不高,娶的元配夫人,家庭一般都不显赫。像因"作诗甚佳"号称学问家的王士禛,做过尚书、都御史等官。他年轻未出仕前,父亲不过是个拔贡生,所以16岁娶张氏,岳父张万钟仅系拔贡生出身(一度当过镇江府推官)。康熙朝名臣汤斌,祖父当过县丞,父亲是睢州生员。汤斌14岁应童子试,得了第一名,可娶妻马氏,家里只是个州庠生。这与他后来功成名就,屡任高官,几个子女嫁娶都属名门,大有区别。再比如,很多人都熟悉的毕沅,乾隆二十五年(公元1760年)状元,曾在不少省份当过巡抚、总督,又因提倡学术而受到人们的称道。毕沅的父祖都没有在宦海中博得过一官半职。他18岁娶汪氏,岳家平平。但随着毕官运亨通,子女都选了官宦之家。像长子念曾娶广西泗城知府陆受丰妹,长女智珠嫁光禄寺卿陈孝涿子,次女还珠许陕西巡抚秦承恩子,三女怀珠字第七十三代孙衍圣公孔庆镕,长孙兰庆娶广东学政曹仁虎女,次孙芝庆娶候选知府汪算孙女。他们中,亲家的官阶没有低于四品的。在讲究门第的婚姻中,最有意思的莫过于赵翼。他"生三岁,日能识字数十,十二岁为文,一日成七篇"①,是个奇才。但赵的家境实在太差,14岁丧父时,只剩下老屋七间,田一亩八分,上有三姊,其一尚未嫁,弟汝明、汝霖俱幼,因为家贫无资,以致周围人尽管佩服他,却未敢有与议婚者,到了20岁娶刘氏,当然谈不上是名门闺秀。经赵刻苦努力,不久以举人考取内阁中书,入值军机处,又因"进奉文字多出其手",受到大学士傅恒、汪由敦的信用。乾隆三十一年(公元1766年)刘氏病殁,大学士程景伊将其"抚为己女"的甥女主动嫁给赵翼。这与他娶刘氏时的状况已完全不同了。②

除了上面涉及的例子以外,我们试从清人年谱中辑得若干有关婚嫁的资料,列表1-1。

---

① 《清史列传》,中华书局,1987年,第5911页。
② 参见赵廷俊等编《瓯北先生年谱》。

表 1-1 门第婚姻示例

本人情况	父祖情况	子女情况
王崇简,明崇祯十六年(公元1643年)进士,官至太子太保、礼部尚书。 妻 梁氏,父梁应泽,进士出身,官至按察司副使。	父 王泾谷,进士出身,官至兵备道。 本生父 王南松,锦衣卫正千户。 母 张氏。	子熙(见下一栏) 　　娶都督金事陈邦政女,继娶编修宋杞妹。 燕　娶县令张文焕女。 照　娶通州文学罗应云女。 默　娶侍郎庄应会女。 女长　适锦衣卫都督金事陈居恭子。 次　适举人张永祯子。 三　聘宣府巡抚朱之冯子(未婚卒)。 四　适太仆寺少卿孙某。 五　适吏部侍郎孙承泽子。
＊　　＊ 王熙,崇简长子,顺治四年(公元1647年)进士,官至大学士、尚书。 妻 金氏,知府金显名女,检讨金泽芳妹。 继 刘氏,上林院监丞某女。 又继董氏,都司董正义女。		＊　　＊ 子克善　娶巡按宁承勋孙女,教谕某女。 克勤　娶国子监监生裴充琛女,继娶河南巡抚阎兴邦女。 女长　适进士、兵部督捕侍郎章云鹭子,荫生章维贞。 次　适都督金事戴天佑子监生戴绖。 三　适吏部侍郎胡兆龙子,荫生胡介祉。 四　适圣公孔毓圻子孔传铎。 五　适内阁学士顾祖荣子太学生顾伟宁。 六　许监生阎绂玺。
宋权,明天启五年(公元1625年)进士,官至内翰林院、国史院大学士,谥文康。 妻 刘氏,举人刘永贻女。	父 宋沾,官县令。	子荦(见下列) 炘　娶监察御史王应昌女。 炌　聘刑部尚书刘余佑女,未婚卒;娶中书舍人梁遂女。 女　适明太常寺卿侯执蒲子。

续表

本人情况	父祖情况	子女情况

* *
宋荦,权长子,进士出身,官至尚书。
妻 叶氏,明兵部侍郎叶廷桂女。
		* *
		子基 娶兵部主事狄宗哲女。
		  至 娶知县刘劢女(系同邑世交)。
		  陆 娶户部主事崔伦奇女。
		  著 娶中书舍人李芳广女。
		  致 娶知县刘士冠女,继娶知州王羽女。
		  女 嫁尚书、谥文正汤斌子。

王念孙,进士出身,官至道员。
妻 吴氏,州同女,赠翰林院编修女。
	父 王安国,进士出身,官至尚书,谥文肃。
	母 徐氏,知府徐亨时女。
		子 引之(见下所列)
		  敬之
		女长 适增贡生朱联奎。
		  次 适附监生郑枢。
		  三 适附生胡道传。

* * 王引之,探花出身,官至尚书,谥文简。 妻 沈氏,州同廪贡生沈业广女。 继 范氏,布政司经历范钟女。		* * 子寿昌 官至按察使,彦和、寿同各官至道员(婚姻不详)。 女长 适附贡生徐玉华。 三 适进士、郎中史致蕃。 据"墓志铭"云:子、女、孙、孙女"嫁娶皆名族"。
孙永清,进士出身,官至侍郎、巡抚。 妻 华氏(家世不详)。 继 顾氏,父顾仔,进士出身,翰林院侍读学士。	父 孙廷镛,官同知。	女 适太学生华亮(表亲婚)。 子 尔准(见下列)
* * 孙尔准,永清子,进士出身,官至总督,谥文靖。 妻 刘氏,父刘锡碬,进士出身,官至道员。		* * 子慧惇 娶进士、道员韩朝衍孙女,太学生溶女。 慧翼 娶举人、候补知县王文然女。

续表

本人情况	父祖情况	子女情况
龚自珍,浙江杭州望族,进士出身,官内阁中书、军机处行走。 妻 段美贞,著名学者段玉裁孙女。 继 何吉云,通判何裕里孙女。	祖 龚敬身,进士、道员。 本生祖 龚禔身,官内阁中书、军机处行走。 父 丽正,进士出身,官至道员。 母 段驯,段玉裁女。	子橙 娶进士、詹事府詹事陈宪曾女。 　陶 官至知县,妻室不详。 女阿辛 一说适江西南丰刘良驹,良驹父刘衡,号称清官。 　阿纯 适中书科中书孔宪遗子孔庆第。
祁韵士,山西著姓,进士出身,官至郎中,学问家。 妻 弓氏,兄弟均有功名,弟从九品官。 继 刘氏,进士、知府刘煜女。	父 官训导。 母 贾氏。	子寯藻 娶同县任氏,继娶进士、知县徐汝澜女。 　宲藻 娶生员刘元春女。 　寯藻(见下列) 　宿藻 进士出身,官至布政使,谥文节。娶知县王万龄女。 女长 适廪生王敷政。 　次 适进士、顺天府尹阎泰和子。 　三 适进士、编修张敦颐子。
＊　　　＊		＊　　　＊
祁寯藻,韵士子,进士,官至大学士,谥文端。 妻 曹氏,进士、知府曹玉树女。 继 陈氏,侍郎陈用光女。		子世长 进士,官至尚书,谥文恪,娶同邑李氏。
张之洞,直隶南皮望族,榜眼出身,官至大学士、军机大臣,谥文襄。 妻 石氏,知府石煦女。 继 唐氏,按察使唐树义女。 继 王氏,知府王祖源女,懿荣妹。	父 锳,官至知府。 母 刘氏,布政使经历刘廷式女。 继 蒋氏,进士、知府蒋策女。 继 朱氏,进士、知州朱绍恩女。	子权 进士出身,娶刘伯洵女。 　仁颋娶巡抚吴大澂女。 　仁侃 娶知府王懿荣女,懿荣从女。 　仁浃 　仁实 　仁蠡 女仁准 适总督卞颂臣子。

第一章　婚姻社会圈(上)

续表

本人情况	父祖情况	子女情况
王懿荣,山东福山望族,进士出身,国子监祭酒,谥文敏。 妻　黄宗敬女。 继　谢氏,母舅候补知府谢方平女。	祖　兆琛,官至巡抚。 父　祖源,官道员、主事。 母　谢氏,同知谢牧女。	子崇燕　娶进士、总督、协办大学士张人骏女。 　崇烈　娶道员张蓉江女,续娶知县蒋庆第女、翰林院检讨蒋式姊,又娶知县陈云笙女。 女崇煐　适巡抚吴重憙子。
陆宝忠,进士出身,官都御史、谥文慎。 妻　廖氏,知府廖惟勋女,表亲婚。 继　殷氏,进士、侍郎殷兆镛孙女。	父　爽棠,官至郎中。	子大坊　娶殷夫人侄女(表亲婚)。 　大湘　娶左副都御史陈名侃女。 　大铨　娶大学士庞鸿书女。 女念萱　招翰林院编修孙多玢为婿。 　咏莪　嫁于卓启堃 　幼女　聘于知府应德闳子。
吴士鉴,探花出身,学政,赏二品衔。 妻　郑氏,郎中郑志虔女。	曾祖　吴振棫,进士,官总督。 祖　硕卿,官道员。 祖母　进士、总督程矞采女。 父　庆坻,进士,官至政务处总办。 母　郑氏。	子秉澂　娶知县郑在中女(表亲婚)。 　承湜　娶进士、知府朱锡恩女,续娶张之洞孙女。 　式洵　娶进士、学政杨文莹孙女,中书科中书杨复女。 　思浚　娶提法使左孝同(左宗棠子)孙女、候补道左念贻女。 女瑞芝　嫁于翰林院编修顾瑗子。
魏裔介,进士出身,官至大学士、尚书。 妻　韩氏。 继　袁氏,庠生袁燧女。	父　柏祥,明选贡生,未仕。 母　张氏。	子嘉孚　娶梁氏。 　嘉彤　娶进士、侍郎于嗣登女。 女次　嫁于尚书冀如锡子。 　三　嫁于明大学士李春芳孙。 　四　嫁于大学士梁清标侄。
魏象枢,进士,官至尚书、都御史。 妻　太学生李经权女。	父　李九经,官主簿。 母　蒋氏。 继　李氏,县尉李登科女。	子学诚　娶举人贾时泰女。 　学谦　娶翰林院侍讲学士祖文谟女。 　学谧　娶孝廉史嘉言女。 女长　嫁参将刘中汲子、县丞刘天赐。 　次　嫁通判李浚子、内阁中书舍人李恒。 　三　聘通判姚永康子。

续表

本人情况	父祖情况	子女情况
尹会一,进士,官至巡抚、副都御史。 妻　苏氏,处士苏昂女。	父　公弼,业儒。 母　李氏,县庠生李宗白女。	子嘉铨　官至布政使,娶陈氏,状元、尚书陈德华女。 　启铨 女长　适按察使刁步武孙,国子监生刁世懋。 　季　适侍郎励崇万子、庶吉士励守谦。
蒋祥稚,进士,官至副都御史。 妻　林氏。	父　蒋晴峰。 母　曹氏。	子立镛　状元,官侍郎,娶庠生易大暮女。 　立铣　娶知府张如亭女。 女一嫁同知邬沧白子。 　一嫁乔姓。
王得禄,官至提督。 妻　太学生范办晖女。 继　陈氏,由妾进充。	父　必敬,无功名。	子朝纲　娶道员润恒女。 　朝纶　娶道员倪琇女。 　朝辅　娶府教授林箐女。 　朝弼　娶张氏。 　朝纬　聘员外郎郑用锡女。 　朝绂　聘五品顶戴刘高山女。 女长　适廪贡生蔡珏璋。 　次　适庠生何慎仪。 　三　适庠生郑德麟。
徐宗幹,进士出身,官至巡抚。 妻　刘仙培女,家称殷富。	父　蔚,廪生。	子毓海　原聘都御史沈怡原孙女,先故;娶尚书张诗舲女。 女妮　字知县丁鹿寿子。 　姗　字孙轩臣子。 　娟　字知府汤敬亭子。 　荣　字尚书王爱棠子。 　缓　字进士、侍郎、谥文节孙铭恩弟孙铭仲。
张集馨,进士,官至按察使、署巡抚。 妻　原聘诸生、姑丈李松舟女,先故;娶黄氏,父黄承祐,县令。 继　邵氏。 又继王氏,由妾立为正室。	父　式封,无功名。 母　吴氏。 继　许氏。	子兆兰　娶尚书许乃普女。 女配李鸿章长子李经方。

第一章　婚姻社会圈(上)

续表

本人情况	父祖情况		子女情况	
武澄清,进士出身,官知县。 妻　李氏,从九品职李渢女。 继　李氏,从九品职李全椿女。	父	丕承,庠生。	子用章 　用礼 女长 　次 　三	娶候选守备李全檩女,续娶教谕傅襄女。 娶贡生单咏春女。 适贡生张君恩子。 适苗姓(澄清妹子,表亲婚)。 适尚书郑敦谨(谥恪慎)侄,廪生继修子。
董恂,进士出身,官至尚书。 妻　谈氏。 继　叶氏,由妾立为正室。	父 母	万元。 丁氏。	子蓉 　莲 　荄 女芸 　兰 　茗 　荔 　蓁	娶邑庠生赵骓女。 娶尚书、谥文勤万青藜女。 娶知州裴福德女。 嫁翰林院检讨孙晋穉子。 嫁国学生谈荣乾子。 嫁县丞齐之桢子。 嫁知州王小秋子。 嫁主事彭高柱子。
罗惇衍,进士,官至尚书,谥文恪。 妻　李氏。	父 母	家政,举人、府教授。 李氏。	子椠 　棻 　荣 　椠 女长 　次	娶进士周寅清女。 娶翰林院编修黄统女。 娶进士何若瑶女。 娶翰林史澄长女。 适候补道应志子、国子监典簿应成杰。 适候补道尤光骥子、庠生尤其杰。
张履祥,明庠生,授徒为业,自力农桑。 妻　诸氏。	父 母	 沈氏。	子维恭 　惟敬 女次 　幼	娶朱氏。 聘沈丹曙女,未娶卒。 嫁于陆孝垂子。 嫁于周鸣皋子。
陆陇其,进士,官至监察御史。 妻　朱氏,处士朱公女。	父 母 继	陆标锡。 钟氏,太学生钟诚纯女。 曹氏,通判曹蕃孙女。	子定征 　宸征 女长 　次 　三	娶曹氏。 娶布政司经历王天市女。 适庠生李铉。 适庠生曹宗柱。 适庠生张金诚。
李因笃,举博学鸿儒科,授翰林院检讨。 妻　处士王正菱女。 继　处士弥尔玑女。	父 母	李映辉,诸生。 田氏,父系增广生。	子渭 女长 　次	娶庠生沈宜女,继娶庠生石天柱女。 适进士刘汉客子。 适县丞杜恒灿子、举人杜坦。

续表

本人情况	父祖情况	子女情况
颜元,庠生 妻　张氏,巡捕官(吏)张宏文养女。	养父　朱九祚,县禀事官(吏)。 生母　王氏,夫死改嫁。	子赴考　聘庠生郭靖洪女,未娶卒。
王介山,进士,官至通判。 妻　刘氏。 继　冯氏。	父　因赤贫无以养家,弃学从商。 母　王氏。	子孝演　娶李氏。 女适举人刘振家。 　适庠生朱念源。 　适国学生吴廷训。 　适国学生马仲称。
汪辉祖,进士,官知县。 妻　王氏。 继　曹氏。	父　楷,县典史。 母　方氏。 　　王氏 生母　徐氏(父妾)	子继坊　娶贡生朱镳女。 　继埔　娶国子生娄升堂女。 　继埥　娶庠生王日京女。 　继培　进士,吏部主事,娶县训导陈士镐女。 　继壕　娶贡生来作楷女,继娶国学生安大宁女。 女长　适贡生陈六彝子。 　次　适举人王渭占子。 　三　适贡生周文豹子。 　四　适国学生于学溥子。 　五　适翰林院编修孙辰东子。
崔述,举人出身,知县。 妻　成氏,通判成怀祖女。	父　元森,廪生。 母　李氏,国学生李经九女。	女　嫁崔述姊子(表亲婚)。
徐同柏,廪生。 妻　许氏,县学生许汝贤女。 继　钱氏,进士,知县钱人杰妹。	父　澍,国学生。 母　张氏,国学生张锡女。	子士燕　娶监生周际唐女。 女　适县学生吴以庚子。
贺瑞麟,廪生。 妻　杨氏。 继　张氏,庠生张元煊孙女。 继　林氏。	父　不详。 母　李氏(高陵县世族)。	女肃　适增生王彤庭。 　润　适候补知县张汉甫。

续表

本人情况	父祖情况	子女情况
彭季,进士出身,县令。 妻　汪氏,从母汪氏女,未婚先卒。 　　汪氏,诸生汪蘅渠女。 继　李氏,国学生李兰生女。	父　不详。 母　陆氏,诸生陆凤鸣姊。	子沽　娶胡氏。 澍　娶胡承政女。 女长　适妻舅子李茂才(表亲婚)。 　次　适张艺圃子。

表1-1共选列了33个例子,由于资料的局限,我们只能就能够查询到的各人婚姻情况加以介绍,有些欠缺的还不少,好在已经能够勾勒出基本情况。在所选择的33个例子中,大体分为三种类型,例1至例13归为一类。此类属于前面所述,自父祖以来都是高官显宦的名门,他们的婚姻对象,大抵均系显赫一时的名家;例14至例23是第2类,他们不像前面有祖上荫德托庇,本人以及父辈的择偶门第均较偏低,但后来做了大官,地位改变了,子女的婚配门第也就相应上升;第三种类型显示在例24至例33中,这些人比起平民百姓来,身份上要高出一等,有的还当过知县、通判一类的官,可与前面两种人相比,仍相差甚远。他们既没有悠久深厚的门第作为依借,后来也没能谋得更高的官位以显示权势,因此,他们的婚姻圈也只能局限在比普通百姓略高,又无法与前两种人相较的范围之内。这三种类型的婚姻社会圈,虽然在开头我们也作过叙述,但通过列表可以进一步看出,所谓门第婚,尽管无法律定规可循,却因利害所系,存在着许多有形无形的限制,自然地划出了一个个高低错落的圈子,若非身份相称,是很难混淆其间的。

第三节　表亲婚和士绅中的世婚制

一、中外表亲婚

中表即姑舅表兄弟姊妹,外表则指两姨表兄弟姊妹,所以中表婚也叫姑表婚,外表婚则称姨表婚。中外表结亲,在中国传统社会中是十分通行的,在民间就纷传着"姑舅亲,辈辈亲,砸了骨头连着筋";又说:"姨做婆,到了老了也和睦"。清代的很多史料也记载着这样的习俗:

广西柳州府所属怀远县按例,"姑之女必嫁舅之子",且"不论贫富,历来不易";①

四川潼川府:"甥舅之亲,婚姻之家虽由人合,实系天伦"②;

四川荣县:"中表之亲,经七八世犹殷殷相爱。"③

在山东邹县,把姑舅兄妹成亲看成理所当然的习俗。④ 另外,很多地方志中谈到婚俗时有称:"喜结旧亲""多因旧亲"等。⑤ 旧亲,实际上包含着表亲婚。

乾隆十年(公元1745年),湖南辰溪县和会同县,分别发生了两起因争夺表亲婚而引出的命案,内中很值得玩味。辰溪县的案子大体是这样的:凶犯龚辰崽的父亲龚文士,因妻弟龙玉章死了妻子,留下女儿龙窄妹,

---

① 民国《三江县志》卷2,引旧志。
② 光绪《潼川府志》卷10。
③ 民国《荣县志》卷12。
④ 康熙《邹县志》卷3。
⑤ 道光《重修昭化县志》卷5;道光《永宁州志》卷10;光绪《道州志》卷10。

年幼缺人抚养,乃受托代为照管。待窄妹长大,龚文士沿袭表亲婚旧例,加上又有多年领养的感情,托媒请求龙玉章将窄妹配与儿子龚辰崽做妻子,不料被龙拒绝,且另择所配,结果引起命案。① 会同县的案子是一对亲表兄弟为争夺表妹结婚而造成的恶性案件。朱六十的祖父朱伯祥生了两个女儿,大姑母有个儿子叫张老晚,也就是朱六十的姑表兄弟;二姑母则生有一女。后来,二姑母把她的女儿聘与张老晚为妻,结成外表亲。朱六十十分生气,认为"同是表亲,都可做得亲",为什么厚此薄彼,结果将张老晚打死,以图达到婚娶表妹的目的。② 这两起案子,从事情本身看,表亲关系似乎是一种偶合,但如果我们从深层加以探究,就会发现,像龚辰崽父亲龚文士之所以怨恨不平,其中一点,就是在他的头脑中认为,表亲结亲乃是理所当然的,不嫁给表兄而嫁给外人,这就是背理。至于朱六十说的,"同是表亲,都可做得亲",更反映了表亲婚在会同等地,具有一定的认可性。

姑表、姨表结亲,不但在下层百姓里广泛流行,在中上层绅士中也非常盛行。在清代,我们就看到许多这样的例子:

(一)宋荦孙宋金伟娶妻叶氏。叶系宋荦妻侄孙女。

(二)思想家陈确娶海盐诸生王廷荣女。廷荣与陈确父亲陈颖伯是中表兄弟。陈确、王氏乃从中表婚。

(三)顺治初,大学士陈之遴子陈之长娶徐文琳为妻。徐文琳系之长母徐湘苹的侄女。

(四)桐城方佳与丈夫吴芃,系中表世姻。

(五)戏剧家《长生殿》作者洪昇元配黄兰次,系母舅女。

(六)洪昇表弟钱杏山与妻林亚清,中表结亲。

---

① 档案,乾隆十年五月二日盛安题,第123号。
② 档案,乾隆十年五月八日盛安题,第120号。

（七）考据学家阎若璩子阎咏恧娶太学生陆志宽女,咏恧子又聘陆志宽孙女贡生陆应麟女为妻,中表亲。

（八）女诗人江苏吴江沈宪英嫁叶世倬,中表结亲。

（九）鄂尔泰第六子鄂谟娶母兄弟女为妻,中表亲。

（十）雍正时,大学士大兴朱珪的姨母嫁与母兄;朱珪女又嫁与姨母之孙。

（十一）户部侍郎余杭严沆女曾杼,嫁与中表兄沈长益为妻。

（十二）杭州仁和县孙宗濂妻范氏,为母亲的侄女,中表亲。

（十三）乾隆时协办大学士湖南陈大受妻成氏。系舅父成茂章第二女,中表亲。

（十四）乾嘉时,历任藩臬和巡抚等职的李殿图妻边氏,系舅公的孙甥女;殿图的祖母董氏,又是母亲的姑母;随后,殿图又将第三个女儿配与妻堂兄子。三代都有表亲婚。

（十五）江苏阳湖人洪亮吉的妻子蒋氏,就是母亲的侄女。之后,洪亮吉又让长子洪饴孙娶了他姊姊的女儿。

（十六）乾隆时,协办大学士浙江钱塘人汪由敦妻陆氏,系母舅长女,中表亲。

（十七）重庆王恕娶外舅周瓒女儿为妻,长孙女许字妻周氏的侄孙。

（十八）乾隆时江苏巡抚闵鄂元妻毛氏,系母舅女。

（十九）祁韵士姊适吴井榆,乃姑母子,中表亲。

（二十）大学士、著名学者纪昀的母亲张氏系其祖母侄女,中表亲。

（二十一）《浮生六记》作者沈复娶陈氏,系母舅陈心余女。后来,沈复又将独女沈青君配与表兄王荩子王韫石为妻。

（二十二）阮元的元配江氏,为祖母的侄孙女。阮元和著名学者刘台拱结成儿女亲家,嗣孙阮恩海又娶刘台拱孙女、恩海母舅女。阮元女儿阮安适张熙,阮安遗腹女嫁阮元第三孙阮恩浩。

第一章 婚姻社会圈(上)

(二十三)江苏嘉定人瞿中溶元配钱敬,系母舅、著名学者钱大昕女。瞿中溶三女字金日灏、四女嫁许元镇,又将孙女配金姓,均属表亲婚。

(二十四)江苏吴县人、状元潘世恩妹嫁大舅谢奕楷子;孙女卫之适女婿汪理安子汪廷标,孙女祖芬嫁女婿汪桂子汪克昌,孙祖荫娶汪樘女。

(二十五)张金吾继室邵多福,系母兄女。子婿言忠慎,为元配言静玉弟言心香子。

(二十六)龚自珍元配段美贞是母亲段驯的侄女,著名学者段玉裁的孙女。

(二十七)张集馨原聘李氏,系姑丈李松舟女(婚前两月病故)。

(二十八)左宗棠第四女适湘潭周翼标,系左姑姑第二孙。

(二十九)学者汪梅村元配宗继兰,系外舅宗锦城女。

(三十)唐炯妻姚氏,外舅姚小山女。

(三十一)云贵总督岑毓英妻江氏,外舅江毓鲸女。

(三十二)林穗四弟娶母家著名学者梁章钜孙女,中表亲。

(三十三)彭季长女适妻兄弟李茂才子。

(三十四)陆宝忠妻廖氏系表亲婚,长子大坊娶继配殷氏侄女。

(三十五)江苏镇洋王祖畬孙王鸿栻妻李氏,其父即鸿栻母舅。

(三十六)无锡孙振烈长女字母舅冯培因孙,长孙女许字妻侄孙周锡蒲,长孙兆年聘妹丈李小谷女。

(三十七)山东福山王懿荣继配谢氏,母舅谢方平女。

(三十八)著名学者陈衍子声暨妻王氏,乃其外舅长女。

(三十九)康有为元配张云珠,母舅张玉樵女。

(四十)吴士鉴三姑嫁程钺,程系吴祖母内侄;长子秉澂娶郑氏,乃妻郑氏兄郑在中女。

上面罗列的40例中的多数人,都较为人所知,也可以说是一些名人。通过这些名人的婚姻行为,我们可以看出士绅阶层中选择中外表结亲的也相当普遍。

有关中外表亲婚,笔者曾就151种清人年谱中载有婚姻关系的957对次夫妻(包括继配,媵妾不在其内),做了一次统计,其中属于表亲婚的有102对次,约占全部婚姻人数的10.66%。应该说,这个统计存在一定的遗漏,因为相当部分年谱只记娶某氏,或嫁于某某,没有说明他们原来的关系。如果能把缺载的加以补充,或许还会增加些人。即使仍以10.66%为准,将其扩大到全国范围,也是个不小的数目。

中外表结亲尽管如此普遍,但无论如何,从遗传学和伦理学的角度,都是存在问题的。其道理,早在清代以前已被人发现,并得出了近亲婚配,"其生不蕃"的结论。表亲婚也不符合统治者所倡导的那套伦理道德的要求。刘榛在《答婚礼问》中就说:本来,父亲姊妹的子女,与兄弟的子女,关系的远近是一样的。可社会上人们都知道同姓兄弟子女不可婚,而不知异姓兄弟姊妹子女也不可婚,原因就是基于"疏而无服",对礼法上的服制亲疏不明白。实际上姑舅两姨兄弟姊妹均"为服缌麻",血缘关系很近,从伦理的角度,即不能"乱之以婚姻"①。一向注意行止的曾国藩,在谈到妻舅欧阳牧云要与曾家重订婚姻一事时也说:

> 渠(指欧阳牧云)与其妹是同胞所生,兄妹之子女,犹然骨肉也。古者婚姻之道,所以厚别也,故同姓不婚。中表为婚,此俗礼之大失。②

曾亦是从伦理的角度,反对中表为婚。有的地方,男家在择婚时,有不成文的"避中表"的习俗。③ 福建永春县,鉴于中表婚有违古礼,特别在成亲

---

① 《清经世文编》卷61。
② 《曾国藩家书》,湖南大学出版社,1989年,第148页。
③ 乾隆《直隶陕州志》卷4。

之日立了一条规矩,"例以一牛前导"①。虽然人们对这一习俗的起始和所本的根据都不甚了解,但有一点是肯定的,即为了弥补因违礼而产生的过错。鉴于以上种种情况,清朝政府在制定"户律·婚姻"法律条例时,也沿用前朝的规定:

> 若娶己之姑舅两姨姊妹者(虽无尊卑之婚分,尚有缌麻之服),杖八十,并离异。②

条例表明,国家对表亲婚持反对态度。可惜习俗使然,违犯者太多,法不治众,使条例事实上归于虚设。这样,清朝政府于乾隆五年(公元1740年)刑部在修订律例时,决定将禁止表亲婚配的条文,更定为"其姑舅两姨姊妹为婚者,听从民便"③。至少自金元以来,一直相沿近600年的表亲不得为婚的禁令,终于在清乾隆初彻底地被删除了。这是法律的原则屈从了人们的习惯要求,但是否也可以说,它反映了清朝政府在制订法律时摒去虚文,适应实际的一面。

中外表亲婚的起源,从民族学的角度追究,应该与人类社会早期婚姻形态中的对偶婚影响有关。但在中国,人们热衷于此种婚姻,主要是基于亲近感。在当时人看来,婚姻乃是终身大事,特别是女子受从一而终的道德熏陶,家长在择婚上更是慎之又慎。姑舅两姨之间,都是关系密切的至戚,知根知底,不至于有心中无底的感觉,而且亲上加亲,更能加深和延长双方的关系。相比起来,即使明知近亲为婚其生不蕃,或与伦理有悖,权衡之下,仍认为积极多于消极,所以颂扬之说一直不断,这从前面我们所举谣谚中业可略见端倪。一些文人学士亦常加以美辞。比如有人言戏剧

---

① 民国《永春县志》卷15。
② 《大清律例通考校注》,第448页。
③ 光绪《大清会典事例》卷756。

家洪昇与表妹黄次兰结成眷属是"两家亲谊,旧本茑萝,二姓联姻,复称婚媾。婿即贤甥,仍从舅号;侄为新妇,并是姑称"①。又如袁枚称仁和(今杭州市)孙宗濂娶表妹范氏是"两重骨肉,一脉心情"②等。表亲婚虽带有强烈的血缘相连的色彩,但仍离不开门第这个基础,这在士绅层中表现得尤为明显,前面我们所举的40个例子,相当程度上反映了这样的事实。

二、士绅层的世婚制

表亲婚的进一步发展,便形成世婚制。所谓世婚,就是两姓之间相对固定的世代互为婚配。世婚制主要流行于有一定身份的地主、绅宦之家,实际上是巩固和发展家庭、家族政治、经济权益的一种手段。世婚制在古代中国上层中很早就十分流行。魏晋乃至隋唐的门阀士族婚,均具有这样的内容。到了明清时期,特别是清代,社会情况发生了很大的变化,权力架构已不像以前那样凝固少变,但是门第和门第婚的存在,便意味着仍有世婚制的土壤。有人说:"嫁娶必论氏族,或不相当,虽贵且富不移,其缔姻者屡世亲恤,颇有厚道。"③这说明世亲与族望、家世是紧密相连的。至于说族望和家世不当,虽贵且富不移,这在相当程度上不过是故作清高的自我标榜性言词而已。

在清代的世婚制中,安徽桐城张姚两家的持续通婚,可说是一种典型。张家和姚家都是桐城望族。他们之间的联姻,至少可追溯到清初的张英和姚文然。张英是康熙六年(公元1667年)进士,因入值南书房受到玄烨的重用,最后一直做到文华殿大学士兼礼部尚书,退休后还不时受到皇帝的慰问,死后赐谥文端。姚文然是明朝崇祯年间的进士,入清后被推

---

① 陈繁弨:《善卷堂四六》卷5《同生曲序》,清刻本。
② 袁枚:《小仓山房诗文集》,上海古籍出版社,1988年,第2110页。
③ 咸丰《庆云县志》卷3。

荐出仕，做官做到刑部尚书，谥端恪。张英和姚文然，虽然年龄稍有差距，但属同一辈分的人。姚文然的弟弟姚小山死后，张英写过一篇《祭姚小山》的怀念性短文，里面提到张英的一个堂姊是小山的妻子，姚文然则娶了张英的堂妹；小山有两个女儿，其中一人即配与张英子。① 另，张英本人和他大哥克俨，也都是姚家的女婿，他们之间的关系已十分亲密。

张姚两家的相互婚配，到张英的儿子张廷玉时达到高潮。张英一共生了四个儿子，都是进士出身，其中张廷玉历事康雍乾三朝，雍乾之际与鄂尔泰齐名，隐然成为汉族大臣中的领袖性人物，由子爵晋位伯爵，死后谥文和。就是这个张廷玉，娶了姚文然的六闺女为妻。他还让他的两个儿子(长子若霭和次子若澄)、两个女儿与姚家联姻(长女嫁姚孔钣、次女嫁姚铉)。另外，他的姊姊女诗人张令仪和侄辈中人，也与姚家有着姻亲关系，从而形成了相对稳定的张姚婚姻圈。

张姚世婚制，在当时是很出名的。有人在给乾隆皇帝上疏时特别提到：

> 动云桐城张姚两姓，占却半部缙绅。今张氏登仕版者有张廷璐(廷玉弟)等十九人，姚氏与张氏世姻，仕宦者有姚孔钣等十人。虽二姓本系桐城巨族，得官之由，或科目荐举，袭荫议叙，日增月益，以至于今，未便遽议裁汰。惟稍抑其升迁之路，使之戒满引嫌，即所以保全而造就之也。②

本来，张廷玉的地位已是够突出的了，又加上因婚配联结起来的政治网络，不能不引起人们的侧目。上疏者建议稍抑其升迁之路，那是从政治避

---

① 张英：《笃素堂文集》卷10，康熙年间刻本。
② 《清史列传》，第1385页。

嫌角度说的,但从中看到,门第越高,官做得越大,这种世婚制所显示的权力气息也越浓。

在张姚世婚中,如果张英和姚文然,属于顺康时期的人物,张廷玉及其子女是雍正、乾隆年间人,那么直到嘉庆、道光之际,两家的婚姻关系还在继续。清代著名文学家姚鼐是姚文然的玄孙子,包括他在内,中间已隔了五代。当时,姚鼐的一个姑姑嫁给了张家,成为太守夫人,接着这位太守夫人相中了她的侄女、姚鼐的堂妹,也就是浙江嘉湖道布政副使的女儿,聘娶为儿媳妇。姚鼐自己也不例外,元配夫人是张家的女儿,继配又是张英的玄孙女、本人的姑表妹。为此,姚鼐特撰文说:"张氏与吾族世姻,其仕宦贵显者固多姚氏婿也。然余以为吾族女实多贤,岂待其富贵而后重耶!"他还说:张门"子女皆婚姚氏,女嫁母侄,子娶姑女,邕然门第之间日浸以盛"。① 姚鼐的言论表明,张姚两家的婚姻关系还会继续下去。②

类似张姚那样的世婚家庭,清代还有不少。例如:

乾隆初被举为博学鸿词科的陈兆仑,他的家与同里汪姓,两家自通姻至今五十余年,自称"相知深"③;

诗人朱彝尊,浙江秀水(今嘉兴)人。他们家与相邻的项家,亦"世为婚姻"④;

江苏仪征县廪生李龙川和张履两家,也是"张李世世婚姻,凡姑丈皆

---

① 姚鼐:《惜抱轩全集》卷8《旌表贞节大姊六十寿序》,中国书店,1991年。
② 美国艾尔曼(B. A. Elman)教授的《经学、政治和宗族——中华帝国晚期常州今文学派研究》一书,里面谈到江苏常州刘、庄二姓的世代联姻,也很具有典型性。他们从明代起已有了婚姻关系,到清朝雍乾年间进入鼎盛时期。庄家接连出了庄存与(榜眼、礼部右侍郎)、庄培因(状元、由内阁中书入值军机处)等名人;刘家有刘于义(进士、协办大学士)、刘纶(举博学鸿词第1名,大学士、汉军机大臣)、刘星炜(进士、工部侍郎)。正如著者所说:"庄氏第九代到十五代与刘氏第十代到十六代的高频率联姻标志着刘、庄两族已建立起一种密切的姻亲关系,这种关系从常州地方社会扩大到北京的朝廷。"(参见该书第2章第5节《庄刘两族的亲属关系》,江苏人民出版社,1988年)
③ 陈兆仑:《紫竹山房诗文集》卷18《貤赠儒林郎考授州同汪朝旭先生墓志铭》,嘉庆年间刻本。
④ 朱彝尊:《曝书亭集》卷54《项子京画卷跋》,载《四部丛刊》本。

舅舅,母皆姑云"①;

苏南沈叶二氏,"俱系松陵望族,而互为婚娅事,事尤绝类朱陈"②;

在江苏山阳县(今淮安市),"有徐钱二姓,世姻如朱陈焉"③;

浙江萧山方家和毛家,"故世婚,比之羊邓"④;

直隶大兴县朱珪家与外祖徐家,亦"世为婚姻"⑤;

雍乾之际出仕过多个省份藩臬官的王恕,四川安居县(后并入重庆府合州)人,与妻族周氏,同为县中望族,两家"世婚媾"⑥;

川东云阳县(今属于重庆市),南土门薛姓与同里彭姓,都是清初由湖北大冶县迁来,耕凿起家,日益兴裕,这两家即"世为婚姻"⑦;

四川简州知州黄文阑,福建龙溪县人,他家从祖上起,便与同县林家,"世以中表相亲厚"⑧;

浙江青田韩锡胙,其家与同邑巨族杨姓,"累世通家",相互婚配;⑨

浙江人严辰,从其祖先移居嘉兴时候起,便与海宁望族马氏有婚约,到他时止,已"延及四世",有"五娶十嫁"的历史;⑩

浙江余杭县的严孙两家,"世有亲亲谊"。户部侍郎严沆的女儿刚出生,为实践前约,便与他姊夫沈家,"于襁褓订婚姻焉";⑪

贵州思南府婚姻,例有"老亲""生亲"的分别。老亲,即指"两姓世为

---

① 谢逢源:《龙川李夫子年谱》。
② 陈去病:《五石脂》,江苏古籍出版社,1985年,第270页。
③ 谈迁:《北游录》,中华书局,1960年,第120页。
④ 毛奇龄:《西河合集》碑记卷5《家贞女堕楼记》。
⑤ 朱珪:《知足斋文集》卷6《祭徐外祖叔母丁太恭人文》。
⑥ 《楼山自身录》卷1。
⑦ 民国《云阳县志》卷25。
⑧ 《碑传集补》卷59,曹贞秀:《黄宜人家传》。
⑨ 刘耀东:《韩湘岩先生年谱》,清刻本。
⑩ 严辰:《桐溪达叟自编年谱》,光绪年间本。
⑪ 施淑仪:《清代闺阁诗人征略》,上海书店,1987年,第85页。

婚姻"者;①

此外,还有像安徽桐城刘、左二家,"世有姻联"②;方姓和吴姓,"中表世姻玉镜台"③等。

有清的世婚制,还常常表现为一家同时与几家保持着比较稳定的姻亲关系。素以博闻强记著称的乾隆朝学术界巨擘纪昀,直隶献县人。他们家既与沧州张姓保持着"世姻"关系,同时又与本县戈家有"世婚"之谊。④ 前述桐城张氏与姚氏婚姻频繁,另外姚氏又与同里王氏世有"姻亲"。⑤ 陕西富平县北乡有李、王、石、路四著姓,他们"世相婚姻,他族不得与"⑥,属固定的婚姻圈。四川云阳县西彭、薛、邬、涂,并称四大姓,"家世富厚、田亩相接",故"互为婚姻",连绵不绝。⑦ 山东滨州杜家,早从明代起,就簪缨相传,系鲁西望族,乾隆至嘉庆、道光间,杜堮、杜受田又出人头地,先后做了当朝一二品大官,触目乡里。他们家就同时与相邻的海丰张氏、利津李氏和乐陵史氏,保持着几代相沿的婚嫁关系。仅从杜堮的《杜文端公自订年谱》和杜受田的《杜文正公年谱》所见,杜堮的曾祖杜亮曾、祖父杜鼒隆和父亲杜彤光,都与张姓有过亲事,后来杜堮又为子受田娶张氏,此乃杜堮表兄南一公之女,曾祖母的侄玄孙女。接着杜受田也让长子杜翰娶了夫人张氏的侄女,让孙子庭琛(次子的儿子)娶表叔张怡庵的曾孙女。杜家与利津李氏的联姻,至少也延续了三四代,即杜彤光的继室、杜堮妻和杜受田的女儿等。至于杜家与乐陵史家的婚姻,从杜堮父辈起业已存在,随后杜堮的一个侄女和杜受田的次子杜翮,也都与史家结了

---

① 道光《思南府续志》。
② 《刘大櫆集》,上海古籍出版社,1990年,第186页。
③ 施淑仪:《清代闺阁诗人征略》,第121页。
④ 《纪晓岚文集》第1集,河北教育出版社,1991年,第332、370页。
⑤ 萧穆:《敬孚类稿》,黄山书社,1992年,第357页。
⑥ 李因笃:《受祺堂文集》卷4《先府君李公孝贞先生行状》,康熙年间刻本。
⑦ 民国《云阳县志》卷23。

亲。由于年谱只记录与谱主有关的事,远不能窥见杜家和张、李、史三姓通婚全貌,我们举出的只能是一个局部,但从这个局部中,已可看到他们的亲密关系。

世婚制的延续时间,据我见到的资料,最长的连绵几百年、几个朝代。扬州的滕石两家,"由宋、元、大明迄今(指清代),为村旧族,两姓婚娅者类古朱陈"①。湖南湘潭张曾两家,原来都是明朝的武官,"占籍"湘中后,由相识而结亲家,从此"世为婚姻",直至清中叶仍在继续,从年代算,约摸超过150年。②安徽休宁县有这么一种情况:

> 婚礼合二姓之好,上承宗庙,下继后嗣,无贵非偶也。邑中姓多故族,世系历唐宋以来,两姓缔盟,必数百年婚姻之旧,倘族类异等,即家巨万,列朝绅,蹇修不得通好焉。③

这种具有排他性的世代婚姻,在皖南山区中,亦持续了数百年。

诚然,世婚制在清代官绅中,仍有人热衷不废,但比起以前各朝代来,已处于尾声阶段了。世婚制的基础是相对不变的门第。清代的世家中,尽管不乏几代保持兴盛的势头,可从整个社会看,变化无疑在加剧,有言"百年之内兴废无常"④。那是说,很多家庭的地位常处于变动之中,上升和下降的频率远超过以往,连名门世家也不例外。以世婚自诩的家庭,假设有一方发生较大的变故,原来比较均衡的关系被打破了,形成一高一低的状态,那么世婚制亦因失去基础,随后便会发生动摇,乃至解体。而这种情况又是确实存在的。施闰章在谈到他妹妹的婚事时提到,施家和张

---

① 焦循辑:《扬州足征录》卷2,俞珽:《石孺人传》。
② 张九钺:《紫岘山人文集》卷7《曾母张孺人家传》。
③ 康熙《休宁县志》卷1。
④ 钱泳:《履园丛话》,中华书局,1979年,第110页。

家本属"世讲",故相约为姻亲,却因两家父兄相继过世,家又中落,婚嫁关系亦陷于困顿之中。幸得闰章的叔叔竭力排解,才得合婚议迎娶。可其妹在张家的日子也不好过,用施闰章的话说:"所谓计有无而持门户者,虽百其口弗能悉也。"一直到施闰章有了功名、做了官,社会地位提高了,重得置身名门,这才使"妹稍有宁宇"。① 一衰一盛,如此影响着婚姻的进退。

世婚是传统等级制在婚姻关系中的具体体现,反映了中国旧婚姻中保守、陈腐的一面,随着时代的发展,社会变化的加剧,人们交往的拓宽,它的衰落和消失乃是必然的。

第四节 从族谱资料考察婚姻的社会圈

前面我们谈了门第婚和世婚制,它们大抵发生于中上层家庭。下面,我们试图通过族谱资料,适当加以量化,对有清的婚姻社会圈做些抽样考察。族谱是以同姓、同宗为基轴,按地区房派进行登录的资料,里面既有官绅等上层家庭,也包括了同一宗派中的平民百姓,如一般中小地主、农民、中小商贩和手工业者;有富人,也有穷人,相对来说,反映内容比较全面。诚然,族谱的记载也有局限,比如在涉及婚姻关系的内容中,通常只能看到配偶家庭的姓氏,如娶进王姓姑娘称王氏,李姓姑娘称李氏等,有的也记录女儿出嫁家庭姓氏或丈夫大名,但并不普遍。只照姓氏统计通婚范围,会有很多的问题,比如同是张姓,不一定就是同谱近亲,这对于人数众多,如张、王、李、赵等大姓来说,尤其如此。然而它毕竟给我们提供了一定的考察依据。

---

① 施闰章:《施愚山集》第1册,黄山书社,1992年,第201页。

表1-2 宗谱所见各家族通婚姓氏圈

家族名	婚姻次数	涉及姓氏(个)	通婚数在50次以上 涉及姓氏与所占比例%	通婚数在50次以上 次数与所占比例%	通婚数在41—50次 涉及姓氏与所占比例%	通婚数在41—50次 次数与所占比例%	通婚数在31—40次 涉及姓氏与所占比例%	通婚数在31—40次 次数与所占比例%	通婚数在21—30次 涉及姓氏与所占比例%	通婚数在21—30次 次数与所占比例%	通婚数在11—20次 涉及姓氏与所占比例%	通婚数在11—20次 次数与所占比例%	通婚数在5—10次 涉及姓氏与所占比例%	通婚数在5—10次 次数与所占比例%	通婚数在1—4次 涉及姓氏与所占比例%	通婚数在1—4次 次数与所占比例%
北京郑氏	138	69									1 1.45	15 10.87	4 5.8	33 23.91	64 92.75	90 65.22
直隶献县纪氏	431	84	1 1.19	64 14.85	2 2.38	92 21.34			1 1.19	25 5.8	4 4.76	48 11.14	13 15.48	89 20.65	63 75	113 26.22
定兴鹿氏	512	110	2 1.82	128 25			2 1.82	68 13.28			3 2.73	46 8.98	18 16.36	128 25	85 77.27	142 27.73
奉天辽阳吴氏	220	73							2 2.74	46 20.91	2 2.74	27 12.27	8 10.96	52 23.64	61 83.56	95 43.18
北镇张氏	83	47									1 2.13	11 13.25			46 97.87	72 86.75
辽阳张氏	284	76							2 2.63	47 16.55	3 3.95	45 15.84	16 21.05	99 34.86	55 72.37	93 32.75
山西洪洞刘氏	310	75			1 1.33	45 14.51			1 1.33	27 8.7	4 5.33	55 17.74	14 18.66	97 31.29	55 73.33	86 27.74
代州冯氏	244	75							2 2.67	56 22.95	3 4	37 15.16	10 13.33	55 22.54	60 80	96 39.34
山东禹城程氏	686	102	3 2.94	211 30.76	1 0.98	45 6.56			3 2.94	68 9.91	10 9.8	143 20.85	9 8.82	59 8.6	76 74.51	160 23.32

续表

家族名	婚姻次数	涉及姓氏(个)	通婚数在50次以上 涉及姓氏与占比%	通婚数在50次以上 次数与所占比例%	通婚数在41—50次 涉及姓氏与占比%	通婚数在41—50次 次数与所占比例%	通婚数在31—40次 涉及姓氏与占比%	通婚数在31—40次 次数与所占比例%	通婚数在21—30次 涉及姓氏与占比%	通婚数在21—30次 次数与所占比例%	通婚数在11—20次 涉及姓氏与占比%	通婚数在11—20次 次数与所占比例%	通婚数在5—10次 涉及姓氏与占比%	通婚数在5—10次 次数与所占比例%	通婚数在1—4次 涉及姓氏与占比%	通婚数在1—4次 次数与所占比例%
掖县赵氏	830	103	4	337	1	48	1	38	3	83	7	106	14	94	73	124
			3.88	40.6	0.97	5.78	0.97	4.58	2.91	10	6.8	12.77	13.59	11.33	70.87	14.94
河南商丘沈氏	256	69							2	45	3	47	10	67	54	97
									2.9	17.58	4.35	18.36	14.49	26.17	78.26	37.89
江苏常州陈氏	132	61											6	43	55	89
													9.84	32.58	90.16	67.42
丹阳陈氏	175	59									2	26	8	49	49	100
											3.39	14.86	13.56	28	83.05	57.14
武进陈氏	93	47											5	33	42	60
													10.64	35.48	89.36	64.52
荆西孙氏	184	57									2	23	9	58	46	103
											3.51	12.5	15.79	31.52	80.7	55.98
浙江余姚徐氏	57	29											3	16	26	41
													10.34	28.07	89.66	71.93
青田端木氏	49	24									1	17	3	16	21	33
											1.64	9.44	12.5	32.65	87.5	67.35
上虞经氏	180	61					1	32					8	45	51	86
							1.64	17.78					13.11	25	83.61	47.78

第一章 婚姻社会圈(上)

续表

家族名	婚姻次数	涉及姓氏(个)	通婚数在50次以上		通婚数在41—50次		通婚数在31—40次		通婚数在21—30次		通婚数在11—20次		通婚数在5—10次		通婚数在1—4次	
			次数与所占比例%	涉及姓氏与占比比例%	次数与所占比例%	涉及姓氏与占比比例%	次数与所占比例%	涉及姓氏与占比比例%	次数与所占比例%	涉及姓氏与占比比例%	次数与所占比例%	涉及姓氏与占比比例%	次数与所占比例%	涉及姓氏与占比比例%	次数与所占比例%	涉及姓氏与占比比例%
安徽亳县郭氏	804	119	276 34.33	3 2.52			67 8.33	2 1.68	31 3.85	2 1.68	90 11.19	6 5.04	132 16.42	19 15.96	208 25.87	87 73.11
泾阳潘氏	79	18			42 53.16	1 5.55							10 12.66	2 11.11	27 34.18	15 83.33
湖北范氏	443	75			91 20.54	2 2.67	31 7	1 1.33			117 26.41	7 9.33	125 28.22	18 24	79 17.83	47 62.67
湖南湘潭谭氏	116	42									26 22.41	2 4.76	37 31.9	5 11.9	53 45.69	35 83.33
郴州房氏	319	45			127 39.81	3 6.67			23 7.21	1 2.22	71 22.26	5 11.11	45 14.11	7 15.58	53 16.61	29 64.44
湘乡陈氏	418	61			46 11	1 1.64			76 18.18	3 4.92	134 32.06	9 14.75	78 18.66	12 19.67	84 20.1	36 59.02
宁乡高氏	150	45							21 14	1 2.22	28 18.67	2 4.44	35 23.33	6 13.33	66 44	36 80
善化文氏	474	83					104 21.94	3 3.61	99 20.89	4 4.82	118 24.89	9 10.84	54 11.39	9 10.84	99 20.89	58 69.88
福建泉州郭氏	147	32							49 33.33	2 6.25	14 9.52	1 3.13	38 25.85	6 18.75	46 31.29	23 71.87

续表

家族名	婚姻次数	涉及姓氏(个)	通婚数在50次以上 涉及姓氏与占比%	通婚数在50次以上 次数与所占比例%	通婚数在41—50次 涉及姓氏与占比%	通婚数在41—50次 次数与所占比例%	通婚数在31—40次 涉及姓氏与占比%	通婚数在31—40次 次数与所占比例%	通婚数在21—30次 涉及姓氏与占比%	通婚数在21—30次 次数与所占比例%	通婚数在11—20次 涉及姓氏与占比%	通婚数在11—20次 次数与所占比例%	通婚数在5—10次 涉及姓氏与占比%	通婚数在5—10次 次数与所占比例%	通婚数在1—4次 涉及姓氏与占比%	通婚数在1—4次 次数与所占比例%
泉州郭氏	180	41							1 12.44	24 13.33	3 7.32	42 23.33	7 17.07	50 27.78	30 73.17	64 35.56
莆田傅氏	891	86	4 4.65	402 45.12			4 4.65	144 16.16	2 2.33	47 5.27	5 5.81	70 7.86	22 25.58	138 15.49	49 56.98	90 10.1
广东乐郭氏	89	31									2 6.45	32 35.95	4 12.9	27 30.34	25 80.64	30 33.71
香山盛氏	59	28											5 17.86	29 49.15	23 82.14	30 50.85
花县洪氏	602	75			2 2.67	91 15.12	4 5.33	132 21.93	2 2.67	49 8.14	8 10.67	122 20.26	17 22.66	135 22.42	42 56	73 12.13
广西桂林张氏	94	43											5 11.63	36 38.3	38 88.37	58 61.7
四川成都陈氏	223	82									2 2.44	31 13.9	11 13.41	95 42.6	69 84.15	97 43.5
成都叶氏	929	107	4 3.74	228 24.54	3 2.8	136 16.64	3 2.8	111 11.95	5 4.67	127 13.67	8 7.48	119 12.81	15 14.02	100 10.76	69 64.49	108 11.63
云阳涂氏	70	37											4 10.81	25 35.71	33 89.19	45 64.29

续表

家族名	婚姻次数	涉及姓氏(个)	通婚数在50次以上 次数与所占比例%	涉及姓氏与占比例%	通婚数在41—50次 次数与所占比例%	涉及姓氏与占比例%	通婚数在31—40次 次数与所占比例%	涉及姓氏与占比例%	通婚数在21—30次 次数与所占比例%	涉及姓氏与占比例%	通婚数在11—20次 次数与所占比例%	涉及姓氏与占比例%	通婚数在5—10次 次数与所占比例%	涉及姓氏与占比例%	通婚数在1—4次 次数与所占比例%	涉及姓氏与占比例%
简阳游氏	81	34									22 27.16	2 5.88	12 14.81	2 5.88	47 58.02	30 88.24
陇西李氏	61	30											27 44.26	5 16.67	34 55.74	25 83.33

共计：11 093次。

资料出处：民国《郑氏宗谱》，见《郑氏宗谱》；嘉庆《景城纪氏家谱》；光绪《定兴鹿氏二续谱》；民国《辽阳吴氏族谱》；康熙（北镇）《张氏族谱（辽阳城南）》《张氏族乘》；光绪《睢阳刘氏宗谱》；嘉庆《洪洞刘氏宗谱》卷2—4；民国《代州冯氏族谱》卷1；民国《洪洞冯氏族谱》卷1—2；民国《禹城》《程氏族谱》卷1—2；宣统（武进）《东莱赵氏家乘》卷1—2；道光《睢阳孙氏宗谱》卷4—5册；光绪《毗陵陈氏宗谱》卷3；民国《云阳后分陈氏宗谱》卷5—8，14—17；宣统《上经义氏宗谱》卷3；民国《陈氏家乘》卷3；民国《荆西潘氏宗谱》卷3，4；民国《莒县郭氏宗谱》卷21之7；同治《余姚》《孝义徐氏宗谱》卷7—9；民国《东鲁端木氏小宗家谱》卷3；民国《上经义氏宗谱》卷3；民国《莒县郭氏宗谱》卷1，4，6；民国《两湘陈氏续修族谱》；光绪《莱阳潘氏续统宗谱》卷21之7；同治《范氏支谱》；民国《中湘覃氏续修族谱》卷3—4；光绪《蓉城北乡沙里房氏宗谱》；乾隆《双峨郡氏族谱》；民国《罗峰傅氏续修族谱》；嘉庆《资阳高氏三修族谱》卷1，5—6；光绪《文氏三房四修谱》；光绪《魏塘江头房郭氏宗谱》；民国《陈氏润周公派下支谱》卷1—7；民国《陇西李氏续修族谱》卷2。

表1-2共罗列38个家族的11 063次婚姻。一般地说,婚姻中涉及姓氏的多少,可反映出这个家族的社会圈子的大和小。然而不能一概而论,比如居住在城市的和居住在乡村的,就会有所不同。城市居民来源面广,有土著,又有客籍,比较分散,涉及的通婚姓氏也会较多。同样在农村,情况亦有差别。有的在本村或比邻村庄,聚族而居,姓氏较为集中,那么通婚的姓氏可能较少。相反,南方有些地区,经济发达,社会相对开放,农村人口流动频繁,通婚的姓氏的覆盖面就会宽得多。另外像四川、关外东北等地,由于各省流民迁入杂居,这样的客观环境决定了当地人在婚姻选择上稍要开放一些。

表1-2中显示,通婚姓氏的多少,还与我们统计的婚姻总次数有关,比如直隶定兴鹿氏、山东禹城程氏、掖县赵氏、安徽亳县郭氏和四川成都叶氏,他们所涉及的通婚姓氏,都超过百个,最多的亳县郭氏有119个。但这些家族统计到的婚姻总次数也多,最少的有五百多次,或六百多到八百多,最多的达929次。涉及通婚姓氏最少的是安徽泾县潘氏,只18个,其余一般都在二三十到七八十个之间。这说明各家族通婚的社会圈子都具有一定的选择面。列表还显示,每个家族的通婚对象,除了一定的选择面,还有点的集中性,即总有一两个或三四个姓氏与其保持着相对固定的婚姻关系。其中最突出的莫过于泾阳潘氏了。在所统计的79次婚姻中,竟有42次选择的是吴姓家族,占到全部婚姻次数的53.16%。另外像福建泉州(魏塘)郭氏,与陈姓通婚的占19.05%,与林姓通婚的占14.28%;莆田傅氏,891次婚姻中,与陈姓通婚161次、与林姓通婚122次,分别占18.07%和13.69%;广东长乐郭氏,共统计89次婚姻,涉及31个姓氏,与曹李二姓通婚各16次,分别占了17.98%;再如浙江上虞经氏180次婚姻,涉及62个姓氏,与陈姓通婚多达32次,占17.78%;山东掖县赵氏,830次婚姻,涉及103个姓氏,与王姓结亲有134次,占16.14%。上述陈、李、王等,都是全国性的大姓,林姓则是福建大姓。既是大姓,人数众多,

被选择机会当然也多。但即使有此因素，在几十个乃至上百个姓氏中，与这些姓通婚次数的比例，可以高达16%到19%，不能不说是相当集中的。至于造成此种情况的原因，一方面正如前头我们说过的，类似表亲婚和世婚制婚俗在起作用；另一方面，在某些家庭中，由于各种缘故，择偶的圈子确实还不够放开。

表1-2还显示，各家族选择配偶，虽都存在着分散和集中的两个方面，但程度上是有差异的。就以通婚次数在1—4次这栏看，比例最高的奉天北镇张氏，竟占到整个婚姻数的86.75%，再如浙江余姚徐氏占71.93%，江苏常州陈氏占67.42%，浙江青田、丽水端木氏占67.35%，北京郑氏占65.22%，江苏武进陈氏占64.52%，四川云阳涂氏占64.29%，简阳游氏占58.02%，江苏丹阳陈氏占57.14%，荆溪孙氏占55.98%，四川陇西李氏占55.74%，广东香山盛氏占50.85%，各都超过一半。这些家族与别的姓氏通婚的集中程度也一般偏低，其中除北镇张氏与王姓的婚姻率占13.25%，北京郑氏与王姓占10.87%，属于稍高外，其余都在10%以下，有的最高不过6%—7%。照此比较，他们的婚姻选择面，较之其他家族似乎更广一些。另有一种如四川成都叶氏，尽管在其通婚圈中与4个姓氏超过50次，但由于统计的婚姻总次数多(929次)，涉及的姓氏多(107个)，比例最高的刘姓，不过只占6.99%，所以总的婚姻选择面也比较宽广。与此类似的像辽阳吴氏、张氏亦大体相同。需要指出的是，我们列举的这些婚姻选择面相对较广的家族——郑氏是在北京城市，余姚徐氏、江苏陈氏、浙江青田、丽水端木氏、丹阳陈氏、荆溪孙氏、广东香山盛氏，都在一些东南沿海经济比较发达、社会比较开放的地区，而辽东和四川的一些家族，曾是各地外来移民丛集的处所。这再次印证，婚姻社会圈与该家族的生活活动圈，即社会经济环境和社会文化环境有着密切的关联。

前面说过，族谱记载的是以同姓同宗为唯一原则，涵盖面较为广泛，所以通过对上述族谱的统计分析，大体可以这样说，在清代，各家族的婚姻社会圈,虽不若有人描述的那么狭窄,存在一定的选择余地,但仍有许多局限,更不能与现代社会相比。特别是某些偏远闭塞的农村,选择面更是小得可怜,以致在不少地区,出现同姓为婚的情况。① 同姓为婚,在今天看来,只要不是血缘相近,根本无所谓。可在当时,却被认为是有关人伦的大事,依法各杖60,判处离异。② 他们之所以敢于这么做,就是因为聚族而居,生活的圈子过于狭小。还有像盛京地方的内务府所属庄头、园头人等,由于只能在同等身份之间的家庭相互婚配,年代一久,各家都亲上加亲,有的男女年岁相当,可辈分不符,有所忌讳,不敢结亲,到乾隆初,他们中十四岁至三四十岁的女子,因此而未能出嫁的,竟高达数千人之多。③ 此种基于人为禁锢而自造牢笼的,并不限于盛京内务府庄头、园头这样的家庭,只是在他们身上反映得更典型而已。

---

① 按照我所见到的资料,清代同姓为婚的,以北方各省居多,另外在四川、湖南、海南、广西等地也有不少记载。
② 《大清律例通考校注》,第447页。
③ 参见《盛京内务府粮庄档案汇编》,第260、443页。

第二章　婚姻社会圈(下)

第一节　结婚论财之风的滥觞

结婚论财，一般人多认为是风俗问题。我们之所以将其放在社会圈中进行讨论，是因为它的兴起，对于门第婚以及以门第婚为基础的世婚制是一种冲击，也给传统礼制和相对稳定、缺少风浪的夫妻、家庭与社会关系造成了震荡，体现了明清以来婚姻关系中的新变化。对于这种变化，有人议论说："今时婚嫁，皆以为重事。然古之重，重在承先，故以合礼为贵；今之重，重在夸俗，故以多仪为尚。"[①]以"承先"为重，还是以"夸俗"为重，表现了传统婚姻中的两种嫁娶观。承先，就是不失宗嗣，使祖先血食有继。这在当时是很重要的，被认为是婚姻的出发点。即所谓："昏(婚)礼者，人伦之始，上以事宗庙，而下以继后世者也。"[②]在此前提下，虽然也讲六礼(即纳采、问名、纳吉、纳征、请期、亲迎)，设酒席以召乡党僚友，但都是必要的礼节，无关花费多或少。夸俗就不同了，是把嫁女娶媳当成炫耀门第或财富的形式，不仅在成婚的礼仪上讲排场，更重要的是视极为圣洁的终身大事如同商市的买卖，把利放在先头，钱财成为第一位，至少是重

---

① 光绪《诸暨县志》卷17。
② 夏之蓉：《昏说》，载《清经世文编》卷61。

要的着眼点,从而亵渎了祖先,也给家庭乃至己身带来隐患。

在我国,婚嫁需钱财,很早就出现了。《礼记·昏礼疏》说:"纳征者,纳聘财也。"就包含着成婚要钱财的意思。男家聘礼的厚薄,女家妆奁的丰约,常常成为两家考虑的因素,于是富贵人家与富贵人家缔姻,一般平民百姓无法高攀,只好把择偶限在财势大体相等的圈子里,有的穷人家甚至因此而鳏居终身。婚嫁需钱财,随着时代的发展,其内容也在演变发展。到了明朝中叶以后,已成了一股腐蚀百姓心灵、冲击名门世家的越来越强劲的势力。

明人谢肇淛,曾就当时婚娶之家唯论财势的风气作过议论,其中特别针对某些起自奴隶,骤得富贵,而结姻高门,缔眷华胄的情况说:"国家立贤无方,即奴隶而才且贤,能自致青云。"①应该说,出现这种颇具反叛性质的行为,首先是在城市,特别是那些工商业发达的东南沿海地区,其风尤甚。地处太湖和长江下游平原区的浙江海盐县,便有"婚姻不论门第,惟从目前富贵"②之说。湖州府的乌程县(今吴兴区),"婚姻论财,虽士大夫不免"③。盐运聚集地扬州,"婚姻彩轿之费至数十金,贫者亦称贷效之"④,讲排场已到了不计后果的地步。有的尽管地处偏远,也颇受影响,比如安徽泾县,多商贾,各地均有其踪迹,其境便以嫁娶奢靡著称。⑤ 浙江诸暨县,婚嫁亦论财,厚聘厚嫁,致各家赔累不堪。⑥ 江西新城县,把婚嫁视为求利之窟,相互讨要,靡费无度。⑦ 苏北的海门县,原来择婚多重故族,论财者鄙之,嘉靖后,形势大变,虽有族望而无财,却为人所不

---

① 谢肇淛:《五杂俎》卷14《事部》,中华书局,1959年。
② 天启《海盐图经》卷4。
③ 乾隆《乌程县志》卷13,引明崇祯志。
④ 嘉庆《重修扬州府志》卷60,引明万历《江都县志》。
⑤ 嘉靖《泾县志》卷2。
⑥ 乾隆《诸暨县志》卷9,引明隆庆志。
⑦ 同治《新城县志》卷1,引明隆庆志。

屑顾。①

如果说在明代,婚嫁论财的风气,正处于兴起的势头,那么清代就蔓延到更广的地区了。在浙江上虞,明万历间婚嫁还颇重信义、轻财货,女家无朝诺夕更,男家不苛责妆奁厚薄,亲属款洽,世代往来不废。清康熙时,开始有所变化,及至清末,已是"富家嫁女务侈妆奁之丰厚,贫家许字尤索重金,甚有因嫁女而荡产,缘娶妇而倾家者,以至穷苦小民,老死而不能婚"②。可见由明至清初,再到清后期,演变的进程何等之迅速。湖南桂阳县,原先也是婚聘不论钱财多寡,可到了乾隆以后,女家以奢华为时尚,衣服由棉布改绫缎,首饰变铜角为金银、珠翠,水涨船高,男家的聘礼也一增再增,使那些中产之家,苦累不迭。③ 广东博罗县,从乾隆时候起,人们结亲,已从先论门第,转变为讲钱财,即使门第不般配,有钱即是好家。④ 北方的河南内乡县,康熙以降,婚姻便多论财,开始是女方父母苛索聘礼,接着又是男家转谈妆奁厚薄。⑤ 山西曲沃县,是平阳府靠南并不十分出名的县份,据范印心在《沃史》中说,至少在康熙时,那里已是议婚率趋势利,不论人品,"较聘财,几于鬻女;责资装,近于索负"。温情脉脉的人情味,全被铜臭气熏跑了。一向民风淳朴的大西北地区也不例外,靠近陕北的洛川县,雍乾之际,婚姻费货财,声乐导迎送,已成为时尚,再没有往昔一心只为谨夫妇、严宗庙的虔诚之心了。⑥

那么在当时,每次婚嫁,究竟要花费多少钱财呢?因为各地方经济发展的高低和各家庭间的富裕程度,以及时代前后的差别,反映在婚嫁开支上不完全相同,不过透过一些文献记载,仍可了解到大概。见表2-1。

---

① 嘉靖《海门县志》卷2。
② 康熙《上虞县志》卷2;光绪《上虞县志校续》卷41。
③ 嘉庆《桂阳县志》卷10。
④ 乾隆《博罗县志》卷9。
⑤ 康熙《内乡县志》卷5。
⑥ 乾隆《陕西通志》卷45。

表 2-1　各地婚聘财礼负担举例

时代	地区	事实	资料出处
雍正初	南北各省	聘礼 40—50 两到 200—300 两。	《雍正朝汉文朱批奏折汇编》第 1 册,第 750 页
光绪间	山西平遥县	聘礼 30 两至 100 两不等。	光绪《平遥县志》卷 1
嘉庆、道光间	山西长子县	纳币,巨室百金,庶民钱数千,酒宴帛锦在外。	光绪《长子县志》卷 12
清末	山西沁源县	小康之家,聘金 20—30 两。	民国《沁源县志》卷 9
光绪	山西乡宁县	中期聘礼无过大钱 50 千,末年增至 200 千。	民国《乡宁县志》卷 7
清末	陕西宜川县	贫寒之家,财礼大钱 30—40 串。	民国《宜川县志》引省志稿
光绪	江苏川沙县	纳彩用银饰,亦用银元 4—5 元,聘金 100 元以内,以后日趋侈靡。	民国《川沙县志》卷 14
清末	江苏句容县	动辄百余缗。	光绪《续纂句容县志》卷 6 下
雍正	浙江	嫁女费银数百两至数千两,最少亦须百数十金。	余治:《得一录》卷 2
清末	浙江黄岩县	数千金。	光绪《黄岩县志》卷 31
乾隆至同治	江西广信府	乾嘉时十金而止,至咸同时,聘礼百金,奁具或至罄产。	同治《广信府志》卷 1 之 2
清末	江西瑞金县	纳彩向来费数金,近年增至数十金。	光绪《瑞金县志》卷 1
咸丰、同治间	江西饶州府	纳币富室费及百金,资奁称是。	同治《饶州府志》卷 3
清末	陕西泾阳县	聘金 70—80 两至百数十两不等。	宣统《泾阳县志》卷 2
乾隆中后期		婚嫁之费常至巨万。	姚绍华:《崔东壁年谱》
乾隆、嘉庆之际	广东广州等地	嫁一女,娶一妇,用银至数百两、数千两之多。	程含章:《岭南续集·告条》
道光	广东阳江县(今阳江市)	动逾千金。	道光《阳江县志》卷 1

续表

时代	地区	事实	资料出处
乾隆至道光初	广东广宁县	乾隆时,中平之家妆奁之费数十金至百金,富家300—500两,及道光初,多倍于此。	道光《广宁县志》卷12
咸同前至光绪中	广西上林县	咸同前男家聘礼24千文至32千文;光绪中改小洋60元—100元。女家陪嫁所费相等,或至加倍。	民国《上林县志》卷6
乾隆	湖北武昌县	上等家,女方妆费千金,乡男小民从而效之。	光绪《武昌县志》卷3
光绪	湖南龙山县	富者嫁一女,或费千缗。	光绪《龙山县志》卷11
清末	湖南兴宁县	嫁女除绫缎、珠翠器具外,奁钱数十千至数百千不等。	光绪《兴宁县志》卷5
乾隆	福建福州府	市井强有力之家,奁值累千金。	乾隆《福州府志》卷24
咸丰、同治前	福建霞浦县	富家嫁女,费至数千金。普通则办2—6箱,城乡皆同。	民国《霞浦县志》卷22
乾隆、嘉庆间	福建永春州	聘礼百金左右。	民国《永春县志》卷15
	福建龙岩州	道光以前,聘礼无过30贯,后增至洋银200多。	光绪补刻道光《龙岩州志》卷7
嘉庆、道光之际	福建邵武府	每一嫁娶,动费数百金。	道光《重纂福建通志》卷57
	福建古田县	嫁女,上户费数百金,下户百余金。	陈盛韶:《问俗录》卷2
康熙末	福建台湾县	聘仪,上者无论,即下者亦至30余金,绸绫匹数不等,少者6匹,亲近非14—15匹不可。	康熙《台湾县志》卷1
乾隆	四川威远县	流寓之家,间有礼银数十金者。	乾隆《威远县志》卷9
光绪	云南浪穹县	动辄百金,至贫亦需40—50金。	光绪《浪穹县志略》卷2
清末民国初	东北三省	贫贱者聘金需吉钱400—500串;中人之家约吉钱2000—3000串,合银400—500两。	郭熙楞:《吉林汇征》卷2上
清末	奉天抚顺县	编民下户聘礼多则300—400元,少者100—200元。	宣统《抚顺县志略》《风俗略》卷5

选择娶婚元书式。

万福之原 或写福寿双全 或写婚元选择 此行写在全东
　　　　　　　　　　　　　　　　　　　　　前面中正条上

乾造年 岁月日 时建生
坤造年 岁月日 时建生　此二条或起八字或写年月亦可写在全东裡西头一二幅上

　謹通

万全通书合时宪历理选择嫁娶吉期

一主婚翁命　年　岁不犯天罡福寿大吉
一主婚姑命　年　岁不犯河魁福寿大吉
一娶婚男命　年　岁不犯命星喜庆大吉
一行嫁女命　年　岁不犯岁星喜庆大吉
一嫁娶择於本年月　日　时进宅大吉
一要送女客忌偏　三相以及娠賓产扫避之大吉
一冠带择於本日　时尚　方梳粧上头大吉
一安床帐宜用房间房　间生向　方迎晴神大吉
一新人上下车轎俱宜西向　方迎禧神大吉

根据《万全通书》和《时宪历》挑选嫁娶吉期

一次婚嫁,所需费用,少则几十两,多至百余两、几百两,乃至上千两,这不但一般百姓难以承担,对于中等或某些上等家庭也是十分艰难的。安徽桐城县刘大櫆,虽是世家出身,但父祖都是县学生,以课读为生,充其量不过是个小康家庭,可偏偏他父亲先后生了大櫆等兄弟4个,姊妹3

个,加起来7人,一娶一嫁,使本不富裕的家庭几乎陷于窘境。① 这种竭数载经营之力,博亲戚顷刻之欢的做法,真像做噩梦般使人难以解脱。② 更有甚者,还要变卖田地家产以供其需。③ 浙江温州一带,便有嫁女"破娘家"的说法。④ 福建邵武府一带俗谚:"千金之家,三遭婚娶而空;百金之家,十遭宴宾而亡。"⑤还有如"一婚一嫁,荡产废业,终身无以为生"⑥。有这么一首民谣,叫作《娶媳苦》,充分反映了在结婚论陪嫁、讲排场的风气下,当事者的无可奈何之情:

腰菱花,朵朵开,要个新妇难得来。大盘小盘行过去,咪哩吗啦(乐声)吹过来。红毯子,软悠悠;蜡烛火,亮油油,提盘嫁妆塞仔一房头。卖田借债用去多多少,一苦苦煞老老头。⑦

又,浙江遂昌人吴世涵,写了一首叫《婚嫁》的诗,对此亦有深刻的描写:

新妇堂前拜,阿翁一身债。女儿一头珠,阿爷百石租。习俗使之然,谚语良非诬。东家有长男,衫屐翩翩度。聘钱苦难赍,三十犹未娶。西家有老女,幽阁颦双眉。金奁苦未备,于归知何时。女生愿有家,男生愿有室。奈何百年事,争此一朝饰。十家九无成,成者家已贫。嗟哉儿女累,仰屋空生嗔。婚嫁苦不速,胡为狃习俗。不闻桓鲍家,短衣共挽鹿。⑧

---

① 《刘大櫆集》,第149页。
② 同治《醴陵县志》卷14。
③ 光绪《永嘉县志》卷6。
④ 光绪《永嘉县志》卷6。
⑤ 光绪《重纂邵府志》卷9。
⑥ 《宫中档雍正朝奏折》第25辑,第363页。
⑦ 民国《川沙县志》卷14。
⑧ 张应昌编:《清诗铎》,第841页。

上面的民谣和吴世涵的诗,因为生动形象,所以特别引出以供参考。里面既谈到因一娶一嫁而负债累累,也写了因无法筹措足够的钱,至男长女老而不得嫁娶。诗人在最后向往能扭转习俗,但又谈何容易。

婚嫁论钱财,诚然给社会带来了许多消极的后果,但是也有另外一面,即对冲破以等级制为基础的门第婚姻,具有积极的意义,也给相对凝固的婚姻社会圈造成冲击。

一、对传统礼制的冲击

在中国传统社会里,礼法是按等级制定的,不但高等级和低等级在礼法上不能混同,甚至同在高等级,也有严格的差别。就以男女婚配为例,其婚仪婚礼也按等划分。清代沿袭前代,皇帝结婚称大婚,典礼隆重。皇子皇孙,公主郡主,各等爵位的贵族、宗室觉罗等,也均各按规定办事,不得逾越;再以下便是官员士庶的婚礼。据雍正元年(公元1723年)定:

> 一品官纳采礼,缎衣三袭,余与伯同(即金约领一具、金簪三枝、金耳环一副、缎衾褥三具——引者),纳采日燕用牲六,成婚日具筵十有五席;二品官纳采礼,缎衣二袭,缎衾褥二具,余与一品官同,纳采日燕用牲四,成婚日具筵十有三席;三品官纳采礼,金簪二枝,余与二品官同,纳采日燕用牲三,成婚日具筵八席;四品官纳采礼,金约领一具,金耳环一副,缎衣一袭,缎衾褥一具,纳采日燕用牲二,成婚日具筵六席;五品官纳采礼与四品官同,纳采日燕用牲二,成婚日具筵五席;六品官以下纳采礼与五品官同,纳采日具筵用牲二,成婚日用牲三。自四品以下,约领耳饰,各听其力能具者备用。军民人等纳采礼衣一袭、衾褥一具,具筵用牲一,成婚日用牲二。凡有品级官员婚嫁,

> 或用本官执事,鼓乐人不得过十二名,镫不得过六对;无品级人及生监军民,不得僭用执事,鼓乐人不得过八名,镫不得过四对,一应靡费,概行严禁。①

又定:

> 汉人婚娶,纳采及成婚礼,四品官以上,绸缎不得过八匹,金银首饰不得过八件,食品不得过十;五品以下官各减二,八品以下有顶戴人员以上,又各减二;军民人等绸绢不得过四,果合不得过四,其金银财礼,官民概不许用。至庶民妇女,有僭用冠帔、补服、大轿者禁,违者罪坐夫男。

规定既具体又等第森严,对违反者,则要坐罪处理。尽管如此,财产婚姻的兴起,双方的排场愈讲愈大,必然触犯到国家的规定,口子一开,形成风气,就无法抑制了。江南常熟等地,因为婚聘竞尚奢华,以致在很多做法上已"失于僭逾"②,也就是超越了国家的定制。比如这一带,婚嫁宴请用笙鼓细乐助兴,新人的花轿之前得鸣金开道,这本来是贵胄品官才许做的,可一个小小生监乃至连功名也没有,白丁竟公然招摇过市,这不是"奢也而近僭"是什么?③ 陕西泾阳县市民们的婚礼也很讲究,他们"盛京乐、侈服饰,编民而效品官,贫寒而师豪侈"④。一些低层绅衿以及非官非绅百姓,之所以敢于在礼法上妄加僭越,关键在于有钱,可以用钱来弥补政治地位的不足,这正是社会的导向。

---

① 光绪《大清会典事例》卷325。
② 雍正《昭文县志》卷4。
③ 道光《蒲溪小志》卷1。
④ 宣统《泾县志》卷2。

有人说，这股风气的兴起滋蔓，首先发端于城市。城市五方杂处，各色人物都有，人们又见多识广，特别是那些以工商业为中心的新兴城镇，旧体制的约束相对较少，许多乡村不敢做的事，他们敢于去试去碰。至于具体到人群，始作俑者当是能炫耀一方的豪商大贾。工商业发达的珠江三角洲，"婚姻最为奢靡，其始于洋、盐二商"。洋商是政府指定专门与西方来华商船从事中介贸易的商人，盐商也是专卖商人，与官府关系密切。他们一方面通过垄断贸易敛聚大量财富，同时又因长期与各级衙门打交道，熟悉官场，与大小官员有着千丝万缕的关系。于是婚嫁讲排场，礼仪僭越逾制，首先从这些人开始。由于他们带了头，随后渐染于缙绅士大夫，书随差役又跟着效仿，格局也就起了变化。① 福建的海商之盛不逊于广东，他们在服食嫁娶等方面，亦敢为风气先。② 江苏淮安府，地当淮运两河交汇处，府城山阳，乃河、漕、盐、关重地，漕运总督驻府城，南河总督驻于清江浦（今清江市，属淮安府），又设榷关，征收来往货运税银，所以"五方杂处，豪商巨贾互相矜炫，靡然从风"③。这些商人蔑视禁令，在婚娶中大操大办，规定不能用的冠帔、大轿，照样用，官员们因为需要他们的报效、乐捐银子，又知道他们在北京有后台，只能睁一眼闭一眼，听凭所为。

在清代，南北各地，都出现了一批"力农致富者"。他们原来都是一些普通农民，甚至是佃户，地位不高，身份卑下，可经济实力却在上升，有的在生活上过得比一般下层绅衿，以及没落了的名门望族的子孙们，好了不知多少。经济地位的上升，激发了他们谋求政治身份的欲望，除了送子孙课读，通过科考入仕外，与有门第人家结亲，也是借以抬高身份的一种

---

① 程含章：《岭南续集·告条》，清刻本。
② 乾隆《福州府志》卷24。
③ 乾隆《淮安府志》卷15。

方法。这样便出现了为"板附阀阅,以厚币为饵"①;或者像钱大昕在诗中说的:"婚嫁选高门,烦费不知限"②的情况。他们用钱铺路,达到了与阀阅高门联婚的目的。虽然这引起一些人的反感,或持门第,耻与通婚。③但还是有人愿作此抉择,认为与其死守着只能作为追怀凭吊的空壳望家门第,不如为子女去追求现实的富贵。在一份《岭南孔氏家规》中,记录了这样一段话:

> 近有苟且议婚,不顾先人体面,希图些末朱提,适足为一宗之玷。至孔家大姓,生有姑娘,择配子婿,亦必阀阅相当,虽贫无碍,倘贪其家财,非族而妄妻之,有玷圣祖择配之条。公堂之上,经房长、族众逐出祠外。吾子孙其谨遵之。④

长期以来,孔家子孙一直自尊为"圣裔",是"诗礼传世"的大家,标榜凡事按国法礼教而行。可就是这么一个家族,在金钱财货面前,也面临着严峻的考验,不少子孙因经不住诱惑,而陷于浊流。有鉴于此,族长们严列条规,企图以开除族籍,阻止族人婚嫁不论族望、迁就于眼前富有的做法。

其实力图扭转这股潮流的不止是孔姓族长,在官府中,也不断有人发出檄文告示,进行劝诫。康熙末出任浙江巡抚的朱轼和雍正末的浙江总督程元章,都针对该省婚嫁竞尚侈靡、僭越逾制的做法,告示百姓,要多加约束。⑤ 类似事例,屡见于清代的文献之中,但施行效果都不理想,最多不过暂时稍加收敛,即以朱轼、程元章二人而言,如果前者劝诫有效,就不

---

① 同治《广丰县志》卷1之8。
② 钱大昕:《潜研堂诗集》卷10《古诗》。
③ 道光《琼州府志》卷3;光绪《娄县志》卷3。
④ 《曲阜孔府档案史料选编》第3编,第1册,第59页。
⑤ 参见《朱文端公文集》卷3《戒侈费》;余治:《得一录》卷2《程大中丞严溺女并酌定嫁资示》。

会时隔不久,又有后者再出来谆谆教导了。乾隆十六年(公元1751年),皇帝弘历就御史孙宗溥的奏请,下了一道上谕:

> 御史孙宗溥奏请酌定经制以节民用一折,欲将民间婚丧宴享酌定规条,于教化之中,寓制防之限,似亦黜浮崇实之意。但天下之大,五方风气不齐……自古已然,皆各随其土性以成习尚。……无论一时难强,且使富者专利自封,则贫者益难糊口矣。若概恐其时绌举赢,遂严立限制,抑而裁之,以示必从,不从即以法绳其后,此势之所不能,徒使胥吏乘此需索讹诈,更为民累。①

婚嫁按定制,这本来是弘历的父亲胤禛在雍正初重加审定颁布的谕令,可中间不到30年,到乾隆时,弘历已认为很难划一。当然,弘历是以五方风气不齐,和定例后富者自可封为专利,贫苦难以尽遵,来反对孙的条奏的。这与孙宗溥说的限侈费、防僭越,意思有所不同。但有一点孙宗溥没有想到,而皇帝想到了,即既然事已至此,很难抑制势头,那么何必再去硬拉强扭呢!

二、无法抑制的官商联姻

官商联姻也是对门第婚的挑战。门第婚讲究的是官官或官绅结合,体现了政治权力在婚姻关系中的延伸。而官商联姻则是把政治权力与财富交融在一起。这对官绅们来说,无疑是恋上了巨商大贾们的财货,而在商人,则可以依借官绅的权力和煊赫的门第,为自身形象和行为张目。本来,在中国传统社会里,政治尽管污浊不堪,却被渲染得清高无上。实际

---

① 《清高宗实录》卷390。

上,只要做了官,政治上有了地位,也能得到房屋田产和相应的财货。商人则不同,从很早时候起,就一直处于受压制的位置。因为人们认为他们买贱卖贵,专干投机取巧的勾当;不创造社会财富,却能过上富比王侯的生活,在当时那就是越分,是一种罪过。在当权者看来,若不对这种行为加以禁抑,使小民群起效尤,必然会造成民侵于时事,而轻地利,欲求田野之辟,仓廪之实不可得。直到清代,商业仍被称为末业,雍正皇帝说过:"朕观四民之业,士之外,农为最贵。凡士工商贾,皆赖食于农。以故农为天下之本务,而工贾皆其末也。"①在士农工商四民中,商排在最后一名。因为如此,官绅和商贾是两股道上的人,彼此格格不入。官绅中若有人与商人沆瀣一气,不但辱没了自身,还会受到谴责和耻笑。

话虽如此,但自明以来,特别到了清代,随着生产的发展,市场的扩大,以及政府在赋税政策上的变化,如由实物赋税更多地向货币税转化,由力役向出钱雇役转变,以及实施一条鞭法和摊丁入地等,使商业和商人的作用越来越重要了。农民缴纳田赋、代役银,都需要货币,城镇和乡村愈来愈丰富的消费生活,也不断地刺激着贵族、官僚和地主们的胃口,这些都要靠商业和商人来运筹调剂,从而凸显了流通领域的重要性。商业分工愈益细密,商业的财富积累达到新的高度,各类巨商大贾不断涌现,如此等等,均有形无形地提高了商人的地位,还出现了像"一品官,二品商"②这样的谚传。清代的官商联姻,正是在这样的背景下产生的。

在官商联姻中,最先出现的是那些与官家有着千丝万缕关系的官商(皇商、藩商等)。他们很早就涉足盐、铜、边贸等具有专卖性的行业,其中以晋商和徽商最为突出,采取的是:"官以商之富也而朘之,商以官之可以护己也而豢之,在京之缙绅,往来之名士,无不结纳,甚至联姻阁臣,排

---

① 《清世宗实录》卷57。
② 欧阳昱:《见闻琐录》卷3《盐丁苦》。

抑言路,占取鼎甲,凡力之能致此者,皆以贿皆取之。"①他们中常常由儒而贾,又由贾而儒而官,反映在婚姻关系上也是官绅商混杂一起,打破了清一色的官绅门第婚。

在清代官商联姻中,发生于乾隆年间的赵国麟与刘藩长两家结亲事例,颇具有典型性。赵国麟,山东泰安人,康熙四十五年(公元1706年)进士,由知县、知府等基层官,升至布政使、巡抚等方面大吏,又调京任尚书、大学士,是堂堂一品大员,而且在出任礼部尚书时,还兼任了掌管太学的国子监事,充当过会试正考官。就是这个以学问人品享誉的赵国麟,在乾隆元年(公元1736年)却被人告发与商人刘藩长家互结姻亲。一时间引起在朝大臣的纷纷物议,皇帝弘历为此发了一道上谕,对赵和市井庸人缔亲事,进行了严厉的斥责,迫使赵国麟陈请告退,以平舆论。②

另一件事也是在乾隆年间,广东肇庆府城守备营守备谢光宗,与云南矿商吴尚贤结为儿女亲家。先前,谢光宗于云南抚标右营游击任内,与吴尚贤相识。吴是云南石屏州人,祖籍广东,小时家贫,为马帮(商队)充当马脚,因常往边境,与葫芦地区(今缅甸境内勐茅、滚弄等地)佤族酋长相识结好。正好那里盛产银矿,吴在得到酋长许诺后,招来矿工,开设了一座颇具规模的茂隆矿厂。据说极盛时,"聚众至数十万"。尚贤由此大富,连朝廷亦知其名。③吴尚贤有钱后,结交了有乡亲之谊的谢光宗。他一方面想借谢的权力为自身张目,同时又请谢捐纳官衔,以提高身价。谢对这位富商的巴结也很高兴,视为有利可图的买卖。他在积极为吴张罗的同时,还与之结成了儿女亲家。随后,谢光宗由云南调任广东,就职肇庆府守备。正好吴经营的矿厂也由盛转衰。为了留出后路,他向广东捎

---

① 杨仲羲:《意园文略·两淮盐法要序》,转引自张海鹏等《徽商研究》,安徽人民出版社,1995年,第317页。
② 《清高宗实录》卷145;《清史列传》,第1066—1067页。
③ 方树梅:《滇南碑传集》卷末《吴尚贤传》,云南民族出版社,2003年;师范:《滇系》卷12之1。

去白银11 000两、黄金200两,委托谢在祖籍代置产业。不料此事被有关当局察觉,结果谢被革职,吴的家产亦遭查封。乾隆十八年(公元1753年),时任两广总督阿里衮在给刑部的咨文中,特别指责谢光宗身为朝廷命官,与"无籍厂徒"吴尚贤联姻结交,为"甚属卑污"①,引起了一场不大不小的风波。

在上述两个事例中,因限于资料,有些细节尚待考究,但基本情况是清楚的。首先是赵国麟,以他的官位和声望,不至于因贪恋刘藩长的钱财而与之结成姻亲,何况刘家也不是数一数二的大商人。不过从赵所处理的某些事情来看,尽管弘历说他素讲理学,可并不保守。例一是身为一品大员,竟亲往一个无顶戴荣身的民人俞长庚家作吊唁活动,据说还下跪拜奠。这件事在当时属等级倒置、自失身份的严重事态,遭到纠参。尽管此事经最后查实,系出于某御史的毁谤。但这种直接向皇帝告的状,不可能全是捕风捉影,必定事出有因。由此可见赵对官民的等级界限,不像有些人那样看得那么严重。例二是他对工商业的态度。乾隆初,各大臣曾就京西煤矿,以及各地矿厂的开闭问题,有过一场争论。赵国麟是站在开放一边的,认为开放矿禁是一件"广天地自然之利以裕民用"的好事,并取得皇帝的首肯,从而使全国开矿业在乾隆初得到顺利的发展。② 从我们所知的这两个仅有的事例中可以看出,赵国麟敢于突破上层官绅尚存的贱视商业和商人的观念,与刘家结亲,不是偶然的。当然,这只是赵的个人行动,但反映了社会潜动着的一种趋向。

至于谢光宗与吴尚贤两家联姻事,情况比较清楚。谢光宗主要是看中吴家的富有,而吴尚贤则需要借助谢作为现任职官的有利条件,代为张罗些事,是互相有利可图。类似谢吴两家的结亲,可说极为典型地反映了

---

① 《清代土地占有关系与佃农抗租斗争》,中华书局,1988年,第393页。
② 《清代的矿业》,中华书局,1983年,第8—9页。

官商联姻的实质。

在官商联姻中,还有一种情况,像浙江桐乡县(今桐乡市)严家那样。严家从明代时就以服贾起家,极盛时曾开典铺10处,有家资数十万,乡人号称"严百万"。后来因兄弟分家,加上明清之际的政治变故,家境一度衰落,可不久严君美以资本20万从事贩布业,拥有资本几十万,使严家重新发迹。因为有了钱,下一代有条件由贾转儒,可惜儿子严廷珏时运不济,只得了个秀才,再也上不去了,只好纳粟出山,捐了个正五品的同知实缺官,外放云南,后升顺宁府知府。与此同时,严家在结交当地官府方面也很卖力,还与乌镇同知王凤生成了莫逆之交,最终实现了严王两家的姻亲关系。严王结亲,这本是官商联姻,可严家由贾而儒,有了功名,又捐了官,便成了官绅联姻。[①] 这种联姻既是严王两家、也是所有官绅们最愿意的,因为它既满足了双方的钱权利益,同时也不致引起舆论的物议。前面我们说到的一些著名晋商、徽商中的婚姻行为,便属于此种类型。

徐珂说:"咸同以前,缙绅之家蔑视商贾,至光绪朝,士大夫习闻泰西之重商,官商始有往来,与为戚友。"[②]社会的变动不断地冲击着官绅们的思想禁锢,官商通婚越来越成为无法抑制的趋势。

三、给夫妻、家庭和社会造成的震荡

婚姻论钱财,对一向标榜以礼嫁娶的传统婚姻,也是一种冲击,从而亦给旧日平稳少变的夫妻、家庭和社会关系,带来微妙的变化。有人议论说:

---

① 参见严辰《桐溪达叟自编年谱》。
② 徐珂:《清稗类钞》第5册,第2051页。

> 古人六礼之设,以重大婚,非财之谓也。婚礼论财,原非美俗。夫择婿者择门户、择年德也,使惟财之是问,则皂隶盗贼,何必非丰财之人可以其子为婿乎;择妇者择贤淑、择种类者也,使惟财是问,则倡优下贱,何必无绮罗之资,何以其女为妇乎!况为夫者以财媚妇,妇必至以财骄夫,而舅姑妯娌之际,必有大不安者。至不幸而先富后贫,则夫或以无财轻其妇,妇或以无财轻其夫,夫妇之道必不能终,此薄俗之最当维挽者也。①

此人是站在维护旧道统的立场上抨击婚嫁论财恶俗的,但他说到由此对夫妻、家庭所造成的不良影响,确实也是存在的。在当时,有所谓"抬头嫁女,低头娶妇"②的说法。在女方,自以为把女儿辛苦拉扯成人,由父母供其吃穿,到可以劳动自食,恰在此时,又要出嫁给别家了,这就必须有所补偿。也有的家庭为宠惜女儿,给女儿构营私蓄,不断向男家苛索聘礼聘金,甚至出现嫌婿家礼物简薄,致"掷碎器皿,辱骂媒氏者"③。如此等等,归结一起,叫作"抬头嫁女"。对于男方,为了能如期把新妇娶进门,只好赔着小心,竭力奉承,故称"低头娶妇"。但事情总有其两面性,在聘娶过程中,男方虽低头奉承,可也在盘算能否得到相应的回报,也就是给的聘金和女方送来的陪嫁,是不是大体相当,或更有过之。这叫作"女索重聘,男争妆奁"④,彼此论财,各显门道。如果女方的妆奁与聘礼大体相等,而且新媳妇确实懂事贤惠,先前"低头娶妇"的闷气和怨气自然就消弭了,否则由此而酿成夫妻、家庭不和的,亦不在少数。正如有人所说:"男子父母较论妆奁,日后妇姑失欢,夫妇反目,未必不基于此"⑤。又有人说:"不

---

① 光绪《善化县志》卷16。
② 民国《怀宁县志》卷10。
③ 乾隆《平阳县志》卷5。
④ 宣统《临安县志》卷1。
⑤ 康熙《内乡县志》卷5。

则翁姑、夫婿或以奁薄而轻其妇"①,甚至有终身愤憾媳妇者。当然,也有另外一种情况,即新妇自恃妆奁丰厚,傲视翁姑、丈夫,用娘家的财富压制夫家,这也会使家庭失去和睦与平静。

在中国传统婚姻中,一个重要原则就是聘定重诺,嫁后从一。即一经聘定,双方都应遵守承诺,不得随意反悔。至于嫁后从一,更属于女教中的"三从四德"之一。可钱财的驱使,却引导某些人走向另外一端。广东海澄县,"井里之家,婚姻论财,厌贫爱富,有始富终贫者,即求他适,虽已产男女不顾,年貌不称亦如之"②。在北方,陕西富平等地,也是结姻后,往往婿家贫,"女遂别适"③。在这些人看来,共富是可以的,守贫却不愿意。夫妻和亲家关系,在金钱和财富面前,已变得心如铁石,无感情可言了。更有甚者,如四川云阳县,有的家庭在聘定时,不问女子贤德和夫婿人品,但见其家富有,便迫不及待地缔结姻缘,及至日后得知不是那回事,便"男女相嫌,毁盟讦讼"④。安徽宁国县也有"贫聘悔婚,挟嫌改适,委庚帖于不足凭者"⑤。在某些偏远贫困地区,或土客杂居区,养女之家利用外籍客民多年轻光棍汉,觅妻不易,多多索取财礼,叫作"养女接贫"或"养女济贫"。⑥ 也有携带家眷的客民,因缺乏土地谋生,将女儿嫁与土著者,以换得耕种权,称"以女易地"⑦。甘肃海城县(今宁夏海原县)"贫者每以女招雇工,为待年之嫁"⑧,把女儿的婚嫁作为换取男壮劳动的手段。对于这些人,尽管都把女儿当作货物交换,多数实出无奈,在某种情况下,还是可以理解的。

---

① 乾隆《威远县志》卷9。
② 嘉庆《海澄县志》卷6。
③ 李塨:《恕谷后集》卷1《杨侯初度记》,载《恕谷全书》本。
④ 咸丰《云阳县志》卷2。
⑤ 民国《宁国县志》卷4,引光绪旧志稿。
⑥ 道光《宁陕厅志》卷1;民国《盩厔县志》卷4,引乾隆邹志。
⑦ 光绪《靖边县志稿》卷1。
⑧ 光绪《海城县志》卷7。

因为看重妆奁,促使一些聘许后尚未过门的姑娘家,也十分关注乃至计较父母陪嫁物的丰厚。民间流传的歌谣是这么唱的:

女儿亲,不是亲,全副嫁妆还嫌轻。①

又如:

檐前鸟,噪奁前,看看新娘好妆奁。妆奁少,一定恼。②

女儿恼恨妆奁少,除了碍于自身的脸面以外,更重要的如同前面所说,妆奁厚薄,往往关系到她在婆家的待遇,是现实利害所使。

社会风气的变动,决定着人们思想的改变,这是任何人无法扭转的。在这种新旧观念冲击中,有的确实可闻到前进的气息,但也有许多是鱼龙混杂,泥沙俱下。因此,有些人颇感到无所适从,他们中有人发出叹息说:"至慕女作门楣,多重财货而轻骨肉者,此又君子所不忍道也。"③可这些君子难道都洁身无染了吗?

婚聘论财,对贫苦百姓造成的压力巨大。他们常因没有足够的钱财,致嫁娶失时,或不得良配,有的家庭竟狠心溺婴。有关溺婴的问题,我们将在下一节作专门讨论。

总的说来,清代论财之风确实超过以前任何朝代,但也不是说它就完全压倒了世家大族的门第婚,或者只论财产不及其余了。对于那些正在兴旺势头上的名门望族,无论是婚姻论门第或者论贸财,都毫无二致,因为只要有名望地位,丰厚的聘金与光彩夺目的陪嫁都会随之而来,决不会

---

① 民国《川沙县志》卷 14。
② 民国《连城县志》卷 17。
③ 乾隆《元和县志》卷 10。

因追求财富而置门第于不顾。至于官商通婚,直到清末以前,至少在多数官僚士大夫中仍心存芥蒂,这从弘历谴责赵国麟和阿里衮对谢光宗的指斥,就看得很清楚了。在婚嫁论财之风的影响下,多数家庭往往一方面关注聘礼妆奁,另一方面也看重男女本身的品格和德行,而且后者可能更重要,因为婚后夫妻的和睦、家庭的稳定,毕竟是压倒一切的。社会上有人提出的"过聘伤财"①"嫁娶宜量力"②,以及娶妇"必择孝悌,世世有行义者"③等许多带有箴诫性言论,正反映了人们对婚姻质量的重视。

由于中国幅员广大,各地的发展千差万别,在婚嫁观念上也并非完全一致。当东南沿海和其他一些地方的人们把眼睛盯着聘礼嫁妆的时候,仍有不少地区保留着淳朴厚道的婚俗。陕北延安府民间人称有四美,第一条就是"结姻不论财,耻攀势力,罔争聘礼"④。甘肃的很多地方,也是女家不索财礼,男家不计妆奁,因而"贫富便之"⑤。在大西南,贵州荔波县,人们择配议婚,只访求家声清白,女子贤淑,不在贫富。⑥ 靠北的正安州,地虽贫薄,人却淳朴,男女婚嫁,不言财礼。⑦ 云南省的云南县(今祥云县),婚嫁不慕势利,不厌贫寒,只要门第、年齿相当,便可通媒问聘。⑧ 明清之际,四川省饱受战乱的创伤,许多世家大族遭到打击,陷于凋零沦落,外省移居者多以贫民为主,门第观念淡薄,以致在婚嫁中,既不分门第贫富,也不计较衣饰妆奁的轻厚,只求清白相对、年岁相仿即可。⑨ 在内地等腹心省份,亦不乏有此者,北方的燕赵和齐鲁大地就有许

---

① 《太原霍氏仲房世祖晚节公家箴》,转引自《明清佛山碑刻文献经济资料》,广东人民出版社,1987年,第471页。
② 汪辉祖:《双节堂庸训》,天津古籍出版社,1995年,第85页。
③ 朱轼:《朱文端公集》卷3《择妇》,道光刻本。
④ 嘉庆《延安府志》卷39。
⑤ 宣统《甘肃新通志》卷11。
⑥ 光绪《荔波县志》卷11。
⑦ 光绪《正安县志》卷6。
⑧ 光绪《云南县志》卷2,引旧志。
⑨ 光绪《邻水县志》卷2;道光《安岳县志》卷2。

多这样的例子,①在两湖和赣、桂等省,也不少见;甚至连靠近沿海的江苏邳州,因地邻徐兖,婚礼亦"不责取财礼"②。当然,它们多限于市场经济相对不够发达的偏远地区,而且地盘也可能在逐渐缩小,但至少说明,当我们强调一种倾向时,也存在着另外一种倾向。世界在变,但总是有前有后,有浅有深,永远不会是清一色的。

第二节 婚嫁和溺婴

有关溺婴的研究成果很多,我们之所以把它放到婚姻社会圈的范畴内,是因为它是从婚姻论财的现象引发出来的,与人们的婚姻行为有直接关系,而不拟作全面的阐述。

溺婴指的是婴儿一经降生就被杀害的行为,由于多是用水盆淹溺,所以通称溺婴,是中国以往贫苦家庭,甚至部分多子女的中等家庭中经常出现的事。我小时就亲耳听说我的一家邻居溺婴,那邻居家的一个男孩是我平时玩耍的好伙伴。当他母亲生第6个孩子时,他父亲嫌孩子太多,就活活地将其淹死了。事后,当他母亲向我妈和邻居老妈们私下哭诉时,那

---

① 比如光绪《乐亭县志》:"择婿择妇,大率门户相当者为之,贫富之相较为后,而清浊之分必严也。"道光《南宫县志》:"惟订婚不用财货,较胜他处。"山东道光《济南府志》:"妆奁丰啬各称其家,无较论财物者。"宣统《滕县续志稿》:"无求聘金者。"乾隆《鱼台县志》:"不计财礼,不侈妆奁。"光绪《菏泽县志》:"婚嫁颇不论财,然亦不较门第。"还有例子,不再列举。

② 咸丰《邳州志》卷1。

伤痛的场面,使我这个在旁偷听者,至今难以忘怀。① 据民族学者研究,杀婴在世界很多地区、很多民族中,都不同程度地存在过,是为调节人口生产与维持生存条件间矛盾的一种重要手段。在中国,很早就有生子不育的记载,到了宋代,这样的资料更不胜枚举,其缘由大抵是贫困、逼于重税无力赡养,或为了调配资财、计产育子,强调的多为经济原因,而且女婴属于首先被溺杀的对象。② 明代以后,特别到了清代,溺婴与婚嫁挂钩的记载,占有越来越大的比重。笔者见识有限,但据查阅到的全国 16 个省份,涉及 150 余个府州县厅的溺婴资料中,竟有三分之一的记载在追究原因时,都提到与婚嫁亦即婚嫁论财有关。有的资料在谈到无溺女之风时,也常常与婚嫁不厚奁连在一起。③ 将因艰于妆奁而溺女的记载,作表汇列,见表 2-2。

表 2-2 因艰于妆奁而溺女的事例

地区	事实	资料出处
	无力之家,艰于赔送,忍为溺女之事。	《宫中档雍正朝奏折》25辑,第 363 页
直隶怀来县	近则女争聘金,男索妆奁,故贫而鳏者甚多,而溺女之风亦未由挽回。	光绪《怀来县志》卷 4

---

① 清初著名思想家陈确的母亲,因家穷,加上临产后缺人照顾,曾自溺其女。后来,她多次为此悔恨不已。现将陈母自述抄录供参考:"吾平生无负心事,惟于二十四岁产一女,溺之,至今为恨。惟时贫困既甚,顾室中无一有,独拟一鸡为产后之需,临产而人食我鸡。又我父在杭,使人归嘱后母云:陈女产,必立使人候之,谓当有所遗也。母竟使僮长寿空手来候,又自起作食。食之,遂恨绝,谓吾父母生我,长大尚如此受苦,是奚翅沤沫者,育之何为,徒自害害彼耳,坚欲溺之。血晕不能起,使祖房婢彩绣溺之,置浅水中,一夜不死。我怒甚,强起拒门自溺。盖回首闭目而后溺之,弗能视也。嗟乎! 吾岂忍乎哉!"(陈确撰:《陈确集》,中华书局,1979 年,第 532—533 页)。

② 参见刘静贞《杀子与溺女——宋人生育问题的性别差异》,载《中国历史学会史学集刊》1994 年第 26 期。

③ 比如同治《龙山县志》:"不需厚奁,故俗鲜溺女之风";同治《保康县志》:"婚礼崇尚俭朴,邑无溺女之家";光绪《天镇县志》:"不讲妆奁,不争财礼,故野无旷男,亦从未闻有溺女者";光绪《嘉善县志》:"女家量力治装,无厚嫁之失,故俗不溺女。"

续表

地区	事实	资料出处
山西繁峙县	婚嫁以妆奁之丰俭为门户之荣辱,家有三女,则群谓之不祥,溺女之风,作俑于代,流祸至今为厉。	光绪《山西通志》卷99
陕西省	秦中民俗,……嗜利而轻骨肉,……有因娶妇较量奁资,百端勒索,遂以生女为伤心而杀之者。	汤斌:《汤子遗书》卷7《严禁溺杀子女以全天性以厚风俗事》
陕西省	细思人之溺女,原有二种,不贫之户,虑日后嫁奁之累,遂致忍心溺死。	《保甲书》卷3崇纶《陕西育婴堂条规》
江苏松江府	自婚嫁竞尚华侈,而溺女之风遂盛。	光绪《松江府续志》卷5
浙江省	因家贫不能养育,日后嫁送无资,辄将女婴毙命不举。	刘兆麒:《总制浙闽文檄》卷4《再禁溺女》
浙江桐乡县	贫家生女,辄溺之,为望孕生男,且免长子陪嫁资也。	光绪《桐乡县志》卷2
浙江兰溪县	生女不育,惧乏资装。	光绪《兰溪县志》卷1
浙江永康县	嫁女多论聘财,娶妇多论资装,……致酿淹没之俗。	康熙《永康县志》卷6
浙江义乌县（今义乌市）	尚妆奁及彩轿之仪,十室而九溺女。	嘉庆《义乌县志》卷7
浙江浦江县	溺女恶俗相沿,欲多生男子,又恐嫁女费财,忍心为之。	光绪《浦江县志稿》卷3
浙江西安县	纳彩纳征颇尚丰美,女家具奁率以奢丽相夸耀,贫者至破产不惜,故多溺女。	嘉庆《西安县志》卷20
浙江汤溪县	婚礼往往以财较量,富者厚其奁具,贫家以薄妆为耻,故民不举女。	康熙《金华府志》卷5
浙江龙游县	纳彩率逾制,嫁则丰于妆奁,即富室惟艰,以故俗多溺女,有三举者,人争啧啧。	民国《龙游县志》卷2
浙江开化县	中人之家,以女别门,无关承祧,而有奁资之苦,遂使婴儿堕地之日,便是殒命之时。	乾隆《开化县志》卷10
浙江淳安县	嫁女赀奁,俗尚过厚,故生女多不举。	光绪《淳安县志》卷1
浙江瑞安县（今瑞安市）	民性近啬,而嫁娶尚侈,故城市之中,养女反多淹死。	乾隆《瑞安县志》卷1

续表

地区	事实	资料出处
浙江慈溪县（今慈溪市）	嫁女或至于破产,其俗多溺女。	光绪《慈溪县志》卷55
浙江绍兴府	夫婚论财,嫁率破家,乃至生女辄溺之。	康熙《绍兴府志》卷12
浙江萧山县	较妆奁,故有生女而不举者。	康熙《萧山县志》卷8
浙江诸暨县	婚嫁以靡财故,遂至杀人。	光绪《三修诸暨县志》卷17
浙江新昌县	生女多溺而不育,恐厚奁之废家也。	民国《新昌县志》卷5
浙江仙居县	惜嫁女之费,生辄溺之。	光绪《仙居县志》卷18
浙江永嘉县	嫁女盛妆奁,生女多不收。	乾隆《温州府志》卷14
浙江乐清县	倾资嫁女,以悦婿家,如或不然,即成仇害,……此所以父母直杀其女而忍心不顾也。	光绪《乐清县志》卷4
浙江平阳县	贫家虑遣嫁而溺者。	乾隆《平阳县志》卷5
浙江景宁县	以厚妆奁故溺女,邑之锢俗也。	乾隆《景宁县志》卷1
安徽宁国县	其溺女实由于斗富,既育而嫁,皆以无奁为耻。	民国《宁国县志》卷4
安徽泾县	女多辄不举,乏资者忧异日之赠奁。	嘉庆《泾县志》卷1
安徽广德州	其嫁女之家,甚有破产以营奁饰者,故民间生女多不举。	光绪《广德州志》卷24
福建闽清县	溺女之风,邑山僻之乡较甚,且恐多此一块肉,将来无以供妆奁之费。	民国《闽清县志》卷5
福建古田县	古田嫁女,其奁维何,缘是不得已甫生女即溺。他邑溺女多属贫民,古田转属富民。	陈盛韶:《闽俗录》卷2
福建罗源县	侈婚嫁而不耻溺女。	姚绍华:《崔东壁年谱》
福建福清县	丰于嫁女,凡上户均以养女为惮,下户则又苦无以为养,比户而计,实无一户不溺。	郑光策:《西霞文钞·与福清令垂彝重书》
福建永安县	溺女一端,多出于世家大姓,或畏目前乳哺之艰,或苦日后婚嫁之累。	雍正《永安县志》卷3
福建沙县	溺女之风,盖由父母生计艰难,不能赡养,且悲多此一块肉将来无以供妆奁之费。	民国《沙县志》卷8
福建连城县	婚礼惟凭奁饰,女子之生,多溺水滨。	民国《连城县志》卷17

续表

地区	事实	资料出处
福建厦门	且恐厚费妆奁,又耻送入育婴堂,或辄淹杀之。	道光《厦门志》卷15
福建长泰县	侈妆奁,故愚拙之民,生女多不举。	乾隆《长泰县志》卷10
福建海澄县	溺女,贼害天良,皆为异日装资虑耳。	乾隆《海澄县志》卷15
江西南丰县	婚姻之际,多重财贿,民遂多不举其女。	鲁琪光:《南丰风俗物产志》,载《小方壶斋舆地丛钞》第6帙
江西新昌县	士族鬻田而治妆奁,溺女之风渐炽。	民国《盐乘》卷6
江西广信府	婚以厚币为饵,又虑遣嫁之难,忍不举女者。	同治《广信府志》卷1之2
江西浮梁县	婚计资送,多溺女。	乾隆《浮梁县志》卷1
江西德兴县	自俗之弊,竞炫妆奁,民率以女为劫,诞女则仇之,溺女之风于是乎炽。	同治《德兴县志》卷1
江西吉安府	婚聘至较金多寡,娶则计妆厚薄,……甚则生女必杀之,曰毋为父母累。	顺治《吉安府志》卷11
江西南安府	富者吝于妆奁而溺之,贫者艰于养育而溺之,中等之家仅留一二,余皆溺之。	同治《南安府志》卷32
江西兴国县	溺女之俗,惟女家置备妆奁,颇多龃龉,甚且因而失欢。	同治《兴国县志》卷11
江西龙南县	嫁重妆奁,贫者因难取办,富者亦难为继,故溺女成风。	光绪《龙南县志》卷2
湖北利川县(今利川市)	贫家小户男则喜,生女则悲,以其虑后日遣嫁也,以致今溺女者比比。	同治《利川县志》卷3
湖南醴陵县(今醴陵市)	婚娶浮靡颇甚,……故中下户动以生女难育,溺女之惨,率多由此。	同治《醴陵县志》卷1
湖南安福县	婚姻为市道,聘较金多寡,娶唯计妆厚薄,乃有溺其女如弃孤雏腐鼠者。	同治《安福县志》卷2
湖南临武县	娶大都礼教尚繁,故育女无过三举。	同治《临武县志》卷2
湖南祁阳县	惟是女须厚奁,贫者无能置办,生女多淹溺,或掷送别家以图了事。	同治《祁阳县志》卷22
湖南宁远县	费财既多,资妆必待丰备,往往力有不给,致男女过期,于是人皆以养女为累,相戒不育。	嘉庆《宁远县志》卷2

续表

地区	事实	资料出处
湖南兴宁县	有典田鬻产以资奁仪者,于是育女苦于赔累,不仁者遂作溺女之计。	光绪《兴宁县志》卷5
湖南桂阳县	女家以奢相尚,中人之产不胜苦累,致成溺女之恶习。	嘉庆《桂阳县志》卷10
湖南晃州厅	即家计稍丰,亦虑将来遣嫁滋累,……往往甫经产者,旋即溺毙。	道光《晃州厅志》卷36
广东省	有溺女之惨,大率贫家惮食指之繁,陪嫁之苦,而又负气不愿卖为婢妾,故忍而出此。	《粤游小记》,载《小方壶斋舆地丛钞》第9帙
广东阳江县（今阳江市）	富庶之家,……或恐其嫁之足以耗财,至有生女而不举者。	道光《阳江县志》卷1
广东海丰县	其欲嫁者尤繁首饰,……故贫户难之,溺女半由于此。	乾隆《海丰县志》续编
广东陆丰县	生女不育,多淹之,以其为身累也。	《粤屑》卷4《拾男》
广东镇平县	俗亦有溺女之惨,大率贫家惮于食指之繁,陪嫁之苦,而又负气不愿卖为婢妾。	黄钊:《石窟一征》卷4
广西陆川县	嫁女多厚妆奁,中人之家,其母预忧妆奁难办,因而溺女,自生而自杀之。	民国《陆川县志》卷4
四川眉山县	陪嫁奁具,夸多斗富,好事铺张,且妆奁不丰,往往为婿家所厌薄。贫家无力,动色相戒,甚至于溺女。	民国《眉山县志》卷5
贵州黎平府	其贫而愚者,以幼则乳哺妨之,长则嫁衣难办,遂忍溺之而不悔。	光绪《黎平府志》卷3上

上列资料,当然远不完全,但足以看到,清代溺婴之严重化与嫁娶中奢侈之风的升温蔓延有着重要的关系。这也是我国自中明以降,民间溺婴潮流中一个新动向。列表显示,因不堪嫁娶负担而溺婴的,不仅仅限于贫苦家庭,有不少是中产之户,甚至还有少数富有者。在某种情况下,中产之家似乎比下等贫苦大众更难自拔。因为对于众多的赤贫者,既然男方无聘金可出,女方又置办不了如许妆奁,也就不去作此设想了。可中等

人家不行,面对论财之风,凭着尚有些许家产,在男方不能不娶,女方又不能不嫁,只好咬紧牙关,拼命挣扎,最后虽然成了亲,却大伤元气。

这里有一个问题,婚嫁婚嫁,有娶有嫁,这是男女双方的事,男家娶妻要出聘礼,女家则有随嫁妆奁,双方都有花费,为什么女方总觉得不合算,非要溺女以求解脱呢?正如有人所说:

> 父母抚女较育男尤为艰辛繁苦,长则以之归人,彼自有夫家以食以衣,何必更用财资送至男家;娶人之女以为内助、延似续得利已多,又何可更望女家之资送。①

本来把女儿抚养大了却要出嫁,已经够吃亏的了,再要搭上妆奁,就更心存抵触。然而在重嫁之风中,女家的付出常常还要更多。有的地方毕婚后,"女家之费恒数倍于男家"②,甚至有"男家之费什一,女家之费什九"③的说法。安徽汪士铎因一连生了5个女儿,使他整日忧心忡忡,后来家道日渐优裕,可一想要把5个女儿嫁出去,须花大笔嫁妆钱,仍吓得连看病吃药都得节省着来。④ 著名学者翁叔元,康熙六年(公元1667年)时,长女17岁,将行嫁,因家穷不能办妆奁,暗自心急如焚。好不容易挨过一关,次女业已22岁,属大龄待嫁女,于是再勉治荆布,让瞿姓女婿入赘翁家,才算解脱窘境。⑤ 广西武缘县(今武鸣区)有个叫黄鹤潭的穷贡生,写了篇《岭山婚姻纪俗》的小诗共十六首,其中有一首说:

> 嫁女曾经百计图,又来向我索盘盂。家逢贼入真堪笑(邑人生女

---

① 民国《南川县志》卷6。
② 嘉庆《枣强县志》卷16。
③ 乾隆《衡水县志》卷5。
④ 萧穆:《敬孚类稿·汪梅村先生别传》,第327页。
⑤ 《翁铁庵先生自叙年谱》(翁叔元),台北商务印书馆,1978年。

谓之贼入家),顿使爷娘长物无(子媳分爨,外家送锅碗器用等物,谓之送家资)。①

按照黄鹤潭的说法,把女儿养大出了嫁,责任也未完成,因为逢到像分家之类,还要向娘家索取,以致人们把生女儿叫作"贼入家"。广东石湾《太原霍氏仲房世祖晚节公家箴》中,也有这么一段话:

俗谚有九女十贼之言,实不诬也。吾今生女最多,乃由乎命,非敢怨也。②

霍公虽没有因生女多而溺婴,但直叹命苦。可见人们讳忌生女、养女,乃是根深蒂固的看法。另有人把女儿向父母索取,列举得更加仔细:从许嫁办妆奁起,出嫁后有三朝、满月、令节新年、家属生日,娘家都要有馈赠;然后怀孕有催生礼,生育后弥月、周岁、上学,也少不了要赠送;再就是前面说的女婿分家的索取,女儿归宁私取母家所有,携之而归;等等,真是数不尽的应付。③ 难怪有人把生女儿叫作"生赔钱货"。正是此种习俗、此种观念支配下,人们溺婴,怎么会不首先选择溺女婴下手?

在清代,尽管因婚嫁重财而溺婴的事闹得沸沸扬扬,但是造成溺婴的主要原因,恐怕还是贫穷,至少对大批下层百姓是这样。康熙时曾在直隶、山东等省做过多任地方官的黄六鸿,在《禁溺女文》中谈到溺婴缘由时就说:

盖因贫不能自赡,而又乳哺以妨力作,襁褓以费营求,故与其为

---

① 民国《武鸣县志》卷3。
② 见《明清佛山碑刻文献经济资料》,第473页。
③ 黄六鸿:《福惠全书》卷31,康熙年间刻本。

一以累二,毋宁存老而弃小。①

本来连养活自己都很困难,偏偏再添上个小孩,既妨碍夫妻力作糊口的机会,还要再花费一笔开支养活小的,如其因一人而拖累二人,那只有保住大人而弃小儿于不顾了。生活所迫,实出无奈。应该说,这样的情况是相当普遍的,而且众多的史料也揭示了这一点:

贫生女,难于抚养;②
或因口食不给而溺之;③
小户生子繁多,不能养赡者,即行抛弃。④

以上等等,说的都是同一种道理。有的农村,还把溺婴与耕地不足勾连在一起,浙江台州府,"庶而不富,生齿日繁,人浮于地,田不敷种,溺婴之风亦盛"⑤。湖南凤凰、永绥(今花垣县)、乾州(今吉首市)等厅,设军丁屯田,其中有记名屯丁数千名,至道光时,"皆无可耕之田,致有生育男女,溺弃不顾者"⑥。对于由此缘故而溺婴者,就不限于女婴了。山西荣河县,"溺女之习,合邑皆然,近时更有溺男者,草芥人命,莫此为甚"⑦。在两湖不少地方,也是不但溺女,而且溺男。⑧ 因为不管是男是女,生下来都要吃饭,幼时要靠父母养活,其困难程度是相等的。

不过,在同样贫而艰食的条件下,人们还是贵男贱女。所以在溺婴

---

① 黄六鸿:《福惠全书》卷31,康熙年间刻本。
② 民国《分宜县志》卷4。
③ 道光《永安县三志》卷1。
④ 李渔:《资治新书》卷13,张公亮:《截劫事》。
⑤ 民国《台州府志》卷60、61。
⑥ 但良湘:《湖南苗防屯政考》卷9《部复给事中陈岱霖陈奏屯防四款》,清刻本。
⑦ 光绪《荣河县志》卷2。
⑧ 同治《安陆县志补正》卷下。

中,亦以溺女婴为最普遍。这一点连西方耶稣会传教士也看得十分清楚:

> 经常有的中国人无力养活一大家子,如果见生下来的是女婴,就要接生婆立即把新生女婴溺死。这些被无情的父母夺去她们短促生命的女婴,就在同一盆水中得到了永生(死了)。①

溺婴首先选择女婴,亦与中国传统宗法制中男子占有主导有关:首先是继嗣,承先祭祖乃是男子的责任;其次是承袭家产,无子有女者,虽其所生,却无继承权;此外也与生产劳动中,男子具有顶梁柱的作用不无关系。所谓男子主于外,女子主于内。妇女最多起配角、追随者的作用。从得到更多劳动力的目的出发,人们也偏爱于男婴。同治《利川县志》中有这么一段话:

> 承平日久,生齿日繁,虽幽岩邃谷,亦筑室其下,峻岭高原,亦耕种其上,可谓地无遗利,人无遗力矣!地无遗利,人无遗力,故贫家小户生男则喜,生女则悲,以虑日后之遣嫁也,以故至今溺女者比比,此风莫能挽。

在如此艰苦的生产条件下,只有男子尽力劳动,才能养活自己、养活家庭,靠女子根本无法解决。注重实际的小民,在排除妇女作为完整的劳动力后,用简单的产入产出法计算经济账,然后得出了生女不能留的结论。如此等等,说明溺女有着更深广的原因。由婚嫁重财导致的溺婴,充其量不过是理由之一。安徽《广德州志》的一位作者说:

---

① 朱静编译:《洋教士看中国朝廷》,上海人民出版社,1995年,第93页。

> 溺女,旧有其风。询之州人,大半亟望生男者为之,未必预为奁饰计。

这话虽不完全,但确实说出了其中的某些道理。

既然婚嫁论财,只是众多溺婴理由中的一个,为什么在清代的舆论中,会鼓噪得如此厉害呢?道理很简单,在甚嚣尘上的婚嫁论财中,人们一方面无法摆脱潮流的驱使,甚至不自觉地争先恐后地往前凑;可另一方面,很多人又厌恶、诅咒这种做法,并把一腔怒气发泄在女儿头上,同时也为溺婴寻找出一个新的口实。由于婚姻论财触动最深的是那些中等和少数上等偏下家庭的利益,这些人中不少是贡监生员之类的知识分子,他们利用笔杆子加以渲染,一吐为快,表达对婚嫁论财之风的无奈和不满。

从我掌握的资料来看,溺婴之俗,北方仅陕西、山西较为严重,总的不如南方普遍,而南方又以福建、浙江、江西、广东为最盛。这里既是自宋明以降,民间溺婴记载最多的地区,同时也是明中叶后婚嫁论财之风最盛之处。为了制止这种残酷的溺婴行为,一些关心民生的官员曾不断出示禁劝。[①] 清朝皇帝从顺治帝福临起,接着像康熙帝玄烨、乾隆帝弘历、嘉庆帝颙琰,直至同治帝载淳、光绪帝载湉,都曾下诏严禁。乾隆三十七年(公

---

① 此类例子很多,如顺治时,河南商水县令吴道观《禁无淹女》(民国《桐城续修县志》卷2);康熙九年,浙江总督刘兆祺檄禁各县禁溺女锢婢(康熙《嵊县志》卷3);康熙中,福建巡抚张伯行檄示禁溺女锢婢(《正谊堂文集》卷5《通饬清厘保甲檄》);康熙时浙江西安县令陈鹏年禁溺女(《清史稿》,中华书局,1977年,第10093页);康熙时,龙游知县卢灿申详禁溺女(民国《龙游县志》卷2);施闰章在江西任官时作《戒溺女歌》,劝谕勿溺女(《施愚山集》第4册,第241页);康熙间刘荣在湖南任长沙令,"禁溺女,活人无算"(王培荀:《听雨楼随笔》,巴蜀书社,1987年,第16页);康熙间唐寓庵任山西大同守,禁民俗溺女(《施愚山集》第1册,第164页);乾隆时,福建顺昌知县陈瑛作《谕士民戒溺女文》劝止溺女(光绪《顺昌县志》卷8);乾隆间,江西德安县令叶镇"设广生簿以戒溺女"(光绪《顺昌县志》卷6);乾隆时,浙江分水知县某严溺女之禁(光绪《分水县志》卷10);嘉庆初浙江巡抚阮元以金华府民间产女多不举,捐俸千两,为产女家作资助,并严申溺女如律(张鉴等:《雷塘庵主弟子记》卷2,郎寰仙馆刊本);同治间,江苏巡抚批文禁崇明县抄醮溺女(丁日昌:《抚吴公牍》卷38《崇明县申送五月分宣讲折》),因例子太多,不一一列举。

元1772年),因江西按察使欧阳永琦的奏请,礼部等衙门还专门议定了溺女治罪专款。① 不少家族在族谱的宗规、族范、家训中,亦明示严禁溺女,②甚至连民间流传的宝卷、善书中,也有劝诫溺女的篇章。③ 此外,政府还用设立育婴堂收容弃婴和限制婚嫁搞铺张等办法,以抑制溺婴行为。④ 仅从官方和民间的众多反应中,即可以看到,清代的溺婴势头,实际上在扩大、蔓延。

清代溺婴,尽管主要不是由婚嫁论财造成的,但它对正常的男女婚嫁,确实起了很大的干扰作用。本来,自然界的造物安排,男女出生率是大体相等的,可大量溺杀女婴,以及其他缘故,使男女性别比例处于严重的失衡状态。康熙时,浙江龙游县女子人口,竟不及男子三分之一,有"女之居于人间,如星辰之稀"⑤、湖南桂东县男多于女十之七⑥的说法。江西广信府所生女婴十之三四遭到淹溺,故男多于女十有三四。⑦ 据光绪《孝感县志》的记载,该县由于一位姓张知县的出色工作,三年里竟使上万个女婴免受浸淹之灾。三年万把人,一年就有3300来人。这对一个只有十几万人口的中等县份,算是不小的数目了。

社会上男多女少的结果,必然出现新的婚配困难,相当一部分男子,因为找不到妻子而鳏居终身。很多资料记载了这一点:

---

① 见《清世祖实录》卷125;《清高祖实录》卷1415;《清仁宗实录》卷517;光绪《大清会典事例》卷400、1036;钟琦《皇朝琐屑录》卷1,光绪二十三年刊本。
② 如江苏《费氏族谱》卷1《宗规》;道光《京江马氏宗谱》卷首《家范》;光绪《续修湖北枝江县孔氏宗谱·凡例》;民国《云阳涂氏族谱》卷11《族范》等,都载有禁溺女的内容。
③ 参见喻松青《明清白莲教研究》,四川人民出版社,1987年,第223—224页;袁啸波编:《民间善书》,上海古籍出版社,1995年,第347—533页。
④ 这方面的记载很多,其中有关育婴堂的内容,可参见梁其姿《施善与教化——明清的慈善组织》(台北联经出版事业公司,1998年)一书。
⑤ 康熙《龙游县志》卷8。
⑥ 同治《桂东县志》卷18。
⑦ 同治《广信府志》卷1之2。

江西广信府:"有子无媳,三十不婚,鳏旷成群"①;

又:新昌县(今宜丰县):"溺女之风渐炽,而鳏旷多"②;

浙江汤溪县:"民多不举女,而伉俪为难"③;

湖北蒲圻县:"尤讳养女,以故民间少女多鳏夫"④;

湖南岳州府:"民俗溺女,下户多垂老无妻。"⑤

在大批鳏旷者中,主要是无产少业的贫苦者。有人到福建做官,见南平、顺昌等地贫家男子有年逾40—50岁还孑然一身,询问之后,才知道因为溺女,女少难聘之故。⑥ 在贵州,也由于溺婴,女少男多,促使有人到异地联姻,然所费甚多,无力者不敢问津,只好背着家门绝嗣的包袱,做个光棍汉。⑦ 婚嫁论财,给本来就不愿生育女儿的人家添了一把火,造成溺婴的更加泛滥,而溺婴的增加,又给婚嫁带来了新的问题。浙江永嘉县,早在明嘉靖、隆庆之际,已有人对溺婴所造成的"十人之中,八无家室,生育鲜寡,民物渐稀"的局面,表示深切的忧虑。到了清代,更有渐增之势。所以有人说:

> 女溺则愈少,少则愈贵而骄。大家媵侍无制,虐杀无忌。且耕男事也,织女事也,北方之人乃女而耕,今南方则男而织矣。故女愈逸而愈骄。⑧

从这种不断的呼吁中,说明溺婴对男女的择偶婚嫁,产生了严重的负面影

---

① 同治《广信府志》卷1之2。
② 民国《盐乘》卷60。
③ 《汤阴风俗志》,载《小方壶斋舆地丛钞》第6帙。
④ 道光《蒲圻县志》卷4。
⑤ 乾隆《岳州府志》卷30。
⑥ 民国《顺昌县志》卷24。
⑦ 光绪《黎平府志》卷3上。
⑧ 光绪《乐清县志》卷4。

允婚书一份

大姻望奪魁范親家先生大人 閣下

上啟

伏以

碧梧井上牀清玉露之花

丹桂宮中瑤砌金英之瑞

忝眷姻世弟胡國穩端蕭頓首拜

尊慈俯賜鑒亮不宣

冰翁趙清道先生玉成

當

龍飛光緒十一年八月十五日穀旦

忝眷姻世弟胡國穩再頓首

合由人作

親家大人門下

美自天成 恭惟

文名世德 孝友家聲

近以令弟配僕小女藍田玉聘恍然秦晉舊家繡幕

綵牽宛若朱陳鳳好 所願

葑菲不棄兩姓長發厥祥

瓜瓞之綿百禩永逢其吉 伏祈

响,已形成恶性循环,难以走出怪圈了。清代童养媳的大量出现,以及夺寡、抢醮、租妻、典妻等情况的层出不穷,应该说与溺婴造成的婚娶困难,有着重要的因果关系。

第三章 婚姻地域圈

第一节 几组不同资料的统计分析

一、族谱资料抽样

通婚地域半径是婚姻关系研究中的一个重要内容。它既与人们的生活空间密切相连,也反映了各自的人际交往关系。考察历史上的通婚地域半径,最大困难就是资料零散且不完整。在我见到的各种族谱中,虽然多数不载对方配偶的居地,但也有作为一项重要栏目照填入谱。当然,这些族谱往往也存在着相当数量的空缺。另外,由于有的族谱填的都是某村、某庄、某屯等小地名,不仰仗其他资料,往往很难确定,这也给工作增加了一定的难度。即使如此,对于研究者来说,这些也是很整齐的材料了。①

作为一项抽样性考察,此次笔者先后查阅了清嘉庆《景城纪氏家谱》(残本),②光绪二十二年(公元1896年)修《定兴鹿氏二续谱》,光绪三十

---

① 我们依靠的资料主要是有关地方志和近年来编制出版的各县市地名志,即便如此,仍有少数地名没有查到。另外,由于行政区划的变动,也有少数村屯在归属上可能出现一定的差错,但估计错漏率不会超过1%—3%。
② 见《纪晓岚文集》第3集附录《景城纪氏家谱》。

一年(公元1905年)《萧山施氏宗谱》,光绪三十年(公元1904年)修、民国十八年(公元1929年)重定(辽阳城南)《张氏宗谱》和民国二十年(公元1931年)修《桂林张氏族谱》。其中注明配偶籍贯的共2333对人,具体情况见表3-1。

表3-1 族谱中记录的婚姻地域圈

家族名	记有籍贯的夫妻数和占比	夫妻籍贯属同一州县者和占比	夫妻籍贯系相邻州县者和占比	夫妻籍贯不在相邻州县却属同省者和占比	夫妻籍贯系隔省者和占比
景城(献县)纪氏	267对 100%	78对 29.2%	116对 43.4%	65对 24.3%	8对 3.0%
定兴鹿氏	522 100%	103 19.7%	202 38.7%	181 34.7%	36 6.9%
萧山施氏	995 100%	858 86.2%	120 12.1%	13 1.3%	4 0.4%
辽阳张氏	215 100%	215 100%			
桂林张氏	334 100%	252 75.4%	58 17.4%	7 2.1%	17 5.1%
合计	2333 100%	1506 64.5%	398 17.1%	364 15.6%	65 2.8%

上述各家族,纪氏、鹿氏在直隶,也就是今天的河北省;辽阳张氏在盛京,今辽宁省。另,萧山施氏在浙江,桂林张氏在广西。就地区看,三个位于北方,两个属南方。在被统计的2333对夫妻中,籍贯属同一州县的有1506对,占64.5%,居绝对多数;其次是相邻州县;再次是同一省份中相距较远的州县,分别占17.1%和15.6%;真正隔省婚姻的只65对,占2.8%,为数实在太小。如果我们把同属一县的通婚地域半径定在50公里以内,邻近州县定为100公里左右。在北方平原地区,套上大车,最多也就是一天多行程。当然,南方步行或乘船,时间可能会稍长一些,但与当时人们的一般活动空间,大体是相符合的。

需要说明的是,此种按省府(州)县行政区来归类通婚的地域范围,实际上并不科学。就县而论,一个小县方圆至少百把里,稍大的还超出很多,这对占人口绝大多数,过着日出而作、日落而息的生活且很少出远门的农民而言,活动范围还是大了。他们的交往,更多限于本村、邻近村寨和周围集镇,平时连县城也难得去,或者压根没去过县城。他们的人际圈,从地理的角度,不过是一天能够往返的几十里之内,这就注定了他们婚姻的地域选择,多数限于这么一个范围。表3-1把夫妻籍贯属同一州县列为基本统计栏目,很有些以大套小。再比如表中有相邻州县一栏。同是相邻州县,有的可能是边界压着边界,相距不过几里十几里,比同在一个县还近;有的则远至百里以上。如此等等,都有不精确、不周到的一面,不过因为资料记录的局限,我们只能舍小错而求取大的近似值了。

为了更具体地说明多数人的婚姻地理范围,我们还根据所载村屯名,统计了一些本村、本街通婚人数。比如辽阳张氏的215对次婚姻中,夫妻俩同属本屯的有24对次,占11.2%,其余绝大部分在邻近村屯,另有17人(占7.9%)是与县城人通的婚;又像桂林张氏252对夫妻中,原系本街本村的有41对,占16.3%,比例也不小。再据有人从咸丰《五台徐氏本支叙传》中统计所得,这个位于山西五台县的徐姓家族,5代50个男性中,娶妻者44人,有婚姻关系的61人次,配偶家庭在本村的11人,占18%;本县邻村的21人,占34.4%。① 五台徐姓是当地大地主,与一般农户有所不同,即令如此,他们中约有50%以上人的通婚地域,局限在近傍或几里、一二十里的范围之内。

在陕西关中等地,长期流传有"姑娘不对外"的习俗,其中反映在婚嫁地域上,远者不过7—8里,近的不出村,甚至有与邻居为婚的,从而形成相邻的几个村庄结成一个紧密的婚姻圈、祖祖辈辈互为婚姻关系的奇特现象。②

---

① 转见乔润令《山西民俗与山西人》,中国城市出版社,1995年,第121页。
② 参见蒋宝德等编《中国地域文化》,山东美术出版社,1997年,第1212页。

列表中,景城纪氏和定兴鹿氏同县的婚配率明显偏低,即便加上邻近州县,纪氏才占72.6%,鹿氏更少,只占58.4%。之所以如此,应该说与这两个家族有功名头衔的人数众多有重要关系,像鹿氏,在所调查的400人中,有生员67人,贡生29人,举人21人,进士10人,武举功名6人,国学生等7人,各种捐衔17人,统共157人,约占整个群体的39%;[①]纪氏,高功名举人、进士的比例没有鹿氏高,可也有生员40人,贡监生64人,举人9人,进士2人,武科功名12人。在这些人中,有的踏入仕途,在京师或地方做官。所以比较起来,他们的社会接触面比一般只守着田地房屋的普通百姓,当然要广得多,反映在婚姻关系上,择偶的地域,也就超出一方一隅,从更宽的范围去物色门当户对者。

辽阳张氏属汉军镶红旗,顺治元年(公元1644年)"从龙入关",八年(公元1651年)又被调返关外,随队驻防于辽阳城南徐家屯。按照清朝政府的规定,旗民是不能通婚的,后来禁令渐松,但各种有形无形的束缚,仍比汉民要多,加上清代东北地区土旷人稀,人们之间要进行更广泛的交往,客观上有很多的困难。这就是张氏通婚地域,百分之百限于辽阳徐家屯周围的原因。

其实,即使像鹿氏、纪氏,他们的通婚地域也不可能是漫无边际的,这从他们与省外通婚人数上就看出来了。比例最高的鹿氏,也只有36人,占总数的6.9%;纪氏仅8人,占3%,远少于桂林张氏17人,占5.1%。在省内,也是循着先本县,然后是接邻县份,再便是稍远府州县,照着水波那样层层向外扩展,愈来愈稀疏。有关本县和接邻州县的通婚情况,表3-1业已罗列,再向外推移,定兴鹿氏择偶所及的有清苑(38人)、高阳(26人)、任丘(24人)、满城(11人)、新安(11人)、蠡县(5人)、霸州(4人)、

---

① 参见刘翠溶《明清时期家族人口与社会经济变迁》,台北"中研院"经济所,1992年,第42—43页。

完县(1人)等州县,共120人,占整个通婚总数的22.99%。剩下61人(占11.7%),其配偶籍贯虽在本省,但距离便要更远一些了。纪氏聚居的献县位于河间府的中部,通婚半径除属于中心层次的献县本县、第二层次的接邻州县外,处于第三层次的有青县(9人)、盐山(9人)、任丘(9人)、景州(8人)、大城(4人)、深州(4人)、文安(2人),计45人,占16.8%。

如果我们再进一步考察,他们的婚姻还表现为:在一定的地域半径内,包含了相对固定的世家通婚圈。献县纪氏,在本县的78对次婚姻中,娶阎、张、陈三姓女为妻的各7人,卢、杨、李三姓各6人,史、马、孔三姓各5人,以下娶高家媳妇的有4人,牛、戈、王三姓各3人,统共67人,约占78人总数的86%。纪氏与邻近南皮县的通婚人数也不少,共21人,其中竟有17人娶的是张姓女子,占其总数的81%。另如沧州的26人中,娶张姓的有10人、占38%,娶王姓7人、占27%,娶李姓4人、占15%;交河县39人中,娶李姓11人、占28%,娶王姓9人、占23%,娶苏姓5人、占13%,娶张姓4人、占10%;盐山县39人中,娶刘姓有6人、占66.6%;景州8人中,娶张姓占5人,娶李姓占3人。另,深州4人,宝坻4人,分别都是田姓和王姓媳妇。上面说的,都是指纪姓男子娶外姓女子,一般说来,世家婚姻都是对等的,既有这姓男子娶那姓女子,也有那姓男子娶这姓女子。纪昀在《滦阳续录》中就说:"张氏、纪氏为世姻,纪氏之女适张氏者数十人,张氏之女适纪氏者亦数十人。"纪昀在另一处又说:"张氏、纪氏为世姻,所居相去不百里,亲串往来,两家之行事,彼此无不知也。"[①]当时纪昀的祖母、两个母亲、[②]三叔母、从兄昭德妻,都出自沧州张氏,至于纪家女儿嫁于张姓者,因未见具体记录,尚不得而知。从纪昀谈到的情况来

---

① 《纪晓岚文集》,《振斯张公墓志铭》第1集,第370页。
② 纪昀父亲纪容舒的元配是同县安氏,继配、再继配都是侯选州同沧州张梦的女儿。纪昀的祖母就是这两个母亲的亲姑母。纪本人是再继张氏所出。

看,这种世婚制,既有地域的固定性,更有家族的延绵性,而且是两姓男女互结婚姻的双向通婚途径。

关于定兴鹿氏,我们也做了适当统计。在总共 512 对婚事中,共涉及 110 个姓氏,其中最集中的有李姓 67 人,占 13%;张姓 61 人,占 11.9%;陈姓、刘姓各 34 人,分别占 6.6%;赵姓 18 人,占 3.5%;边姓 16 人,占 3.1%,另如韩、吴、潘、马、顾、孙、田、郝、杨,亦各占一定的份量。像与鹿、李二姓通婚的李姓,多居住于安州、高阳两地,就是说,他们在地区上也是相对集中的。与辽阳张氏通婚的有 76 个家族,而李、王、刘、张、陈 5 姓便有 92 人,占总数的 32.4%,也反映了相对的集中性。有关婚姻社会圈,前面第一、二章已讲了很多,这里结合地域圈再提一下,说明两者的关系是很密切的。

二、档案和其他统计显示

上面通过 5 部族谱分析了清人的通婚地域半径。这是一种带有一定地区局限的抽样性统计,究竟它的适应面有多广,能说明多大的问题,还须选择其他资料,再作适当补充和验证。这些资料是:(一)中国第一历史档案馆藏,乾隆元年、十年《刑科题本·婚姻奸情》类中案犯提供的有关夫妻籍贯的记录;(二)民国《上林县志》卷 12《人物部》中所载夫妻籍贯资料;(三)光绪《昌平州志·烈女传》中收录的夫妻籍贯记载;(四)光绪《崖州志·人物志烈女》夫妻婚配的地区资料;(五)施淑仪《清代闺阁诗人征略》辑录的清顺治至光绪间女诗人婚姻籍贯资料;(六)根据 100

部年谱①摘录的有关婚姻地域的资料。

---

① 这100部年谱是：沈起：《查继佐年谱》；《王崇简自订年谱》，载《青箱堂文集》附；吴骞辑，陈敬璋补订：《陈乾初先生年谱》（陈确），载《陈确集》附录；顾师轼编：《梅村先生年谱》（吴伟业），载《梅村家藏稿》附；又，冯其庸、叶君远：《吴梅村年谱》；赵尊：《归玄恭先生年谱》（归庄）；魏荔彤：《魏贞庵先生年谱》（魏裔介）；魏象枢口授：《魏敏果公年谱》；施念曾：《施愚山先生年谱》（施闰章），载《施愚山先生文集》附；方苞：《汤子年谱》（汤斌），载《汤子遗书》本；汪宗衍：《屈翁山先生年谱》（屈大均）；吴怀清：《天生先生年谱》（李因笃）；温肃撰：《陈独漉先生年谱》（陈恭尹），载《独漉堂集》附录；吴光酉等：《陆陇其年谱》；宋荦自编：《漫堂年谱》，载《西陂类稿》附；惠栋注补：《渔洋山人自撰年谱》，《渔洋山人精华录训纂》附；李塨纂，王源订：《颜习斋先生年谱》；彭定求：《生圹志》，载《南畇文稿》卷9；章培恒：《洪昇年谱》；陈敬璋撰：《查慎行年谱》；冯辰等编：《李恕谷先生年谱》（李塨）；朱瀚编：《朱文端公年谱》（朱轼）；俞正燮编：《何端简公年谱》（何世璂）；苏惇元编：《方苞年谱》，载《方苞集》附录；张廷玉自编：《张廷玉年谱》；顾镇编：《黄昆圃先生年谱》（黄叔琳）；王又朴：《介山自订年谱》；王恕自编：《楼山省身（续前注）录》；钱仪吉编：《文端公年谱》（钱陈群）；吕炽等编：《尹健余先生年谱》，又，尹会一：《博野尹太夫人年谱》（尹会一母）；周积寅、王凤珠编：《郑板桥年谱》；陈钟珂编：《陈文恭公年谱》（陈宏谋）；陈玉绳编：《紫竹山房年谱》（陈兆仑），载《紫竹山房诗文集》附；陈辉祖等编：《陈文肃公年谱》（陈大受）；劳潼编：《冯潜斋先生年谱》（冯成修）；刘耀东：《韩湘岩先生年谱》（韩锡胙）；张家拭编：《陶园年谱》（张九钺）；孙致中编：《纪晓岚年谱》，《纪晓岚文集》第3集，附录；赵廷俊等编：《瓯北先生年谱》（赵翼）；史仲文编：《弇山毕公年谱》（毕沅）；汪辉祖：《病榻梦痕录》《病榻余录》；朱锡经编：《南崖府君年谱》（朱珪）；顾光旭自述：《响泉年谱》；郑福照编：《姚惜抱先生年谱》（姚鼐）；钱景星等编：《露桐先生年谱前编》《续编》（李殿图）；冈井昌编：《王石臞先生年谱》（王念孙）；吕培等编：《洪北江先生年谱》（洪亮吉）；《鹤皋（自撰）年谱》（祁韵士）；《万里行程记》外编；张绍南撰：《孙渊如先生年谱》；《端邻居士自纪年谱》（蒋祥樨）；冈尔昌编：《焦理堂先生年谱》（焦循）；张鉴：《阮元年谱》；《杜文端公自订年谱》（杜塄）；又，杜翰编：《杜文正公年谱》（杜受田，杜塄子）；冈尔昌编：《王伯申先生年谱》（王引之）；《瞿木夫（自订）年谱》（瞿中溶）；蒋彤编：《李夫子年谱》（李兆洛）；《恩补老人（自订）年谱》（潘世恩）；又，《小浮山人（自订）年谱》（潘曾沂，潘世恩子）；孙慧惇等：《孙平叔年谱》（孙尔准）；徐士燕编：《岁贡士寿臧府君年谱》（徐同柏）；陈韬：《汤贞愍公年谱》（汤贻汾）；张壬林编：《栗恭勤公年谱》（栗毓美）；钱宝琛自订：《颐寿老人年谱》；魏应祺：《林文忠公年谱》（林则徐）；张金吾自编：《言旧录》；〔日〕小泽文四郎编：《仪征刘孟瞻年谱》；徐明德：《王得禄将军年谱》，载《清代水师名将王得禄传略与年谱》；钱应溥撰：《钱警石年谱》（钱吉泰）；吴养源编：《吴文节公年谱》（吴文镕）；郭延礼：《龚自珍年谱》；又，吴昌绶编：《定庵先生年谱》；骆秉章自编：《骆公年谱》；徐宗幹：《斯未信斋主人自订年谱》；《赵文恪公自订年谱》（赵光）；王传璨编：《王文勤公年谱》（王庆云）；《傅雅三先生自订年谱》（傅诗）；王家勤：《王靖毅公年谱》（王懿德）；《武秋澍先生自订年谱》（武澄）；张集馨：《道咸宦海见闻录》；《殷谱经侍郎自订年谱》（殷兆镛）；《还读我书室老人手订年谱》（董恂）；谢逢源：《龙川李夫子年谱》（李龙川）；徐蕊自编：《敝帚主人年谱》；黎庶昌编：《曾文正公年谱》（曾国藩），载《曾文正公全集》附；林履庄编：《鉴园主人年谱》（林希祖）；罗正钧：《左文襄公年谱》（左宗棠）；罗惇衍自编：《罗文恪公年谱》；邵亨豫：《吏部左侍郎汴生府君自订年谱》；严辰：《桐溪达叟自编年谱》；孙迺琨编：《贺清麓先生年谱》（贺瑞麟）；夏敦复等：《夏侍郎年谱》（夏同善）；林绮撰：《子颖林公年谱》（林穗）；朱彭年：《春渚草堂居士年谱》；许同莘编：《张文襄公年谱》（张之洞）；徐润：《徐愚斋自叙年谱》；孙振烈自编：《次皆次斋主人年谱》；王先谦：《葵园自订年谱》；《先太夫人年谱》（王先谦母鲍氏），载王先谦《虚受堂文集》卷16；王祖畬：《溪山老农自订年谱》；陆宝忠自撰：《陆文慎公年谱》；金兆丰：《晏海澄先生年谱》（晏安澜）；陈声暨：《石遗先生年谱》（陈衍）；王蘧常：《严幾道年谱》；吴士鉴：《含嘉室自订年谱》。

乾隆《刑科题本·婚姻奸情类》共涉及 483 对夫妻，其身份除极少数是武生、贡监、生员一类的低层士绅家庭，另占 99% 的人，都是普通百姓，而且以下层农民、手工业工人、卖苦力者等底层劳苦者为主。分布的地区有直隶 60 对（包括 3 对旗人），江苏 53 对，河南 49 对，山东 40 对，湖南 32 对，湖北 31 对，安徽 31 对，山西 26 对，浙江 25 对，四川 24 对，广东 23 对，江西 22 对，陕西 21 对，甘肃 12 对，福建 10 对，广西 10 对，贵州 6 对，云南 5 对，盛京 2 对，宁古塔 1 对，几乎每个省区都有。他们的通婚地域半径是：

夫妻属同一州县的 456 对，占 94.4%；

夫妻籍贯同府不同州县 6 对；

夫妻籍贯同省不同府 7 对；

夫妻籍贯属不同省份的 14 对。

以上后三类相加，才占 5.6%，也就是说，在一般百姓中，多数男女的择偶对象，都限于本州县境内。

《上林县志》共载录了 75 对夫妻的籍贯。上林清代属广西思恩府，是个偏远穷僻的山区县份。嘉庆、道光以来，除了从广东、湘、赣等省有农民流徙到此垦荒种地外，此地居民几乎很少与外界交往，所以反映在婚姻关系上也显得单调封闭。在 75 对夫妻中，除一例系邻近宾州岁贡生女嫁于上林县，余下 74 对，均属同一县份人。

与上林县相比，昌平州密迩北京，由京师北行出居庸关到口外蒙古地区，必须经过昌平地界。清代京师与口外交往密切，人来人往，算得上是交通冲途。不过因全州多数属于山区，人们除种山力田外，无有更多兴作，也没有大商大贾，交际往来范围狭窄，所以男女婚姻在地区选择上，亦不可能宽广。在被统计的 79 人中，有一人从邻近的顺义县嫁来，再一人系宛平县许字河店村太学生张金榜，余下 77 人，即约占 97% 的人，都在本州范围之内。

崖州属广东琼州府,约相当今海南省南端的三亚市。三亚而今是旅游胜地,外地游客如云,当时却系炎荒瘴疠之区,百姓安土重迁,不事远贩,人性近古。《人物志·烈女传》中共载清代女子88人,她们的婚嫁关系是:1人的丈夫原籍琼山县人,1人配与儋州庠生罗某(女方之兄亦系庠生出身),1人许字广州府香山县籍人陈士养;士养寄居崖州,因故死,其女以聘尚未婚娶,毅然过门守贞;剩下85人的丈夫,全都是本州人。如果不论原来籍贯,只以居地为准,崖州的88个女子中,真正嫁到外地的,只有嫁到儋州的1人。

《清代闺阁诗人征略》共收录女诗人1260人,从本书或其他资料①获得夫妻双方籍贯的共718对。② 由于清代江浙地区人文荟萃,女诗人中出生于这一带的特别多。所以在地域分布上,江、浙两省占有优势,不过也有很多是其他省区的。在当时,能读书识字多少是一项特权,至少属中等家庭;对于既识字又能作诗的女子,那就更是如此了。在所载的女诗人中,尽管也有命运坎坷、家道中落的孤女寡母,少数更有沦落平康的烟花女子,但她们绝大部分人的夫家和娘家,都是些殷实富户,或有一定政治地位的人。正因如此,反映在通婚圈中,亦较前列两个例子要宽得多。她们是:

夫妻籍贯属同一州县的369对,占51.39%;

夫妻籍贯属同府或接邻州县的142对,占19.78%;

夫妻籍贯在同一省份但相隔较远州县的111对,占15.46%;

夫妻籍贯各在比邻省份的72对,占10.03%;

夫妻籍贯远隔数省的24对,占3.34%。

在这个和下一个统计中,我们把隔省通婚的分为比邻省的和远隔数

---

① 我们的主要参照资料是:朱保炯、谢沛霖编:《明清进士题名碑目索引》(上海古籍出版社,1980年);钱实甫编:《清代职官年表》(中华书局,1980年)。另外也查阅了若干地方志和有关传记状志。

② 只指元配夫妻和续弦夫妻,腰妾不在其列。

省的两种。比邻省份像江苏和浙江,在当时,特别像苏南的苏松地区和浙江杭嘉湖地区间,缙绅之家互为婚配是相当普遍的,它们在行政区划上是两个省,但里程却并不遥远,有的还近于同省不同府者。远隔数省是中间隔了一个或两个省份,像浙江和山东和四川,江苏和直隶和广东等,距离一般在500公里以上,甚至有千里之遥。根据《清代闺阁诗人征略》所载,隔省通婚的比例不小,有条件再加细分,这样也更科学。

按照100部清人年谱记录的有关婚姻关系的共621对夫妻。他们的通婚地域半径是:

夫妻籍贯同属一个州县的263对,占42.4%;

夫妻籍贯在同一府州或比邻州县的142对,占22.9%;

夫妻籍贯在同一省份但不属邻近州县的94对,占15.1%;

夫妻籍贯各在比邻省份的72对,占11.6%;

夫妻籍贯远隔数省的50对,占8%。

与前面3个资料相比,年谱资料中夫妻籍贯同在一个州县的比例明显降低,与外省通婚的却大有增加,达到19.6%,其中远隔数省的竟有8%。这是因为谱主中高身份、高官阶的人,较之《清代闺阁诗人征略》所载又大有增加。据统计,在100部年谱中,谱主或父亲家官居一二品大员的有52人,占52%,超过一半,另三四品官15人,五六品官12人,七至九品官8人。余下的虽不是朝廷命官,但不乏海内名流,如查继佐、屈大均、归庄、颜元、焦循等。前面我们曾多次说过,官宦绅衿之家的通婚地域一般要宽于平民百姓,年谱中既然有那么多高官之家,与外省通婚率高,那就不足为奇了。

为了进一步说明问题,下面我们从上述年谱中选录25位官至二品以上的谱主,将其本人及子女等人的通婚地域圈,列表再作分析。见表3-2。

表 3-2 二品官以上家庭择偶地域范围举例　　　　　　单位：对

姓名	籍贯	最高官衔	夫妻籍贯属同一州县者	夫妻籍贯系相邻州县者	夫妻籍贯不在相邻州县却属同省	夫妻籍贯属比邻省份者	夫妻籍贯远隔数省者
王崇简	顺天府宛平县	尚书	2	5	2	1	2
魏裔介	直隶柏乡	尚书、大学士		3	3		
宋荦	河南商丘	巡抚、尚书	4	5	1		1
汤斌	河南睢州	巡抚、尚书	4	3			
朱轼	江西高安	巡抚、都御史、大学士	2	2	1		
黄叔琳	顺天府大兴县	巡抚、布政使	1		5	2	2
张廷玉	安徽桐城	伯爵、大学士、尚书	9			1	
钱陈群	浙江嘉兴	内阁学士、侍郎赠尚书衔	5		1	1	
纪昀	直隶献县	尚书、协办大学士	1	1	4	2	
李殿图	直隶高阳	巡抚		2	5		1
杜堮	山东滨州	侍郎、加尚书衔		4	3		
朱珪	顺天府大兴县	巡抚、总督、尚书、协办大学士	2	3	2		6
蒋祥墀	湖北天门	副都御史	1	2	2		
阮元	江苏仪征	巡抚、总督、大学士	3	2	4	12	4
潘世恩	江苏吴县	尚书、都御史、大学士	2	1		11	
孙尔准	江苏无锡	总督	1		3	1	
钱宝琛	江苏太仓	巡抚	4	3	1		

续表

姓名	籍贯	最高官衔	夫妻籍贯属同一州县者	夫妻籍贯系相邻州县者	夫妻籍贯不在相邻州县却属同省	夫妻籍贯属比邻省份者	夫妻籍贯远隔数省者
徐宗幹	江苏通州	巡抚	4		1	1	2
吴文镕	江苏仪征	巡抚、总督	2				3
赵光	云南昆明	尚书				1	4
殷兆镛	江苏吴江	侍郎	5		1	3	1
董恂	江苏甘泉	侍郎、尚书	3				4
左宗棠	湖南湘阴	侯爵、总督、大学士	1	5			
曾国藩	湖南湘乡	侯爵、总督、大学士	1	2	3		
张之洞	直隶南皮	巡抚、总督、大学士	1	1	2	1	4
总数			58	44	44	37	34

注：表中，有的谱主本人或子女，虽载有结婚年龄和配偶家庭情况，唯缺籍贯，一时又无法从他书中查得者，只好暂告空缺。又，有的业经聘定，但未来得及成婚便过世了，对这样的例子，表中仍予列入。

表3-2共列217对夫妻。拿他们与当前列举的641对夫妻（当然，这些统计中亦包含了217对夫妻的情况在内）的统计情况再作比较，可以清楚地看出，后者的通婚地域圈又比前者扩大了。表现在：（一）夫妻双方籍贯同在一个州县或相邻州县的比例减少了，前者占65.4%，后者占47%（同一州县的58对，相邻州县的44对，共102对），两者相比，少了18.4%；（二）同一省份中，相距较远州县间通婚比例有所增加，达到17%（44对），较前者的15%上升了2%；（三）反映最明显的是不同省份的通婚比例大增，达到32.7%（共71人），比前者的18.6%，整整多了14.1%。在这14.1%中，邻近省份占6.4%，远隔数省的占7.7%，超过500公里远距

离通婚的增加率又高于相邻省份。在官绅队伍中,官做得越大,社会的活动面便越宽,婚姻的选择机会亦更多。这就是后面的 217 对夫妻的通婚地域圈更大于前面的 641 对夫妻的原因。

第二节　家庭生活面与通婚地域的关系

罗列了上面两组资料以后,接下来须把它们合在一起,再做一些总的考察。从资料的性质看,族谱属于一家一姓的记载,居住地域集中。不过因为家族中有贫有富,有有功名做官的,也有一般百姓,这种不同的等级层次,反映了局部点的同一血缘圈中不同的婚姻地域选择。后一组资料,除《上林县志》等方志所载地区相对集中,其他都包括了全国更广的范围,其中《刑科题本》涉及的,可算是各省区下层百姓通婚地域圈的一份随机抽样,《清代闺阁诗人征略》和年谱资料,则反映了中层以上和高层人士的通婚地域概貌。统一两组资料,也就是点和面不同阶层抽样的结合。

考察通婚地域圈,除了与人们的活动空间有关以外,也与当时的政治、经济条件、社会环境,以及传统思想、生活习惯等有重要关系。对于以农耕为主的一般百姓,正如前面提到过的,只要没有别的大事故(如大灾荒和大战乱),或实因生活所逼,无法再在本乡本土过下去了,他们都耕于斯、食于斯,很少与外界接触。所以在婚姻地域选择上也是保守的。很多资料证明了这一点,如:

"嫁娶不越境";

"结婚多在邻近";

婚配"多在近地,罕远至百里外者";

"其嫁之异方者百之一二也"。① 等等。

康熙中陆陇其任直隶灵寿知县,言其地"乡村相望,非姻娅即故旧"②。甚至连经济相对发达、民情亦较开放的江南苏州地区,也是"凡嫁女娶妇,皆近村比境,如朱陈之类"③。说到这里,我不禁想起萧穆写的《亡妻左氏事略》中的情况:

> 亡妻左氏,名德尹,邑(即安徽桐城市——引者)东左家咀人,余家居洴湖极西,妻家居洴湖极北,水旱路均六七里。余家故与左氏有姻。余先母亦左氏,故与妻家往来,爱亲结亲。④

当萧穆一家尚局桐城老家没有发达时,他们和近邻的左姓就结成了一种相对固定的婚姻关系,其相距路程不过3—4公里。类似萧左两家的情况,在当时具有一定的典型性。看来在相近的生活圈内联姻结亲,乃是世世代代相传的信条。这与族谱资料、乾隆朝《刑科题本》和方志中所反映的情况,是完全合拍的。

比较普通百姓,官员绅衿们的通婚圈固然宽了不少,但同样存在着各种约束。

首先,从国家政策来看,按清制,凡在职官员,都不能于现任处所置买田宅;又规定:府州县亲民官,以及子孙弟侄家人,不得娶任所部民妇女为妻;再,官员休致、解退后,原则上必须回原籍居住,少数想继续留住任所,登录入籍者,若品衔不高的一般职官,要由该地方官报明督抚备案;如果

---

① 光绪《广德州志》卷24,同治《江华县志》卷10,道光《永州府志》卷5上,民国《宁乡县志》卷6。
② 吴光西等:《陆陇其年谱》,中华书局,1993年,第272页。
③ 光绪《苏州府志》卷3。
④ 萧穆:《敬孚类稿》卷16。

是一二品大员,或品衔虽然不高但身份特殊者,必须上报皇帝批准才行。否则休致官和有关现任官都会受到相应的处分。① 官员们既不能随意在任所置产入籍,又不能与当地绅衿婚配,从稳固自身基业、家势计,在建立互婚网络、通过姻亲关系培植扩大绅衿权势中,在同等条件下,一般都宁愿把出生于本乡本土或相邻州县的,作为首选条件。这就是在表3-2中,几乎所有一二品大官,都有和本州县或相邻州县乡绅通婚记录的原因。

其次,地区间不同风俗、不同生活习惯,以及地域远隔造成彼此了解情况困难,是人们择偶中就近不求远的客观原因,这对官绅之家而言亦不例外。因为中国之大,南船北马,南米北面,东甜西辣,加上东西南北中各地有各地的方言,都存在很大的差异。比如像广东人的口味、方言、生活习惯,就与北方京城人家截然不同。结成夫妻、组成家庭后,必须朝夕相处。尤其是出身于名门的女子,在三从四德熏陶下,一经婚聘,便终身不二。婚姻地域间差距越远,意味着生活习惯的协调难度越大,这些都是很现实的问题。前面我们在第一组资料,即家谱资料的综合统计中看到,人们的婚姻地域选择,以人数多寡为计,排在最前面的是本州本县,其次是相邻州县,最后,人数最少的才是隔省通婚。从第二组资料的《清代闺阁诗人征略》和根据各年谱统计分析所得来看,尽管各类别的人数比例与第一组资料有所不同,但总体排列顺序是一样的。这说明,中上层人士的择偶地域选择,也很注意由近及远的原则。

不过,当我们考察绅宦们的择偶地域时,有一点是不能忽视的,即前面说过的门第。一些官员之所以舍近求远,从更广阔的地区物色配偶,就是为寻觅同等或更高的门第。与门第相比,地域的远近便成为次要的了。往往官做得越大,门第越高,若只在一方一土择偶,"和者"就越寡,于是扩大地域范围,便成为不可避免的事。表3-2显示的通婚地域圈在总体

---

① 《大清律例通考校注》,第434、449页。

上宽于一般官员,更宽于普通百姓,其道理就在于此。

为了对官员们的通婚地域选择原则有更好的了解,我们从表3-2中选择几个有代表性的人物,试作分析。

表3-2,25位官员中,地位最高,权势最显赫的,莫过于张廷玉、曾国藩、左宗棠3人。他们都官居极品,而且还封侯封伯,可从已知的择偶地域圈看,却基本上局限于本省范围之内。左宗棠本人及子女6人的婚配,均限于本县和邻县;曾国藩的6人则没有出省;张廷玉除次子若澄的继配娶自浙江嘉兴望族、翰林院编修朱荃之女外,余下9人均选自桐城本县。这就是在同等条件下,优先考虑近地的婚姻原则在起作用。比如左宗棠,他挑选的湘潭黎氏,安化陶氏等,都是当地名族。特别是长女孝瑜适陶桄,其父陶澍历任安徽、江苏巡抚和两江总督,曾因经理盐务得法,深得朝野人士的赞誉。他的长子孝威娶善化(今长沙市)贺蔗农女。贺与左既是好友,又是师长,相知颇深。贺临死前将爱女托付与左,含有托孤之谊。再就是四女孝琪适湘潭周氏。周是左的妻家,属中表兄妹婚,这在当时是很常见的。

曾国藩的情况与左宗棠有相类之处。他的第三女适湘乡罗泽南子,第四女适湘阴郭嵩焘子。罗、郭与曾一道,在太平天国起事后,都以乡绅身份奉旨办团练起家,都因立下战功而位居高官。他们不但在政治上有过上下属关系,而且私谊也很好,于是顺理成章,结为亲家。曾的次女嫁茶陵陈运济。运济父亲陈源衮是曾的好友,道光十四年(公元1834年),陈妻易氏在京师病故,运济才出生一个月。曾把他接回,"雇乳姬家养之",长大后又将女儿嫁他,是为了纪念老朋友的感情。

张廷玉的情形更显得有些特殊,不过因张姚两姓通婚前面已有论述,这里就略而不提了。

当然,在清代的绅宦中,许多人选择了隔省远地婚姻。比如表3-2中的阮元,在所涉及的25宗婚姻中,有16宗是在省外;张之洞的9宗婚姻,隔省的有5宗;潘世恩14宗婚姻,在邻省的竟有11宗。这说穿了,也是门第优选法和世婚制在起作用。

先以阮元为例,他是从祖父阮玉堂时起才占籍江苏仪征,称仪征人。玉堂是个武进士,当过河南卫辉营参将。父亲阮承信由武改文,但未中过举,以国子生终老。这样的家世,使阮家在仪征及周围地区,不可能交得门第显赫的世亲。他祖母江氏,一个兄弟当过知府,母亲林氏是个外地迁居户。林氏父以举人选任知县。阮元6岁时(虚岁,下同),由父亲出面,将祖母江太夫人的孙侄女聘为妻子。10年后,阮元考中进士,开始踏入仕途,直到75岁休致回籍止,近40年里,在京师历任兵、礼、户、工各部堂官,拜过大学士;外地先后在山东、浙江、江苏、江西、河南、两湖、两广、云贵等省当过学政、巡抚、总督等高官。同时,他本人又以其经学见长,在任所因倡导学术而深得一批学子们的钦佩。这样的身份,这样的经历,使阮元在朝廷内外交结了一批高官世家,也为他在编织家庭婚姻网络中从容物色合适成员,提供了很好的条件。

阮元29岁时,元配江氏病故。不久,他出任山东学政,于是由山东巡抚毕沅作伐,聘曲阜衍圣公孔昭焕孙女为继室。这在孔家,主要是看中了阮元初展风采的政治和文学才能,而阮元则需仰仗孔家这块招牌,以加重在官绅行列中的分量,也使他终于摆脱了自父祖以来,姻亲中无望族的阴影。在此以后,他的子女和孙子、孙女的婚姻,除长子、长孙分别娶宝应刘台拱女和孙女外,与大学士、尚书等一品衔家庭通婚的有5人,与侍郎、巡抚、布政使等二品衔家庭通婚的5人,与三四品衔家庭通婚的6人,剩下5人,虽亲家官品不高,但都是当地的世家望族。比如,他选择刘台拱为亲家,那也是大有深意的。刘是当时著名学问家,与学者结亲,对提高本身的学术形象大有好处。

前面说过,绅宦们在择偶中,门第是基础,是首要条件,其次是地域。阮元的选择也没有脱离这个标准,在16对外省婚姻中,包括他本人在内,一二品官家庭以上的有8对,占阮家婚姻圈中统共10名一二品官家的80%。尽管如此,阮元也不忘在家乡寻觅合适的结亲对象。特别是因为女儿是要出嫁的,为此,他精心地把孔氏嫡生爱女阮安安排在身边,将她许配给紧邻仪征的江都望族三品顶戴张均子张熙(赏五品顶戴)为妻。当张熙、阮安相继早逝后,阮元又设法让他的第三个孙子恩浩娶了阮安唯一的一个遗腹女,试图以世婚来加强亲缘关系(他长子娶刘台拱女,又让长子之子娶刘台拱孙女,其含义也是一样的)。

张之洞的仕宦生涯涉及面也相当广,先后在朝廷和许多省份当过大官。他本人前后结过三次婚,头两次与他父亲在贵州当官有关。他的第一个妻子石氏,是都匀知府直隶滦州人石煦的女儿,是父亲在该省当知府时,因与石是同官又同是直隶大同乡而订下的。他继配唐氏,湖北按察使遵义人唐树义女,也多少留下了他父亲在贵州当官时的影子。以后,他子女的婚事都是在总督任上确定的。在省外的亲家中,张除选了总督、巡抚等大官外,其第三子仁侃娶四川知府山东福山王懿荣女,是因为张的第二个继配就是王的堂妹,是为了亲上加亲的缘故,也没有跳出优选高门第和世谊亲的窠臼。

至于潘世恩的11宗隔省婚姻,几乎多集中于浙江平阳县汪姓,原因是潘的继室汪氏系平阳人士。有着这么一层关系,潘的二女、三女、四女、五女,并孙女卫之、祖芬,都嫁于汪姓。三子曾绶、四子曾玮,以及孙祖荫,则成为汪家的女婿。其中卫之婿为第二女之子,祖芬、祖荫又是与三女的女儿和儿子成的婚,都是亲又连亲。潘汪通婚,虽然从时间经历来看只有三代,但已形成世婚制的格局,从某种情况来看,与桐城张姚婚姻圈有相类之处，不同的是一个限于本县，一个是隔省通婚。①

由于各个绅宦的家庭、家族、社会关系，以及个人经历都不一致，所以在婚姻选择中，某些侧重点可能会有所不同，但由于他们都以门第为基础，且常热衷于世婚制，这样在总的表现上也就是大同小异，我们所举6人的例子，应该说有一定的代表性。

通过对上面通婚地域圈的考察，可以看到，普通平民百姓和中上层人士存在着相当的差异。普通百姓通婚地域圈狭窄，主要是受生活活动圈的限制，另外，长期相对封闭的小生产者排他思想，也限制了通婚地域的延伸、扩展。

比如前面提到的秦中姑娘不对外，据说归纳的理由有五：（一）祖宗留下的老规矩；（二）本地小孩子个个老实厚道，且有恋家之风，绝少有油头滑面、抛妻弃雏而远走高飞之徒，可托女儿的终身；（三）知根知底，即使有动粗使性之事，也好及时沟通调节；（四）怕在外不服水土，不习惯外地生活习俗；（五）秦地有女儿长熬娘家和丈母娘小驻女儿家之风，一旦嫁到外地，岂不让女儿思娘肝肠断，娘想女儿泪涟涟。② 这五条理由，无不反映了封闭环境下的封闭思想。

至于中上层人士，因为他们的社会空间和社会活动面相对宽于普通百姓，所以反映在通婚地域上一般要广一些，但是却受到门第制的强烈制约，尤其对于那些长期离乡在外地做官的人，他们无论是选择隔省婚姻，或采取求近不求远的原则，都是以对方门第为前提的，而世婚制便是门第

---

① 从门第来看，汪氏似乎没有潘氏显赫。潘本人是头名状元、官至一品，他的叔叔、哥哥、儿子曾绶、侄曾祁、孙祖荫，都是进士出身，几十年里，一门出了6个进士，那是很了不起的。但汪家的身份也不低，潘的继室汪氏，其父是候选知府，二女亲家汪翼为候选同知，三女亲家汪诒德赠太常寺博士、赠员外郎加二级，四女亲家汪香岩系候选同知，五女亲家汪钟是候补道，子曾绶亲家汪容斋是太常寺博士赠员外郎加三级，子曾玮亲家汪祥芝为候选盐运司运同，都有四五品职衔，说明汪姓在平阳也是出名的世家望族。

② 蒋宝德等编：《中国地域文化》，第1212页。

婚姻凝固化的一种表现,并在相当程度上阻碍了婚姻圈的不断扩大。按照社会学的理论,婚姻圈的大小反映了社会开放的程度,优生学家们则坚决摒弃近亲婚姻,门第婚和世婚制都是和上述理论相背离的,同时对不断扩大通婚地域范围也很不利。

第三节 人口流动和婚姻地域圈

一、大量的人口流动

在讨论清代通婚地域圈时,有一种情况是不能忽视的,即人口流动对婚姻的影响。造成清代人口大量流动的,除了战乱、灾荒等原因外,更主要也是更经常的是,随着市场经济的发展,以及人多地少矛盾的加剧,促使大量人口向城镇、水陆交通沿线聚集,由人多地少的窄乡向人少地多的宽乡迁居。清代的这种人口流动,不但时间上连绵相延,而且规模也在扩大。有的学者通过对南北49种家谱14 7941个男性成员的观察,发现离开原居地迁往外地的共有18 696人,占总人数的12.64%。外出谋生已成为不可忽视的动向。至于他们的迁徙范围,大致限于本州本县的有11 765人,占迁徙总数的62.93%;省内流动的3429人,占18.34%;流向外省的2262人,占12.1%;远走国外的126人,占0.67%。另有外出去向不明者1114人,约占5.96%。[①] 前面,我们曾就乾隆《刑科题本·婚姻奸情类》的483对夫妻婚姻地域圈作过统计,他们中有50人户属于外地迁居

---

① 刘翠溶:《明清时期家族人口与社会经济变迁》,第254页。按:原表尚有出家、被掳、殉难三栏,未加收录统计。

户,占统计总数的 10.4%。不过因统计没有包括单个外出者,所以实际比例可能还要高于前面的 12.64%。

这些迁居外地的人户,有相当部分是带着妻儿老小合家同行的,也有携带妻儿,同时留下若干人守护祖坟作根。四川绵阳张氏,原籍广东惠州府龙川县人,雍正四年(公元 1726 年)入蜀,领头的是母亲巫氏,追随者有儿孙十余人。① 世居于广东嘉应州(今梅州市)的黎玉昌,乾隆元年(公元 1736 年)进川,率全家同往,插业立籍。② 差不多同一时候从嘉应州迁入四川的陇西李氏,本人外,也有妻儿兄嫂等 13 口。③ 清初随郑成功由广东迁往台湾今桃园大溪南兴庄的徐相简,当年 43 岁,生有 3 个儿子。他把长子徐根仁夫妻留在原籍看守家园,另带妻子并两个尚未成婚的儿子共 4 口,渡海创业。④ 还有乾隆年间从福建长乐迁台定居的何彦赐,也是携带妻子、儿子同往的。⑤

在众多的外迁者中,单个人外出闯荡世界的占有相当的比重,有的则与乡里亲友做伴,相邀外出。这些人,除商人和手工工匠外,多数是贫苦农民。乾隆安徽桐城《高氏宗谱》第 12 至 14 代,有 21 人先后迁往陕西,其中携带妻儿的 5 人,占统计数的 23.8%;携子同往,把妻子、父母或若干子女留在家乡的 3 人,占 14.3%;剩下单个外迁 13 人,占 61.9%,只身外出的比例最大。湖南宁乡《资阳高阳三修族谱》记载往四川的 12 人,仅 3 家带有家眷,光棍汉占 75%。至于在外迁浪潮中,山东人渡海闯关东(关外东北地区)、直隶、山西人出长城走西口,因主体是贫苦大众,单独前往者更占有绝对多数。在此且以山东潍县陈姓为例,这个家族从 12 代起便不断有人外出往关东和口外等地谋生,其中到口外的 51 人,明确记载在那

---

① 民国(四川)《绵西张氏族谱》卷 2《德邑巫太君专祠修建始末》。
② 民国《黎氏族谱·梅县折田家谱跋》。
③ 民国《陇西李氏族谱·蜀渝州官庄始祖敏蔡公记》。
④ 东海堂编:民国(台湾)《徐氏族谱》,抄本。
⑤ (台湾新竹)《何氏宗谱》,抄本。

里安家生子的 13 人,占 25.49%;去关东的 18 人,安家生子者 3 人,占 16.67%。① 本来,安家生子不等于全是携带家口外出,而未见记录者也可能会有少数漏载,不过总体权衡,单身外出应是主体。

二、单个客民的异地婚姻

诚然,在这些单身外出人员中,有的已在家乡成亲安家。像乾隆十四年(公元 1749 年),山西崞县(今崞阳镇)人温满小子,将自种地 6 亩典出,留银子 9 两,交丈人赵明士委托养活妻子,只身前往口外寻找活计,②便属于此类。有的人虽没有成亲,但在康雍之际的早期移民中,他们往关东、口外或到台湾等,多是春去秋回,类似候鸟式的活动,所以一般不存在异地婚姻的问题。但是,随着时间的推移,有的在客地"微立产业",或因其他缘故,定居者逐渐增多。于是,在这些移居者或移居群中,婚姻的选择就越来越显得突出了。这里有几种情况,一种是单个或少数零星移居者。他们想在客居地结婚成家,常常只好把个人融入当地社会中。类似例子在档案《刑科题本》中时有所见。见表3-3。

表 3-3 单个客民在异地结婚示例

事例	资料出处
刘思贤,直隶大城人,在河间县娶再嫁妇田氏为妻。	档案,乾隆元年正月二十一日李卫题,第 116 号
程子彦,山西永济人,在山西曹州府经商,娶当地人韩氏为妻。	档案,乾隆元年三月七日允礼题,第 123 号
孙歧山,浙江山阴人,在苏州做踹匠,娶苏州张氏为妻。	档案,乾隆元年三月七日允礼题,第 133 号

---

① 道光(潍邑)《陈氏族谱·寄籍图》。
② 档案,乾隆二十年十二月十二日晋抚恒文题,第 125 号。

续表

事例	资料出处
彭章,湖北汉阳人,驾船为业,娶黄陂人马氏为妻。	档案,乾隆元年十月二十日钟保题,第126号
邱明瑞,江西南康人,在广东耕山为业,妻林氏,广东和平人。	档案,乾隆元年十二月八日徐本题,第138号
李三,安徽蒙城人,客居霍邱,妻汪氏,霍邱人。	档案,乾隆元年十二月九日徐本题,第138号
张南,直隶唐山人,在元氏县食力为生,妻王氏,元氏人。	档案,乾隆元年十二月九日徐本题,第138号
苏祥,河南固始人,在安徽阜阳开豆腐店,妻武氏,阜阳人。	档案,乾隆十年十二月日盛安题,第119号
马利圣,湖北蒲圻人,在沔阳打铁为生,妻朱氏,沔阳人。	档案,乾隆十年七月四日晏斯盛题,第124号
胡淑远,江西长宁人,在会昌佃种为生,妻何氏,会昌人。	档案,乾隆十年七月八日塞楞额题,第126号
黎正然,湖南邵阳人,在贵州做铁匠,娶思南王氏。	档案,乾隆十年六月二十二日张广泗题,134号
李重,河南中牟人,在外唱戏为生,妻李氏,新郑人。	档案,乾隆十年十二月三日盛安题,第137号

表3-3共列12例。这些人能在当地娶妻,通常都是生计较好,或有较稳定的职业,如做买卖、开小铺,或有一技之长的手工工匠等。示例中的孙歧山、彭章、苏祥、马利圣、黎正然就属于此类。第2例山西程子彦在山东客地娶韩氏,是因为雍正九年(公元1731年)曹州府遇到水灾,逼得很多人卖儿卖女,程花了9两银子,把路儿的妻子韩氏买过来成亲,用以照顾生活起居,但因双方年龄差距较大(成婚时程40岁,韩29岁),程又热衷于赚钱,夫妻感情并不融洽,加上韩未生得子女。乾隆元年(公元1736年),当程返回山西,便以62两银子,将韩转卖于某绅宦做小妾。程子彦在曹州娶韩氏,是因为他有钱,能乘人之危。后来他不顾夫妻情分,再用高价将韩氏卖出,也是因为有钱可以另娶更好的,反映了"商人重利

轻别离"的本质。对于像程子彦这样的人,不管在本地还是异地,都不存在娶妻困难的问题,①这与前面说过的"婚姻论财"的风气是相符的。至于第10例胡淑远,一个贫苦佃农能在客地娶妻成家,那是因为他娶得的何氏,与人通奸,被丈夫陈世经休卖出来。另如刘思贤娶再醮妇田氏,亦因田氏不守妇道,从转手人那里以银6两买得。

一般说来,这些在外闯荡江湖的光棍汉,很难在客地找到合适的配偶,原因是他们相当一部分人,往往不是为人佣作,就是无固定职业。在上无片瓦可供栖息,下无寸土以作养生的情况下,纵使本人有意在客地成亲安家,也很难会有可心的女子嫁他。在档案中,我们常看到这样的婚嫁情况,即男女同是寄籍者。安徽当涂人孙圣良和湖广女子于氏的婚姻便属于此类。孙于二人均客居江苏江宁县(今南京市)。于氏原夫去世,生活无着落。孙年届40岁,孤身漂泊在外。一个需要经济支持,另一个缺少妻子照料生活,于是两人就合在了一起。② 山东掖县人范福亮,寄居热河多年,眼看年近50岁还孑然一身,实在孤苦难熬。那一年,邻近的樊氏死了丈夫,留下9岁和11岁的两个男孩,没有劳动力,生活陷于绝境。范便以聘银6两娶了46岁的樊氏,同时把两个儿子带了过来。③ 再一种类型像河南长葛人秦蕙,移居裕州佃田度日,恰好与从山东到裕州佃田的孙二相识。孙二有个17岁的女儿待嫁,见秦年岁相当(时年19岁),人又老实,双方均在客地,命运相同,结成亲戚,可以多个帮手,从而促成了这宗婚姻。④ 广东英德人全进,在广西娶陈观娇为妻,也是因为陈的父亲同是

---

① 商人出外贸易,在客地成亲的例子是不少的。《曲阜孔府档案史料选编》中,就保留了好几件族人因到外地贸易,娶妻成家,而定居繁衍的事(见档案1201之2,1201之4)。又如湖北潜江县贾启贵家贫外出做买卖,由河南南阳再转泌阳县董家庄落业,在那里娶董氏为妻。光绪(湖北)《黄冈朱氏支谱》中,亦记有族人外出贸易不归,落籍客地的情况。
② 档案,乾隆元年八月二十日顾琮题,第124号。
③ 档案,乾隆十年四月十三日高斌题,第133号。
④ 档案,乾隆二十年三月四日阿里衮题,第128号。

从英德迁居广西的客民。①

在一些地广人稀的地区，人们因为缺乏劳动力会把客民作为人力资源招来作女婿。西北的陕西、甘肃一带，女少男多，外来客民把女儿嫁与土著户，换得土地耕种。前面我们曾引用过靖边县的资料，说的就是这种情况。再比如，档案中有四川隆昌人周国启，娶寄居客户湖南麻阳人成氏为妻；张曾龙娶外来户湖南宜章人萧氏为妻；等等。那是成、萧二氏父母进川后，想依借周、张土著户的力量，在当地立下脚跟。② 例子还可以举出不少。总的说来，人口流动对打破相对封闭的婚姻环境是有作用的。不过因为他们中相当部分属于赤贫或少产者，一些土著户又常常排斥他们，不得已只好降格以求，反映在婚姻质量上，也不尽如人意。

三、群居客民的婚姻

移民者婚姻的另一种情况，是在某些地区，由于连续不断移民，形成一个或几个相对集中的客民群落。这些人很多是携带家口进入的，在婚姻关系上往往呈现出地区移动，可婚姻的选择仍停留在原来不大的圈子范围内。其中最典型的莫过于四川省。清代四川是个移民大省，从顺治年间一直延续到乾隆初年，沿边各省如两湖、陕西以及广东、江西、福建等，有大批居民进入，而且很多是全家或同里、同姓家庭先后迁居的，出现了像"湖广填四川"③等的说法。他们进川后，常集中居住，自成系统，甚至出现一些新的相对封闭群体。比如移居金堂县的百姓中，有从两湖、江西来的，也有从广东、福建来的，他们各自结群，"大都知此而不知彼

---

① 档案，乾隆元年七月二十四日允礼题，第133号。
② 档案，乾隆元年十月五日庆复题，第130号。
③ 参见拙著《清初四川外来移民和经济发展》，载《中国经济史研究》1988年第4期。

也"①。东边的云阳县,夹着瀼水分作南北两岸(应为东西两边),南岸是明朝洪武时从湖北麻城、孝感迁来的,清代成了土著老户;北岸则是康熙、雍正年间迁入的寄籍户,其中以两湖人士最多。他们迁移时间不同,形成的风俗习惯也有差别,大致南岸俭而北岸奢。② 相互关系既是如此,人们之间当然很难有婚姻关系了。川南叙州府所属的南溪县,粤、闽、湘、赣移民"插占"聚居,有的还自称为麻城乡、孝感乡,官府为了方便管理,专门设立客长加以约束,"各省侨民自为婚姻"③。四川的不少地方志在谈到婚礼、婚俗时,常作如此记载:

"川省五方杂处,各从其乡之俗";

"婚礼,五方之民各从其俗";

"吴闽秦楚良民""咸来受廛""颇杂五方之俗"。④

客民为保持原先的生活传统,在婚姻选择上,多数仍以同乡近里为基轴,围绕进行。这里再举个例子:湖北蒲圻人涂宏亮一家迁居四川云阳后,稍稍立起家业,便带儿子回原籍娶妻。当重返云阳时,随同的除涂氏父子和新媳妇外,还有姻亲芮氏,以及周、王等家。他们在云阳,比邻而居,互相嫁娶,形成独自的婚姻圈。⑤ 但由于客地毕竟不是原居地,人数有限,初来乍到,社会关系不广,特别是有的来自多个地方混杂居住的村落,在土著居民不情愿接纳的情况下,他们只得在客籍居民间互择配偶,出现一种原籍此乡与原籍彼乡的客客相配的婚姻格局。

---

① 嘉庆《金堂县志》卷2。
② 咸丰《云阳县志》卷2。
③ 民国《南溪县志》卷4。
④ 同治《嘉定府志》卷6,嘉庆《金堂县志》卷2,光绪《秀山县志》卷7。
⑤ 民国《云阳涂氏族谱》卷19《功亮公传》。

类似四川的情况,在其他地方也有。陕南汉中、兴安和鄂西的秦岭、大巴山区,从乾隆时候起,陆续有好几百万外地人户进入。他们中很多都扶老携幼,全家同来;或亲戚乡曲,接踵聚族而居。① 陕西乾隆《洛南县志》说的"婚姻必择同乡",指的就是客民间的婚姻关系。有的间或与本地土著"互通庆吊,缔结婚姻",亦因"俗尚不同,而口音亦历传不改",客民们仍"得以自为风气也"。② 清代的海南岛,也是土满人稀之乡,岛西北的儋州,居民中有老客、新客的区别。老客指的是嘉庆、道光以前由外地迁居的;新客则指咸丰、同治时才刚进入的恩平、开平人。新客与旧客,言语、衣冠和婚丧习俗多有差异,故各自为婚姻,不通戚属。③ 浙江於潜县,当地官府鉴于太平天国后,百姓死散流亡,田亩荒芜,实行招垦政策。一时间,江西、安徽、福建及浙东诸郡百姓,纷纷应垦与籍。他们之间,"其婚嫁丧葬,土客既不相同,即客与客亦多互异"④。所以一时很难谈得上交往结亲了。

造成如此等等的原因,从客民方面来说,是他们成批迁居,成群定居,有的地方还出现主客相等、客多主少,人口籍贯上的倒置状况。尽管客民们居住的地区变更了,可固有的思想、固有的习惯并没有多大改变,可抱群而居的条件,使其仍有可能选择同乡邻里。当然,客民的这种婚姻局面,从根本上说,与前面一再说过的中国传统婚姻观有关,而共同的习俗、方言等,本身就是一种吸引,特别在他乡异地和创业初期遇到困难的情况下,一提起同乡便会油然地产生亲近感,进而通婚,是很正常的。

此外,当地居民的排斥和不认同,也是个重要因素。这里既有主客双方生活习俗的差异(这在前面曾多次提到),也牵涉经济方面的冲突(如

---

① 毕沅:《复奏民生吏治疏》,载《皇清奏议》卷64;同治《竹溪县志》卷14。
② 光绪《镇安乡土志》卷上。
③ 民国《儋县志》卷2引前志。
④ 光绪《於潜县志》卷9。

争夺土地、水源引发的纠纷等)。四川云阳县土著居民,面对不断增多的客民,起始颇多仇视;①有的地方的土著百姓,甚至长期坚持婚姻不对外。② 只要双方仍在对立不合作,那么各自抱团、互不交往的局面,也不会发生根本改变。

但是,不管主客之间,或客民和客民之间,开始的关系如何隔膜,乃至不相融洽,可他们终究共同生活居住在一个局部的环境里,不能长期不相往来。诚然,这中间可能充满着痛苦和矛盾,需要在痛苦中调整感情,在矛盾中磨合关系,以至终于相好、结成亲戚。前面说到的云阳县,土著由初始仇视客民,到"久乃相沐,寻结婚媾"③,文字很简洁,可把变化的进程表达出来了。南溪县(今四川宜宾市南溪区)主客和客客之间,亦因"历时既久,习俗同化"而"渐通婚姻"④;潼川府属的中江县,客民多来自闽粤楚赣等省,"先至者或恣睢自雄",到后来"靡相龃龉,互通婚姻",进而"欢洽大和,无复南人来土之患矣"。⑤ 顺庆府仪陇县,外来移民也很多,久而久之,营造出婚姻相维相系,"何有主客之辨"的良好氛围。⑥ 另如湖北长乐县,原系土司地区,是五峰、石宝长官司属地。雍正十三年(公元1735年),清朝政府对其实施改土归流,政治方面的阻拦取消了,各地流民纷纷进入。面对此情此景,长乐人在婚姻关系上也经历了由封闭到开放的过程。同治《长乐县志》对此有所叙述:

> 设县初,惟张、唐、田、向四姓为土著,合覃、王、史、李为八大姓,继有十大姓之称,向、李、曾、杨、郭、王、皮、邓、田、庹是也。惟此十数

---

① 民国《云阳县志》卷13。
② 同治《房县志》卷10。
③ 民国《云阳县志》卷13。
④ 民国《南溪县志》卷4。
⑤ 民国《中江县志》卷2。
⑥ 同治《仪陇县志》卷15。

姓互相联姻,今则不拘。

一直到清末咸丰、同治年间,伴随着土著和外来户之间、这些外来户和那些外来户之间,在生产生活上融为一体,婚姻的屏障也由逐渐消除到彻底消除。

一些个人或家庭的资料,比较具体地记录了此种婚姻的过程。

第一例出自《傅雅三先生自订年谱》。傅雅三即傅诗,生于嘉庆二年(公元1798年),在咸丰、同治年间做过知县、通判一类地方官。傅诗的祖籍是安徽宿松县,祖上曾是绅士家庭,到他曾祖傅必元时已逐渐衰败。必元眼看着自己和儿子都读书未成,又不善谋生,心急如焚。当时正是乾隆初年,宿松一带不断有人到陕南租山垦殖,有的还因此起家。这给傅家带来一丝希望,于是由傅诗的叔祖父傅祖麟先往探路。祖麟在商南县一个叫松树沟的村子做了塾师,有了初步的落脚之地。乾隆四十八年(公元1783年),在傅必元的率领下,3个儿子及有关眷属都来到商南。不久,傅诗的祖父傅廷先又辗转迁至商南西边的山阳县谋求发展。在山阳期间,廷先为他儿子,也就是傅诗的父亲娶徐氏。徐氏原籍宿松,占籍山阳,属于异地同乡间结亲。徐氏早亡后,其父再娶邓氏。邓氏不是宿松人,可也不属山阳土著户,所以仍算客籍之间联姻。接着嘉庆二十三年(公元1818年)傅诗本人娶妻成家,原配潘氏还是客籍。一直到道光二十五年(公元1845年)傅诗的继配张氏进门,这才是地道的山阳县人士,而此时傅家因耕读传家,傅诗又有了功名,在山阳已小有名气了。从傅诗曾祖进陕西,到道光二十五年,中间隔了60多年,才实现了土客联姻的梦,双方的差距终于缩小弥合了。

第二例是国学生祝方厚家。祝的先世亦系安徽宿松人。乾隆二十一年(公元1756年),方厚5岁,跟随父亲祝汇并母杨氏迁居湖北郧西县。方厚成年后善于经商,在贩运贸易中赚了钱。他不但在郧西买房置地,而且把势力由鄂西北一直伸展到陕南的洵阳等地。就在祝方厚发迹的同时,他的儿孙们也先后得了功名,有了官衔。长子祝吉以郧阳府学增广生议叙八品衔,次子英则取得从六品候选布政司经历的资格,等等。一家兼有商人、地主、士绅三重身份,在小小郧西山城,算是首屈一指了。反映在婚姻关系上,祝方厚妻马氏仍为宿松人,但到了儿孙一辈,挑选的已多是郧西名族。① 从他父亲计起,也隔了两代,才实现土客结亲。然而比起傅家来,经历的曲折似乎要小一些。这可能与祝方厚出道较早,本地名族不得不屈身巴结有关。

四、人口流动对通婚地域圈的影响

清代的人口流动,给相对封闭的通婚地域圈造成冲击,不过因为客民的情况各种各样,所以冲击力的大小也不一样。一般说来,单个零散的客民,他们要在留居地成婚成家,大抵只好屈从于当地的婚俗习惯,并最终融入客地的主流社会。对于那些相对集中集居的客民,或主客参半、主少客多的地方,他们的通婚变化就要曲折缓慢得多。这个过程,实际上就是土客双方在思想习惯等方面交汇融合的过程,而且最后可能形成既非全是土著区的原貌,亦与客民祖居地有所区别的一种混合型习俗,特别是有些来自多个地区组成的居民区,其风俗更显出多样化的趋向。此外,客民们本身经济、政治力量的大小,与在客地能否顺利择偶婚配,也有重要的关系。多财有力者并不困难,可对于贫苦大众,尤其是单个零星户,难度却要大多了。客民中出现的许多质量不高的婚姻,相当部分就发生在这些人身上。

清代的人口流动,还促进了客籍地与原居地之间的婚姻联系。有的

---

① 张沛编:《安康碑石》,三秦出版社,1991年,第171—172页。

客民在新居地生活有了头绪，便回祖籍娶妻，或把留家的眷属接到客地。也有的把客地生下的子女送回老家，在那里找对象、结连理。据有的学者统计，康熙、乾隆以后，随着大陆移民在台湾成婚立业的日益普遍，又有许多在台湾出生的女子嫁回大陆。在所查阅的福建70余部族谱中，有11部记录了这种婚姻，人数达到83人。①

清代的人口流动，对促进各民族间的婚姻，也起着积极的作用。在历史的发展中，我国少数民族大多集中在边疆山区，而清代移窄就宽的移民活动，亦多流向这些地区，从而使各民族间交往大大增加了，结婚联姻的事自然无法避免。关于这一点，很多资料都有记载，因不想多占篇幅，不一一列举。前面我们提到，清政府禁止通婚条规中有不准蒙汉、苗汉联姻，在台湾禁止汉人娶番妇，这本身就告诉人们，他们之间的通婚已是不可忽视的客观事实，引起了统治者的警觉，感到需要防范了。由于条规违反历史潮流，最后不是被迫松禁，或名虽禁而实不止，联姻的人数在增长，联姻地域也仍在扩展。

在清代，随着向国外移民人数的增多，又出现了涉及地域更广的跨国婚姻。福建永春县《桃源潘氏族谱》记录该族族人，自雍正年间起便有人移居外洋，到清末止，先后有802人辗转于南洋，即今东南亚各国。按时期分：清初期85人，中期298人，后期419人，愈到后来出去愈多。明确记载在国外娶妻的起于19世纪，她们的国籍包括今菲律宾、马来西亚、泰国、越南和印度尼西亚。② 永春《桃源潘氏族谱》中反映的跨国婚姻，在闽粤侨乡发现的还有很多，他们中有的也明确写进了族谱。③ 光绪《慈溪县志》言：浙江宁波人善于经商，商旅遍天下，日本、南洋乃至西洋国家，都有其足迹和铺号，其中亦不乏在当地"娶妇长子孙者"。看来跨国婚姻远不

---

① 庄为玑、王连茂编：《闽台关系族谱资料选编》，福建人民出版社，1985年，第22—23页。
② 参见庄为玑《论我国一部较大的华侨族谱》，载邢永川编《中国家族纵横谈》。
③ 林金枝：《闽粤侨乡族谱与华侨史研究》，载邢永川编《中国家族纵横谈》。

限于闽广。

　　由于社会条件的限制,以及传统婚姻制度对人们思想、精神造成的束缚,总的说来,清人婚姻地域圈,不管是普通百姓,或中上层人士,都不算宽广。但是,延续时间长、涉及范围广的人口流动,却给封闭的圈子打开了一个缺口。尽管这个缺口在各地造成的影响有大有小,而且在有的地方,特别是群居移民区,一旦新的婚姻网络形成,可能又会出现新的封闭圈。不过无论如何,比起原先的纹丝不动,这毕竟是一种变化、一种扩大。考察清人婚姻地域圈,如若忽视人口流动这个因素,不把它包括在内,那就会显得不够完整。

第四章 婚 龄

第一节 男女婚嫁各有其时

在《钦定大清通礼》中,对男女的结婚年龄有如此说法:"男年十六以上,女年十四以上,身及主昏者,无期以上服,皆可行。"①凡青年男女,只要不在服丧期间,到此年龄(传统虚岁),便可成婚。不过清朝不像明朝或明朝以前各朝代,把始婚年龄写进会典和律例之中。也就是说,没有在法律上作明确的规定。其实在清人的很多论述中,更多的是把男子"加冠而婚"、女子"及笄始嫁"的说法,视为遵循的经典。加冠和及笄,都是古代成人的标志,隆重的还要举行一定的仪式,具体年龄是男 20 岁,女 15 岁(在清代不少书中也有说男子十六而冠的),按现在实足年龄的算法,便是男 19 岁,女 14 岁。在此之前,他们或她们只能梳小辫、打丫髻,或者散发覆额,算是个小孩子,最多叫作少男少女。所以有人说:"男子不冠者不婚,为未成人也。而今皆总角以娶,其非礼八也。"②可见男子未冠而娶不合礼法,要受到人们的讥议。有的家族为了表示按礼法行事,还把男女婚配年龄,定为族规写进宗谱。《皖江增修孔子世家谱·家训》中,有"男

---

① 感谢常建华教授向我提供了这条资料。
② 康熙《内乡县志》卷 5《邑绅李荫与余子发议婚礼书》。

子二十而冠,有为人父之端,女子十五许嫁,有适人之道。于此而往,则为婚矣"①。又如浙江归安(今吴兴)《嵇氏宗谱·条规》载入:"男子二十以上皆可婚,女子十六以上皆可嫁"②的规定。

不过,由于古代礼法中的婚嫁年龄,与清代士民中实际成婚年龄,常常存在着一定的差距,特别是男子要到20岁才能加冠而婚,很多人都觉得偏高了,与民间习惯有违。于是有的学者借诠释为名,对古代礼法作出种种修正。丁杰在其《嫁娶》篇中,通过考释的手法,说明即使古代"圣王"们,在处理嫁娶时亦不全都合乎规范。所谓"古者嫁娶之期,言人人殊",关键在于是否能"因时以合偶"。③ 活跃于雍乾之际的学问家刘大櫆,有名为《男子三十而娶,女子二十而嫁》的短文,干脆摆脱古代礼法的说教,谓"男子自十六以至三十,可以为人父矣,三十而不娶则已老;女子自十四以至二十,可以为人母,二十而不嫁则已迟"④。刘大櫆说的男子16岁、女子14岁始婚,比起礼法中说的男20岁、女15岁的嫁娶之期,显然要低得多,但中间的时限幅度却拉得很长。应该说,刘的说法是符合清代实际的。

在讨论婚嫁年龄时,有人更从男女生理、心理的角度加以论述。苏州人王有光认为,男女婚龄可按虚岁20岁为线,迟和早各加减一至二年,也就是小到18岁,大及22岁,都是婚嫁的合适年龄,太早了身体没有发育成熟,固然于男女不利,太迟了同样会闹出事来,原因是,"盖男女大欲与饮食同。饥不与食,渴不与饮,强者攘之,弱者窃之,或蔑礼败度,或灭性戕命,佻达之子固所不免,即敦厚之士,外束于礼,内炽其欲,七情憧扰,暗

---

① 《曲阜孔府档案史料选编》第3编,第1册,第37页。
② 转引自朱勇《清代宗族法研究》,湖南教育出版社,1987年,第42页。
③ 《清经世文编》卷61。
④ 《刘大櫆集》,第26页。

地销铄,煎熬成疾,及父母知觉,已不救耳"①。有人还说,无论是男是女,只要年纪到了18—19岁,或者20岁以内,人已长成,精血强壮,均当及时婚配,如此则内无怨女,外无旷夫,非独宜室宜家,还遏淫正俗。所以他认为,世事之最要紧者,莫过于此。②

在清人的记载中,曾不止一次地见到有的官员发布檄示,或上疏皇帝,要求蓄养婢女的富家大户,从怜悯和防止事端出发,及时将其择夫婚嫁,并不得过20岁(虚岁),否则就有干天和,是不人道的行为。③

雍正时,御史钱以瑛刚上任,便向皇帝条陈三事,其中一条就是,民间养女至20岁以外,由督抚负责,劝令速行择配。④ 此事虽遭到皇帝的批驳,但联系到婢女必须及时婚嫁例,说明在人们心目中,女子年过20岁(实际是19岁)还没有找到婆家,那已算是老姑娘了。

关于男子的婚期,虽然没有在官家的檄示、疏请中得到相应的信息,但在一些族谱中还可看到某种俗成定规。比如在使用族产租息资助贫难族人,有"助婚"一项,浙江海宁查氏于道光二十一年(公元1841年)所订条规,就列有如下内容:

> 年过二十五岁,业已定婚,贫不能娶者,亦于清明、十月朝祭扫后,本支近房三人具禀,开列女家姓名及身家清白字样,告知族尊及裕公司事,查明年岁属实,助婚费拾千文。

---

① 王有光:《吴下谚联》,中华书局,1982年,第55页。
② 石金成:《传家宝》,第186页。
③ 张伯行:《正谊堂文集》卷5《通饬清厘保甲檄》。另如魏际瑞《四此堂稿》卷1《告示》;龚炜:《巢林笔谈》卷2,都记录有这样的事例。又《治浙成规》卷5,乾隆二十一年(公元1756)九月初三日行令定:"如有仍前锢婢至二十五岁以上者,即行照例治罪,并许父母亲属领回,不准索还身价。"把最高年龄定到25岁。
④ 周寿昌:《思益堂日札》,中华书局,1987年,第83页。

海宁查氏把男子"助婚"年龄定在虚岁 25 岁,过此年限还不能婚娶,那便是婚娶愆期了。不过在"助婚"年龄上,不是所有家族都以 25 岁为限。浙江山阴(今绍兴)安昌徐氏就定在 24 岁:"助婚娶族人年二十四以上无力聘定者,先助聘金二十千,再助完娶钱三十千。"再有浙江会稽(今绍兴)张氏,则把婚娶资助确定在 30 岁。① 每个家族规定助婚年龄的高和低,可能与各自经费来源的多少等原因有关,但从中确实反映出社会对男子婚期的看法。

清人把女子虚岁 15 岁、男子虚岁 16 岁,作为成人的年龄线,也就是允许结婚的年龄线,在此以上,女子毋得过 20 岁,男子在 21—22 岁之间,最高至二十四五岁,到 30 岁为极限。这便是当时人们对男女初婚年龄所能容忍的范围。

第二节 聘定以及聘与婚的时序间隔

在具体讨论婚龄以前,有必要谈一下聘与婚的问题,这是因为聘是婚的有机组成部分。无聘而婚在当时是无法想象的。从某种意义上说,聘也许比婚更重要。聘的重要性,从古人设定的婚姻礼法中亦可见到端倪,按婚娶有六礼:纳采、问名、纳吉、纳征、请期和亲迎。纳采系男家通过媒人向女家传达意向;待得到肯定的答复,由媒复至女家询问女名、年庚,是谓问名;随后,男家将女氏的年庚与儿子的年庚相卜,若得吉兆,表示婚姻可行,回告女方,称纳吉;纳吉之后便是纳征,俗称下财礼,请女家收下;以

---

① 以上所引族谱均转引自〔日〕多贺秋五郎《宗谱の研究·资料》,日本东京大学出版会,1960年,第 530、532、553 页。

后的请期是商量结婚的日子;亲迎则将新媳迎娶过门。六礼中最繁琐的是前面四礼,行过四礼,婚姻就算定下来了。所以讨论婚龄,必先涉及聘定年龄,以及聘与婚的时序间隔。

结婚需行六礼,在清代的礼书中有明确载录,民间亦有照此而行的。像同治《安吉县志》言请期、亲迎前的四礼过程是:

> 女未字,男家倩媒问取生年月日,谓之口传八字。既卜吉,始求婚……谓之求红,亦谓之住口。女家出允帖,书年庚于柬答之,谓之大八字。择日行聘,谓之下定。

不过总的说来,清人对定亲的程序已有所厘革,即趋于简化,①这符合人们生活的需要,尤其是普通百姓,不可能花很多精力去专注繁缛的礼道,况且过手愈多,破费愈甚,在婚姻越来越讲钱财的社会里,程序从简更具实际意义。

搞清男女聘定年岁也是讨论婚与聘的重要环节,这不仅因为两者在时序上存在先聘后娶的差距,同时还因为它牵涉聘与婚之间的一系列问题。如男女双方的身份,以及需要承担的义务等。在贞节表彰制度中有一项叫作贞女,就是聘定之后,聘夫早亡,聘妻以身份已有归属,立誓守贞终身者(详见第八章《节妇、烈女和贞女》)。虽然清人对聘妻是否等同于

---

① 即以一些方志所载的定亲程序为例:光绪《余姚县志》卷5:"婚礼以过帖为主,一过帖,不再变";光绪《松阳县志》卷5 男女缔姻"相沿不用庚帖,择日送聘,惟以鸳鸯书二本,均如副启式,男送女答";嘉庆《东台县志》卷15"婚备六礼,惟故家大族行之,村社编氓,初议婚,多以粗纸书女所生年月日时卜之,谓之草纸庚帖,吉则请媒拜允,或易书朱字,谓之红订。不合,将草纸庚帖还女家另配,此风盛行。"道光《商河县志》卷1:"通媒妁结婚姻,男家投启曰通启,女家回启曰允启,绅士家有之,民间十无一二焉";乾隆《陇州续志》卷1:"婚礼不用书柬,惟媒妁以庚帖相通,亦有口议,不用庚帖者";康熙《上蔡县志》卷1"近俗婚姻,两家契合,既至酒肆换钟为定";道光《新会县志》卷2:"贫家有不能备礼者,无聘书";道光《阳江县志》卷1;"朴野之家,有不用启,以槟榔代委禽者";同治《直隶绵州志》卷19:"近来流寓人多,两姓缔好,从无婚书,只凭媒人持年庚一纸交男家,谓之合八字,合则婚姻。"

成婚后的妻子,是否有义务遵守从一之义,始终存在不同的看法,但从政府竭力表彰贞女的做法来看,无疑是主张聘定后,夫妻的名分便算确定了的。前一节说到婚娶各有其时,男女结亲,无论按生理年龄,或照习惯俗成年岁,总有一个大体范围,比如男 16 岁、女 15 岁等。可是聘的年龄却无此限制,中国一向有指腹为婚的说法,清代也不例外。浙江萧山汪辉祖和元配妻子王氏的婚姻,就是由各自父亲相约,指腹定下的。汪在《病榻梦痕录》中记此事谓:

> 先是,奉直公(指汪的父亲汪楷)与山阴王坦人先生宗闵交最契。庚戌(指雍正八年,公元 1730 年)六月,王宜人(指汪的妻子)生,即有婚姻之约,及余之生(汪生于同年十二月),遂订姻焉,无媒妁也。

汪和王是虚岁 20 岁结的婚。由聘定到成亲,中间相隔近 19 年。另外像娃娃亲,3—4 岁、5—6 岁定亲,到 15—16 岁、17—18 岁结婚,间隔亦相差十来年。当然也有年龄稍长订婚,隔不多久便结亲的,不过从史料记载来看,清人定亲一般都较偏早。见表 4-1。

表 4-1　方志所见男女定亲年龄

地区	史实	资料出处
直隶深州	缔亲多在孩提时。	光绪《深州风土记》卷 21
直隶武强县	缔亲多于早岁。	道光《武强县新志》卷 11
山西平定州	今男女五六岁即议婚,甚有襁褓为婚者。	光绪《平定州志》卷 5
山西寿阳县	今男女五六岁即议婚,甚有襁褓为婚者。	光绪《寿阳县志》卷 10
山西永宁州	士民之家缔姻多在孩提,间有至成童者。	康熙《永宁州志》卷 1
山西平阳府	近时士大夫只重门户,议婚多不待男女之长;市井细民,甚至有指腹、割襟者。	乾隆《平阳府志》卷 29
山西稷山县	士大夫失之议婚太早,细民间有指腹、割襟者。	同治《稷山县志》卷 1

续表

地区	史实	资料出处
河南叶县	男女从幼婚定。	同治《叶县志》卷1
河南正阳县	凡男十六、女十四以上,邀集媒氏议婚,亦有襁褓议婚者。	嘉庆《正阳县志》卷9
山东乐安县	闾阎编户有所谓割襟换酒之风,一言要之,终身不渝。	雍正《乐安县志》卷15
直隶通州	通俗,男女联姻,多在髫年。	乾隆《直隶通州志》卷17
江苏睢宁县	邑人多以襁褓时联姻。	光绪《睢宁县志稿》卷3
安徽颍上县	髫龄即行媒妁。	光绪《颍上县志》卷12
江西瑞金县	男女生始数岁,父母即缔结姻娅。	光绪《瑞金县志》卷1
江西上犹县	男女自幼媒妁通意。	光绪《上犹县志》卷2
湖南祁阳县	祁俗结婚,每定于男女幼稚时。	同治《祁阳县志》卷2
湖南常德府	郡人子女襁褓论婚,有但一言为定,终身不改者。	嘉庆《常德府志》卷18
直隶澧州	男女在襁褓以赤襫书庚为定。	同治《直隶澧州志》卷2
安福县	男女在襁褓及成童以前,意气相投,或以赤襫书庚,或即一言为定,亦有择配愆期,至冠笄后始定者。	道光《安福县志》卷1
巴陵县	合婚每在幼小时,以童婚为贵。	同治《巴陵县志》卷11
广西富川县	自幼父母以片纸书庚帖为定。	光绪《富川县志》卷2
广西郁林州	男女订婚多在幼时。	光绪《郁林州志》卷4
广西博白县	少时倩媒妁,纳采问名。	道光《博白县志》卷13
四川眉州	议婚不于其时,女方襁褓,辄以许人,谓之童婚。	嘉庆《眉州属志》卷9
四川秀山县	罕十岁未聘之女。	光绪《秀山县志》卷7
贵州永宁州	男子自十岁至十五岁,父母即为定亲。	道光《永宁州志》卷10
贵州古州厅	古州婚礼,大约自幼订盟。	光绪《古州厅志》卷1

从所引资料来看,清代男女定亲,多数集中在儿童或少年时期,襁褓聘定者亦不在少数。这大概与父母等长辈把子女的婚事看得过重,早定亲心里就早落实的思想有关,故有"童婚为贵"的说法。只有家里实在太

穷,或父母早亡,无人作主,才愆期定亲、匆匆婚娶,实属无奈之举。鉴于上引资料均较笼统,缺少具体聘定年岁,故又从年谱中辑得若干实例,再列表4-2(a)。

表4-2(a)　年谱载录婚聘年龄举例

姓名	聘定年龄	结婚年龄	聘与婚间隔时间
王崇简	第三女8岁聘与朱之冯子		未婚女夭
王熙	14岁聘金氏	16岁	2年
	18岁续聘刘氏	同年娶	
	第四女15岁聘与孔传铎	18岁	3年
张履祥	子与敬9岁聘沈氏		未娶亡
颜元	6岁聘张氏(张7岁)	14岁	8年
	子赴考2岁聘郭氏		6岁早亡
陆陇其	11岁聘朱氏	22岁	11年
施闰章	15岁聘梅氏(梅暂至施家童养)	16岁	1年
查慎行	襁褓时与陆氏定亲	16岁	10多年
蒋士铨	20岁2月聘张氏(张18岁)	同年11月	9个月
翁叔元	8岁聘钱氏	16岁	8年
焦循	7岁聘阮氏	17岁	10年
陈宏谋	11岁聘杨氏	13岁	2年
孙渊如	5岁聘王氏	18岁	13年
陈大受	15岁聘张氏	17岁	2年
钱大昕	15岁聘王氏	19岁	4年
黄叔琳	15岁聘冯氏(冯14岁)	18岁	3年
王恕	14岁聘周氏	23岁	9年
刘毓崧	6岁聘汪氏(汪同岁)	18岁	12年
潘曾沂	7岁聘严氏	18岁	11年
汪辉祖	与王氏指腹为婚(同岁)	19岁	19年
李殿图	7岁聘边氏(边5岁)	19岁	12年

续表

姓名	聘定年龄	结婚年龄	聘与婚间隔时间
阮元	8岁聘江氏	18岁	11年
	31岁续聘孔氏(18岁)	32岁	1年
陈瑚	19岁聘周氏	21岁	2年
吴文瑢	20岁聘蒋氏	22岁	2年
殷兆镛	12岁聘蔡氏(蔡11岁)	19岁	7年
邵亨豫	10岁聘严氏	21岁	11年
朱书	14岁聘朱氏(朱5岁)	20岁	6年
赵光	20岁聘史氏(史15岁)	21岁	1年
徐宗幹	16岁聘刘氏	20岁	4年
	女姗6岁聘于孙醇		
	女娟4岁聘于汤蓉		
	子毓海2岁聘孙氏	17岁	15年
张集馨	13岁聘李氏		16岁将婚,李氏卒
	23岁续聘吴氏	27岁	4年
瞿中溶	13岁聘钱氏(钱10岁)	22岁	9年
	长女13岁聘于陈瑑	20岁	7年
	三女3岁聘于表兄		8岁早亡
	四女7岁聘于许元镇		
	五女18岁聘于毛梦龄	19岁	1年
	六女13岁聘于武铎	21岁	8年
	子树辰5岁聘陈氏	19岁	14年
	子树本12岁聘石氏	15岁	3年
	子树衡17岁第3月聘朱氏	同年11月婚	8个月
严辰	4岁聘马氏	18岁	14年
	弟严钧8岁聘周氏	19岁	11年
张金吾	5岁聘言氏(言6岁)		言15岁未婚卒
	14岁续聘季氏(季13岁)	17岁	3年

续表

姓名	聘定年龄	结婚年龄	聘与婚间隔时间
唐友耕	16岁聘黄氏	19岁	3年
陆宝忠	8岁聘廖氏(廖11岁)	16岁	8年
	28岁续聘经氏	30岁	2年
	次女念萱18岁聘于孙多玢(孙20岁)	19岁	1年
	幼女3岁聘于应姓		
吴士鉴	10岁聘郑氏	16岁	6年
	四子恩浚8岁聘左氏		
徐甗	子徐承禧6岁聘张氏	16岁	10年
	子徐承祖3岁聘王氏	17岁	14年
	子徐承礼10岁聘姚氏		
	女阿红2岁聘与陈姓	18岁	16年
胡林翼	7岁聘陶氏	18岁	11年
马新贻	14岁聘金氏	21岁	7年
	弟马新佑10岁聘杨氏	21岁	11年
王庆云	13岁聘袁氏	18岁	5年
林则徐	13岁聘郑氏(郑9岁)	19岁	6年
沈兆霖	16岁聘郭氏	20岁	4年
王敦富	9岁聘鲍氏(鲍12岁)	15岁	6年
严复	10岁聘王氏	13岁	3年
孙振烈	20岁聘戴氏(戴14岁)	21岁	1年
左宗棠	18岁聘周氏(周同岁)	20岁	2年
唐炯	6岁聘姚氏	16岁	10年
骆秉章	16岁聘陈氏	21岁	5年
汤贻汾	16岁聘董氏(董18岁)	19岁	3年
康有为	7岁聘张氏(张9岁)	18岁	11年

续表

姓名	聘定年龄	结婚年龄	聘与婚间隔时间
汪梅村	18岁聘宗氏(宗19岁)	25岁	7年
	长女淑莲15岁聘与吴荣曾	20岁	5年
	次女淑英15岁聘与范姓		
	三女淑苓10岁聘与吴荣宪	15岁	5年
王祖畬	子王保诜16岁聘王氏	18岁	2年
	子王保譿5岁聘孙氏		未婚孙氏卒
陈衍	17岁聘萧氏(萧18岁)	18岁	1年

表4-2(a)共统计63位男子和37名女子的聘定年龄(男子续聘年龄未计),内1例系指腹为婚,1例襁褓定亲,定亲最大年龄男子20岁、女子19岁。为便于查考,我们再将此表所录年龄分成若干年龄段,作组合排列如表4-2(b)。

表4-2(b)

聘定年龄	男子人数	所占比例%	女子人数	所占比例%
0—4岁	6	9.52	5	13.51
5—9岁	20	31.75	10	27.03
10—14岁	17	26.98	10	27.03
15—19岁	15	23.81	12	32.43
20岁及以上	5	7.94		
总计	63	100	37	100

从各年龄段所占比例看,尽管15岁以后定亲的不少,男子占31.75%,女子占32.42%,但仍有41.27%的男性和40.54%的女性在9岁前的儿童时期就聘定了,其中4岁前就聘定的婴幼儿占相当比重,说明早聘风气的盛行。诚然,仅从表面看,我们无法明确判定定亲早,结婚就一定偏早,但早聘意味着结婚的时间间隔亦会相应延长,则是肯定的。为此,我们再据

表4-2(a),统计男女双方从聘到婚的间隔时限如表4-2(c)。

表4-2(c)

相隔数月到1年上下	8对	占12.31%
2—5年上下	22对	33.85%
6—10年上下	17对	26.15%
11—15年上下	16对	24.61%
16年及以上	2对	3.08%
总计	65对	100%

按照当时的习俗,聘与婚在时间上需要一定的间隔,这是必要的,目的是便于男女两家做嫁娶前的准备,如女家凑办嫁妆,男家则需修饰房舍和筹措婚娶费用。对于婴孩或髫龄订婚者,还要等二人达到做夫妻的年龄。从我们的统计来看,多数婚聘间隔时间偏长,超过6年的就占到总数的53.84%,其中11年及以上的有27.69%。当然,上面的数据都出自绅士家庭,普通百姓可能略有不同,但是若对照表4-1便可看到,除贫苦家庭因无力聘定,婚娶年龄偏大,聘婚时间间隔不长以外,一般中等小康人家,髫龄乃至襁褓成聘者亦不在少数,甚至有过之而无不及。

本来,从遭遇风险的角度看,时间隔得愈长,不确定的因素愈多,出现事故的频率也会愈大,聘婚之事也是同样道理。有人举例说:幼聘后,"及其既长,或不肖无赖,或身有恶疾,或家贫冻馁,或从宦远方,遂至弃信负约,速(诉)狱致讼者多矣"[①]。还有像浙江上虞县那样,长子未娶而夭,欲将次子顶配;长女受字而荡,思以次女抵嫁,还"假尊长出名,凭空骗诱,遂至争执速(诉)讼"[②]。至于定亲后,聘夫早亡,聘妻基于"三从四德"的信条,拼着要做贞女,持节终身的,更时有所闻。在表4-2(a)中,就有7例

---

① 道光《大竹县志》卷19。
② 光绪《上虞县志校续》卷41。

是聘定后因一方早亡而未能成婚的,其中2例系聘夫早亡,只留下聘妻。有关贞女情况,下文将专门讨论,在此略过。然而人们不禁会问,既然早聘易出事端,为什么人们仍不顾风险,热衷于此？我认为这与因中国传统社会的生活方式长期变动不大,造成人们思想保守停滞,认为只要确定的东西,便是稳妥的,久而久之,形成定式,以致很难扭转有很大关系。对于这样的锢习,有人曾劝诫说:

> 男女择配,必于十四五时方见贤愚,免致后悔,今俗幼数岁议婚者,更有富足人家男女,数月竟亦议婚定亲,而致悔于后者甚多,儿女终身可不慎欤。①

可惜贤者自言,因循者却仍乐此不疲。

为了防止频发事端,清朝政府曾采取一些必要的措施。

一是动用法律武器禁止民间早聘。《清律》规定:"男女婚姻各有其时,或有指腹、割衫襟为亲者,并行禁止。"②律文中说的各有其时,就是要求家长为子女选聘时,不要太急太早,特别是指腹为婚和在男女婴幼儿时期割孩子衫襟为聘,更明确宣示禁止。

二是强调婚姻契约化。《清律》又定:

> 凡男女定婚之初,若(或)有残(废或)疾(病)、老幼、庶出、过房(同宗)、乞养(异姓)者,务要两家明白通知,各从所愿,(不愿即止,愿者同媒妁)写立婚书,依礼聘嫁。若许嫁女已报婚书及有私约(谓先已知夫身疾残、老幼、庶养之类)而辄悔婚者,(女嫁主婚人)笞五

---

① 光绪《宜阳县志》卷6。
② 《大清律例通考校注》,第443页。

十,(其女归本夫)。虽无婚书,但曾受聘财者,亦是。①

两家结姻,要求订立书面契约,在我国很早就出现了。从唐代敦煌文书起,历代有关书册,都对婚书的格式和所列内容有详细载录。但直到清代,只凭口头约定,不用庚帖婚书者,在民间仍相当普遍,开头我们列举的不少例子就是如此。人们不写书帖,一方面为图方便,况且世代相沿,已成习俗。所谓"一言要之,终身不渝",是理所当然的。另一方面亦与多数乡民不识字、不会书写有关,有的偏僻农村,连找个书写先生都很困难。客观条件的限制,使其难立书约。

忽视书约的不良后果,便是易受居心不良者欺蒙,若因此发生讼案,麻烦就更多了。有人曾针对四川民间普遍忽视婚约的情况说:

> 川中婚礼最为苟简,两姓缔好,无婚书,或无名帖,只凭媒人持年庚一纸而已。于是男家不肖,遂以庚帖可执而骗婚,往往构讼公堂,婚媾等于寇仇,皆由苟简之故。②

又如陕西:

> 六礼诸从简便可也,庚帖不宜竟省。世俗诈伪,媒妁之言畸轻畸重,每不足据,近日多有以此构讼,但凭定婚时所换无字空帖争讼公庭,媒妁复从而左右之,弊端丛出,不可不防。③

虽然上引两条史料都没有直接提到早聘,但早聘又无凭信,无疑是讼端难

---

① 《大清律例通考校注》,第443页。
② 同治《郫县志》卷18。
③ 光绪《乾州志稿》卷5。

决的一个重要原因。有谓婚书、庚帖"行之至为便易,而讼端可以永绝"①。永绝固然不可能,减少或者争而易决却是可能的。在清代社会日趋复杂、人们趋利之心日甚的世风之下,但凭口诺为信,已越来越不适应要求了。政府强调婚姻契约化并颁定格式,对登录的内容加以规范,这与禁止早聘,乃是两项互为呼应、防止婚聘出现事端的重要措施。到了清末,国家更规定,人们成婚,均由官府发给婚书,把婚嫁完全纳入法律的范围之内了。

第三节 从数字抽样看婚龄

清人把及时婚嫁,看成"世事之要紧者",是因为他们领悟到选择合适婚配年龄,不仅仅是男女个人爱欲和早婚早育的问题,而且是牵涉家庭、家族乃至整个社会稳定和下代子孙幸福的大事。那么,清代男女的实际初婚年龄究竟是多少呢?按照现有的研究成果,大体有如下几种说法:

1.刘翠溶教授试用宣统三年(公元1911年)浙江萧山《塘湾井亭徐氏宗谱》资料,得到平均结婚年龄男子是21.3岁,女子16.1岁。②

2.刘素芬教授依照刘翠溶对南北50部家谱中有关长子出生时的父母年龄推算(用长子出生年龄减去3—5年),男子平均结婚年龄是22.36岁至24.36岁,女子18.85岁至20.85岁。③

3.美国学者李中清教授从辽宁档案馆所藏内务府庄丁户口册道义屯

---

① 嘉庆《眉州属志》卷9。
② 刘翠溶:《明清时期家族人口与社会经济变迁》,第55页。
③ 《清代皇族婚姻与宗法制度》,载《清代皇族人口行为和社会环境》,第98、101页。

人口资料,统计出 1774—1840 年间男子平均初婚年龄是 22.31 岁,女子 19.78 岁。①

4.刘素芬使用清代皇族族谱《玉牒》,得出在皇族中,逻辑性平均结婚年龄,居住在北京的男性为 22.05 岁至 23.05 岁,在盛京的是 20.81 岁至 21.81 岁;女性 20.62 岁与 21.88 岁。②

上面几种说法,除第二种具有较广泛的层面以外,其余都只限于某个阶层或某个地域,有相当的局限性。有鉴于此,我曾从有关档案、年谱、文集以及地方志等资料中录得一些男女结婚年龄数字,作为样本,试列表 4-3 和表 4-4。

表 4-3　清代女子初婚年龄统计

年龄	人数	所占比例%	年龄	人数	所占比例%
8 岁	1	0.006	21 岁	474	2.76
9 岁	2	0.012	22 岁	259	1.5
10 岁	9	0.005	23 岁	176	1.02
11 岁	27	0.16	24 岁	110	0.64
12 岁	80	0.48	25 岁	68	0.4
13 岁	260	1.51	26 岁	41	0.24
14 岁	933	5.43	27 岁	38	0.22
15 岁	1838	10.7	28 岁	19	0.11
16 岁	3500	20.37	29 岁	9	0.05
17 岁	3281	19.1	30 岁	3	0.017
18 岁	3354	19.52	31 岁	4	0.023
19 岁	1879	10.94	39 岁	2	0.012
20 岁	813	4.73	41 岁	1	0.006
共计 17 181 人 100%					

---

① Cameron Camphell, James Z. Lee. *Fate and Fortune in Rural China——Social Organization and Population Behavior in Liaoning 1774—1873*, Cambridge University Press, 1997, p. 88.
② 《清代皇族婚姻与宗法制度》,载《清代皇族人口行为和社会环境》,第 104 页。

表 4-3 共录各类妇女 17 181 人,这是我从上述资料中查阅了 30 来万人口记载,把记有婚龄,或虽无直接载录但可推算得出的数字,一一收辑而来的。尽管从资料的角度,仍有收集的余地,不过因工作量太大,只靠单枪匹马,实在难以胜任,看来目前只能如此了。这些妇女的住地,包括除青海、新疆、内蒙古和吉林、黑龙江以外的各个省区,其家庭面貌,既有官员、士绅,也有一般地主、商人和下层百姓,具有一定的面的广泛性。稍显不足的是普通百姓家庭的比例仍然偏少,毕竟他们应该构成人口的主体。另外,表中记录的年龄,都是照着现在的标准,将原记虚岁减去一年,按实足年龄计算的。

据表,清代妇女的结婚年龄,以 16 岁为最多,然后依次是 18 岁、17 岁、19 岁和 15 岁。总计 15 岁到 19 岁年龄段,共占总数的 80.63%,几乎绝大多数女子都在这些年龄中结的婚,其中最集中的是 16 岁至 18 岁这三年,也就是虚岁 17 岁到 19 岁之间,约占全部统计人数的 59%。这与前面我引述的王有光所说 18—22 岁(即实足年龄 17—21 岁)为男女结婚的最佳年龄,大体相吻合。如果按照古代礼法,女子 15 岁(实足年龄 14 岁)"及笄"始婚的标准来衡量,那么有 97.74%的女子是遵守了古代礼法的要求。若照着当时习惯,女子 22 岁后(实足年龄 21 岁)为婚嫁愆期,那么仍有 4.24%的人需归于晚婚的行列。

清代男子的初婚年龄数据,主要录自档案和年谱资料,另有少部分得于碑传状志,遗憾的是数量太少,仅 676 例,尚不及女子人数的 1/10。虽然这可能会影响统计的正确度,不过我们认为与其作为空白,不如罗列以供参考。见表 4-4。

表 4-4 清代男子初婚年龄统计

年龄	人数	所占比例%	年龄	人数	所占比例%
8 岁	1	0.15	10 岁	2	0.29
9 岁	2	0.29	11 岁	5	0.74

续表

年龄	人数	所占比例%	年龄	人数	所占比例%
12 岁	7	1.04	29 岁	4	0.59
13 岁	13	1.92	30 岁	6	0.88
14 岁	20	2.96	31 岁	5	0.74
15 岁	32	4.73	32 岁	3	0.44
16 岁	90	13.31	33 岁	3	0.44
17 岁	72	10.65	34 岁	2	0.29
18 岁	78	11.54	35 岁	2	0.29
19 岁	77	11.39	36 岁	2	0.29
20 岁	56	8.28	37 岁	1	0.15
21 岁	51	7.54	38 岁	3	0.44
22 岁	40	5.92	39 岁	2	0.29
23 岁	27	3.99	42 岁	4	0.59
24 岁	17	2.51	45 岁	2	0.29
25 岁	15	2.22	48 岁	1	0.15
26 岁	8	1.18	50 岁	1	0.15
27 岁	9	1.33	59 岁	2	0.29
28 岁	11	1.63			
共 676 人 100%					

表4-4所示,清代男子的初婚年龄,最多的是16岁,以下的顺序依次为18岁、19岁、17岁。再下面便是20岁、21岁,总的排列与女子稍有参差。以年龄统计,男子初婚集中在16岁至19岁,占样本总数的46.89%,不但年限比女子长了一年,而且所占比例也比女子低,说明男子结婚年龄较女子要分散。若从高年龄段相比较,女子21岁到25岁间结婚的只占6.33%,可男子却有22.19%,男子高于女子15.86个百分点。此外,男子结婚年龄断限也比女子长,表4-3显示,女子初婚从最小岁到最大岁共延续34年;在表4-4中,男子更长达52年,整整多了25年。再依表4-4,

若按当时惯例,男子虚岁 16 岁始准婚娶,那么有 92.6% 的人是合乎要求的。如果虚岁 22 岁及以上为晚婚,可有 24.76% 的人属于这个范围,其中约占 12.67% 的人是在虚岁 25 岁及以后结婚的,约占 4.84% 的人要到 30 岁以后才得谈婚娶。男子婚娶愆期者的比例远高于女子。

按照 5-3、5-4 两表计算,清代平均初婚年龄:男子 19.76 岁,女子 17.28 岁。不过需要说明的是,我们的婚龄样本,有将近半数取之于士绅官宦家庭。一般说来,绅宦家庭的男子成婚年龄要低于下层百姓,而女子则似乎又稍稍偏高(原因下文将专门讨论),然而在人数上,普通百姓应远远多于绅士、官员。这样在计算平均婚龄时,必须把上述因素考虑进去,并作适当修正。根据我们的估计,在清代,把男子的平均婚龄定在 20 岁到 21 岁,女子定在 17 岁到 18 岁,大致是合适的。

我们所估测的清代男女平均初婚年龄,比前面列举的某些学者的计算,一般要低得多。这一方面固然是与统计的对象有关,如李中清利用的奉天(今辽宁)道义屯内务府庄丁户口册,刘素芬所本的皇族家谱《玉牒》,这些人在当时都属于比较特殊的群体。另一方面也可能与不同的资料来源和不同的统计方法(如利用长子出生年龄来推算婚龄)有一定的关系。由于资料的局限,就目前而言,大概只能各存其说,等待将来有更多的资料,从各个方面互作补充,期望能得出更满意的结果来。

第四节　大量早婚者的存在

我们估测平均婚龄,男子 20—21 岁,女子 17—18 岁,这就意味着社会上存在着大量的早婚者。表 4-3、表 4-4 显示,平均婚龄男子在 15 岁、女子在 14 岁以下的,分别占 7.6% 和 4.43%。乾隆以后,全国人口很快由 3 亿多进至 4 亿左右,即使是百分之几,摊到上亿人身上,总数就不小了。且不说按现代标准衡量,14、15 岁根本不到生理成熟的年龄。下面主要是从各地方志中抄录的一些有关婚龄的记载,虽然记述都较笼统,而且常是定性式的语气,但对增加感性认识,还是有用处的。试作表 4-5。

表 4-5　有关婚龄记载的史实举例

地区	史实	资料出处
顺天府	京师俗早嫁娶,……节妇(段氏)年十七,有二子矣。	光绪《顺天府志》卷 10
怀柔县	民间婚娶甚早,大抵女子十二三即嫁。	康熙《怀柔新志》卷 2
直隶深州	完娶则自十五以上至廿。	光绪《深州风土记》卷 21
曲阳县	曲阳之俗,男子十一二即娶。	光绪《重修曲阳县志》卷 9
盐山县	男婚无过二十,过则以为骇怪。	民国《盐山新志》卷 25(指清时)
平山县	多有不冠而娶者。	咸丰《平山县志》卷 2
武强县	缔亲完娶,多于早岁。	道光《武强县志》卷 1
行唐县	世俗嫁娶太早,未知为人父母之道而有子,未成童遽为婚娶。	乾隆《行唐县志》卷 1
邢台县	至童稚为婚,则为非时。	光绪《邢台县志》卷 1
蔚州	凡男子十六、女子十四以上,并听婚娶。	乾隆《蔚县志》卷 26
西宁县	婚娶尤早。	同治《西宁县新志》卷 9
怀安县	男女婚嫁多不及时,有发覆额而即适人者,有未成童而即授室者。	光绪《怀安县志》卷 3
东北三省	三省男女,每在十四五岁即已成婚。	郭熙楞:《吉林汇征》卷 2
黑龙江呼兰府	俗重早婚,男未及岁而即娶,女逾岁而后嫁,则其弊同。	民国四年《呼兰府志》卷 10
奉天西安县	凡婚娶之年,男二十一二岁,女十七八岁,然亦有早嫁而十三四岁即能诞子,……有迟至三十而犹待字,称老闺女。	宣统《西安县志略》第 10
昌图府	男子十四五即娶,女子十八九嫁。	宣统《昌图府志》第 5 章

续表

地区	史实	资料出处
山西宁武府	女子皆早嫁,十四五已有抱子者矣。	乾隆《宁武府志》卷9
榆社县	民间嫁女不过十五六岁。	光绪《榆社县志》卷7
大同县	婚期过早,甚有十二三岁授室者。	道光《大同县志》卷8
稷山县	士大夫家多重门第,失之议婚太早。	同治《稷山县志》卷1
兴县	早婚之风最盛,往往有男子十二三岁即娶,女子十三四岁即嫁者。	石荣暲:《合河政记·禁早婚》
偏关县	关俗早嫁,女子年十四五有抱子者。	道光《偏关志》卷上
保德州	其风俗贱男贵女,年十四三即适人。	陆耀:《保德风土记》
赵城县	早婚配,少怨旷,十四五岁男女生子者往往有之。	道光《直隶霍州志》卷15
永宁州	士民之家……完娶则自十四五至二十余,其贫者不计。	康熙《永宁州志》卷1
清水河厅	女子皆早嫁,年十六七,已有多抱子者矣。	光绪《清水河厅志》卷16
丰镇县	婚期过早,有十二三岁授室者。	光绪《丰镇县志书》卷6
五原厅	子女有十三四岁即嫁娶者。	光绪《五原厅志》卷下
山东冠县	中上之家,男子其结婚年龄多在十五岁以前,而朡发未干,遽御琴瑟;男甫十一二岁即娶。	道光《冠县志》卷1
河南涉县	人家婚嫁最早。	嘉庆《涉县志》卷1
确山县	自幼结亲……未笄而嫁。	民国《确山县志》卷10引前志
光州	婚娶太早,未知为人父母之道而有子;郡之嫁娶多有不及冠笄之年。	乾隆《光州志》卷13
内乡县	总角以娶,未成人也。	康熙《内乡县志》卷5
陕西泾阳县	有十三四而娶者。	乾隆《陕西通志》卷45
宜川县	富家婚嫁多在十二三岁时。	乾隆《宜川县志》卷1
永寿县	有年十三四而娶者。	光绪《永寿县志》卷4
延长县	大都十五六辄嫁娶。	民国二年《延长县志》(抄本)
绥德州	未冠而婚,婉娈遽欲速成。	光绪《绥德州志》卷4

续表

地区	史实	资料出处
甘肃平凉府	十三女儿议嫁娶。	龚景瀚:《平凉新乐府》,载《清诗铎》卷25
安徽歙县	俗尚早婚,男女嫁娶皆在二十以内,其贫不能聘与择配稍苛,待字至二十外者,群以为失时矣。	宣统元年"申送六县民情风俗绅士习惯报告文册",见刘汝骥《陶甓公牍》
休宁县	大率以女年十六,男年二十左右为率。	
婺源县	婚嫁期在十七八岁为多,富贵之家配合尤早……至乡曲贫民逾三十配偶未偕者又在在皆有。	
祁门县	富厚之家往往男未及冠,女未及笄即议婚嫁。	
黟县	男女婚嫁皆在十七八岁以上。	
绩溪县	在昔绩人婚嫁每在二十以外,粤匪(指太平天国)而后,户口凋零,家家俱望添丁,久则沿为习惯。	
江西瑞金县	至十六七岁即议归娶。	光绪《瑞金县志》卷1
新昌县	男未冠而早婚,女未笄而先嫁。	《盐乘》卷6
湖北麻城县	尤喜幼时结亲。	光绪《麻城县志》卷5
咸宁县	男女结配多属童婚。	光绪《咸宁县志》卷1
湖南善化县	婚嫁多在十六七岁时。	同治《善化县志》卷16
桂阳直隶州	州俗结婚姻必于童时。	同治《桂阳直隶州志》卷19
永定县	男女年二十内外婚。	同治《续修永定县志》
广东广州府	娶必以二十前后为率。	光绪《广州府志》卷15
顺德县	娶必以二十前后为率。	咸丰《顺德县志》卷3
四会县	婚期早于他邑。	道光《肇庆府志》卷3
仁化县	早婚早嫁。	民国《仁化县志》卷5引前志
开平县	俗尚早婚。	民国《开平县志》卷8引道光志
嘉应州	多其早年婚娶者。	光绪《嘉应州志》卷8
吴川县	男女婚嫁以二十岁内外为率。	光绪《吴川县志》卷2

续表

地区	史实	资料出处
西宁县	童子至十三四岁即为婚配成室。	康熙《西宁县志》卷1
琼州府	少相婚嫁。	道光《琼州府志》卷3
钦州	娶以二十前后为率。	道光《钦州志》卷1
廉州府	娶以二十前后为率。	道光《廉州府志》卷1
广西藤县	娶必以二十前后为率。	光绪《藤县志》卷5
四川青神县	男女长成十六七岁将行婚礼。	光绪《青神县志》卷18
黔江县	男女十六七岁方完婚。	同治《酉阳直隶州志》卷19
秀山县	结婚始童幼。	光绪《秀山县志》卷7
贵州毕节县	男年十八,女年十五以上……皆行婚。	同治《毕节县志》卷8
古州厅	婚年,男子年十六至二十,女子年十四至二十。	光绪《古州厅志》卷1

表4-5共列69例,其中有的虽沿用男16岁冠而娶、女15岁笄而嫁这种老套说法,或者也有男女婚嫁在20岁前后为率的记载,但多数谈的都是早婚情况,甚至有十三四岁、十一二岁便洞房花烛的,而且以北方地区为最盛。当然,只靠上面的载录,是得不出整体婚龄数的,但可得知,尽管舆论对早婚采取否定或谴责的态度,但早婚仍在大量普遍地流行。被称为"扬州八怪"之一的著名书画家郑板桥,写过一首叫《恶姑》的诗,形象地描述了一对未懂世事的少男少女,在双方父母安排下,过早婚配的事实:"小妇年十二,辞家事翁姑。未知伉俪情,以哥呼阿夫。两小各羞态,欲言先嗫嚅。"[①]这对小夫妻,看来确实憨态可掬,但哪里知道,一系列夫妻责任、家庭责任和社会责任也就随之压在他(她)们的头上了。类似情况,在民间歌谣中也常有反映:

---

① 卞孝萱编:《郑板桥全集》,齐鲁书社,1985年,第73页。

> 青衣菜,红骨凸,十二三岁做媳妇。婆婆打,公公骂,小姑上前采头发,女婿就说死了吧! 也不死,也不活,跳了南边葡萄河(滹沱河)。捞上来,水带泥,使好棺材穿好衣,笛儿喇叭两台戏。①

男家早早娶儿媳妇的目的,是想增加个劳动力帮着干活,可因新媳妇年纪太小,连照料自己都困难,干不好活,遭到公公婆婆的责打,小姑子也跟着凑热闹,做丈夫的亦因年小不懂得疼爱妻子,反在一旁添柴煽风,说过头话,逼得小女子只好投河寻死了。有人说:"俗重嗣,子妇多主中馈,以含饴弄孙为乐。"又说:"男子负室家之累,可以检束败行,故多早婚。"②这里既包含了千百年来中国小农社会里,那种早婚早得贵子,以多子多孙为福,保证父祖们老来有靠,以及女儿是个赔钱货,早嫁少赔钱的思想在婚姻行为中所起的作用;同时,从娶妻生子,以家室之累来约束男子的言行,也可看到,婚姻还承担着稳定家庭和社会的内容。这就是早婚得以长期延续的重要原因。

其实,只要对照一下前期和后来民国时期的男女成婚年龄,便可知道清人早婚的习俗,乃是长期积淀、影响深广的思想行为。徐泓教授根据《古今图书集成·闺媛典》1309个女子的资料,计算出明代女子初婚年龄以17岁为最多,占24.14%。以下依次为16岁占22.61%,18岁占19.4%,19岁占13.98%,15岁占8.09%,等等,大致女子结婚年龄以16岁至19岁占绝大多数,③其基本情况与清代颇相类似。进入民国以后,尽管国家制度变了,可由于传统思想和旧的家庭结构没有根本动摇,特别在农村,早婚早育的想法根深蒂固,表现在平均婚龄上,仍然偏低如故。1928—1933年,南京金陵大学农业经济系师生,在全国16省101个地区28 256家农

---

① 民国《平山县志料集》卷10。
② 民国《南溪县志》卷4。
③ 《明代的婚姻制度(下)》,载《大陆杂志》第76卷2期,1989年。

户做了一次调查,得出的男子平均婚龄是 20 岁,女子 17.7 岁。① 这与我们统计的清代男女婚龄亦相差无几。

在有的地方,从晚清直到民国抗日战争前夕,人们的婚姻年龄始终变化不大。以江苏江阴县(今江阴市)峭歧镇为例:该地 1887 年至 1911 年(清光绪十三年至宣统三年),平均结婚年龄,男子 22.5 岁,女子 19.6 岁;及至民国 1912 年至 1931 年,男 22 岁,女 19.6 岁;1931 年至 1935 年,男 22 岁,女 18.9 岁,前后摆动幅度,男子只 0.5 岁,女子 0.7 岁。② 又据民国时有人调查,四川巴县 8 个乡,18 岁以前结婚的占有绝对的优势。在总共 656 个男子、967 个女子中,10 岁及以下结婚的,男 89 人,占 13.57%;女 96 人,占 9.93%。11—15 岁结婚的,男 283 人,占 43.14%;女 395 人,占 40.85%。16—18 岁结婚的,男 284 人,占 43.29%;女 476 人,占 49.22%。在所涉及的三个年龄段中,15 岁以前(含 15 岁)结婚的,男女各都超过半数。

更有甚者,中华人民共和国成立后,政府于 1950 年颁布《婚姻法》,就男女婚龄作出规定:"男二十岁、女十八岁始得结婚。"可在偏远农村,早婚现象仍一如既往,相当严重。湖南益阳地区,女子平均初婚年龄:20 世纪 30 年代为 16 岁,40 年代为 17.5 岁,50 年代为 16.7 岁,60 年代 17.8 岁,直到 70 年代,国家大力倡导晚婚晚育,推行计划生育,妇女的婚龄才有明显提高。③

正是社会上存在着如此众多的早婚者,才使中国的男女婚龄长期处于偏低的状态。这也是我国传统婚姻行为中一个重要的特点。

---

① 转引自陈达《节育、晚婚与新中国人口问题》,载《新建设》1957 年第 5 期。
② 参见前引陈述文。
③ 李铁枝:《从生育率抽样调查的部分资料看益阳地区的计划生育工作》,载《人口研究》1983 年第 6 期。

第五节　不同地区不同时期和不同阶级的婚龄差别

一、不同地区的婚龄差别

由于我国幅员广阔，各地区间社会和经济状况以及传统习俗，存在着相当的差别，这对婚龄的高低也是有影响的。根据表4-5列示，北方的直隶、陕西、山西诸省，存在着很多的早婚者，可是有的省份如江苏、浙江，虽然也查阅了相应的资料，却未见有类似的记载。诚然，未查到载录不等于没有事实，因为在统计中，我们也看到有十二三岁和十四五岁结婚的。为了使大家有比较明确的概念，我们试以省为单位，将女子平均初婚年龄，按由低到高顺序加以罗列，见表4-6。

表4-6　各省女子平均初婚年龄

省份	统计人数(人)	平均年龄(岁)	初婚年龄标准差(岁)*
陕西	363	15.8	1.70
山西	670	15.84	1.53
甘肃	82	16.13	2.06
云南	179	16.53	2.35
广西	603	16.76	2.01
江西	573	16.78	2.35
贵州	388	16.79	2.03
四川	1614	16.87	1.93
直隶	1048	16.88	1.95
福建	777	16.94	2.08
广东	1358	16.99	1.92

续表

省份	统计人数(人)	平均年龄(岁)	初婚年龄标准差(岁)*
安徽	662	17.24	2.13
湖南	580	17.25	2.45
河南	1426	17.39	1.68
湖北	562	17.55	2.07
山东	1839	17.6	1.75
奉天	549	17.7	2.33
台湾	384	17.75	2.45
江苏	1131	18.22	2.41
浙江	1342	18.49	2.92

* 初婚年龄标准差是根据附录表1请侯杨方先生计算得出的,特致谢意。

由于各省的统计人数都不多,个别的如甘肃省仅82人,最多的山东省亦不过1839人,因此我们的统计和排名,也仅就大概而言。从列名的前后来看,北方的陕西、山西、甘肃和直隶,是全国女子平均婚龄最低的地区,一般在16岁到17岁左右,低于同期全国平均婚龄(17岁到19岁上下)1至2岁;其次是河南、山东、奉天等省,约在17岁到18岁,与全国平均婚龄约略相当或稍低1岁。在南方,云南、广西、江西、贵州、四川、福建、广东等省的结婚年龄平均在17岁到18岁,与北方的河南等省大体处于相同的位置;再就是安徽、湖南、台湾、湖北,约在17.5岁到18.5岁。女子婚龄最高的是江苏和浙江,可能在18.5岁至19.5岁上下,高出全国平均婚龄1岁到2岁多。

如果撇开省的范围,再缩小到州县为单位加以计算,在江浙两省,统计人数在百人以上或接近百人的州县中,婚龄由高到低依次为平湖县19.52岁(统计人数233人),海宁州19.07岁(统计人数290人),昆山、新阳县19.02岁(统计人数174人),常熟县18.92岁(统计人数130人),嘉善县 18.97 岁(统计人数 99 人)等。它们都位于长江下游南岸和杭州湾北岸,是当时全国经济文化最发达的地区。为了作进一步比较,我又拿苏南的娄县(今松江)、昆山、新阳(今并入昆山)、宝山和镇洋(今并入太仓) 7 县 285 个女子的初婚年龄和苏北的沛县、丰县、铜山(今徐州市)、萧县(今归辖于安徽)、高邮、睢宁 6 县 573 个女子的初婚年龄,各加对照,前者 18.39 岁,后者 17.65 岁,前者较后者高出 0.75 岁。

在广东,我把平均婚龄,按府、直隶州归类进行排列,得出的是广州府 17.97 岁,高州府 17.58 岁,肇庆府 17.14 岁,惠州府 17.03 岁,连州直隶州 16.94 岁,韶州府 16.59 岁,潮州府 16.55 岁,嘉应直隶州 15.79 岁。珠江三角洲地区的广州府平均婚龄最高。同样在潮州府,濒海和接近海边的海阳(今潮安)、澄海、揭阳三地,与北端山区的大埔县相比,婚龄也显露出高低,前者 278 人,平均婚龄 17.05 岁;后者 311 人,平均婚龄 16.1 岁。沿海地区婚龄偏高,山区偏低。

又如福建省福州府的妇女平均婚龄 17.53 岁,较之全省平均婚龄 16.94岁,高出 0.59 个百分点。南昌县是江西省省会所在地,那里的妇女平均婚龄是 17.02 岁,与全省平均婚龄 16.78 岁相比,也稍稍偏高。

上述统计,因为基数都只在百人左右,最多几百人,中间出现些误差是可能的,但不管如何,所得基本结论是可以肯定的,这就是:婚龄的高低,除与传统习惯有关外,亦与各地的经济文化发展成正比,即经济文化水平越高,婚龄亦相对较高。

二、清代前后期的婚龄变化

有清一代共 268 年,前后社会和经济情况变化不小,这对结婚年龄也有所影响,王丰、李中清教授根据《玉牒》计算出清代皇族女性初婚年龄: 1710 年代中为 18 岁,及 1850 年代中达到 21 岁多,不到一个半世纪,平均婚龄增加了 3 岁,而 1700 年以前,平均初婚年龄仅 15.6 岁。[①] 宗室婚龄变化如此之大,情况比较特殊。当开国之初,政府就对这些天潢贵胄们采取了十分优待的政策,使他们在相当一段时期里,过着优裕的中上等人生活,反映在婚姻关系上,也是早早结婚,早早成家,人口繁衍迅速。可与此相伴,政府的开支也在增加,财政压力越来越大,一旦国家有事,无法满足对他们的既定生活补贴时,这些长期过惯不劳而食生活的皇族子孙们,因无一技之长,缺乏谋生门路而立即陷于窘境,使很多人的生活发生混乱,其中也包括了原先视为正常的男婚女嫁。宗室们婚龄的不断增大,与其整体的家庭贫困化有着密切的关系。

对于绝大多数的普通百姓,尽管具体到每个家庭,也不乏有剧烈的经济升降变化者,但就全部而言,不可能像宗室那样受制于政府政策变动的影响,除了因战争等大的事故,整体说来,他们的变化是渐进式的,反映在婚姻生活中,诸如婚龄的变化,也应该是缓慢的,但是这样的趋势是存在的。

在此,且以江苏昆山、新阳两县为例。这两个县即今天的昆山市,清初称昆山县,雍正二年(公元 1724 年)始分置两县,民国后又并两县为一县,实际上它们也很难分开,以致连县志亦是合编的。我们根据道光《昆新两县志》、光绪《昆新两县续修合志》和《昆新两县续补合志》列女传中载录的女子初婚年龄,将其分为清初至道光(公元 1644—1826 年)和道光至清末(公元 1826—1911 年)两个时期,得出前期的平均婚龄是 18.41 岁,后期 19.26 岁,后期较前期增加了 0.85 岁。

浙江海宁州,乾隆四十一年(公元 1776 年)以前女子平均婚龄 18.39 岁,乾隆四十二年至光绪二十二年(公元 1777—1896 年)19.93 岁,后期比

[①] 《两种不同的节制性限制机制:皇族人口对婚内生育率的控制》,载《清代皇族人口行为和社会环境》,第 19 页。

前期增加了 1.54 岁。① 安徽歙县,乾隆二十六年(公元 1761 年)以前女子平均婚龄 16.74 岁,以后至清末 17.25 岁,前后的变化是 0.51 岁。② 在河南,我们按照时间的前后,统计了鹿邑和光州(今潢川)两个州县的女子婚龄变化。鹿邑道光以前的平均婚龄是 17.1 岁(统计人数 21 人),咸丰以后是 18.02 岁(统计人数 209 人);光州道光前平均婚龄是 16.38 岁(统计人数 82 人),咸丰后是 18.48 岁(统计人数 237 人),③鹿邑增加了 1 岁多,光州增加了 2 岁多。此外,我们还就清代《碑传集》《续碑传集》《碑传集补》《碑传集三编》所载列女传中可算出婚龄的 139 人做了统计,其中 88 人属于嘉庆朝以前人,51 人系道光以后人,前者平均婚龄 17.2 岁,后者 18.74 岁,后者较前者增加 1.54 岁。

由于资料庞杂,加上各种条件的限制,我们无法就更多的地区、更多的人群作更详细的考察,好在前面几个简单的统计已可表明,至少在相当一部分地区或人群中,清人的婚龄前后是有变化的,其趋势是由低逐渐向高。

三、绅士阶级和平民百姓的婚龄差别

清代男女婚龄,在不同阶级中也存在着差别。且看表 4-7 与表 4-8 两组列表。

表 4-7 资料取自年谱和有关碑传状志,共列男子 432 人,女子 806 人。他们在身份上至少都属于生员家庭,即所谓绅士家庭,其中相当部分是朝廷命官,甚至还有位居一二品的大官。在这些家庭中,男子以 16 岁结婚为最多,其次是 18 岁、17 岁。这三个年龄段就占了统计总数的

---

① 乾隆《海宁州志》卷 13、14;光绪《海宁州志》卷 36、37、38。
② 民国《歙县志》卷 11、12、13。
③ 光绪《鹿邑县志》卷 15 上下;光绪《光州志》卷 10—12。

43.52%。再往下便是 19 岁、20 岁、21 岁。结婚最小年龄是 9 岁,最大 39 岁,延续年限 30 年。他们中包括 15 岁及以下结婚者占 9.72%,21 岁(含 21 岁)以上结婚者占 24.05%,平均结婚年龄 18.73 岁。女子结婚年龄也集中在 16—18 岁之间,占 46.04%,可排列的顺序却以 18 岁为最高,然后才是 16 岁、17 岁,所占总数比男子多 2.52 个百分点。统计显示,绅士家庭女子最小结婚年龄是 10 岁,最大 31 岁,延续年限 21 年,较男子少了 9 年。15 岁(含 15 岁)以下结婚者占 20.22%,高于男子 10.5 个百分点,21 岁(含 21 岁)以上结婚者占 14%,低于男子 10.05 个百分点。清代绅士家庭女子的平均婚龄 17.7 岁,只比男子小 1.03 岁,双方差距不大。

表 4-7　清代绅士阶级男女婚龄

年龄(岁)	男子		妇女		年龄(岁)	男子		妇女	
	人数	所占比例%	人数	所占比例%		人数	所占比例%	人数	所占比例%
9	1	0.23			22	23	5.32	24	2.98
10			1	0.12	23	17	3.94	8	0.99
11			2	0.25	24	10	2.31	12	1.49
12	2	0.46	10	1.24	25	7	1.62	13	1.61
13	6	1.39	22	2.73	26	3	0.69	4	0.49
14	14	3.24	61	7.57	27	3	0.69	4	0.49
15	19	4.4	67	8.31	28	2	0.46	3	0.37
16	69	15.97	122	15.14	29	1	0.23	2	0.25
17	59	13.66	105	13.03	30	1	0.23	1	0.12
18	60	13.89	144	17.87	31	1	0.23	1	0.12
19	54	12.50	93	11.54	35	1	0.23		
20	44	10.19	66	8.19	39	1	0.23		
21	34	7.87	41	5.09	合计	432	100	806	100

表4-8 下层平民婚龄

年龄（岁）	男子 人数	所占比例%	妇女 人数	所占比例%	年龄（岁）	男子 人数	所占比例%	妇女 人数	所占比例%
9	1	0.46	1	0.4	27	8	3.67	4	1.59
11	3	1.37	2	0.79	28	9	4.13		
12	3	1.37	6	2.38	29	2	0.92		
13	7	3.21	12	4.76	30	5	2.29	1	0.4
14	6	2.75	26	10.32	31	3	1.37	1	0.4
15	9	4.13	28	11.11	32	2	0.92		
16	21	9.63	56	22.22	33	3	1.37		
17	17	7.8	30	11.9	34	2	0.92		
18	16	7.34	22	8.73	35	1	0.46		
19	13	5.96	19	7.54	36	2	0.92		
20	12	5.5	18	7.14	37	1	0.46		
21	17	7.8	10	3.97	38	3	1.37		
22	17	7.8	3	1.19	42	3	1.37		
23	10	4.58	4	1.59	48	1	0.46		
24	7	3.21	4	1.59	50	1	0.46		
25	8	3.67	3	1.19	合计	218	100	252	100
26	5	2.29	2	0.79					

表4-8的资料取自乾隆元年、十年、二十年《刑科题本·婚姻奸情类》《八旗都统衙门》的有关档案，以及其他的一些资料辑录书（如《康雍乾时期城乡人民反抗斗争资料》等）中无功名、无官职人员。共列男子218人，女子252人。男子最低初婚年龄9岁，最高50岁，延续年限41年；女子初婚最低年龄9岁，最大31岁，延续年限22年。男子平均婚龄20.95岁，女子17.17岁。基于统计人数过少，为方便分析，我们试将表4-8所录数据分成几个年龄段，如下表。

	男子			女子	
9—14 岁	20 人	占 9.17%	9—14 岁	47 人	占 18.65%
15—19 岁	76 人	占 34.86%	15—19 岁	155 人	占 61.51%
20—24 岁	63 人	占 28.9%	20—24 岁	39 人	占 15.48%
25—29 岁	32 人	占 14.68%	25 岁及以上	11 人	占 4.36%
30 岁及以上	27 人	占 12.39%			

在分列的年龄段中,尽管男女结婚的最高比例都在 15—19 岁之间,可是女子的人数却较男子要多得多,前者占总数 252 人的 61.51%,后者只占总数 218 人的 34.86%。分列数字还告诉我们,80%多的女子 19 岁以前已经结婚,其中不到生理年龄、14 岁以前结婚的就有 18.65%,而同年龄的男子却分别只占 44%和 9.17%。还有,女子在 25 岁及以上结婚的仅有 4.36%,而男子仍多至 27.07%。在下层平民中,反映最突出的,便是男子初婚年龄的明显偏高、时间偏长。

将表 4-7 和表 4-8 对照起来进行考察。首先是平均婚龄,在男子中,下层平民要高于绅士们 2.22 岁,女子则绅士家庭又高于下层平民 0.53 岁。再从结婚年限看,女子基本相同,男子却相差很大,绅士们除少数外,30 岁以前多已成婚,更没有拖到 40 岁以后的(不排除个别特殊情况),可下层平民即使到 30 岁以后,还有相当部分人在陆续成婚,甚至有年至半百始婚的。最后按年龄段分,男子中绅士家庭结婚最集中的是 16—20 岁,占 66.2%;下层平民不过 36.23%,比绅士们少了 30 来个百分点;可在 21 岁以后成婚人数中,则又倒了个个,绅士们只占 24.07%,下层平民则占 50.46%;绝大部分绅士们在 20 岁以前就已成婚(约占 76%),而下层平民约有一半人是在 21 岁以后才结婚。在女子中,绅士家庭 15—19 岁年龄结婚的占 65.89%,与下层平民的 61.51%虽相差无几。可下层平民 15 岁以前结婚的却占 29.76%,比之绅士家庭的 20.22%高出 9.54%。女子的早婚情况,下层平民较绅士家庭似乎要更严重一些。

有关绅士家庭和下层平民在婚姻年岁上的差别,在其他资料中亦常有涉及,如:"士民之家,缔姻多在孩提,间有至成童者,完娶则自十四五至二十余,其贫者不计"①;"结婚年龄,富者率在二十岁内,贫者则二十岁外,或三十岁不等"②;"大抵富家结婚男早于女,贫家结婚女早于男"③;"中上家之男子,其结婚年龄多在十五岁以前"④等。怎样来解释此种差别呢?我想主要亦是经济原因莫属。在婚姻愈来愈倾向于钱财的情况下,下层百姓中的很多男子,常常因为凑不到足够的财礼,只能将婚姻延期再延期。至于女子早嫁,则在于一些生活并不富裕的家庭中,很多做父母的希望通过嫁女减少吃饭人口,适当减轻负担,再则也可得到一些相应的财礼。另外,由于社会上性别比例失调,特别在某些偏远农村,女子人数远少于男子,这也是促使女子早嫁的原因。然而这样的情况,在士绅家庭中一般是不存在的,所以能按照当时的习惯,从容地成婚。

第六节　夫妻年龄差

前面我们在谈平均婚龄时业已显示,男子一般要大于女子 2 岁到 3 岁多。这既符合男女生理标准,同时也是我国传统礼法的要求,道光《扶沟县志》载录的一则《厚风俗示》中就提到"男女婚姻,只宜男大于女,不可女大于男"的原则,否则便叫作"婚配失宜"。还有人说,"为儿孙定亲,

---

① 康熙《永宁州志》卷1。
② 民国《新河县志》卷18。
③ 民国《清河县志》卷9。
④ 道光《冠县志》卷1。

宁可男长于女,不可女长于男。需知女子年长,未免欺负夫男,且阴盛阳衰,甚不合宜"。这主要是出于维护男权主义角度着眼的。但这位仁兄也提示,"男之年长,只可长三五岁,最多不过十岁之内,若或太长,又不宜也"。① 不过言虽如此,在现实生活中,不可能事事合乎理想,这就要有所变通。一般说来,男女婚龄,不管男大于女,还是女大于男,只要在合理范围之内,都是可以的。所谓可以,大致丈夫年龄不超过妻子 4—5 岁,妻子年龄不超过丈夫 2—3 岁。

关于清代的夫妻年龄差,刘翠溶教授曾作过有益的考察:在 50 个家庭,46 680 对初婚夫妻中,同年龄的 8243 对,占 17.66%;丈夫年龄大于妻子的 29 326 对,占 62.82%;妻子年龄大于丈夫的 9111 对,占 19.52%,丈夫年龄大于妻子的占了绝对多数。又据考察,在元配中,妻子年岁大于丈夫的百分比是 23.7%,反之,百分比为 76.3%。南方家族接近总平均,而北方则有半数的年龄是妻子大于丈夫。说明在夫妻年龄中,北方女大于男的比例远高于南方。② 这与北方一带流行小丈夫娶大媳妇的习俗是相吻合的。刘翠溶教授的研究,无疑具有重要的价值,但为了作进一步的分

---

① 石成金:《传家宝》,第 53、186 页。
② 刘翠溶:《明清时期家族人口与社会经济变迁》,第 74—75 页。

析,我们也将辑得的资料,试作表4-9。①

表4-9 夫妻年龄差统计

	华北地区（对）	东北地区（对）	江浙皖（对）	湖南地区（对）	两广地区（对）	四川地区（对）	合计（对）
同岁	91	255	161	170	30	92	661
丈夫大于妻子(岁)							
1	101	145	107	179	33	96	657
2	65	161	88	138	33	67	552
3	62	139	72	101	28	37	439
4	48	91	64	110	17	14	344
5	26	70	45	61	13	19	234
6	20	55	33	45	9	2	164
7	15	41	29	52	9	3	149
8	9	23	34	46	7	6	125
9	8	31	29	16	3	8	95
10		33	13	25	2	3	76
11	2	18	25	22	1	4	72

---

① 表4-9资料来源:华北地区:民国(河北庆云)《崔氏族谱》第4册《四支五房过继功名官职配娶姓氏考》;宣统(河北保定)《戴氏宗谱》;民国(山东临清)《黑氏宗谱》;民国(宁津)《天箴堂张氏家谱》;嘉庆《洪洞刘氏家谱》卷2、3、4;民国《代州冯氏族谱》卷1;民国《西平县权寨镇陈氏家乘》卷3;道光(商丘)《睢阳沈氏家谱》;东北地区:第六次续修(海城)《尚氏宗谱》第1—10章;民国《辽阳吴氏族谱》卷2;嘉庆六年《镶黄旗开原等处打蜜户口册》;嘉庆十三年《盖州镶黄旗××管领下户口册》;嘉庆十四年《镶黄旗鄂起管领下户口册》;道光七年《关东广宁界内苏临户口册》;道光十九年《奎宽管领下户口册》;江浙皖地区:民国《荆西孙氏宗谱》卷3、4;同治(丹阳)《云阳郑氏宗谱》卷7、8;民国《武进陈氏族谱》卷3;光绪(丹阳)《云阳后分陈氏族谱》卷14—17;光绪(丹阳)《云阳嘉山刘氏家乘》卷7、8;光绪(常州)《毗陵陈氏宗谱》卷3;民国(建德)《朱氏重修宗谱》卷5;民国(青田)《东鲁端木氏小宗家谱》卷3;同治(余姚)《孝义徐氏宗谱》卷7;民国(亳县郭氏宗谱》卷6;光绪(泾县)《荥阳潘氏统宗谱》卷21;湖南地区:咸丰(衡阳)《王氏族谱》卷5、6、7;光绪(善化)《文氏三房支谱》卷3、4、5;嘉庆(宁乡)《资阳高氏三修族谱》;光绪(郴州)《蓉城北乡沙里房氏宗谱》;民国《两湘陈氏续修族谱》;民国(中湘湘潭)《谭氏续修族谱》;两广地区:民国(香山)《南溪盛氏家谱世系图》;光绪《长乐郭氏六世族谱》;(花县)《洪氏宗谱》;民国《桂林张氏族谱》卷1—7;四川地区:民国《蜀西崇阳王氏族谱》卷3、5;宣统(四川)《邻水李氏族谱》;民国(成都)《蓉城叶氏四修宗族全谱》;民国《云阳涂氏族谱》卷4;民国《简阳游氏谱》卷5、9;民国《陇西李氏续修族谱》卷2。

第四章 婚 龄

续表

	华北地区（对）	东北地区（对）	江浙皖（对）	湖南地区（对）	两广地区（对）	四川地区（对）	合计（对）
12	3	18	15	21		1	58
13	1	15	9	14	2	2	43
14	2	4	8	4	1	1	20
15	2	7	7	11		1	28
16	2	5	10	11	2	2	32
17	1	2	3	3		1	10
18		5	1	6			12
19	1	2		3			6
20	2	4		7			13
21	2	1	1	3			7
22				2		1	3
23		1	1	2		2	6
24	1	3		3			7
25				3			3
26	1	1		2		1	5
27				1			1
28		2					2
31	1						1
32				1			1
36	1						1
37				1			1
38					1		1
妻子大于丈夫（岁）							
1	91	112	97	127	20	71	518
2	67	122	45	67	24	71	396
3	28	70	39	60	8	28	233
4	19	62	13	18	6	13	131

续表

	华北地区（对）	东北地区（对）	江浙皖（对）	湖南地区（对）	两广地区（对）	四川地区（对）	合计（对）
5	4	40	13	11	3	7	78
6	4	19	2	4	1	1	31
7	3	8	1	4		1	17
8	1	4		1			6
9	3	2	1	4			10
10		4		1	2	1	8
11	1	1	1	2			5
12	1		1	1			3
13		1					1
14		1					1
15				1			1
17				1			1
20			1				1
25		1					1
26			1				1
31	1						1
36	1						1

表 4-9 共统计 5416 对夫妻，双方同岁的 799 对，占 14.75%；丈夫年岁大于妻子的 3172 对，占 58.57%；妻子年岁大于丈夫的 1445 对，占 26.28%。若按地区分类如下表：

华北地区	同岁	91 对	占 13.17%
	丈夫年岁大于妻子	376 对	占 54.41%
	妻子年岁大于丈夫	224 对	占 32.42%

续表

东北地区	同岁	255 对	占 16.15%
	丈夫年岁大于妻子	877 对	占 55.54%
	妻子年岁大于丈夫	447 对	占 28.31%
苏浙皖	同岁	161 对	占 16.60%
	丈夫年岁大于妻子	594 对	占 61.24%
	妻子年岁大于丈夫	215 对	占 22.16%
湖南地区	同岁	170 对	占 12.45%
	丈夫年岁大于妻子	893 对	占 65.42%
	妻子年岁大于丈夫	302 对	占 22.12%
两广地区	同岁	30 对	占 11.76%
	丈夫年岁大于妻子	161 对	占 63.14%
	妻子年岁大于丈夫	64 对	占 25.10%
四川地区	同岁	92 对	占 16.55%
	丈夫年岁大于妻子	271 对	占 48.74%
	妻子年岁大于丈夫	193 对	占 34.71%

从各地区的统计中,夫妻同岁比例最高的是四川,最低的是湖南省,丈夫年岁大于妻子的,除四川为 48.74%,其余都超过总人数的一半,最高达到 65.42%;妻子年岁大于丈夫的,最低是 22.12%,最高占 34.71%。总的统计,前两项略低于刘翠溶教授的计算,后一项即妻子年岁大于丈夫的,却高出了不少。虽然双方的基本数据都不是刻意选择的,但因我们的统计数毕竟比刘要少,影响的频率可能会较大些。尽管如此,从大的方面来看,双方的趋势,基本是一致的。

如果我们按前面说到的,丈夫年龄大于妻子在 5 岁以内(含 5 岁)、妻子年龄大于丈夫在 3 岁以内(含 3 岁),属合理范围之列,则如下表:

	丈夫年龄大于妻子在5岁以内		妻子年龄大于丈夫在3岁以内	
华北地区	302 对	占 376 人中的 80.32%	186 对	占 224 人中的 83.04%
东北地区	385 对	占 873 人中的 44.1%	304 对	占 447 人中的 68.01%
苏浙皖地区	308 对	占 594 人中的 51.85%	181 对	占 305 人中的 59.34%
湖南地区	589 对	占 893 人中的 65.96%	2 对	占 302 人中的 0.66%
两广地区	63 对	占 161 人中的 39.13%	52 对	占 66 人中的 78.79%
四川地区	76 对	占 271 人中的 28.04%	170 对	占 194 人中的 87.63%
总计	1723 对	占 3168 人中的 54.39%	895 对	占 1538 人中的 58.19%

两组统计都有相当大的参差,将其对照,妻子年龄大于丈夫在3岁以内的,无疑要高于丈夫年龄大于妻子5岁以内的比例。这与男子结婚的年龄一般要大于妻子的传统习惯,以及下层男子求偶困难,成婚岁数往往偏大是有关系的。将我们认为夫妻年龄差大体合理的人数合在一起(加上同岁的),华北地区为83.79%,东北地区59.94%,苏浙皖地区61.32%,两广地区56.42%,四川地区60.78%,湖南地区55.75%。从比例上看都在半数以上,有的还接近90%。虽然如此,仍有百分之十几到四十几的夫妻年龄差偏大。若将丈夫年龄大于原配妻子或妻子年龄大于丈夫在10岁以上(含10岁)归为不正常,那么华北有14对和4对,占全部夫妻统计数的2.6%;东北33对和8对,占2.6%;苏浙皖23对和3对,占2.45%;两广各3对,占2.33%;四川8对和2对,占1.80%;湖南有145对和6对,占11.06%,除湖南稍高,一般说来比例不算很大,但仍不可忽视。

夫妻年龄差在绅士阶级和下层百姓中反映的也很不同。我们以年谱为主,又加入少数从文集碑铭中辑得的资料,作出绅士阶级夫妻年龄差列表。见表4-10。

表 4-10　绅士阶级夫妻年龄差

丈夫年龄大于妻子										同岁	妻子年龄大于丈夫				夫妻总数
12 岁	11 岁	8 岁	7 岁	6 岁	5 岁	4 岁	3 岁	2 岁	1 岁		1 岁	2 岁	3 岁	4 岁	
1 对	1 对	1 对	1 对	2 对	7 对	7 对	9 对	24 对	39 对	35 对	20 对	12 对	4 对	7 对	170 对

在表 4-10 的 170 对夫妻中,妻子年龄大于丈夫的最高位是 4 岁,差别在 3 岁以内的有 36 对,占其总数 45 对的 80%;丈夫年龄大于妻子的最高位是 12 岁,差别在 5 岁以内的 86 对,占其总数 92 对的 93.48%。绅士阶级中,不管是妻子年龄大于丈夫,还是丈夫年龄大于妻子,除了少数特殊者,绝大部分都在合理范围之内。可是对照下层百姓,就显露出很大的反差来了。见表 4-11。

表 4-11　下层百姓夫妻年龄差

	27 岁	26 岁	22 岁	20 岁	19 岁	18 岁	17 岁	16 岁	15 岁	14 岁	13 岁	12 岁
丈夫年龄大于妻子	2 对	2 对	4 对	2 对	3 对	2 对	1 对	1 对	6 对	2 对	8 对	6 对
	11 岁	10 岁	9 岁	8 岁	7 岁	6 岁	5 岁	4 岁	3 岁	2 岁	1 岁	
	10 对	17 对	17 对	14 对	10 对	21 对	14 对	12 对	26 对	25 对	32 对	
同岁	29 对											
妻子年龄大于丈夫	1 岁	2 岁	3 岁	4 岁	5 岁	6 岁	7 岁	8 岁				
	19 对	19 对	11 对	8 对	3 对	2 对	2 对	2 对				
夫妻总数	332 对											

表 4-11 的数据主要取自乾隆《刑科题本·婚姻奸情类》,另有少数录于《八旗都统衙门·刑罚类》,以及《康雍乾时期城乡人民反抗斗争资料》《清代地租剥削形态》《清代土地占有关系与佃农抗租斗争》等资料书,共得 332 对夫妻的情况,其中同岁 29 对,丈夫年龄大于妻子的 237

对,妻子年龄大于丈夫的 66 对。在妻子年龄大于丈夫的 66 对中,最大差距为 8 岁,比绅士家庭高了 4 岁,其中 3 岁及以下的 49 对,占 74.24%,比例数亦低于绅士家庭。对比最强烈的莫过于丈夫年岁大于妻子这一栏,夫妻年龄差最大的高达 27 岁(尽管这不能反映普遍情况,但颇值得注意)。比绅士家庭多了 15 岁,其中差距在 5 岁以内的 109 对,占 237 对的 46%,比绅士的 93.48%低了 47.48%,主要原因是高差距的婚姻比例较高,尤其是 15 岁及以上的不正常婚姻,竟占到 9.9%,这是相当惊人的。

有关造成夫妻婚龄差距偏大的原因,下面结合"婚嫁愆期"这个题目还要提及,在这里只结合几个刑事案例,说一下由于夫妻年龄差距过大引起的不良后果。

例一:河南淅川县民沈法年,33 岁,娶妻路氏 17 岁。婚后,路氏便嫌丈夫年纪大,长相丑,脾气又不好,憎厌日甚。两口子才过了 40 多天,路就无法忍受,决心铤而走险,寻机将沈杀死。

例二:直隶巨鹿县宋奇湖,于乾隆五年(公元 1740 年)34 岁时,娶年方 20 的王氏为妻。婚前宋曾为长期不能成家而犯愁,匆匆觅得的王氏却是个傻呆女子,加上几年无生育,使宋恼恨万分,乾隆十年(公元 1745 年)某日,宋借故将妻子谋害。

例三:河南光州梁定国,24 岁,娶妻陈氏 14 岁。陈因年岁过小,尚未发育成熟。第一次入洞房,妻子的身心便受到了伤害,并对丈夫产生畏惧感,防备甚严。乾隆九年(公元 1744 年)七月二十九日晚,梁逼陈同宿,陈挣扎不依。梁为制止陈的叫喊,用手掐住她的脖子,致使陈窒息身亡。

例四:山东清平县人韩兴旺,39 岁时娶 28 岁寡妇马氏为妻。结婚八年,生有 5 岁一子,但夫妻感情一直不睦,韩怀疑马氏另有奸情,但又拿不出证据,心里十分苦恼,终于在一次争吵中,韩狠心将马氏勒毙。

上述四例均出自中国第一历史档案馆所藏乾隆朝《刑科题本·婚姻奸情类》,因原件文字冗长,即使择要摘抄,也要花费相当篇幅,所以只用我们的话说个大概,好在案情并不复杂,很容易把来龙去脉搞清楚。这四起命案,既有妻子杀丈夫的,也有丈夫杀妻子的;既有结婚多年且生了儿子的,也有刚结婚矛盾便不可调和的。双方年龄差距大,以及由此而来的在生活、性格、生理、心理各方面的差别,显然是个重要因素。当然,上面谈的都是走极端的例子,但正是如许血和泪的事实,使人们省悟到适时婚嫁的重要性。有人并发出规劝,在选择对象时,不要把双方的年龄拉得太大,因为年龄也是隔阂,隔阂就是差距,会产生矛盾。当矛盾积累又无法排解时,不测之事便会随之产生。

第七节 幼男娶长妇的习俗

徐珂在《直隶有娃娃亲》中说:

> 北人呼小孩为娃娃。燕赵之间,居民家道之小康者,生子三五龄辄为娶及笄之女。家贫子多者辄利其聘赀,从俗遣嫁焉。女至男家,先以父母礼见翁姑,以弟呼其婿,一切井臼、烹调、缝纫之事悉肩任之。夜则抚其婿而眠,昼则为之着衣,为之饲食,如保姆然。子成长,乃合卺。其翁姑意谓雇人须工赀,又不能终年无归家之日,惟聘得贫家女,则所费不多,而指挥工作可以如意。故但计撙节,而子女年龄之相当与否,均置不问。此盖与江、浙等省有之童养媳相类也。①

徐珂说到的情况,在很多方面还需加以补充。首先是地区的涵盖面较之

---

① 徐珂:《清稗类钞》第 5 册,第 1993—1994 页。

文中所说燕赵之间的直隶(今河北省)要广泛得多;其次是婚娶者不止上层富家,在一般中等家庭中也时时可见。请看表4-12。

表4-12 文献载录的幼男娶长妇习俗

地区	事例	资料出处
直隶南部诸府州	南府有二大弊,女必长于男十余岁,或七八岁、五六岁。	黄可润:《禁敝俗》,载《牧令书》卷16
鸡泽县	鸡俗:凡饶裕之家婚娶,必女长于男三四岁至七八岁不一;若男长于女,必贫而无力者。	乾隆《鸡泽县志》卷8
曲阳县	曲阳之俗,……即娶,女子每长于男五六岁至七八岁,或十岁不等。	光绪《重修曲阳县志》卷9
无极县	婚娶,……往往女长于男。	乾隆《正定府志》卷11
深州	州俗,缔婚往往男小女大,年貌相称。	光绪《深州风土记》卷21
枣强县	婚礼之失,女齿大,男齿小。	同治《枣强县志补正》卷4
高邑县	邑民结婚,率妇长于婿,甚有相差十余岁者。	民国《高邑县志》卷5引嘉庆志
山东冠县	小民定婚,往往女大于男,……年不相若。	道光《冠县志》卷1
淄川县	乡俗家无余丁者,往往娶长妇为恃门户计。	《碑传集补》卷6《张烈妇碑文》
博兴县	近日民俗,往往以幼男娶长女。	咸丰《青州府志》卷32
河南扶沟县	男女婚姻,……以十七八岁及二十岁之女,配于十二三岁及十四五岁之男。	道光《扶沟县志》卷7
鄢陵县	贫家无力,每多养媳,必女大而男小,常有长五六岁者。	民国《鄢陵县志》卷5,引嘉庆志
山西天镇县	惟富室早娶,往往妇年及笄而婿才扶床。	光绪《天镇县志》卷6
奉天昌图府	婚嫁,大率女长于男四五岁不等。	宣统《昌图府志》第5章
江苏邳州	多有十三四岁幼童即娶及年之妇者。	民国《邳县志》卷3,引光绪志稿

仅从表4-12所示,其地区除直隶外,还有山东、河南、山西、奉天、江苏北部及内蒙古南部汉人聚居区。如果我们佐之于民国时的记载,还可将其扩展到陕西、安徽北部及四川等地。再,表中虽注明此事多发生在

"饶裕之家"或"富宅"等,但也有作为"乡俗""州俗""民俗"出现的,更有是"家无余丁者"愿为此。这说明幼男娶长妇,并不完全限于上等富家,只要解决温饱、有能力聘娶的,都有这么做的。当时在北方民间,普遍流传有"女大三,抱金砖"的谚传。又说:"女大两,黄金长;女大三,黄金山。"①就是指择婚时,女的年岁长于丈夫3—4岁,可给全家带来福气。那么,这是出于什么样的动机呢?

前引徐珂的文字中说到,人们愿意娶比儿子大五六岁至八九十来岁的儿媳妇,主要是贪图劳动力。其他的许多记载,也多以此为重要理由,比如:"良由阿母多欲早得子妇以自助"②;"舅姑老,思得健妇以资盥馈"③;"早娶妇可帮做衣食也"④;"农家喜早纳妇以助力作"⑤;"早娶早得媳使用"⑥;"欲以操井臼持门户也"⑦等。我国已故乡土文学家刘绍棠在回忆他早年生活时,写了这么一段话:"我的家乡有个风俗,娇生惯养的男孩都娶大媳妇,为的是大媳妇早进门,家里多个劳动力,还能代替婆婆哄孩子,以便婆婆继续生养。大媳妇知道疼小丈夫,婆婆很放心。"⑧刘是北京郊区人,至少是有清以来俗传幼男娶长女最流行的地区之一。按照刘的说法,男孩娶大媳妇,不只是为家庭增添一个得力的劳动力,而且还能照看小丈夫,⑨又让婆婆可以继续养儿育女。有此三得,所以才成为北方

---

① 李光庭:《乡言解颐》,中华书局,1982年,第322页。
② 光绪《深州风土记》卷21。
③ 光绪《扶沟县志》卷13。
④ 民国《陵县志》卷3。
⑤ 民国《太和县志》卷1。
⑥ 乾隆《鸡泽县志》卷8。
⑦ 俞樾:《右台仙馆笔记》卷4,载《春在堂全书》本。
⑧ 《刘绍棠独白——我差一点跟一个比我大6岁的女孩定亲》,载《中华读书报》1996年10月23日第4版。又,1988、1999年,我与定宜庄在辽宁农村作田野调查,得到的回答亦大体相同。
⑨ 有关大媳妇照看小丈夫,在民间歌谣中也多有反映,如:"清早起,露水多,打湿了绣鞋白裹脚,走路大哥莫笑我,丈夫年轻做不动,奴家不做等谁个。"据收集者言:"此歌即比丈夫年长媳妇自夸之词也。"(见民国《重修信阳县志》卷17)

等很多地区一条相沿不废的成例。除此以外,在一些行贾四方的商人中,也存在娶长妇的习惯。明人王士性在《广志绎》中称:"蜀中俗尚缔幼婚、娶长妇,男子十二三即娶,徽俗亦然。然徽人事商贾,早娶则可有事于四方。川俗则不知其解。"其实,四川人娶长妇的道理,与北方地区是相类似的。至于商人早娶,根据我的考察,至清代,不但徽州地区仍在延续,而且在山西和江西商人中,也可见到此等情况。

少夫娶长妇的习俗,尽管流行地区广,时间延续也很长,但是它的弊端也是显而易见的,这在清代就有很多人提出了批评。他们列举的理由有:

1."夫纲易授妇执"①,或者叫作"妇持门户压制丈夫"②。这在那个时代,被认为是纲常颠倒,有失伦理的大事。

2. "男方稚弱而女已强壮,男届壮盛而女已衰颓"③。夫妻双方在生理和心理上都无法适应。

3."生育失时","续嗣不广"。④ 做丈夫的连完整的劳动力还够不上,更无法承担起家庭的责任,便有儿女出生,对夫妻、对家庭,以及对社会,都是一种沉重的负担。

4."翁媳之年齿相若,而侍奉殊失雅观"⑤。其实这不只是翁媳年龄相近的问题。婆媳、姑嫂等,都是如此。有首歌谣,对此做了生动的嘲讽:"金银花,顺墙爬,搭起梯子看婆家。公公才十九,婆婆才十八,女婿才会爬,二姨子才会打哇哇,打哇哇。"⑥真是翁媳不像翁媳,婆媳不像婆媳,在家庭关系上,似乎有一种倒置失时的感觉。

---

① 道光《大同县志》卷8。
② 民国《无极县志》卷4。
③ 民国《高邑县志》卷5。
④ 民国《高邑县志》卷5。
⑤ 乾隆《鸡泽县志》卷8。
⑥ 民国《高邑县志》卷6。

5. "夭病时见"①。这主要指男子而言。所谓"臊发未干,遽御琴瑟"②,本身发育还不完全,便过夫妻生活,而且因为年纪小,意志力薄弱,妻子又正值青春盛期,很容易色欲过度,伤了身子,严重的还因此早亡。

6. "家室勃谿"。既然在家庭关系中如此颠倒,稍处理不好,就很容易出现夫妻失和,家庭纷争不断,更有甚者还会引出人命大案。于是拘送对簿公堂的事也层出不穷。有的地方官更明确指出:"讼狱之繁兴,半由于此"③,也有的说,"代诉长官者比比"④,可见问题之严重。道光二十年(公元1840年),山东博兴知县王福,还为此写了一道示谕:

> 乃尔民每以十一二岁之幼童,娶十八九岁成长之女,虽诗礼之家不免焉。是爱子而适以贻害其子,爱女而直以陷溺其女矣。本县到任数月,以霸女嫌夫具控者已三十余案。推其故,皆因婚娶时,男未及岁而女已长成所致。……为此示谕阖邑绅士军民知悉:嗣后两家结婚,男长于女则可,女之长于男者不得过两岁;男子必十六岁以上方准迎亲。有女者不得贪图财礼,以长成之女而配幼婿,即或父母之年已老,只准领童养之媳,俟彼此及岁方为合婚,俾青年敦静好之缘,斯白首无参差之见。⑤

最后这位县太爷又特地作歌以示劝诫:"尔爱尔子,勿为早婚,早婚乃是祸殃根。壮而有室古所训,长女少男不可论。尔嫁尔女,勿配幼婿,嫁女原为好合计,童稚何知夫妇情,年岁相当免乖戾。"

---

① 民国《盐山县志》卷25。
② 道光《冠县志》卷1。
③ 光绪《重修曲阳县志》卷9。
④ 黄可润:《禁敝俗》,载《牧令书》卷16。
⑤ 道光《博兴县志》卷5。

因男幼女长,夫妻关系不顺而发生命案的也时有所见。下面两例便是明证:

第一例摘自乾隆《刑科题本·婚姻奸情类》。山东金乡县的一户普通农民家庭,户主王子龙,妻刘氏。王子龙在66岁时生了一个儿子,起名王五(时年刘氏44岁)。由于夫妻俩年龄越来越大,不要说干农活,就连家务劳作也常感到力不从心。为了能找个帮手,在王五14岁时,便忙着替他娶了一房媳妇陶氏。据王五的母亲刘氏说:"那时儿妇十九岁,儿子还小。儿妇与他睡了几夜,就不与儿子说话,也不同床,三四年来总是这样。"刘氏还说:"小的儿子人蠢些,看不入眼也是有的,却没有和她合(讴)气。小的儿子还常照着她说话,儿妇常是走开了的。"而且"儿妇虽与儿子不说话,儿子却从来不与她吵嚷"。尽管如此,矛盾却在酝酿、在积累,平日常常处于赔小心、让着媳妇的小丈夫,在他行年18岁,确认自己是个大男人,不能受女人的窝囊气时,终于因"欲与氏共卧求欢"不成,使长期淤积的愤懑突然爆发,怒而将妻子杀死。因为双方的年龄差距,情感无法交融,而当时的婚姻制度,又无法让他们得到合理的解脱。多年的压抑,落幕的却是一出无法挽回的悲剧。

第二例出自《刑案汇览续编》。道光二十三年(公元1843年),据山西巡抚梁萼涵给刑部的咨文中说:"武傅氏因伊夫武九桂则年幼未知房事,心生怨恨。该氏因先与南贵成通奸情密,嗣见南贵成向该氏询其夫好歹,该氏即起意欲将武九桂则谋死,嫁与南贵成为妻。随向南贵成商谋,并询其愿否娶伊为妻,南贵成亦因恋奸,答称愿娶。武傅氏即乘武九桂则困倦酣睡,独自用剪将武九桂则叠扎毙命。"这是一起成婚才半个月就发生的恶性案件,其起因亦与小丈夫娶大媳妇有密切关联。

上面的两件案例,只是矛盾激化的极端反映,其实在更多的情况下,处在多重伦理压迫之下的妇女,只能默默地承受心中的煎熬。她们哀叹自己的命运,又无力而且无法进行抗争。社会也是这样,一方面容忍此种婚俗,同时也常常为这些不幸的女子发出些不平的呼声。各地民间流传的歌谣就传达了其中的信息。"最可叹,风俗差,小小孩童就成家,新郎不过八九岁,娶妻倒有十七八"①。"十八大姐九岁郎,错配姻缘怨耶(爷)娘,说他是郎年又小,说他是儿不叫娘"②。如果说,上面两首歌谣是通过揶揄敝俗,给受害者以某种同情的话,下面的歌谣更是表达了不幸女子的哀怨:

十七姐儿八岁郎,姑娘小孩配一双。夜间里,进绣房,妻握夫手吊上床。一更尿湿红绫被,二更尿湿奴衣裳,掀起被来打几下,先叫姐姐后叫娘。不是你姐不是你娘,原是你妻在身旁。打你个小鸳鸯,恨我命不强。只怨爹来只怨娘,昔日卖奴不商量。也怨爹来也怨娘,更怨媒人没心肠。吃我猪来吃我羊,说下个娃睡床上。孤独自眠还罢了,小娃陪伴更心伤。③

做妻子的因为对婚姻不满,无法发泄,于是只好对着还是个小孩子的丈夫咬牙切齿了。下面的歌谣就是如此:

一个女姐年十七,再过四年二十一,嫁个丈夫将十岁,她比丈夫大十一。一天井上去抬水,一头高来一头低,不看公婆待我好,一脚踢你到井里。④

---

① 民国《夏津县志续编》卷5。
② 民国《临清县志》卷8。又民国《大名县志》卷22所载为:"十八媳妇十岁郎,噙着眼泪在厢房,说是女婿年又小,说是孩子不叫娘。"
③ 民国《中部县志》卷18。
④ 民国《新安县志》卷9。又,这一歌谣在河北一带是这样说的:"两小口,去抬水,一头高来一头低,水桶一倒把小伙子弄了一身泥,要不是看公婆面,一掌推到你小井底。"(见民国《无极县志》卷4)。

采集的歌谣,都出自民国时期的史籍,但我认为它们的形成应在清代,至少与清代的情况是相同的。歌谣中反映的一般都是婚姻初期妻子的思想和感情,随着岁月的流逝,小丈夫一天天长大,成为青年、壮年,可妻子却从似花如月的年华步入中年,乃至接近老年,于是矛盾的主导面又转到丈夫一边,开始鄙视曾经带养过他的妻子来了,有的更因此另寻新欢,殴辱乃至遗弃妻子。这给妻子带来的创痛,比起早年来,应该更刻骨铭心,难以补偿。在"繁兴"的狱案中,当然也包括此类案件,不过因怕过于烦琐,不再引述。

也许因为上面举出的具体事例,主要是谈女子的痛苦,给人印象似乎对男子的损害不大。其实,男子也是此种婚俗的受害者。因为婚姻既然是夫妻双方构成的,那么由此产生的利害也总是由两人共同承担。当妻子在受到损害,经历痛苦时,丈夫同样要付出代价。这在前面谈婚俗弊端和有关命案时,业已有所述及。不过不可否认,在当时社会条件下,女子受到的损害,无论如何要比男子更深更多。

与幼男娶壮妇相对照,在有的地方也有幼女配壮夫的习俗。乾隆时任陕西巡抚的陈宏谋,在一个《兴除事宜示》中,针对该省的种种弊俗指出:"陕省恶习,每将八九岁及十余岁之女,许配三四十岁之夫,止图贪得财礼,不顾女子终身,最为忍心害理。"① 又如浙江定海县,"乡岙贫民,往往年至四十、五十,始图配偶,老夫少妇,年齿相悬数十载"②。出现此等情况,一是女家为贪图财礼,二是由于穷,特别是男方,因拿不出足够的聘礼或养不活妻子,长时鳏居,均属不正常之列。

---

① 陈宏谋:《培远堂文檄》卷27,载《陈榕门先生遗书》本。
② 康熙《定海县志》卷5。

第八节 "婚嫁愆期"辨析

"婚嫁愆期"是清人在述及男女婚嫁时经常使用的字眼。"婚嫁愆期"也叫"婚嫁失时",是指按照习惯年龄还未能成双配对。"婚嫁愆期"是造成夫妻年龄差距偏大的一个原因,可也不全都如此。

促使"婚嫁愆期"的原因很多,但对多数男子,主要是迫于家境贫寒。娶妻要费钱财,前面我们曾作过专门的讨论。很多人就是因为经济条件不允许,把婚事耽误下来了,好容易稍有积聚,却是岁月蹉跎,过了青春时光。《熙朝新语》中记载了这样一则故事:

> 涪州周大司马煌,其祖峨眉山樵也,年九十九未娶。一日忽于溪中得金银若干,与所善贫人吴翁谋迁居城中,且属为媒,愿以万金为聘,但非处子不可。吴笑诺之,归告妪,谓九十九老翁,谁肯与为婚者。时吴女年十九,忽跪而请曰,父母贫且老,生女不生男何恃。今周叟高年骤获多金,天将福之,未必遽终于此,女愿嫁之。父母得万金之聘,可以娱老矣。……吴夫妇奇其言,以告叟。喜甚,即日委禽成婚。

故事虽近乎荒唐,但说明没钱就无法娶妻成家这样一个当时社会上普遍流行的道理。周煌的祖先之所以年近百岁尚且鳏居,就是因为作为一个砍柴夫,连养活自身都很困难,更不敢奢望娶妻成家了,只是一笔意外的洋财,成了巨富,可以用万金求妻,这才有人愿意嫁他。类似这样的尴尬事,甚至在一些底层绅士中也时有可见。著名文学家兼剧作家蒋士铨,在其《先考府君行状》中,说他父亲蒋适国,因贫,28岁后长期外出为人作幕宾,43岁回乡,46岁服母丧毕,才得娶夫人钟氏。① 父子几代以学问闻名的刘孟瞻,其父刘锡瑜,曾因家贫,一度不得不行医养家,35岁娶凌氏,算是有了小家。② 另一个名人汪梅村,19岁时与外舅女宗继兰订婚,等到迎娶,已是26岁了,原因是长时筹措不到足够的婚娶费用。③ 安徽宣城周采臣,原是个读书种子,然而少孤母老,30岁未娶。某年,周在科考归途中碰到一位义士,很同情他的身世,特别送了一些银子,并慰勉有加,使周能娶妻效于飞之乐。④ 江苏丹阳人吴俊,父亲是个庠生,祖上还是新安著姓。11岁时,吴俊死了父亲,留下孤儿寡母,家庭陷于绝境。后来考入县庠生,每月有些银米补贴,但也仅够养母糊口。一直过了30岁,家庭状况有所改善,这才能托媒论嫁娶。⑤

在施闰章的文章中,收录了一篇叫《纪雷震》的文章:

> 蕲州杨姁某氏,少寡,鞠一孤,年三十不能娶。姁惧斩夫祀,百计营聘,所少仅数金。姁私许富家赁舂,预乞其值,得娶妇。时姁已往役。妇入门,索其姑不见,终不肯成礼。夫语之故,妇泣曰:妾橐中金足相当,立趋赎姑。夫夜驰往,猝未持金,已而来索。妇曰:金适已付汝矣。夫大诧愕。盖贫家壁皆苇编,邻人窃闻其语,辄诈为夫取金去也。妇羞见绐,又无余金,痛姑不得赎,遂缢死。质明,雷击盗金者,死户外,金故在手,而孝妇气绝复苏。⑥

---

① 蒋士铨:《忠雅堂集校笺》,第2255—2280页。
② 〔日〕小泽文四郎编:《仪征刘孟瞻年谱》,文思楼铅印本。
③ 赵宗复:《汪梅村年谱稿》,载《史学年报》1967年第2卷3期。
④ 朱珪:《知适斋文集》卷2《瞿瞿园家传》。
⑤ 蒋士铨:《忠雅堂集校笺》,第2149页。
⑥ 《施愚山集》第1册,第532页。

据施闰章说，这是他从友人高尚孚那里听来的，"盖其乡所亲耳者"①，就是说确有其事。如果说，施闰章的乡闻太充满传奇性，那么姚鼐的《赠文林郎镇安县知县婺源黄君墓志铭》中写的有关黄奖的事迹，便显得实在些。黄奖也是从祖上富有而沦落到无以为生的穷汉子。他为寻找远作幕客的父亲，曾长期孤身飘零外乡，直到几十年后，才有机会回到安徽老家。这时，论经济能力，他已够找媒人娶个像样的妻房，可年岁不饶人，已是60岁老翁了。幸好芜湖有位29岁的颜姓老姑娘，久居闺中待字，两厢合拍，这才圆了幸福之梦。②在我接触的有限资料中，此类例子不少，不过从选择典型的角度，上面罗列的已够说明问题了。

出现婚嫁愆期的另一个原因是着意高攀，或想通过婚嫁捞点什么，结果高不就，低不成，活生生把儿女的终身给耽误了。雍正时，有位官员向皇帝上了一道《请严禁淹留大女不嫁陋习折》，里面说道："臣闻生女之家，竟有专讲门楣，图取势利，或养至二十七八岁以至三十以外始行出嫁者。夫富贵贫贱，各有其命，何至养女扳亲，视同奇货。"③因此他请求朝廷下谕加以禁止。联系到前面我们提到的，也是在雍正朝，有位姓钱的御史，上疏请求皇帝谕令民间养女至20岁以外尚未婚配者，速行择配，意思是一样的。不过皇帝的看法与这位官员有所不同，他在朱批中写道："此等人之家务，强谕不得。"④故此作罢。应该指出的是，做父母的把儿女婚姻当作筹码，刻刻计较而延误嫁娶的，确实时有可见。正如有人所说：婚嫁"较量财帛，以至男女失时"⑤，甚至还有行聘后又悔贫就富而导致男女

---

① 《施愚山集》第1册，第533页。
② 姚鼐：《惜抱轩全集》，第264页。
③ 中国第一历史档案馆编：《雍正朝汉文朱批奏折汇编》第5册，江苏古籍出版社，1991年，第369页。
④ 中国第一历史档案馆编：《雍正朝汉文朱批奏折汇编》第5册，第369页。
⑤ 乾隆《咸阳县志》卷1。

嫁娶愆期的。①

当然,有的父母在婚嫁上严于挑剔,并非全是出于钱财,只因疼爱儿女,尤其是独女、幼女,总怕嫁出去看不见、摸不着,放心不下。比如顺天府宛平县人、东流知县韩藻季女,"父母笃爱之,择婿严,请婚多不就",以致年过20岁,仍待字闺中。② 台湾府彰化县人陈氏,"少娴女箴,其父母择配甚苛,不轻字人",一直到28岁才得"奉箕帚"。③ 清初思想家陈确的妻子王氏,也因她父亲王廷荣开始时标准太高,左挑右挑不当意,迟误了。在与陈确说媒时,不得不隐瞒岁数,把22岁说成20岁。④ 如果前3个例子说的是个别家庭,那么也有资料表明,在某些地方,近于形成风气了。湖南永州府,"有父母溺爱过甚,迟至二三十岁外,犹不忍遣嫁,摽梅愆期,不无旷怨"⑤。江苏宝山县,"士庶之家或因钟爱,或因择婿,有及年而未字者"⑥。在山东,也有因"选择过甚,至有年逾三十尚未出嫁之女,其过时伤化为已甚矣"⑦。

女子婚嫁愆期的结果,常常只好放低条件,除了门第降格外,就是像前面提到的,嫁给比自己更大的人,再或是为人作继配。见表4-13。

表4-13 女子继配初婚年龄

年龄	14岁	15岁	16岁	17岁	18岁	19岁	20岁	21岁	22岁	23岁	24岁	25岁	26岁	27岁	28岁	29岁	30岁	37岁	38岁	41岁
人数	6	4	14	11	16	16	7	6	12	12	10	9	9	7	4	6	1	1	2	1

表4-13的数据,多取自年谱和碑传状志,也有一些取自地方志中的

---

① 乾隆《直隶通州志》卷17。
② 《续碑传集》卷85《韩孝女传》,载《清代碑传全集本》,上海古籍出版社,1987年。
③ 吴德功:《彰化节孝册》,台湾文献史料丛刊本,大通书局,1984年,第87页。
④ 陈确撰:《陈确集》,第280页。
⑤ 道光《永州府志》卷5上。
⑥ 光绪《宝山县志》卷14。
⑦ 道光《荣成县志》卷1。

列女传,共得154人。她们都是初婚,没有把再嫁者包括在内。从具体婚龄看,不乏十四五岁和十六七岁的人,但更有相当多的人是在20岁以后出嫁的。将这154人的婚龄加以平均,得出的是22.15岁。较之前面提到的女子平均初婚年龄17—18岁,高出4—5岁。其中最高婚龄是41岁,21岁及以上始嫁的有80人,约占总数的52%,这与表4-3中列示女子21岁及以上的只占7%,可明显看到差距。在高婚龄中,继配的比重是相当大的。

形成婚嫁愆期的第三个原因是父母、祖父母去世较早,兄长年少柔弱,又缺少叔伯可仰仗,没人为其提婚作主,耽误了。这在未婚男女间基本禁绝个人交往、婚嫁唯父母长辈之命是从的社会里,那是非常关键的,尤其对于女子,更显得突出。有关这样的例子,可举出很多。比如著名学问家、曾编纂过《碑传集》的嘉兴钱仪吉,他的七姑,12岁时父亲和生母先后去世,17岁那年,嫡母陆氏也病故了,所以一直拖到20岁出头才得出阁。河南新乡有位姓唐的小姐,好史书,自恃甚高,亦因家庭由盛变衰,又加上父母双亡,做哥哥的连自身生活都难以周全,长期来,一直无人为她张罗婚嫁。有位叫刘青藜的翰林院庶吉士死了妻子,得知唐小姐贤惠有才气,托人做媒,成为眷属,那时她已是28岁的大龄女子了。① 还有像江苏嘉定县瞿中溶继妻施氏,25岁始婚,是因为父亲去世时曾自缢殉父,得救后矢志抚养继出弟妹,长期承担着长姊如母的责任。② 湖北黄陂县有个姓李的女子,当父母亡故时,弟弟邦产还在幼龄,为了将孤弟抚养成立,做姊姊的一直等到29岁才离家嫁人。③

类似像施、李二氏为抚养年幼弟妹而耽误婚期的,在男子中也有。江苏吴县人林希祖,父亲、祖父都做过典史、知县一类的官,他本人也是监生

---

① 《方苞集》,上海古籍出版社,1983年,第382页。
② 《瞿木夫(自订)年谱》(瞿中溶)。
③ 同治《黄陂县志》卷12下。

出身。父母故世后,林以长子支撑全家生计。他先为弟弟小泉娶妻,小泉久婚无子,做哥哥的怕断了林家的香火,38岁时才决定入赘河南荥泽县丞孙家为婿。①

婚嫁愆期的第四个原因是,当婚嫁前夕,或正值适龄年岁,不幸死了父母或祖父母。按照清朝政府的规定,任职官员死了父母,都要解职回老家守制3年(头尾共27个月),以尽孝道,叫作丁忧。在丁忧期间,必须素服闭门谢客,还要避免婚嫁欢宴等事。有的虽非任职官员,但有科举功名,或出于礼法,也要遵守规矩去做。嘉道时长期混迹官场,当过按察使、布政使的张集馨,16岁时聘李氏,已择吉日准备迎娶,李氏却突然病故了。接着,张连遭母丧、父丧,一直拖到27岁才娶媳妇黄氏。当时,同样因丁忧而耽误婚事的,还有张集馨的二妹。② 又比如,乾隆初举于"博学鸿词科"的陈兆仑,为长子玉万求景州知州吴兆基妹为妻,时玉万18岁,吴氏17岁。先是,陈家因贫不能即娶。两年后准备到吴家丈人那里成婚,却又碰到玉万的祖父病故,于是再拖两年,直至分别22岁和21岁,陈吴才偕天作之合。③ 因遭丁忧而耽误婚期的虽属偶然,但也经常可见。像前面提到的瞿中溶,他的第一次婚姻,就遇祖父母丧事而耽误了多年,还有像著名学者李兆洛、龚自珍的女儿阿辛、严辰的儿子严开元等,都是因为死了亲人守孝,而有拖延婚期的经历。④

第五个原因是,家里缺乏劳动力,或为让已经成年的女儿给家庭再搭把手,作些贡献,从而造成婚嫁愆期。这多出现在贫苦小户,且以南方为较常见。湖南永州府一带,"生女长大不嫁,盖男女习劳,愚氓欲留女力作也"⑤,就是明证。

---

① 林履庄编:《鉴园主人年谱》附:傅钟沅《林先生家传》,光绪年间本。
② 张集馨:《道咸宦海见闻录》,中华书局,1981年,第7—15页。
③ 陈玉绳编:《陈星斋年谱》,载陈兆仑《紫竹山房诗文集》。
④ 蒋彤:《李夫子年谱》(李兆洛);严辰:《桐溪达叟自编年谱》;郭延礼:《龚自珍年谱》。
⑤ 道光《永州府志》卷5上。

在婚嫁愆期中，还有男女两家早先都行了聘，可后来男女中的一方因别有缘故，另一方则畏于舆论、名节，不敢贸然退婚而延误了。福建建宁县周会娘，15岁聘于张士美。士美随后外出谋生，前后达十三年，周氏也就苦等了十三年。① 江右巨族女吴氏，曾与何姓定亲，她的未婚夫自觉家穷，不够般配，远赴湖南施南府经商赚钱，多年不归，两家婚事亦因此一拖再拖。② 据资料记载，在有的地方，男女两家下聘礼后，未婚夫远出经商谋生，聘妻便得在娘家长期等待，有的竟至空守到老。③ 可见此等情况还有一定的普遍性。再比如，湖南零陵县雷年姑，"少字屈某，两家相距远，而婿且贫甚，自聘币后，数年音问无通，女不知婿以贫故久不至"④。男家因为穷不敢提婚娶，女家又不知其故，双方信息不通，难以沟通，乃至无法快结秦晋之好。另外也有订婚后，甚至商定了婚期，却因男方或女方有病而耽搁下来。湖北江夏县朱泰女，自小聘于李大泗。大泗得风疾，久治不愈，朱女年24岁，尚未能嫁。⑤ 不过在南方很多地区，聘夫有病，男方家庭可借"冲喜"为由，要求女方尽早入嫁的。若女方有病，男方不便退婚，那就只好向后延期了。

总之，造成婚嫁愆期的原因确实很多，其中有些在今天看来是很容易解决的，可当时却常常难以逾越。这里除了经济缘故外，还牵涉伦理、礼教，以及传统习俗等问题，就像一张张有形无形的网，罩在头上，难以摆脱。婚姻具有社会的属性，在此表现得很清楚。

---

① 光绪《重纂邵武府志》卷27。
② 同治《施南府志》卷25。
③ 光绪《麻城县志》卷5。
④ 光绪《零陵县志》卷11。
⑤ 光绪《武昌县志》卷24。

第五章 童养媳

第一节 童养媳婚姻的普遍性

童养媳婚姻指的是女孩刚刚出生或出生不久,在年少时期就被未来的公婆家领养,待年岁稍长,达到习惯成婚年龄,再略具仪式,正式结成夫妻的做法。关于童养媳婚姻,据有的学者确认,早在宋代业经出现,以后浸淫发展,到清代已相当普遍。根据我所查得的资料,至少有561个州县厅明确记载有童养媳。见表5-1。

表5-1 记载童养媳婚的州县厅数统计

省区	州县厅数	省区	州县厅数	省区	州县厅数
直隶	42	江苏	53	福建	43
奉天	6	安徽	30	台湾	7
山西	11	浙江	43	广东	45
山东	19	江西	42	广西	20
河南	22	湖北	27	云南	5
陕西	19	湖南	34	贵州	21
甘肃	8	四川	66	合计	561

注:具体州县厅见附录3

根据《清史稿·地理志》,及至清末,全国除蒙古各部、青海、西藏及土府州县并土司不计,共有州县厅 1724 个(直隶州 75、直隶厅 55、散州 135、散厅 87、县 1372),查到有童养媳记载的 561 个,约占全国州县厅总数的32.54%。由于我们见到的资料有限,这个百分数肯定要低于实际存在数。尤其像福建、江西、广东、四川等南方省份,根据估测,几乎所有州县都存在童养媳婚姻,由此扩大到全国,恐怕半数以上地区有此婚俗。童养媳婚姻,在清代已是一种流行面广且经常可见的婚姻形式。

  清代的童养媳或童养媳婚姻,常因地区不同而有不同的称呼。比如山西、河南一带有叫豚养的。康熙《临晋县志》:"贫家之女,发未养、齿未龀,将女送入男家,名曰豚养,俟及笄而上头成婚"。豚是小猪,豚养就是像小猪那样贱养着。陕西府谷等县名之曰童引,①也有叫作小接的,是指女孩子才几岁,便由男家接过去养着。② 山东某些州县又称童养媳为窠落上头。③ 此外陕西白河作孩养媳,河南长葛县称童养儿媳,④意思都大体相同。

  南方各省童养媳的流行面广,所以别称就更多了。据我查见的资料就有养媳妇(江苏松江一带)、养新妇(浙江诸暨)、乳养媳(浙江浦江)、等郎媳(浙江萧山)、养生媳(浙江镇海)、养小媳和养小姑(浙江象山、玉环等地)等。⑤ 福建、台湾一带则叫童养媳为苗养幼媳、抱养苗媳、童媳、媳妇仔、养媳妇仔、幼抱养媳。待其成婚时称有头对或送做堆。头对和做堆,都是当地方言中合房成亲的意思。在江西,亦有作孩养媳妇、童养女、童养姑、抱养媳妇和囤娘子、接乳的。新淦等县,无力之家多厮养媳,大婚

---

① 乾隆《府谷县志》卷 4。
② 光绪《定远厅志》卷 5。
③ 民国《临朐续志》卷 15 之 16。
④ 光绪《白河县志》卷 11;档案,乾隆元年二月二十九日允礼题,第 119 号。
⑤ 光绪《罗店镇志》卷 1;光绪《诸暨县志》卷 17;光绪《浦江县志稿》卷 10;民国《萧山县志稿》卷 23;民国《镇海县志》卷 41;民国《南田县志》卷 30;光绪《玉环厅志》卷 4。

成礼,谓之检拢。① 至于为什么要把童养媳叫作囤娘子,是把女孩比作货物那样囤在家里,以备将来之用。② 接乳之说系指女儿于髫龄或哺乳时,就被未来的婆婆抱养,表示业经聘定,只待日后男女长大,便可配对成亲。③ 童养女和童养姑的区别,在于前者属于女孩在幼小时便已抱养过来;后者已年岁稍长,可延媒妁作合而接进门的。④ 湖南省对童养媳也有很多叫法。湖北岳州府一带,年未及笄过门,成立后合婚者谓之小接;有女甫生而抱养者,谓之小媳妇。⑤ 慈利县女家贫归男家抚养,专称接媳。⑥ 又有女孩刚刚生下便抱养过门的,呼之曰血盆或血盆抱养,也有把血盆抱养作婆养媳,⑦意思是由婆婆抚养长大的媳妇。

把童养媳叫作新妇仔的亦见于广东肇庆等地。道光《阳春县志》:"细民或有童婚者……名曰娶新妇仔。"在疍民中,童养媳成婚后要改变头饰,故谓之转髻。⑧ 也有的地方娶童养媳叫权娶,⑨大概是尚未成年,只是权且娶之。最有意思的是粤西的高州、廉州、雷州等府和广西的某些地方,竟把童养媳称之为鸡对或鸡对子。⑩ 刘世馨《粤屑·鸡对》条言:

> 钦州风俗,有稚子娶三四岁幼女、年相若者作媳,名曰鸡对,嬉戏庭闱,骑竹马、弄青梅,两小无猜若兄妹然,别具乐趣,其名甚新。门人赵太史为幼子聘焉,作鸡对吟贺之句云:公然黄口作新郎,莫雁嘉

---

① 同治《新淦县志》卷11。
② 民国《南昌县志》卷56。
③ 同治《南康县志》卷4。
④ 同治《东乡县志》卷8。
⑤ 同治《巴陵县志》卷11。
⑥ 同治《续修慈利县志》卷9。
⑦ 同治《平江县志》卷4。
⑧ 光绪《兴宁县志》卷5。
⑨ 宣统《高要县志》卷5。
⑩ 光绪《高州府志》卷6;道光《钦州府志》卷1;道光《电白县志》卷4;民国《同正县志》卷7。

名亦异常。彩舞作阶双凤子,艳生帘幕小鸳鸯。和鸣细似莺声嫩,昧旦娇偕蝶梦长。从此鸡翁引雏戏,不须聋哑学汾阳。

原来鸡对之名,是把童养幼媳、幼子两小无猜,骑竹马、尝青梅的生活,比作一对可爱的雏鸡,长大后便是完美的鸡公、鸡婆,是出于善良的寓意。

四川省有很多两湖移民,很自然地将小接的称谓带进了巴蜀大地,道光《安岳县志》引乾隆志:"婚姻嫁娶从节俭,或聘女三五岁,迎至姑家,谓之小接,或谓童养。"在川东北的太平厅(今万源县),把抱养童养媳叫接小媳妇。凡贫家养女至四五岁,便由男家接去童养,称之谓接小媳妇。① 小接这种叫法,广泛地流行于潼川、成都、叙州等许多府州县,其中的意思前面我们曾解释过。与小接相类似的还有小引、小抱。② 又说:童年小引,及笄合卺,叫作梳头。③ 小抱就是从小抱养而来,小抱也叫小抱媳。或因女家贫;或不及时嫁者,送女往婿家养,谓之小抱媳。④ 在叙州一带亦称小抱小媳妇。⑤ 川东南的酉阳、黔江、彭水等地,俗呼童养媳做闲伴媳妇。⑥ 闲字,地方音读做寒,所以在川东的东乡(今宣汉)等县,通呼之寒榜。而榜又是童养两字的讹音。⑦ 贵州遵义一带,父母贫苦,不能待时婚嫁,将女儿送往婿家抚养,叫作小坐。⑧ 依照上面的说法,坐和接、抱、引等,都属于同一意思,只是表达字面不尽相同罢了。

以上仅就我们所见,罗列的一些有关童养媳的叫法,已多达30来种。诚然,这些叫法有的一看就能明白其所指,也有不加说明很难弄清意思,

---

① 民国《万源县志》卷5。
② 光绪《江油县志》卷11。
③ 同治《彰明县志》卷19。
④ 民国《合川县志》卷30。
⑤ 光绪《叙州府志》卷22。
⑥ 同治《酉阳直隶州总志》卷19。
⑦ 民国《宣汉县志》卷15。
⑧ 道光《遵义县志》卷20。

像小接、小引、寒榜之类,还有如鸡对、窠落上头,更是晦涩曲折。但从中已可以看出童养媳的大体含义、习俗,以及家人对这种婚姻的期望了。

清代的童养媳婚姻,尽管流行的地域相当广泛,但由于各地的社会经济条件和传统习惯存在差异,人们的接受程度也不完全相同。一般说来,华北等北方地区,童养媳婚姻的比例要低于南方。虽然我们也看到像山西光绪《天镇县志》中说的,"贫家大半皆养媳"。但更多的如嘉庆《滦州志》所称:此"非州俗之常也"。就是说,有此婚俗,但不常见。在南方省份的地方志中,也有用"间有"这样规定性较强的字眼来说明童养媳婚姻的面的局限性。① 然而颇有一些志书所指比较宽泛。比如江西赣州府就多蓄童养媳;②赣南的南康县,领养童媳的家庭也很多;③浙江於潜县竟有乡风各处皆然的说法。④ 江苏六合县,城里是间或有之,可在乡农中却习为常事。⑤ 另外像湖南的一些地方,亦是贫家小户流行颇广。⑥ 在广东,有一种以船为居的疍民,他们也多领养童养媳。⑦ 其中最触目的湖北同治《长乐县志》所载:"邑无论贫富,多养童养媳,以供服役。"普及面似乎相当高。当然,严格来说,上述等等记载,都显得含混不清,但在无法获得哪怕是比较粗糙的量的概念的情况下,它们还是给我们提供了一定的想象空间。

实际上,所谓面的宽窄或比例的大小,都是相对的。因为从总体来看,童养媳婚姻的面再广、比例再大,也不会超过正常婚嫁的人数。据有的学者研究,童养婚的盛衰还与农村经济的变化有关。费孝通教授在对

---

① 参见同治《彰明县志》卷19;乾隆《普宁县志》卷8;光绪《茂名县志》卷1;道光《钦州志》卷1。
② 同治《赣州府志》卷20。
③ 同治《南康县志》卷4。
④ 光绪《於潜县志》卷9。
⑤ 民国《六合县续志稿》卷3。按:该书刊于民国九年,所叙情况,至少可视为清末事。
⑥ 光绪《零陵县志》卷5;嘉庆《祁阳县志》卷22。
⑦ 宣统《高要县志》卷5。

江苏农村的研究中,确认太平天国后由于经济的极度不景气,促使童养婚增多。后来随着经济恢复,童养婚又渐趋减少。① 这说明,即使在同一地区内,童养婚的多或少也不是一成不变的。20世纪90年代初,台湾学者和大陆厦门大学的学者合作,就闽台社会文化进行了很好的探讨。在刊出的成果中,就涉及有关童养媳婚姻的内容。虽然时间上较本书所说的清代晚了不少,但由于历史具有一定的连续性,一种传统习俗,在外界客体触动相对不大的情况下,即使有变化,那也是比较渐进的。清朝和民国时期,或者像台湾受日本殖民式统治时期,政治上有了较大的改变,经济上也可能有一定变动,但在传统习俗方面,特别在农村,仍会遗留许多旧东西。透过它们,仍能隐约地看到某种古老的影子。在庄英章和武雅士的《台湾北部闽、客妇地位与生育率——一个理论假设的建构》论文中,②收录了日本侵占时期(公元1905—1945年)台北海山和竹北两个社区妇女婚姻类型的统计。统计共列大婚(正常婚姻)、小婚(童养媳婚姻)和招赘婚三种婚姻形式。在统共9984个已婚妇女(指初婚妇女)中,属于大婚者5681人,占56.9%;小婚3245人,占32.5%;招赘婚1058人,占10.6%。从小婚即童养婚所占的比例之大,可以用前面引述的"俗多童养媳""乡风各处皆然"的话来形容了。又据1945年厦门大学钟其生对闽西上杭、武平两县7个村庄、1479户的调查,有童养媳的家庭756户,约占总数的51%,童养媳人数880人,说明有的家庭,童养媳还不止一个。③ 当然,我们不敢由此引申说,在清代也完全如此,更不敢用来比附南方地区的童养媳婚姻都有这么高比例,但它至少给我们提供某种启示,只要有培育童养婚的土壤,它的孳生和发展就是必然的。

---

① 费孝通:《江村农民生活及其变迁》,敦煌文艺出版社,1997年,第48页。
② 见庄英章、潘海英编:《台湾与福建社会文化研究论文集》,台北"中研院"民族学院研究所,1994年。
③ 邱松庆:《福建客家婚俗及其特点初探》,载《台湾与福建社会文化研究论文集》。

第二节 领养原因和领养形式

童养媳婚姻之所以能在中国相当范围内流行不衰,是各种原因造成的。在进入讨论之前,请先看一组抽样统计,见表5-2。

表5-2 送养童养媳的原因统计及人数　　　　　　单位:人

家穷无法养活	父母俱故	母故父无力照管	父故母改嫁	其他家庭变故	作为男家的劳动力	父母远迁将已聘女儿送往翁家	借口为病人冲喜留下聘妻童养	弃儿	其他
31	27	16	11	13	4	8	2	2	3

以上117例,都是我们从档案《刑科题本》《刑案汇览》以及有关碑传志书中辑得的。在所列10种领养原因中,前面5种,主要是就女方家庭而言的;后面几种,既有女家的缘故,也有出自男方家庭的。

在总共117例中,家穷无法养活和父母俱故无人抚养,占了全部数的26.50%。因家穷而被领作童养媳的,大体包含了两个方面:一是家穷养不起。我们辑录的一些个案材料,多属此类。这在其他资料中亦是反映最多的。比如:

"有贫不能婚嫁,乳臭即过门,曰童养"[1];

"贫者多小接"[2];

"女家穷而过门,曰养媳妇"[3];

---

[1] 乾隆《鸡泽县志》卷8。
[2] 咸丰《隆昌县志》卷39。
[3] 光绪《罗店镇志》卷1。

"有家无养赡,预送女于夫家者,谓之豚养"①。

清代著名能吏萧山汪辉祖在其自叙性的《病榻梦痕录》中,说他年轻未中举出仕时,穷贫交困,家徒四壁,虽然膝下只生一女,但考虑到生计困难,只好忍痛要妻子早早为其寻找婆家,将女儿送出去童养了。另一种情况是家道确也穷困,但还不是完全养不起女儿,怕的是将来无力出嫁。有关清代婚嫁论财风气之严重,前面多有论及,不但许多有儿子的家庭怕婚资拮据娶不上媳妇,有女之家亦虑妆奁难办找不到好婆家,这便促使有人想领养童养媳,有人想把女儿送出去给人做童养媳。正如史料中说的,在女方"即畏目前乳哺与日后婚嫁之累",在男方"或贫家子嗣多者,亦求抚为媳";②或者是男家"无力不能完娶",女家又"贫不能妆女出阁",那就只好领养或送做童养媳了。③

在讨论童养媳领养原因时,父母俱故者在人数上居于第二位。父母亡故,对于未成年子女是重大打击,尤其是贫苦家庭的子女,常常因此沦落为无依无靠的孤儿。在以男性为重的中国传统社会里,男女本不平等,当子女们失去父母后,家庭或家族长辈在抚养上如果有所选择,女孩的命运总是位居末下,于是送人作童养媳,便成了出路之一。所以有人在谈到领养童养媳原因时,总是把父母俱亡、无所依归和家道贫穷、迫于饥寒,作为同时并列的两大理由。④

按照当时的家庭分工,一般都是夫主外,妻主内。主外就是劳作挣钱,养活家口;主内就是管好家内的事,如孝敬公婆、照顾丈夫、抚养子女等。虽然这不是绝对的,但大体都是这个格局。在以夫妻为主的核心家庭里(这样的家庭在贫苦农民中占有绝对的优势),无论是死了丈夫,或

---

① 光绪《宜阳县志》卷6。
② 道光《永安县志》卷9。
③ 嘉庆《渑池县志》卷7。
④ 民国《德阳县志》卷1。

是死了妻子,都等于塌了半边天。死了丈夫是失去了经济支撑,至少是大部分经济支撑,而死了妻子则无法很好地照看年幼的子女。这就是为什么夫亡或妻死后,也构成女儿被人领养作童养媳的重要缘由。

类似此等事例,在档案等有关资料中反映得比较具体。

例一:山西沁源县民任大府,死了妻子,留下一孤女。大府心情不好,同时也为了能继续生活下去,他把女儿交给弟弟、弟妹,托他们暂加抚养,便只身出门乞食,从此再没有回家。后来,弟弟任大员也养不起侄女,在其10岁时,将其送往邻近王家,做了王元则(13岁)的童养媳。①

例二:山西人焦某,携家人在甘肃肃州经商。焦某死了妻子,留下年幼的女儿急需照看。可他忙于商务,根本分不开身,无奈之下,只好在当地找了一家姓崔的人户,将女儿作为他家小儿崔现桂的聘妻,童养在那里。②

上面两例中,如果例一多少还与贫穷养不起有些关系,那么例二完全是因为丧妻后缺人照管,才出此策的。

因父亲故世、母亲改嫁而送女儿去做童养的11例中,差不多都是些贫苦家庭。这中间,有的是被公婆或自家父母怂恿出嫁的,也有自己托人择媒再嫁的。她们既然连自己也养不活,或者生活艰难,而且所嫁之人日子也不好过,或者男方要求不带子女过门。做母亲的只好让尚未成年的女儿去当童养媳了。在这11例中,也有2例是母亲改嫁,女儿跟着同往,并与后父的前房儿子结对,确定为童养关系的。比如直隶宝坻县马氏,丈夫去世后,留下一个8岁的女儿。不久,马氏再嫁邻村李姓为妻。恰好李家有年甫4岁的儿子叫李八。经商定,马氏同时把女儿带过来,算作李八的童养媳。③ 从此,李八对马氏,既是后母,也是未来的丈母娘,两个原本

---

① 档案,乾隆十年六月二十五日阿里衮题,第134号。
② 宣统《甘肃新通志》卷84。
③ 档案,乾隆元年八月二十八日李卫题,第125号。

不同的家庭,经重新组合,不但大人们成了夫妻,也把孩子配成一对,既简化了家庭关系,亦减少了家庭成员之间的矛盾,更重要的是将来子女长大,不用再为婚嫁事犯愁了。有关此类做法,有的地方还有一个专门的习称,叫作"母博儿妻"①。

"母博儿妻"虽系民间所习见,却为国家法律所禁止,按照清律:

> 前夫子女与后夫子女苟合成婚者,以娶同母异父姊妹律条科断。②

又据"尊卑为婚律文",娶同母异父姊妹,应以亲属相奸论处,不但婚姻无效,而且要各杖一百,徒三年。③ 其理由当然也是出于维护伦理的需要。照着某些官员的说法,父母既为俪偶,那么女即其女,子即其子,不能因为贪图方便,省却婚嫁费用,涉嫌渎礼乱伦于不顾。④ 不过实际情况也与其他类似条文一样,规定容易,具体执行却有难度,原因是这些人亦大抵出于无奈,能赢得乡里近邻们的同情,也是好心官员所不忍过问的。

表5-2中的其他家庭变故,包括父故母贫6例,母病乏乳1例,父病家庭拮据2例,母病女幼无力照顾2例,父亲遭仇家陷害坐牢、家道中落1例。剩下1例,就是道光《昆新两县志》中载录的:

> 朱氏,高某妻,子柴女。乙酉后,子柴弃家归释,氏甫十余岁。母死家废,因归高为养媳。

---

① 乾隆《武乡县志》卷2。
② 《大清律例通考校注》,第448页。
③ 《大清律例通考校注》,第447、956页。
④ 乾隆《武乡县志》卷2。

看来朱姓原来还是个境地不错的家庭,只是明清换代后,父亲朱子柴怀着"不食周粟"的哀怨心情,毅然出家为僧,接着母亲又一病不起,好端端的家庭解体了,女儿朱氏因此成为高姓家的童养媳。我把以上诸例归在一起,共13宗,总其名为其他家庭变故。

在父母远迁异地,将女儿送往童养的8例中,既有穷人外出谋生而将女儿送出的,亦有绅宦之家外出做官谋职,怕路远时间长,耽误婚事,将业经聘定的女儿寄养翁家,以待及岁后合卺成亲。他们中,有的由女方家庭率先提出,也有应男方家庭的要求而这样做的。有关官绅寄养童养媳的情况,因下面结合其他内容还会涉及,在此只列举几个贫苦家庭的例子。

例一,福建人吴福生,有女幼字同乡张永兰为妻。吴女6岁时,张永兰一家准备迁居四川受田开荒。福建与四川相隔遥远,张家离开故土后,很难说何时才能返还,于是请求吴福生,准许他女儿先行过门。在吴福生同意后,吴女便以童养媳身份随同进川,定居内江县。[①]

例二,四川孙洪业与子孙梅相依为命。孙梅幼年时聘同县姜裔女儿姜氏为妻。乾隆八年(公元1743年),姜裔欲迁往忠州谋生。忠州和孙的故里,少说也有几百里,来往不便。孙洪业得知后,商量将姜氏先接过门。姜氏与孙梅同庚,且均年少(11岁),名为夫妻,实系童养。[②]

例三,乾隆初,直隶巨鹿县杨某,因家穷出外觅活,留下女儿无法照管。临行前,将杨女托付给妹夫,说好作为妹夫子李丑货的童养媳。后来杨氏和李丑货结婚生了孩子,可杨氏的父亲却贫病老死于客地,再没返回。[③]

例四,乾隆十年(公元1745年)三月,山东菏泽县李二,家贫难度,将住房折卖,欲携妻侯氏并幼女往河南觅食。虑及幼女已许字杜姓为媳,不

---

① 宣统《内江县志》卷8。
② 档案,乾隆十年九月三日纪山题,第132号。
③ 档案,乾隆十年七月十日尚安题,第134号。

便带往,行前由侯氏将女儿送至婆家童养。①

上述4例,前两例是应男方请求去作童养媳的,后两例则属女方主动送往的。他们中,有3例原已聘定,本系未婚夫妻,只1例临时说定作为童养媳领养。这四个女孩之所以被领养,原因都是其中一方的父亲或父母要外出谋生,将来婚娶不便,或远出时拖累太多,不得已才如此做的。不过联系到清代贫苦百姓,外出谋生者数额颇为可观,因此而为童养媳的亦不足为奇。

男方领养童养媳作为劳动力使唤,在个案资料中我们只辑得两例,但类似记载着实不少,说明具有一定的普遍性。比如:

河南鄢陵县:"贫家无力,每多养媳,必女大而男小,常有长五六岁者,盖取其早能料理家事也"②;

福建诏安县:"设寄乳养苗媳","抚女七八年,能执箕帚,又七八年能为人妇,无嫁娶之难"③;

江西南昌县:"贫家恒抱人女乳养,小时可同操作,既长可省婚财"④;

四川巴州:"乡间多畜童养媳,利其操作,往往女大于男","川北多有之,不独巴州也"⑤;

四川达县:"至贫户穷檐,井臼躬操,娶妇必长于男子,或童养而为媳,则谚所谓新娶一妇,少一雇工之意"⑥;

四川崇庆县:"童养惟山野小民为多,或艰生计,或资井臼"⑦;

贵州贵阳府:"幼归夫家者曰童养媳,女长于男四五岁,取其能操作任

---

① 档案,乾隆十年十二月三日喀尔吉善题,第119号。
② 民国《鄢陵县志》卷5,引嘉庆志。
③ 陈韶盛:《问俗录》卷4,清刻本。
④ 民国《南昌县志》卷56。
⑤ 道光《巴州志》卷1。
⑥ 民国《达县志》卷9。
⑦ 民国《崇庆县志·礼俗志》。

井臼也。"①

所引资料,不少是民国年间的,但考虑领养目的,我想清代也应如此。资料显示,有的男方从设想领养,目的就很清楚,即帮助家务乃至田间劳作。所以,他们宁愿选择比儿子大4—5岁至6—7岁的女子作童养媳,以便刚进门就是一个劳动力。这与前面我们介绍过的直隶、山东等北方省份流行的小丈夫娶大媳妇,本意是相类的,只是一个是作为童养媳进门的,另一个是踏进门就是小丈夫的妻子。至于资料中说的先领养苗媳,待稍长共操薪臼,虽消除了夫妻年齿倒挂过大的弊端,但一到5—6岁、7—8岁,就像成年人那样,跟着婆婆操持家事,过重的压力,对正处于青春发育时期的年少女子,其不良后果,可不言自明。

公婆有病,借口冲喜,留聘妻童养,多见于南方的一些省份。冲喜也叫"见喜",②通常施行于业经聘定,男女又都达到成婚年龄的那些人群。

> 凡父母病重,而子已及岁,恐滞婚期,仓猝娶妇者,名曰冲喜。③

或者如:

> 有父母疫病不行婚礼,但肩舆舁女而归,谓之冲喜。④

采用冲喜的目的:一、期望通过办喜事,使有病的父亲或母亲因心里高兴,趋向好转或痊愈;二、即使父或母没有因冲喜而病愈,或者反而死去了,但儿子成家,毕竟是父母心头的大事,生前了却,死了也可瞑目。而在女方,

---

① 爱必达:《黔南识略》卷1。
② 光绪《嘉兴府志》卷34。
③ 光绪《桐乡县志》卷2。
④ 康熙《常州府志》卷9。

既然女儿迟早都得出嫁,现在应男方请求冲喜,情不可却,算是尽了做亲家的义务;三、由于冲喜都是仓促行动,婚礼也较简单,对男女两家都节省了开支;四、男方的父或母虽仍病重,或者死了,但因娶了新媳妇,多了一个劳动力,有了新的依靠,至少在家务等方面,不致发生很大的空缺感。把冲喜之事扩展到聘留童养媳,其意义和目的都是一样的。有的资料对未到成婚年龄留聘妻冲喜事有所记载:

> 至聘定后尚未迎娶,或舅姑有病,领女至家,名曰冲喜,其留居者为养媳,另择吉行合卺礼,名曰圆房。①

说明以冲喜的名目留养童养媳的做法,在民间业已成为习俗。

表5-2所指弃儿,是指女儿出生后,被父母委弃街巷,为另一家所抱走乳养,准备长大后作儿媳妇。在个案统计中,我们只辑得2例。不过此等情况并不少见。特别是灾荒之年,做父母的连自己也养不活,只好忍痛把儿女丢弃,让好心人去领养,有的女孩就成了童养媳。在一些官府,或由官绅出资开办的育婴堂收留了不少弃婴,鼓励人们认养,包括领作童养媳。有一则《育婴章程》规定:

> 收养婴孩,如有愿领男作子,领女作女及为养媳者,均准报明姓名、籍贯、住址、生业,首事妥为查询,实系身家清白,方准具领。②

把领作童养媳和认作螟蛉子女放在同一等次上,说明官府也赞同这样做。

至于表中归于其他的3例,兹举1例加以说明。该例出自档案《内务

---

① 民国《江阴县志》卷9。
② 戴肇辰:《从公续录》卷1,载《官箴书集成》第8册,黄山书社,1997年。

府来文》第2124号。那是指一个叫李德寅的16岁女孩,原系某旗人家奴婢,因听得主子要将她转卖与人,就外逃到舅母家,辗转成了一民户的童养媳,直到两年后被主人查获领还。

在讨论童养媳流行的原因中,还有一种是列表5-2所没有的。那就是通过幼小领养,培养与公婆的良好关系,避免家庭摩擦。在一个缺乏社会保障的小农社会里,人们生子育儿,一个重要目的,就是当父母年迈不能劳作时,要靠儿子赡养送终,所以有"积谷防饥,养儿防老"的谚传。要做到、做好这一点,儿子的孝顺固然很重要,儿媳妇的因素也不能忽视。按照传统的观念,家庭成员中,儿子和未出门的女儿都是父母生养的自家人,可儿媳就不同了,她是外来的,加上年龄和生活习惯等方面的差别,常会造成儿媳与公婆,尤其与婆婆之间的摩擦。这种家庭不和,轻则暗里较劲找茬,重则公开吵骂,乃至决裂分家,既折磨了公公婆婆,也伤了儿媳妇的心,同时影响到将来对老人的赡养送终。领养童养媳,据认为有可能缩小或大大减少家庭中最为常见的婆媳矛盾。一些资料也记载了这一点:

> 童养媳,挽溺女之颓风,省婚嫁之浪费,且抚育殷勤,受翁姑之恩最深,则日后孝敬,天良自不得不笃。①

又如:

> 穷檐小户,襁褓时抱养童媳,姑媳相依,无殊毛里,迨男女长成,竹筥布被,即可完配。②

---

① 嘉庆《平远县志》卷2。
② 道光《永州府志》卷5上。

从小领养,公婆把养媳当成女儿,把儿媳抚养长大的老人,既当作公婆,也是父母,况且从小相处,互相的脾气习性都摸透了,即使婆婆生气发生打骂的事,做儿媳的也容易理解和能够忍受,避免了生活中很多磕磕碰碰的事。福建邵武县有这么一个故事:宁氏,儒士戴熺妻。宁在年幼时起就被戴母领养,从小到大,婆媳间有了浓厚的感情,宁氏事戴母如亲母,饮食起居,无不关怀备至;戴母视宁氏如身生女,几乎一刻都离不开。可惜命运不济,小夫妻成婚不到3年,丈夫戴熺便病故了。年轻的寡妇为了侍奉婆婆,立志守孀不再嫁。宁氏的事迹,最后被当地的修志者收入节孝传里。① 类似像宁氏的例子,在清人撰写的碑传状志中常可看到,尽管其中不乏道德的要求,但自幼结成的亲近感情,无疑是个重要的因素。

有关通过从小领养,在生活中培养感情以减少婆媳矛盾的说法,在近年来的一些学者调查中亦可得证明。下面是一份在台湾所作的田野调查报告:

> 当问到她们为什么选择收养童养媳,我们那些上了年纪的报导人几乎一致回答:自己养的女孩子会听你的话,而且永远不会在你背后搬弄是非给你儿子听。再问到他们为什么想要哺育她们未来的儿媳妇,她们的回答是:因为自己哺育的女孩子就像女儿一样,并且将来不会带来任何麻烦。②

通过调查者和被调查者双方的问答,清楚地看到,领养童养媳的一个重要目的,就是为了培植婆媳感情。当然,这里有个前提,即必须从婴幼儿时期开始带养。

---

① 光绪《重纂邵武府志》卷25。
② 庄英章、武雅士:《台湾北部闽、客妇女地位与生育率——一个理论假设的建构》,载《台湾与福建社会文化研究论文集》。

由于送养或领养童养媳的,绝大多数发生在贫苦家庭,以致人们有这样的错觉,似乎童养媳婚姻只是底层百姓的婚姻行为。其实不少史料证实,在中等乃至少数上等官宦人家,也有送养或领养童养媳的。当然这种情况不可能很多,但不多不等于没有。前面我们在谈到父母远迁外地,将已聘女儿留送翁家童养中,就提到包含官宦绅衿人家。除此以外,还有些其他原因,见表5-3。

表5-3 士绅阶层送养或领养童养媳举例

童养媳姓氏	女家家庭情况	男方及男方家庭情况	领养原因	资料出处
魏氏	河南怀庆府经历魏卿女,刑部尚书魏象枢妹。	山东商河县令曹完我子曹云中,9岁。	云中系独子,完我老且病,侍妾又不善理家政,乃请年仅10岁魏氏过门,帮助理家政。	《寒松老人年谱》
梅氏	处士梅枝选女。	配施闰章。施举于康熙博学鸿儒科,翰林院侍读。		《施愚山年谱简编》
徐氏		配赵翼第三子赵廷彦。赵翼进士出身,曾任军机处章京和知府等职。		《瓯北先生年谱》
瞿氏	瞿中溶第四女。瞿,学问家钱大昕婿,官布政司理问。	配许元镇。许,瞿外甥。	先已聘定,瞿官湖南,怕路远,将来婚娶困难,商议将女先过门童养(时瞿氏10岁)。	《瞿木夫(自订)年谱》
张氏	张集馨第七妹。张进士出身,官至署巡抚。	配同邑诸生李光熊。	因继母许氏去世,无人照管,送往李家童养。	《道咸宦海见闻录》
沈青君	沈复女。沈出于衣冠之家,习幕从商,能文善画。	配沈表兄王荩子王韫石为妻。	因全家远出,先至婿家童养,青君是年14岁。	《浮生六记》
左氏	其姨即系聘夫母。	萧穆妻。穆桐城诸生,学问家,长期为人作幕。	有亲戚关系,左氏7岁时,聘归为养媳。	《敬孚类稿》卷16《亡妻左氏事略》

续表

童养媳姓氏	女家家庭情况	男方及男方家庭情况	领养原因	资料出处
王氏	监生王洮浽女。	郭占瀛聘妻。		光绪《凤台县志》卷13
李氏		监生郁学邵妻。	18岁过门童养。	光绪《五河县志》卷16
姚氏	姚攀桂女。	字副将应魁。	13岁过门童养。	光绪《庐江县志》卷13
高氏	武生某女。	字赵玉琴。	幼丧母,领往翁家童养。	光绪《顺天府志》卷110
胡氏	六品衔胡锡祥女。	配蒋云龙。	自幼于蒋家童养。	光绪《嘉兴县志》卷30
高氏	庠生高昶女。	李姓某聘妻。	幼丧母,父长年外出教书,12岁为养媳。	光绪《昆新两县续修合志》卷46
朱氏		生员孔昭理妻。	9岁时为童养媳。	光绪《嘉兴县志》卷30
程氏		监生萧九韶妻。	13岁时过门童养。	民国《南昌县志》卷46
胡氏	贡生胡森女。	聘于秦家。	生弥月,抱养于秦。	民国《南昌县志》卷47
何氏	贡生何经世女。	字谌谟宜。	幼为养媳。	同治《郧阳县志》卷6之3
叶氏	生员叶阶长女。	周荣禧童养媳。		光绪《续修浦城县志》卷29
李氏	处士李国雅女,贡生李华妹。	幼字薛宝维。	7岁过门童养。	民国《辽阳县志》卷19
王氏	监生王百川女。	刘忠孝聘妻。	10岁过门童养。	民国《简阳县志》卷14
陈氏	诸生陈星肇女。	幼字屠应权。	年15岁丧母,归屠为养媳。	光绪《吴江县志》卷25
李氏	生员李高女。	幼字陆浚默。	丧母,过门为陆家养媳。	光绪《平湖县志》卷22

续表

童养媳姓氏	女家家庭情况	男方及男方家庭情况	领养原因	资料出处
龙氏	武生龙掌珠女。	许配于卢根荣,童养卢家。		光绪《鹿邑县志》卷15下
某氏	父业锡。	从九品衔范德签聘妻。	因避太平天国兵火,由清河(今清江市)迁居宝应,迫于客居,将女字范姓为童养媳。	民国《宝应县志》卷18

注:刊录年龄均系虚岁

在这24例中,既有像魏象枢、张集馨这样的官宦世家,也有如施闰章、赵翼、瞿中溶这样既是官员又是学问家的家庭,不过更多的还是贡监、生员一类底层绅士。诚然,像魏、张、施、赵这样人家,当其接受领养或送出领养时,他们的官位和名气还没达到极盛时期,但基本身份以及基本家庭背景非同一般百姓,这是可以肯定的。这些人接纳童养媳婚姻,尽管也不排除有穷的因素,比如前面曾加列举、表中没有收辑的汪辉祖就是如此。此外像贡监生员一类低层士绅,家境贫寒者也大有人在。不过总的说来,常常以其他缘由为多,比如远出就官、学习理家政、丧母缺人照管,以及逃避战乱,这些与一般百姓或多或少与生活贫困连在一起,是有所不同的。

在先头,我们谈到婚姻论财和溺婴的关系时,曾提及一些稍有赀财的中等人家深受其苦,因为他们既迫于潮流不得不跟着做,同时又痛惜居高不下的大笔花销,乃至负欠累累。为了摆脱困境,他们中不乏有人送养或收养童养媳。正如有人所说:婚嫁礼重,以奢侈为时尚,致"中人之产不胜苦累,于是有血盆抱养者,谓之童养媳"①。又说:童养媳,"昔时贫婆之家

---

① 同治《桂东县志》卷9。

事出权宜,往往借此以婚配。近则风俗侈靡,礼节难备,欲事杀省,中人之家亦尝出此"①。婚嫁费用不断上扬,也是促使童养媳婚姻流行的一个不可忽视的原因。

第三节　童养媳的领养年龄和婚龄、婚仪

一、领养年龄

童养媳一般分为婴幼儿时领养和待年稍长领养两种。文献中说的血盆抱养和乳养苗媳等,都是指刚刚出生或婴幼儿时抱养的。凡属此类养媳,差不多在女家母亲怀孕时,已与男方家庭有了口头约定,如生下女孩,就送往童养,因为这总比用水淹毙要仁慈得多。所以有人说,童养媳虽于礼不合,可对贫苦家庭,既免了溺女的罪名,又使旷男能找到配偶,可谓"变礼之得者"②是最讲道德的行为。至于长到一定年龄才让人领养,在女方通常是因为家庭发生变故,如父母去世,或父故、母故等;在男方,有的因为原先业经聘定,也有的为了省却财礼等结婚费用,或出于谋求劳动力。有关情况,有的前面已经提到,有些则后面还会涉及。那么她们的领养年龄分布,究竟是怎样的呢?下面我们作了一个统计,见表5-4。

---

① 民国《汝城县志》卷21。
② 同治《南康县志》卷4。

表 5-4　童养媳领养年龄统计

年龄	1岁及以下	2岁	3岁	4岁	5岁	6岁	7岁	8岁	9岁	10岁	11岁	12岁	13岁	14岁	15岁	16岁	17岁	18岁
人数	20	11	9	20	11	28	17	35	27	14	39	31	28	14	21	2	3	2

上述 332 人，都是我们从档案、《刑案汇编》，以及有关方志、年谱和碑传状志中辑得的。除此以外，还有一些童养媳未见载录具体年龄，只笼统地说：襁褓领养、幼养、血盆抱养等，统共有 156 人。如果我们把这些女孩的年龄确定在 5 岁（含 5 岁）以下，也就是虚岁 6 岁以下，加上表 5-4 所列人数，按年龄段加以划分，其人数比例应如下表：

0—5 岁	233 人	占 46.32%
6—10 岁	128 人	25.45%
11—15 岁	134 人	26.64%
16 岁及以上	8 人	1.59%
合计	503 人	100%

根据年龄段显示，婴幼儿时期领养的占到 46.32%，接近总数的一半，然后才是较大年龄领养的，值得注意的是 11 岁及以上领养的有 28.23%，说明男方把童养媳作为增加家庭劳动人手这一因素，不可忽视。

二、婚龄

童养媳的初婚年龄也是我们考察的内容之一。不过比起正常婚姻来，童养婚的比例毕竟只是少数，加上资料本身的局限，我们仅从档案、方志等记录中，辑得 140 例，试作表 5-5。

表 5-5　童养媳初婚年龄统计

年龄	10岁	11岁	12岁	13岁	14岁	15岁	16岁	17岁	18岁	19岁	20岁	22岁	31岁
人数	2	1	4	5	19	28	28	17	16	16	1	2	1

按照表5-5的统计，在童养媳中，尽管也有年过20岁才成婚的，但绝大多数在17岁之前，其中16岁前(含16岁)成亲的占到62.14%，这与表4-3"清代女子初婚年龄统计"16岁前占38.72%，增加了23.42个百分点。表5-5中140人的平均婚龄是16.1岁，比表4-3得出的17.28岁，又低了1.18岁。照此看来，童养媳的初婚年龄较之同时期普通婚姻的女子初婚年龄，可能会低出1岁左右。列表中有1例是31岁才成婚的，其资料出自光绪《富平县志稿》：

　　许氏，王万林妻，年十二，童养于万林家……越一年，万林外出贸易，至三十二岁归家始婚。

文中的32岁是虚岁，照着现在的计算方法便是31周岁。31周岁始得成婚，属罕见的特例。

造成童养媳婚龄偏低，是有一定客观原因的。

首先，由于她们中的绝大部分是在幼年或少年时被领养过来的，与未来的丈夫朝夕相处。各种生活条件，促使做公婆的往往在媳妇稍够岁数，或年龄虽有欠缺，但大体可以过得去，就让两口子成亲圆房了。有人在肯定童养媳婚姻的好处中，就列举了"鸳枕早话，一切野田早露之行，不禁而自戢"①的优点。他们认为这有助于约束青年男女，在青春萌动期间发生不合乎礼教的越轨行为。江西有的地方，当女孩3—4岁时就被抱养过

---

① 嘉庆《平远县志》卷2。

门,确定聘夫、聘妻关系,到了7—8岁,便让他们同床寝处。① 虽然我们不能说,小男小女同床寝处,已是夫妻,马上会发生夫妻之事,但这总比通过正常婚嫁,过门成礼后才能合房共枕,更容易发生婚前性行为。类似这样的事,在有关资料中常有记载。比如:

广东海丰县,"昌邦球之童养媳昌谢氏……讯明上年七月间,儿子私下将(童养未婚)媳妇破身"②。

又据山东临清州曲付成供言:"骆氏从幼在小的家童养着。雍正十年(公元1732年)三月十五日早饭后,彼时小的合女人还没成亲。那时母亲往大水坑娘娘庙烧香还愿去了,止有小的合女人骆氏在家,小的就抱着女人奸了一次……到日西时候回家,见小的母亲还没回家,小的又合女人奸了一次"③。

童养夫妻未婚通奸,虽被法律所禁止,但若有告发,处理亦是从轻的。道光二年(公元1822年),广东胡六五儿与未婚童养妻张妞儿有奸。事发后告到官府,官员认为张妞儿是已经过门的童养媳,与已聘尚未成婚的夫妻有所区别,依男女订婚未曾过门私下通奸和子孙违反教令两条例,杖一百,酌减一等杖九十结案。在此,该官员虽然援引了男女订婚未过门私下通奸条例,但比拟的是子孙违反教令条。因为照着后者,犯人就可酌减一等,只杖九十板,而且女方也能免去受杖。④ 当然,也有未婚丈夫欲与童养媳奸好遭到拒绝,以致关系破裂。江苏桃源县(今泗阳)姜氏,父母俱亡,从小养于曹家,是曹文科的聘妻。随着岁月流逝,曹文科已初识风情,私下里多次挑逗姜氏,都被姜严拒。曹觉得姜不懂感情,与之诀别,外出

---

① 乾隆《信丰县志》卷1。
② 《驳案新编》卷27《锻炼成招有故》。
③ 档案,乾隆元年六月二日允礼题,第132号。
④ 参见[美]D·布迪、C·莫里斯《中华帝国的法律》,江苏人民出版社,1993年,第225、226页。

多年不归。① 嘉定县民女张氏,也是个尚未成婚的童养媳,因为聘夫屡屡想占有她,张氏竟密缝衣裤,投河而死。这一年,她才15岁。② 这样的例子尽管不是很多,但产生的影响不小。为了防范此等事端,特别是养媳和聘夫间因婚前私通,造成早孕等不良后果,做父母的常常在他们刚够习惯成婚年岁,或在此之前,便让其成亲圆房了。

其次,夫妻年龄差距过大,也是促使较早成婚的一个重要原因。前面我们曾提到,一些家庭为了补充劳动力,愿意领养年岁较大的童养媳,于是又出现了男小女大的尴尬局面。眼看着养媳越来越成熟长大,社会上的各种诱惑越来越多,公婆的担心也在一天天增加,他们怕养媳耐不住寂寞,做出有违风教的事来,常常未等儿子长大成人,就急忙让两口子成亲圆房了,从而造成丈夫年龄偏低。

所谓夫妻年龄差距过大,同时也包含了男方大于女方的。像山东冠县:

> 男女家各贫寒,男女订婚,女未及笄,女家无力赡养,乃寄生于夫家,迨女成年,始正式结婚,然是俗多男大于女。③

陕西同官县(今铜川)也有此等情况:

> 其贫家不能成礼,幼即童养过门,男子无力早娶者更多利此,往往以弱女而字壮夫。④

---

① 民国《松阳县志》卷25。
② 光绪《嘉定县志》卷23。
③ 道光《冠县志》卷1。
④ 乾隆《同官县志》卷4。

在档案中还记载了一些比较具体的个案例子:

(一)江西临川县熊二俚,18岁时,家里领养了一个比他小12岁的姓周女孩做童养媳。八年后,周氏虚岁14岁,离习惯成婚年龄还差1年,可二俚已年届30岁,再也不能耽误了,于是草草成亲。①

(二)河南罗山县李更嘴妻钟氏,2岁时领家童养。乾隆八年(公元1743年),尽管钟氏年仅12岁,然而李更嘴已过18岁,家里便安排他们圆房。②

(三)陕西临潼县姚宪,家穷又傻,36岁还未找到媳妇,只好领了一个10岁的姓王女子为妻。因为王氏年龄过小,先作童养媳,但来不及等到"及笄"之岁,便成婚了。③

上述资料,特别是3个事例,清楚地告诉我们,当聘定时,男女年龄差距中男方大于女方时,女子的婚龄便会偏低,而且差距愈大,偏低的程度可能更严重。

为了能对童养媳婚姻中夫妻年龄差有某种感性了解,我们试从档案、方志等资料中搜集了31对,其中5对属于同岁,另有妻子年龄大于丈夫的12对,丈夫年龄大于妻子的14对。见表5-6。

表5-6 童养媳婚姻的夫妻年龄差

年龄差	1岁	2岁	3岁	4岁	5岁	6岁	8岁	9岁	12岁	13岁	26岁	合计
丈夫大于妻子		4对	2对	1对	2对	1对		1对	1对	1对	1对	14对
妻子大于丈夫	3对	1对	2对	4对			1对	1对				12对

尽管统计数字过少,因属随机性质,所以仍能作为参考。通过列表看

---

① 档案,乾隆元年七月二十日允礼题,第114号。
② 档案,乾隆十年四月二日盛安题,第133号。
③ 档案,乾隆十年七月十八日陈宏谋题,第125号。

到,在童养媳婚姻中,不但丈夫年龄大于妻子的人数要多于妻子大于丈夫的,更重要的在于年岁差距中,前者大大高于后者。又如妻子大于丈夫的最高差距是 9 岁,而丈夫大于妻子的最多差距竟高达 26 岁。若以双方差距超过 5 岁(含 5 岁)为不正常,前者占统计数的 50%,后者还不到 17%。在夫妻年龄差中,丈夫大于妻子的偏多和差距偏高,亦是造成童养媳婚龄偏低的一个原因。

三、婚仪

人们选择童养媳婚姻,一个重要缘由,就是女家省陪嫁,男家省聘礼和迎娶之费,但也不是完全免除了。首先是聘礼。这里有几种情况:一种是女方家贫,生女后只求送人,或者是男方抱养的丢弃女婴。通过此种途径得到的童养媳,那就谈不上聘礼之说了。所谓"女家贫不收采礼"[1],便是这个意思。在档案《刑科题本》中,有民妇孙氏的一段供词:

> 前夫姓程,乾隆五年死了,止存一个七岁的女儿。乾隆七年十一月,小妇人改嫁与陈大信。随带女儿到他家寄养,原不算陈大信女儿。因此小妇人与陈大信许给郑氏做童养媳,没有财礼。[2]

孙氏改嫁后,带了 7 岁女儿过门。因陈大信亦是再娶,家里也留下子女,两家人合在一起,生活上确有不便之处,于是便找了一户郑姓人家,把女儿托付他们领做童养媳。由于女家多少具有相求的意思,男方理所当然可不出财礼银了。

---

[1] 同治《连筠县志》卷 3。
[2] 档案,乾隆十年三月十七日来保题,第 127 号。

再一种情况是男方鉴于将来婚聘费用昂贵,于女孩幼小时,先抱养过门,待男女长大再行婚娶,这便要出一些聘金。比如陕西同官县(今铜川),乡民婚娶论财,每次下聘,需银几十两、上百两,可领童养媳,花费5—6两即许过门。① 两相比较,领养童养媳省多了。家住北京的旗人陈继太,于乾隆二十三年(公元1778年)八月,经人说合,将秋二家妹子二妞聘许为童养媳。二妞过门时,陈继太随出财礼银8两当作聘金,②花费算是很轻的。

第三种情况是男家利用女家不愿抚育女婴,急于找人送养,借口需要童养媳,向女家索取报酬,"至贫户娶童媳,或初生、或数月,翻索女家重贽,甚至骗钱度日,既乏乳哺,又不顾恤,夭殇者多"③。上述情况,尽管为数不多,可影响极坏,反映了社会的复杂性。当然,在送养或领养女孩中,也有女方主动给予补助,男方亦诚心加以抚育,以备将来婚娶的。

人们领养童养媳,在成婚时,也会有备妆奁和无妆奁的区别。一般说来,如果女家收了聘金,当养媳成婚时,女家有义务置办嫁妆。像陕西定远厅便有此例;④四川太平厅(今万源县),待男女成年结婚时,母家需制备被盖箱笼等物送去,以祝贺小两口圆房。⑤ 但也有女家只备随身衣服,别无陪嫁物品的。⑥ 至于不收彩礼的人家,往往连奁具悉听夫家置办,有的地方并名之曰"倒办"。⑦

童养媳刚领养进门,通常都要略具花烛,举办简单的仪式,以表示业经聘定。⑧ 也有省去仪程,只将女孩抱养或领养过来就算定下了。在领

---

① 乾隆《同官县志》卷4。
② 档案,《内务府来文·刑罚》,第2118号。
③ 同治《祁阳县志》卷22。
④ 光绪《定远厅志》卷5。
⑤ 民国《万源县志》卷5。
⑥ 民国《上林县志》卷6。
⑦ 同治《连筠县志》卷3。
⑧ 同治《赣州府志》卷20。

养或聘定时,为了防止将来发生反悔行为,一般需要开具书面文书,如童养聘帖等,但不少山野小民,往往连这一点也做不到,那只好以口头为信,最多招来一两家至亲乡里以作旁证。

童养媳正式成婚叫圆房、合房或合帐,也要通过一定的手续,如女方尚有父母等长辈,得先征求女家的意见,商定行婚日期,知会亲友,备办酒席。有的还要求与正式婚娶同。[①] 有时,姑娘要先回娘家,届期再由男方出鼓吹彩舆迎归。[②] 即使娘家无人,最简单的也要通过择日加笄(梳头)、祀祖拜公婆、行合卺礼,才可同寝处,成为名正言顺的夫妻。有的聘夫远行谋生,可等到归乡之夜圆房。[③] 在福建的有些地方,把童养媳婚姻分作"暗婚"和"光婚"两种。"光婚"就是前面说的要讲究一定排场,由母家迎归;"暗婚"只选日子圆房就是了,通常定在旧历年三十,吃过年夜饭,便"送做堆"或"推做寘"。这在广东也有此俗。但不管采取何种形式,他们都较正式婚嫁简单、省费用。所以有人说:"竹筒布裙,完配甚易"[④];"诸礼皆省,不在此列"[⑤]。对此,虽有人加以责备,但亦不乏有同情和理解者。所谓"从民宜俗,固难尽责以古礼"[⑥];或者"婚礼稍失,是亦救时之策也"[⑦]。应该说,这是尊重客观现实的一种务实看法。

---

① 民国《隆德县志》卷1。
② 同治《东乡县志》卷8。
③ 民国《赤溪县志》卷1。
④ 光绪《道州志》卷1。
⑤ 光绪《零陵县志》卷5。
⑥ 同治《东乡县志》卷8。
⑦ 光绪《兴宁县志》卷5。

第四节　养媳在童养期间的身份和地位

童养媳婚姻的特点,就是在于成婚之前,女方以聘妻的身份,住在男家生活,乃至一起劳作。不过因为领养时,女孩的年岁有大有小,后来的成婚年龄有高有低,所以在男家童养的时间也长短不一。那么女孩在童养期间,她与男家以及业已分居的父母家的关系是怎样的呢?这实际上也牵涉童养媳的身份地位问题。

先从称谓说起。养媳在童养期间,与聘夫均以兄妹或姊弟相称,叫公公、婆婆做父亲、母亲,通常按当地习惯叫阿爹、阿妈或娘、爹等。[①] 有的把生身父母反而叫外舅、外姑,[②]反映了在关系上,未来的公婆方已重于父母,是养重于生。

养媳领养过门后,很多人仍与父母家保持着联系。前述萧穆聘妻7岁进萧家童养,每年都要回娘家一两次,从未间断。广东花县一带也有此等习俗,叫作幼女归宁。但也有男方公婆怕养媳依恋母家,多方加以阻拦的。湖北监利县民苏献斌,于乾隆三年(公元1738年)将次女聘与邻村王文赞子为妻。乾隆八年(公元1743年),王文赞又把年满5岁的苏献斌女儿接过童养。次年正月,苏女回娘家拜年,多住了几天,王文赞嫌养媳盘桓日子太长,亲往苏家讨要,苏女年幼依恋父母,恳求宽限,王不应允,坚持随同返还。结果发生争吵,引出人命官司。[③] 又一件发生于北京大兴县(今大兴区),民人刘武氏将女儿许给同城居住的雷大之子雷廉为妻,

---

① 同治《萍乡县志》卷1。
② 乾隆《袁州府志》卷7。
③ 档案,乾隆十年五月六日盛安题,第120号。

因年幼在雷大家童养。光绪十年(公元1884年)四月,刘武氏思女心切,跑到雷家想把女儿接回小住,雷大当即回绝。刘武氏又托人说情,仍被置之不理,逼得刘武氏向县衙投状求断。①

在童养媳婚姻关系中,还有一种只认不养的情况。像湖南新化县:

> 家贫自度不能婚娶,多有从三朝、半岁抱养过门为媳。过门后,仍给父母抱回抚养,俟长大再接过门。②

在这里,童养只不过是举行个仪式,确定两家的聘定关系,至于抚养权仍归父母,完全失去童养媳本来的意思了。在浙江《开化县志》中,我们曾看到又一则记载:民人方景岱聘江氏为妻,时方未成人,江到方家做养媳。江氏15岁返回母家,直到方家正式议迎娶。像江氏那样中间返母家,然后再迎娶,属于个案资料,还是一种习俗,现在还不清楚,但在成亲合房前,有的地方若父母仍在,需养媳先回娘家,等待男家接娶,这在前面已有介绍,不过那只是短时一两天、三四天而已。

在闽广等省客家地区,还存在着一些比较特别的童养媳婚俗:

> 旧时客家地区还流行另外三种童养婚俗:一是等郎妹,即男家还未生下男孩,先收养人家的小女为媳,等到生下男孩后,以夫妻名分称谓,长大成人后即配对成婚。这种等郎妹女子所受之苦极深,如遇婆婆十年八年仍生不下男孩,或生下夭折,只有苦渡岁月,或终身守寡。有的男孩出生迟,双方年龄相差悬殊,因而未做妻子先做娘,承担抚养丈夫长大成人的责任。客家地区有一首流传甚广的等郎妹自

---

① 档案,《宗人府来文》,第738号。
② 同治《新化县志》卷7。

叹山歌:十八娇娇三岁郎,夜夜睡目抱上床,等到郎大妹已老,目汁(眼泪)浸湿一张床。

二是顿花妹。原属收养之童养媳,长大后或因丈夫夭折,或因丈夫他娶,或因等郎妹未等到丈夫出生就再他嫁的,都称顿花妹。她们再嫁时,有的是回娘家上轿出嫁,有的则在养父母家中出嫁。礼仪较简朴,在人们眼里,她们比其他行大行嫁的女子要低一等。

三是娶薪臼。男家生子后不久夭折,就去找一个还在吃奶的妹子来接奶尾,养大后就作为薪臼(媳妇)。①

上面客家人的三种童养媳形式,虽然在其他地方我们也看到过一些零星片段的记载,但都不如此地处完整全面。从客家人的情况来看,不只是童养媳,整个妇女的地位就很低下。

养媳在童养期间,也有中途转嫁的。这多数是因为聘夫早逝,也有因为聘夫外出谋生,长年不归,生死未卜,公婆怕耽误养媳终身而令其再嫁。养媳再嫁,一般都由公婆作主,体现了养媳虽未成婚,在身份上已属于男方家庭的人了。若养媳年岁已长,也需征得本人的意愿。如果女方的父母仍在,男家为了避免麻烦,也常与其父母商量,甚至由父母作主再配。比如甘肃古浪人董氏,12岁配于同县刘彝。彝远出谋生,刘家把董氏接来童养,照顾刘彝父母的起居。不久,从新疆方面传来噩耗,说刘彝病故了。董家认为事已至此,必须重新考虑女儿的婚嫁。于是由董的父母作主,为董氏另找婆家。② 这便是由父母作主,将业经送养的女儿追回另议婚嫁的例子。陕西扶风县侯大举,因为要女儿再嫁不成,怀疑公翁阻挠,竟至引出一场官司:

---

① 蒋宝德等编:《中国地域文化》,第3440页。
② 宣统《甘肃通志》卷83。

> 侯烈女桂花,父大举,许字周秦坡张越之子,童养过门,未婚而婿亡。大举欲为择配,女不从。大举疑翁姑阴阻之,闻于官,女力言出自己意。大举乃给女于亲戚家,劝令改嫁,女抑郁成疾。及病剧归,长吁一声而绝,鼻口出血云。①

其实,在童养媳再嫁问题上引发的男女两方家庭的吵闹,相当部分是为了争得聘礼银,系经济利益驱动所致。发生于乾隆十年(公元1745年)四月湖北黄安县(今红安县)卢、钟二家互控案,便属于这样的典型。据养媳钟二女的公翁卢同言供称:钟二女两岁到钟家看养,至今19岁。当年钟的儿子去世,经赵腾万说媒,并征得钟二女本人同意,将其聘与李家钟为妻,共得聘礼银26两,其中2两以开盒银的名义,为二女亲叔所得。可二女娘家嫌分得礼银太少,借口事前未曾相商,跑到卢家争闹,以致发生命案。② 因为此类事情时有发生,有的做公婆的为了省去麻烦,索性让养媳回娘家,由父母或叔伯决定去留。江苏靖江县吴氏,盛大经未婚妻,自幼童养于夫家。大经外出久不归。做婆婆的怜其年轻,怕耽误青春,告诉母家领回,再选夫家。③ 再如安徽六安州舒永山,曾为儿子舒大玉孜聘张大典女儿为媳,过门童养,后来发现儿子天阉,无法过夫妻生活。舒永山恐误人家女儿终身,随请张大典商议,把媳妇退回,听其另嫁。张家则主动把女儿订婚时所得35千文财礼银转还舒家,作为帮贴张氏几年的饭食费。④ 由于男方懂道理、讲人情,在女方亦能顺水推舟,所以就闹不起矛盾了。

童养媳在童养过程中,也有受公婆,尤其是婆婆的嫌弃而被转嫁的。

---

① 嘉庆《扶风县志》卷16。
② 档案,乾隆十年四月七日盛安题,第133号。
③ 光绪《靖江县志》卷15。
④ 《刑案汇编》卷15《巡检擅受差传致被拒杀弓兵二命》。

当然,这都出现在养媳失去父母,或本家贫弱无可依靠,唯公婆之命是听的情况下。湖南东安县:"小家多于童时昏,翁姑抱养之,待长而配,或不喜则更嫁之。"①照此说法,即使养媳父母仍在,似乎也无法干预。由公婆作主将童养媳转嫁的,还发生在家庭或夫家同族内部,这大抵因为聘夫早夭或其他缘故,不得不再嫁,而又不愿其转至外姓,致使白白带养一场。为了规范因养媳转嫁同宗成员产生序辈伦理方面的差错,有的家族在族谱谱例中专门作出规定:

> 苗养幼媳,经载前谱,迨后长大而改配其父(父疑为夫)之兄弟及族人者,妇于前夫名次下书改适,其后夫及妇书法无论如何,与娶本族妇字行相同者同例,惟所生之子得与普通无异,若前夫既完婚生子者不得援议。②

上述规定中的转嫁,还包括了养媳成婚后,夫亡居孀再醮。湖南道光《永州府志·风俗志》中特别提到:"童媳转配,尤为渎伦,无知者无责矣,可以士流而悍然为之乎。"看来参与转嫁养媳行为的,不只是无知小民,连读圣贤书、信守以礼行事的士绅们也不例外。

养媳在童养期间,中途因女方家庭悔聘要求领还而诉讼官府的,亦时有发生。造成悔婚的原因,不少是养媳在翁姑家受虐待,父母出于保护女儿免受苦楚,毅然为之;再就是双方家庭,一方发生变化,如女方家庭生活好转,而男方却贫穷如故,互相已不般配;另外如聘婿不成器,聘妻与聘夫关系紧张等,都会使女方家庭要求退聘。对于民间的这些悔聘行为,只要不牵涉刑事状告,官府一般都不予理睬。一旦发生对簿公堂,政府的基本

---

① 光绪《东安县志》卷7。
② 民国《蓬岛郭氏宗谱》卷1上,转引自陈支平《福建族谱》,第58页。

态度是：一、由于送女童养，多系女家衣食缺乏，不能赡养，不得已而为之的权宜行为，所以法令不禁，听从民便；①二、两家既经聘定，不管已婚未婚，便要受到法律的约束，官府有权保护。② 基于这样的原则，凡属单纯的悔婚行为，政府都不予支持。下面便有两个例子。

例一，光绪二十七年（公元1901年），山东惠民县王冉的侄女王氏，许配苏继明子为妻，已童养5年。后因王、苏两家发生口角，致王家起意悔婚，经人调解，业已平息。当苏家准备给小两口备办婚事时，王冉得知原订婚约在一次水灾中被苏家遗失，便借口未立婚帖，告官悔婚。官府认为尽管婚帖不在，可王氏曾在苏家童养5年，即是确证，断然驳回了王冉的控告。当然，这个案件后来还有新的发展，但就王家悔婚而言，官府的态度已很明确。③

例二，咸丰五年（公元1855年），江西民妇陈徐氏，将女儿陈大正聘与孙王氏的儿子孙大更为妻。因陈姓家贫，就把陈大正童养在孙家。随后孙王氏不能居孀，改嫁与李振声。陈徐氏借此要求接回陈大正。王氏害怕有去无返，儿子将来会丢掉媳妇，坚决反对，被陈徐氏告到官府。官家认为王氏既然承认她改嫁是出于家贫无资，那么当然也就无法带养陈大正了。况且陈大正聘许的是孙大更，是孙姓的媳妇，与王氏改嫁后的李家无关。与其跟随就食李姓，何若仍归母家。同时根据陈徐氏的保证，待女儿够了年岁，仍可回婆家与孙大更成亲。所以最后的判决是：准许陈徐氏将女儿接回抚养，俟及岁时听孙大更迎娶。④ 官府所以判处陈徐氏将童养有年的女儿领回，很大程度上是出于伦理角度考虑的，是对寡妇再嫁的

---

① 《刑案汇览续编》卷7。
② 关于养媳在童养期间是否有了夫妻名分，当时存在两种不同的看法。一种认为虽未成婚，可名分已在，无法抹煞；另一种则认为在夫家童养，只要尚未圆房，便是未婚，夫妇之名仍未确定。（见陆以湉《冷庐杂识》，中华书局，1984年，第103、104页。）
③ 柳堂：《宰惠纪略》卷2。
④ 《刑案汇览续编》卷7。

歧视。因为他把孙王氏因贫再嫁,推演成再嫁后也无法抚养未来的儿媳,把两个不同的命题,强拉在一起了。尽管如此,在总的原则上,官府的观点仍是明确的,中止童养可以,业经聘定的夫妻关系是不能随便更改的。

不过,在某种情况下,官府也有判处解除聘约的。道光二十五年(公元1845年),陕西某县民人张腊保子,曾聘金环子为童养媳,后因金家发现张腊保子系属娼家,经金环子外祖母告到县衙,断令离异。① 县衙之所以痛快地把张金两家的婚聘判离了,是因为娼家系贱籍,违反了良贱不得通婚的条令。

第五节　从55宗案例看童养媳婚姻的婚姻质量

一、案例的基本内容

这55宗案例,其资料来源出自档案乾隆朝《刑科题本·婚姻奸情类》(元年、十年、二十年),《内务府来文》中的刑罚类,《八旗都统衙门·政法类》,以及《驳案新编》和《刑案汇览》两书。他们绝大多数牵涉人命官司,或者属于强奸、拐卖人口一类的大案要案。将55个案例按所述内容稍加归类,大致分为:

(一)丈夫杀死妻子的共9个案例。这9例中,犯案双方只两例属尚未结婚的童养夫妻,其余均已成婚。他们多数结婚时间不长,有的圆房不久,有的不过两三年,也就是由童养期间的兄妹关系转到夫妻关系不久,双方适应角色变化的时间比较短。从所录口供看,有5例是夫妻吵架失

---

① 档案,乾隆元年四月九日卢焯题,第130号。

手打死的。例如福建台湾县(今台南市)民苏猛与养媳陈氏,结婚一年多,平时是极和好的,只是因陈氏不愿给苏猛的父亲(陈氏的公公)洗衣服,发生争吵,苏失手将陈氏打死。① 另如山西沁源县王元则小两口吵架,误伤妻子任氏致死;②云南河西县罗思润因妻普氏放牛时毁了塘兵地里的谷子,丈夫责备时顶嘴,盛怒之下将妻子扎死,③性质都大体类同。还有一例发生在河南罗山县,民人李更嘴妻钟氏,2岁被童养,12岁时成婚。李更嘴时年18岁。两人虽说"平时原是和好的",但因年龄的差距,双方难以沟通、培养感情。婚后才一个月,李的父母外出看望亲戚,李喝完酒,要钟氏烧水侍候。钟不理睬,还数落丈夫不该吃酒。李更嘴感觉自尊心受到伤害,反骂钟氏,由言语冲撞发展到动起手来。钟氏年小力弱,李更嘴酒后又不知轻重,终于将钟氏打伤致死。④ 江苏阜宁县王二坠杀死妻子吴氏一案,直接起因是婆媳吵架,王二坠帮母亲责备吴氏,一时性起,打伤吴氏致死。⑤ 但探究实质,亦与夫妻年龄相差太大、培养不起感情,吴氏亦不能融入领养家庭有关。吴氏是乾隆十七年(公元1752年)成为王家童养媳的,当时她才10岁,二坠23岁,相差13年。案发时吴氏12岁。虽说穷人家庭早当家,但吴氏毕竟还是个童心未泯的孩子。

如果说前面5个案例多少属于误杀,那么后面3例便是故杀或可归于故杀一类。翟卓,山东泰安县许家庄人,18岁,妻子严氏19岁。据案犯翟卓交代:"女人严氏,从五岁上就送在小的家童养。乾隆八年十二月做的亲(时翟16岁,严17岁)。他嫌小的丑陋,总不合小的一头睡觉,开口就说好模样,惹人厌。"由于翟卓长时受到严氏奚落,心中愤懑。在一次

---

① 档案,乾隆元年四月九日卢焯题,第130号。
② 档案,乾隆十年四月二日盛安题,第133号。
③ 档案,乾隆十年四月二十二日张允随题,第128号。
④ 档案,乾隆十年四月二日盛安题,第133号。
⑤ 档案,乾隆二十年二月二十八日阿里衮题,第121号。

争吵中,翟卓积怨陡起,冲上前将严氏杀死了。① 曲付成,山东临清州人,22岁,妻子骆氏20岁。骆氏从幼年起便童养于骆家。雍正十年(公元1732年)三月十五日,曲18岁,骆16岁,趁母亲外出,两人未婚成奸,此后再无性往来。同年十一月十九日,夫妻正式圆房,可到次年四月初,骆氏便生下一个女孩。曲付成觉得孩子生日不对,怀疑妻子另有情人,"常要休他,只因他娘家并没有人,因此也就没休得成"。可曲感到戴绿帽子的阴影始终挥之不去,终于在雍正十二年九月十六日晚将骆氏和女孩都杀死了。② 至于发生在顺天府大兴县的郑明龙杀死妻子赵氏一案,虽据赵明龙供称:赵氏父母俱故,从小童养,雍正十年成亲,两年多来"平时是何(和)好的,并无什么嫌怨"。但在一次争闹中,郑竟残忍地向赵连砍五刀致死,说明两人早就存在芥蒂。郑的供词不免有所粉饰。③

(二)由妻子为主谋,或妻子参与谋杀丈夫的案件共15例。这15个案例中,竟有9例是因为妻子或养媳在领养期间与人通奸引起的。现将9宗案例略加归纳,见列表5-7。

表5-7所述9宗丈夫或聘夫被杀案件中,作为妻子或养媳的当事人,参与的程度虽有轻重,有的是合谋主犯,有的是从犯或知情者,也有如第8例中的杨氏,事前并不知情,但仍属案件参与者。这些对于政府量刑定案都是很重要的。问题的实质在于其发案的起因都是妻子或养媳别有恋人,也就是说她与丈夫或夫家多少存在不满,至少是有隔阂。尽管燃起她们感情火焰的因由可能不一,比如第7例的宓氏是贪图生活周济,第8例的杨氏也许出于对儿时朦胧的恋情的复萌,或者像第9例中的谢氏,应属一时受人引诱而不能自拔(因谢氏年龄太小,感情亦不成熟),等等。从第三者奸夫的状况考察,亦各有高下,但总的条件,比如年龄、性情、经济

---

① 档案,乾隆十年七月十六日喀尔吉善题,第125号。
② 档案,乾隆元年六月二日允礼题,第132号。
③ 档案,乾隆元年四月二十一日允礼题,第120号。

条件等,似乎都稍胜于丈夫或夫家。这才使妻子或养媳感情的天平向第三者倾斜,进而促成了谋杀案的发生。

表 5-7 养媳与人私通导致丈夫被杀事件举例

地区	事 实	资料出处
四川阆中县(今阆中市)	许氏之女何氏,自幼为蒋桂生童养媳。许氏夫亡后,再醮与桂生伯蒋尚吉为妻,因得与桂生家同居共爨。许氏因有干儿子赵通常到家中串门,与何氏见面不避,随后发生奸情。许氏因桂生流荡懒惰,蓄怨已久,商之赵通,令其密害,又恐何氏继续与赵苟合,以坚其心。赵受许指使,在何氏知情下,乘机将桂生谋害。	档案,乾隆元年三月二十三日允礼题,第123号
直隶沙河县(今河北沙河市)	杨氏于12岁为韩贵蛮童养媳。时贵蛮年幼口哑,其父母双亡,家务事俱交贵蛮小功服兄韩贵珠代为料理。及杨氏稍长,被贵珠挑诱成奸。雍正十三年,二人以贵蛮已渐成人,恐被发现奸情,便密谋把贵蛮杀害。	档案,乾隆元年六月二十二日李卫题,第132号
江西临川县(今抚州临川区)	熊二俚,35岁,抬轿为生。妻周氏23岁,贵溪人,6岁时成为童养媳,14岁圆房。雍正中,二俚寄居婺源,租江细仔房屋居住。江27岁,亦系贵溪人。周因同乡关系,又年岁相近,由乡邻接触,进而发生奸情,为熊所识破。恰巧周江又因奸有孕。为了长期好好,周江合谋将熊杀害。	档案,乾隆元年七月二十日允礼题,第114号
江苏如皋县(今如皋市)	朱氏,21岁,从小便是李家童养媳。丈夫李国臣27岁,种地为生。雍正十二年十月,村邻司大(32岁)乘李外出,与朱调戏成奸,后常续欢,为李所得知,夫妻时有争吵。司大乘机迫朱一起将李杀死。	档案,乾隆元年十一月四日赵弘恩题,第135号
直隶平山县	王氏,25岁,范大嘴(29岁)妻。王氏因父母俱故,8岁时到范家做养媳,19岁成亲。大嘴向来愚傻,不会做活,讨乞为生;婆婆马氏替人做饭帮工,全家生活艰难。乾隆七年三月,有平山县吹鼓手仝二小租大嘴家闲房居住。王氏因少吃没穿,常向仝借钱,继而有了奸情。马氏和大嘴得知后,警告王氏。王氏畏惧,告诉仝二小。仝顿起杀机,将大嘴害死。	档案,乾隆十年五月六日盛安题,第120号
湖南衡阳县(今衡阳市)	刘氏,34岁,8岁时为赵明扬童养媳,婚后生有2子。乾隆七年底,刘氏因家贫苦,向僧人义方佃田1亩与丈夫耕种,义方又蒸酒让刘氏零卖度日。刘与义方在来往中有了奸情,且情意日增,渐视赵明扬为眼中钉。于是由义方为主,将赵害死。	档案,乾隆十年六月十二日蒋溥题,第123号

续表

地区	事　实	资料出处
山东阳谷县	宓氏21岁,5岁时到谢家童养,15岁与谢得成(21岁)圆房。在此之前,宓氏随公公谢福并谢得成逃荒到河南裕州佃田佣工。谢福去世后,雇主嫌得成懒惰,将其撤佃解雇。宓和丈夫便以讨饭度日。当时有济源来裕州客居的栗世祥,常给宓生活周济,不久发生奸情。谢得成明知其事,却因贪图帮贴,默不作声。栗却得寸进尺,在宓知情下,把谢谋害了,还将宓卖与郭景然为妾。	档案,乾隆十年七月五日硕色题,第125号
奉天府	杨氏自幼在苗家童养。成婚前夕,杨家按惯例接女儿回家暂住。在此期间,杨氏与村邻明德调戏成奸。杨成婚后,明恋奸情切,起意欲将杨氏丈夫苗功毒毙,图娶杨氏为妻。遂将砒霜拌在白糖内,携至苗家,嘱杨烙入饼内。次日苗功同同伴华详食饼毒发,苗功救治平复,华详受毒殒命。此事杨氏并未参与密谋,也不知糖中掺有砒霜,但却应明德要求烙进饼内,成为案情参与者。	《刑案汇览续编》卷13
湖广司	谢氏系曹立灏童养媳,14岁,与鲁顺南通奸,被聘夫于奸所撞获,声称欲行告知其父捕捉送官。谢氏为逃避丢丑,听从鲁顺南摆布,帮同将聘夫勒毙灭口。	《刑案汇览续编》卷14

在剩下5起妻子杀夫案中,有一件可归入误伤致死,[1]其余均属故杀。如养媳陈四女(16岁)用镰刀砍死聘夫张存女(13岁),是因为张平日就嫌弃陈氏,当陈向张表示亲热时,张不但加以拒绝,反而数落陈脸上有麻子,使陈的感情由怨急速上升到恨极,终于发生杀夫惨案。[2] 广东嘉应州养媳吴氏(20岁),谋毒丈夫李桂生一案。据吴氏自供:"小妇人因想丈夫家里穷苦,人又愚蠢,又被他时常打骂折磨,总是没有出头日子,一时起意要毒死丈夫,捏作他在外中毒,就与小妇人无干,好改嫁别人。"又据从死里逃生的李桂生言:"吴氏平日好吃懒做工作,又常怨小的家贫愚蠢,不时

---

[1] 四川忠州养媳姜氏,13岁,与聘夫孙梅因玩耍发生争吵,姜氏用斧砍伤孙梅致死。见档案,乾隆十年九月三日纪山题,第132号。
[2] 档案,乾隆十年七月八日盛安题,第125号。

与小的吵闹。"①他们名为夫妻,实际连貌合神离都谈不上,只是在当时的法律和舆论下,吴氏不杀丈夫就离不开这个家,无法实现再嫁,另觅生活新路,于是心存侥幸,设计了一出自以为能瞒天过海、向丈夫投毒之路。

另外两起妻子杀夫案,究其起因,错误应在丈夫一方,是丈夫逼使妻子出手的。先说广西苍梧县郑氏杀夫案。郑氏50岁,9岁时到陈家做童媳,与丈夫陈仲序(53岁)已成婚30多年,生有两个儿子。因郑氏忍辱负重,家庭关系尚称平和。据郑氏言:"只因家里贫穷,丈夫不能管妻儿衣食,小妇人只得每日砍柴做工,换米度日,同儿子弟晚(小儿子)在家吞饥受饿,也只恨自己的命,从不与丈夫争闹。"可做丈夫的却很不争气,不但生活上不能照管妻儿,还不时抢夺妻儿的衣食。乾隆九年(公元1744年)四月初七日,郑氏向邻居借米留饭,待下午充饥,不料被丈夫抢去吃了,因而发生争吵,在相打中失手把丈夫打死了。② 另一例发生于直隶宝坻县,民妇王氏,8岁时母亲改嫁,跟着来到继父李前家,并与李前子李八(4岁)结为童养亲。婚后生有1子1女。李八平日贪杯,常趁酒醉殴骂王氏。待王氏父母故世,李八无约束,凶恶更甚。雍正十一年(公元1733年)八月,李八醉后将王氏左眼用手指戳伤,随后又于雍正十三年(公元1735年)三月初一日,复将王氏右眼戳伤,致二目失明,不能做活,李八又不时加以殴打。乾隆元年(公元1736年)二月十二日,李八借口王洗锅不净,辄行毒殴,还拿出刀绳,令其自尽。在忍无可忍的情况下,迫使王狠心将李八勒毙。③ 从整个案情看,王氏杀夫,实系不堪丈夫长期折磨,在急迫条件下奋力作出的反抗行为,是出于自卫的需要。

(三)养媳或丈夫另有情人策划外逃共8件。其中包括1件系丈夫有情人,不愿与养媳成婚,串通外逃,余下都发生于未婚养媳或妻子中。丈

---

① 档案,乾隆二十年十二月二十一日鹤年题,第125号。
② 档案,乾隆十年三月六日来保题,第118号。
③ 档案,乾隆元年八月二十八日李卫题,第125号。

夫与情人外逃一案出自山东海阳县(今海阳市)。案主杨立子18岁,当时养媳15岁,尚未成亲。杨家领养童养媳,是因为杨立子的母亲去世,父亲又患有痴癫病,需要有人照顾家务。可杨立子不喜欢这个领养女子,与邻居吕仁的妻子段氏(28岁)有了私情。在段氏的怂恿下,双双外逃。行至途中,杨因年轻未见过世面,害怕、动摇了,想回家再作计较,遭到段氏的坚拒,争执中出现悲剧,段氏被扎伤身死。① 在养媳或妻子与人有奸,随情人外逃的案件中,有两件丈夫原系呆傻人。浙江石门县施氏,7岁成为沈君亮的童养媳,婚后生有1儿1女(儿子已死)。据施氏称:"丈夫沈君亮一向愚呆,虽与人家做工,养妇人不活。"沈的同居婶婶也说:"大侄儿从小愚呆。"在这种情况下,施由怨恨丈夫,继而企图摆脱丈夫。她先与小叔子有了恋情,两年后,发现小叔子不能帮她走出苦海,于是又找到同村的杨永安(31岁),由私通最后提出要杨带她和女儿(12岁)一起外逃,直至在海宁县被官府查获。② 陕西临潼县王氏与丈夫族侄有染,策划外逃,其情况与石门县施氏颇相近似。王氏10岁到姚家童养,此时丈夫姚宪已经36岁了,婚后生有1女。王氏面对的是一位足可以做她父亲的丈夫,偏偏姚宪又患有呆傻症,心里着实窝囊。在此情况下,王氏寻找新的感情寄托,以求摆脱心头的苦闷,这连她丈夫也是承认的。姚向官府诉述说:"小的是个傻瓜,又有了年纪,禁阻不住(妻子另找新欢)。"在当时,姚宪的要求就是妻子不离开他(女儿已给人做了童养媳),其余都可以放任不管,真是可怜可叹。③

在余下7件养媳随情夫外逃案中,犯案妇女,年龄最大的是直隶巨鹿县杨氏,37岁。另外四人在二十一二到二十六七岁之间,一人只15岁,与丈夫成亲不满一年,另有一件是夫妻尚未成亲(养媳已16岁)。她们

① 档案,乾隆十年十月十四日盛安题,第132号。
② 档案,乾隆元年八月六日稽曾筠题,第126号。
③ 档案,乾隆十年七月十八日陈宏谋题,第125号。

背夫外逃,有的由对方一手策划,但不存在一方强迫另一方的事。像浙江秀水县(今嘉兴市)顾应龙(36岁)策划陆氏(25岁)外逃,陆氏还随身带了丈夫朱龙山的两件衣服、10两银子和3斗米。其中银子是供顾做生意的本钱。① 浙江金华县杜招妹结婚三天,便与丈夫族兄金汝成有了私情,后又主动跑到汝成家,要求带她外逃,最后在遂昌县被追获。② 直隶巨鹿县37岁的杨氏被丈夫的妹夫贾锡瑞"奸拐"外逃,是因为丈夫李丑货一直在外省打工,从未捎钱接济过妻子、女儿,"家里穷,过不得日子"③。其中最使人感叹的是陕西兴平县刘氏与焦启亨外逃案。刘氏26岁,4岁时到晁忠信家童养,14岁成婚。焦启亨原是个布商,常到庄上卖布,与刘相识。雍正八年(公元1730年),刘要儿子认焦为干爸,焦不断在经济上加以周济,进而发生私通,前后达五六年之久。当丈夫晁忠信得知此事后,断然禁止刘与焦的任何往来。此时,刘焦的感情已经很深,无法割舍,只好双双外逃,不料在途中被拿获,为了互表忠贞,焦刘二人竟至用刀自戳殉情(刘因力弱手软刀刺不深被救活)。④

(四)养媳出走或被人诱拐略卖9起。这9起中,有两起夫妻已经成婚,7起尚在童养期间。这些女子出走或受人引诱外逃,一方面固然是因为她们大多年岁尚轻,不知外界人情的复杂利害,但亦与童养夫家关系不融洽有重要关系,其中的4起,直接是由婆媳关系紧张引出的。比如顺天府顺义县民周氏,24岁,8岁时聘给张保儿作童养媳,18岁成亲。据周氏自述:"因婆婆与我素不和睦,常说要撵我到娘家去。"乾隆二十二年(公元1757年)五月,周氏的哥哥周大应张保儿的请求,将其送回娘家居住。中间张保儿曾到周家探望过两次,以后再无踪影。周氏因婆婆没有发话,

---

① 档案,乾隆元年十一月二十六日张若霖题,第135号。
② 档案,乾隆元年十二月十二日稽曾筠题,第137号。
③ 档案,乾隆十年七月十日盛安题,第134号。
④ 档案,乾隆元年六月四日允礼题,第132号。

归去不得,可又不能长期住在娘家。无奈之下,于乾隆二十三年(公元1758年)十月,再嫁与比她大10岁的娘家同村人王智为妻,但毕竟事属重婚。乾隆二十五年(公元1760年)十月,被原夫张保儿寻获,事发告官。① 山东聊城人大妞儿,15岁时被人拐卖,是因为童养期间,婆婆嫌她学不会针线活,时常遭到打骂。一位假装好心的邻居劝诫她:你在这里每天受婆婆责打,不如另找个好人家。结果大妞儿受骗上当。②

童养媳嫌弃婆家贫苦,也是造成受人骗卖的重要原因。京师旗人庆秃儿,系联寿的童养媳,尚未成婚。庆秃儿常到镶蓝旗第二族闲散宗室国存家做活,"因伊家贫苦,屡向国存声称不能如意,欲乘间逃出,另找好主"。而庆秃儿的婆婆亦嫌养媳不肯做活,常加申斥。当国存了解这些情况后,起意拐卖,以便得钱花用。于是勾结市佣,以身价银650元,把庆秃儿骗卖到锦州的一家妓院,沦落为妓女。③

在拐卖养媳中,还发生因拐卖不成而将养媳杀死灭口的,而凶手竟是养媳的亲叔叔。据案犯湖北随州人张湖山在官府的交代:

> 这死的张氏是小的亲侄女……(乾隆八年)十一月二十八日,小的对继子张狗说,我穷没吃的,你去陈国良家引你妹子张氏(13岁,在陈家童养)出来,交给我,替他另寻个人家,好卖几两银子使用。

由于陈家丢人后追查很紧,张湖山既"卖不得侄女张氏,又出不得,也瞒不住",穷极之下,竟狠心将侄女活活砸死了。④ 再有一件是借口夫妻不和,翁婿合谋将妻子转嫁,实为变相略卖。江西高安县人胡老供:

---

① 档案,《内务府来文·刑罚》,第2119号。
② 档案,《内务府来文·刑罚》,第2135号。
③ 档案,《八旗都统衙门·政法类》,第520号。
④ 档案,乾隆十年开泰题,第137号。

小的今年三十岁,妻子何氏是五岁时节母亲抱养来家,不上半年,仍是岳丈何发领了回去。到十一岁上母亲接回,隔了三年才圆房的(时年胡老20岁,何氏13岁)。何发常相往来,见小的家贫,煽惑妻子闹轻生,不时逃回。乾隆八年三月里,不记得日子,何发来对小的说,你妻子与你不睦,不如装作寡妇把他卖了,还得几两银子使用。小的一时愚昧允从了。

结果翁婿合谋,把何氏转嫁给一姓陈人家,共得银29两,胡老得16两,何发得12两,另加媒银1两。①

在统共9个案例中,只张湖山勾骗侄女张氏一案,似乎不牵涉养媳对夫家的不满,其他均或多或少与此有关。最后一例,主要策划人是养媳的父亲何发,而且煽惑得连丈夫也动了心,试想,如果媳妇何氏对夫家是满意的,夫妻又十分恩爱,那么这场卖妻、卖女闹剧是难以出演的。

(五)公婆将养媳杀死或赶出门4起。解改姐11岁,原系某家白契价买婢女,后转卖至段家,成为段王氏儿子的童养媳。段王氏对改姐时常凌辱打骂。一次因她在睡梦中遗粪沾污衣服,竟被段王氏打伤致死。② 又如浙江某县沈氏,自前夫去世后,"奉伊翁之命,令该氏在家招夫,抚养子媳"。可自沈氏招夫入赘后,便视养媳王女为眼中钉,伺机将其杀死。③ 四川忠州吴永朝殴打儿媳张氏致死,是怨她不念自幼抱养和抚育恩情,不时在村头散布闲言,家里人屡行教戒,即便潜逃,甚至隐匿山林不返,怒极之下被吴棒杀。④ 直隶吴桥县邢氏将自幼领养长大的儿媳张氏

---

① 档案,乾隆十年十二月二日盛安题,第119号。
② 《刑案汇览续编》卷22。
③ 《刑案汇览续编》卷25。
④ 《驳案新编》卷25《父母非理殴死子孙之妇》。

赶出家门,则嫌成婚后不能孝顺,相待淡薄,无法共同生活。① 他们都属于婆媳或翁媳矛盾无法调和,导致关系破裂,有的还出了人命案子。

(六)童养媳自杀3起,1起是受婆婆虐待投水死;②1起被人调戏愧愤投井死;③再一是嫌丈夫没出息,领养6年,近20岁尚不能圆房,加上自身患有癫痫,绝望自戕。④

(七)童养时受男方大姑、大伯欺侮,成人后蓄意进行报复1起。湖南临武县唐氏,系邝喜瑆童养媳。邝父去世后,母亲梁氏转嫁王金保为妻,随带喜瑆、喜瑆姊同住王家。唐时年幼,常被喜瑆姊及继父族弟王国玉欺负。唐无力反抗,心底却埋下了仇恨的种子,及稍长,便伺机报复,酿成命案。⑤

(八)童养媳遭人强奸或谋奸6起。这些被强暴者,均属尚未成年的童养女子,像江西李丙苟强奸远房族孙李润孜养媳谢氏,谢年仅8岁⑥;北京孙三强奸妻子前夫童养儿媳,其女将够10岁⑦;有的如安徽蒙城县张长子强奸赵更子童养妻张氏,"张氏年虽十五(虚岁),尚未发身,被奸晕绝"⑧。以上等等,都是对儿童或少女身心的摧残。当然,其中也有强奸未成的,但如王成银那样,"因屡次图奸童养媳大妞未成,持刀赫逼"⑨;又如山西某地田主伊某,凭借权力,先逼雇工之妻成奸,继而又企图谋奸其尚未成年的童养儿媳。⑩ 这些强暴者,不但手段恶劣,造成的后果也极

---

① 《驳案新编》卷25《殴夫之父母致死》。
② 档案,乾隆十年四月十九日盛安题,第128号。
③ 档案,乾隆十年四月三日盛安题,第135号。
④ 档案,《内务府来文》,第2141号。
⑤ 档案,乾隆十年六月七日盛安题,第121号。
⑥ 《刑案汇览续编》卷28。
⑦ 档案,《内务府来文》,第2130号。
⑧ 档案,乾隆十年十月二十六日盛安题,第132号。
⑨ 档案,《内务府来文》,第2168号。
⑩ 《刑案汇览续编》卷14。

坏。养媳不断遭到性攻击,反映了她们总体地位的低下,亦与平时缺少长辈的呵护有相当关系。

(九)其他类案件3起:(1)童养媳回娘家后,年幼恋家不返,当夫家前往索要时发生争执,造成命案;①(2)母亲思女心切,要求从童养翁家接回小住,遭到拒绝,涉及官司;②(3)旗人与民人结为童养亲,触犯旗民不通婚的禁例,查获后被勒令退婚并定罪。③

上述9类共55宗案例,直接引出命案的36起,占全部案例的65.44%,内自杀4起,他杀32起。他杀中有的属于失手误杀,但多数系蓄意谋杀,说明案件参与人之间的矛盾业已不可调和。至于剩下的19起案件,虽不涉及人命,但诸如强奸、拐卖等,性质也是严重的。从这些恶性案件的情节看,涉及夫妻感情(包括婚前双方感情)不和谐或不十分和谐的29起,有关婆媳、翁媳或与夫家关系不好的13起,这些差不多都牵涉童养婚的婚姻质量问题。

二、童养媳婚姻中的婆媳矛盾和夫妻冲突——兼及童养婚的婚姻质量

在清代,童养媳婚姻的流行如此广泛,说明作为一种婚姻制度,它确有存在的基础。问题在于与当时的正常婚姻相比,童养婚所暴露出来的弱点确实也是明显的。

首先是在婚姻的选择面上。作为正常婚聘,尽管青年男女自身无择偶权,一切需由家长作主,但父母等长辈,无论就门第,或是财产、人品,为家庭,也为儿女幸福计,总要权衡再三,再作决定。而童养婚,尽管领养或送养的原因不一,但基本上属于无奈婚配。这在女方主要是家穷养不起,

---

① 档案,乾隆十年五月六日盛安题,第120号。
② 档案,《宗人府来文》,第738号。
③ 档案,《宗人府来文》,第2109号。

又怕将来无法备办妆奁,嫁不起;在男方,多数也是由于家穷,做父母首先想的是怕儿子将来娶不上媳妇,打光棍,趁早凑合着领养一个。所以总的来说,双方家长的选择余地都是很小的。正因如此,童养媳婚姻出现的悲剧,较之正常婚姻,其频率往往更高,似乎也更加严重,上面列举的55个案例,多少反映了这样的事实。

关于童养婚引出的悲剧,记载最多的,当然是童养媳受婆婆或翁姑虐待。在案例中,我们引录了8起,有的更直接引出人命。在其他资料中,类似的记载也很多,例如:

> 贫家大半皆养媳……姑嫜凌虐为常也①;
>
> 世俗以虐使童妇如奴婢,致争讼死亡,姑妇若仇……虽国法虐杀抵罪,而事多不上闻,小家妇愚,浸以成俗②;
>
> 至于抱养幼媳……异日竹筒布裙,完配甚易,而泼悍之妇,小不如意,辄肆行凌虐,以致人皆畏惧,有甘于溺女而不悔者③。

有一首民谣,诉述了一位弱女在童养期间受公婆苛待,宁死不活的痛苦心情:

> 小红草,傍花树,七岁上人家做媳妇。公公打,婆婆骂,掉下黄河淹死反也罢。④

当然也有资料说,从小领养儿媳,可以增进双方感情,使婆媳如母女,减少

---

① 光绪《天镇县志》卷4。
② 同治《衡阳县志》卷8。
③ 光绪《通州志》卷1。
④ 民国《阜宁县志》卷15。

矛盾,搞好婆媳和家庭矛盾,这在前面我们已多有述及。不过因各家情况不同,而领养的年岁亦有大有小,事实是,无论是养媳备受翁婆凌虐,或是有利改善婆媳关系,两者都是存在的,不能由此而否定彼。

那么,为什么童养媳受公婆凌虐的事会频繁地见于记载,显得那么突出呢? 这也不是偶然的。其实类似婆媳之间的矛盾,在正常婚姻中亦大量经常地存在。在正常婚姻中,公婆们面对的是十六七岁到二十来岁的成年儿媳,加上娘家的父母兄弟俱在,两家的家庭实力亦大体相当。他们即使对儿媳的行为有所不满,毕竟有所顾忌,不致像对娘家无可足恃或孤独苦身的童养媳那样,尽情发作,为所欲为。再就是在清代,很多中下层家庭中,都有婚后分家的习惯,如:

> 凡兄弟既授室,则析爨以炊;①
> 娶妇后多析爨居处;②
> 男女有室则分爨异财;③
> 子壮则出分;④
> 男壮出分。⑤

在人多地少、生活困难的情况下,这样做固然适应了谋生的需要,但也大大减少了儿媳与公婆间产生矛盾的条件。童养媳则不行,至少在童养期间必须生活在公婆的门下,时间长的可以多达十几年或近二十年。与此同时,多数丈夫亦年岁幼小,并不懂得如何去呵护未来的妻子,若是婆家子女众多,做公婆的连疼养自己的骨肉还顾不上,一般情况下怎能兼及外

---

① 光绪《顺天府志》卷110。
② 道光《肇庆府志》卷3。
③ 道光《琼州府志》卷3。
④ 康熙《保德州志》卷3。
⑤ 康熙《金华府志》卷5。

来的儿媳妇,稍有不顺,进行打骂是不足为奇的。

反映童养媳婚姻质量的再一个方面,是夫妻之间的矛盾亦较正常婚姻偏多。前面提到的55例刑事案件中,涉及夫妻感情不和谐或不甚和谐的有29起,在数量上远超过婆媳或翁媳关系不和而发生的刑事案例。其中包括丈夫或妻子(养媳)有外遇,发生通奸20起,因此离家外逃的8起,丈夫骗卖媳妇1起(中间有重叠),直接引起命案22起。值得注意的是在童养媳与丈夫的矛盾中,女方或女方与情夫共同策划谋杀丈夫的恶性案件,大大超过丈夫杀死妻子者。一般说来,在对抗性矛盾中,妇女多数处于被动受害的地位,妻子或养媳竟敢热衷于参与谋杀丈夫,表明她们对丈夫的感情已彻底破裂,无可挽回了。

关于童养媳婚姻中因夫妻嫌隙而发生事端的,在其他资料中也常有记载,如甘肃《隆德县志》中言:童养婚"结缡后,往往夫妇不睦,人咸谓年未及笄,预见生厌也"。就是说,在女子童养时期,双方已产生嫌隙了。又如童养媳"或有女长男幼,以至妇厌其夫,甚至借故归宁,秽声四播,淫乱之风,莫此为甚"①。女长男幼固然会出现妇厌其夫,女幼男长,也会使夫妻关系不协调,前面刑案中显示的陕西临潼县姚宪妻王氏与多人私通,江西临川县熊二俚妻周氏与人通奸合谋杀死丈夫,都是很好的证例。

在一些地方志中,常载有丈夫嫌弃妻子或养媳,离家不归,或被丈夫嫁卖的个案资料,现摘抄若干,列表示例。见表5-8。

表5-8 方志中有关丈夫嫌弃童养妻子事件举例

地区	事 实	资料出处
广东电白县	邵钟杰妻林氏,幼养于邵家,及笄将婚。邵向以林幼养为耻,拒绝行合卺礼,父母责劝不回。	光绪《高州府志》卷41

---

① 民国《贺县志》卷2。

续表

地区	事　实	资料出处
福建光泽县	严氏,朱细丑妻,幼为童养媳,及长美且慧。细丑性乖僻而惰,以贫欲卖严氏。其父强与之婚。父殁,细丑复欲鬻妻,氏母不能禁。严忧愤得癫病,投门外溪中死。	光绪《重纂邵武府志》卷25
陕西泾阳县	李九春妻晏氏,少养于李家,未婚,九春出走(新疆)巴里坤久不归。	宣统《泾阳县志》卷15
江苏铜山县(今铜山区)	某氏,15岁童养于孟家,17岁将婚,孟远出不归。	民国《铜山县志》卷7
福建浦城县	叶氏,幼字周荣禧为养媳,荣禧惑于邪教,18岁弃妇外游,二十余载无音信。	光绪《续修浦城县志》卷29
顺天府武清县	高氏,武生某女,字赵玉琴,从小童养赵家。玉琴11岁,忽亡去,父母往觅之,皆不返。	光绪《顺天府志》卷110
福建南平县(今南平市)	民人某妻,5岁抱养,公婆早逝,其夫游荡无以存活,逼其改嫁,颠连楚挞,坚执不从,未合卺,以饿终,年15岁。	民国《南平县志》卷22
河南项城县(今项城市)	夏卢氏,童养媳,合卺6载,夫外出不返。	宣统《项城县志》卷29
河南项城县(今项城市)	张靳氏,童养媳,18岁婚,25岁夫无故外出不归。	宣统《项城县志》卷29

表中所列诸例,均见于志书列女传。她们都是作为被表彰的对象而记录在案的,但仍不能掩饰被其丈夫或欺凌或抛弃的悲苦情状。这中间,有的被拒绝成婚,有的外出不归,有的竟至逼卖妻子。可作为妻子或未婚妻子,却宁愿长期独守空房,乃至以死相争,维持这桩因童养而确定的婚事。

关于童养媳婚姻中发生的夫妻感情不和,有的学者试图从性心理学的角度加以解释。他们根据台湾海山和竹北的田野调查经验,以及相关资料,印证了三个假设：

(1)亲密和延长的童年接触,必定抑阻了性的吸引力;

(2) 当小孩在四或五岁之前就在一起,则这种童年接触最容易抑阻性吸引力;

(3) 女性对性的选择受童年接触的影响要较男性来得大。①

如果这个学术假设能够成立,那么我们对刑事案例中妻子或养媳的外逃,以及参与杀害丈夫的事,数量如此众多,便可得到一定的解释。因为从小长期的共同生活,使他们有兄妹之情,却难以迸发出夫妻的激情。不过实际现象比这要复杂得多。因为在所述案例中,颇有一些不是从幼年期领养的,更有些矛盾系属经济原因,还有如妻子嫌弃夫家穷、丈夫愚傻、呆傻年纪大、口哑;丈夫则嫌妻子脸上有麻子、长得丑陋、模样惹人厌等。都兼有外在的因素。正是如许主观或客观的原因,加上男女在成长过程中,虽一方发生变故,可夫妻的名分早已确定,很难摆脱,造成严重的怨恨嫌弃心理,应该说,这都是要仔细考虑的。

第六节　关于童养婿

在中国第一历史档案馆乾隆朝《刑科题本·婚姻奸情》类目中,我们检阅到一份男子往女方家庭童养以待将来成婚的资料。鉴于此类记载过去从未见过,也没听人谈到,颇觉珍贵,故作为第五章《童养媳》的末节,附录于后。先将有关资料择要加以抄录:

---

① 庄英章、武雅氏:《台湾北部闽、客妇女地位与生育率——一个理论假设的建构》,载《台湾与福建社会文化研究论文集》。

萧增三,五十二岁,原是(湖北)京山县人(后移居潜江县),兄弟萧魁三,母年七十五。小的有一个女儿,乾隆八年凭张士能作媒,许唐景为婚(时年虚岁15岁),因唐景父死母嫁,领到小的家童养。乾隆十四年六月二十六日,唐景胞叔唐秀先,凭唐光伦证,把唐景家七亩水田、一亩白田、三间瓦房写立附字,交与小的照管,抚养唐景。小的就搬到唐景家住种。到乾隆十五年,唐秀先要替他侄子完婚。小的因女儿年纪小,还要过两年,谁知唐景就说小的悔婚卖田,在京山县告了……只因女婿不务恒业,小的不把女儿给他成亲是实。①

唐景到萧增三家做童养婿,是因他父死母嫁,年纪小(时年14岁),家里无可依靠。这样在与萧增三女儿订立婚约的基础上,来到萧家童养。萧增三既是唐景未来的丈人,同时兼负照看、监护唐景成长的责任。在领养多年后,唐景的叔父唐秀先等眼见唐景业已长成,又把原来代为照看的唐景的房地产业,转交给萧增三。萧因此搬往唐家居住耕种,只因稍后在结婚问题上,萧唐之间出现分歧,唐景向县衙状告萧增三悔婚卖田,致使双方关系彻底破裂,唐的童养婿角色因此结束。由于此等资料,我们只见到这一例,所以无法作更多分析。不过在《刑案汇览续编》卷14中,同时见有类似的记载:

> 直督咨。天津县民任立姐,因与张沅弟通奸,致未婚夫王毛练被张勒死。任承认事后知情。任与王乃姑表姊弟,王毛练幼在任立姐家,经伊父任春抚养,任立姐究不得以童养妻论。同治元年。

遗憾的是所载仅此,不过其中有两点值得注意:(1)王毛练与任立姐是一

---

① 档案,乾隆二十年三月十一日阿里衮题,第128号。

对未婚夫妻;(2)王幼年时曾住在任家,得到任父的抚养。当然,王没有童养婿的名。也许州县官在初判时,曾把任立姐定为童养媳,而直隶总督衙门在复审时批驳了童养媳的说法,理由是任立姐住的是自己家,不能因聘婿居在丈人家,反将任立姐说成童养妻。若将此案与前面的京山县萧、唐事例相对照,把王毛练说成童养婿,可能比叫任立姐为童养妻,更显得确切一些。

在讨论童养媳时,我们列了童养婿这个小节,并把所见资料抄出来,目的是引起大家的兴趣,看是否还能再挖掘一些资料出来,以便于作更多的分析。①

---

① 本书完稿后,看到王跃生《清代中期童养婚的个案分析》(刊于《清史研究》1999年第3期)中记有一例:"广东开建县孔元兴供:小的妻子早故,遗下女儿孔氏,自幼许与梁永昌为妻,女婿4岁时其父母相继亡故,无人依靠,小的又无儿子,故招女婿到家抚养已有13年了,尚未与女儿完婚(女婿17岁)。"作者称此种情况为"反童养",也就是我们说的童养婿。这说明,只要勤于收辑,一定会有更多的资料发现。

第六章　男子入赘

第一节　入赘的原因

入赘婚,就是由女家招男子进门为婿,这与通常男子娶女子为妻,在由谁作为主导一方,着重点是不同的。清代的入赘婚虽然流行地区广泛,但整个比重不大,甚至比不上童养媳婚姻。

清人对入赘者有各种各样的叫法。浙江宁波、绍兴一带俗呼"入舍女婿""进舍夫"或"儿婿两当"。在安徽,夫婿入赘女家叫"倒进门"。湖南则称"倒妆门"或"招郎"。湖北孝感曰"住家"。广东高州等府又呼赘婿为"上门"。在四川,有的作"俟傍",也有称"招郎"。招郎之说,可能出自两湖移民。陕西汉中等地,老年无子,取他人子婿,谓之上门婿;夫死另招夫婿,谓之上门夫。山西、陕西的某些地方呼赘婿为"招婿"。河南洛阳地区又多称"养老女婿",意思是家无壮男,招赘进门,可为丈人、丈母养老送终。直隶宝坻一带,除将无子招婿叫养老女婿外,又把一般入赘者称作"倒踏门",与东北吉林等地俗呼的"倒找门"同义。山东邹县(今邹城市)则有"钩拐"的叫法,意思是养老承业,这与有的地方把寡妇"坐产招夫"也称"钩拐"其义是相同的。另外,广东还有一种贬义的称谓,叫"倒佩蓑衣"。①

入赘婚从女方的角度看,可分为寡妇招赘和未婚室女招赘。关于寡妇招赘,我们在第九章《寡妇再嫁》中要作专门讨论,兹不重复。在此主要谈未婚室女招夫入赘。

人们选择入赘婚,在男方主要是因为家穷出不起聘金和婚娶费用,有的可能还考虑婚后养妻、抚育子女等家庭生计问题,很多记载也证明了这一点。见表6-1。

表6-1 男子因家贫入赘举例

地区	事实	资料出处
江苏嘉定	至家贫子壮,往往为赘婿。	乾隆《嘉定县志》卷12
河南宜阳	又有夫家贫,女家招赘者。	光绪《宜阳县志》卷6
山西翼城	山村贫寒之家,不能如礼者,……亦有以男赘女家者。	乾隆《翼城县志》卷3
吉林	往往有贫寒力不足婚娶,则婿至女家就婚者。	《吉林汇征》卷2上
陕西宁羌	家贫出赘,固秦俗之自有。	光绪《宁羌州志》卷4
湖北荆州	亦有家贫而出赘者。	光绪《荆州府志》卷5
湖南慈利	男家贫,就女家定婚,谓之入赘。	同治《续修慈利县志》卷9

表6-1中举出的例子,都是指一般平民百姓。在当时,还有一些绅士家庭,也因家道衰落,或由其他缘故而入赘于翁丈之家。其中有一些是大家都熟知、后来成为大官僚、大学问家的人。比如翁叔元,其家曾是江苏常熟望族,祖父翁宪祥是明万历年间进士,官至湖广巡抚。父亲翁毓芳系太学生出身。但随着父祖去世和清朝取代明朝,翁家也就急速地衰落了。

---

① 以上各种称呼,见于平步青《霞外捃屑》,上海古籍出版社,1982年,第709页;民国《邠县通志·文献志·婚嫁》;民国《南陵县志》卷4;民国《宁乡县志·故事编》卷4引嘉庆志;光绪《孝感县志》卷5;光绪《高州府志》卷6;民国《重修广元县志稿》第4编,卷15;民国《达县志》卷8;道光《石泉县志》卷2;光绪《凤县志》卷8;民国《襄陵县志》卷4;乾隆《府谷县志》卷4;光绪《宜阳县志》卷6;李光庭:《乡言解颐》,第32页;康熙《邹县志》卷3;郭熙楞:《吉林汇征》卷2上;民国《宜北县志》第2编。

据翁叔元自述:"先君殁,家已荡然,先妣茕茕,嫠妇抚三孤子持门户。"①他在9岁时,曾聘于同县钱姓。钱家祖先也有在官场中混迹的,算是门当户对。可到翁叔元准备成婚时,家里已无法筹措足够的婚娶费用了,只好以入赘钱家来解决这一难题。学问家钱大昕,早年聪慧过人,然时运不济,屡次受困于科考,又家贫无田产,虽与王家女儿定了亲,却无力娶回。乾隆十五年(公元1750年)乃赘于妻家。② 另一个学问家汪中,自父亲汪君乃时已家贫不济,所以只好选择入赘成婚。③ 还有像有人提到过的朱彝尊,17岁时赘于冯室,原因也是"家计愈窘,岁饥恒乏食,行媒既通力,不能纳币"④。浙江钱塘人陈兆仑在乾隆元年(公元1736年)翰林院检讨任上,为其子玉万聘直隶景州知州吴兆基的妹妹为妻,可因为家庭拮据等缘故,一直拖了整整十年,最后还得送儿子入赘,以了结此桩婚事。⑤

后来成为大官,早年却因家贫而不得不为赘婿的一些人中,最出名的有徐潮、刘纶、左宗棠和袁昶。徐潮,浙江钱塘人(今杭州市),康熙十二年(公元1673年)进士,后来当过巡抚、尚书等官,死后谥文敬。徐家原来也是浙西望族,早在他幼年时,家庭业经衰落。徐潮年长后入赘于同里叟氏,丈母娘嫌他一副穷酸相,十分苛待。不久叟氏病故,徐潮孑身返回故居。可徐的老丈人认定女婿将来会有大出息,坚持又将二女儿嫁给他。徐于是再娶了原妻的妹妹,但鉴于上次教训,坚持不做上门女婿了。⑥ 刘纶是江苏武进人,乾隆元年(公元1736年)由廪生举博学鸿词科,得第一名,官至文渊阁大学士兼工部尚书,死后赐谥文定。刘早年聘同里许氏,

---

① 《翁铁庵先生自叙年谱》(翁叔元)。
② 钱大昕:《潜研堂文集》卷50《亡妻王恭人行述》。
③ 汪中:《述学补遗·先母邹孺人灵表》。
④ 朱彝尊:《曝书亭集》卷8《亡妻冯孺人行述》。
⑤ 《紫竹山房文集》卷15《例封孺人家妇吴氏行略》。
⑥ 俞樾:《右台仙馆笔记》卷15。

因为室庐狭隘,无法另辟闺房,乃赘于许家。据说新儿媳为了省视公婆,每隔一天都得抛头露面跑到刘家去,这在当时是很不容易的。① 左宗棠号称"同治中兴名臣",封恪靖侯。他 18 岁聘周氏,20 岁以家贫入赘周门。② 袁昶是浙江桐庐人,光绪二年(公元 1876 年)进士,官至太常寺卿,义和团起事,袁上疏力陈"义和团不可信,使馆不可攻",与吏部侍郎许景澄一同被慈禧处死,后得昭雪,赐谥忠节,曾轰动一时。袁早年家境极窘迫。他在杭州就读,得到师长们的赏识,尊经书院山长安徽全椒人薛时鱼专门作伐,把哥哥薛淮生的女儿许配给他。袁无力迎娶,只好跑到薛家当了几年赘婿。③

除了上面谈的男子因家穷不能婚娶,入女家为赘婿外,在文献中常可看到的"子多出赘""不贫者亦赘""有婚家远者往赘女氏"等,都是导致男子入赘的原因。④

所谓"子多出赘",这里包含着两个方面的含义。一是家里有几个儿子,一人出赘,不致中断本家的香火(因为有的出赘后要从女姓,子女亦同,详细情况后面还会谈到),也不会影响父祖们的养老。这在十分看重承祀的中国传统社会里是很重要的。二是可适当减轻多子带来的经济负担,这主要是指聘娶以及其他花销。在婚嫁越来越讲究排场的情况下,即使是小康之家也难免捉襟见肘,难以应付。本着少一份聘娶费用便是减少一笔负担的想法,有的家长也愿意让儿子出赘。

孙点在《历下志游》中提到:山东一带,"赘婿之说,亦惟侨寄者间有之,土著家决无其事"。就是说,这是一种客民行为。证之某些方志中亦有"有婚家远者往赘女氏"的说法,说明招客民为赘婿,在清代经常可见。

---

① 《纪晓岚文集》第 1 集,第 362 页。
② 罗正钧:《左文襄公年谱》,光绪年间本。
③ 徐珂:《清稗类钞》第 5 册,第 2086 页。
④ 光绪《沔县志》卷 2;光绪《叙州府志》卷 22。

究其原因一方面是由于中期以后,人口增加,使人地矛盾日趋显现,很多被排挤出土地的人长年离乡外出;而市镇的兴起,商业、交通运输业的发展,也加速了人口的流动。这些流徙于客地的谋生者中,相当部分系未婚青壮年。他们远离父老宗亲,在外乡混久了,对更姓承祀之类,看得淡漠得多,只要有机会,一般不反对做入赘女婿。下面的武四入赘惠家,便属于这样的例子:

武四,河南西华县人,长年在安徽宿州帮工度日。乾隆二年(公元1737年),惠家的男主人死了,留下47岁的妻子李氏和8岁的女儿。因为少了一个男劳动力,只靠两个女子很多事情不好办,于是李氏就看上了年仅17岁的武四,想招他做养老女婿。武四正为居住客地生活漂泊不定而犯愁,一拍即合。同年年底,武四便搬到惠家,与惠女成了婚。①

再举一个例子:

雍正十一年(公元1733年)十一月,有河南汤阴县民岳藩,妻死后孑然一身,便到广西临桂县探亲,顺便找些活计。在临桂,他认识了一个叫王国宝的人。王除老妻外,还有位21岁待嫁闺女,就是缺少儿子。他觉得岳藩年纪是大了些,有39岁,还结过婚,好在为人诚实肯干,况且妻子业已故世,便有意招他做赘婿。岳藩本来就是外出投亲找事做的,家乡早无牵挂,长期寄住在亲友家也不是办法,所以很愿意入赘,算是有个归宿。②

上面两例,说的都是侨居者为赘婿,是客观的生活现实,促成了这一桩桩入赘婚姻。

为婚娶方便而选择招赘婚姻的,在官场中也常可见到。因为他们有人长年在京师或外省供职,原先为子女聘定的婿媳,或因两相隔离,或出

---

① 档案,乾隆十年九月十二日魏定国题,第129号。
② 档案,乾隆元年二月二十三日金鉷题,第110号。

于就近照看方便,使之能及时婚配,只好权且采取赘婚的办法。比如张廷玉,他的长婿姚孔铖、仲婿姚铉、三婿孙循编,都入赘于张家。① 当时张廷玉在京师担任要职,因受雍正皇帝的宠信,权高势重。姚孔铖和姚铉,都是他同乡安徽桐城妻家的侄子辈。孙家亦是当时望族。把他们招进张府,因为同在京城,可就近关照,既顾念了亲近关系,对姚、孙两家也算是一种荣耀。此外,像乾隆四十七年(公元1782年)毕沅在西安署陕西巡抚任内,招原光禄寺卿陈孝泳子陈暻为长女智珠赘婿;同治九年(公元1870年),马新贻在江宁两江总督任内招金甡为季女赘婿;陆宝忠于光绪十七年(公元1891年)在京师南书房行走期间,为次女念萱招寿州孙多玢(任翰林院编修)为赘婿等,大抵属于同一类型。浙江桐乡人严廷珏纳粟出山后,被外放到云南任同知、知府等职,在长达20多年里,未得从容返乡理家业。他为了能在故乡留下一个根,把两个儿子都聘了本乡本里的媳妇,其中次子严辰,还与妻家马氏结为世姻。因为途隔遥远,不便照顾,严廷珏于道光十九年(公元1839年)先遣长子返里,赘婿于翁家,两年后,又让次子在家乡完姻。②

在中上层人士的入赘婚中,林希祖的落赘又稍有特别。林是江苏吴县人,祖父林供在乾隆年间当过知县、同知等官,父亲林遇春又历任直隶清苑等县典史和宛平县(今北京)石港司巡检。因为父亲的职位不高,家里的生活只是勉强可过。嘉庆二十四年(公元1819年),希祖8岁,父亲一命呜呼,随后母亲也因心力交瘁病故了,剩下希祖和弟弟小泉互相照顾着生活。在很长时间里,希祖靠着国子监监生的身份,到处为人作幕客。他先出钱给弟弟娶妻徐氏,可小泉婚后无子。希祖认为林家的血食只有靠他来承担了。正好京城里有户姓孙人家,男的原来当过河南荣河县县

---

① 参见张廷玉自编《张廷玉年谱》,中华书局,1992年。
② 严辰:《桐溪达叟自编年谱》。

丞,稍有家产,死后留下一女,缺人照料,想招婿进门,那时林希祖业经38岁,感到不能长时漂泊不定,而所挣家业又都交给了弟弟,于是就势答应了这宗婚事,做了个入赘女婿。①

有关此类人士的招赘婚,当时还有不少。比如翁叔元次女嫁瞿邦勉,孙渊如妹嫁学士吴尊山,乾隆五十五年(公元1790年)进士张问陶娶成都茶盐道林俊女,嘉道时历任布按巡抚等职的梁章钜将孙女配于外孙(其女第4子),江苏无锡望族孙振烈先让其子孙苓娶镇江戴氏、复继娶杭州秦氏,著名学者陈衍于光绪二十二年(公元1896年)为其子声暨娶妻舅长女王氏,光绪二十五年(公元1899年)《老残游记》作者刘鹗为长子大章娶山东杨氏。以上都是我们在有限资料中看到的例子,未能见到的当会更多。

在寻找入赘的理由中,有一个例子很有意思。无锡杨姓有女嫁于江西程氏子。程是当地巨族,其子早年因父母双亡,自幼失教,长大后骄乐佚游,不免流入浪荡。程家的长辈眼看着这样下去不行,就捎书给杨家,希望程子能作为赘婿招到杨家,让杨父早夕管教,使程的行为有所检束。② 这里,招赘便成了翁公管教女婿的一种手段。

选择入赘婚,就女方而言,一是无子,二是爱女。

无子就是家里有女无子,夫妻俩怕将来老了没靠山,招婿入赘帮助维持家门。这在前面所举例子中多有提及,不过按照轻重还可分为几种:一是目今无困难,只为将来养老。这都属于夫妻身体健壮,且有一定资产,不用为眼前生活犯愁,只是老了无嗣,怕缺少照应,决定招婿入门。比如湖北彭氏,是彭成子的女儿。彭成子属有房有地的小康户,因无子嗣,乃招萧举贤为养老女婿。③ 彭成子招萧入赘,主要是出于养老的考虑。第

---

① 林履庄编:《鉴园主人年谱》(林希祖),光绪年间本。
② 俞樾:《右台仙馆笔记》卷15。
③ 《驳案新编》卷9《纵奸本夫被奸夫殴死》。

二种不只是为将来养老,更是要解决当前的困境。这多半发生在死了丈夫、母女俩缺少劳动力的家庭。陕西韩城县关孙氏,48岁时丈夫去世,留下一个8岁女儿相依为命。家里虽不是赤贫,可毕竟少了顶梁柱,只好托媒招24岁壮男王心宽为上门女婿,双方商定俟翠儿长大成婚。① 关孙氏之所以等不及女儿翠儿长大,便替她招进女婿,而且是一个比她大16岁的男子,就是因急需这个男人撑持门面。第三种是招赘婚作为劳动力。在广西荔浦一带有这样一种风俗:②

> 无子惯以女招赘,甚至有两子一女亦赘婿于家以助耕作者。或非笑之。则曰:胜于雇工。

又如浙江平阳县:

> 若婿入赘,择日迎归,名曰拆婿。有竟在女家佣作者,其后或拆婿归,或竟养外舅姑终老,得其产业者有之。③

荔浦、平阳等地女家招婿,无论是定有年限,还是毕其终身,完全是为了满足劳动力的需要,或把赘婿的劳动当作偿付娶妻的费用,具有赔付的性质。当然这样的家庭必须有个前提,即女方有一定田产却缺少劳动力,而男方一般均系多子家庭,至少劳动力较为富裕。

父母疼爱女儿舍不得外嫁,这样的例子也很多。江苏常熟人张金吾,小时曾聘舅婆家孙儿言忠慎为婿。言忠慎还是他原聘妻子言静玉(因先病故未成婚)的嫡亲侄子。结成这桩亲事,一来为了还父祖辈一心想使张

---

① 樊增祥:《樊山政书》卷2《批韩城县丁令锡奎祥》。
② 民国《荔浦县志》卷4。
③ 民国《平阳县志》卷20。

言两家亲上加亲的夙愿,同时也算是对亡妻言氏的安慰(言氏故后,按张金吾母亲的遗命,仍被作为原配附主张姓家庙)。可张只此独女,夫妇俩均极爱怜。正好张心香又要外放到浙江海宁任知州。他们怕女儿刚出嫁,便要跟着舟行跋涉,着实不放心。经两家商量,决定采取女婿入赘的办法,使小两口既成了亲,同时张家也留住了爱女,皆大欢喜。① 学问家孙渊如也有过做赘婿的历史。原配妻子王采薇,系兵部主事王光燮的掌上明珠。婚后仅5年,采薇便病故了。其父为了悼念女儿,含泪写了一篇《亡女王采薇小传》,其中道:②

  亡女采薇,字玉瑛,余第四女也……八岁许同邑文学星衍。女既长,貌端丽,性柔婉,耽于文史,手不释卷,尤工小楷,好吟咏……性至孝,得嫡母白孺人欢心,迄于既嫁,犹依恋不舍。待人接物和顺,余钟爱之,每有拂抑嗔怒,对之辄解。人以为吾家娇女,虽大家左芬是不过也。年十九,赘婿星衍于家。

很显然,孙渊如入赘王家,主要是采薇父母舍不得女儿之故。

第二节　赘婿的身份和地位

  入赘婚较之于正常婚姻,可算是婚姻的一种异变形式,但受到国家的保护,可以合法进行,只是在某些方面有若干限制。按照清律记载:

---

① 张金吾自编《言旧录》,载《嘉业堂丛书》本。
② 见孙星衍《孙渊如诗文集》附,载《四部丛刊》本。

> 招婿须凭媒妁,明立婚书,开写养老或出舍年限,止有一子者不许出赘。其招婿养老者,仍立同宗应继者一人,承奉祭祀,家产均分。如未立继身死,从族长依例议立。①

法律条文中说的凭媒、立婚书,这对普通正常婚姻也是一样,只是入赘婚要写明养老或出舍年限,之所以如此,主要是督促赘婿承担起相应的责任。赘婿有年限,这从前引《平阳县志》中已得到证明,为的是防止年限不满,女婿便不顾老人,携妻子别居。至于独子不得出赘,为的是保证父母在生之年有人侍奉,死后不断祀祭,是人情、礼法的要求。其实最关乎赘婿身份的是条文的后半段,即使赘婿给丈人、丈母养老、送了终,也没有财产的完全继承权,更不许由此替代妻家的承祀关系;必须另立同族相应辈分的人接替,且得参与家产的均分。

与国家的法律条文相对应,在民间也存在着许多成文不成文的规例。下面便是乾隆年间一个名叫刘四九的民人,在入赘王家前立下的一纸入赘文书。

> 立应文书人王友龙。身系休宁县十二都叁奋土名双溪街人氏,本姓刘四九。今有汪朝奉家仆人王时顺亲媳胡氏,年已及笄,身自情愿央媒说合入赘王门下为子,听从更名改姓,婚配胡氏为夫妇,日后时顺一应服役大小门户,是身永远承当。自赘之后,倘有挈妻私自逃回本宗等情,任应家主送官究治,无得异说。今恐无凭,立此应主书,永远存照。②

---

① 《大清律例通考校注》,第443页。
② 《徽州千年契约文书·清·民国编》第1卷,花山文艺出版社,1993年,第324页。

乾隆二十年四月　日
　　　　立应主文书人　王友龙
　　　　　凭媒双溪街　吴公亮
　　　　　　　原中　母姨
　　　　　　　代笔　胡长柱

这份文书的特殊之处在于,刘四九亦即王友龙要求入赘的王家,原本是汪朝奉家的奴仆,内中所开服役承差等事,也是王家向汪朝奉家要做的事。入赘意味着同时也承袭了翁丈家的一切差务。文书开载的内容,既是对王家所作的允诺,亦是在向主人汪朝奉备案。关于文书中入赘婿将原名刘四九更改为王友龙,跟从翁丈之姓,这不属特例。按据民间惯例,男子入赘是男就女,以女家为主,所以要更改为女家的姓氏。尽管官府无此规定,但在一些地方却有相当的普遍性。如:

陕西宁羌州:"出赘……成上门之婚,并祖宗本姓而易之"①;

凤县:"年老无子者取他人子婿,谓之上门婿……其人遂从女姓,不复其族"②;

沔县:"出赘……至易姓更名,不为怪焉"③;

江苏崇明县:"或无子爱女……则赘婿以为嗣,有袭女姓者"④;

广西天河县:"男子出赘,不顾本宗。"⑤

出赘改姓,在个案资料中也有例子。康熙时应博学鸿儒科而落选的浙江海宁名士徐鸿,本是福建莆田林家的后裔。他的祖先辗转迁居海宁,

---

① 光绪《宁羌州志》卷4。
② 光绪《凤县志》卷8。
③ 光绪《沔县志》卷2。
④ 民国《崇明县志》卷4。
⑤ 杨宗珍:《天河县乡土志·人类》。

赘于徐家,因袭其姓。① 出赘改姓,在某种意义上是针对外姓人不得承祀继产而为之。入赘后,不但翁婿成一家,改姓后还成了同宗,似乎就无所谓了。

但是入赘更姓,在宗法上是有问题的。

首先是改姓后,夫妻都变成同姓,同姓为婚,也是大忌。为了能有所回避,有的便采取以子女或其中一子从妻姓的做法。浙江嘉兴一带,居民无子多不立后,以赘婿生子随其姓。② 安徽芜湖、南陵等地则以其婿所生儿子中的一人作嗣孙。③ 在福建,更有以初生之男从妻族,再生之男从夫族;或者生从妻姓,死后从夫姓。④ 这比丈夫改姓,似乎显得要间接一些,同时亦易于为人所接受。

尽管如此,入赘改姓,还是受到某些人的强烈反对。下面一段议论就很有代表性:

> 天下风俗之坏,坏于名分不正也。……子虽出赘,日久归宗,翁婿父子经常不易。雅俗有女招婿,即承岳祧,有子出赘,即继人后,不父其父,而父他人之父;不子其子,而子他人之子。天性何存?况既为父,即女为兄妹,既为兄妹,如何做得夫妻。公然妻其女而呼为父,伦常倒置极矣。⑤

从维护宗法伦常的角度来看,男子出赘改姓,承嗣乃翁宗祀,便是父不其父,子不其子,把兄妹关系和夫妻关系给弄混了。正是因为社会上存在此

---

① 朱彝尊:《曝书亭集》卷76《征士徐君墓志铭》。
② 光绪《嘉兴县志》卷34。
③ 民国《芜湖县志》卷8;民国《南陵县志》卷4。
④ 陈盛诏:《问俗录》卷4《诏安县》。
⑤ 乾隆《雅州府志》卷5。

种认识，所以有的家族明确提出："依母家而居其赘"，必须"明其辩也"。① 换言之，外姓人不准随便混入本姓。有的家族更干脆："赘婿奉祀者不准入谱""凡赘婿冒姓者不许入谱""或以赘婿承祧，……各分长务宜查明斥逐，切勿因循干咎"。② 如果说前面清律中规定的：招婚养老，仍得立同宗应继者承祀，女方家长拒而不行，死后可由族长出面执行。那么各家族所订条规，便是对国法的具体补充和强化，突出了政权和族权两股力量的统一。

在招赘婚中另一个争议焦点，就是外姓人是否有权继承本姓的财产。这在今天似乎是小事一桩，可在当时却是个大问题，原因亦与承祀有关。在《寡妇再嫁》中，有寡妇"坐产招夫"一节，她们之所以这样做，就是寡妇不能随嫁带走夫家的财产，实行"坐产招夫"，并把后夫的姓改从原夫的姓，是采用变通的办法搪塞国家法律，也用来堵一些人的口，使寡妇既改了嫁，同时保留了夫家的财产。虽然从宗法血缘上仍属乱宗之列，但在偏远农村或虽不在偏远，总算有了一种说法，能对付就对付过去了。室女招夫，女方除出于爱女外，主要是为养老，即"接子赘婿"③，而且有的赘婿还要改从妻姓。既是如此，继承财产亦理所当然。对女方家庭来说，你可以借口乱宗，阻止入赘者写进家谱，但不应该排除他继承财产。事实上，有的地方也确是如此，正如有人所说："赘婿作子，异姓承祧，其田宅宗族莫得而问焉。"④虽然言辞间很有些愤懑不平，却也无可奈何。至于政府官员的态度，多数也像对待寡妇转房那样，只要无人告发，也就视而不闻。

不过，当各方关系已经难以协调，需要政府运用法律手段来解决问题时，官家的审断仍是权威性的。下面便有这样一份判词：

---

① 光绪《闽浦房氏族谱》卷1《修谱凡例》。
② 《曲阜孔府档案史料选编》第3编，第1册，第251、289、291页。
③ 光绪《富川县志》卷2。
④ 同治《郧阳县志》卷1下。

>今该氏(指钟叶氏)无子,欲将亲女招赘郑华岳为婿,给产依靠,于例并无不合。钟玉成何得从中阻挠,殊属非是。惟女婿究属外姻,未能承值祖祀。该氏仍须于宗族中择昭穆相当者,投告尊长,公议立继,即将财产均分以奉祀事,毋稍自误,致启争端。①

这位官员一方面批驳家族内某些人的干预行为,指出钟叶氏招赘女婿,给产依靠是合法的。但也告诫,女婿是外姻,不能承值祀祖,必须另立本家同辈族子,并分出财产的一半以继血食。官府的判决,完全是依照法律规定作出的。除此以外,在习惯上对赘婿承产还有一种限制,即"不能挟产归宗"②。理由是入赘者是作为女方翁公的儿子承产的,携产归宗,等于把女家的财产转到外姓中去了,这样女方本家就有权进行干预。

从以上的更姓、养老承产等情况来看,无论从国家的法律,或者是人们的习惯,赘婿地位都不是很高。因为更姓并不意味着就能承祀,辛苦地侍奉老人,往往得不到财产的完全继承权,且常被人贱视。有人曾说过这么一段话,内中颇能反映出社会对赘婿的看法。

>入赘一事切不可行。夫赘者赘也。如人身之有赘疣,去之不可,存之不便,极为可恶。倘婿家真无依倚,不得不赘,亦当另住一宅,不得与本家闺闱相近。③

文中把赘婿说成是多余的人,甚至防范如贼。而当时的现实生活也真有

---

① 董沛:《南屏赘语》卷2《钟叶氏呈词判》。
② 民国《上林县志》卷6。
③ 石成全:《传家宝》,第187页。

这样的例子。比如有的家庭见赘婿贫穷,便以庸奴视之,①更有将赘婿捆打致死的。② 正因为社会上存在着贱视赘婿情况,于是在不少地方有"男不入赘,女不招婿";或"女不招赘""男以招赘为辱"的说法。③ 在一些家族势力较强的地方,招赘是受到压制的。所谓招人入赘,乃"市井小民见之,乡居成族者未之闻也"④,便是证明。

不过中国地方广大,各地的情况并不一样,人们对入赘的看法也有差异。两湖地区早在宋代已有"生男往往多作赘,女生反招婿舍居";或者"男子为其妇家承门户,不殚劳苦,无复怨悔"的说法。⑤ 明清时期招赘婚虽不如宋代普遍,但仍然较为流行,比如汉阳府所属沔阳州,"地卤民贫,以耕渔为业""每多赘而少娶"⑥;在孝感,连一向讲究礼法的士大夫,也多有招婿或入赘的。⑦ 其他像陕南、四川以及云贵等移民杂居区,赘婿亦较为常见。由于这些地方,宗族势力都不强,人们对本宗本家的谱系亦多不讲究,从而也减少了一重阻拦力量。⑧ 四川广元县,男女家族对招赘一事,从来不设障碍,只要乡邻认同,赘婿完全可以抬头做人。⑨ 江南沿太湖平原区,尽管士大夫们以赘婿无益于礼法,不得已不敢有所涉及。⑩ 但情况也在变化,在清代,这一带本是婚嫁论财之风最肆虐的地方,城镇工商业的发展和各地各色人员来来往往,必然会冲击着固有的宗法禁锢,使人们更多地倾斜于眼前利害,于是出现了有为入赘、过继等而数易其姓,

---

① 俞樾:《右台仙馆笔记》卷4。
② 樊增祥:《樊山政书》卷15《批沔县详》。
③ 光绪《同州府续志》卷9;同治《阳城县志》卷5;光绪《永兴县志》。
④ 光绪《高州府志》卷6。
⑤ 《岳阳风土记》。
⑥ 陈诗:《湖北旧闻录》卷31,清刻本。
⑦ 光绪《孝感县志》卷5。
⑧ 光绪《凤县志》卷8。
⑨ 民国《重修广元县志稿》第4编,卷15。
⑩ 康熙《常州府志》卷9。

辗转变换,却把本支本宗给遗忘了的事。① 还有的地方竟有这样的谣谚:

> 入赘女婿不是人,倒栽杨柳不生根。
> 要望丈人丈母招横事,领了家婆就动身。②

在广西的某些地方,还出现了这样的一些招赘形式。光绪《迁江县志》称:

> 有女之家多招赘婿为子,资产与亲子均分,故多葛藤,累世构讼。亦有已娶嫡妻,又复赘别姓者,与嫡匹同。

因为这段话说得太简单,有的地方不易理解,好在民国《迁江县志》有一段较为详尽的记载,可参照起来读:

> 入赘之习,土人最为趋尚,虽(有)子侄,亦多招赘婿为子,借以强宗,资产皆与亲子均分,故多葛藤,累世构讼。姓名互易,最难稽查。更有其女已故,无论有出无出,仍为赘婿择配另娶,以为其女之后身,俗谓接脸女,待遇与亲女无异。又间有其子已故媳存者,则又为招赘以婿者,俗谓翻身子。又有已娶嫡妻,复又赘别姓者,与嫡配同,双方聘礼甚为简单。

按照记载,至少从有清以来,迁江一带,娶了妻子的丈夫也可再入赘,而且入赘后,赘婿有权与其他家庭成员均分财产,甚至不惜为此闹出官司。那

---

① 光绪《石门县志》卷11。
② 民国《川沙县志》卷14。

么究竟是什么动力驱使他们乐意这样做呢？理由是借以强宗,当然也有利用劳动力方面的因素。

借助家族以外的力量来巩固、扩大本支实力,这种情况不只限于广西迁江,在广东、福建很多地区都有,有的学者曾作过很好的论述,而联姻便是其中的重要手段。很显然,在这些地方,赘婿的地位就不会那么低下了。比如福建晋江彭姓,清代重修族谱,在所订谱例四则中,就写进了:"其男了为人招赘者,于本生父名下书曰出为某公似子,于妇人前夫之父名下书曰似子。似子所生之子书曰续子。"①从赘婿和赘婿后代可以入谱一事来看,至少在有的家族,已由断然排斥,转变为有所包容了。曾在福建做过地方官的陈盛韶,在目睹了由他治下的诏安百姓,对赘婿承祀可不以乱宗为嫌的做法后,似乎颇有醒悟。他说:"例载,异姓不准承祧,而执此以治诏安之民,令必不行。"②看来作为执法者的官员,面对现实,也不得不顺应时俗,在施政中作某种必要的松动。

所谓赘婿地位低下,主要是针对普通百姓而言的,对于那些职官、绅衿中常见的招赘,则是另外一回事了。仍以张廷玉为例。当时张家尽管门第显赫,但姓姚的长婿、仲婿同样是官宦世家,在家乡桐城与张家并列为著姓。他们在京师有功名可求,有官可做;在家乡也有华宅肥田,可过悠闲享乐生活。至三婿孙循编,在权势上可能比不上姚家,但能与张家攀亲,绝不是无名之辈。他们入赘,正如先前所说,只是就近关照,并不涉及更姓改宗等辱没祖先的事,两家都是平等的选择。其他像毕沅、马新贻、陆宝忠等招赘女婿,也无不如此。

至于有的因家穷入赘,后来入举作官、事有所成的人,一般说来,两家开始亦大抵门当户对,或翁公看重女婿的才学人品,只是一时无力婚娶,

---

① （晋江）《虹山彭氏族谱》卷首,转引自陈支平《福建族谱》,第163页。
② 陈盛韶:《问俗录》卷4。

才权宜入赘的。从我们所见例子看,这些人很少做屈辱性的改姓换宗之事。入赘或重返己家,都比较随便。退一步说,即使开始某位人士在落魄入赘时对翁公家有所承诺,随着中途发迹,只要本人愿意,也很难阻止其出户还宗。此外还有像乾嘉之际的著名学者洪亮吉,曾赘于外家凡三日,然后才回到兴隆里老家。① 入赘似乎是一种形式,举行个仪式就完。这样的做法,在南方不少省份都存在,而且有个专门名词叫"卷帐"②。据乾隆《续外冈志》言:人们之所以采用"卷帐"的做法,就是为了省钱,特别对于男方,更是节省了大笔结婚费用。洪亮吉的妻子是他大舅蒋树诚的女儿。洪小时家道中落,曾长期居住在外公家。后来虽与寡母回到洪家旧宅,但生活更加清苦。结婚临时赘于外家,是舅父为照顾外甥,怕他经济上难以承担才这么做的,同时这也符合"卷帐"的习俗。类似洪亮吉那样,当然也不涉及更姓养老的事。

在史料中,我们还看到这么一则记载:

> 汤贞愍公贻汾寓江宁,女公子嘉民善画,尤工仕女,赘河工同知某子某为婿。弥月,婿挈之返清江。抵京口,方黎明,某不告女,先渡江,留书与诀,颂言其貌不扬,不与偕归,恐为人笑也。女不得已,遂大归。

这段史料见于《清稗类钞·汤嘉民初婚即大归》。文中说到的汤贻汾是江苏阳武人,因祖父汤大奎在台湾凤山县任上死于林爽文之难,以难荫袭云骑尉(相当于正五品官),后来一直做官到武职副将(从二品官)。道光十二年(公元1832年)55岁时,以病告退,侨寓于江宁(南京)城内。据说

---

① 吕培等编:《洪北江先生年谱》(洪亮吉),载《洪北江遗集》附。
② 同治《湖州府志》卷29:"间有婿就婚于女家者,谓之入赘。赘后归婿家,谓之卷帐。"又据同治《江夏县志》卷5:"有赘入归宗,期月而归者曰卷帐。"说明卷帐的做法,在湖北等地也有。

贻汾虽为武职,但工于诗画,政绩、文章均为人们所称道。① 汤的夫人董琬贞,娴雅通文,也是个才女,在《清代闺阁诗人征略》中有传。汤贻汾有3个女儿只有三女汤嘉民长大出嫁。嘉民字碧春,系汤与董氏的嫡生女,从小在父母熏陶下,懂诗善画,深得全家爱怜。嘉民的丈夫叫王瀛,系广东雷州知府王鹤丹的儿子,也就是上面说的河工同知某之子,可能当时其父正在河工任上。关于嘉民招婿和丈夫于归途中弃妻而去事,在汤贻汾有关传记中都未见记载,《碑传集·汤嘉民传》亦略而勿谈。陈韬《汤贞愍公年谱》咸丰三年七十六岁条下载有:"太平天国入南京,乃于二月十二日子时赴水自杀。女嘉民适归宁,随同投水毕命。"因为被迫大归毕竟不是件好事,而且中国史家向来有为尊者讳的传统,隐去那段事实是可能的。汤贻汾之所以要王瀛到江宁赘婚,大概是不愿爱女单独渡江跋涉(河工衙门驻于清江浦,今江苏清江市),等成婚后,再由夫婿陪同北返。可惜王瀛爱貌不爱才,从而制造了一出劳燕分飞的悲剧。最后嘉民执意随父自殉,很大程度上也是对她长期居于父家、心情抑郁无望的反应。不过从汤嘉民初婚即大归的事件中可以看到,汤王两家本属门当户对婚。王到汤家入赘成亲,不过是临时性安排,满月后即可携妻返还,类似于"卷帐",根本不存在改变名分的问题。特别是王瀛竟然敢途中弃妻,迫使汤嘉民大归,这在缙绅名门是件了不得的大事。如果男方家庭没有一定的势力,纵然王瀛有弃妻之心,也不敢贸然付诸行动(很显然,王是依仗其父是现职官,嘉民的父亲已是个无职无权的休致官,心中有恃无恐)。这再一次证明,入赘婚姻,对于平民百姓和绅衿官宦,不但在某些做法上,而且在性质上,双方都存在一定的差别。

---

① 《清史稿》,第 11818 页。

第七章 妾

第一节 妾的来源和社会地位

在中国传统婚姻形式中,一夫一妻制占有主导的位置,但在官绅和富家子弟圈里,却相当广泛地存在着一夫多妻的形式。所谓多妻,除身负兼祧(即俗说的"两头大")等特殊情况者外,[①]都有嫡从正侧之分。嫡正者称妻,只有一个(包括继配);侧从者称妾(有时妇人自谦,对长辈或丈夫,称己为妾者例外),可以有多个。妾对丈夫在性关系上充当妻子的角色,在身份上通常与奴婢归于一等。在家庭居室中,依照礼法必须安顿在偏室,所以妾又有小妻、侧室、偏房等称谓。

在中国,妾的出现至少可以追溯到公元前二千多年的殷周时期。以后,随着阶级名分制越来越趋向规范、严格,作为夫妻关系中妾的奴属地位更加固定化,一直到中国最后一个皇帝被推翻,西方的新文化、新思想不断流入、传播,与现代文明格格不入的纳妾制,遭到人们的谴责,这才趋向没落。清代虽然已是传统社会的晚期,可一些人的纳妾之风并未减弱。

---

① 也不完全如此,如《两湘陈氏续修族谱》中载:"有两妻者,后娶曰妾,盖不许两房娶妻,示无二嫡也。"又据张心泰《粤游小志》:"粤俗颇多置妾,分居者与大妇无别,谓之平妻,俗又呼两头大。"与湖南陈氏家谱中的情况又稍有差别。

他们一沿前代旧例,把娶妾叫作置、纳、买,更有称典、称赐和赠与的,①既不讲求明媒正娶,更无门当户对一说,并有"纳妾不成礼"的惯例,②也就是说,不存在一套必须遵循的纳妾礼法。③

妾的地位低下,从其出身亦可看出梗概。首先,凡为人妾者,多系贫苦女子。有人曾明白指出:"父母贫则卖为妾,父母富则嫁为妻。"④在当时,不只有地位、有身份的家庭不会让女儿充当人妾,就是一般贫下户,只要没有外界压力,生活勉强能过,做父母的亦很少愿意卖女做妾,因为那要受到人们的鄙夷。当然,也有如此情况:比如江苏镇江季淑,知书善画,是个很有文采的女子,后来,她父亲落魄苏州。做女儿的为了代父亲偿欠,决定卖掉自己,结果被盛泽潘寿彭买得为妾。⑤世居苏州洞庭山的席文卿,父死家贫,才12岁(虚岁,以下涉及岁数均同此)便鬻身,为人作小妻。⑥在苏州,某营守备以事遭谪戍,其女替父赎罪,开出身价银1000两,愿为人做妾。⑦萧山黄氏,系望族女,到她父亲时,家道中落,习农为生,偏遇年成不佳,父母及全家人无以为生。同乡傅某仰慕此女姿容,表示愿

---

① 《醢嚼事》载道:"先因(叶)茂有女无男,曾典得徐矮子妻胡氏为妾,以图生男",(引自李渔《资治新书》第13卷),是为典妾之例。赐,一般多见于宫中对有功大臣,如"本朝赐吴三桂四满妇,凡行军必随行,此清制以宠异诸王也",(见刘献廷《广阳杂记》,中华书局,第14页)。又如旧明都督刘泽清降清后,"摄政王多尔衮赠宫女三人,皆尝御者,泽清不辞而嬖之"(徐珂:《清稗类钞》第5册,第2024页)。都是赐的例子。至于赠妾的事,那就更多了,像"嘉兴王介人,名翙,与郡司李严正矩善,王无子,严赠之妾"(徐珂:《清稗类钞》第6册,第2629页)。再如纪昀在《曹宗丞逸事》中说侍御陈欲斋年过40岁未有子,又因有人阻隔不能置妾,同年曹慕堂,买一女子,送到陈家,使陈纳之(《纪晓岚文集》,第321页);同治时曾在安徽、浙江任布政使、巡抚的马新贻,因年过40岁无子,先后两次有人送他李、孟二女子为妾(《马端敏公新贻年谱》)。以上都是赠妾的例子。

② 同治《永丰县志》卷5。

③ 也有稍具仪式的,民国(桐城)《洪氏家谱》:"妾之名虽同而实异,凡礼娶者书侧室某氏,不以礼娶者则书妾某氏。"看来礼娶或不以礼娶,还关系着妾在家庭、家族中的地位,转引自〔日〕多贺秋五郎《宗谱的研究》,第871页。

④ 俞蛟:《梦厂杂著》,第68页。

⑤ 施淑仪:《清代闺阁诗人征略》,第426页。

⑥ 张士元:《书席氏事》,载《嘉树山房集》卷11,道光年间刻本。

⑦ 钱泳:《履园丛话》,第452页。

出白银 200 两帮助济困,条件是让黄氏做他的小妾;①德清蔡启傅妻花了 30 两私房钱,给丈夫买了一个妾,是因为该女子家里欠了"营债",急需偿还。② 限于篇幅,只举了 5 个例子。这 5 个女子中,有的原本家庭状况不错,有的虽系下户,尚能粗粒足食,只是因为出现变故,才被迫卖身做人妾,属不得已而为之,所以能得到人们的同情。

史籍中还有这样的记载:(一)雍正时,任广西巡抚的金铁,曾派人到大同买妾,随后得知此女原出身于宦家,连买身钱也没索还,便让她回家了;③(二)山东东阿县令吴调元,从淮上买妾,询问家世,才知道是某缙绅女孙,吴于心不忍,完璧将其送归;④(三)山东安丘张子贞,中年无子,买一妾,颜容姣好,可面带泪痕,经问知,乃故名家女,张很同情她,立时将其送还;⑤(四)桐城方观承,年过五旬无子,托人在江宁买一女子,将要同房,才晓得她的祖父原是一道"以诗相知"的故友,纳故友孙女为妾,有违人道,立即打发返乡,还出资助嫁。⑥ 绅宦之家的后代,沦没为人做妾,等于是高门第而充贱役,是非常难堪的事,金铁等人拒而不纳,是不让她们和她们家庭受到玷污,被看成仁德之举,但由此足以说明妾地位之低下。

上述沦没为妾者,其出身至少都是普通百姓家庭,在法律上属于凡人一等。另外,还有相当数量的妾,原本就是贱民阶级的奴婢之类。在清人的笔下,常常把婢和妾连在一起。思想家陈确谈到做妻子的若婚后数年无子,须及时劝丈夫纳妾,或饰婢进之;⑦又言:"无子及子迟,不妒夫置妾,不凌虐婢妾生子女"⑧;再如山东蒲台某盐商,生活奢靡,每天从外面

---

① 徐珂:《清稗类钞》第 5 册,第 2496 页。
② 余金:《熙朝新语》卷 2,上海古籍书店,1983 年。
③ 袁枚:《小仓山房诗文集》,第 1209 页。
④ 《施愚山集》第 4 册,第 71 页。
⑤ 《施愚山集》第 1 册,第 411 页。
⑥ 姚鼐:《惜抱轩全集》,第 239 页。
⑦ 陈确撰:《陈集》,第 522 页。
⑧ 余治:《得一录》。

办事回家,自进入二门起,婢媵仆妇们都盛妆侍立两行。该商巡视所至,看到中意的,就掷牌于地,其人拾起,即于是夜承应。① 上述的婢或仆妇,也就是妾。再如山西闻喜县有监生陈善,趁着灾荒,买了绛州(今绛县)的一个14岁的农家女子,名义上是婢,实为侍妾。② 婢妾混称,除了她们在身份上原本归于一等,在平时,主人也常就便将年轻婢女收作小妾的。有的家谱明确载录:"婢女得幸者曰妾,生有子者书之"③;"妾非有所出者不录,婢而有出者录之"④。可见在主人们看来,婢妾之间的界限,只在于"得幸"和"不得幸"。她们能否被写进家谱,则在于是否生有子女。又如《温陵闻见录》载道:"纳婢,有纳随嫁之婢者,有家畜多婢知其耐劳俭啬者,有因该婢善知人意,能得主人欢心者。"⑤一些做妻子的也比较愿意把婢女或贴身使女配给丈夫,原因是婢女原本就是主人的役属,有的更是女主人的心腹,知根知底,权衡之下,与其让丈夫在外头花钱买妾,不如近便指配,既省去额外花费,便于控制,也较少出现妻妾不和的局面。

在清代,很多名人都有纳婢为妾的事。康熙时先后出任过贵州、湖广巡抚的陈铣妾黄氏、嘉道时期名臣阮元妾刘氏、数任督抚的陶澍妾贺氏,以及被称作"同治中兴名臣"的左宗棠妾张氏,都是元配妻子的侍婢。大学士官文的宠妾某氏,早年不过是个"灶下婢"⑥。莱芜张四教,在出任山西提学时,为了方便侍候,便把先前买得的一个14岁婢女纳娶为小妾。⑦《觚賸》中记载了这样一段故事⑧:

---

① 王培荀:《乡园忆旧录》,齐鲁书社,1993年,第416页。
② 民国《闻喜县志》卷18。
③ 转引自陈支平《近500年来福建的家族与文化》,第46页。
④ (浙江)《范氏家谱》,转引自〔日〕多贺秋五郎《宗谱研究》,第843页。
⑤ 民国《同安县志》卷21。
⑥ 徐珂:《清稗类钞》第5册,第2085页。
⑦ 《乡园忆旧录》,第379页。
⑧ 钮琇:《觚賸》,上海古籍出版社,1986年,第103页。

项城韩云门,名塯,聘戚氏女,未几两目失明。戚谓韩郎年少能文,必成远器,而配以盲女,非偶也,欲毁婚而终女于家。韩之父母将许之,云门毅然不可,如礼迎娶以归。戚不得已,媵以美婢。云门曰:"人情见欲则动,不若无见,以全我居室之好。"遂遣婢还戚。

戚家为补偿韩塯在婚娶中女儿身体上的残疾,专门挑选一个"美婢"同嫁。这个"美婢"既作为夫人的陪嫁丫头,也是准备作侍妾的。顺康之际以治河闻名的河道总督朱之锡写过一篇《遣婢帖》,帖中道:

前送回张氏女子,原无大过。只是娃子气,好言教导,不甚知省。诚恐声色相加,流入婢子一类。所以量给衣饰,还其父母。初时原是待年,五六日后便有遣归之意,故自后并无半语谐谑,犹然处子也。而此女临去时,哭泣甚悲,既恐人笑,又恐人不相信。不肖甚怜之,足下可将此女原无大过、完璧归赵一段缘由,向其父母、中媒昌言明白,以便此女将来易于择婿也。①

朱之锡之所以要写此帖,出发点固然是为了给张女澄清事实,便于她将来清白嫁人,但同时也反映了当时官宦之家以婢为妾,是非常普遍的。

优伶娼妓也都属于贱籍,按照前面提到的法规,良贱是不能通婚的,有犯,民人杖九十,各离异改正,官吏或官员子孙杖六十,并离异。② 但买妾可不在此限。所以一些经常留恋于勾栏戏院富家豪商,便把稍具才色的烟花卖唱女子买断,脱籍充作小妾。明清之际,江南名妓麇集,成为文人学子放荡追逐的场所,有的一见倾心,互结永好。著名的像钱谦益纳柳

---

① 王士禛:《池北偶谈》,中华书局,1982年,第95页。
② 《大清律例通考校注》,第451、452页。

如是,侯朝宗纳李香君,龚鼎孳纳顾湄等,更成了长期流传的佳话。以后,时代变迁,类似明清之际名士配名妓的故事已不多见,但买妓做妾的记载,仍不绝如缕。像乾隆时,超勇公海兰察纳女伶阿芸为侧室,"宠专房;"①宗室学士宝廷典试福建,在返京途中以千金买船妓"桐严妹"为妾,都曾引起不大不小的反响。② 有一个叫孙艾的豪客,于金陵遍访教坊妓女,选中意者共七人,每人花银千两,共费 7000 两,买归以充媵妾。③ 施淑仪在《清代闺阁诗人征略》中,还搜集了一批有才气,懂格律,能写诗,沦没乐籍,后为人拔出,充媵妾以为归宿的女子。④ 至于一般从良做妾的,当然更多了。不过由于优伶娼妓,在社会总人数中毕竟属于少数,所以在媵妾中,出身于乐籍的也不占多数。在此只是为了说明,妾妓相通,她们的命运在某种情况下是相近的。

　　在清代,地主和佃户在法律地位上同属"凡人",即"良民"。但由于佃户在经济上依附于地主,特别对某些缙绅或绅衿地主,存在着一定的阶级差异,使得在现实生活中,田主常可仗恃权势奴役佃户。纳佃家女子为妾,便是其中重要内容。康熙中,直隶肃宁农民宋某,系旗地某庄头属下的佃户。平日庄头视佃家如奴仆。宋某生有 4 个女儿、1 个孙女,长大后都颜容娇美。庄头垂涎这 5 个女子,发话将纳其为小妾,宋家愁苦万分,以致一夜间发生 5 女同时自尽死的惨剧。⑤ 为了阻止此类惨事继续发生,政府于雍正五年(公元 1727 年)规定,凡不法绅衿将佃家妇女强行奸占为

---

① 陈康祺:《郎潜纪闻二笔》,中华书局,1984 年,第 361 页。
② 李伯元:《南亭笔记》,上海古籍书店,1983 年,第 4 页。
③ 王应奎:《柳南随笔》,中华书局,1983 年,第 115 页。
④ 比如戴凌涛,江都人,色艺双绝,吴郡蒋旷生进士纳为箴室;董红儿,能诗文,娇艳无比,为平湖陆叔度侧室;卫融香,江苏长洲人,韦子甫侧室;吴娟娟,广东石城人,工诗画,委身于林茂之为侧室;陆瑶仙,浙江平湖人,诸生孙蔚侧室;湘烟,江苏上海人,副榜吴同侧室等等(见该书第 142、258、259、655、656 页)。
⑤ 《清史稿》,第 14180 页。

婢妾者,绞监候。① 尽管如此,仍无法阻止地主采用其他手段谋取佃家之女。康熙时曾出任过文渊阁大学士的王掞,其生母沈氏,据说就是他佃户家的女儿。

> 太仓公之生母沈太夫人,本农家女。先是,奉常先生梦一绿龙,赭其爪,蟠于庭柱,觉而异之。寻有输租者挈一幼女至,绿衣红袖,绕柱如龙。先生感梦留意,及笄而后纳之,遂生相国。②

引文中说的太仓公就是指王掞,因为他是江苏太仓人士。奉常先生即其父王时敏,当过太常寺少卿。王时敏制造了一则梦感应验说,将佃家的小姑娘纳为小妾,王掞便是他的第八个儿子。广东香山县(今中山市)郑家山郑某,是个积产至数十万的大地主,年将70岁,尚无一子。一天,他到邻近一处佃户家串门聊天,见到佃家有两个十四五岁女子长得楚楚可人。郑某心动,借口夜谈已晚,留住于佃家,乘机把这两个女子都给骗奸了,随后便纳为妾。③ 表面看来,上面讲的两个故事,不管是王家或郑家,都没有依势逼勒,但如果双方不存在主佃关系,佃户不需要对东家有所依借,那么这两家佃户都不可能把与东家年龄差距如此之大的少女送之为妾的。

妾的出身既然多系低贱贫寒之家,并常用银钱买得,或有人作为礼物进奉,而且"纳妾不成礼",这就注定了妾对丈夫只能是主奴关系,无人格自由,只要主人不属意,便可随意出卖转送。清初著名思想家顾炎武,就

---

① 《大清律例通考》,第833页。
② 龚炜:《巢林笔谈》,第65页。
③ 徐珂:《清稗类钞》第5册,第2057—2058页。

曾把直隶静乐所买妾转于李又泉。① 另一个儒者颜元46岁时,买石氏女为妾,不久发现石患有痴癫病,便命媒人将其带走,追还买妾的钱。② 还有像乾隆初举于博学鸿词科的陈兆仑的弟弟陈兆崶,元配、继配均未得子,乃纳一婢,过三四年,同样没有生育,结果遭到遣出。③ 厉鹗在乾隆七年(公元1742年)51岁时,于扬州纳一姓刘的姬人。厉尽管是个风流才子,但因两人年龄差得太多,又不能互相迁就,不断出现矛盾。乾隆十七年(公元1752年),厉再历扬州,乘机把刘姬送走。④ 更有趣的是一姓冯人士,只因侍妾没有接受冯送的佛手柑,竟将该姬驱逐出阁门。⑤ 像上面提到的顾炎武、颜元、厉鹗等人,都是名扬海内外的名士、学者,写过许多令人折服的诗词文章,谈过立身处世、待人接物的道理,对朝夕陪伴侍奉的妾,尚且可以像物品那样随意送卖丢弃,更遑论那些只求享乐的凡夫俗子了。

妾的社会地位低下,还反映在一旦男主人亡故,便会遭到嫁卖的危险。著名文学家刘大櫆的祖父刘牲,纳妾章氏,曾生子女各一,均遭夭折。刘牲故,章氏才30岁出头。刘家嫌其年轻,又无子女,要求她返家另找生路。再如江苏上元县(今南京市)太学生杨毓春,纳侧室陆氏。毓春死,陆氏28岁,族人认为她虽生有儿子,还是杨家的独苗,但因嫡室董氏尚在,可以承担抚养责任,逼着要把陆氏撵走。⑥ 当然上述两例的最后结果,因章、陆二氏抵死不从,仍得留在夫家苟延,但说明主死遣妾出的事是经常发生的。

---

① 张穆:《顾亭林先生年谱》康熙十四年,六十三岁条:"纳妾于静乐";又十六年,六十五岁条:"嫁妾于李又泉。"
② 李塨纂,王源订:《颜习斋先生年谱》卷1。
③ 陈兆仑:《紫竹山房诗文集》卷15《仲弟眉山行略》。
④ 朱文藻等:《厉樊榭先生年谱》,载厉鹗《樊榭山房集》,上海古籍出版社,1992年,第1776、1783页。
⑤ 周亮工:《书影》,上海古籍出版社,1981年,第44页。
⑥ 《刘大櫆集》,第161、216页。

在我们见到的有关刑案中,发现这样一则事例:河南中牟县民秦珩,因年老乏嗣,于乾隆二十一年(公元1756年)三月买完氏为妾。秦完二人,名为夫妾,却无感情。乾隆二十五年(公元1760年)正月,秦雇戴进才作帮工。戴是中牟县人,借秦家空房居住,因得与完氏有所交往,进而发生奸情。不久事情败露,秦珩与堂弟秦珠以事关门风,付与麻绳一根,将门反扣,逼令完氏自尽,为完所拒绝。于是秦珩在秦珠及在家帮工吴存的协助下,将完氏捆缚、毒打,然后抬到地头,竟生生地把她活埋了。对于这样一件骇人听闻的谋杀案,官府的最后判决是:主犯秦珩照已就拘执而擅杀拟徒、殴妾减殴妻罪二等,合在一起是杖八十、徒二年,到配所折责三十板;主要帮凶秦珠,依共殴余人律杖一百,折责四十板;从犯吴存杖一百,折责四十板。至于奸夫戴进才,也被判处杖一百,流三千里,至配所折责四十板。①杀人偿命,这本是中国古代传统刑律的基本原则,可由于完氏是个身份低下的妾,恰恰又犯了通奸罪,以致像秦珩这样一个如此穷凶极恶的杀人犯,只判处流放两年、杖责四十大板就完事了。

妾的身份低下还被载入法律。据《清律》:妾殴夫及正妻者,要加等判处,直至死罪;反之,夫或正妻殴伤妾至折伤以上,可以减等量刑。② 在一些族谱、家规中,还明确写有:妾无出不载,③或妾媵有子则于其子录内书之,无子不书,④原因是重子不重妾。而且即使入谱,有的也只得写小体字,为的是不与主母相并立,有违嫡庶规例。⑤ 朱轼在《朱文端公集·

---

① 《驳案新编》卷11《堂兄妾与雇工通奸加工活埋》。
② 《大清律例通考校注》,第845页。正因为法律规定如此不平等,以致在现实生活中不断出现任意凌辱、楚挞乃至处死妾媵的事。清末曾做过藩臬官的樊增祥,在批复陕西临潼县一起丈夫用麻绳木器惨毙其妾的案子后,曾对该法律条文有所质疑,并提出了"妾媵分虽卑贱而性命则同"的呼声(见樊增祥《樊山政书》卷17)。
③ 光绪《大阜潘氏》卷首《凡例》,转引自〔日〕多贺秋五郎《宗谱の研究》,第859页。
④ 会稽称山章氏家乘》卷首《书法》,转引自〔日〕多贺秋五郎《宗谱の研究》,第859页。
⑤ (休宁)《茗州吴氏家记·议例》,转引自冯尔康等《中国宗族社会》,浙江人民出版社,1994年,第241—242页。

妾母祔议》中谈到这样一件事：

> 河间某生者，妾出子也，父亡、嫡兄旋殁。某发愤读书为诸生，乃立祠堂以祀其父及嫡母，将以生母祔，而族人不可，告学师及有司亦不可，告观察又不可。某号痛，愤恨而缢。

河间县的这位秀才，发愤读书、得功名、立祠堂，目的是给他身份是妾的生母在家庙里有个祔祀的位置，结果却遭到从家族内部一直到县、到省藩司的一致反对，急得他只好以自杀来表达愤恨不平之情。有一本专为庶母而作的《芝英应氏庶母谱》，在序言和后面的叙语中，特别强调：从来嫡庶之分，自王公以及士庶，莫不皆然，本家宗谱于庶母止书所出男女，其身主不祔庙，生卒葬所不登正谱，原因在于正嫡身份有别。可她们中，有的生平事迹确实突出，且获俊美之贤，也有的或以子贵，或以孙扬，做后辈的不好有所缺略，这才据实直书，使其事迹不致抱泯没之忧。[1] 可见，子孙为了给庶母、庶祖母立谱而不致招来物议，是何等诚惶诚恐。至于某些出于强烈偏见所作的种种歧视性条规、定例，亦不在少数，比如有人曾向皇帝建议，在律书中加入若父妾无子，则不得以母称的条文。[2] 更有人声称，做妾者不许着红裙。[3] 红是喜庆吉祥之色，在他们看来，妾属奴辈，只能着青衣粗褂，否则便是干犯名义，以奴乱主，那是万万不行的。

有的小妾因美貌年轻，又聪明伶俐，得到丈夫的宠爱，境遇相对优越些，甚至还出现以妾凌妻，要挟丈夫的事，诚然，此类事例确也常见。不过总体而言，由于妾在整个社会中处于底层，加上在大家庭中，上有主母公婆，下有小叔、妯娌、小姑，都要谨慎奉承。此外，夫妻之间的年龄差距，亦

---

[1] 转引自杨殿洵《中国家谱通论》，载邢永川编《中国家族谱纵横谈》，第57页。
[2] 金埴：《不下带编》，中华书局，1982年，第50页。
[3] 钱泳：《履园丛话》，第638页。

会在心理、生理上造成有形无形的压力。她们中有一些人,常常来不及享受一下人生更多的乐趣,便红颜薄命,过早地凋谢了。

正是妾在家庭、社会如此受歧视,所以在不少地方都出现这样的俗例:

> 虽家贫,耻为人做妾①;
> 贫寒之家,耻于鬻女为妾②;
> 妇女重名分,不为人妾③;
> 俗慎联姻,男不为人赘,女不为人妾④。

以上等等,可以说是人民大众对少数有权纳妾者所采取的带有抵制性的做法,隐含了他们对纳妾行为的鄙视。

第二节 纳妾的理由

那么在当时,人们有些什么根据,制造了一些什么理由,来为这种不合理的纳妾制度的通行张目呢?

---

① 光绪《重修长寿县志》卷15。
② 光绪《定兴县志》卷13。
③ 道光《恩平县志》卷15。
④ 光绪《兰溪县志》卷1。

一、作为地位和权力的象征

在古代社会里,反映人们地位和权力的,不仅仅是对田地、财宝的领有,还表现为对人户的统治和占有。拥有妻妾名号和数量的多少,也彰显了他权力的大小和地位的高低。当时,皇帝位于阶级宝塔的顶端。号称"溥天之下,莫非王土;率土之滨,莫非王臣",拥有别人不允许有的各种名号的妻妾群,皇帝之下,各等贵族,亦按爵位高低不同,封赐各种名号的妻和妾。

根据清朝定制:皇帝可册封皇后 1 人,皇贵妃 2 人,妃 4 人,嫔 6 人,以下贵人、常在、答应无定数。实际上,皇帝常常不按定制办事。比如康熙皇帝生前共册封过皇后 3 人、妃 11 人、嫔 5 人、贵人 11 人、常在 14 人、答应 9 人,合共 53 人。又据资料:截至康熙四十六年(公元 1707 年),宫内有大小答应 209 人。① 至于在此之后,陆续受到皇帝临幸,得封、未封的女子,还不包括在内。雍正皇帝据说生前较少追求女色。道光时,西陵承办事务衙门呈报世宗宪皇帝位下妃位徽号并嫔、贵人、格格、常在等位,计皇贵妃 2 人、妃 3 人、嫔 1 人、贵人 5 人、格格 4 人、常在 7 人,加上在前册封的两个皇后,亦达 24 人。② 当然,这也是个不完全的数字。

清代贵族的法定妻妾数是:亲王有亲王福晋 1 人、侧室侧福晋 4 人;世子称世子福晋 1 人、侧室侧福晋 3 人;郡王正室称郡王福晋 1 人,侧室侧福晋 3 人。以下郡王长子、贝勒、贝子、公、镇国将军、辅国将军正室封夫人,奉国将军正室封淑人,奉恩将军正室封恭人。侧室:长子、贝勒 2 人,贝子、公各 1 人。至于他们法定以外的媵妾数,均无定限。比如清太宗皇太

---

① 参见杨珍《康熙皇帝一家》,第 85—86 页。
② 档案,《宗人府堂稿来文》,第 716 号。

极长子豪格封肃亲王,顺治五年(公元1648年)40岁故,生前共有妻妾12人。辅国公常舒,太宗第七子,康熙三十八年(公元1699年)39岁故,有妻妾11人。① 他们都在定制以外,另有相当数量的媵妾。

清朝政府对一般世爵大臣,没有像宗室爵位那样有法定的妻妾名号。但是他们利用权势,大量占有妻妾,并以此炫耀于人的做法,也是有的。据第六次续修《尚氏宗谱》载,清初曾被派往镇守广东的平南王尚可喜,仅生有子女的妻妾数,就多达24人。镇守福建的靖南王耿精忠,情况也差不多,正妻以下另有如夫人20余人。② 前明左都督、东平侯刘泽清,降清后授三等子爵。他仗恃高位,纵情声色,先后从各地购得少姬40余人。③ 其中最惊人的是大将军、一等公年羹尧。据传他生前有侍妾数百人,④连蒙古贝勒女也被勒取充作媵妾。⑤ 类似年羹尧、刘泽清这些人的做法,在相当程度上是带有排场性的。

二、生育儿子、繁衍后代

"男女婚姻为嗣续也"⑥,这是中国传统婚姻观中最重要的内容。按照这一准则,只要婚后数年无子,丈夫便可按"七出"规定中的第一条,将妻子休弃,⑦或者纳妾续嗣。余治《得一录》引于成龙《治家规范》:"男子至四十岁无子,允许置妾,嫡妻不得妒忌,如不遵此训,照七出条出之。"纳妾,似乎成了缓和无子的夫妻关系的调和剂。

---

① 参见胡启松《清代早期宗室人口寿命浅探》,载《历史档案》1993年第2期。
② 顾公燮:《丹午笔记》,江苏古籍出版社,1985年,第114页。
③ 徐珂:《清稗类钞》第5册,第2027页。
④ 《南亭笔记》卷1。
⑤ 李伯元:《清史列传》,第933页。
⑥ 朱轼:《朱文端公集》卷2《婚礼不乐不贺论》。
⑦ 七出的七种理由分别是:无子、淫佚、不事姑舅、多言、盗窃、妒忌、恶疾,清朝政府亦将其载入法律条文中。

规范中说的男子40岁无子准许纳妾,这是有法律规定的,直到乾隆五年(公元1740年),清朝政府才将此条删除。但在此前后,仍为不少人所遵循。理学家张履祥,17岁娶诸氏,生二男俱先后殇。有人劝他纳妾,他认为不到40岁,于礼法不符,没有答应。直到顺治七年(公元1650年)满岁,这才纳侧室朱氏。① 思想家李塨的父亲李明德,也是至40岁后才纳妾马氏而生塨。② 像张、李这样的人来说,娶妾似乎不得已,求子才是最大的愿望。

不过由于在实际生活中,常常有悍妻懦夫。妻子可以采取各种办法阻止丈夫纳妾,丈夫又不敢动用出妻之条。于是,便出现了许多劝诫文一类的东西。石成金《传家宝》中的《人情世事须知》谈及"和夫"的一段,就很有意思:

> 世上有种妇人,自己不能生男育女,丈夫年纪虽过了四十多岁,还不容他纳妾收婢,传个后代,只是妒忌悍毒。岂知光阴迅速,悠悠年月,快去如箭,及至到了丈夫精血衰老,却不能生子,竟斩了他的宗祀,绝了他的后代,虽然百般后悔,也是迟了。一旦身死,只落得将你夫妻苦挣的家业,被亲族人等群起纷争。不独害了你丈夫一人,连你自身的枢棺坟墓都无人葬祭,可怜孤魂夜笑,岂不惨伤其中?间有勉强容着丈夫娶妾的,也多吃醋拈酸,打张骂李,以致家室不宁,反为破败。我劝你做个贤良妇人,但是丈夫无子的,须要真心实意代他娶妾,倘若生下男女,一来接了祖宗枝脉,二来少不得敬奉你做母亲,岂不大有受用?何苦学那妒忌恶妇,自讨苦吃。

---

① 苏惇元:《张杨园先生年谱》(见《张杨园先生全集》本):顺治七年,四十岁条:"纳侧室朱氏。先是,诸夫人有二男俱殇,劝纳妾,先生以未至四十不许。至是始纳焉。"

② 据《恕谷后集》卷8言:李塨生母马氏,"十四岁归先大人",康熙六十年7月26日81岁卒。14岁正是顺治十一年(1654年)。又据冯辰等编《李恕谷先生年谱》:父李明德卒于康熙二十二年(1683年)9月,享年六十九。由此上推至顺治十一年,恰好40岁。

在一家一户分散型的小农社会里,"养儿防老"的思想既有着深刻的社会根源,又有着现实的群众基础。上面引的那段说教,典型地反映了生子传代、养儿防老的思想。在这思想支配下,便有翁姑的干预,亲友的规劝,核心无非是向做妻子的施加压力。有的人更据此得寸进尺,提出"新妇成婚后,数年无子,或丈夫不耐,或公姑年老急欲得孙",妻子便得"及早劝丈夫娶妾,或饰婢进之"。不但如此,"即已既有子,而丈夫更欲置妾以广生育"妻亦"当欢欣顺受"。① 照此说法,妻子不但无子须得为丈夫置妾,有了儿子,丈夫借口多生子女,也得欣然再为纳妾。很显然,纳妾求子,传代防老的思想,因男权主义的膨胀,已走向扭曲,成了男子实行多妻制的张目伞了。遗憾的是很多女子,囿于三从四德的规范,却心甘情愿地为丈夫置妾买婢而尽心竭力。见表7-1。

表7-1的21例,都是属于妻子怕丈夫无后,或惧家门子孙不旺,主动为其纳妾的。这中间,蒋维城一例属年过60岁无子,妻袁氏才为置簉室,时间偏晚了些。但不管如何,对丈夫和家庭都算一种贤淑的举动,所以才受到舆论的赞许。宋权的儿子宋荦为嫡母撰《先母刘太夫人行实》,念念不忘刘在延续宋家香火所立的功劳。② 魏象枢则称许李氏为他置妾刘氏后,生育子女甚多,由衷地感到从此家有赖焉。③ 最有意思的是袁枚撰写《大理寺卿邓公夫人李夫人墓志铭》,竟说李氏从延邓氏之宗着想,为置三簉室是承丈夫之志,成丈夫之贤,其功劳"石可泐也,德可灭耶?"④

---

① 陈确撰:《陈确集》,第522页。
② 宋荦:《西陂类稿》卷30。
③ 魏象枢:《寒松堂集》,山西人民出版社,1992年,第911页。
④ 袁枚:《小仓山房诗文集》,第1279—1280页。

表 7-1　妻为延嗣给丈夫置妾示例

姓名	事例	资料出处
宋权妻刘氏	16岁嫁来后,见宋壮而无子,乃劝纳李、赵、郝三妾,生四子三女。	宋荦:《西陂类稿》卷30
王崇简妻梁氏	16岁嫁来,四年中生四男女而殇其三(另一男9岁时亦殇),于是为王纳妾赵氏。	《王崇简自撰年谱》
魏象枢妻李氏	15岁嫁,以魏行年三十尚未立嗣为虑,乃请于太夫人为置妾刘氏,生育子女甚多。	魏象枢:《寒松堂集》,第911页
宁元著妻路氏	16岁嫁,有女无子,为夫置箧室张、宋二人,生子三人。	陈仪:《陈学士文集》卷14
王介山母王氏	14岁嫁,凡十孕而不育,后生介山,惧无手足,为夫置一妾,又无出,再置一妾,生一弟。	《介山自订年谱》
钱大昕妻王氏	钱40岁无子,乃为纳浦氏,生有子女。	《钱竹汀居士年谱》
许樵书妻裘氏	许艰于子嗣,为纳妾周氏,生子,抚之如己出。	《刘大櫆集》,第278页
庄赍孙	出嫁后多年不育,为夫置妾,生子待之如己出。	《清代闺阁诗人征略》,第96页
黄罗扉妻姚令则	嫁后久不育,为蓄妾,生一女,爱之若所生。	同上书,第131页
宋晟妻周淑英	因无嗣,聘夏氏为副室,连举六子,抚如己出。	同上书,第177页
卢文弨妻杨文偕	自以不宜子,于京师买婢侍夫寝,意其有娠。	同上书,第220页
袁玉符妻刘氏	婚后生数子不育,恐父母老而不克抱孙,饰侍者以为箧,并举二子。	汪中:《述学·别录》
林中桓妻李氏	髫年婚,逾冠未举子,乃出金使夫纳妾朱氏。	《忠雅堂集校笺》,第2161—2162页
骆妻胡氏	婚后艰于子嗣,乃为夫置三妾,贤声播两粤。	同上书,第2169页
邓逊斋妻李氏	艰于嗣,乃为夫纳张、刘、杨三妾,虽诸姬生子屡殇,而卒张氏一名以乾者延邓氏之家。	《小仓山房诗文集》,第1279页
陆光祖妻顾氏	18岁嫁,屡孕不育,为夫置二妾,生一子四女。	同上书,第1283页
席本允妻姜氏	贤而无子,尝出奁中金,为夫置二妾,生一子,后又为置一侍姬。	徐珂:《清稗类钞》第5册,第2039页
蒋维城妻袁氏	夫年60岁无子,为置箧室二人,五年之中连举五子。	《履园丛话》,第495页

续表

姓名	事例	资料出处
李家骅妻陆氏	20岁嫁,生子殇,强夫置妾,遂有多男。	王先谦:《虚受堂文集》卷11
陆际明妻吴氏	已有二子,犹为夫置妾胜,妾既有子女,悉子之如己出。	《施愚山集》第1册,第196页
曹象贤妻王氏	既生四子,犹强为夫置妾张氏,妾出子遇之悉如己出。	同上书,第392页

因为无后关乎一个家庭或家族的血食是否有继,是重中之重,所以还出现有儿媳为公翁置妾的事。民国《宜春县志·列女》中记录这么一件事:

童生陈慰祖妻张氏,年二十二。夫临殁时诫曰:我无兄弟子女,父母年逾六旬,后事全属于汝,须急劝吾父纳妾以绵先祀。夫殁后,力劝翁纳二妾,连举夫弟三人。迨生侄,抚继为儿,守节四十年。乾隆五十七年请旌。

这位儿媳是受丈夫之托,给公公置妾延嗣的。还有的是做儿媳的眼见夫家要断根,主动为翁公置妾,其行为当然更加突出。彭绍升撰《卓行碑》,记述乾隆时,江苏金匮县(今无锡)梅里黄氏,年19岁嫁同里人吴德星独子希言为妻。不久希言并幼子相继亡故。时黄年方22岁,首先使她感到压力的是吴家的根脉断了,可忽然想到翁在尚可为,便毅然变卖了嫁时衣装给公公补身体,同时置妾进奉。待翁故妾走,黄又代为抚孤成人。[①] 卓行碑就是乡里为表彰黄氏事迹而立的。另一例是浙江绍兴章于德妻任氏,21岁嫁,27岁寡,没有留下子女,于德两兄又早殁,其父年过60岁,是

---

① 袁绍升:《二林居集》卷10;又见《熙朝纪政》卷12。

个老鳏夫，已无嗣可继。于是任氏屡次哭着请翁置妾，结果终于生下一女二子，使章家后嗣有续。① 有的家庭因为穷，无后又无力置妾，只好求助于亲朋好友。王慧，中年尚未举子，可家穷，无力纳妾。妻子要他求好友施允升帮忙，终得成事。② 直隶保定郡生李太璜纳妾得以延宗祧，是因为得到业师内阁学士郭棻的资助。③ 魏禧写过一篇《善德纪闻录》，专门表彰一个叫象南的人，多次赠银为无嗣贫困邻友买妾延宗事。④ 魏禧之所以对此十分动情，与他自身遭遇有很大的关系。他一生为无子而烦恼，为续嗣而努力，当年过半百时，独女静言又一命呜呼。这对魏夫妇是个极大的打击。他在悲痛之余作文哀叹道："吾夫妇年三十有五无子，吾兄以汝（指静言）为吾子先兆。"又说："吾自抚汝至今十六年，置婢妾人凡四五，卒未有子，而汝又夭，则信乎吾命之孤也。"⑤ 无子续嗣成了魏禧和他家最大的心头压力。

类似魏禧这样的情况，当时还大有人在。顾炎武曾于中年得一子（妾韩氏出），可惜不久就死了。当年他又纳戴氏，等到60岁出头未见有孕。却巧得精于医学的傅山诊脉，说尚能生子。顾自恃筋力壮健，又急于求子，于直隶静乐再买一妾，但毕竟因年事已高，不到两年，就多出各种病痛来，于是想到有人劝告：做君子的要爱惜身子，少做力所不及的过头事，节制房事。这才颇感后悔，决定立侄为继子。⑥ 厉鹗于中年后，亦以无子之故，屡次买妾，屡次无子。没有儿子成了他最大的心病。⑦ 文学家方苞，多年里也为无子耿耿于怀，夫人蔡氏生二子均早殇，到了35岁，再也耐不

---

① 蒋士铨：《忠雅堂集校笺》，第2150页。
② 《施愚山集》第4册，第108页。
③ 应宝：《上谷宗伯学士郭文清公棻传》，载《清代碑传全集》，上海古籍出版社，1987年，第119页。
④ 焦循辑：《扬州足征录》卷22。
⑤ 魏禧：《魏叔子文集》卷14。
⑥ 顾炎武：《顾亭林诗文集》，中华书局，1983年，第137页。
⑦ 厉鹗：《樊榭山房集》，第1783页。

住了,纳侧室杨氏,连举二子,这才使他有着落之感。还有像道咸年间做过布政使和署理巡抚的张集馨,其妻一直无出,乃于35岁纳妾王氏,过了6年,仍膝下杳然,再纳祁氏,又无子。① 再如湖南王先谦,16岁娶张氏,继娶周氏,均无所出,再续李氏,生二男四女又先后早夭。他哀叹多年来所生儿女连遭夭亡,只好强颜破涕以慰老母,然单独自对,真有欲哭无泪之感。42岁他服母丧毕,连置宋、毛二妾,直到72岁时,才有了亲生儿子。② 有的人因为其妻无出,又不能置妾生子,竟被看成一生莫大憾事。刘世杰《为刘雪舫置侧室与人书》中说:③

> 然雪舫即弗克自立,即穷饿,即莫之救之以死,俱当第天之留之,何意?乃年过半百,发白齿豁,竟无子,又不能置侧室。呜呼!朝廷恤其家之死,雪舫不能自养其生,延其嗣,而天下仁人豪杰竟坐视雪舫老且死,无子莫为之所,绝忠臣之后,义士之心,而徒曰天也,天也,其能忍乎!

文中激动悲愤之情,真有如地要崩裂,天要坍塌那样。在"不孝有三,无后为大"的训导下,生子繁衍后代,是男子成家后的大事,也构成丈夫纳妾的一条重要理由。

三、协助处理家务

一些出身于官宦富豪之家的女子,在娘家往往做惯了小姐,嫁来后不善处理家务,或因嫡配体弱多病,无法尽心侍候丈夫。这时,妾便可协助

---

① 张集馨:《道咸宦海见闻录》,第51页。
② 《王先谦自定年谱》,载《虚受堂文集》附:光绪十年,四十岁条;民国三年,七十三岁条。
③ 《甓湖草堂文集》卷2,载焦循辑《扬州足征录》卷21。

正室,负起照顾丈夫、料理家事的责任。在有的地方,就有这样的说法:做妻子的如果笨拙不克任家政,丈夫就可再娶二房。① 看来,帮助处理家务,还是人们纳妾的一个重要理由。前述魏象枢妻李氏为魏纳妾刘氏,除了早生儿子,也是因为李体质瘦弱,又出自宦家,不克侍奉全家起居饮食。她看中刘为人纯厚寡言,质地俭朴,能尽心竭力事奉太夫人,便放心地将北京的这摊家务事移交给刘,并引为心腹。② 雍正帝宠臣张廷玉的元配夫人姚氏,得了不治之症,眼看病势转剧,临死前两个月,还不忘派人赴金陵代聘侧室吴氏,替其理家政,尽妇责,并因此得到公公张英和丈夫的赞赏。③ 再如洪亮吉妻蒋氏,婚后多病。洪入京求事应科举,蒋氏无法陪同,特地给丈夫购得侍姬郑氏,要她代己侍巾栉。④ 类似这样的事,在一般中等人家也可见到。雍正时,四川邻水县民王卿之,买妾张氏,理由就是:"虽为出子起见,原图她做活的。"⑤

这些侍妾所以能在家中挑大梁,常常是因为她们原本就是正室的亲信,有的更是从娘家跟来的陪嫁丫头。阮元妾刘氏,便是嫡配江氏侍婢。归阮后,命主持家务。阮元两次断弦,都得到她的内助。⑥ 左宗棠亦因正室周诒瑞体弱多病,年仅18岁的张氏,作为夫人的贴心婢女,成了左的二夫人,从此张担负了全家杂务,一切米盐瀚纫之事,都操办得井井有条,成为左家内廷最得力的主事者。⑦ 徐珂《清稗类钞》言广东一带,人们买妾,一个重要目的,就是"以备驱使":

---

① 西清:《黑龙江外记》。
② 魏象枢:《寒松堂集》,第911页。
③ 张廷玉自编:《张廷玉年谱》,第5页。
④ 吕培等编:《洪北江先生年谱》(载《洪北江遗集》附):嘉庆二年,五十二岁条:"八月,四子胙孙生,其母侍姬郑氏"。"蒋宜人前以多病,为先生购得之,命入都侍巾栉焉"。
⑤ 档案,乾隆元年九月五日允礼题,第124号。
⑥ 张鉴等:《雷塘庵主弟子记》卷8,郎寰仙馆刊本。
⑦ 王先谦:《虚受堂文集》卷11《刘母张太夫人墓志铭》。

> 粤人好蓄妾,仅免饥寒者即置一姬,以备驱使。且以其出身率为侍婢,而……烹饪二事,甚者洁除圊溷之役亦令为之,自可不雇女佣,以节糜费。其小康者,则置二妾或三妾,一切役务,均委之若辈。诸妾亦奉承周至,不敢少懈。盖其意以为烹调一役,虽为庖人专职,然每一肴出,未必能食,多犯不洁之病。今以妾掌庖,则妾亦同案而食,断不致有此弊,推而至于他事亦然。痛痒既关,较之外之徒事敷衍者,自不可同日而语矣。

与其说把妾当成家庭成员的一部分,不如说是家庭的廉价劳动力。

四、夫妻关系不好,娶妾以缓和矛盾

吴县席允成与妻吴瑛琴瑟失调,吴要席另外买妾侍候,自己独居别室,①便属此类。还有像汪琬这样的例子。汪 56 岁时改官翰林院。在进京就职前,他回苏州家乡迎接两位如夫人。二妾怕远行,专门买了个小妾为他做伴。② 因为汪琬的元配早卒又未继娶,二妾以生有子女故,家中地位不同一般。所以她们不但敢违背主人意,而且能做主给汪再纳小姬。

五、贪恋美色,满足肉欲

还有相当部分的官宦富家,买妾并没有什么理由,只是为了贪恋美色,满足肉欲。这从他们拥有众多的姬妾,便可得到明证。见表 7-2。

---

① 施淑仪:《清代闺阁诗人征略》,第 205 页。
② 赵经达:《汪尧峰先生年谱》:康熙十八年,五十六岁条:"先生既改官翰林,往迎二如夫人,皆不行,而为别纳小姬。"

表 7-2 多妻妾者示例

姓名	身份	妻	妾	妻妾总数	资料来源
郑成功	南明延平王	董	庄、林、温、史、蔡、曾、蔡、许	9	石井本《郑氏宗族谱》
郑经	嗣封延平王	唐	陈、林、李、赖、黄	6	同上书
施琅	靖海侯	王	黄、王、张、林、连	6	《闽台关系族谱资料选编》,第417—418页
王崇简	礼部尚书	梁	赵、田、周、黄、屠、蔡	7	《王崇简自撰年谱》
屈大均	文学家	王、梁	黎、刘、陈、梁、丘、陆、石	10	《屈翁山先生年谱》
王熙	大学士	金、刘、董	朱、季、柳、阎、刘、张、郭	10	《清代碑传全集》,第68页
王辅臣	原陕西提督			10	《广阳杂记》,第187页
张廷玉	大学士	姚	吴、李、蔡、施、吴	6	《张廷玉年谱》
谢启昆	广西巡抚	李、刘	卢、卫、管、高	6	《惜抱轩文集》,第259页
陶澍	两江总督	黄	贺、张、刘、卢、杨、张	7	《魏源集》,第328—331页
王得禄	福建提督	范、陈	吴、陈、许、黄、杨、林、叶、叶、陈	11	徐明德:《清代水师名将王得禄传略与年谱》
唐友耕	云南提督	黄、陈	雷、万、刘、黄、李、王、杨	9	《建威将军云南提督署四川提督唐公年谱》
陆以贞	知县	不详	姬妾10人		周询:《蜀海丛谈》(巴蜀书社),第197页
胡雪岩	官商	不详	姬妾10余人*		《异辞录》卷2
刘铭传		程	姬妾8人	9	姚永森:《新发现〈刘氏宗谱〉中有关刘铭传的史料》,载《历史档案》1985年3期
郭松龄	直隶提督	不详	有妾16人		《南亭笔记》卷7

*《南亭笔记》卷15中言:"胡有妾三十六人。"

人们常常以"三妻四妾"来形容妻妾之多,在表7-2的例子中,少的六七个,多的十来个。南方有的地方,流传有"一官、一集、一姬人"的说法,即"做一任教,刻一册稿,娶一个小"①。一任教,指州县教谕之类的官,属正八品衔的低级职务,俸食菲薄。因为是清水衙门,额外收入也不多。即使这样,他们也不忘附庸风雅,娶一个小妾摆摆排场,讲讲享乐。思想家李塨,举人出身,做过通州儒学学正。他曾先后纳马、吕二妾。② 在当时,官场之中,不管职位大小,正室有子无子,只要可能,都纳有姬妾,以致不蓄媵妾被当成例外,需要另加说明了。③

纳妾为享乐,这从翁妾之间的年龄差,亦可得到某种印证。清人诗中有"翁年六十姬十六""姬年十七翁七十"的说法。④ 虽系文学作品,含有一定夸张的成分,但五六十岁娶少妾经常可见。比如闽浙总督王懿德55岁纳林氏,张之洞55岁纳秦氏,孙渊如55、56岁连置金、潘二妾,汪琬56岁纳小姬,李渔56、57岁分别纳乔、王二姬,颜元59岁纳姜氏,屈大均59岁连纳陆、石二姬,方观承61岁纳吴氏,顾炎武63岁纳妾某,王崇简62岁纳屠氏,陈衍64岁纳李妾,徐润68岁纳吴氏等都是。⑤ 清初浙江仁和县令张玉甲,在一份审案判牍中,针对受审的翁妾二人,写了两句调侃的话:"夫翁已为鸡皮鹤发,而婢(妾)犹作艳李浓桃"⑥,形象地点出了两者的年龄差距。更有甚者,还有八十老翁纳十八少妾者。金埴《不下带

---

① 平步青:《霞外捃屑》,第190页。
② 冯辰等编:《李恕谷先生年谱》卷2、3。
③ 如吴琠"自确山令县以至宰辅四十余年,夫人服老以佐,不纳媵妾",认为是"非生有古圣贤之大孝品学,安能若是乎"!引自《吴琠文集》,山西人民出版社,1990年,第219页。海宁查慎行,49岁元配卒,"先生心感之,殁后垂三十年,不置一婢,恩义兼优,尤为人所难"。参见《查他山先生年谱》。此外像鄂而泰,自32岁继娶席他拉氏后,"家无妾媵,六男二女皆夫人出",载《鄂而泰年谱》,第5页;吏部尚书郝维讷,"不蓄媵侍,子女皆夫人出"。载《清代碑传全集》,第116页;礼部尚书吴襄,"至老不蓄侍妾"。载汪由敦《松泉文集》卷21。以上等等,都因富贵不纳妾而为人所称道。
④ 张应昌编:《清诗铎》,第823页。
⑤ 以上资料多采自有关年谱,除前面业经录列者外,王懿德见王家勤《王靖毅公年谱》;颜元见李塨纂,王源订《颜习斋先生年谱》;陈衍见陈声暨《石遗先生年谱》;徐润见《徐愚斋自叙年谱》;方观承见姚鼐《惜抱轩全集》,第239、257页;李渔见《李渔全集》附:单锦珩编《李渔年谱》。
⑥ 李渔:《资治新书》卷13。

编》:"沛上潘氏,巨族也,其先世某翁,年八十无嗣……一婢年十八……遂于是夕梳饰之,置之别闼,醉翁以酒,强令婚焉。"双方竟差了70岁,真可入翁年八十姬十八的诗句了。

下面,我们汇辑了一些有关翁妾年龄的记载,列表说明这个问题。资料主要得之家谱和年谱,另外也有档案《刑科题本》、内务府、宗人府来文,再就是文集中的碑传志状。

(一)男子纳妾时年龄

表7-3　男子纳妾时年龄

19岁及以下	1人	占0.68%
20—24岁	8人	5.48%
25—29岁	15人	10.27%
30—34岁	16人	10.96%
35—39岁	27人	18.49%
40—44岁	21人	14.38%
45—49岁	18人	12.33%
50—54岁	14人	9.59%
55—59岁	11人	7.53%
60岁及以上	15人	10.27%

以上共146人。其中,纳妾年龄最大的79岁,然后是70岁,各1人;最小19岁,亦1人。如果把40岁作为界线,分成前后两段,40岁前(不包括40岁)67人、占45.89%,40岁以后79人、占54.11%,后期比前期多出了8.22个百分点。在各年龄段中,比例最高的是35岁至39岁,其次是40岁至44岁,合在一起约占33%。对于一些有钱有势者,这十年间,正是他们事业有成、心高意满之时,同时也是买妾及时行乐的好机会。至于60岁及

以上纳妾比例还有如此之高,则表露出这些人的贪婪占有之心。

(二)女子被买做妾时的年龄

表 7-4　女子始做妾时年龄

14 岁及以下	20 人	占 22.47%
15—19 岁	43 人	48.31%
20—24 岁	10 人	11.24%
25—29 岁	12 人	13.48%
30—34 岁	2 人	2.25%
35 岁及以上	2 人	2.25%

上列 89 人中,最小年龄 11 岁(2 人),最大 39 岁(1 人),平均年龄 18 岁,比较正常婚配的女子初婚平均年龄,略微偏大,这主要是 25 岁及以上为妾女子的比例,大大高于正常婚姻中同年龄段的数字。不过最使人注目的还是 19 岁及以下年龄为妾的人数,竟占到总数的 70.78%,而且 14 岁及以下的就有 22.47%,着实令人感到意外。在口头传言中,一向有"娶妻娶德,娶妾娶色";或者"挑妻挑财产门第,选妾论漂亮伶俐"的说法。低龄女子被纳为妾比例如此之高,正是符合绝大多数男子的"娶妾娶色"的选择标准。20 岁及以上为妾的女子中,有不少属于再嫁者。她们有的是寡妇迫于生计或其他缘故卖身为妾的,也有被丈夫遗弃而出卖的。当然也不乏有人看中"徐娘半老,风韵犹存"的姿色,通过骗诱、霸占等手段得来的。另外也有一些人买大龄再嫁女子为妾,是出于经济方面的考虑。董沛《南屏赘语》中提到一个叫吴文孝的老头,花了 30 块银圆,买 39 岁(虚岁 40 岁)寡妇徐氏为妾,原因就是贪图价钱便宜。

(三)夫妾年龄差

通过前面的两组统计已可发现夫妾在年龄上的差距。为了有更直观的了解,我们专就夫妾年龄差再做些统计。资料来源除文集、年谱外,相当部分录自家谱。见表7-5。

表7-5 夫妾年龄差统计

年龄差	人数	所占比例%
妾年岁大于夫1岁	1人	0.47
夫年岁大于妾4岁以内	5人	2.35
5—9岁	20人	9.39
10—14岁	38人	17.84
15—19岁	45人	21.13
20—24岁	34人	15.96
25—29岁	36人	16.9
30—34岁	20人	9.39
35—39岁	5人	2.35
40岁及以上	9人	4.22

表7-5共统计213例,除一例妾的年岁大于丈夫外,余212例均小于丈夫,其中差距最大的超过62岁(前述沛上潘氏例未计在内)。

在第四章《婚龄》中,我们曾对夫妻年龄差做过统计,并把丈夫年龄大于妻子10岁及以上的权称为不正常婚姻。这种婚姻比例,最高的是湖南省,占11.06%,其余的从不到2%至2.6%不等。可在夫妾年龄差中,超过10岁的人数比例,竟高至87.79%,甚至超过30岁的还有16%。若将213例的岁数差加以平均,得出的是19.84岁,接近于20岁,双方的年龄差是何等的大。

当然,只从上面几组统计的数字,不能说已绝对掌握了夫妾之间的年岁情况,但至少反映:(一)如果说,夫妻之间的年龄,常有妻大于夫的,那么对妾而言,年岁总是要小于主人。(二)主翁的纳妾年岁,从20岁到五六十岁,或者更大,都不受限制,而妾在被纳时,一般都只20来岁或十几岁,并不一定随着主翁年龄的加大,妾被纳时岁数亦须相应增加。(三)假如我们把213例年龄差所得平均数20岁,看成是社会的翁妾平均年龄差,那么广泛流传的老夫少妾的说法,亦可得到比较确实的认识。

由于老少相配有悖常理,有的人也会假惺惺地做些忏悔。王崇简在纳屠氏为妾时,曾在自撰年谱中写道:"以六十二岁尚纳少女,此晚年自咎之一端也。"可是没有多久,他又使一个蔡姓婢女怀了身孕。康熙八年(公元1669年)王68岁,"三月六日房中人蔡氏生女"。于是他又自我谴责道:"平生房中侍女年长,皆以处女嫁之,此以朝夕左右,乃留之房中,岂老年所宜为者,又晚年自咎之一端也。"一方面是贪恋美色,不顾老年体弱,还要买妾玩婢女,可另一方面总觉得不光彩,怕人背后指责他,故又自己骂自己。王崇简的做法,反映了某些绅衿道学家的虚伪心态。

第三节　纳妾与财势

妾多数既属于置买,在当时,买妾之价,少则几十两,多的可至数千两,而且相当一些人,纳妾是出于享乐。因此,没有一定的经济实力,是难作此想的。前述清政府对宗室贵族有名号的妻妾规定了一定的数额,又确认在此之外的媵妾数无限。这是一种政治特权,可真正落实到娶多娶少,还得视有心者本身的经济力量而定。有的学者对有清一代的皇族妻妾数进行了统计:有王公以上爵位的上层宗室,平均妻妾数约为4人(从363人中得出);中层贵族(有镇国将军至奉恩将军封爵者)的约为2人(从1145人中得出);无封爵的下层宗室的约为2人(从10 465人中得出)。爵位越高,妻妾数也越多。再将有爵位宗室拥有妻妾数按时代加以排列。见表7-6。①

表7-6 上层宗室各时期拥有妻妾人数

时间	贵族人数	妻妾总数	平均妻妾数
公元1640—1700年	92	564	6
公元1701—1750年	86	329	4
公元1751—1800年	96	323	3
公元1801—1850年	65	186	3
公元1851—1890年	24	44	2

根据表7-6数字,愈到后来,平均妻妾数愈少。这在中层和下层宗室中也同样存在。前者公元1640—1700年是约3人,公元1851—1900年是约1人;后者公元1640—1700年是约3人,公元1851—1900年是约1人。造成妻妾数呈减少状态的主要缘故,一是宗室人数不断繁衍扩大,二是清朝政府的财政状况不断恶化,使宗室整体生活每况愈下。② 家庭经济条件下降了,纳妾的数量自然要随之减少。

类似宗室中见到的情况,在其他人员中也有。赖惠敏在《明清海宁查陈两家族人口的研究》③一文中,统计了陈、查两姓的纳妾率分别是

---

① 基本统计数字均来自刘素芬《清代皇族婚姻与宗法制度》,载《清代皇族人口行为和社会环境》。按:上述统计数字,较之实际数可能偏小。因为颇有一些没有生育子女的婢妾,或虽生有子女,但因其母身份低下,被主人有意隐瞒不报,在《玉牒》中漏载了。这样的事,在《清实录》中曾多次载录过。
② 参见拙文《清宗室的等级结构及经济地位》,载《清代皇族人口行为和社会环境》。
③ 刊于《大陆杂志》第78卷第3—4期,1989年。按:文中有关纳妾率的计算,是按婚入女子总数除以妾数得出的。陈家(公元1372—1910年)婚入女子是5338人,妾数364人,纳妾率14.28%;查姓(公元1430—1908年)婚入女子5451人,妾数186人,纳妾率为4.28%。

14.28%和4.28%,陈高于查。作者推断,查姓纳妾率低,或与有功名的人数少于陈姓有关。接着作者又单就陈姓纳妾率作纵向的历史考察。在公元1500—1860年的360年里,按照出生,以50年为一期,组成7个年轮组,其中1750—1799年轮为6.71%,已经低于7.88%的整个平均值,而再下面的1800—1860年轮组,更低至1.8%了。对此,作者确认,1750年以后,陈姓任官比例的大幅度减少,家族势力趋于衰微,是其重要缘由。有功名人数的多和少,以及做官者的增减,都会影响家族的资产实力,所以也是经济问题。

那么在当时,买一妾究竟需要多少花费?为此我们专门辑得一些资料以供参考。见表7-7。

由于各个时期、各个地区情况不同,特别是与女子的本身条件大有关系,所以妾的价格高下相差很大,高的可以上千两、几千两,低的也有几两、十几两的。多数情况也就是几十两到百把两之间。按清代农民种田所用耕牛,每头大概在7—8两至10—20两之间,清初耕牛缺乏,价钱更高至20—30两甚至几百两。① 买一个普通的妾,所需银两竟与牲畜价相差无几,或稍高一些。妾的地位低下,可想而知。尽管如此,买妾对于多数人来说,终究是件奢侈的事。乾隆时,湖北京山县发生一起妾被拐逃、家主忧忿自杀的命案。事情是这样的:民人谭以方因久无子嗣,于乾隆二十七年(公元1762年)三月间,买邻村女子余氏为妾。余氏进入谭家后,与谭夫妇关系一直不好,时常受到打骂。乾隆三十年(公元1765年)六月二十九日,余在外放牛,与邻居孔明歧有了私情,从此两相情意脉脉,余还表示再难忍受谭家的虐待,准备逃出另嫁。孔乘机引诱余氏外逃。事发后,谭多方寻找不见,既顾虑余的娘家前来要人,更痛惜花了银子买妾生

---

① 参见拙著《清代牛租剥削初探》,载《中华文史论丛》1987年第1期。

子,儿子没有得着,妾又跑了,落得人财两空,忧忿交加,终于自缢殒命。① 谭的自杀,固然与他顶不住压力有关,但痛惜人财两空,无疑也是个重要原因。因为对于像谭这样的小康人家,出钱买妾,毕竟并不容易。

表7-7 各地各时期买妾价格举例

时间	地区	买主	被卖女子情况	价格	资料出处
康熙间	浙江德清	官家蔡启傅	为丈夫还债	银30两	《熙朝新语》卷2
康熙间	陕西延长	晋商赵友梅		40两	《碑传集》卷未上
康熙间	河南唐县		翁故无葬资,为夫所卖	24两	同上书
雍正十一年	直隶永年	贾能信54岁,为生子	康氏18岁	25两	档案,乾隆元年八月十八日李卫题,第122号
乾隆元年	山西晋临	乡绅某,年过40岁无子	韩氏30岁已被嫁买两次	62两	档案,乾隆元年三月七日允礼题,第123号
乾隆元年	江苏徐州	州同徐世泰	徐氏	20两	档案,乾隆元年允礼题,第136号
乾隆八年	湖南衡阳	王中贤,中年无子	黄氏28岁,夫死被嫁卖	100两	档案,乾隆十年正月二十五日蒋溥题,第130号
乾隆九年	江西鄱阳	操配69岁为生子	王氏38岁,夫死被卖	18两	档案,乾隆十年二月十六日准泰题,第130号
乾隆十年	山东阳谷		宓氏22岁,原童养媳,被卖	29两	档案,乾隆十年七月五日硕色题,第125号
	广东琼山县	何朝臣52岁,水师营守备	韩氏34岁,夫病生活困难	6两	档案,乾隆十年十月十九日策楞题,第136号
乾隆十二年	北京		孙氏20岁,为丈夫偿欠	130两	档案,《内务府来文刑罚》,第2119号

---

① 《驳案新编》卷17《比照奸夫自杀其夫奸妇拟绞》。

续表

时间	地区	买主	被卖女子情况	价格	资料出处
乾隆二十年	江苏江宁	周瑞39岁	蒋氏,丈夫失业,被卖	28两	档案,乾隆二十年七月二十五日,第122号
乾隆二十年	江苏上海	刘在	陆氏,与夫不睦,被卖	24两	档案,乾隆二十年四月十九日,第125号
乾隆二十五年	北京	正黄旗包衣马甲吴玉柱	某氏30岁,夫亡被卖	15两	档案,《内务府来文》,第2126号
乾隆二十六年	北京	赵某	田氏29岁,因穷卖妻	24两	档案,《内务府来文》,第2129号
乾隆二十九年	北京	杨延栋	胡氏	20两	档案,《内务府来文》,第2125号
乾隆三十一年	北京	某旗人	田氏17岁	90两	档案,《内务府来文》,第2138号
乾隆四十八年		候补笔帖式永年	陈氏24岁,江苏淮安人	120两	档案,《内务府来文》,第2145号
乾隆四十九年	北京	礼部主事岳兴阿	王姐20岁	350两	档案,《内务府来文》,第2147号
乾隆五十年	北京	外委刘某妻故子幼缺人照应家务	张大妞,与人有奸被夫休卖	8两	档案,《内务府来文》,第2157号
乾隆六十年	北京	安柱眼失明求照顾	民女崔氏20岁	钱90吊	档案,《内务府来文》,第2170号
嘉庆十八年	山东曲阜	孔传汤	同宗某妻荀氏	钱30余千文	孔府档案,第0742号
	江苏丹徒		某女貌美,为父偿欠	索价千两	《履园丛话》,第452页
	北京	铁保姊丈某		150两	《梅庵自编年谱》
	江苏苏州府	某甲		500两	《右台仙馆笔记》卷3
		赵光	某家婢女兰香	36两	胡衍虞:《居官寡过录》卷6

第七章 妾

续表

时间	地区	买主	被卖女子情况	价格	资料出处
嘉庆二十年	广东广州府	协戎张某40岁无子	王氏,某县官女,父死家贫为兄所卖	500两	《两浙宦游纪略》卷下
道光	江西新成	某富户	陈氏美而贤,其夫被兵掳久无音信	100两	徐珂:《清稗类钞》7册,第3075页
光绪十年	北京	宗室某	刘瑞儿	30两	档案,《宗人府来文》,第734号
光绪间	江西	吴文孝	徐氏,寡妇40岁	洋银30元	《南屏赘语》卷3
光绪间	陕西咸阳	王福禄	年青孀妇某氏	100两	《樊山政书》卷2
光绪间	陕西富平	石栓	文氏,夫死女幼	70两	《樊山政书》卷14
	浙江萧山	傅某	黄氏,年少貌美	200两	徐珂:《清稗类钞》第5册,第2496页
		内务府总管大臣继禄	妓女花宝琴	8000两	徐珂:《清稗类钞》第7册,第3298页
			翠云	3000两	
		某侍郎	某女号称绝色	300两	徐珂:《清稗类钞》第7册,第3439页
	广东		选少女经专门培养后卖出	100—200两 200—500两	徐珂:《清稗类钞》第7册,第5289页

前面我们曾列举过不少拥有大量妻妾的人。他们往往不是现职官员,就是富商大地主,至于一般纳妾者,至少也应是生活能过得去的小康之家。可与此相对照,某些底层士子,虽年过40岁,因无后欲纳妾生子,却以家贫而无能为力。前引刘世杰《为刘雪舫置侧室与人书》便颇具有代表性。再等而下之,轮到一般贫苦百姓,有的连妻子都难以养活,独身抱恨终天,更谈不上纳妾了。所以,不管是纳妾为续嗣,或为帮助照料家务,以及其他种种理由,都要以本身或家庭的经济力量为后盾。由此看

来,纳妾制之存在,不能简单地归结为男权主义的产物,确切地说,它应该是反映了少数有钱有势者的观点,是他们对权力、财货无限贪欲在人身占有权方面的延伸。

第四节 妾的地位的改变和妾生子女的身份

在清代,妾要改变社会地位,主要通过两条途径:

一是得到丈夫或公婆的中意,当嫡妻亡故后,不再继娶,将其扶作正室。这样的事虽含有一定的偶然性,但时有可见。海宁查继佐,35岁纳侧室蒋氏,次年元配孙氏过世。蒋因料理家务,劳绩卓著,被立为继配。① 施闰章侧室李氏,即是长妾,长子彦淳又是李氏所生,所以当施中年丧妻后,很快改李为正室。② 张集馨妾王氏,35岁纳。张说她赋性聪淑,事嫡有礼,颇得丈夫欢心。张50岁时鉴于元配黄氏、继室邵氏先后去世,王在侍奉张的16年里,又爱护张的独子兰儿(邵氏出)如同己出,对待其他婢妾亦不苛刻,加上家无内政,不能统属,正式宣布将她立为正室。③ 董恂将妾叶氏进为继室是遵从了丈母娘的意思。董37岁时,元配谈氏病故,当年由妻家出面,为置侧室叶姬。经多年考察,岳母齐氏确定

---

① 沈起:《查继佐年谱》,中华书局,1992年,第30、31、69页。
② 施念曾:《愚山先生年谱》:明崇祯七年,十七岁条:"元配梅氏来归";顺治三年,二十九岁条:"冬,李氏来归";五年,三十一岁条:"闰四月,长子彦淳生,李氏出";十一年,三十七岁条:"九月,梅氏卒于家";康熙十九年,六十三岁条:"内子李氏五十初度"。据此,再证之《施公墓志铭》言,施元配梅氏,继配李氏,副室蒋氏、徐氏。汤斌:《施公墓志铭》,引自《施愚山集》第4册,第232—235页。可见李来归时,是作为侧室进门的。李氏被扶作继室,当在顺治十一年梅氏去世以后。
③ 张集馨:《道咸宦海见闻录》,第20、117页。

叶姬能当大事,认作义女,同时要董扶正成为继室。① 最有意思的是福建水师提督王得禄,嘉庆二十一年(公元1816年)嫡妻范慈微卒,王向众妾宣布,谁最早生得儿子,便由谁递补为正室,结果陈氏因先产一子而得其位。② 但也有这样的情况,像左宗棠的侧室张氏,事左55年,生有三子一女(左元配周氏生长子孝威早卒),成为全家治内政的顶梁柱,左对她也是敬重有加,但因心里一直感念着元配周氏的情意,始终没有想把张立成正室。对此,张氏虽免不了要发些牢骚,但因名分不变,所以仍得柔从听侍,执妾媵之礼。③

改变妾地位的第二条途径,就是盼着儿子长大后中举做官,得到朝廷的封赠。按照清朝的制度,只要家里有人做了官,父母、祖父母和妻室,都能依次援例得到封赠。其中对母亲的封赠分一品夫人、夫人、淑人、恭人、宜人、安人、孺人、八品孺人、九品孺人共九等,官做得越大,封赠诰命越多,封号也越高。做妾的若是得到诰封,身份就立刻改变,再不属于奴婢一等了。这方面最突出的例子便是尹继善的生母徐氏。徐氏江宁人,系继善父大学士尹泰的小妻。当继善出任两江总督时,徐氏因尹家的家法森严,犹得着青衣,干粗活,一切封赠轮不到她头上。不久,继善转调云贵总督,在进京觐见皇帝时,雍正帝得知他生母的境况,特封徐氏为一品夫人,诏书中有"大学士尹泰,非借其子继善之贤,不得入相;非侧室徐氏,继善何由生"④之言,徐氏的身份亦由此得到改变。另如张廷玉妾吴氏生长子若霭。若霭于乾隆二年(公元1737年)奉旨承袭三等伯,吴氏亦推恩诰

---

① 道光二十三年,三十七岁条:"六月二十七日,谈夫人去世","命置侧室叶姬";咸丰五年,四十九岁条:"岳母齐氏以叶姬能当大事,呼之以女,命称继室。"以上参见董恂自编《还读我书室老人手订年谱》。
② 徐明德:《清代水师名将王得禄传略与年谱》,第71—72页。
③ 王先谦:《虚受堂文集》卷11《刘母张太夫人墓志铭》。
④ 袁枚:《小仓山房诗文集》,第1362页。

封一品夫人。① 直隶总督方观承独子维甸,系妾吴氏出。嘉庆时,方维甸出任总督、尚书等职,吴氏母以子贵,得封太夫人。还有像左宗棠妾张氏封夫人,张廷玉另一妾封恭人,吴文镕妾王氏封安人,王士禛妾张氏、陈氏均称孺人等,②都是因为儿子做了官而受诰封的。妾也有以女贵而得封的,尹继善妾张氏,便因女儿被选为乾隆帝第八子仪郡王(嘉庆四年,公元1799年晋封亲王)永璇妃,蒙特恩封一品夫人。大学士于敏中妾张氏的女儿适衍圣公孔昭焕长子孔宪培。宪培按规制系应袭公爵之人(后袭爵),女儿便是未来的公爵夫人。乾隆三十七年(公元1772年)二月,诏赏张氏三品淑人。③

当然,也有一些媵妾通过自我发奋努力,而取得了社会的同情和尊敬。不过她们多数限于抚老养孤,振兴家庭、家族门楣等方面,而且不管如何努力,也不能像前面得诰封、扶正室那样,改变妾的身份。在森严的阶级制社会里,妾要摆脱现状,跨进做主子的门槛,只有仰仗别人之力,特别是男子的力量(如丈夫、儿子),这既是妾的悲哀,同时也反映了当时妇女整体地位的卑下。

最后让我们来考察一下妾生子女的地位问题。按照清朝政府的规定,贵族承袭爵位,以及三品以上官员恩荫子孙,嫡生与庶生是有区别的。如亲王福晋所出子中1人袭封,余子封不入八分辅国公;侧福晋子封二等镇国将军,别室所居妾媵子封三等辅国将军。母亲的出身不同,儿子的封爵便不同。其余各等爵位的荫封,均照此类推。在宗人府档册中,原定只载录有名号的妻子所生子女,另室侍妾所生子女,不载入内,后来做了变

---

① 张廷玉自编:《张廷玉年谱》,第5、58页。
② 均见有关年谱。又吴文镕见吴养编《吴文节公年谱》;王士禛见《王士禛年谱》,第46页。
③ 方浚师:《蕉轩随录》,中华书局,1995年,第17页。

更,但仍得另立档册记载。① 官员恩荫子孙,也按嫡长先后顺序排列。② 在一些家谱中,对有关嫡庶之事,也有明确的定例。同治《汝南蓝氏族谱》中言:"庶子虽长,不书嫡子前者,为其重嫡也。"③有的家族,还对丈夫出于溺爱而混淆嫡庶的做法提出了严厉的批评。嘉庆十年(公元1805年)五月十六日,作为大宗主的曲阜孔府,在给寄居于江苏高淳县族人孔毓申、孔广英等呈请继修支谱的8条应注意的事例中,有一条就是有关分清嫡庶之事:

> 嫡妾礼法攸关,本人溺于私爱,子孙归美所生,往往易致混淆。各分长须严行查核,据实直书,毋得肆意淆乱,致乖名分。④

混淆了嫡庶,就是扰乱了名分,这是当时礼法所不能允许的。不过在涉及诸如家庭财产分配等时,嫡庶之间一般无明显差别。《大清律例》开载:"嫡庶子男,除原先官荫、袭封先尽嫡长子孙,其家财田产,不问妻妾婢生,止以子数均分。"条例中涉及有关财产分配的,也适用于一般百姓。光绪时,江苏句容县民佘人俊家为分割遗产发生纠纷,妻族主张嫡出子多分,庶出子少分,佘家房长出面干预,确定不分嫡庶,按等均分,结果闹到县里,判决结果,房长胜诉。⑤ 县衙的审断是按国法行事的,代表了国家的意志。

妾生子女在婚配上与嫡生子女也差别不大。下面我们根据《王崇简自撰年谱》和《雷塘庵主弟子记》二书所载,考察王崇简和阮元两家子女

---

① 《清世祖实录》卷116。
② 《大清律例通考校注》,第341页。
③ 转引自陈支平《福建族谱》,第291页。
④ 《曲阜孔府档案史料选编》第3编,第1册,第291页。
⑤ 许文浚:《塔景亭案牍》卷5《佘人俊》。转引自朱勇《清代宗族法研究》,第50页。

的婚姻关系,作表7-8:

表7-8 王崇简、阮元的儿女婚姻圈

王崇简	长女	嫡出	嫁于锦衣卫都督佥事陈承吉子
	次女	嫡出	嫁于明天启丁卯科进士张永祯子
	三女	嫡出	聘于宣府巡抚朱之冯子(未成婚)
	子熙	嫡出	聘汀州知府金星女,兵部主事金铉妹 继娶上林苑监丞刘可学女,翰林院检订泽芳妹
	四女	嫡出	适太仆寺少卿文汉孙
	五女	庶出	嫁乡试乙未科同年朱苾为继室
	子焣	庶出	娶都督佥事陈邦政女 继娶翰林院编修宋祀妹
	子然	庶出	娶监司李钟女
	子照	庶出	娶通州文学罗应云女
	子燕	庶出	娶山东利津县令张文煐女
	子默	庶出	娶兵部侍郎庄应会女
阮元	常生	养子	娶儒者刘台拱女
	子福	庶出	娶广东布政使许祖京孙女,兵部主事员外郎宗彦女
	子祐	庶出	娶安徽巡抚钱楷女 继娶嘉兴原刑部尚书钱陈群元孙女,马家港通判燕喜女
	女安	嫡出	嫁翰林院给事中张馨曾孙,三品顶戴均子
	子祎	嫡出	娶前兵部尚书彭启丰曾孙女,刑部侍郎希濂女
	女正	庶出	适前协办大学士吴璥子

王、阮两家都是名门望族。一个官至礼部尚书,另一个历任多省督抚和各部堂官,最后拜体仁阁大学士。在一共17对子女,20次婚姻关系中,阮元养子常生可不计,余嫡出7人,庶出9人,嫁娶的一律都是官宦名家,并没有看出嫡高庶低的痕迹来,因此也谈不上有所歧视了。前面我们曾列举过,尹继善庶出女选为王妃,于敏中妾生女配于衍圣公长子等,亦足资证明。这是因为按照宗法制原则,庶出子女与嫡生女子一样,同姓父

姓,归从于父,属于主子的行列,并不因媵妾地位低下而归入奴婢一等。小说《红楼梦》描写贾政妾生女探春,自我表白是主子身份,不屑与生母赵姨娘归为一类,正如实地反映了当时的现实。

尽管如此,由于人们对妾的歧视,或多或少也会连及对妾生子女的看法。在曾国藩的家书中,有一封给三位弟弟的信,就谈到这样的事:

> 京师女流之辈,凡儿女定亲,最讲究嫡出庶出之分。内人闻贺家姻事,即托打听是否庶出,余以其无从细询,亦遂置之。昨初十日接家中正月订盟之音,十一日即内人亲至徐家打听,知贺女实系庶出,内人即甚不愿。余比晓以大义,以为嫡出庶出何必区别,且父亲大人业已喜而应允,岂可复有他议?内人之意,因为为夫者先有嫌妻庶出之意,则为妻者更有局蹐难安之情,日后曲折情事,亦不可不早为虑及。求诸弟宛转禀明父母,尚须斟酌,暂缓订盟为要。①

信中所言婚事,即曾长子纪泽与乡宦贺耦庚女儿订婚事。

其实在开始,曾并未想到嫡庶问题,而且也是欣然同意的,只是后来夫人不断嘀咕,这才有所犹豫,并有反悔之意。但最后曾贺两家还是结了亲家,曾还对贺氏博通经史,深明礼法的才品深表赞许。② 曾行事为人,颇以遵循礼法自许,在子女婚配上之所以能在嫡庶问题上作出让步,是因为在国家法律和宗法规例上,从没限制嫡庶嫁娶,更不会牵涉地位身份方面的事。③

---

① 《曾国藩家书》,第204页。
② 《曾国藩家书》,第257页。
③ 民国《同安县志》卷21,引《温陵闻见录》,言及闽南一带纳婢为妾,所生子女"仍以婢名呼之",作者认为"此尤陋俗"。可见把妾生子女归入婢妾一类是不合常例的。记录供参考。

第八章 节妇、烈女和贞女

第一节 清朝政府的贞节表彰制度

清代著名文学家方苞在《岩镇曹氏女妇贞烈传序》中说:"尝考正史及天下郡县志,妇人守节死义者,周、秦前可指计,自汉及唐亦寥寥焉。北宋以降,则悉数之不可更仆矣。"①为什么会这样?原因是自宋以后,随着程朱理学成为官方哲学,它所宣传的那套夫为妻纲的道德说教,也被抬到至高无上的地步,反映在婚姻关系上,便有"从一而终""饿死事小,失节事大"的种种奇谈怪论。为了配合这种论调,由皇帝带头,旌表节妇、贞女,各级政府和地方乡绅也层层配合,紧相呼应,并愈演愈烈,到清代,"贞节"二字便成了规范妇女"人伦之大,风化之美"的最高准则了。②

在清朝入关之前的满族社会中,不但一般旗民不看重妇女的保贞守节,即使是上层贵族,对男子娶再醮之妇,女子一嫁再嫁,也习以为常,不因此引为耻辱。③清朝统治者表彰贞节的活动,完全是受汉族传统礼教的影响。顺治元年(公元1644年)七月,顺天府督学御史曹溶向摄政王多

---

① 《方苞集》,第105页。
② 魏象枢:《寒松堂集》,第729页。
③ 参见定宜庄《满族的妇女生活与婚姻制度研究》,第115—117页。

尔衮条陈,要求按照明朝旧制褒扬节孝,恤其子孙,旌其门风,以励风节,①当时正值多尔衮统领八旗劲旅进关不久,已表示要定都北京,迎接尚在沈阳的福临驾临做全国的皇帝。接受曹溶奏陈,既表示对这些归降的明朝旧臣的宽容和尊重,同时也显现出满洲人对汉族圣人礼教的敬意,用以赢得人心。曹溶所说的明朝旧制,就是《明会典》中载录的民间女子凡30岁以前作寡,守制到50岁以后不改节操,就可以旌表门闾,除免本家差役。② 在得到清廷的认可以后,曹溶便于次年十一月申报了直隶境内,青年守节者李端氏等10名节妇名单和有关事迹,接着其他官员也陆续有所呈报。为了表示对旌表活动的重视,清廷从顺治四年(公元1647年)起,每遇节日喜庆之时,发布"恩诏",都加入了要地方有司注意咨访节妇的内容。③ 当时,清廷虽然同意旌表贞节按明朝旧例办理,一些汉官也为此闹得沸沸扬扬,但在很长时间里,每逢臣下上报节妇烈女名单、事迹,清廷照例只批示"章下有司""所司知之",在"恩诏"中则说"以凭建坊旌表""以凭具奏旌表"等,开些空头支票,实际并无作用。一直到顺治七年(公元1650年)十月,清廷旌表孝子、节妇,才第一次明确提出"各给银建坊如例"④的说法。

次年二月,清廷为福临生母孝庄皇太后上尊号发布的恩恤事例中表示,这种旌表孝子、顺孙、义夫和节妇的活动,不但在汉人中要继续进行,而且还要推行到八旗满人之中。⑤ 顺治十年(公元1653年)五月,清廷又针对满族宗室颁布了表彰宗室节孝贞烈事例,⑥激励他们起表率作用。如果说在开头,清朝统治者表彰贞洁,只是为了笼络人心,多少有点应付

---

① 《清世祖实录》卷6。
② 万历《明会典》卷79。
③ 参见《清世祖实录》卷33、41、53、108等。
④ 《清世祖实录》卷50。
⑤ 《清世祖实录》卷53。
⑥ 《清世祖实录》卷75。

的味道,随后便逐渐当真,以致把八旗满洲也包括了进来,正式成为有清一代歌风正俗、开展礼教活动的重要组成部分了。

随着清廷对表彰贞节活动的重视,有关制度也更加具体化起来。像确定旌表节孝的途径,一般由州县申报至省,再及礼部,或由修志总局采访,也可由原官上陈,然后皇帝下旨确认,所在官府给银30两,刻名建坊;属八旗系统的满洲、蒙古、汉军妇女,由所在佐领、参领查案核实,由都统、副都统复查呈报,向户部支取库银立石造坊。清廷还规定守制合例,节妇还可定期发给米粮,帮助维持生计。①

关于守节请旌年限,顺治时,清朝政府一度放宽定制,确认民人之妇,从20岁守节到40岁,只要满了20年,都可准于旌表。② 康熙时,一方面对上报请旌节妇中,冒滥不实做法进行了整顿,要求必须将贞节妇女的行实开具明白,随送亲戚和地方官的保结,以便审核;同时规定,凡应送表彰,有关衙门不转详题请者,要加以议处。③ 康熙二十七年(公元1688年)玄烨看到礼部呈递的1份为山西省烈妇荆氏等照例请旌事由,发表议论说:全国每天都发生丈夫死了,妻子便以死相殉的事,数量不少,如此轻生从死,实属反常,若再旌表,必将使从殉者更加增多。所以他下令,此后再有亡夫妇人从死之事,当永严禁之。不过,在旌表问题上,他还留了一个尾巴,"若有必欲从死者,告于户部及该管官具奏以闻,以俟裁定"④。

---

① 光绪《清会典事例》卷403;又据徐栋《保甲书》卷1,引《户部则例》:"民妇已旌表者,照例优免一丁,侍养终身,之后子孙,仍旧当差。"再,康熙《衢州府志》:"凡民间寡妇三十以前亡夫,守制四十以后不改节者,旌表门间,除免本家差役",说明国家对受旌节妇还有免丁之例,自后实行"摊丁入地"后,免丁免差失去了作用,故后来多不加提及。
② 《清世祖实录》卷137。
③ 《清圣祖实录》卷135。
④ 光绪《大清会典事例》卷403。

所谓必欲从死,指的是拒奸自尽,或逼嫁致死之类,其美名叫"守正捐躯"。① 采取严禁从殉的理由是人命关系重大,岂可妄捐躯体,似乎出于人道主义的考虑,但实际上还有其他原因。雍正帝曾下谕说:"不知夫亡之后,妇职之当尽者更多,上有翁姑,则当奉养以代为子之道;下有后嗣,则当教育以代为父之道。他如修治蘋蘩,经理家业,其事难以悉数,安得以一死毕其责乎。"② 只有代亡夫完成养公婆、教子女、治家业以后,这才算完成妇道之职。殉夫尽管悲壮,实际是在逃避责任。所以不给旌表是正常的。

雍正帝胤禛即位后,对表彰贞节更不遗余力,他先是下诏,责备各督抚大员和学政衙门,对朝廷的旌节旨意往往视为具文,并不广咨远访,只凭州县监司的申报,对于乡村僻壤,贫寒耕织人家更是轻视抑阻,致"乡邻嗟叹为可钦,而姓氏不传于城邑;幽光烟郁,潜德消沉",埋没了不少深受生活煎熬的良善女子,也辜负了朝廷成俗化民,实心彰善的一片心意。③ 接着他又批准了礼部遵旨议奏的"若节妇年逾四十而身故者,守节已历十五载以上"④也可得到旌表。这比先前确定的不管现存、已故均需年满20岁才得请旌的做法,更倾向于宽大为怀。为了使旌表活动更加规范化,胤禛下令,京师和地方各府州县,八旗左右两翼建立节孝祠,门首树大坊,刊刻被旌表的节妇、孝妇名字,祠内再设牌位,以昭垂久远,至于原来单独建坊的做法,银仍照拨,建坊则听由自愿,省却了不少事务性麻烦。有关胤禛表彰节妇的事例,在一些西方来华的传教士的书信里也有反映。

---

① 按照原来的规定,妇女只要强奸已成,即使是羞愤自杀,也不能受到旌表,原因是失去贞洁,等同失节。后来有人提出不同意见,这才更定为"若猝遭强暴,孱弱难支,被辱之后,强徒远扬,而该妇女茹愤衔冤,控诉无所,立即捐躯者,照因人调戏羞忿自尽之例,准其旌表"但是建坊银两,要减半拨给,如果隔天自尽,连一半银两也得不到。
② 《清世宗实录》卷 67。
③ 《清世宗实录》卷 4。
④ 《清世宗实录》卷 12。

雍正三年(公元1725年)12月2日,法国人龚当信(P. CYR. Contancin)在广州写给爱梯哀纳·苏西埃神父的信中有这样一段话:

> 雍正皇帝还制定了另一条法规,要求寡妇们守节及妻子对丈夫忠贞。皇帝说:国泰民安尤其取决于妇女们的忠贞。她们应该恪守妇道,履行她们的义务。一个年轻妇女失去了丈夫,如果她能守寡,不再嫁人,在她去世前至少守寡二十年;或者一个妇女为了保持贞操,受到逼迫不屈而死,朕令她的家人不管在如何条件下,都要报告地方官。地方官核实事实后,再奏报朕知道,朕将下旨,从皇家财库里提取必需的银两,在她的家乡为她树碑立传。①

龚当信所引胤禛的话,就是前述雍正元年他发的两个诏谕和所作的相应规定。不过具体意思上稍有出入。后来龚当信在另一封信中又谈到胤禛为节妇、烈妇出钱建坊供祭的事,还讲了两则礼部遵旨表彰烈女的具体事例。②

由于雍正皇帝的大力倡导,请旌节妇的人数空前增加,至乾隆初,仅江苏省每年上报者就有200余人,累年相积,以至节孝祠中已腾不出更多地方来安放致祭牌位了。在这样的情况下,该省巡抚雅尔哈善于乾隆十四年(公元1749年)上疏,要求把请旌的节妇再加分等,一种是"节而廉孝,或能教子成立,或贫无倚靠,艰苦自守,著于间阎,非寻常可比者";另一种只是"循分守节以老者",也就是够了旌表年头,但无特殊事迹的。她们生平行事不同,所起激劝作用也不同,所以在旌表待遇上,也可量为区别。③

---

① 朱静编译:《洋教士看中国朝廷》,第135页。
② 朱静编译:《洋教士看中国朝廷》,第141页。
③ 《清高宗实录》卷341。

经过礼部等衙门会商,于该年七月,正式出台了一项新规定,新例对雅尔哈善说到的第一类人,仍维持原来的给银建坊,殁后致祭祠内的旧制;对于第二类,即寻常守节者,待遇稍有修正,经详明督抚学臣后可酌量给匾嘉奖,后来又定匾镌"清标彤管"四字,附疏汇题,仍于祠内统一建碑,其题后陆续镌刻姓氏,载入本州县志,至于单独拨银建坊,就统统免了。① 看来,这实在是一种出于不得已的变通办法。②

乾隆十四年的规例,虽然显出了国家对越刮越烈的旌表之风有不胜招架之势,但是各种加码活动并没有因此平息下来,嘉庆十五年(公元1810年),浙江巡抚陆攸铦以湖广道监察御史陆泌九世祖母陆徐氏,在前明万历十六年(公元1588年),夫亡作寡至顺治二年(公元1645年)亡故,计守节57年,符合旌表条件,因鉴于当时正属明清换代之际,未能上报举行,请求予以补旌;同时甘肃也有烈妇周蔡氏基于同样缘由呈请旌表。于是又有了如下的定例:"凡节妇、烈女,实系厄穷堪悯,或因世远年堙,未经呈报,尚有府县志事迹可凭者,准其子孙补请旌表,以垂不朽。"③从而给有钱有势者,通过表彰祖先,为自身光耀门庭开通了道路,于是一批批前朝的节妇、烈女被发掘出来,列入旌表的行列。道光四年(公元1824年)因安徽全椒县民妇杨王氏守节十三年身故,按照成例,尚缺两年,无法请旌,礼部援引乾隆三十六年(公元1771年)题准的"旌表已故贞女不拘年限"的定例,请求变通到情况类似的节妇们身上,这样凡

---

① 《清高宗实录》卷344。
② 乾隆十四年的新规定,曾招致一些士大夫的不满,江苏无锡人钱泳就议论说:"节烈之妇,国家有旌表之例,觉罗雅公巡抚江苏,奏准不许滥膺,遂使陋巷穷嫠向隅饮泣"(钱泳:《履园丛话》,第455页)。嘉道时著名学者姚鼐亦说:"乾隆十五年,礼部议从江苏巡抚奏,以天下节妇者众,不可尽予旌表,乃别定为格,如格者乃旌表,而女子之行,或出于人所难能,不幸不及格,有终不予旌表者矣"(姚鼐:《惜抱轩全集》,第59—60页)。其实分等旌表不等于取消某些人的请旌资格。这在定例中说得很清楚。他们的指责,实际上是借题发挥。反映了在不断升温的旌表活动中,人们似乎只有附和往上抬,才是正常的,否则便会招来很多罪名。乾隆十四年的规定是经皇帝批准实行的,他们不敢指责皇上,只好拿雅尔哈善出气。
③ 道光《礼部则例》卷48。

已故节妇,只要待满十年,生平坎坷,操行无亏,便可取得旌表的资格,①到了同治十年(公元1871年)又定:嗣后孀妇守节至六年以上身故者一律旌表,②使旌表资格又向前放宽了一步。

除上述外,清朝旌表条规中,还有一些特别定例,如职官之妻凡已受过朝廷封旌者,不许再以节妇名义复加申请,③理由是国家已给了相应的封典,不必再次沽名钓誉,况且作为百姓表率的官家眷属,本来就有比一般百姓更高的要求,遵守闺阁礼训,苦节守制,那是本分之事,格而勿旌,并不为过。再就是不与凡人同等的奴仆和身份卑微的妾媵,都不属旌表之列,随后业有松动,不过在某些方面仍显示歧视。比如乾隆十一年(公元1746年),有人以开户旗人身份请旌(未开户前称户下人,系专为八旗家主人服役的那些人),朝廷即以"旗人已经开户之节妇,虽与现在户下服役者不同,究与良家有间,应止许给银建坊,毋庸于节孝祠内题坊设位"。再,乾隆四十三年(公元1778年),福建巡抚钟音在请旌烈妇名单中,有黄致中侧室郑氏一名,弘历即下谕:"侧室捐躯,更非正室可比,岂可概与阐扬",批驳了郑氏的旌表申请。又如乾隆五十八年(公元1793年),河南巡抚穆和蔺以衙门捕役之妻吴赵氏请旌,结果也是只同意建坊,免于祠内设位。④一样是节妇、烈女,只因身份不同,得到待遇亦不相同。可与此相对的一些朝廷亲信大臣,却常常以皇帝特旨的方式,破格进行表彰。乾隆时屡立战功,被封为一等诚谋英勇公、大学士阿桂的子媳,工部尚书那彦成(后同样已封子爵)之母那拉氏,抚孤守志30多年,因系门宦世家,照例不应再给旌表,可颙琰却于嘉庆四年(公元1799年)下谕礼部,

---

① 道光《礼部则例》卷48;《清宣宗实录》卷75。
② 光绪《大清会典事例》卷404。
③ 这在前代已有此例。如万历《明会典》卷79中记载:"诰敕封为命妇者,仍照前例不准旌表。"清代只是加以沿用。
④ 光绪《大清会典事例》卷403。

要他们"照八旗官员妻女之例给银建坊旌表"。再如嘉庆十九年（公元1814年），给皇后婶婶觉罗氏从夫殉节以"恭人例旌恤"，也是超越规例，以皇帝特旨形式做的。①

需要说明的是，清政府旌表节妇、烈妇，只不过是让妇女为丈夫、为男子守贞从一所采取手段的一个方面，其他像不断的舆论灌输，以及许多烦不胜烦的劝惩措施，都是为了给妇女造成压力。早在顺治十二年（公元1655年），世祖福临在一本专为规范人们行为的《内则衍义》序言中提出，要把"守贞殉节"作为重要内容加以倡导。各级地方官员对此亦不遗余力，嘉道时曾在广东、河南等省当过府道布按等官的程含章，每到任所，都要开出访单，向下属咨询地方情形。内容之一，就是要他们开具苦节、贞女、孝妇名单，曾否旌表等，以便心中有数。② 长期供职于西北甘肃的龚景瀚向上司建议于各乡设乡铎一员，每逢初一、十五，会同乡官，传集百姓讲解"圣谕"，并要听讲民众公举孝子、顺孙、义夫、节妇，"素行为善者书之善册"，进行表扬。③ 各地的乡约、乡规，也往往要写进有关表彰节妇、烈女的条规。一些宗族组织亦不例外，江西《临川孔氏家谱·家规》中有"贞节孝义，千古垂芳，族长应加意访问，有年少孀居，不轻出闺门，举动礼法自闲，而能孝敬公姑，教子成人者，公举旌奖"④。乾隆二十五年（公元1760年）江苏宝应刘姓入谱条例中记载："女子适人而守节者并载""无论妻妾守节，俱载，其题旌节孝，并为立传"。⑤ 浙江山阴徐氏家族规定，嫠妇按例可旌而无力申请者，可由族人代为呈报。⑥

对于一些贫寒孤单之家来说，要使寡妇守节，最大的问题是缺乏劳动

---

① 道光《礼部则例》卷48。
② 程含章：《岭南续集·咨访各厅州县地方情形札》；《中州集·为询访事》。
③ 徐栋：《保甲书》卷3《请设立乡官乡译议》。
④ 《曲阜孔府档案史料选编》第3编，第1册，第50页。
⑤ 乾隆《宝应刘氏家谱·谱例》。
⑥ 光绪（浙江）《山阴安昌徐氏宗谱》卷2《义庄条规》。

力,生计难筹。所以只靠精神激励是不行的,于是又有助嫠济困之说,某些有力者亦以此为积善行德之举,浙西石门县蔡载樾、蔡载坤兄弟出钱600万钱,用利息42万钱周济50岁以上寡妇,"计日给米五合、钱十文,青年守节者倍之,冬夏各给以衣帐。敛死者,买公地葬之"①。嘉庆时任湖南布政使的叶佩芬推行保甲制度,其中一项内容,就是向耐贫守节的妇女周济粮食布匹、表彰门闾,使乡里争以为荣,百姓咸知劝善。② 苏州范氏立章:"寡妇守满三年者,本房房长及亲支保明,批给本名一户米,五年以上加一户,十年以上加二户,十五年以上加三户,二十年以上加四户";"三十岁以内守节至五十岁者,已合国家旌表之例,优加五斗";"如内有无子孙者,再加一户";"如本族聘他姓女未成婚而亡,能归本族夫家守节者,给加"。③ 江苏苏州席氏定:嫠妇赤贫为夫守节,虽在壮年,亦准给米,如有幼稚子女,照口发给,子壮其子停给,嫠妇不停。④ 昆山王氏青年守寡,除给食米外,每月加增灯火费七折,制钱四钱,以资纺织,⑤等等。从乾隆时起,在江南一带还陆续出现了由政府倡导、地方乡绅牵头经理的清节堂、恤嫠会、保节局、贞节堂等组织,这在开始主要是出于救助贫困嫠妇的需要,后来鉴于各地"争醮""逼醮""抢醮"之风日盛一日,又注入了有关捍卫寡妇贞节的内容。⑥

在正面表彰的同时,统治者们也没有忘记贬低或丑诋再嫁妇女及所谓不贞者。根据清律,"再嫁之妇不得受封,所以重名器也。命妇受封,义当守志,不容再嫁以辱名器"⑦。根据这一原则,儿子做官,推恩封赠父

---

① 陆以湉:《冷庐杂识》,第259—260页。
② 徐栋:《保甲书》卷2《饬行保甲》。
③ 乾隆(苏州)《范氏家乘》卷15。
④ 光绪《席氏世谱载记》卷12《义庄条规》。
⑤ 光绪(昆山)《琅琊王氏谱略》卷10《义庄条规》。
⑥ 参见梁其姿《清中期后期慈善组织的"儒生化"——以清节堂为例》,载《华夏文明与传世藏书:中国国际汉学研讨会论文集》,中国社会科学出版社,1996年。
⑦ 《大清律例刑案汇纂集成》卷4《户律婚姻》。

母,也不得及再醮之母。有人更进一步提出,凡娶再醮女子,婚后又没有生下子女的,只当以妾论。① 无独有偶,江苏《晋陵悉氏宗谱·义例志》中就写着:本姓娶妻,若系再醮来者,谱中就写上侧室某氏。再嫁者竟然连妻子的名分都给剥夺了。而光绪《筥溪吴氏家谱》竟干脆规定:"娶孀妇不书",索性来个眼不见为净。在如此风气影响下,寡妇再嫁,竟影响父母、兄弟、子侄间的关系。有一个读书人死了妻子,继娶某孀妇,婚后有感于两人身世,写了一首诗,其中有"同是人间不幸人"。他儿子读了后,大表不满,把幸改成义字,成了"同是天下不义人",用以谴责不能守贞的继母,同时也埋怨父亲续偶不讲对象。② 江苏阳湖刘王氏,守节殉夫,但因前节有亏,属再醮妇,失去了请旌资格。该县令某在处理此案后,写了一首诗:"分钗劈凤已联年,就义何妨晚概愆。鸠以换巢难择木,鹤经别离任更弦。也同豫让传千古,莫恨苏章有二天。究胜世间长乐老,几回生敬又生怜。"③对此妇表示了既同情,又格于"义例"不得不做此处理的感叹之情。由于统治者不遗余力地倡导,上至缙绅世家,下至贫贱百姓,均以苦节守贞为荣,再醮为耻,并称此做法为淳风厚俗之举,很多地方志中亦不惜篇幅、饶有兴味地加以记载:

以守节为常,以再醮为辱,盖家守烈女训焉,故年例合旌表者比比也④;

妇人尚贞节,夫死多不再更⑤;

嫠居有贞烈者多至饿死不再醮⑥;

---

① 曹续组:《再醮不得为继妻论》,载《清经世文编》卷65。
② 龚炜:《巢林笔谈》,第45页。
③ 钱泳:《履园丛话》,第635页。
④ 乾隆《诸城县志》卷11。
⑤ 同治《湖州府志》卷29。
⑥ 嘉庆《余杭县志》卷37。

妇知重名节,以再醮为耻,故从一而终与贫烈迭著①;

妇女最重名节,妇人青年夫死者多不改嫁;即许字而夫死者,亦多到门守节②;

女尚贞节,虽蓬荜不轻再适③。

以上只略举数例。在现实中,有的妇女为了表示意志坚决,竟做出毁面守贞、啮指保节、截发明志等激烈行为。四川道光《安岳县志》谈到那里的妇女表节之心时说:"闺门之内,王化系焉,邑之巾帼秉性贞洁,皆知以礼自守,有不幸而从夫未久,遽丧所天,克矢百舟之操,孀居守节,悉能从一而终,或翁故欲夺其志,竟有截发断鼻之死靡他,其节烈之风时多表见。"在如此舆论、如此社会气氛支配下,寡妇中若有人胆敢再嫁,招来的便是"其姊妹多耻之"或"邻里不耻",有的还规定"有异节则呈举于官"。④ 出现"出必不从正门,舆必毋令进宅,至穴墙乞路,跣足蒙头,群儿鼓掌掷瓦石随之"⑤的可怕场面。在清代,越来越多年轻寡妇在夫权至上的绳束缠绕下,难以摆脱,甚至为此付出了牺牲青春、埋葬爱情的昂贵代价。

第二节 旌表人数的迅速增长

清朝政府旌表节妇烈女的活动,虽然从顺治初已批准进行,但在很多

---

① 嘉庆《宁国府志》卷9。
② 民国《顺德县志》卷1。
③ 乾隆《永春州志》卷7。
④ 光绪《吴川县志》卷2;宣统《高要县志》卷5;光绪《永嘉县志》卷6。
⑤ 康熙《休宁县志》卷1。

年里,都是各地官员陆续呈报,清廷随时知由礼部备案表扬的。由于头绪纷呈,工作过于零散,礼部于顺治十二年(公元1655年)题请清廷,要求各直省督抚、都统、副都统在每年十二月份上报节妇事实名单,经复核后确定旌表。不过并没有很好执行,至少从《清实录》中看到的情况是,仍由各地分散进行。按年度集中颁布旌表节妇、烈女名单,始于顺治十八年(公元1661年),也就是在玄烨即位以后,但只限于八旗范围。这一年共旌表八旗节妇满洲27人,汉军1人;烈妇满洲2人,并宣布"各给银建坊如例"①。把旗人和百姓混在一起集中宣布旌表,则是自康熙三十五年(公元1696年)十二月起才有的:旌表八旗节妇满洲温查妻查氏等94人,蒙古班弟妻赵氏等23人,汉军孙兆龙妻常氏等11人;直隶各省节妇王英妻田氏等9人,各给银建坊如例。② 从此以后,便正式成为规制。现将顺治九年(公元1652年)起至同治十二年(公元1873年)止,历朝《实录》所载,旌表孝节烈妇女人数列表,见表8-1。

表8-1显示:从顺治到同治朝(缺同治十三年数),旌表节妇的人数呈上升势头,这从每一代的年平均人数中看得很清楚,其中又以道光后增加速度为最快,这一方面与清廷不断放宽旌表条件有关。还有,前引嘉庆十五年,浙江陆泌援例请求为其前明祖先补旌事被允准后,很多人乘机搭车,要求补旌;有的按旧例不够标准,可按新例却可受旌(如已故节妇,原定须守节满10年,才得受旌,随后改为只满6年便可请旌,新例较旧例减少了4年),也纷纷攀援申请,在不少地方刮起了一阵不大不小的补旌风,如咸丰朝,据《清文宗实录》载,从咸丰二年(公元1852年)起,每年末,除颁布正式旌表节烈贞女人数外,同时附有各地采访所得要求旌表的贞节妇女数。若二年(公元1852年)采访贞妇9896人,三年(公元1853年)

---

① 《清圣祖实录》卷5。
② 《清圣祖实录》卷178。

4490人,五年(公元1855年)27人,六年(公元1856年)748人,七年(公元1857年)贞孝节烈妇女:江苏86人,浙江20人,浙江志载贞孝节烈1020人,共1126人;八年(公元1858年)贞孝节烈妇女:江苏217人,浙江1人,江苏志载贞孝节烈妇女2322人,共2540人;九年(公元1859年)采访贞节妇女4844人,另有贞孝节烈妇女等1139人;十年(公元1860年)采访贞节妇女3624人,十一年(公元1861年)烈妇974人,烈女4人。总计咸丰一朝于正式公布的旌表人数外,同时附带公布了各地采访和江浙两省地方志书所载的贞孝节烈妇女计28 433人。这些人都是属于后来补旌的。这一情况,在地方志中也有记载。江苏常熟昭文县,道光十八年(公元1838年)就补明代节妇93人,二十八年(公元1848年)又补47人。① 南汇县令王其淦于同治八年(公元1869年)一次上报前明及入清后,应旌未旌节妇烈女并贞女996人,请求补旌,②等等。

表8-1 顺治至同治朝旌表贞节烈女人数统计

年代	节妇		夫亡殉节		未婚守志		备注
	人数	年平均数	人数	年平均数	人数	年平均数	
顺治九年至十八年(公元1652—1661年)	403	40	175	18			
康熙元年至六十一年(公元1662—1722年)	4822	79	252(康熙三十三年后未报)	8	49(康熙三十六年起始见报)		另有烈女1人,贞女49人
雍正元年至十三年(公元1723—1735年)	9995	769	3(雍正十三年数)		贞女并未婚守志221	17	

---

① 光绪《常昭合志稿》卷37。
② 光绪《南汇县志》卷18。

续表

年代	节妇		夫亡殉节		未婚守志		备注
	人数	年平均数	人数	年平均数	人数	年平均数	
乾隆元年至六十年（公元1736—1795年）	66 200	1103	877	15	1468	24	另有未婚殉节11人,贞女18人,烈女2人
嘉庆元年至二十五年（公元1796—1820年）	29 179	1167	420	17	676	27	
道光元年至三十年（公元1821—1850年）	93 668	3122	1970	66	1823	61	另有聘妻殉节10人,贞女721人,烈女70人
咸丰元年至十一年（公元1851—1861年）	77 025	7002	225	20	880	77	
同治元年至十二年（公元1862—1873年）	190 040	15 837	200	17	536	45	
总计	471 332		4122		5653		

　　清政府之所以在咸丰、同治后大张旗鼓地开展旌表节妇烈女活动,与太平天国起义后的整个时局有关。清末内乱外祸,战事频繁,民心动荡不安。而妇女又往往罹难最深,多多旌表,也是安抚收罗人心的一种手段。有人曾说:"本朝乾隆以前,凡烈妇殉夫,贞女守志,及孝子孝女割股卦肝者,辄令具奏请旨,听上权衡。然予旌者什一二,不报者什七八。盖畸节异行,事近矫饰,未可为风厉天下之恒典也。自道、咸之际,文宗恐潜侧不曜,上阏天和,三十年来,遂成令甲。"[①]当然,这里指的是烈妇贞女之类,

---

① 陈康祺:《郎潜纪闻初笔》,第296页。

其实对节妇也是一样。明明知道"事近矫饰",只要地方大吏敢于报闻,做皇帝的便皆予旌表,并且名之谓"恐潜恻不曜,上阏天和",实际上是采取一种要想得之,必先予之的做法。有人不老是埋怨朝廷对旌表控制太严吗?现在我大开绿灯,满足需要,以此摒除或缩小矛盾,赢得汉族缙绅和跟着唱和的善良百姓们的心,期望对业已摇摇欲坠的清朝统治有所帮助。表中,夫亡殉节栏康熙朝缺三十三年以后数,原因是二十七年(公元1688年)起,清廷对夫亡从殉的旌表,实行永永严禁。不过事虽如此,很多男权主义者,从心底是喜欢丈夫死了后妻子从贞不二,甚至殉死而从的。这样弘历继位后,每年又开始公布夫亡殉节者的旌表人数,当然,那些都名之谓事由特殊的必欲身殉者。

表 8-1 中无光绪朝的旌表人数,这是因为我们在《清德宗实录》和《光绪朝东华录》等书中,都没有见到每年的公布数,但没有见到不等于没有旌表,而且人数也不少。这从某些志书中可窥见其大概:

表 8-2　州县方志所载历朝节妇旌表人数统计表　　　单位:人

县名	朝代									
	顺治朝	康熙朝	雍正朝	乾隆朝	嘉庆朝	道光朝	咸丰朝	同治朝	光绪朝	宣统朝
江苏常熟、昭文县	4	20	126	636	161	1680	606	1001	2442(二十九年止)	
四川梁山县(今重庆梁平区)								117	137	
云南宜良县		1	1	110	2	13		6	229	1
云南建水县			1		4	3		3	59	
云南元江县				4	7	5		1	54	
归绥县(今呼和浩特市)					2	9	4	7	110	
甘肃镇原县		5	1	111	179	100	5	27	165	
浙江余杭县					97	109	19	44	341	

资料出处:光绪《常昭合志稿》卷 35—39;光绪二十年《梁山县志》卷 9;民国《宜良县志》

卷9;民国《建水县志》卷8;民国《元江县志》卷19;民国《归绥县志·烈女》;民国《镇原县志》卷13;嘉庆《余杭县志》卷13。

从列表的8个县份中(常熟、昭文虽两县,实际可称1县),光绪朝的平均旌表人数超过同治朝的有6个,两个低于同治朝。又据江苏甘泉县(今扬州市)资料,该县自光绪七年(公元1881年)至宣统三年(公元1911年)的31年间,共旌贞孝节烈妇女900余人。以900人计,年均就有29人。① 湖南桃源县清初至同治时,共旌表节孝妇女621人。光绪十六年(公元1890年)奉旨旌表139名。十七、十八年采访得旌节者74名。② 浙江长兴县亦因本县申请,于光绪十七年奉旨批准了前明节烈贞节妇女63口,清朝待旌妇女110口。③ 如此等等,都说明光绪朝的旌表人数是相当可观的,至少不会低于同治朝。若将光绪朝的旌表数定在与同治朝大体相等的每年15 000人水平(同治朝年均旌表15 837人),34年便是51万,这里还没有把宣统两年多的旌表数计算在内。照此,有清一代只旌表节妇一项便及百万之众。④ 董家遵教授根据《古今图书集成》汇集得明代的节妇数27 141人,⑤如果这个数字可以作准,清代的节妇竟超过明代近40倍。明朝的旌表规模与清朝相比,真可谓小巫见大巫了。

尽管清政府在旌表活动中,口子愈开愈大,人数愈来愈众,但仍有很多人被拒之于外。这主要反映在两个方面:

一、被旌表的多集中在有钱有势的范围里,一般贫苦无依者,因摸不着申请门路,特别是无法满足吏胥和各级官员的需索,而甘愿放弃这种荣

---

① 民国《甘泉县续志》卷18。
② 光绪《桃源县志》卷11。
③ 光绪《长兴县志》卷27。
④ 表8-1列471 332人,加上咸丰年间采访补旌者28 433人,扣除烈妇、烈女、贞女数应不少于25 000余人,总计超过49万人,加上光绪朝51万,便是100万数。
⑤ 董家遵:《中国古代婚姻史研究》,广东人民出版社,1995年,第246页。

耀。江苏扬州人张符骧在一篇《范家浅缪节妇待旌记》的短文中,历举他亲戚和周围所见的四个例子,说明有的孀居已合年限,按例早该旌表了,但或因家贫无力呈递申请,或借口年岁久远,查询不易,更有的是当官的看不起寒门弱辈,不加理睬,以致只得孤身苦熬终生。① 另一个叫赛琠的说,节妇请旌,"在富饶者犹易托于有力之口,而贫窭者往往泯灭勿彰"②。这种情况,很多官修的地方志中也坦率地加以承认。如福建连城县:"苦节之贞,纯孝之士,请旌者少,而囊橐稍裕,便冀援例列名,其风尚使然耶"③;河南淅川厅:"节妇守贞,烈女趋死,皆风化攸关,第编户穷檐,每多湮没"④;直隶枣强县:"闾阎穷氏,茹苦守节,壅于上闻者多矣,是因胥吏需索,不乐成人之美,以致为子孙者畏难而苟安,然亦官斯土者之过也。"⑤据有人观察,当时受旌的妇女,从家庭情况看,一、"城市封素"者,即城镇中的有钱人;二、"缙绅巨族",有一官半职,或有功名,或虽不是官员,也没有功名,但却有田有地,有钱有财的地主富豪;三、"公举有人与援引之多力"者,有人推举或能层层援引的,这多数也是有一定背景的有钱有势之家,或在地方有影响的强宗大姓。剩下的便是"幽芳僻处,家世寒微"之人,一来她们没有门路,二来多数人在社会的世态炎凉中麻木习惯了,只好"潜行自修",不汲汲于企求政府旌表了。⑥

为了使大家对奉旨旌表的节烈贞女的家庭情况有所了解,下面就顺天、宁夏两府、陕西保安州、广东崖州以及广西陆川县旌表妇女中,家庭属于职官或有科举功名者进行了统计,见表8-3。

---

① 张符骧:《依归草》卷3。
② 《碑传集》卷152《马节妇传》。
③ 民国《连城县志》卷17。
④ 咸丰《淅川厅志》卷3。
⑤ 同治《枣强县志补正》卷3。
⑥ 余治:《得一录》卷2《表扬节孝说》。

表 8-3　绅宦家庭妇女在受旌妇女中所占比例统计

府州县	受旌总人数	属于现职或候补、捐职家庭人数	属于文武举人以上功名家庭人数	属于贡监生员家庭人数	有职有功名者占总受旌人数	资料出处
顺天府	4880	116	19	528	13.58%	光绪《顺天府志》卷110—112
宁夏府	135	8	2	31	30.37%	乾隆《宁夏府志》卷17
保安州	90	1		23	26.66%	光绪《保安州续志》卷3
崖州	27	1		14	55.55%	光绪《崖州志》卷13
陆川县	24	2		15	70.8%	民国《陆川县志》卷17

表 8-3 统计的只限于资料中载录的数字,而不是有清一代该府该州县所有的受旌人员。列表显示在受旌者中,有官职官衔和科举功名的家庭,比例最低的是顺天府,但也占到总数的 13.58%,其他一般都在百分之二十几到三十几,最高的陆川县,竟占 70.8%。几乎绝大部分都被这些人囊括了。按照张仲礼教授的统计,清代绅士阶层总人数,在太平天国前约为 110 万人,太平天国后 140 万人,若以每家 5 人为计,之前总人数近 550 万,之后约 720 万。① 当时全国的总人口大致在 4 亿上下,以 4 亿为准。太平天国前,绅士阶层占全国人口的 13%,之后占 18%,用他们在全国人口中的比例数,再看看在旌表中所占的比重,就可看出,官员、绅衿们的份额是相当大的。还应指出的是表 8-3 统计的只限于有职有功名者的人户,除此以外,还有相当部分虽无政治衔称,但却有一定资财或实力的家庭。比如在上述资料中,我们就发现有妻妾同旌,劝夫纳妾,周恤亲族,对邻里患难相助等记载。也有业医从贾,以及像处于绅士边缘的儒童、儒生

---

① 张仲礼:《中国绅士——关于其在 19 世纪中国社会中作用的研究》,上海社会科学院出版社,1991 年,第 109 页。

之类的家庭。真正家徒四壁,清贫自守而能受到表彰的,据我估测,也就是 10%—20% 之间。

二、受旌者地区分布不平衡。大致经济文化发达的中心地区所占比例大,边疆和偏远贫困地区人数少。云南楚雄府所属大姚县,即地处边疆,又是山区穷县,从明到清道光末期,志书共载节妇、烈女、贞女 21 人;①广东崖州清初至清末,包括州牧表彰在内,共旌 27 人;②四川黔江县旌 55 人(光绪十九年,公元 1893 年止);③云南邓川县载咸丰初止仅 27 人;④贵州永宁州 24 人。⑤ 他们与江浙等省一些州县受旌者动辄数百乃至上千人,根本无法相比。所以有人说:"旌表节孝,所以维风教也,邑处边隅,名德姓流不敢与通都大郡相颉颃。至穷僻侧陋,苦节全贞,则有大郡通都之人所不能受其酸辛者,惜乎不悉举报,致忍饥受冻茹苦,含悲矢志,青年全贞白首,亦与草木同腐,伤矣。"⑥山西孝义县也"闺门甚肃,而节妇不知请旌"⑦。僻居海岛的台湾澎湖厅,在很长时间里,百姓们竟然不晓得节妇烈女还有"旌表祠祀之荣"⑧。既然连朝廷的表彰风教都懵懂不知,怎么谈得上去申请呈报呢! 出现此种差异的原因,首先,中心区居民耳濡目染,见识一般较边疆要广,人们的整体文化素质亦较偏远陋乡要高,他们较多地了解政府的政策,知道可以去申请争取,而且有的即使家庭不富庶,或者还是穷檐小户,然而家族很有势力,他们为争得整体的荣誉,往往不惜以求。前面我们曾引述浙江山阴徐家就规定:凡嫠妇例旌无力上请者,家族可代为请旌悬匾,就是很好的例子。其次,通都大郡,国家

---

① 道光《大姚县志》卷 17。
② 光绪《崖州志》卷 18。
③ 光绪《黔江县志》卷 4。
④ 咸丰《邓川县志》卷 12。
⑤ 道光《永宁州志》卷 9。
⑥ 道光《大姚县志》卷 17。
⑦ 乾隆《孝义县志》第 4 册。
⑧ 光绪《澎湖厅志》卷 8。

的政权建设,也较边疆整齐完备,下情上转,上情下达,运转相对快速灵便,常常朝廷的旌表尺度稍有松动,他们很快得知了,于是新旌、补旌申请不停。再加上这些州县中不少人在朝廷或地方做官,俗话说:朝中有人好办事。他们为讨好乡里,为自身利害计,也愿意给家乡出点力,帮点忙。《纪晓岚文集》卷14《中议大夫赐三品服肯园鲍公暨配汪淑人墓表》中言:安徽歙县鲍志道与妻汪氏,出钱资助"终身苦节、无力请旌"的四位族妇,向官府提出申请,同时鲍志道又利用他的身份,协助"上之于朝",使旌表得以实现。这便是家族、乡党出力以请旌表的例子。如此等等,都是偏远穷困小州县难以做到的。据光绪《井研志》载:"同治十年,允御史刘同光请,守节六年而身故者,亦得与。县人不谙旌例,故暗沦亡传。"井研属四川省嘉定府,谈不上是偏远小县,信息尚且如此闭塞,对真正交通不便,远处边疆的州县,更可想而知了。

最后,还有一个观念问题。雍正时期,陈宏谋出任云南布政使,几年间,见府州县厅很少有人呈报贞节妇女。后来他分析原因,其中一点就是"边地夷愚,不知节孝之足重"。在他(她)们看来,死了丈夫,再嫁与不嫁,都是个人或家庭的事,不关乎贞洁风化,[①]在东北的某些地方也是如此。有人曾对"穷乡僻壤申请寥寥"[②]的局面,颇有感慨,其实这包含了主观和客观的许多因素,一时很难改变。

那么在清代,符合旌表条件而未能获得旌表,列名于书者的节烈妇女究竟有多少或占有多大的比例?试举例如下,见表8-4。

---

① 《培运堂文檄》卷3《通省节孝檄》。
② 咸丰《邓川县志》卷12。

表 8-4 方志所载已得、未得旌表孀妇人数统计表

州县名	奉旨旌表人数	地方政府表彰人数	未得旌表或待旌列名志书人数	资料出处
昌平州	28		111	光绪《昌平州志》卷19
山西交城县	266		175	光绪《交城县志》卷8
长子县	158		106	光绪《长子县志》卷10
长治县	628		237	光绪《长治县志》卷7
陕西渭城县	106	26	323	光绪《新续渭南县志》卷9
甘肃宁夏府	100	35	179	乾隆《宁夏府志》卷17
河南扶沟县	474		463	光绪《扶沟县志》卷33
江苏昆山县	273		420	道光《昆新两县志》卷32—34
新阳县	192		151	
宜兴县	1050		31	光绪《宜兴荆溪县新志》卷8
荆溪县	1014		35	
山阳县	1247		278	同治《重修山阳县志》卷16
浙江余杭县	98		291	嘉庆《余杭县志》卷31、32*
金华县	174	225	686	光绪《金华县志》卷10
安徽凤台县	1669		1060	民国《凤台县志·烈女志》
江西宜春县	348		911	民国《宜春县志》卷18、19
湖北东湖县	285		31	同治《东湖县志》卷17
广东崖州	10	17	59	光绪《崖州志》卷18
广西郁林州	235		681	光绪《郁林州志》卷17
四川汉州	200		174	同治《续汉州志》卷18
黔江县	55		261	光绪《黔江县志》卷4
云南邓川县	5	22	51	咸丰《邓川州志》卷12
宜良县	367		76	民国《宜良县志》卷97
建水县	251		222	民国《建水县志》卷8
元江县	83		145	民国《元江志稿》卷19
永宁州	7	17	33	道光《永宁州志》卷9

续表

州县名	奉旨旌表人数	地方政府表彰人数	未得旌表或待旌列名志书人数	资料出处
合计人数	9665（57.34%）		7190（42.66%）	总计人数 16 855

* 据光绪《余杭县志稿·列女》，又续旌 519 人。

从列表看，大致偏远州县，未旌人数要多于受旌者，内地州县，特别是那些通都大邑，受旌者多数超过未旌者。不过因表中节取的数字，都是以各州县志书成书前的年代为限，尤其是成书较早的州县，后来因新旌、补旌等缘故，比例还会有变化。除此以外，另一个因素也是要考虑的，即那些居于穷乡僻壤的埋名守节者，修志者因无法采访事迹，而常常遗漏缺载，这也不在少数。据我的估计，如果有清一代，受到旌表的贞节烈妇有 100 万人，那么因种种缘故合例而未得旌表者，亦当有此数。至于在旌表大潮影响下甘愿守孀，而未能熬满年头，或超过 30 年却格于规例而不得旌表，这样的人，当然就更多了。光绪《威远县志》说："其间孀居年逾三十与现年未满五十者，当百倍于旌例相符而邀荣于倬楔者。"百倍之说，可能过头了些，但人数超过受旌者，这是肯定的。

第三节　备受压抑的寡妇生活

按照清政府的旌表规定：虚岁 30 岁，也就是现在实足年龄 29 岁，是个断限，在此以后的居孀者，便不在旌表之列。下面我们根据这个年龄段，统计了 4235 个守孀时妇女的年岁状况，进行列表：

表 8-5 29 岁前守孀妇女年龄统计表

年龄	人数	所占比例%	年龄	人数	所占比例%
11	1	0.024	21	358	8.45
13	1	0.024	22	288	6.8
14	4	0.094	23	403	9.51
15	32	0.75	24	368	8.69
16	66	1.56	25	353	8.33
17	168	3.96	26	309	7.29
18	281	6.63	27	440	10.39
19	319	7.53	28	366	8.64
20	289	6.82	29	189	4.46
合计人数 4235					

以上资料是按本书统一规格,将虚岁减 1 岁,折成实足年龄计算的,这样的 30 岁,满岁也就是 29 岁。以下照此类推。表中共录 4235 个数据,其中 3797 例,录自地方志,剩下 438 例是从《碑传集》《清代闺阁诗人征略》以及有关文集中抄得的。为了便于归类,我们再将统计分成三组,她们是:19 岁以下(包括 19 岁)872 人,占 20.59%;20—24 岁 1706 人,占 40.28%;25—29 岁 1657 人,占 39.13%。这中间比例最大的是 20—24 岁,然而令人触目的是,19 岁及以下守孀者也占 20.57%。照现在 18 岁为成人的标准,她们不过初涉人世,还没有来得及享受更多的青春甜蜜,便永远关上了花季生活的大门,为了求取旌表,须得寂寞孤灯,了此一生。在守孀节妇中,还有一种童养媳,她们甚至还未成婚,因未婚丈夫去世而立志守节的,这样的例子亦时有可见。如:

湖南零陵县:张氏,唐文定妻,刚出生,便被唐家领养,成为文定的童养媳。文定6岁夭,张立誓守节。①

江西南昌县:刘世琳妻谭氏,童养于刘。谭13岁时,世琳亡,守贞41年。②

广东嘉应州:杨奎泉妻萧氏,2岁为童养媳。7岁奎泉逝,不改嫁。③

贵州铜仁县:杨氏,张前栋妻,9岁归张为童养媳。14岁时前栋死,杨守贞不字。④

江苏邳州:马氏,刘仁修妻,8岁童养,15岁抱仁修灵牌成婚守节。⑤

与童养媳守贞、守节相类似,还有一种病重冲喜的习俗。光绪《零陵县志》记载了这样的例子:汪氏,王太山妻,冷水市人。汪尚未过门,太山得重病。王家援乡俗,要求汪成婚冲喜,期望太山能转危为安。汪的母亲感到难办,与女儿相商。汪氏说,这是命,怎么做,全由母亲做主。成婚未久,丈夫就去世了。汪终身寡居不再嫁。王家要求汪女冲喜,是援引乡俗。既有俗可援,足见不是偶然的特例。事实上,从我见到的资料,便不下十数例。限于篇幅,不能一一引述。⑥再有像结婚不久,丈夫外出,甚至有的终身不归,做妻子的不但长时独守空房,还得孝顺公婆,"守志无瑕,没齿无怨"⑦。类似例子更多,按照现在的话来说,叫作守活寡。如果说,丈夫死了,妻子鳌居不嫁,还能盼到旌表的荣耀,至少在精神上得到某

---

① 光绪《零陵县志》卷10。
② 民国《南昌县志》卷46。
③ 光绪《嘉应州志》卷26。
④ 民国《贵州通志·烈女志》。
⑤ 民国《邳县志》卷14。
⑥ 有关冲喜的内容,我在第五章《童养媳》中,有较多的论述。
⑦ 程庭:《春帆纪程》,载《小方壶斋舆地丛钞》第5帙。

种慰藉,而守活寡,尽管身心的痛苦较死心守寡更有过之而不及,可受到的待遇大不一样,诸如旌表之类,根本无缘相及。据清律:"期约已至五年无过不娶,及夫逃亡三年不还者,并听经官告给执照,别行改嫁。亦不追财礼。"①但社会的舆论和道德取向,仍认为丈夫生死未卜时,做妻子的在家等待相守,那是义务。总之,当时所设定的礼教、营造的环境,就是要女人、妻子从一不二,至于她们为此要付出多大代价,那是不管的。

前面曾说到,在旌表队伍中,绅衿之家的女子所占比例很大,这一方面与家庭的政治经济实力、政府的着意偏袒有关,但不可否认,她们受到的传统道德熏染和社会、家庭给予的束缚,确实也较普通小民要大得多。正如有人所说:"寡妇苦,儒者之寡妇尤苦,生长清门,礼义自守,羞颜难出,仰面终惭,即自顾一身,已不胜茹蘗含冰之惨,况堂上白头,膝前黄口,又有环而待命者耶。"②十几年前,我在翻阅家谱时发现,尽管注有官衔和各种功名的家庭,不乏有年轻守寡者,却无有一例再嫁的。③ 各种有形无形的压力,逼得她们无法喘息。台湾淡水厅一位叫颜英娘的女子,25岁守寡,晚年时对人说,年少妇女终身守寡,一定要做到心如死灰而后可。④ 不过也有人对着已经过去的种种压抑生活,最终说出了心里话,实际乃是一席血泪的控诉。沈起凤《谐铎·节母死时箴》就记载了这么一则故事:江苏荆溪(今宜兴)县某氏,17岁嫁士族某。半年后,丈夫一病不起,她便成了寡妇,遗腹产1子。从此春去秋来,该氏抚孤守节,整整苦熬了60多个年头,孙儿、曾孙林立,邻里亲友莫不羡慕老太太寿高福满。可在临死前,她却对环立送终的曾孙辈媳妇,说了一段忏悔式的话:"我寡居时,年甫十八,因生在名门,嫁于宦族,而又一块肉累腹中,不敢复萌他想。

---

① 《大清律例通考校注》,第453页。
② 余治:《得一录》卷2《儒寡会章程》。
③ 拙著:《清代人口问题与婚姻状况的考察》,载《中国史研究》1987年第3期。
④ 同治《淡水厅志》卷10。

然晨风夜雨,冷壁孤灯,颇难禁受",而且险些丧失清白。所以她告诫大家,"尔等作我家妇,尽得偕老百年,固属家门之福;倘不幸有青年居寡,自量可守则守之,否则上告尊长,竟行改醮,亦是大方便事"。这位寡妇以60多年苦节守志的经历,拼着告别人世前的一丝勇气,才说出久藏心底一直不敢说的话。虽然逝者如斯,比翼双飞的幸福憧憬,对她最终是个梦。但是她把自己的梦作为箴言,留在人间,希望孙曾辈不再重蹈她的后尘,要敢于冲破世俗,追求自己的生活,这在当时确实是大胆之举。

有人说,"孤儿寡妇,乃天下穷民无告者,即名门右族多有失所"[①]。在当时男子为主导的社会里,妇女死了丈夫,顿时便觉得失去依靠。她们面对家庭、亲属、家族、社会种种错综复杂的关系,感到无所适从,所以有的人便选择了从殉的道路。夫死妻殉,叫作烈妇,原可得到旌表,后来鉴于从殉请旌人数节节上升,这才下诏规定,除"守正捐躯"者外,一律停止表彰,这在前面已有述及。他们的理由是,作为一个妻子,不只要对丈夫尽心从一,还要就上侍奉公婆尽孝道,对下养育子女成人,有给夫家传递香火、光耀门庭的责任,是集儿媳、妻子、母亲三位于一身。江苏昭文县(今常熟)项吴氏,丈夫病危时,怕妻子丢下老母从殉,便求告她,婆母尚在,务请好好照料。吴氏把丈夫安敛后,想着凄凉的景况,想用自杀来解脱。婆婆提醒说:丈夫临终前交代的话,你怎么忘了。两年后,婆婆死,剩下孤苦一人,再次萌发寻死的念头。母亲又告诫她,婆婆和丈夫还未入土茔葬,怎能去死。这样吴氏只好筹措把已故两人的后事做全了,才绝食而死。这一年她才26岁。[②] 还有一个故事见于陈康祺的《郎潜纪闻三笔》:福建长乐县(今长乐市)民曾如兰,嫁同县林朝汉次子林邦基为妻。康熙四十二年(公元1703年),邦基因丧母哀毁成病,临死前要求妻子陪伴从

---

① 石成全:《传家宝》,第427页。
② 施淑仪:《清代闺阁诗人征略》,第202—203页。

殉。如兰准备实践诺言,却被公公林朝汉阻止,并告到县里。县令某得知曾氏无嗣,命朝汉立邦基兄之子为其子,还写了节孝双全的字幅,命如兰不但要抚孤成立,而且要事翁终身,做到孝节兼尽,仁义两全。林朝汉和这位县令的做法,是为拯救曾如兰的殉死。但由此可见,寡妇殉死也不容易。所以陈康祺在讲了这个故事后,发表感想说:"自来妇女殉夫,多出于激烈,而曾氏乃迫于中庸。呜呼,亦难能矣!"正是在这样的环境、这样的思想支配下,许多居孀妇女,不得不忍辱负重,艰苦地踏上了人生的后半程。见表8-6。

表8-6 孀妇守节情况举例

居孀者姓氏	事迹	资料出处
海宁陈沈氏	年未三十,穷饿守节,日夜勤纺绩以供养婆母及三孤儿,年过75岁卒。	《陈确集》,第279页
金陵方王氏	19岁嫁,数月后夫亡寡。明年戴名世南山狱案发,累及其家,遭抄戍;又有方邓氏,24岁嫁,28岁寡。二节妇家无一垅之植,近支无小功之亲,母家亦婺艰,乃拮据以苦身,艰卒以课子,守节终身。	《方苞集》,第226—227页
京师高段氏	17岁寡,留有二幼子,贫而无依,僦居板屋,为市人缝纫,育孤谋生,93岁卒。	同上书,第332—333页
博野尹李氏	19岁嫁,26岁寡,家婆艰,舅姑老,父母衰疾,无子养生送死,心瘁力殚,资日拮据,待子会一出仕,家计始得有好转,78岁故。	同上书,第316—318页
江宁谢王氏	新津令谢仁趾侧室。18岁嫁,25岁寡,自此家益落,因积轸郁郁得乳痈瘤疾,带领三子一女成人,自少而壮而老,未尝有一日恬安,61岁卒。	同上书,第321页
永丰解张氏	18岁嫁,25岁寡,上奉舅姑,下抚两孤儿,卒年70岁。	张伯行:《正谊堂文集》卷12《贞节解母张安人墓表》
吴胡氏	23岁寡,留一遗腹子,上事堂上诸尊人,下抚藐孤持门户,逾四十年不倦,守身苦节,可谓难矣。	《施愚山集》第1册,第199页

续表

居孀者姓氏	事迹	资料出处
歙县施彭氏	30岁,生二子而寡。夫临死前与诀别:汝穷饿不可守,速嫁以活我孤。彭氏立志守孀,竭力维持,晚年与人言:吾称未亡人,食未尝饱,盖上以奉翁姑,下以哺吾儿,寒夜绩纺必鸡鸣,手足冻僵,寝不解衣,旦起体尚未温;又复撸据,以是磨耗其心,不知未亡人之穷且悲也。	同上书,第200页
蕲州高石氏	15岁嫁,20岁寡,遗孤才3月,狼狈零丁,内外无所倚,誓以身殉不果,乃拮据茶蓼,以鞠以教,虽百其口,弗得状也,事继姑邓氏,生死尽力,76岁卒。	同上书,第441—442页
当涂傅吴氏	17岁嫁,18岁寡,父母悯其少寡无子,劝再嫁,公婆家亦逼令嫁,不与食,众皆曰:是其穷无归也,不守必矣。吴氏请母家于庭隙葺茅室,日夜持操女红以稀粥果腹,拮据冻饿,相守者四十余年,60岁卒。	同上书,第445—446页
张黄氏	14岁嫁,25岁寡,历二十九年之酸风苦雨,月暗灯昏,暮斋朝盐,钗荆裙布,竭力扶携家庭,终于得全节。	《樊榭山房集》,第1716页
江宁汪田氏	25岁婚,33岁寡,生三子夭其二,幼者方在乳,婆母蔡氏有孤子振生七龄耳,当是时,妇姑相依称未亡人,抚两孺子,寒灯破灶,零丁彳亍,见者莫不酸鼻。田氏素精女红,常达旦不寐,至七十岁,小叔告四方能言之士,为之颂节孝。	同上书,第803—804页
吴县李许氏	18岁嫁,29岁寡,居地当太湖之滨,最号穷僻,李姓又家道中落,婆母年老无依,计图赡养所留遗孤,长甫十龄,次六龄,三在襁褓,许氏竭力支撑,食贫苦节一生,69岁卒。	彭定求:《南畇文稿》,第6页
华亭倪沈氏	20岁嫁,婚十月后寡,节妇痛不欲生,由父母迎还老家,前后居父家数十年。	王芑孙:《惕甫未定稿》,载《倪节妇沈氏家传》
丹徒邹包氏	32岁守节,留下3子,长15岁,次5岁,幼仅8月,家贫甚,夫人尽弃簪珥供爨,自是上奉姑,下鞠孤子,劳瘁艰惫,至82岁,以五世同堂得旌节。	姚鼐:《惜抱轩全集》,第241页
歙县叶汪氏	21岁嫁,3月后寡,留一遗腹子。家宿贫,数遭艰窭,终以节行得旌,74岁卒。	汪中:《述学补遗》别录《叶天赐汪氏家传》

续表

居孀者姓氏	事迹	资料出处
江宁杨陈氏	18岁嫁,29岁寡,陈氏初志欲殉,旁人尤之曰,安有两大人存,膝下两孤存,而于礼得死者乎?于是,誓抚儿以慰夫志。无何两儿亡,婆王氏亦亡,继婆曹氏至,孺人事曹如事王,性至俭,食不过菜,然趋善如水赴壑,捐食资入祠,取其赢备族人婚丧费,岁饥为淖糜食蒙袂者,74岁卒。	《小仓山房诗文集》,第1277—1278页
丰城刘邹氏	15岁嫁,18岁寡,矢志抚孤事姑,极劳瘁。乾隆十四年(公元1749年)建坊旌表。	《忠雅堂文集校笺》,第2103—2104页
会稽钟徐氏	20岁嫁,22岁寡,投环者再,皆以救得生,乃抚女及嗣子,备历艰苦,阅之十八年如一日,乾隆三十八年(公元1773年)57岁得朝命旌其间,60岁卒。	同上书,第2146—2147页
山熊辛氏	16岁嫁,29岁寡,留下5子2女。家壁立,氏忍饥励节,不受人豆羹尺布之惠,79岁殁。	同上书,第2149—2150页
江都信阎氏	20岁嫁,9天后夫卒,夫既殓,氏缢于床,又绝粒3日,均因祖姑与舅姑交泣不已,氏为感动,自是力针纫奉两世甘旨,采野蒿自食,姑每返之,哭几绝,50岁时得朝命旌坊表。	同上书,第2152页
会稽屠孟氏	22岁嫁,24岁寡,遗孤诞弥月耳,由是事继姑十有九年,操作纺织,极贫窭难堪,曲尽孝养如一日,营葬抚孤,赀皆出十指。乾隆十九年(公元1754年)56岁时,有司请旌于朝,64岁殁。	同上书,第2153—2154页
新昌胡聂氏	17岁嫁,26岁寡。同孀娣蔡氏砥志守节,足不出户阅三十余年。	同上书,2155页
南昌郑朱氏	18岁嫁,21岁寡,砥志抚孤,家故壁立,氏以女红育其子,虽极劳瘁不少息,历四十年如一日,其子常以家单寡力弱,弗克请旌为恨。	同上书,第2164—2165页
歙县鲍姓继室吴氏	22岁嫁,29岁寡,自此儿读书,母灌蔬;儿焚膏,母辟垆,艰苦持家,至60岁始得旌于朝廷。	同上书,第1361页
凤阳何于氏	少寡守节,育其遗孤,不幸孤夭,自投于井,家人救出之,为立嗣,嗣子长又死,卒抚孤孙,得以出仕为官。生平历尽人间辛酸。	姚鼐:《惜抱轩全集》,第60页
桐城张姚氏	16岁嫁,20岁寡,以悲伤之甚,损其一目,自是上事姑,下抚弱女,闭门自守,不妄见一客,执德秉节数十年。	同上书,第94页

续表

居孀者姓氏	事迹	资料出处
桐城左陈氏	17岁嫁,27岁寡,留一子才2岁,陈氏虽宦居,至夫亡寡居,甚贫苦,上事姑谨,下抚孤子及以叔娣女为女,58岁殁。	同上书,第114页
桐城孙张氏	27岁寡,遗孤才2月,孙氏家故丰,族人支应繁多,故渐贫,至家时有不给,孺人顿困,然朝夕怡然。乾隆四十八年(公元1783年)奉旨旌表,77岁卒。	同上,第1153页
马左氏	30岁寡,遗子仅6岁,家贫,守身持节,食苦立节,寿至80尚存。	同上书,第232—233页
桐城刘吴氏	20岁嫁,23岁寡,家綦贫,朝夕取给十指,竭力奉公婆,抚孤子,72岁卒。	《包世臣全集》,第126页
上高李黄氏	20岁嫁,28岁寡,孀后尤勤纺绩,常彻夜,即为二子各娶妇,族有喜则以孀居不前往,68岁得旌,84岁殁。	同上书,第89—90页
甘泉林高氏	19岁为侧室,22岁寡,不久亲生子殇,嫡妻俞氏又殇,一岁之中遭三丧。随后4嫡生子复相继卒,遗孤皆幼。高氏乃偕诸嫡子妇操作,教诸幼子学,书声与纺织声恒相和,如是者十余年,嘉庆七年(公元1802年)65岁受旌表,77岁卒。	《揅经室集》,第395—396页

以上是从几部文集中录得的少数事例,涉及35个寡妇的情况。她们不管出身于绅宦之家,还是一般贫苦百姓,有的只17—18岁就开始了居孀生涯,有的年龄稍长一些,但都符合了清朝政府规定的受旌条件,而且有的确实建了坊碑,显名于州县间阎。从资料记载来看,这些妇女为保全名节,几乎都付出了极大的代价,正如当时人常把妇女守节说成是"苦节",或者用"历尽艰辛""劳瘁难言""心力憔悴"等言词加以描述,说明她们要走完这一历程,很不容易。有一则资料,叙述婆媳二人都年轻守寡,相互依怜,面对此情此景,婆婆朱氏写诗有"可怜两世孤孀妇,相对朝朝泪不干"①。又,四川荣县杨氏,15岁出嫁,18岁寡,独身抚教子女,含辛茹苦30余年,回想居孀生活,赋《苦节》诗一首:"两世冰霜苦,一身慈

---

① 施淑仪:《清代闺阁诗人征略》,第649页。

孝担。奉盘复画荻,只影愧难堪。"①今天我们读这些诗,仿佛还看到那种殷殷血泪的身影。根据我查阅到的资料,清代妇女守孀年限最长的竟有超过 92 年的。② 这一个多么漫长的年月,需要付出多大的毅力,忍受多大的心灵伤痛啊!

　　上面表中提到的那些妇女,都有幸熬到了可以请旌的年岁,有的苦去甘来,晚年还享受到了儿孙们给予的欢乐。如果对照前面刚引述的"节母死时笈"的事来看,那是用埋葬个人青春换来的带有苦涩的欢乐。其实更有相当一部分人,在身心的双重压力下,往往正值盛年,便过早地夭折了。这样的例子也是很多的。天津符任氏,17 岁嫁,18 岁寡,本来尚有孀婆杨氏与之相依为命,后来婆婆也死了,接着唯一的女儿出嫁,她孤独一人,缺少依靠,才 38 岁就过世了。③ 吴县汪吴氏,20 岁出嫁,7 个月丈夫病死,不到两年遗腹子殇,接着又给公公送了终,连续的打击使她的精神彻底崩溃,哀毁成疾,才二十三四岁,便结束了一生。④ 乌程人金顺,是中书汪曾裕的妻子,她 19 岁嫁汪,27 岁寡,隔了几年,婆婆又去世了,留下 6 岁孤儿和一个年迈的公公,族人们见其可欺,欲"谋其孤",夺取财产。金氏为保住儿子性命,不得不将他隐藏在楼上,平时连楼梯也去掉,每逢开饭,必先尝而后与之,过着提心吊胆的生活。这样过了两年,到 30 岁,金氏就心力交瘁而死。⑤ 再如吴县吴陆氏,19 岁嫁,过门才 10 天,便成了寡妇。她矢志不嫁,归依其母,母殁,又随父侨居,卖画自给。不久连老父也亡故了,

---

① 王培荀:《听雨楼随笔》,第 91 页。
② 根据我们从光绪《顺天府志》录得的 4880 例寡妇守孀年限归类,其中守孀年限在 90 年以上的 1 人,占 0.02%;80—90 年的 2 人,占 0.04%;70—79 年的 60 人,占 1.22%;60—69 年的 287 人,占 5.88%;50—59 年的 565 人,占 16.58%;40—49 年的 1217 人,占 24.94%;30—39 年的 1307 人,占 26.78%;不满 30 年及守孀年限不明者 1441 人,占 29.53%。
③ 《方苞集》,第 230 页。
④ 施淑仪:《清代闺阁诗人征略》,第 567 页。
⑤ 施淑仪:《清代闺阁诗人征略》,第 263 页。

不得已陆氏鬻身为婢,营葬父亲,结果被坏人所乘,撞石自杀。① 其他像南汇王叶氏,17 岁嫁,18 岁寡,24 岁亡;吴江李徐氏,婚后两年寡,不久,抑郁而卒;②宣城张詹氏,18 岁嫁,19 岁寡,27 岁卒;③会稽徐朱氏,18 岁嫁,20 岁寡,38 岁故;孟侯氏,18 岁嫁,当年底就成了寡妇,23 岁死。④ 这些妇女都是因为寡妇难当,身心压力过重,早早结束了生命。龚炜在《巢林笔谈》中有篇叫《三叔母》的短文,叙述他叔母朱氏嫁来以后佚遭不幸,以及居孀后的艰难生活,读后真觉心酸。文中说:朱氏"待字方笄,作配于继,十年伉俪,病里生涯(叔犯虚症,事病极苦)"。又说:"九载衰麻,丧中度日(舅、姑及夫,身历三丧),代鞠尽寸心之瘁,抚鞠无块肉之遗,可谓生人之至艰,未亡之极痛者矣。"再加上"负托者又外若任劳,阴图中饱,量支菲给,反受皱颜,既处境之难堪,复逢人之不谅"。结果"安得不病,病安得不死哉"。终于带着无限的苦痛和遗憾,早早地离开了人世。

根据我的初步估测,清代妇女,大致 30 岁以前年轻守寡者中的死亡年龄,不足 45 岁的在人数比例上当超出 45 岁以上者,其中不少无子无女者,不得不以身殉全节。正如有人所言:"无子无食,难乎其为节也。"⑤倡导女子守贞不二,实在是一道给妇女带来无尽苦难的罪恶的深渊。

第四节　贞女

贞女就是女子行聘后,未及婚嫁,聘夫亡故,女子便终身守节,有的甚

---

① 施淑仪:《清代闺阁诗人征略》,第 499 页。
② 施淑仪:《清代闺阁诗人征略》,第 206 页。
③ 《施愚山集》第 1 册,第 349 页。
④ 张士元:《嘉树山房集》卷 11《书朱烈妇事》《书孟烈妇事》。
⑤ 《施愚山集》第 1 册,第 446 页。

至因此殉身。贞女的出现并不始于清代,而且也不限于绅衿家庭。但自宋明以降,随着理学家们鼓吹的女子"饿死事小,失节为大"的言论愈来愈喧嚣,妇女在婚姻大事上受到的束缚也一层紧似一层,以致这种本属压制人性的变态行为,在清代更有增加之势。焦循在《贞女辨》中就发出了"古之贞女少,今之贞女多,何也?"的慨叹。①

"贞女"能够存在的理论基础是,女既纳采问名,是已定于所天也,并从男子委贽而君臣之分定,认定女子委贽而夫妇之议成,否则便违反了女子贞一不二其操的原则,是"礼义之大者也"②。至于有未成婚而死其婿者,虽非死于情,却"死于义",是"夫妇之道之变而正也"③。打着礼义的幌子,不惜践踏女子的青春和幸福,以实现男子至上、夫权至上的目的,这实在是对人性的极大嘲弄,反映了中国传统社会晚期在理学思想控制下,婚姻关系中极其黑暗的一面。当然,对于此种做法,也不是人人赞同的,比如陈兆仑就认为:"特未嫁而为女耳,不为之死而且改适,不得谓之不正。"④汪中更提出:"烈女不事二夫,不谓不聘二夫也。"⑤有人更从"三从四德"的角度驳斥室女未嫁守节,未嫁殉夫的行为说:"夫妇有三从,以从父之年而为从夫之事,非正也;女从六礼,不守礼以峻其防而径情以行,其意非中也,过中失正之行,尤而效之,将为厉阶焉。"⑥虽然如此,可风气和舆论的主导方面是在男权一边,即使政府和一些官员一再表示不倡导、不称许,也无法影响整个的局面。而煌煌旌表定例就是明证:"凡未婚贞女,按照年限,汇题请旌与节妇同,其有在夫家守贞身故及未符年例而身故者,一体准其旌表。"乾隆三十六年(公元 1771 年)又奏准,"贞女未符年

---

① 《清经世文编》卷 61。
② 陈兆仑:《紫竹山房诗文集》卷 6《广贞女论》。
③ 《清经世文编》卷 61,陈祖范:《陈贞女林氏合葬议》。
④ 陈兆仑:《紫竹山房诗文集》卷 6《广贞女论》。
⑤ 《述学》内篇,《女子许嫁而婿死从死及守志议》。
⑥ 同治《南海县志》卷 22。

限身故之例,改为不拘年限一体旌表"①。因为如此,守贞者在有清一代,始终盛而不衰(具体数字见表 8-1 未婚守志栏)。

广东番禺县,"其所称贞女者志不绝书"②。江苏常熟、昭文两县从雍正八年(公元 1730 年)到光绪二十七年(公元 1901 年)的 170 多年里,共表彰贞女 232 人,越到后来,人数越多。③ 据说咸丰、同治到光绪的几十年间,全国"以贞女蒙旌者不下数千百人"④,可见队伍之庞大。

在清代不断涌现的贞女中,作为"四民"表率的绅衿们,首先表率。我们在年谱和传记碑状中,就不断读到这样的事。像出任礼部堂官,赐谥文端的浙江嘉兴人士钱陈群,他的第三个儿子钱汝悫,乾隆十一年(公元 1746 年) 17 岁时在京师得咳血症死,聘妻冯氏(汝悫表妹)得知后,痛不欲生,表示愿过门守志。六年后,钱陈群告老还乡,冯氏也随归钱家,守贞 17 年,乾隆二十八年(公元 11763 年)病故,时年不过 30 岁出头。⑤ 同样,张之洞的七妹,也是许字未嫁而婿卒,结果"守贞以终"⑥。在《魏敏果公年谱》中,记有康熙四年(公元 1665 年),直隶蔚州"有未嫁殉夫之女,从容尽节之妇",魏象枢认为"事关风化",率士绅报地方官请旨旌表。魏还为此编了一本《蔚罗双烈集》以美其事。魏象枢的举动实属推波助澜,而当时推波助澜者却大有人在。

其实,这种事真正轮到自己和家庭的头上,那是很痛苦的。方苞女儿的妯娌李氏,就是个未婚守贞者。李氏系翰林院编修李丹壑的季女,大学士李天馥的孙女。她在听到聘夫宋嗣熙的死讯后,便决计守贞。方苞记录了这一经过:

---

① 《大清律例刑案汇纂集成》卷 10《户律婚姻》。
② 同治《番禺县治》卷 6。
③ 光绪《常昭合志稿》卷 39。
④ 陈康祺:《郎潜纪闻二笔》,第 354 页。
⑤ 钱仪吉:《文端公年谱》(钱陈群)。
⑥ 许同莘编:《张文襄公年谱》(张之洞),商务印书馆,1944 年。

> 父母知不可夺,许成其志,始纳食饮,屏居小楼凡十有四年。雍正五年白其母曰:儿前以年少,恐姑舅不能信,今逾三十,可归矣。母乃将女至学士家,既见姑舅,从容拜夫,次主前,默无声。其母悲不自禁。贞女曰:儿赖父母明大义,得全余生,今志已遂,复何憾。宋氏内外宗来观及内御者,莫不呜咽掩涕。其母因病不能兴,少间,贞女请于舅姑,送母还河南,母终,既葬,遂归宋氏。①

李氏立誓守贞,尽管是她本人作出的决定,但要屏居小楼14年,排除一切杂念,心如枯井,这才敢回到婆家守节,期间经过了多么大的意志磨炼。无独有偶,在安徽婺源县(今江西上饶市辖),也有一座贞女守节楼。贞女姓程,年15岁,未嫁聘夫亡。她提出到夫家守贞,随后便素服淡妆,独居楼上。在整整42个年头里,程氏从不下楼一步。人称此楼为"节母楼"②。

大学士朱轼的长女,也是一位贞女。该女曾聘于工部侍郎江西建昌李凤翥的儿子李家驹。康熙五十年(公元1711年),家驹病卒。两年后朱轼准备为女重择配偶,女儿"泫然涕零以守义请"。朱轼为了阻止女儿的想法,以圣贤之教加以开导:"尔读曾子问乎?女未成妇而死,归葬于女氏之党,未婚可即其室乎?"又说:"未闻未嫁而有守义之礼也。"女儿则以沉默表示决心。身为家长的朱轼只好叹息道:"此贤知之过也,虽然,可以为,难矣。"朱氏虽做了贞女,但身心毕竟备受压抑,所以只活了30岁出头就死了。诗人袁枚写过一首很动感情的诗:

---

① 《方苞集》,第227—228页。
② 陈康祺:《郎潜纪闻二笔》,第354页。

> 漠漠风寒锦瑟弦,飘飘鬓发尚垂肩。
> 伤心三载成孀女,还是人家未嫁年。①

那是乾隆三十年(公元 1765 年),他在苏州见到年才 19 岁(虚岁)的守贞女儿阿成,丧服出见时有感而发的。尽管见面的时间很短,可诗人的心震颤了,且久久不能平静。

更有甚者是福建一些地方,族长、家人为了要女子守贞,竟有逼着女儿自尽的。施鸿保《闽杂记》中记有此事:

> 福州旧俗,以家有贞女节妇为尚,愚民遂有搭台死节之事。凡女已字人,不幸而夫死者,父母兄弟皆迫女自尽。先日于众集处搭高台悬素帛,临时设祭,扶女上,父母外皆拜台下。俟女缢讫,乃以鼓吹迎尸归敛。女或不愿,家人皆诟詈羞辱之,甚有鞭挞使从者。此风省城尚少,乡间虽儒家亦有之,盖借以请旌建坊,自表为礼教家也。

曾为贞女鸣不平的俞正燮,就专门抄录了一首抨击此等野蛮做法的诗:

> 闽风生女半不举,长大期之作烈女。
> 婿死无端女亦亡,鸩酒在尊绳在梁。
> 女儿贪生奈逼迫,断肠悲怨填胸臆。
> 族人欢笑女儿死,请旌借以传姓氏。
> 三丈华表朝树门,夜闻新鬼求还魂。

---

① 袁枚:《小仓山房诗文集》,第 453 页。

诗后,俞氏疾呼,"呜呼,男儿以忠义自责可耳,妇女贞烈岂是男子荣耀也"①,说的真是一针见血。

值得一提的是这种在汉族绅衿家庭里不时出现的贞女,后来也带到了满族世家中。其中最突出的事例莫过于怡亲王允祥次子弘敦的未过门媳妇傅察氏。雍正六年(公元1728年),弘敦病故,年方16岁的傅察氏,恸哭截发,跑到王府恳求持服守制,并在门外,夜以继日地"跪哭"。允祥鉴于尚未成婚,坚决加以拒绝。于是,傅察氏又回到母家,持服守节,矢志靡他。雍正八年(公元1730年)怡亲王死,傅察氏以儿媳妇的身份踵门哀请。事闻于朝廷,皇帝降旨褒美,准给孝服,命王妃收为子妇,而且连已故的弘敦的身价也提高了,一切礼仪,俱照贝勒封爵办理。② 皇帝的干预,使傅察氏的举动得到完全的肯定。这件事对满族世家固然影响深远,对一般八旗家庭也不例外。后来道光五年(公元1825年)成郡王子载钟病故,聘妻关氏闭门守节,受"特旨旌表"③,也含有援例的意思。

室女守贞尽管被炒作得很厉害,可最后落实到在父母家守贞还是去公婆家守贞,有时也是互相推脱的。特别是在婆婆家,日子一长,苦脸相对,惹人厌烦,常常成了包袱,甚至目之为灾星。有的地方还传言,儿子死了,未婚媳妇进门守贞,会招来晦气,不利于家,④千方百计加以拒绝。江苏江都县徐贞女,聘于同郡阎班第,未婚,班第便以专注功名,苦读咯血死。徐氏立誓守贞,听到阎家为班第立了嗣子,就准备到阎家作母抚子。阎家借口尚未亲迎过门,不许徐氏进入。从此徐氏夏暑冬日,习刺绣、缝衣袄,托人送往夫家,希望以此尽到母亲的责任。后来又乘着阎母做寿的机会,跑去表示孝心,准备留下来侍奉公婆。可时过境迁,阎家早已忘却

---

① 俞正燮:《癸巳类稿》卷13《贞女说》。
② 《清世宗实录》卷59。
③ 陈康祺:《郎潜纪闻二笔》,第403页。
④ 《续碑传集》卷86,方宗卿:《二贞女传》。

了亡子之痛。在欢庆的日子里,面对徐氏的出现,都感到很惊讶。徐氏左右踟蹰,欲留不得,只好重返母家。此后,徐氏常自抑郁,积久而病,终于含恨去世。① 其他像蒋士铨在《熊贞女传》中说的,贞女朱氏,当听到聘夫熊禄居病亡消息后,哭着闹着要求到熊家守贞,公婆以屋破无寝处,且又缺食,坚决加以拒绝;② 浙江钱塘县(今杭州市)江氏,13 岁时聘夫顾君亡,留家守贞 17 年,当江氏欲返夫家时,顾姓以贫乏为辞,竭力推托。③ 还有江苏太仓王氏,13 岁许配同里冯策勋。策勋 15 岁夭,王氏先在家边守贞边侍奉老母,待老母故世,王氏欲归冯家不能,只好绝食自杀。④ 再有像河南孟县有一个 13 岁便立誓守贞的女子。她满怀希望地到了公婆家,做公公的尚用婉言劝她回去,婆婆更直接出恶言相撵。后来虽然勉强收留了,却衣食不继,役使如奴婢,这样熬到了 21 岁,终于心力交瘁自杀了。⑤ 正如有一首诗描述的:"父家夫家不可恃,女生守贞不如死。"⑥ 这是逼着守贞女子去走绝路。

根据《碑传全集》的记载,在列女墓志和有关传记中收录贞女 56 人,其中属于绅衿家庭的 28 人,约占总数的 50%。考虑到绅衿在全国人口中所占的比例,这个数字还是很可观的。有人说,女子当贞女,是"习诗书礼义之训"的结果,是绅衿之家的事,偏巧"农家"之女也有去争当的。他认为如此"奇节异行",必然是"至性有过之人"⑦。其实,这正说明了作为占社会主导地位的封建伦理道德,不但毒害着始作俑者的"读书明理"的绅衿之家,同时也扩大到平民百姓,使她们也亦步亦趋地跟着走。这 56 位

---

① 史昭:《徐贞女墓表》,载焦循辑《扬州足征录》卷 12。
② 蒋士铨:《忠雅堂集校笺》,第 2143 页。
③ 《刘大櫆集》,第 205 页。
④ 王岂孙:《惕甫未定稿》卷 16。
⑤ 俞樾:《右台仙馆笔记》卷 6。
⑥ 蒋士铨:《忠雅堂集校笺》,第 1364 页。
⑦ 《碑传集》卷 157,刘鸿翱:《贞女高氏传》。

贞女,有明确年龄可查的:守贞时岁数最小的12岁,守贞时间最长的达56年,还有15人是聘夫死后随即以身从殉,她们中有25位记有死亡年龄：

20岁及以下	13人	占52%
21—25岁	7人	占28%
26—30岁	1人	占4%
31—35岁	2人	占8%
36—40岁	1人	占4%
40岁及以上	1人	占4%

（此数字包括聘夫死后随殉者）

这个统计虽不能说绝对典型,但30岁及以下死亡者占有如此大的比例,足见贞女对妇女身心的摧残是何等的严酷。

女子以死全贞

第九章 寡妇再嫁

第一节 寡妇再嫁的动因及其他

其实,就在人们甚嚣尘上地倡导妇女从一守节的同时,社会上也存在着一股要求妇女再嫁的强大压力,因为人们总不能脱离现实,只沉湎于某种道德说教之中。何况像要求妇女从一守节这样的准则,本来就充满着伪善和苦痛。

一些稍具头脑、同情妇女命运的士大夫们早就看到了这一点。大学士朱轼就说:"今欲使妇人尽守从一而终之义,虽颠连无告而孤寡茕茕,至死靡他,恐尧舜之治,天下有所不能。"于是便出现"有夫亡而妻嫁者,即有母嫁而女从者"。[①] 朱轼在康雍两朝都当过大官,还是乾隆帝弘历的老师,是个深受朱子儒家学说影响的正统官僚。即便这样的人,也认为寡妇再嫁是理所当然的。比朱轼稍晚一些的钱泳说得更坦率:"余谓宋以前不以改嫁为非,宋以后则以改嫁为耻,皆讲道学家者误之。"他认为寡妇再嫁与否,得视"门户之大小,家之贫富,推情揆理,度德量力而行之"。不能像道学家那样划出一定标准。钱泳还引用别人的话说:"兄弟以不分家为

---

① 《朱文端公集》卷3《三父辨》。

义,不若分之以全其义;妇人以不再嫁为节,不若嫁之以全其节。"①对于那些年轻贫穷、无子无女的孀妇来说,劝令改嫁,实在是保全她们名节的最好方法。此外像张士元所说:孀妇"或以无子而去,或以无食而去,或竟不自持而去,圣人不能禁也"②;蓝千秋:"从一而终者妇人之义,然至于夫亡子弱,势无可依,或勉强改适以存,夫后幸而有济,君子犹将怜其志而原之。"③如此等等,都是因为他们目击现实,对妇女再嫁采取默认和同情的态度。至于像钱大昕、俞正燮等人针对道学家们所发男子可以再娶、多娶,女子却必须守节从一、不得再嫁所作的谴责,那就涉及范围更广,不单指孀妇而言了。④

当然,上面所发的议论,主要是从体谅寡妇处境角度而说的。其实从社会学的角度进行考察,人们之所以要求寡妇再嫁,那是有深刻原因的。

一、男女性别比例失调:寡妇再嫁的外因

在传统社会里,由于重男轻女,以及普遍存在的溺婴事实,男女性别比例处于极不正常的状态。据有的学者推算,清中期的男女性别比例大致是100∶113—119之间。⑤ 男子远多于女子。

如果加上某些男子的多妻制(主要是纳妾),使得相当一部分男子无法得到配偶。而大量守孀妇女的存在,则更加剧了男子娶妻的困难。鞠德源教授根据第一历史档案馆所藏档案,统计了道光二十六年(公元1846年)清宗室46族男女名册:男5618人,女5277人,男女性别比例是

---

① 钱泳:《履园丛话》,第612页。
② 张士元:《嘉树山房集》卷11《书沈节妇事》。
③ 《碑传集》卷151,蓝千秋:《魏节妇传》。
④ 参见钱大昕《潜研堂文集》卷8《答问五》"问妇人之义从一而终"条;俞正燮:《癸巳类稿》卷13《节妇论》。
⑤ 姜涛:《中国近代人口史》,浙江人民出版社,1993年,第300页。

100∶106，略低于百姓之家。但孀妇人数却很可观，共 1263 人，约占全部人口的 11.6%。宗室队伍中孀妇众多，除与皇族为人们表率，受到更多的传统伦理说教有关以外，更重要的是因为清朝政府优遇皇族，有比较完备的生活保障机制，凡是孀妇无子可继业的，经本管族长、学长保结，每月给银 2 两，季支米 5.3 石。① 孀妇既无生活后顾之忧，家长、族长们当然可以要求她们全力守节。至于通常百姓，孀妇的人数比例不会那么高，我们估计为 8%—9%。按清代人口，乾隆晚期已超过 3 亿，道光年间达到 4 亿。且以 3 亿为准，再照 100∶113—119 的性别比例进行推算，妇女数是 14 079 万—13 689 万人，8%—9% 的寡妇比例，便是 2408 万—2700 万人，占妇女人口的 17%—19.2% 和 17.5%—19.7%。清代寡妇守孀时的年龄结构，除少数有 15 岁以下者，一般均在 15 岁以上（虚岁 16 岁），其中 15—45 岁这一层次占一半或一半稍多，即 1200 万—1500 万之间。② 她们无论在生理或心理上，都是再婚重组家庭的合适年龄。用"从一而终""好女不事二夫"的荒唐原则将其禁锢起来，不让再嫁，这不单是对千百万妇女青春的摧残，在性别比例失调的清代，在中下层百姓本来已艰于寻觅异性伴侣的情况下，这无疑又是雪上加霜，增加了社会的不稳定因素。乾隆中任山西闻喜知县李遵唐，见该县户籍中性别比例是 5 男 3 女，严重失调，便认为在此情况下，还要树表坊，谈贞洁，"窃恐鳏寡多而窒化育怨""皆矫枉过正之流弊也"。③ 虽然这位县太爷没有直接说出让寡妇改嫁以平息男女怨忿，但思想是很明白的。清代愈演愈烈的逼醮、扛孀、抢

---

① 道光《宗人府则例》卷 21。
② 根据瑞典人口学家桑德巴所定人口年龄构成的标准，15—49 岁可占到总人口的 50%—50.5%，50 岁及以上占 10%—30%（参见刘铮等《人口统计学》，中国人民大学出版社，1981 年，第 32 页）。清代妇女的平均婚龄偏低，把守孀年龄的半数或半数稍多定在 15—45 岁间，不致有太大偏差。
③ 民国《闻喜县志》卷 18。

寡事件,以及由此而引发的各类案件,①在相当程度上亦是因为寡妇守节,加剧男女性别比例失调矛盾,人们不得已所做出的激烈反应。

因性别比例失调而造成妇女再嫁的例子是很多的。雍正四年(公元1726年),四川巡抚法敏针对该省秦楚之民杂处,民间不断出现扛抢寡妇之风,密奏皇帝,要求进行干预,结果被皇帝制止。②原因正如有人在谈到甘肃等西北一带情况时所说:"多男少女,故男女之事颇阔略"③,简单干预,弄不好反而会引起民怨,使一方不得安宁。福建诏安县,因溺婴等缘故,妇女人数相对较少,很多男子娶不到黄花闺女,长期鳏居,于是便有嫠妇招夫等种种习俗。④在台湾,早期的大陆移民多以男子为主,性别比例严重失调,乡间人家,到四五十岁而未有妻室者比比皆是,室女既不可得,便煽诱寡妇再嫁,乃至串通贩卖,妇女"守贞者鲜矣"⑤。风气如此,嫠而再醮亦不为耻。江苏苏南一带,城镇经济发达,各色行业丛杂,加上众多的外来人口,向来风刁俗薄。某些不良之徒,勾串成群,看到孀妇寡居,便强媒硬保,甚而威逼劫孀,使官府感到难办。⑥太平天国后,因兵燹之余,率皆男多女少,更使逼醮藏妻的案件频发不止。⑦光绪《嘉定县志》说:"咸丰末,妇女殉难者十八九,乡民无完室者多,遂有棍徒乘机抄醮,俗谓之白蚂蚁。"这应该说与战后男女人口结构变化有关。抄醮、抢孀虽侵害了妇女的本意,但在相当程度上符合人们重组家庭的愿望,对社会稳定是有利的。至于有的寡妇迫于舆论,或其他缘故,既不能再嫁,又不甘心

---

① 〔日〕夫馬進《中國明清時代にすゐ寡婦地位と強制再婚の風習》一文中,对此有较多论述。见前川和也主编《家族・世带・家門:工業化以前の世界かゥ》,京都ミネルヴア书房,1993年。
② 中国第一历史档案馆编:《雍正朝汉文朱批奏折汇编》第7册,第383页。
③ 赵翼:《檐曝杂记》,中华书局,1982年,第76页。
④ 陈盛韶:《问俗录》卷4《诏安县》。
⑤ 康熙《台湾县志》卷59。
⑥ 《上海碑刻资料选辑》,上海人民出版社,1980年,第450页。
⑦ 丁日昌:《抚吴公牍》卷30《嘉定县详四月分词讼监押并藩司公文各册由》;卷37《金坛县禀到任情形并请减免津贴公费》。

长期忍受身心上的孤独,出现各种事端,在今天看来,相当部分应属于妇女为追求人性、幸福权利所跨出的重大步骤,绝不能像卫道士那样简单地加以斥责。

二、家穷无法生活

促使寡妇再嫁的第二个原因是家穷无法生活。在当时,男子是一家之主,是家庭经济的支柱,妇女处于从属地位。在上无公婆、下无财产可依靠,又无子女或子幼无恃的情况下,死了丈夫,等于失去了生活的来源,往往立时陷入窘境。有人评论烈妇和节妇,节妇中的富家和贫家说:"烈易而贞难,守贞者富易而贫难。"[1]烈妇尽管悲壮,易于引起人们的同情,只要舍得一死,便可永远了结痛苦。节妇则不然,必须把痛苦埋在心底,承受长期的煎熬。至于节妇中富易贫难,是因为富者起码不用为衣食犯愁,一个贫苦寡妇,既不能外出营生谋食,种地又身单力薄,只靠十指度日,谈何容易。面对茫茫人世,有的寡妇既不能自杀以殉,又艰于独守饿饭,为了能够较正常地生活下去,只好选择再嫁之途。对于这样的一些再醮妇,人们常常采取同情、理解的态度,江苏上海县(今上海闵行区)自清初至同治末的近230年里,以节烈著者至三千人之多,称得上是个"励节"之乡。尽管如此,仍不能阻止众多的寡妇选择再嫁之途,"闾阎刺草之家,因穷饿改节者十之八九"[2]。安徽徽州一带素有贞烈之乡的美号,"一邑之中,女子之节烈可采,常至不可胜载"[3],即或如此,"彼妇人之失俪改适者多矣"[4]。这些人改嫁,大部分是出于穷饿无以为活,是不得已而为之。

---

[1] 蓝鼎元:《鹿洲初集》卷9《贞洁汪太君传》。
[2] 同治《上海县志》卷24。
[3] 《刘大櫆集》,第217页。
[4] 《刘大櫆集》,第176页。

类似这样的事例,在档案和有关案例中经常可见。比如:

(一)安徽阜阳县民王大,于乾隆五年病故,遗妻白氏并所生幼女黑姊,家贫难度,乃于乾隆七年八月,由公公王才将做主,将白氏改嫁张元富为妻,幼女黑姊(3—4岁)仍留前夫家抚养,说明两厢往来,以便照看。①

(二)湖北蒲圻县民孔氏先嫁嘉鱼县余登荣,丈夫早死后,家贫无倚,再嫁于平江县某人家。②

(三)湖南临武县民黄氏(21岁),自夫曾融礼过世,家贫难守,乾隆九年九月由婆婆做主,将黄氏转嫁欧幼开为妻。③

(四)李大本,湖北枣阳县人,寄居安徽广德州,佃田度日。同治年间,大本身故,妻李孙氏无力殓埋,李大本堂侄李自龙借钱代为料理。李孙氏因家贫不能守孀,凭媒改嫁与法念为妻,得身价洋九十元,全数归还李自龙前垫丧费,并无余剩。④

(五)河南沈丘人韩氏,光绪十一年因前夫孙添元身故,所有丧葬费用连同一切日用,均由同乡同院居住郭小色借给。韩氏因想夫亡家贫没人倚靠,难以苦度,屡向郭小色夫妻悲叹。郭小色得悉意在改嫁,托人择配于安徽六安州人周应才,并得身价银扣还借款。⑤

上述5例,原来都是贫穷夫妻,孀后无以为生,这才想着再嫁的。其中像第四、五两例的孙氏、韩氏,还把出嫁所得财礼银用于偿还丈夫的丧葬等费用。她们的婚嫁,绝非草率苟合。第一例白氏和第三例黄氏,均由公婆做主。其余虽无长辈张罗,也都通过媒人。按照某些地方"先嫁由父母,后嫁由本身""寡妇再醮权由本人"的惯例,也都合情合法。

在我见到的寡妇再嫁中,有两个例子甚为突出:一例见于张符骧的

---

① 档案,乾隆十年三月二十日来保题,第135号。
② 档案,乾隆十年五月三日盛安题,第120号。
③ 档案,乾隆十年六月八日蒋溥题,第123号。
④ 《刑案汇编》卷9《剜瞎小功堂弟两目成笃》。
⑤ 《刑案汇编》卷5《故杀》。

《依归草》，有一篇叫《李登云寻母记》。李登云,江苏泰兴人,因贫自卖为人仆。李出生才八个月,父亲就故世了,母亲为了生计,只好丢下登云,先醮于安庆县,再嫁于无锡、江宁,最后又归于无锡为某厨子妻。前后凡五次嫁人,到李登云辗转寻到亲娘时,已是34年以后的事了。再一例见于朱彝尊的《曝书亭集·叶姁冢铭》。叶姁是朱的乳母,也是"十年之中凡五嫁而辄贫"。对这种被当时人指指画画的再嫁行为,她是有苦难言。叶姁曾对人说:"安得十郎骤富,使我老不复更嫁乎。"这里说的十郎,就是指小时曾被奶过的朱彝尊。叶姁死了以后,彝尊特地写了一篇铭文,最后说:"妇人五嫁,理则不可,贫实驱之,否谁依者？伤哉！贫乎乃至辱其身乎。"真是言之中的。

前面提到,有的家族利用资产给贫苦寡妇以一定的经济资助,也有官员商绅出面组织清节堂、恤嫠会等,其中的一个目的,就是阻止贫苦寡妇因生活无着而出现再嫁的事。但面对成千上万需待周济帮助的寡妇们,这些少数官绅们的善心,不过是杯水车薪,无济于大事。

在这里,我们想顺便说一说雍正帝胤禛对八旗寡妇再嫁所采取的态度。本来,胤禛对表彰节妇是十分卖力的。在雍正一代,受旌节妇人数,大大超过顺康时期,可他对八旗寡妇的处置,却采取了极为现实的态度。先是在雍正二年(公元1724年),福州将军宜兆熊鉴于驻防旗丁亡故后,安顿寡妇所出现的种种麻烦,特向皇帝提了一个建议,除有兄弟子侄现仍披甲者可令就地养赡外,另有情愿改适旗人者,听其改适。他认为如此"既可省未及起送(返京归旗)之口粮,又可省驿站夫马船只及护送官兵之靡费,且可免寡妇长途跋涉之苦",节约了粮饷,又省却很多事情。雍正帝接到宜兆熊的建议后,感到此事虽有悖于朝廷倡导的孀妇守节之举,但道理却很实在,权衡之下,决定予以支持,批示宜"具本来奏",以便发交朝臣们讨论后,再做定夺。① 宜兆熊的具本及朝臣们的讨论如何,因我没有见到记载,暂不清楚,但得知随后不久,胤祯于雍正五年(公元1727年)八月,发布了一个上谕,内称:"旗人少寡无嗣,亦无近支宗族,强行守节者,并非善事。官兵身殁,如不计伊等妻孥之年岁,支给俸禄钱粮,其中年少欲改嫁者,则易陷于窘境,以至失身,对于满洲颜面亦多有关系。"对此,胤祯认为:"理应度其年岁,或定何岁之后方令守节,或有专一守节者,经族宗、佐领人等保举,再着其守节之处,命八旗大臣会议具奏。"经讨论决定:"此后,官兵之孀寡有嗣,或足四十岁,有奉养之人,除仍视参领、佐领保举,发给一年俸禄、钱粮之一半外,不足四十岁之孀寡,无嗣亦无近支家族者,免发俸禄、钱粮,倘其中实属情愿守节,又有奉养之人,则由族人、娘家、佐领共同保举,呈报后,该大臣奏闻,循例俾发给一年俸禄、钱粮之一半,使之守节。如是,不至贻误少寡,又可使守节之女得以显彰。"②雍正五年的上谕,以及后来的决议,尽管谈了些其他理由,但中心点是鼓励年轻、生活缺少依靠的寡妇通过再嫁,以减轻国家的压力。经济因素,亦是其中的核心。

一些经济实力不足,或无族产的家族,面对贫困孀妇的生计,感到束手无策,不得已也只好放松对孀妇再嫁禁例,有的还写进了"家训""族规"。像寡妇"至若子女俱亡,公姑无靠,不能谋生者,亦可不必强守"③族中孀妇,"或有志不能守及家贫,无一可守,而势难终守者,听其别为调停,族规无庸苛责"④等。在中国第一历史档案馆所藏宗人府档案中,我们发现一份道光二年(公元1822年)四月初十日,由已故四品宗室奕炳妻蔡氏与夫家所立的再嫁甘结。文中提到蔡氏因夫亡子死,亦无依靠,"不愿守

---

① 中国第一历史档案馆编:《雍正朝汉文朱批奏折汇编》第2册,第286页。
② 刘厚生译:《清雍正朝镶红旗档》,东北师范大学出版社,1985年,第58—59页。
③ 宣统《白沙陈氏支谱》卷首上《家训》。
④ 光绪(长沙)《周氏三续族谱》卷2《族规》。

节,情愿出其此姓,另外改嫁,再无反悔"①。连宗室之家,亦可因穷、无依靠,允许再嫁,对一般百姓当然更难约束了。

三、没有子女

没有子女对小家小户的贫困百姓,也是很重要的。有人曾说:苦节不常,"处此有极难者,无子一也,苦贫二也,遭乱离、遇强暴三也"。② 三难中,把无子放在第一位。在现实生活中,因无子女,缺少依靠而改嫁就占有相当比例。乾隆元年(公元1736年),浙江长兴县民蔡维生的女儿蔡氏,24岁时,丈夫邵鹤林去世,开初,蔡氏亦以守节为重,但终因年少,没生育男女,害怕年老后无人照管,在父亲鼓励下,于34岁时同意再嫁。③ 又据湖南永兴县民李寿婆言:"父亲李一公已死,只生小妇人一人,自幼嫁与刘二寿为妻。今年(指雍正十三年)三月二十六日,丈夫病故。公公早年死故,婆婆又转嫁了,家里贫苦难过日子,小妇人没有生育。四月里,是大伯刘一寿主婚,凭了林常山为媒,把小妇人许嫁与林健康兄弟林祖旻为婚。"又说:"小妇人实因刘家穷苦,丈夫死了,又没生育,无所依靠,没奈何,只得出嫁的,并不是大伯逼勒的。"④本来家穷,生活无着,加上没有子女,即使过得了今天,将来年纪大了,或设想惹了灾祸病痛,有谁能伸援依靠?一些比较开明的丈夫,从妻子生活着想,也有在临死前劝告再嫁的。山西闻喜县段氏,牛天奎妻,无子,领养一个年幼的女儿,以此为生。牛眼见病重将死,乃告妻"勿守也"⑤。又如虞乡县姚氏,阎锡爵妻,

---

① 档案,《宗人府堂稿》,第436号。
② 《碑传集》卷159,钱邦芑:《邹氏三节妇传》。
③ 档案,乾隆元年十二月十六日徐本题,第134号。
④ 档案,乾隆元年五月十六日允礼题,第131号。
⑤ 民国《闻喜县志》卷15。

年 19 岁寡,家贫无子,阎在病笃前亦告姚"我死汝当嫁"①。对于这些孤苦女子来说,再嫁实在是迫不得已的求生之路。另外,撇开生活原因,从心理学的角度考察,年轻女子,没有子女,孤身守寡,心理寂寞感亦较有子有女的要大得多。资料中,我们经常看到一些比较有实力的家庭,很看重给一些无儿无女的寡妇搞过继嗣子的活动。这除了维系该支香火不致中断,亦使守孀者有所期望,可看成是巩固妇女守孀意志的一种重要手段。

四、夫家或夫家族人觊觎资产,劝逼寡妇再嫁

这多发生在年轻守寡,又无子嗣的人身上。或虽有子嗣,但见寡母幼子,孤苦可欺,不惜做出种种手段。此类例子很多,而且常常可以从文人们描述的某些不顾劝诱、威胁,坚持苦节的节母、烈妇行述、事状中,间接得到印证。比如江苏常熟潘淑清,29 岁时丈夫与公翁相继殁,又无子女。族人见其可欺,便朝夕逼嫁,以图"遗赀"②。安徽桐城节妇余氏,想着上有年老婆婆,下有幼小弱子,忍死以待,苦苦支撑夫君去世后破碎的家庭,可夫家的伯叔兄弟,都宁愿节妇他去,不愿其守,"挫辱之百端不已",要余氏赶快出嫁,由他们来左右这笔可观的遗产。③ 还有像郑龙田祖母巢氏,20 岁嫁,23 岁寡。正当巢氏新寡,族内家人便盯上了此宗产业,讽示再嫁。巢氏立大伯若驹子为嗣,以明其志。不久,若驹死,若驹的另一子亦死,两房仅存巢氏一嗣子,于是族人又由讽示转为直接行动,务逼巢氏他嫁而后快。④ 山东某地有富民逼嫁孀妇图产,因妇不从,竟活活将其

---

① 民国《虞乡县新志》卷 6。
② 施淑仪:《清代闺阁诗人征略》,第 202 页。
③ 《刘大櫆集》,第 217 页。
④ 徐珂:《清稗类钞》第 7 册,第 3070 页。

"勒死"①。在李渔的《资治新书》中,摘载了两则族人图谋钱财迫孀妇再嫁的案件,一件发生在福建漳州府,夫兄卢文,利用委托掌管产业的机会,先是盗卖田地,吞没了千五百金,然后又觊觎寡弟妹的房产,为此他使出手段,逼令韩氏改嫁,"必欲噬寡吞孤,置之死地而后快";另一则是母家亲弟秦孟,为贪图重价聘金,不顾妹妹新寡才三月,丧服未除,便要她重新再嫁。② 在《福建省例·禁止殉烈》中记有这样事:

> 乃闻闽省有等残忍之徒,或慕殉节虚名,或利寡妇所有,不但不安抚以全其生,反而怂恿以速其死,甚或假大义以相责,又或借无倚以迫胁。妇女知识短浅,昏迷之际,惶惑无措,而丧心病狂之徒,辄为之搭台设祭,并备鼓吹舆从,令本妇盛服登台,亲戚族党皆罗拜活祭,扶掖投缳。此时本妇迫于众论,虽欲不死,不可得矣!似此忍心害理,外假殉节之说,阴图财产之私,迫胁寡妇立致戕生,情固同以威逼,事实等于谋财。

这是打着殉烈的美名,由家族集体出面逼迫寡妇不得不死,然后把所得遗产名为划归族业,实际却被族长等少数人霸管,捞得好处。在前面一章中,我们述及在江苏苏州一带,官绅们对表彰节妇烈女达到了不遗余力的地步,可就是这个地方,人们为图产逼嫁寡妇的也屡见不鲜,乾隆二十五年(公元1760年)正月,江苏巡抚陈宏谋发布的《保全节义示》就说明了这一点:

> 乃三吴恶习,妇女守节者,亲族尊长中,竟有无良之徒,或因有田

---

① 王培荀:《乡园忆旧录》,第370页。
② 李渔:《资治新书》卷13,陈斯征:《奸骗撤材事》;汪长源:《悬案逼杜事》。

产,垂涎侵分;或因少艾,图得嫁赀,多方逼逐,令其改嫁。其妇坚一不从,则又设计刁难,无端污蔑,使之不能自守;再有将平昔尚肯看顾来往之亲族,指为有奸,或布散浮言,或唆使迈姑出名,赴官诬告,官司不得不准,及至审明无奸,而遗产已为讼费用尽,不能自赡,势难坚守;又有初原清洁,而出官对簿,抛头露面,亲族难倚,外人窥伺,因此失节者。①

看来,在保全寡妇名节或是贪图财产上,也就是在义和利上,很多人选择了利,以致连亲族尊长的脸面都不顾了。一些年轻不明世故的寡妇,面对如此残酷激烈的争斗,或因不堪压迫,或陷于各种花言巧语,无法应付,常常屈从以求,通过再嫁来得到解脱。

类似情况,在当时的刑事案件中亦占有相当的比重。乾隆元年(公元1736年)闽浙总督郝玉麟咨题刑部的闽侯县齐高氏一案就属此例。

齐高氏,37岁,夫名齐立人,死有五年,与同胞兄弟齐登人久已分居。因丈夫死后,齐登人贪图产业,要将儿子立继,屡次逼嫁,寡妇不从,时常吵闹;又因租息,寡妇不得已,将田变卖,得价120两,放债生息,账目托丈夫族叔19岁的齐孔津代为登记。雍正十三年六月二十一日下午,寡妇和女儿香官正在家吃瓜,叔子登人手执柴棍推门进来乱叫捉奸,把衣服撕掉,裤也扯去,把寡妇缚了。拖至毛佛岭,才看见齐孔津也被他们拿住,一齐押送刑号,县主把寡妇责打二十板,逐回母家,一切资财尽被叔子齐登人拿去。寡妇于心不甘,只得再往上级衙门告状。②

发生在湖北枝江县"图产抢嫁"一案,亦具有同样性质:

---

① 陈宏谋:《培远堂文檄》卷46,载《陈榕门先生遗书》本。
② 档案,乾隆元年七月二十九日郝玉麟题,第73号。

刘泽远系黄氏之夫刘永华小功服兄,乾隆二十年,刘永华身故,子女俱幼,有祖遗田五石四斗,陆地五段,黄氏抚孤守志,又自置田四石九斗。二十三年五月,其子夭亡,黄氏仍甘心苦守。讵刘泽远贪图财礼,起意强嫁。二十五年二月,央熊敬恩、苏绍一为媒,将黄氏说与李守撰为妻,议定财礼银三十二两,钱二千文。三月初八日在刘泽远家写立婚书,刘泽远得财礼银二十两,其余银钱给与熊敬恩、苏绍一均分。李守撰即欲迎娶,刘泽远约俟夜间同媒往抢,于一更时分,众人开门将黄氏拉出,同李守撰扛抬上马。刘泽远复转至黄氏屋内,搜出田地契约而出。因黄氏至李家后哭骂不休,李守撰惧怕出事,不敢威逼成婚。至初九日,黄氏乘人不备,即取房内所挂剃刀自刎身死。①

上述二案例,都是因图财使尽手段,逼嫁寡妇。有的寡妇家穷,没有财产,但因出嫁有身价、妆奁银,于是也有人为此劝嫁、逼嫁孀妇。贵州乾隆《清平县志》:"夫亡再醮,夫家、母家争索财礼。"湖南新化县夫亡再醮,"多有夫家、母家互争财礼",乃致发生捆嫁捉掳等暴力行为。② 陕西渭南县,乡民的婚配不择门第,不论八字五行,亦不计年庚大小,只"唯利是视,同于市道,而再醮者殆有甚焉"③。在临潼:"婚多论财,再醮尤甚,至有射利之徒,诈罔成风,以寡妇为奇货"④。此等情况,在刑事案例中也有反映。安徽灵璧县邱周氏(30岁)自幼嫁与邱盛钱弟邱万钱为妻。光绪十年(公元1884年),万钱病故,周氏自愿守孀,邱盛钱因贫难度,起意把周氏卖嫁,乃托媒人卖与庄邻汪宗齐(40岁)为妻,吞得身价钱40千。导致周氏自缢身死。⑤ 这样案例很多,因限于篇幅,无法一一引述。

---

① 《驳案新编》卷4《图产抢嫁不甘失节自刎身死》。
② 同治《新化县志》卷7。
③ 光绪《新续渭南县志》卷2。
④ 乾隆《临潼县志》卷1。
⑤ 《刑案汇编》卷14《图财强卖孀居弟妇未成致令自缢身死》。

根据我从光绪《顺天府志·烈女传》所列清代孀妇73人的考察,其中涉及逼嫁、劝嫁内容者27人,占总数的37%。逼嫁、劝嫁虽不全出于觊觎资财,但可见到,希望寡妇再嫁,也是一股不可忽视的势力。

五、"坐产招夫"

"坐产招夫",也叫"坐堂招夫""赘夫承业"或"招拐""孵床佬""接脚夫"等。通常是指妻子死了丈夫,多少留下些产业,或者还有公婆子女,既不能随嫁带走,又想保持原来家庭的完整性,同时也为防止家产被家人或丈夫族内亲房染指吞没,便使用招赘后夫的办法,加以解决。"坐产招夫"广泛流行于陕西、甘肃以及山西、直隶等西北和北方省区,另外像四川、两湖、两广以及浙江、江苏等地的农村,也常可见。为了更好地了解有关"坐产招夫"的情况,让我们先引述若干资料。

(一)"坐产招夫,总(为)产(业)起见,寡(妇)恐人占其产而坐以招夫,鳏夫利在得其产而所图寡妇。媒妁说合有产之寡妇,可多得谢金,故有产之寡妇既可居之为奇货也"①。

(二)"如女失夫……再醮不禁,乃至事筹两便,以夫从妇而似赘非赘者,名曰坐堂招夫,意以抚子理家"②。

(三)"孀而有赀者,开门赘夫承业"③。

(四)"或子死以媳招夫为继子,承受田室,虽与德不和,而乡人习以为常"④。

---

① 乾隆《镇安县志》卷6。
② 乾隆《延长县志》卷5;又见嘉庆《延安府志》卷39。
③ 康熙《巩昌府志》卷7。
④ 乾隆《岑溪县志》卷1。

（五）"子死媳寡，另招人配，媳顶立前夫粮名，据其家产，翁即以为子，子即以为父，名曰养老抚孤"①。

（六）"如遇男子先死，遗有田产、子女，而女子不愿改嫁，亦可随便另招一夫，谓之招拐。与招赘不同，男子须随故夫之姓，其名亦以字排，若与故夫为兄弟然"②。

（七）"孀妇有财产者，既不愿守节，又不便再嫁，乃坐产招夫，俗称垫房"③。

根据以上资料归纳：（一）所谓"坐产招夫"，乃是当时社会通行的招赘婚的一种形式，只是女方均系寡妇；（二）"坐产招夫"通常女方都有一定的家财，如土地房屋，但也不是大富大贵之家；（三）"坐产招夫"与先头说的家人、族人为贪图财产劝逼寡妇再嫁的情况相比，后者多少属于被动行为，而前者完全是由寡妇主动，或者寡妇在公婆支持下招夫的，反映了寡妇为保护自己人身和家庭财产不受损害所承担的一定的勇气和魄力；（四）既然"坐产招夫"是以女家或者原夫家为主，这样当男子入赘后，虽然可"受田产""抚子养家"，参与家庭家产管理和子女教育，但主导权却在女方或原夫家一方，因为由媳妇"顶立前夫粮名"，财产所有权仍掌握在妻子那里，丈夫只是原夫家的继子，有的还要"随故夫之姓，其名亦以字排"。

当时人攻击"坐产招夫"，除了对寡妇再醮不满意，主要针对男方的更姓排辈分的做法，指责是乱宗行为。④ 是"以嫁寡妇为利，致夫妇之伦流于偷薄"⑤。乾隆二十年（公元1755年），江西瑞金县（今瑞金市）民李

---

① 嘉庆《峨眉县志》卷1。
② 民国《琢县志》8编《婚嫁》。
③ 民国《川沙县志》卷14。
④ 民国《名山县志》卷10。
⑤ 光绪《珙县志》卷5。

士仁因土地纠纷发生命案,在问供中,李士仁谈到家庭情况,其母詹氏就属于"坐产招夫"者。李士仁在6岁时死了父亲,詹氏为了抚养年幼的李士仁和经营家庭房屋田产,乃招廖必辉为赘婿。廖名为丈夫和继父,负有"照管家务"的责任,但财产大权仍掌握在李士仁和詹氏手中。其中的证例,便是处理他家典当田地,必须由儿子李士仁具名,母亲詹氏在场画押。据称这是属于"乡例"。但从中也可看到,赘夫的地位不高,在某种程度上可说是从属于原夫李家的门下、又负有某种责任的顶替者。① 江西鄱阳县寡妇陈氏坐产招同县人严磨生为赘婿则又是一种情况,陈氏先后嫁过三次,当第一个姓徐的丈夫去世时,留下一个儿子叫福来,因贫不能守,再嫁于叶德恩。不久,德恩也病故,留下遗腹子福德。此时她有两个儿子,又有德恩所遗水田2亩,决定坐产招夫。应招入赘的叫严磨生。磨生在叶家住了五年,才得携陈氏与二子回故居,但叶的2亩田仍归严耕种"以养二子"②。这里说到的是入赘还定有年限,年满返回男家,赘婿的名分也就去掉了。

"坐产招夫"在官绅家庭或宗族势力比较强大的地区,是很难做到的,但在一些较为偏远或乡村庄农人家却有一定的普遍性,而且相继成了惯例。同时也得到清朝政府首肯。据清律:乾隆十一年(公元1746年)定:"坐产招夫,听从民便,若似昵图谋,有伤风化者,应申禁邻族禀逐。"只有当引起纠纷,或有伤风化之事而呈禀政府,国家才出面干预。③

六、"招夫养子"或"抚子承差"

"招夫养子"或"抚子承差"也是寡妇招赘的一种形式。陕西一带"或

---

① 《清代地租剥削形态》,中华书局,1982年,第537页。
② 俞樾:《右台仙馆笔记》卷13。
③ 《大清律例汇辑便览》卷10《户律·婚姻》,光绪三年刻本。

续娶寡妻,即买前夫之子为嗣";"并有子亡而为媳入赘者,孀妇辄招夫养子"①。湖北鄂西一带呼此为"抚子承差","孀妇子幼,招他姓男人入室,谓之扶子承差;老年丧子,有遗媳招他姓入赘,为之陪儿"②。也有叫作"坐门招夫"的③。在台湾则称"招硬","子死媳在,媳妇可以招夫,名曰招硬,又曰招夫养子"④。广东吴川叫上门,"室无亲人,遗孤乏养,招人入赘谓上门"⑤。

有关"招夫养子"的个案材料,在档案和地方志中也时有可见,如乾隆元年湖北丁氏,夫死穷苦难守,在婆婆主持下"招赘文茂华至家,养老抚幼"⑥。甘肃皋兰县(今属兰州市)彭氏,年29岁夫亡,长子张福才3岁,次子张禄刚出生。彭氏初始坚持借针黹抚孤度日,嘉庆十五年(公元1810年)兰州发生饥荒,饔飧不继,彭氏年届40岁,她弟弟实在看不过去,就"逼其赘夫养子"⑦。又如江苏上元县(今南京市)董氏,因原夫董加彦去世,生有二女年幼,乃招孙茂成入赘⑧。句容县朱潘氏,25岁时丈夫朱瑛病故,留下一个6岁的儿子,无依无靠,"邻里哀其穷,劝以招夫养子"⑨。道光十四年(公元1834年)浙江某县民妇沈氏,丈夫去世后留下幼子和童养媳,生活失去保障,于是"奉伊翁之命,令该氏在家招夫,抚养子媳"⑩。

"招夫养子"和"坐产招夫"的区别在于前者不一定有田地房产,而后

---

① 光绪《靖边县志稿》卷1。
② 同治《巴东县志》卷10。
③ 李调元:《尾蔗丛谈》卷2《聂翁》。
④ 《台游笔记》,载《小方壶斋舆地丛钞》第9帙。
⑤ 光绪《吴川县志》卷2。
⑥ 档案,乾隆元年七月十一日史贻直题,第119号。
⑦ 宣统《甘肃新通志》卷76。
⑧ 档案,乾隆元年六月二十八日顾琮题,第130号。
⑨ 乾隆《句容县志》卷9。
⑩ 《刑案汇览续编》卷25。

者一般都有产业。所以比较起来,"招夫养子"的赘婿义务似乎更重一些。因为他在娶得妻子的同时,也把妻子前夫的儿女和翁姑的抚养义务也承接过来了,所以寡妇"招夫养子"常常是奉公婆之命,或在其他家庭长辈主持下进行的。尽管如此,招来的赘婿,在身份上仍像"坐产招夫"一样,"遵从女姓,不复其族"①;或"认妇之翁姑为父母"②,"承其香火"③。

不过也有些地方把有一定产业的寡妇招赘叫"招夫养子":

广西荔浦县:"寡妇招夫养子,居其室家,占其产业,族人不以为异姓乱宗,往往赞成之。"④

浙江平阳县"多招夫养子,无子转适,或有翁姑在堂者,即招后夫为子,其生子即冒前夫之姓而复其产"。⑤

四川雅州府"其子既死,将媳另赘他人,亦作继子……公然承受田地,恬不为怪"⑥。

这些地方的招夫养子,和前面所说的坐产招夫并无实质区别,而且入赘丈夫的身份也要更低一等。乾隆二十年(公元1755年)湖南泸溪县的一个案例,就很说明问题:县民高氏原系张文珠妻,乾隆十七年(公元1752年)高氏37岁时,丈夫去世,留下4个不懂事的儿子和1个女儿。据高氏称:家里"虽有些山土,没人耕作,又雇不起工人,如何过得日子",所以要想招夫养子。于是就招了35岁的张文玉进门。张因家贫没有娶妻,表示"只要上门入赘,帮她耕作,抚看幼小子女,不要财礼"。可自张进门

---

① 光绪《凤县志》卷8。
② 民国《同正县志》卷7。
③ 李调元《尾蔗丛谈》卷2《聂翁》。
④ 民国《荔浦县志》卷4。
⑤ 民国《平阳县志》卷20。
⑥ 乾隆《雅州府志》卷5。

后,高氏嫌其"懒惰"常与"争闹"。乾隆二十年(公元1755年)五月二十四日,高又怪"伊工作不勤,出言辱骂,并举木槌殴打,被锄头格伤致死"。① 泸溪县高氏殴打赘夫张文玉一案,虽包含有夫妻感情不和与两人性格差异等问题,但从他们经常吵架,到最后高氏可以悍然打死张文玉的整个过程来看,高一直居于上风,张则处在被动受责的地位,这与"招夫养子"中赘婿地位不高,有一定的关系。

第二节 寡妇转房

寡妇转房在民族学上通常称为"收继婚"。收继婚分为平辈收继婚和长辈收继婚。平辈收继婚系指同一辈分之间的转婚。如兄死,嫂转嫁于小叔;弟死,弟妹转嫁于伯兄。长辈收继婚是指不同辈分之间的转婚,如父死,后母嫁与其非嫡生子,或继叔婶转与侄,继祖母转于孙等。② 对于收继婚,有的学者认为这是父系制社会各民族普遍存在过的一种婚姻形式,唯独中国是个例外。③ 这位学者所说的中国当指汉族。因为直到清代,我国大陆的许多少数民族如蒙古族、藏族、满族、苗族、黎族、白族、哈尼族、彝族、傈僳族、景颇族、阿昌族、怒族,以及台湾的高山族等,都不同程度地存在收继婚的习俗。其实在汉族上古历史中,收继婚也曾作为一种婚姻制度存在过,春秋前期,乃至春秋以前的烝报婚(烝庶母、继祖

---

① 档案,乾隆二十年十二月十日陈宏谋题,第125号。
② 董家遵:《中国古代婚姻史研究》,第3页。
③ 转见阎云翔《传统中国社会的叔嫂收继婚——兼及家与族的关系》,载台北《九州学刊》第5卷1期,1992年。

母,报嫂),就指的是收继婚。① 只是到了秦汉以后,由于儒家学说被尊为正统主导的位置,尊卑长幼有序、以孝悌为本的伦理关系不断地被引申,并加以理论化和法律化,收继婚便成为有违道德、被法律禁止的行为,而且愈来愈趋于严紧。《明会典》规定:"若收父祖妾及伯叔母者各斩;若兄亡收嫂,弟亡收弟妇者,各绞。"②清代继承明律,在有关收继婚方面的立法,甚至连文字也基本相同。③

尽管寡妇转房被政府严厉禁止,但是直到清代乃至民国年间,在很多地区的下层百姓中仍相当流行,并有着各种不同的称谓,如陕西、甘肃、鄂西、湖南、四川叫"转房""锉栽",湖北又作"就婚""续婚""挽亲",鄂北称"伦婚",山西呼"接交",四川、江苏等地作"就婚""续婚""接樑",贵州称"填房",浙江金华一带呼"插花婚",临海等地作"接面",定海谓"兄终弟及",浙南叫"续亲",闽中呼"接节",广西、江西叫"转婚""转书",赣南作"升房"等。④ 从有关的记载来看,清代寡妇转房的情况大体是这样的。见表9-1。

表9-1 各地寡妇转房示例

地区	事例	资料出处
山西武乡县	更有兄收弟妻一条,其弟或利其兄资产之厚,其兄或利其弟素善持家,辄相匹耦(偶)。	乾隆《武乡县志》卷2
洪洞县	乡村恶习,有弟嫂重亲者。	雍正《洪洞县志》卷1
翼城县	叔嫂匹配,皆非礼之尤者。	民国《翼城县志》卷16
临晋县	叔嫂匹配,则非礼之尤者。	民国《临晋县志》卷4
陵川县	山村中间有弟收嫂,兄收弟妇者。	民国《陵川县志》卷3

---

① 顾颉刚:《由"烝""报"等婚姻方式看社会制度的变迁》,载《文史》14辑,1982年。
② 万历《明会典》卷163《婚姻》。
③ 《大清律例通考校注》,第449页。
④ 以上称谓均来自有关省份的地方志,此外也参考了董家遵的《中国收继婚之史的研究》及《中国古代婚姻史研究》。

续表

地区	事例	资料出处
新绛县	其兄死后,弟又娶兄妇者,谓之接交。	民国《新绛县志》卷3
陕西鄠县	如昆弟姊娌或遇死亡,则转相偶匹,父母乡邻从而怂恿,恬不为怪者。	民国《鄠县志》卷4
汉中	以胞弟妻其孀嫂,谓之转房,弟若不可,则嫂可以吞房灭伦控之。	徐珂:《清稗类钞》第5册,1997页
孝义厅	至俗云转房一切恶习,无知小民或所不免。	光绪《孝义厅志》卷3
白河县	风俗之谬,莫甚于转茶,乡氓辄砚然为之,兄终弟及,李代桃僵,墙茨之诗,所谓中篝之言不可道也。	光绪《白河县志》卷5
洵阳县(今旬阳市)	转茶等事,士大夫所无,乡民所有。	光绪《洵阳县志》卷5
甘肃省	兄死妻嫂,弟死妻妇,比比皆是。	徐珂:《清稗类钞》第5册,第1997页
海城县	兄故嫂为妻,弟故弟妇为妻,一若份所应然之。	光绪《海城县志》卷7
江苏苏州等地	苏乡旧俗,兄既娶妇,不幸身亡,遗妇与叔成婚,乡人称嫂接叔,时有所见,恬不为怪。	《清名臣判牍》卷3,转引自《中国古代婚姻史研究》,第82页
宝山县	更有为婚费艰难,男子死而以其妇配其弟若兄,谓之叔接嫂者,此特乡间有之。	民国《宝山再续志》卷5
直隶通州	或兄弟有故,改聘换茶,皆闾巷细民所为。	乾隆《直隶通州志》卷17
浙江定海县	乡僻陋俗,更有兄弟故后,以嫂妻叔,或以弟妇妻兄者,谓之兄终弟及。	民国《定海县志》第5册,卷16
河南上蔡县	乡愚无知,兄收弟妇,弟妻兄嫂。	康熙《上蔡县志》卷15
湖北安陆县	田野细民有弟娶孀嫂,兄娶弟妻者,谓之就婚。遗俗相沿日久,近郡县有此者多矣。	同治《安陆县志补正》卷下
四川南川县	小叔承嫂,与兄同居,兄死即就兄妻作室,亦小户所为。	民国《南川县志》卷5
简州	不得兄转弟房,弟承兄嫂。	光绪《傅氏重修宗谱》上卷
长寿县	小叔承嫂,一家之中,兄娶而弟未娶,兄死,弟就兄妻作室,小户所为。	民国《长寿县志》卷4

续表

地区	事例	资料出处
广元县	兄纳弟妻填房,半出寒家。	民国《重修广元县志稿》第4编,卷15
江津县	兄死以嫂就叔,虽间有其事,一般舆论也知其非礼而鄙之。	民国《江津县志》卷11之1
合江县	若兄死而偶其嫂者,俗谓之叔就嫂。	民国《合江县志》卷4
泸州	兄死而偶其嫂,谓之转房。	民国《泸县志》卷2
云阳县	兄纳弟妇,弟娶兄嫂,俗谓之填房。	民国《云阳涂氏族谱》卷11
宣汉县	弟死而兄处其室,曰转房。	民国《宣汉县志》卷15
万源县	兄亡收嫂,弟亡收弟妇者,名曰转房。	民国《万源县志》卷5
贵州黄平县	兄死以弟赘之,弟死以兄赘之,谓之填房。更有无知道理,谓弟填兄房为常礼,兄填弟房为灭伦。	民国《黄平县志》卷3
平坝县	更有弟赘兄嫂,兄赘弟妇者。	民国《平坝县志》第2册

表9-1所述示例中,不少资料出自民国年间。我之所以仍加引述,是基于尽管记载在后,可其习俗绝不是民国时才出现的,何况有的资料明确地说,此乃"县人旧时婚俗""邑之旧俗"或"近以其背人道、类苟合,社会制裁,已革除"等。可见它们早在民国以前业已存在了。表9-1共引述9省29个地区的情况,实际涵盖面当然比这要广,这从前面列举的同一名称不同称谓中可得到证明。

清代汉族地区的收继婚,几乎都是平辈收继婚,也就是兄死妻嫂,弟死妻弟妹。从多数情况来看,大概以弟娶寡嫂为最常见,因为这符合中国长兄先娶的传统程序。兄死,弟未成亲,便可自然承嫂为妻。民间习言的"叔接嫂"(或"嫂接叔")、"小叔承长嫂",或"兄终弟及""叔嫂匹配"等说法,正是这一事实的最好注脚。贵州黄平县,更有"弟填兄房为常礼,兄填弟房为灭伦"的说法,很像是一种法则性的定例。清代的长辈收继婚,笔者除在少数民族中见有此事外，①汉族地区尚未发现。一方面由于近亲中，不同辈分不得婚配的伦理观念，无论上下，均十分明白，不敢贸然违抗。另一方面也由于这些事多发生在下层百姓中。他们颇有些人是迫于家境贫寒，连正常的按时娶妻都难以做到，更谈不上娶上三房四妾来享乐了。所以一旦父亲去世，做儿子亦无父妾可以承纳。至于有的生母早故，父亲续娶而留下继母的，一来继母的年龄较儿子通常要大上一二十岁，双方差距过大；二来继母仍如母，在长幼尊卑上，与妾有着根本的不同，名分攸关，在汉族人心目中，很少敢冒如此大不韪，去承继母为妻的。

清代收继婚最盛行的是在西北的陕西、甘肃一带。顺治时，汤斌出任陕西潼关道，曾就兄收弟妻、弟收兄嫂习俗颁示禁止：

> 窃以三秦为文武周召之地，何教化凌夷至此。更可骇异者，兄收弟妻，弟收兄妻，法当两绞，而乡愚人公然嫁娶，甚至父母主婚，亲朋相贺，真禽兽之行恬不为怪。……为此，示仰军民人等知悉，凡以前不知犯法者，即日离异改正，如瞒昧因循者，许乡约保甲合词公举审明，定按律处死不恕。②

汤斌的告示虽然严厉，可惜民间积习相沿，没有起到多大效果。乾隆初，陈宏谋出任陕西巡抚，目击此情此景，又感到不能容忍，几年间连续发布了《劝善惩恶示》和《兴除事宜示》。在《劝善惩恶示》中明确条告：凡"兄亡收嫂，弟亡收弟妇，男妇俱立绞"；"阻止村邻不致兄亡收嫂、弟亡收弟妇者奖"。后来稍稍改变口气，在另一个告示中说："兄亡弟续，弟故兄聘，此皆败伦伤化，律法森严，不可容于圣世，切勿执迷不悟，误罹法网

---

① 如吴高增《乾州小志》言苗民中有"翁之收媳，弟亡配嫂，恬不为怪"，就是其例。
② 汤斌：《汤子遗书》卷7《陕西公牍·禁革乱俗以正伦常事》，载《四库全书》本。

也。"①当然，陈宏谋的檄文，也只是官家发申文，算尽到劝风化俗的责任。在民间，由于各种实际缘故，只要百姓们不明目张胆顶风干，一般仍可我行我素。这从表9-1所引资料多系清末乃至民国年间的载录，就可看明白了。根据列表，山西、四川也是收继婚较为流行的地区。山西与陕西接界，民俗亦多相沿相通。四川在清初是各省移民汇聚之地，同时把各地的风俗习惯带了进去，其中包括像收继婚这样的习俗。再就是初期移民，一般都男多女少，性别比例失衡，男子娶妻困难，这也是人们愿意接受收继婚的原因之一。

在清代收继婚中，还有这样的情况。雍正十一年（公元1733年），江西吉水县民刘长林，凭媒以财礼银10两加2500钱，聘同县胡惟贤女胡氏与第三子刘起兰为妻，尚未过门，起兰即于次年十月病故。刘长林以婚约已定，遂于当年底和第二年二月，两次托原媒说合，欲与第四子刘起群接婚，说明愿再添财礼银14两作聘，但均被胡惟贤拒绝，将女另许别姓。胡的做法引起刘家的愤怒，决定邀集同族亲戚前往抢亲，结果引出命案。②

另有一种情况是由男方家长作主，将领养在家的童养媳，转婚与原聘夫的兄弟。比如：

1.浙江奉化县朱氏，陈正涵聘妻，年少时育于陈家为童养媳，待朱氏年长，婆婆以正涵年龄偏大，与朱氏不相般配为由，决定将其改配与正涵的弟弟。③

2.湖南零陵县彭国银女彭大妹，3岁时被汪姓领养，为汪大申童养媳。六年后，大申病故。待大妹稍长成人，汪家公婆就顺理把她配给大申的弟弟汪小申。④

---

① 陈宏谋：《培远堂文檄》卷23、27。
② 档案，乾隆元年五月十七日允礼题，第131号。
③ 光绪《奉化县志》卷29。
④ 光绪《零陵县志》卷10。

3.台湾澎湖厅吴循娘自幼适同里萧春色为童养媳。春色病死,公婆们认为循娘虽未成亲,已是萧家之人,要她改配与少子,即循娘的小叔为妻。①

上面所举四个例子,从法律的角度判断,都不具备夫妻关系,但依据当时的惯例,只要夫家下了聘礼或领养在家,便有了夫妻名分。男家的公婆就是按照这一习惯,要求聘妻转房配与小叔的。诚然,上述做法,最后以女家或女方不同意而告吹(后面二例均以女方自杀而终),但男方或公婆们的做法能够得到族人的支持、乡邻们的默许,就是在他们看来,这类叔接嫂的婚姻,在习惯上是被允许的。② 福建有的家族,还把此种做法写进了族规:

> 苗养幼媳……迨后长大而改配其父之兄弟及族人者,妇于前夫名次下书改适,其后夫及妇书法无论如何,与娶本族妇字行相同者同例,惟所生之子得与普通无异。若前夫既完婚生子者不得援议。③

该家族是在确定童养媳即苗养幼媳与聘夫已有夫妻名分的前提下,以改适的名义转婚的。但为了表示限制,对于兄夺弟妇,弟占兄嫂,叔夺侄妇,侄占叔母的那些居心不良者,则归于"黩伦伤化"之列,严厉加以禁止。

最有意思的是上面四个例子,最后还闹出了多起人命官司,而且国家对收继婚的法律条规又如此严厉,可是他们中没有一例是因男方或男方公婆执意施行弟接兄妻(未婚妻)而受到惩处的。

---

① 光绪《澎湖厅志》卷8。
② 在浙江上虞等地,有长子未娶夭亡,欲将聘妻顶配与次子;长女受字而殁,思以次女抵嫁的做法,这在很大程度上与收继婚习俗的影响有关(参见光绪《上虞县志校续》卷41)。
③ 民国(泉州)《蓬岛郭氏家谱·新谱例》,转引自陈支平《福建族谱》,第58页。

在档案《刑科题本》中,我们看到发生于内蒙古归化城(今呼和浩特)辖内一起案件。民人宁氏,雍正五年(公元1727年)五月,丈夫丁茂村因病去世。当时宁氏才30岁出头,儿子幼小,婆婆邵氏眼见她们的生活不好打发,经过与亲家公婆商量,又征得宁氏本人同意,将其转嫁于尚未成亲的丁茂村嫡堂弟丁茂华。婚后多年相安无事,后来被近族丁齐升以弟接嫂,触犯刑律,向官府告发,引起一场官司。最后的判决是,主谋人邵氏照律杖一百、徒三年;宁氏父母因先已病故免议;丁茂华虽以"拐带小功以上亲"定罪,可巧碰到雍正十三年(公元1735年)九月三日新皇帝继位,发布恩诏"援赦免罪",邵氏所判徒杖也同样得赦。所以实际只是丁、宁离异,宁氏交付其弟宁奇华收养,了结了此案。① 又如发生在安徽歙县的鲍金老,娶同族守孀弟妹吴氏为妻,因族人首告送官,最后判处的是,"原聘十二两入官,金老拟娶无服妻律离异,与(鲍)观老并杖"②。鲍观老是吴氏的原夫兄,因不加阻止而受罚。这两个判决,以及前四例中官府的态度,与清律规定的"兄亡收嫂"要处以绞刑的条文,相差了不知多少。看来在触及有关收继婚的刑事审判中,不管政府无意或有意回避,从轻发落的不在少数。

当然,也不是所有此类案件都是如此处理的。因为国家既创此重刑,总会有人碰到刀口上,否则便不足以儆众人。乾隆四十九年(公元1784年),奉天府发生高九收弟媳杨氏为妻一案就是如律判处的典型。当奉天府尹将高、杨判处绞刑的咨文移送刑部后,刑部以这桩姻缘的主婚人是高九的父亲高志礼,根据"嫁娶违律,事由主婚。主婚为首,男女为从减等"的条例,绞处的应是高志礼,高九和杨氏可减等免死,改判流刑。刑部的改拟本已得到皇帝的允准,可到第二天,乾隆帝又提出了不同的看法。他

---

① 档案,乾隆元年四月十七日允礼题,第115号。
② 傅岩:《歙记》卷9《纪谳语》。

认为此案的主谋固然是高志礼,但做儿子的也有不可推卸的责任。面对如此"乱伦"之罪,做小辈的怎可甘心听从(这实际是高估了一般百姓的法律意识)。而且他很怀疑此案所以由高志礼出首承担责任,是基于父亲为保护儿子过关才这样做的,"卑幼犯法,尊长出面而承认主婚"。为了做到正伦纪而弼教化,乾隆帝主张,以后凡遇此类案件,"乱伦"男女也得处以绞刑,但可监候,以待再审定谳。这样,在乾隆五十三年(公元1788年)终于出台了一个修订后的条例:"至兄亡收嫂,弟亡收弟妇,罪犯应死之案,除男女私自配合,及先有奸情后复婚配者,仍照律各拟绞决外,其由父母主婚,男女听从婚配者,即照甘心听从之男女,各拟绞监候,秋审时核其情罪,另行定拟。"①

有关收继婚的刑律条文,在嘉庆十九年(公元1814年)又作了一次补充。这是由嘉庆十七年(公元1812年)史灵科收弟妇为妻一案引发的。原因是史在娶亡弟妻之前,曾与亲属商量,还向当地地保作过报告,都没有受到阻拦。所以新例又加进了,嗣后凡遇此等情况,男女各拟绞监候,秋审入于情实。知情不阻之亲族、地保,照不应重律杖八十。② 新修改的条例,着重于强化对责任人的量罪认定,对男女本人私相配合仍绞不变。一般说来,只要由父母长辈做主,当事人虽拟绞监候,但若没有特殊变故,就不至于死。可按照嘉庆十九年例,男女却得以情实处绞,当然如在监候期间遇到大赦,也可侥幸免死。

清朝政府对于收继婚的法律规定,中间虽有几次补充修改,总的态度是严厉的。这种严厉的态度也反映在一些家族的宗规、族约中。江苏无锡孙氏宗约中明确规定,凡发现兄死娶嫂,弟死娶弟妇,乱伦犯法者,连同本人子女,"一概摒斥,永不入谱"③。四川云阳(今属重庆)涂姓族范写有

---

① 光绪《大清会典事例》卷756。
② 光绪《大清会典事例》卷756。
③ 《清朝经世文续编》卷66,孙希:《宗约》,光绪上海久敬斋铅印本。

严禁兄纳弟妇,弟娶兄嫂,"违者入祠重惩,并不许完娶"①。湖北麻城鲍氏户规亦言:"兄亡收嫂、弟亡收弟媳者,免祀,送官治罪。"②在《曲阜孔府档案史料选编》中,载有一则孔姓族人向大宗主衍圣公控告小叔孔兴柱娶兄嫂张氏为妻事:

> 具禀族人孔毓书,住孟庄。禀为同姓为婚有乖伦常事。切族有族叔兴传、婶母张氏,因度日不过,将婶母改嫁,理宜异姓成婚,不料,兴柱竟自娶为妻室,明系以弟欺嫂,人伦攸关,国法荡佚。伏乞仁明举事,公恩准拘讯,永感上禀。被禀孔兴柱。乾隆三十九年四月十三日。③

孔毓书向衍圣公提出控告,就是在家族内部出现了触犯人伦国法的事。

上述族规,实际执行情况如何,因没有看到其他相应资料,我们尚不清楚,但从有的记载所言,此事"宗族乡党皆得干涉之,然已成事实,难于强离,往往纳贿以免"④,看来多数亦是不了了之。从国家层面来看,对于民间的收继婚,在很大程度上也有些法不治众的味道。尽管它涉及封建伦理大事,但比起造反"谋大逆",或直接牵涉劫掠谋害人命等危及清朝统治、有碍社会安定的大案要案,造成后果毕竟要轻得多,过问多了,反而棘手刺眼。所以,聪明的官员一般多采取民不告,官不究的态度。最多是雷声大雨点小,比如上任伊始檄示厉禁,以表明态度,或所谓"贤守令每岁出示,劝化乡民,使不入禽兽之路"⑤,实际上是睁一眼闭一眼,消极不予

---

① 《方阳涂氏族谱》卷11。
② 宣统《鲍氏宗谱》,转引自朱勇《清代宗法研究》,第223页。
③ 《曲阜孔府档案史料选编》第3编,第1册,第81页。
④ 民国《长寿县志》卷4;民国《南川县志》卷5。
⑤ 同治《安陆县志补正》卷下。

理睬。何况天高皇帝远,此类事多发生在贫苦小户和穷乡僻壤。人们之所以敢屡触禁网,多是情有可原,这也是懂得民心的官员所不忍追究的原因。

总之,作为寡妇再嫁形式的收继婚,清代尽管在相当范围内仍然存在,但它已不作为制度性面貌出现了,也就是不管兄弟有妻无妻,已不是弟必娶孀嫂,弟故兄必纳弟妹;或者像有的民族施行的兄弟去世后,嫂或弟妹,先得征询兄弟近族同辈是否接纳,如果回答是否定的,她们才回娘家,或另找对象出嫁。汉族民间采用收继婚,多数是因为家庭贫苦,让没有结婚的弟弟或死了妻子的兄长纳寡嫂、孀弟妹,可以省却日益昂贵的结婚费用,而且对抚养孤子孤女,继承家产,也较方便顺当,是一种既讲求实际,又近乎无奈的做法。所以它都出现在山村小户之中,而且是"间或有之""间有其事"。至于像前面说过的"其弟或利其兄资产之厚,其兄或利其弟妻素善持家务"而"辄相匹藕(偶)";或者如陕南汉中一带,做弟弟的不愿妻其孀嫂,做嫂嫂的可以用"吞房灭伦"的罪名进行控诉,毕竟只是少数。而且即便如此,与正常婚姻相比,它仍然被人鄙视为"蔑礼伤教",或"背人道,类苟合"的行为,不得登大雅之堂。这也注定了这种婚姻形式是不可能普遍大量存在的。

第三节　妇女再嫁与地区、门第之间的关系

在第八章我们谈了清代妇女的守节,这一章又谈妇女的再嫁。这实际上是两个对立、相互矛盾的问题。但在清代却是如此显眼地同时存在着。当然,作为道德的主导方面,由于清政府的大力倡导和众多文人学士

的鼓噪，以及与之相配合的一套法律定规，从一而终被确立衡量妇女品行的重要标准，很多妇女也自觉不自觉、甘愿不甘愿地以此作为准绳，乃至献出青春和幸福。有清一代，仅被朝廷旌表的节妇人数就超过百万，至于志书存名由地方表彰或受到文人称颂的，亦不亚于此数。这么多节妇受表彰，不但以前朝代所没有，而且在同期其他表彰活动中，也名列前茅。这说明，清朝政府的宣传、倡导是做得成功的，同时也显现了宋明理学那套妇女贞洁观，在经过几百年不断修饰包装，已经十分完备，具有了很大的蒙蔽性。

其实所谓从一而终，这只是男子对女子所发出的要求，在男子拥有三妻四妾可以不受谴责的情况下，却要求女子从一而终，这不但不公正，也是对女权的粗暴践踏。不仅如此，它在维护道德原则旗号下，实际上把许多本来难以娶妻的贫苦男子的权利也给剥夺了，或大大增加了他们娶妻的难度。说到底，从一而终的道德标准，只对有权有钱的男子有利，反映了少数特权者的私利。由此它必然会导致道德规范与现实生活的脱节，并产生相互背离的现象。我们列举的大量促使寡妇再嫁的事实，便是最好的证明。

不过，由于各个地区、家族、家庭乃至本人的情况各不相同，所以在具体看待或选择守节或再嫁上，态度也是不一样的。大致在农村，特别是偏远新移民区，由于性别比例严重失调等种种缘故，寡妇的再嫁率很高。相反，在一些中心地区，尤其像江浙和京师周围，受传统道德说教影响较深，舆论压力较大，妇女守孀比例就相对要大得多。至于家族、家庭，则受政治、经济条件的制约，政治地位高，又是世家望族，有较丰厚的族产、家产，能对寡母孤儿提供一定生活条件的，对寡妇再嫁控制从严，守孀的比例便大，反之则小。有的学者根据族谱资料，对19个家族的孀妇再嫁人数作了统计,见表9-2。①

表9-2 再嫁寡妇在已婚妇女中所占比例*

地点	家族	有婚姻关系的妇女人数	改适者人数	改适者所占比例%
江苏江都	朱氏	4180	6	0.14
浙江萧山	沈氏	6771	5	0.073
萧山	徐氏	3961	18	0.45
萧山	曹氏	8491	97	1.14
萧山	史氏	1568	2	0.13
慈溪	钱氏	1063	29	2.73
鄞县	厉氏	328	11	3.35
归安南浔	周氏	45	3	6.67
湖北蕲水	毕氏	3897	46	1.2
湖南衡阳	魏氏	10 212	850	8.32
清泉	李氏	3856	1	0.026
邵阳	李氏	4895	168	3.43
广东新会	易氏	11 691	5	0.43
南海	黄氏	2254	112	4.97
番禺	凌氏	4289	295	6.88
香山	张氏	527	57	10.86
福建永春	郑氏	605	52	8.6
台湾	游氏	1108	16	1.44
四川成都	叶氏	484	10	2.06
总计		70 225	1783	2.54

*有婚姻关系的妇女人数包括元配、继配、妾、招赘在内。

由于妇女再醮有损家族门庭,所以多数族谱无此栏目,即使像上述

---

① 据刘翠溶《明清时期家族人口与社会经济变迁》第61页表3.1所列数字改制。又,广东香山张氏、四川成都叶氏数字分别录自民国《蓉城叶氏宗族全谱》1—5世,民国《香山铁城张氏族谱》(转引自特尔福特《中国家谱中的社会人口统计资料概观》,载《谱牒学研究》第4辑,1995年)。

19个家族,我也怀疑记录是否完整。即便如此,仍可提供参考,从表中看,妇女改适比例最高的是广东香山张氏;其次是福建永春郑氏、湖南衡阳魏氏;再就是番禺凌氏、浙江南浔周氏、南海黄氏。在不满1%的6个家族中,除1个是湖南,1个是广东外,另4个都在江浙文化发达地区,这间接说明边缘区的妇女再嫁率要高于中心区。遗憾的是表中缺少北方地区和偏远区。不过我们通过其他记载,亦可略见一二。

福建邵武县"远乡之民,往往有夫死不逾时而再醮者,其人亦悍然娶之而不顾"①;

台湾,"夫死而再醮,或一而再,再而三,白首嫠妇,犹字老夫,柏舟之誓,盖亦鲜矣"②;

湖南祁阳县,"至穷檐小户……中年破镜者亦多改节另嫁"③;

湖南道州,"妇人不以守节为重,不幸而嫠,劝嫁者踵至"④;

湖南宁远县,"孀妇不以再适为耻"⑤;

浙江定海县,"年少之妇一醮再醮,恬不为怪,谓之广眷属"⑥;

浙江汤溪县,"妇怼未亡之夫,面目未改,顿事他人,恬不为留"⑦;

浙江景宁县,"夫死,妇多再醮,鲜有从一而终者"⑧;

四川彭山县,"至夫死改醮,离婚更嫁,则唐宋以来,此风久著,故家大族亦不废也"⑨;

四川石柱厅,"夫死鲜守节"⑩;

---

① 光绪《重修邵武府志》卷9。
② 康熙《台湾府志》卷5。
③ 道光《永州府志》卷5上。
④ 道光《永州府志》卷5上。
⑤ 汪辉祖:《病榻梦痕录》卷下。
⑥ 康熙《定海县志》卷5。
⑦ 康熙《汤溪县志》卷1。
⑧ 雍正《景宁县志》卷1。
⑨ 民国《彭山县志》卷8。
⑩ 道光《补辑石柱厅志》卷6。

山西朔平府,"既谓妇不耻廉,名节甚轻,竟有守志多年,忽思改醮者"①;

保德州,"妇人不以再嫁为耻,虽儒家子亦娶以为偶"②;

陕西,"陕西风气,男乐于娶二婚,女不必专一姓,由来久矣"③;

奉天昌图府,"女子夫死再瞧(醮)者有之……不以为怪,盖陋俗也"④。

从以上所举的例子中看出,在某些地区,特别是偏远地区,在人们的观念中,并不把妇女再嫁当成是奇耻大辱之事。

关于妇女再嫁与家庭、家族的关系,根据我对五十余部族谱的考察,凡有功名的绅宦之家,无有一例再嫁。这表明再嫁与家庭经济有重要关联外,亦与家庭的政治地位以及受传统礼教熏陶关系密切。处于这类家庭中的妇女,在精神思想上所接受的束缚,远比一般平民百姓要更加严重。

最后,我们用数字统计的办法考察一下妇女再嫁的年龄和有无子女的关系。湖南《两湘续修陈氏族谱》(民国本)共记录了41名再醮妇女,内14人守孀时年龄不明,另27人分别是:

19岁及以下	8人	占29.36%
20—29岁	10人	37.04%
30—39岁	5人	18.52%
40—49岁	3人	11.11%
50岁及以上	1人	3.7%

从记载中见到,30岁以前守孀妇女的再嫁率,占到全部的66.6%。咸

---

① 张集馨:《道咸宦海见闻录》,第37页。
② 陆耀:《保德风土记》,载《小方壶斋舆地丛钞》第6帙。
③ 樊增祥:《樊山政书》卷14《批澄城县杨令词讼册》。
④ 宣统《昌图府志》第5章。

丰《衡阳王氏族谱》共载孀妇21人,明确记录守孀年龄的18人,她们中最小的是18岁,最大59岁。剩下3人虽无具体年龄记载,但从丈夫去世年龄推断(丈夫去世年龄分别是18岁和35岁,另1人系副室,丈夫38岁死),除1人可能超出30岁外,另两人,1人在20岁以下,1人不过二十几岁,将其归类,便是:

19岁及以下	3人	占14.29%
20—29岁	7人	33.33%
30—39岁	5人	23.81%
40—49岁	4人	19.05%
50岁及以上	2人	9.52%

从陈、王两个家族来看,30岁以前(不包括30岁)守孀妇女的再嫁率占到总数的58.33%,即超过一半。

这些妇女再醮前拥有子女的情况,陈氏家族的41人中,无子女者20人,占48.78%;有子者8人,占19.51%;有女者10人,占24.39%;有子有女者3人,占7.32%。王氏家族21人中,无子女者9人,占42.86%;有子者2人,占9.52%;有女者6人,占28.57%;有子有女者4人,占19.05%。再醮妇女中,无子无女的占了很大的比重。

广东花县(今广州花都区)《洪氏宗谱》,载录了11个再嫁妇女,除了19世洪清利妻邹氏生有一子;15世洪梅扬妻张氏曾生有2子,后一死一卖;17世洪章之妻王氏生一子金全早卒。余下8人都没记载生有子女,而且上述3人中,张氏和王氏实际上等于没有子女。

又据四川《蓉城叶氏宗族全谱》所记10名再嫁妇女,除了两名是副室,两名继配,其余均属元配。她们中4人没生育子女,4人生有1子,1人生有2子,1人2子1女。无子无女的占40%。谱中没有记录再嫁年龄,但从丈夫去世年龄推测(19岁去世2人,26岁去世1人,31岁死2人,32岁1人,33岁1人,41岁1人。其中41岁和33岁去世的丈夫,其妻均系继配,另 2 个副室,丈夫的年龄未计),她们守孀时年龄大概在 18—19 岁到 30 来岁之间。

当然无论是陈氏家族或王、洪、叶等家族,都只能说是个案资料,不过透过信息,再结合前面的某些例证,大体可作如此推断:孀妇的再嫁年龄,多数在 30 岁以前,30—35 岁,比例也不小,以后迅速递减,50 岁及以上,除特殊者外,便很少见到了。从有无子女方面看到,以无子无女的再嫁比例为最大。女儿出嫁后,又牵涉将来的养老,加上本宗不足仗恃,也是促发再嫁的一个重要原因。至于有子或有子有女的,因负有抚养责任,精神上已有所依托,舆论方面的压力也大些,再嫁相对要少多了。但是也有这样一种情况,即年轻守寡、子女幼小,维持生活不易,公婆和父母家又无法依靠,那只好冲破压力再嫁了。

在清代,尽管妇女从一而终的思想"村农市儿皆耳熟焉"[①],旌表节妇的人数也达到空前的境地,但仍不能抑制寡妇择夫再嫁,这再次证明,把清代妇女的守节和再嫁并列起来进行讨论,是有意义的。如果我们只看到清统治者和文人学士们所热衷宣传的伦理准则,看到相当一部分妇女对"从一而终"的信条显现得如此诚惶诚恐,并伏帖地为之献身的种种事实,而没有看到它的另一面,特别是众多下层民众从现实出发,蔑视准则,同情并支持寡妇再嫁的强大行动,那就是不全面的了。事实上,真正代表历史前进方向的,正是在当时并不受到倡导,可却具有活的生命的后一种情况。

---

① 《方苞集》,第 105 页。

第十章　出妻、卖妻、典妻与妇女的拒嫁和弃夫他嫁

第一节　出妻

出妻也叫休妻,这是以丈夫为主离弃妻子的行为。前面我们曾说过,男子对女子有所谓"七出"之条。在七条中,只要应了其中的一条,丈夫提出离异,做妻子的尽管不依,官府也得判离。可问题在于这七条中,除了不事姑舅(公婆),关乎对尊长尽孝;盗窃,小的属品行问题,大的要触犯刑律,余下诸条,多半是男子单方面强加给妇女的。比如无子,在今天看来,其理由近于荒唐,因为生得出儿子或生不出儿子,不全在于妻子,丈夫至少应承担一半责任。可在当时,不但罪名统归女方,且赫然列为七出的第一条。再如淫佚,妻子与人通奸,这固然是伤害丈夫感情,影响家庭温馨和睦的坏事,可这也单指女方而言,若丈夫娶妾,或者嫖娼、与别的女子通奸,做妻子的在很大程度上是很难进行干预的,更不要说由此提出离婚了。至于还有像多言、妒忌之类,从法律的角度更是难以准确界定,多数还不是以丈夫、公婆好恶而加以取舍。当然清律在承认"七出"之条的同时,也相应订有三不出,即"与更三年丧,前贫贱后富贵,有所娶无所

归"①。不过总的说来,认定"七出"作为休妻的依据,这就是对男权的肯定,使女子在婚姻问题上只能处于从属的位置。

在丈夫出妻的理由中,虽然把"无子"放在第一条,但真正因无子而出妻,在当时并不很多,这主要是稍有资财的人家,可以通过纳妾来化解矛盾。前面我在《妾》那章中,列举过不少因妻子无子而主动给丈夫纳妾的事例。这使当妻子的,既避免了丈夫借口无子可能被休弃的危险,同时还能得到丈夫、家人和社会的赞誉,被称为贤惠懂事。就绝大多数丈夫来说,当然也是满意的,因为他不仅不会被指责为贪欲好色,反而冠冕堂皇地得到多个年轻女子来陪伴侍候。至于生活在底层的贫苦百姓,虽然绝大多数做不到因无子而去纳小妾,但由此而出妻的不会很多,原因是出妻后,拿什么钱去再娶?他们只好通过诸如赘婿、领养、过继等手段,弥补因无子带来的缺憾。

在无子出妻中,我们看到这样一条资料:

严灌夫娶妇慎氏,十年无嗣,乃出之。氏留诗为别:当时心事已相关,雨散云收一晌间。便挂片帆从此去,不堪重过望夫山。严怅然留之,欢如初。②

录下这段故事的金埴认为,丈夫严灌夫之所以把慎氏留下,是因为妻子写了一首颇动感情的诗。所以他说:"夫诗能感人,况夫妇之际乎?其回心也固宜。"③其实真正原因还是丈夫一面迫于十年无子的巨大压力,无法承受由此而带来的家庭、家族的谴责,因而作出了休妻的决定;可另一方面,他又对十年的夫妻感情始终铭刻于怀,正当心头痛苦之时,诗便起了

---

① 《大清律例通考校注》,第453页。
② 金埴:《不下带编》,第36页。
③ 金埴:《不下带编》,第36页。

化解矛盾的作用,使严在义和情之间,舍义而选了情,避免了夫妻离别的悲剧。

无子出妻,等于是丈夫给妻子头上悬了一柄利剑,迫使生不出儿子的妻子必须处处赔小心,好似欠了丈夫和夫家一笔偿不清的罪恶债,永远抬不起头来,使本来就不平等的夫妻关系,倾斜得更厉害了。

在七条出妻理由中,因妻子犯奸而遭到丈夫遗弃的,可能占有最大的比例。有的家族明确规定:

> 淫乱之行,家门必灭。妇与人私,断令改嫁。其夫不嫁,革饼逐出,生子不得名登团拜。凡族中婚姻喜庆之类,俱不得与。不以派行称呼。①

妻子犯了奸,做丈夫的纵然想放过一马也很难,不但乡邻们会指指画画,族长、房长也要祭起家法来逼你出妻。像我们引述的孔氏家规,竟然用不准行派、禁绝参加族内一切活动,胁迫丈夫必须将犯奸妻子休弃了。施闰章在《施氏家风述略》中谈到一件事亦与此相类:在施姓家族中,有一贫家妇女做了丑事,族长命令丈夫休弃,还以管教不严鞭责丈夫,那丈夫不服,族长请闰章父亲给他讲礼法,要他主动受杖出妻,还把出妻所得钱存放在族长处。过了些时日,那人的怨气逐渐平复,族长才把钱还给他,要他再娶一房妻子。② 这也是家族出面,采用恩威兼施的办法,要族人就范出妻。

妻子犯奸之所以要遭重处,还因为她触犯了出嫁从夫、守贞不二的原则,在当时是违背礼教的大事,是丝毫松动不得的。正是道德的准绳和社

---

① 《江西临川孔氏支谱条规条例》,载《曲阜孔府档案史料选编》第3编,第1册,第62页。
② 《施愚山集》第4册,第116页。

会的舆论如此明确地站在男子一边,有的不良分子便钻空子玩弄起花样来。在徐珂的《清稗类钞》中,收录了这样一则故事:

> 永平府某县之闺范至严,女子初嫁,母家必使人侦之。成婚之次日,夫家鼓乐喧阗,宾客杂沓,则大喜;若是日阒然,则女之留否,惟夫家为政,不敢与争矣。有王姓,嫁女与李氏,却扇之夕,李以新妇貌陋嫌之。次日,托言非处子,不举乐,仍呼媒妁送归母家。女幼失母,随其嫂以居,嫂知小姑无他,乃问昨夜洞房情事,则固未合欢也。嫂曰:然则安知其不贞欤?力言于翁,使翁讼之官,官命验之,果守礼谨严之处子也。乃判李姓,仍以鼓乐迎归。①

永平府某县这个姓李的小子,就是借着人们看重女子贞洁这一点,把他认为相貌丑陋的新媳妇,托言不是处女,硬休了回去,岂不等于用诬陷败人名节。幸亏王家的嫂子知内情、有主意,要公公告到官府,验明正身,这才算还了王姓姑娘的清白名声,迫使李家再用鼓乐迎归。虽然如此,我想以李家此人的德性,王姑娘即便日后一起生活,那也不会是美满的。通过此例,再次促使人们思考:新婚后过了一夜,丈夫便可制造借口休妻,而周围的父母、亲邻对此竟无能为力,可见在人们心目中,女子犯奸的性质,是何等的严重。

在当时,不管何种理由,做女人的只要被丈夫休弃,就像犯了大错,永远抬不起头来,有的经受不住压力,竟至走向绝路。比如清末以镇压太平天国成名的彭玉麟,妻子邹氏,因失欢于婆婆,被彭迫令大归后,不久便抑郁而亡。② 又比如直隶安平县岳氏患有癫痫,被丈夫归可子以七出中的

---

① 徐珂:《清稗类钞》第 5 册,第 1994 页。
② 李伯元:《南亭笔记》卷 8;又参见《续碑传集》卷 15《彭玉麟行状》。

"恶疾"条休弃了。岳氏回娘家精心调治,终于痊愈不再患,但归可子已经再娶。岳氏复婚无望,又不愿再嫁,投井自杀。① 正因为丈夫出妻,会对妻子和妻子的父母家庭造成极大的伤害,而且往往酿成人命,所以有人主张对出妻一事要慎重行事。四川《云阳涂氏族谱·族范志》中有一条:

> 族人娶妻,无端迫令大归,或强出者……入祠重责。

其实出妻对于丈夫也不是一件好事。特别像绅宦家庭,子女婚配,本来就含有互为攀援的意思,发生离异,不但会造成两家不和,甚至将两姓的关系也搞僵了。加之其中还牵涉家庭教养、闺门隐私等,都不便曝诸于市,所以能隐忍、化解,也就算了。有人说:"诗书家绝少再醮、离婚之事"②,就是这个道理。不过也有人反对无端隐忍。方苞说:

> 近世士大夫百行不怍,而独以出妻为丑;间阎化之,由是妇行放佚而无所忌,其于舅姑以貌相承而勃谿之声者,十室无二三焉。……人道之所以不立,皆由于此。③

看来方苞是主张该出妻时还应毅然出之的,否则就会纵容某些妇女向丈夫、向公婆发施威风,姑息反而坏事。著名思想家李塨也因为想出妻而不能,苦恼异常。他14岁时曾娶同县生员王蕴奇女儿为妻,可惜王氏寿命不济,只两年就去世了。后来他再娶马氏。这位马氏伴随了他大半生,可双方感情始终无法融洽。雍正六年(公元1728年)六月,马氏卒。他对长子习中(妾吕氏出)说:"此予之出而不去者,汝等不以母礼葬之亦可,从

---

① 李塨:《恕谷后集》卷7《可母岳墓碣铭》。
② 光绪《莆田县志》卷2。
③ 《方苞集》,第128页。

厚以母礼葬之亦可也。"①李塨说这样的话固然迫于无奈,其实真正痛苦的还是马氏。因为李塨至少可以把马氏搁在一边,另外娶妾生子,享受天伦之乐。而马氏因受丈夫冷落,有家不似家,加上又无子女,只能寂寞终了。由于类似方苞所言,或像李塨这样的例子时有可见,于是有人提出,夫妻不和可以离而再娶再嫁。钱大昕便是其中之一。他说:

> 夫妇,以人合者也……同居而志不相得,往往有之,其真能安于义命者十不得一也。先王设为可去之义,义合则留,不合则去,俾能执妇道者可守从一之贞,否则宁割伉俪之爱,勿嫁骨肉之恩,故嫁曰归,出亦曰归……去妇之义,非徒以全丈夫,亦所以保匹妇……故父母兄弟不可乖,而妻则可去,去则更嫁,不谓之失节……出而嫁于乡里,犹不失为善妇,不必强而留之,使夫妇之道苦也。②

应该说,钱的言论很大胆,也很有道理,可惜当时的社会环境不允许,所以只能停留在纸面上。

在丈夫休妻中,也有些是在别人的逼迫下没有办法才做的。当然这大抵是些无权无势的小民。道光十八年(公元1838年),居住在奉天府(今辽宁省)境的乌奔太与关德明合伙种地。在来往中,乌与关妻白氏发生奸情,被关撞见吵散。白氏恋奸情切,至乌处哭诉。于是乌、白密谋,诬称关有盗窃行为,到衙门告发,受理此案的官员因得到贿赂,便逼关与白离婚,还要关向白支付养身钱20串。③ 再一例发生在道光十九年(公元1839年)安徽省,田主吴薪传与佃户徐景潮已嫁的女儿徐艾姐通奸,徐与妻陈氏贪利纵容,而徐艾姐婆婆张卢氏发觉后,准备搬家别住以杜绝往

---

① 冯辰等编:《李恕谷先生年谱》。
② 钱大昕:《潜研堂文集》卷8《答问五》。
③ 《刑案汇览续编》卷28。

来。吴薪传得知后,用买地给种、免除田租等好处,向张卢氏并其子张国威进行利诱,张卢氏图利隐忍。随后吴又得寸进尺,欲纳徐艾姐为妾。经与徐父母密商,再用送地、交还原聘哄诱张卢氏母子,要张国威开具休书离婚。① 类似上述那样的休妻,作为开具休书的丈夫,完全是被动的,男方是地道的受害者,与所谓"七出"根本沾不上边。

第二节 卖妻和典妻

一、卖妻

卖妻也是休妻,只是休妻的动机不在钱财;而卖妻,作为卖家的丈夫或夫家,主要以得到钱财为目的,至少与钱财有关。官府在判案时,对此有严格的区分,即所谓:

> 退回母家收领谓之出妻,凭媒得受财礼谓之嫁卖,情事迥别,不容牵混。②

一般说来,卖妻多发生在下层百姓中,不但卖的是贫苦百姓,买的多数也是贫苦百姓。出现这情况的原因,是由于在清代,一方面受婚姻论财的影响,社会上存在着一大批无力正常婚娶的青壮年男子,这在某些移民新区尤为严重;另一方面,有的已经娶妻的家庭,常因各种缘故,生活陷于窘

---

① 《刑案汇览续编》卷28。
② 董沛:《汝东判语》卷3《徐启俚词判》。

境,或者别有所图,被迫出卖妻子;也有少数富有者,贪图贱价,买人妻子为妾者。一方想买,一方欲卖,买一个再嫁的妻子,比较娶一个黄花闺女,花销一般要少得多,从而使卖妻买妻之事,在各地不断发生。见表10-1。

表10-1 各地卖妻事实举例

地区	事实	资料出处
直隶完县	邑风轻于卖妻。	雍正《完县志》卷末
山西朔平府	卖妻鬻子,郡民习以为常。	《道咸宦海录》,第32页
陕西商州、蓝田	商州、蓝田之民,往往自卖发妻。	《樊山政书》卷6
陕西定远厅	官府颁"宜革八条陋习"其中有禁嫁娶生妻条。	光绪《定远厅志》卷5
河南伊阳县	卖妻鬻女之事,所在多有。	民国《伊阳县志》卷1引旧志
江苏苏南地区	或将本身妻子自卖远方,永离乡井,甚至鬻为水贩,堕落娼家。	光绪《苏州府志》卷3《汤文正抚吴告示》
江西弋阳县	康熙时,知县谭瑄撰《禁鬻妻说》,告诫治民勿轻易卖妻。	同治《广信府志》卷1之2
湖南省	乾隆时,巡抚胡宝琮出《禁卖休示》,禁止百姓因贫卖妻。	民国《汝城县志》卷21
湖南长沙府	男子稍有不合,辄嫁其妇,即无嫌隙,偶为贫累亦嫁之。	乾隆《长沙府志》卷14
广东廉州府、琼州府	有不肖之徒,往往贪图钱财,将自己妻室嫁卖与人,恬不为耻。	戴肇辰:《从公续录》卷1《禁止卖妻示》

表10-1举出的例子不是很多,但仍有相当的覆盖面,也不是偶发的个别事例。特别是到了乾隆以后,随着农村经济状况的恶化,流民、游民大批涌现,卖妻买妻的事更有增无减,呈蔓延之势,并引起了朝廷的注意。嘉庆二十一年(公元1816年)三月,皇帝颙琰针对两江总督百龄奏请《禁止鬻妻溺女》一折,谕内阁道:

至鬻妻一事,大率出于无赖游民,然果使衣食有资,亦孰肯轻于离异家室。此又在亲民之官为小民熟筹生计,能使人习勤劳,俗敦俭朴,富者余于所蓄,而有赒恤之施;贫者足以自完而无饥寒之迫,则衣食足而廉耻生,庶妻孥皆可以相保,是又教与养相因,不徒恃法令之禁止也。①

看来皇帝比有的大臣看得更清楚,发生卖妻的事,主要是百姓衣食有缺,不能自保所致。民生问题不解决,只靠下令禁止是解决不了问题的。下面的两个个案例子,便颇具有代表性。

例一:

这是一件发生在安徽颖上县的事。李田,46岁。据其自称:"小的因得了疯瘫病,手脚残废了,挣不出饭食来吃,不忍妻子邵氏受苦,就同小的哥子商议,将妻子另嫁与人。"他还说:卖妻之事,"实出于情不得已,不过令妻子各自逃生的意思"。这样通过媒人,以22两银子,将妻子邵氏卖给湖北蕲州来颖上客居的陈永久为妻。在开初,李田怕陈是个拐卖妇女的"贩稍"(人贩子),还拖着病弱的身子到陈那里去探明下落。后来又把所得的22两银子分作三份:一份5两,留给岳母养老用;一份4两,是媒人的报酬及酒席费用;剩下13两才是用来维持个人的生计。李的妻子邵氏(32岁)也说:"丈夫与小妇人极相和好,原是怕饿死小妇人,情不得已,所以卖小妇人。小妇人本也不愿去。"看来夫妻俩感情极深,只是受不了贫饿的煎熬,才商讨卖妻的。②

例二:

地点在广东琼州府,即今海南省。据民妇韩氏称:她17岁嫁与谢那生为妻,已有16年,并无儿女。因丈夫左腿生疮溃烂,前后长达12年,不能行走。婆婆沈氏亦年届60岁。家里缺人干活挣钱,常常上顿有饭,下

---

① 《清仁宗实录》卷317。
② 档案,乾隆十年七月十一日魏定国题,第134号。

顿没吃的。所以在丈夫和婆婆同意下,想嫁卖几两银子做医药日用之费,并预备作丈夫办后事用。有一个叫何朝臣的军官,在琼州水师协右营做委署守备,他的妻子张氏已50岁,独生1子,因多病留在顺德老家。何朝臣打听到琼州的妇女价钱便宜,就想买妾多生儿子,顺便帮着料理家事,于是花了6两财礼银,把韩氏买来做妾。①

因为例子生动,且又典型,我们介绍也较为详细。其他像雍正时,山东曹州府路九儿因遇灾荒,无法生活,以5两银子将结发妻子韩氏卖与山西商人程子彦为妻;②乾隆时,安徽颍州府民丁南,因病将22岁妻子嫁卖与人;③江苏江宁县阮茂公耽酒失业,生活拮据,将妻子蒋氏以礼银28两,卖于周瑞做妾;④顺天府郭兴阿因缺钱还账,将19岁妻子孙氏,以银130两,卖与人为妾;⑤又,民人董三,因穷苦,将28岁妻子田氏,以身价银24两,卖与赵姓随房使用;⑥江西彭泽县民刘乔南,家贫难度,以财礼银10两,将妻子万氏卖给周宗胜为妻;⑦湖南湘潭县民周承彬,平日佣工度日,乾隆八年(公元1743年)母亲病死,无棺木殓葬,将35岁的妻子龙氏,以礼银9.6两,嫁卖与人(龙氏生有2子,幼子6岁,随母带养)。⑧还有像河南唐县谢程,也是父亲去世,无力下葬,以24两银子,把妻子王氏卖与王全做妾。⑨

以上等等的卖妻行为,都是因为丈夫有病,或贫困难度,或遇到灾荒,或葬父葬母无资,以及欠账难以偿欠,一句话,均系生活难过,不得已而

---

① 档案,乾隆十年十月十九日策楞题,第136号。
② 档案,乾隆元年三月九日允礼题,第123号。
③ 档案,乾隆二十年二月二十五日阿里衮题。
④ 档案,乾隆二十年七月二十五日阿里衮题,第122号。
⑤ 档案,《内务府来文·刑罚》,第2134号。
⑥ 档案,《内务府来文·刑罚》,第2119号。
⑦ 档案,乾隆十年四月二十五日盛安题,第128号。
⑧ 《驳案新编》卷10《谋买休之妻以凡论》。
⑨ 《碑传集》卷末上,方孝标:《纪闻》。

为之。

在丈夫卖妻中,也有后来成为名人的那些人。嘉庆时,曾以镇压白莲教起义享誉、后又屡立战功、历任提督等高官的罗思举,年轻时曾得奇病,多方求医无效。有一个游方道人见罗后,声称有秘方可治,却索价钱3万(约相当于30两银子)。当时思举家里很穷,根本凑不出这笔钱,只好与妻子商量说:我病且死,我死后你也得跟着饿死。如其这样,不若先把你卖了,得钱治我的病,不但我活了,你也可活。妻子虽不愿意,想前思后,也只有如此。于是罗便把卖妻的钱治好他的病。据说当他投军立功,当了游击(武职从三品)后,又用重金将妻子赎回,再做回头夫妻。① 罗思举卖妻治病,情节曲折离奇,颇带有传奇性。他开头卖妻是因为没法挣钱治病,及至立业成名,赎妻续旧,又是贵而不忘糟糠之妻,再次证明他当初卖妻实出无奈。

在因贫困卖身中,也有妻子出于孝道主动提出的。有一则《柴氏妇愿鬻身养姑》,就记录了这件事:

> 历城西门外有柴氏妇,其夫贾也。频岁折阅,资尽不能养母。妇诘夫曰:母与妻孰重?夫曰:母重。事夫与事姑孰重?夫曰:事姑重。妇曰:然则鬻妇以养姑乎。夫泣,妇亦泣。邻人乃醵金遗之,妇卒不鬻。②

山东历城县的这位柴姓妇女,原来也算是个小康家庭,只是生意场上不顺当,连年亏蚀,才落得难以奉母养老。正是在这种背景下,柴氏向丈夫提出母亲和妻子谁更重要的问题,表示愿把自己卖了,得钱养母。当然此事

---

① 《续碑传集》卷49,姚莹《罗天鹏传》。
② 徐珂:《清稗类钞》第5册,第2480页。

最后以喜剧告终,因为当邻居们听到消息后,都很感动,主动凑钱帮忙,使柴氏不用再卖身了,孝妇的名声亦由此传了开来。人们记录柴氏的故事,目的是表彰孝道。但当柴氏和柴氏的丈夫讨论卖身时,那无疑是非常痛苦的。

在当时,丈夫卖妻,也有出于其他原因,较为常见的是妻子犯奸,丈夫怒而将其出卖。比如直隶河间府人李大用(28岁),因妻子田氏(26岁)不守妇道,逃往京师为娼,领回后,以银6两卖与李开湖为妻;①江西会昌县陈世经,妻子何氏与人通奸,将其卖与长宁县胡淑远为妻;②江苏上海县民张茹留,因妻陆氏嫌贫不安于室,托张大为媒,以礼银24两,嫁卖于刘在为妻;③还有像陕西城固县吴杨氏,儿子死后留下寡媳不耐寂寞,与同族人吴永福有奸,于是由吴杨氏作主,断然将儿媳嫁卖。④另外如安徽歙县李添弟妻叶氏被嫁卖,是婆媳关系对立,婆婆乘添弟远出,以15两身价银,将叶氏卖于程九,⑤这又是一种被嫁卖的原因。丈夫因妻子犯奸被卖,与前面说到的妻子淫佚而遭休弃,两者间性质是一样的,不同的是前者重在出妻,钱财不是目的;后者则往往把钱放在重要位置,着重在卖。

二、典妻

典妻也就是租妻,是丈夫与人相约,限定年月时日,将妻子有偿租借与他人,待期满后,再把妻子接回。典妻和卖妻,除了一个有时限,一个业经买断无时限,本质上毫无两样。本来,婚娶论财,已包含了把人作为商品的意思,成婚后,妻子自然成了丈夫的私属品,卖妻就是由此延伸而来,

---

① 档案,乾隆元年正月二十日李卫题,第115号。
② 档案,乾隆十年七月八日塞楞额题,第134号。
③ 档案,乾隆二十年四月十九日庄有恭题,第125号。
④ 樊增详:《樊山政书》卷16《批城固县讼册》。
⑤ 傅岩:《歙纪》卷9《纪谳语》。

况且既然市场上的货物,包括田地房屋,可卖也可典,那么妻子能卖,当然也能典。至于典和租的区别,主要在于时限的长短。时期久者谓之典妻,暂者谓之租妻。① 福建一带还有叫"璞妻"的,璞妻也就是典妻。

典妻流行的地区,一般都指浙东诸郡和福建的某些地区,实际包括面远比这要广。比如广西贺县(今贺州市)一带有寄肚之说。张心泰《粤游小志》:

> 贺县桂岭乡俗最陋,嫠妇鲜再醮,有独而鳏者,则纳之生子,委之男后不复通问,谓之寄肚。

寄肚也就是男子租妻子生孩子,生后任务完成,便解除关系。在典妻中,出典者除有夫之妇外,还有很多寡妇,上述贺县寄肚者即是。一般说来,男子出于生子的目的典妻应是个重要原因:

> 有中年无子之徒,妻未死而典人以育子者。②

这些人虽娶有妻室,但眼看步入中年,膝下尚无儿子传代,就经济条件又够不上买妾养妾,或因某种缘故而不愿纳妾,希望能借其他妇女生子,于是便采取了典妻的方式。比如有一个叫叶茂的人,家里有女无男,便典了徐矮子的妻子胡氏进门做妾,以图生男。③ 把胡氏叫妾,是到叶家后相对发妻身份而言,与通常意义上的妾有所不同。

因贫娶不起妻子,或妻亡无力续娶,又不甘于长期鳏居,也有采取典妻方式以解身心之困的。有一则福建福安县的资料谈道:

---

① 民国《松阳县志》卷6。
② 民国《松阳县志》卷6。
③ 李渔:《资治新书》卷13,李心水:《临嚼事》。

> 甲某无力娶妻,乙某无力养妻,双方约定,由甲某璞乙某妻,价不过数十元,期限三五年至十年不等,期满赎回,名曰璞妻。①

这是属于无力娶妻而去典妻的。又如浙江定海县:

> 男子妻亡无力续娶,……常在外别谋一妻,订立契约,限以岁月,时期久者谓之典妻,暂借谓之租妻。②

这又系妻亡无力续娶而设法典妻的例子。

典妻还流行于军营之中,晚明小说《贪欢报·铁念三激怒诛淫妇》中有这么一段描写:

> 香姐说:"叔叔可曾有亲事么?"念三道:"想我行伍中,一年之内,这上宿是半年,不必说起。常是点着出汛,或是调去守地方,或是随征贼寇。几年不在家内,叫妻儿怎么过活?或是那好的,寄些银子回来与他盘费。守着丈夫便好,有那等不三不四的,寻起汉子来,非惟贴着人,连人也逃去了。我在外边,那里知他心下的事。"香姐说:"这般防疑,终身没个人儿伴你。"念三说:"极不难,我那营中,常有出汛的、出征的,竟有把妻子典与人用。或半年,或一载,或几月,凭你几时。还有出外去,对敌不过那话儿了,白白得他的妻子尽多。"香姐说道:"这倒好,只是原夫取赎去了,两个毕竟还有藕丝不断之意,奈何?"念三说:"毕竟有心,预先约了,何待把人知之。"

---

① 转引自陈支平《近500年来福建的家族社会与文化》,第151—152页。
② 民国《定海县志》第5册,第16页。

军队的特殊生活情况,是造成租典妻子的重要原因。做丈夫的将妻子出典,主要也是因为穷。俞樾在《右台仙馆笔记》中谈到浙江宁波唐某典妻事,更是令人揪心:

有唐某者,以采樵为业。一母一妻,以捆屦织席佐之,而常苦不给,值岁歉,饔飧缺焉。闻邻村有王姓者,无子,欲典人妻以生子。唐谋于母,将以妻典焉。妻不可。唐曰:"妇人失节固是大事,然使母饿死事更大矣。"妇乃诺之。典于王,以一年为期。而妇有姿,王嬖之。及期往赎,王将典契中一字改为十字,唐不能争。妇告众曰:"吾隐忍为此者,以为日无多而可以活姑与夫之命也,若迟至十年,吾行且就木矣,其奚赎焉。"乃投水死。

典妻也与典卖田地一样,通常需立文契。下面便是我们收集到的一纸典妻文书:

立典人朱周,徽州府人。今因身窘家贫,乏阱无倚,出外趁至于石埭县四都,工活度日,揭借(银)两娶讨王氏为妻,寒遭庚配,不页造化,冲败不睦。揭负驮累难还,兼身内沾疾病,以得思亲谢太九恩念贫苦,妻儿大小欠炊日食,饥寒难度,虑为揭借,妻银拖累,妒灭天理,自心不甘。以此自情愿浼托亲人,凭媒传庚誓立,将妻出典与石壕县谢名下为妻,生子顶宗防老,其子天元,成人长大,妻随己回。当受财礼银正尝(偿)还前借银两钱债。其财礼银即日收足,其亲就听过门,优偕兰契,并无异言反悔及亲房内外人等言说,颠沛故弊,身具同亲一人一力管当,不涉受人之事。如诡异违此情由,自当甘心认罪,立此典契为照。其典妻财礼银六两收足(谢腊笔)。

万历卅九年七月廿日

> 立典契夫　朱周
> 凭亲人　谢九
> 媒人　谢寿　桂禄
> 依口代书　谢腊①

因为笔者未能找到清代典契,只能用明末万历年间文书做例子。对照明清两代的其他租典文书都大同小异,估计清代的典妻契纸,亦相差不离。文书除了开明典妻缘由、典价、生子后的归属等,还对具典人所承担的责任作出保证。不过因明清两代,都视典妻为非法,这些文书只能在私下签订。②

在典妻活动中,更有甚者,他们间还互相辗转相售。嵇尔遐在《禁溺女典妇议》中,谈到浙江严州府一带情况时说:

> 至于贫儿乏食,则典其妇,妇若生子,子属彼而妇仍归此,盖以妇为本,而子为利也。甚至甲典之乙,乙复典之丙,一妇而辗转数人。以夫家为传舍,及其碎壁归赵,亦恬然不以为耻。③

文中把被典女子当成丈夫手里一笔本钱,而受典的那位男子,在得到儿子这桩利银后,在典期未满前,同时有权再典。如此层层传递,那女子就成了租典人手里泄欲和传种的工具,直到满约重新回到丈夫身边为止。

在刑事案例中,我们看到一则丈夫先把妻子卖了,而买者又将其出典的。情况大致是这样:郭氏,48岁,原籍河南长葛县人,寄居安徽宿州。

---

① 《徽州千年契约文书·宋元明编》第3卷,第419页。
② 清律沿明律,规定:"凡将妻妾受财典雇与人为妻者,杖八十,典雇女者杖六十"(《大清律例通考校注》,第444页),属于禁止之列。
③ 李渔:《资治新书》卷7。

郭氏自幼嫁与刘添台为妻。添台因贫卖休与徐八。后来徐八又将郭氏典与来宿州行医的河南卫辉府人张广林。① 张广林从徐八那里租典郭氏，大概是因出门在外，未带家眷，临时找个伙伴，也为照料生活起居。除上述以外，还有一种出典者，如北京的上炕老妈，南京的门槛里等。② 她们既是女仆，为家人操作洒扫烹饪等杂务；入夜又为男主人侍寝荐枕席，限期出卖自己的身体，虽然名声不雅，但与娼妓仍有不同，而且从她们收取的价银来看，同可归于不得已而为之者。

第三节　妇女的拒嫁和弃夫他嫁

一、妇女的拒嫁

在传统的婚姻制度下，妇女所处的被动地位，以及嫁后发生的休妻、卖妻和典妻之事，使有的妇女对婚嫁产生恐惧，乃至逆反行为，也有的则采取了相反的放任态度。清末某官，在江西东乡任内，发现该县夫妇之间，把伦理纲常视同玩物，丈夫随意嫁卖妻子，妻子则遇便逃遁，相习成风。又说，东乡地方，涉及卖休、背逃的讼案，几乎每月都有数起之多。③ 可见丈夫的随意嫁卖和妻子的背逃，往往是相互生成的。

---

① 《刑案汇编》卷11《奸妇起意商同奸夫谋杀知情典卖卖休妇女照律以凡论》。
② 徐珂：《清稗类钞·上炕老妈》："京都有所谓上炕老妈者，年率二十许，旅京久鳏者以薄值雇佣（用约十余金），订立契约，日间操作，夜则侍寝，期满即归，绝无依恋……此盖同、光以前习惯也。"又同书《门槛里》："金陵人尚大足女仆，呼之为大脚仙。其人皆肤色洁白，面目姣好……富家房中多置此辈。有中人产者，年老失偶，不便续娶纳妾，亦用之，昼则服役，夜则荐枕。佣值亦不昂，年少貌美者，在光绪初，月不过钱三千，称为门槛里。"（以上均见第11册，第5286页）
③ 董沛：《汝东判语》卷6《挽四风俗示》《复述案情禀》。

在妇女拒嫁和弃夫他嫁中,如果前者也有一些中上层家庭的女子,那么后者几乎都是普通下层百姓。家庭不同,受到的道德教育、生活背景不同,感受到的压力也会不一样。对于谨守闺门的中上层女子,要她们弃夫他嫁,绝大多数是想也不敢想的。让我们举一个大家可能均已熟知的例子,那就是诗人袁枚的第三妹袁机。袁机早在儿提时就与如皋县高绛祖订了亲。绛祖长大后,不但其貌不扬,且性格暴戾。高家觉得有愧于袁家,主动提出退婚。可袁机认为既经聘定,就不能再配,坚持愿守原约。结果苦果自食,婚后,袁机饱受了丈夫的虐待,既不能写她做姑娘时所热爱的诗词,连做针线女红也受到限制。高还是个赌徒,用妻子的妆奁做赌资,甚至把袁机本人也典卖抵赌账,而且赌输了就打骂妻子出气。逼得袁机只好逃到尼姑庵里去躲避,最后被娘家接回,了结了这场如同噩梦的四年夫妻生活。① 对于袁机的这一遭遇,同情义愤者诚然不少,但也有人认为是孽由自作,因为早在袁出嫁前,高家父母已主动提出退聘,是袁机坚执不从,结果害了自己。当她在这个恶劣的婚姻环境中转了一圈,才觉得坚持是无用的,只好"大归"于母家。但此时她的身心已受到极大的伤害,再不像做姑娘时那样活泼开朗了。袁枚在著名的《祭妹文》中,曾颇动感情地谈道:

  汝以一念之贞,遇人仳离。致孤危托落,虽命之所存,天实为之;然而累汝至此者,未尝非予之过也。予幼从先生授经,汝差肩而坐,爱听古人节义事,一旦长成,遽躬蹈之。呜呼!使汝不识诗、书,或未必艰贞若是。②

---

① 关于袁枚三妹的婚姻情况,冯尔康在《少守三从太认真,读书误尽一生春——袁机评传》中多有论述,可参考(载《庆祝王钟翰先生八十寿辰学术论文集》)。

② 袁枚:《小仓山房诗文集》,第1435页。

袁枚认为是圣贤书中的忠孝节义故事,熏陶了妹妹的从一守贞的思想,从而铸成了她后半生的大错。袁枚的控诉是点着了要害,可谓大胆坦率,但事实确也如此。

在当时,像袁机这样从闺阁深处传出的例子,不是一件两件,这也加重了某些女子对婚姻的疑虑,并设法加以逃避。顺治时,浙江仁和县(今杭州市)诸生黄韫炜女黄埈,聘与同县陆钫为妻。黄埈从十几岁起就喜欢研究佛经,从中感悟到世上种种欢喜恩爱之事是多么可笑无聊,弄不好反而会带来无穷的烦恼。所以当陆家提出要践约成婚时,吓得黄埈大病不起,坚决要父亲同意她剃度出家,躲避劫难。① 广东一位姓许的女子,借口"慕清"而拒绝出嫁,也颇具代表性。"慕清"是指把女子许嫁给业已死去的男子,属于阴阳亲一类。这位姓许的女子,鉴于她姊姊出嫁后遇到个不称心的丈夫,给父母带来无数的烦恼,要求做慕清女。父母感到很难办。许女却说,万一我嫁的男人也像姊夫那样,这不又给两老增添一番忧愁吗?况且我素来不善治家务。出嫁后矛盾肯定不会少,思前想后,如其逃嫁遁迹空门去做尼姑,不如女萝乔木,找个人家慕清,既不废人伦,也使双亲省却许多麻烦。在女儿再三坚持下,做父母的只好同意。正巧附近有一姓陈的家庭,儿子在婚娶前意外地死去了,原聘的女子不愿过门守贞,而陈家又只有一个寡母加一孤女,家庭关系简单。许家就选定它为女儿慕清家。许女进门后,处处得到婆母的照顾,生活无牵挂。陈家的那个小姑子,已聘于叶姓。姑嫂俩极为投机,见许女成天无忧无愁,心里十分羡慕,常说,不知嫂嫂从何处修得这份清福。在许女榜样的驱动下,这位小姑子也不断向母亲要求做慕清女。做母亲的很溺爱小女儿,带话给叶家要求退婚,叶家看到女方态度坚决,索要聘礼同意了。从此姑嫂同居一

---

① 施淑仪:《清代闺阁诗人征略》,第43—44页。

室,相互依依,直到白头。① 许家女子因为看到姊姊出嫁后的痛苦遭遇,便立志不嫁,变相做个慕清女,而她的行为又感染了另一位女子,促使她不再嫁人了。

类似黄埈,以及许女、陈女的事,在当时人写的诸如孝妇、列女传中,常可找到某种线索。不过因为女子拒嫁并不为当局称道,做父母的或女子本人也并不以此为荣,人们除了表彰孝道及刚烈殉死情节外,对于拒嫁本身是不会作更多叙述的。这可能也是我们看到女子拒嫁事迹不多的一个缘故。

在妇女拒嫁,或嫁后不返夫家的行动中,广州一带出现的金兰会,便带着一种有组织的活动了。

> 至广州女子多以拜盟结姊妹,名金兰会。女出嫁后归宁,恒不返夫家。至有未成夫妇礼,必俟同盟姊妹嫁毕,然后各返夫家,若促之过甚,则众姊妹相约自尽。②

又如:

> 乡中处女每与里女结为姊妹,相为依恋,不肯适人。强之适人,归宁久羁不肯回夫家,甚或自缢、自溺。③

广州等地组织的金兰会,在当时是很出名的。有人说,这是鉴于淫奢之风泛滥而出现的矫枉过正行为。④ 从这矫枉过正的行动中,我们正可看到

---

① 俞樾:《右台仙馆笔记》卷1。
② 张心泰:《粤游小志》,载《小方壶斋舆地丛钞》第9帙。
③ 咸丰《顺德县志》卷3;相同内容又见光绪《广州府志》卷15。
④ 咸丰《顺德县志》卷3。

妇女们对男子纳妾嫖妓、骄奢淫逸生活的愤懑和反抗。像金兰会这样的活动,被当局视作敝习陋俗,曾竭力加以禁止。但直到清末,仍有人说:

> 归宁不返之风,……近十年稍稍改革,然亦非三四年,不能服从也。①

看来效果不是很大。②

与广州金兰会有某种相同之处的,还有福建的惠安女。惠安位于闽南泉州府。在该县东部的某些地区,流传着女子婚后长住娘家的习俗,一直等到有了孩子才回夫家居住。从历史进行追索,惠安的习俗可能比金兰会的时间更久,原因也更复杂得多。但正如有的学者所指出的:惠安妇女坚持婚后长期不与丈夫同床,并居住娘家,其中的一个原因就是那里盛行大男子主义,常常以打老婆的凶残来表现丈夫气派,使妇女对回夫家产生对抗情绪。而妇女在经济上可以自立,不必依赖丈夫,又是此习俗能够维持延续的重要客观条件。③ 至少就清代的情况进行透视,惠安妇女们的行为,亦隐含了对当时婚姻制度的反叛。

二、妇女的弃夫他嫁

这里我们要说的妇女再嫁,不是指死了丈夫的寡妇,或者被丈夫休卖

---

① 宣统《南海县志》卷4。
② 据后来老人口述:金兰会的活动也叫不落家,就是女孩子嫁了人,但不在婆家住,不与丈夫发生性行为。她在婆家是有名分的,可结婚后马上又离开丈夫,或回到娘家,有的还流浪到南洋。金兰会有"姑婆屋",并有两三位为首者,叫作姑婆。凡入了姑婆屋,姑婆便可干预女子的婚嫁,连双方家长都拿她们没办法。如果入屋女子违背姑婆的意志,屋内的所有女子就视之为背叛者,处境孤立。为了防备婚后丈夫使用强力行房,姑婆给新婚女子准备一条贞洁带,用多层韧布密缝,带前还钉上针头。婚礼一般在半夜12点举行,又闹房到凌晨,第二天中午,新娘便返"落家"不回夫家了。(见《广东鹤山女子谈不落家》,刊新加坡《联合早报星期刊》1994年11月13日)。
③ 蒋炳钊:《惠安地区长住娘家婚俗的历史考察》,载《中国社会科学》1989年第3期。

的那些女子,而是由妻子一方为主,向丈夫要求离婚再嫁。按照女子"三从"的理论,出嫁从夫是天经地义的。丈夫可以出妻、卖妻、典妻,唯丈夫意志是从,唯独妻子不能弃夫,否则便是失德,要遭到社会的谴责。尽管如此,从法律的角度考虑,除了夫妻不和谐,双方都愿解除婚约,可准予离婚外,丈夫逃亡三年不还,妻子禀明官府发给执照,也能另行婚嫁,而且原夫还不得退财礼。① 这就是说,在某种条件下,妻子也可要求离异再嫁的。

不过法律的规定,不等于就能顺畅地实行。在当时,单靠一个弱女子去冲破阻力,提出离婚再嫁,那真是困难重重。在有关的刑事案例中,我们就多次见到这样的例子。道光八年(公元1828年),云南省李有发妻李氏,鉴于丈夫外出贸易,久未返回,凭媒改嫁蒋廷恩为妻。可此事被李有发兄李有才所得知,乘新婚之日,前往吵闹,砍伤蒋廷恩,又将李氏杀死。对于这样一宗骇人听闻的命案,官府却以李氏事前未经当局允准,属私逃改嫁,罪应拟绞,李有才前往捕捉完全应该,只是李氏等不服,才酿成命案,把责任又推回到李氏的身上。② 又比如,陕西咸宁县(今西安市)民妇阮氏,系萧东林妻。东林逃荒外出,三年不归,按律可另择夫婿再嫁。为了表示再婚的有效性,阮氏特别请了东林的母舅部天富主婚。部口头同意,从中得了27两财礼银,但却怕承担责任,迟迟不开休婚书,给阮氏的再嫁制造难题。③ 至于夫妻关系不和谐,妻子要求离婚再嫁,那就更难了。咸丰初,有民人戴宏捷,娶吴氏为妻,婚后吴氏因常被戴宏捷责打,无法忍受,回母家哭诉,吴家欲行再嫁,但因得不到戴宏捷允许,以致闹出人命。④ 丈夫虐待妻子,夫妻冲突不断,致妻子厌恶丈夫,即使无法离异,双方在感情上也是很痛苦的。至于碍于社会舆论和道德礼教,怯于提出离

---

① 《大清律例通考校注》,第453页。
② 《刑案汇览续编》卷7。
③ 樊增祥:《樊山政书》卷4《批咸宁县刘令词讼册》。
④ 《刑案汇览续编》卷18。

婚改嫁的,那就更多了。当然在这些人群中,绝大多数属于出身绅宦等中上等家庭。①

一般来说,夫妻离异或妻子弃夫他嫁,在下层百姓中时有可见,在某些边疆或偏远地区,甚至视为平常。康熙时任浙江龙游知县的卢灿,针对该属所谓敝俗,出了一纸申详,其中就提到此事:

> 今龙邑之民,罔顾大节,视元配为儿戏,以结缡为敝屣,或因贫乏而弃,或因反目而弃,不惟无子者离弃,即有子者亦离弃。②

龙游在清代属衢州府,南边有仙霞岭横贯其间,大部分是山区丘陵地,交通不便,人们生活艰苦,绅衿势力不强,自明末以来,常有外地客民来此垦山,百姓们的传统伦理约束相对薄弱,反映在婚姻关系上亦趋重实际,离合较比随便。龙游县这样的事,在其他类似地方也有,比如:

直隶万全县:"夫妇少恩,或妍媸失配,或贫富失当,或姑悍妇泼,即勃谿相向,甚至琴瑟分张"③;

山西朔平府:"关北人无伦理,父子夫妇不翅路人,每有其家儿孙满室,妇欲他适,则掉头不顾"④;

陕西省:"女不必专一,由来久矣"⑤;

江西东乡县:"妇女背夫在逃之事,层出不叠(迭)"⑥;

江西建昌府:"出嫁妇女常恃外族之势挟制其夫,为父兄者不以名节

---

① 比如王应奎曾说:"今世衣冠之族,辄以改嫁为耻,而事出勉强,驯致无状,反不如改嫁之为得也。"(王应奎:《柳南续笔》,中华书局,第196页)从王氏的议论中也可看到,绅宦之家女子改嫁是何等的困难。
② 民国《龙游县志》卷35。
③ 乾隆《万全县志》卷1。
④ 张集馨:《道咸宦海见闻录》,第31页。
⑤ 樊增详:《樊山政书》卷14《批澄城县杨令词讼册》。
⑥ 《汝东判语》卷2《徐安氏呈词判》。

为重,多方扛帮袒护,至于不再醮不已"①;

湖北襄阳府:"郡中妇女……遇贫苦未能自存,辄思改醮"②;

四川垫江县:"有夫见存而妻改嫁,或儿女呱呱,决然舍之。"③

引述的7条资料中,直隶万全、山西朔平,都是紧邻内蒙古的近塞府县;湖北襄阳府则是清代流民进山垦荒的热点地区之一;四川垫江县(今属重庆)的例子,亦与清初外省的大规模移民和后来四川游民众多,给社会风气带来的变化有重要关系。资料第三条所指陕西省,包含面太宽了些,不过陕南的汉中、兴安和商州等府州,自乾隆以后便多新居移民,陕北的榆林、绥德、延安又与山西朔平等府相似,而以西安为中心的关中平原,因历史的传统,常有一些与关东不同的生活习性。如此看来,独特的自然条件和社会环境,使得在这些地区妇女所承受的传统道德包袱,较之中心区要轻松得多,同时男子对于女子也较宽容大度,反映在婚姻关系上可以较少约束地表达自己的意愿。

在一些经济发达的沿海地区,由于商品经济的不断浸渗,人们的思想也有变化,处于市井中的女子,耳闻目睹的是夸富贱贫。有钱者可以过王侯般生活,一旦落泊,立时被打入十八层地狱,加上各种圈套陷阱,她们比处于深闺的小姐、太太,或者居住在穷乡僻壤、不知繁华富贵为何物的贫苦女子,更容易受到诱惑,有的就是因为嫌贫爱富,决然弃夫他嫁。嘉庆时曾在广东任职的程含章谈到那一带的风气时说:

> 夫妇为人伦之始,岂如母牛牝马可以再三嫁卖。乃粤东薄俗,妇人年少,嫌本夫贫老,辄撒泼横行,再三嫁卖,名曰掉马槽;其父母兄弟姊妹贪得财礼,为之教唆,名曰摇钱树;三姑六婆从中分肥、为之勾

---

① 董沛:《晦暗斋笔语》卷1《燕诗和呈词判》。
② 光绪《襄阳府志》卷4。
③ 光绪《垫江县志》卷1。

引,名曰钓金龟。①

按照程含章的说法,这里的妇女弃夫再嫁,不只是妻子个人的事,而是包含了一大批合谋串通、从中分肥者。她们把离婚再嫁当成一笔生意,是谋利的手段,与前面说的丈夫卖妻、典妻,两者在主动权方面,正好掉了个个儿。

---

① 程含章:《岭南续集·告条》。

第十一章　婚外性关系

第一节　卖淫和嫖娼

婚外性关系是相对婚内性关系而言的,这种性关系虽然不是社会的主流,但在任何一个国家和民族,在任何不同的时期,都曾不同程度地存在着。人们产生婚外情,除了个人的情欲冲动,也与婚姻制度有着密切的关系,这便是我们把婚外性关系列入本书讨论范围的原因。

自顺治、康熙朝起,清廷就次第下令废除官妓制,所以我们说的妓女均系私妓。官妓的衰落,私妓的滋蔓兴盛,应在明朝中叶以后,这与当时经济的发展,特别是商业和城市、镇集的勃兴,流民、游民的不断增加,以及由此给思想文化所造成的冲击,有着重要的关系。政府对于百姓的人身控制、对许多行业的垄断性管理趋于松动,也连带地影响由官府控制的卖淫业,促使向私妓制发展。在官妓制体制下,妓院由政府设司经管,其操业者主要来自战争中被俘虏的女子,罪犯籍没者的眷属、奴婢,以及某些特殊群体的贱民,此外对嫖妓者的身份也有一定的限制。私妓不同,经营者均系私人,操持此业的女子多数是受生活逼迫的穷苦百姓,有的原来生活不错,或者还是官宦家庭,因遇突然变故,出于无奈,流落烟花;还有一些是前面提到的特殊贱民层,以及少数因贪图享受而自甘为娼者。私家开设妓院,对嫖妓者身份的限制也被取消了,只要有钱就行。

在私妓制下,卖奸者和买奸者的层面都较以往大大扩展了,也就是说卖奸者多了,参与买奸活动的人也多了,这正是明清以来特别是清朝色情行业的新特点。

在妓女队伍中,颇有一些是色艺双全的名姝佳丽,她们卖色,更主要是卖艺,其中不少是经人从小精心教养,或原系绅宦人家流落而操此业的。这些人大抵集中于北京、扬州、南京、苏州等商宦云集、人文萃集的中心城市,接待的都是些绅宦豪商和文人雅士,普通百姓是无缘光顾的。清代的名妓,虽没有像明末陈沅、顾湄、李香君、董小宛、卞玉京、柳如是那样的享誉海内之辈,但能博得文人们称道的,也还大有人在。这些人,尽管曾红极一时,但细考其落入平康的缘由,差不多都有一笔辛酸史,下面我们就根据有关资料,对她们的身世试作勾稽①:

(1)袁玉苓,夫亡,无所倚,奉母流落为娼。

(2)文馨玉,某人弃妻,投亲不就,沦落为妓。

(3)赵秀,某人出妻。

(4)桂枝,原系童养媳。

(5)张宝铃,父母去世后,兄无恒业,挟之游江湖,堕入青楼。

(6)吴玉徽,迫于债,流落为妓。

(7)郑默琴,少时聘于某,因父悔婚被蹉跎,待父母去世,又为匪人所乘,卖入娼家。

(8)孙素芳,原籍浙东。流落滇南,北归后,飘零于苏州,卖笑养家。

(9)蔡惠芳,丈夫受匪人诳骗,陷于赌局,致贫无以自存,出妻为妓。

(10)黄月,原为妓,赎身后,又不容于大妇,仍流落卖笑。

(11)郭心儿,丹阳人,父早亡,母惑于媒,将女误字维扬郭某,成婚未

---

① 其资料出处为:《秦淮画舫录》卷上,《吴门画舫录》卷上,《续板桥杂记》卷中,《十洲春语》卷下,《白门新柳记》《海陬冶游录》卷上、卷中、卷下,《海陬冶游附录》《白门衰柳记》《花国剧谈》《清稗类钞》第11册。

久,郭诱胁心儿堕入风尘。

（12）徐二,江阴人,本姓张,乳名银儿,年17岁适同里徐权。权性耽逸乐,无心力田,惑于匪人言,挟妻由吴门转至秦淮,操脂粉生涯。

（13）王绣林,宁波人,少失抚育,无所归依,误入娼家,改姓王。

（14）大翠龄,海陵人,年14岁,以父负债,鬻身于扬州妓家。

（15）巧龄、巧珠,金陵人,均系妓家安月娥养女。

（16）王宝珠,钱塘人,幼为父母鬻于金陵王姓家。

（17）文宝,金陵人,幼随母避兵至杭州,转徙上海,孤苦无倚,遂落平康籍。

（18）章巧云,苏州人。太平军攻苏州,巧云于逃避战火中与父母姊弟失去联系,为邻居金姓所乘,诱入娼门。

（19）吴琴仙,本系望族,遭咸丰十年兵火,堕落平康。

（20）许幼琼,金陵旧家女,兵乱后,父母迭逝,归邻母许媪收养,由苏州转上海,遂为平康女。

（21）绿筠,本惠山女道士,及笄之年,逃出嫁人,为公婆所不容,驱之出,彷徨无归,堕烟花。

（22）双鸳,上海东村人,家贫,以针黹度日,其母受某媪诱惑,使女倚门卖笑。

（23）绣云,苏州人,少有殊色,9岁被卖于勾栏。

（24）兰笙,苏州人,生于宦家,为父母所钟爱,及笄犹未字人,受俊仆张福所诱,潜逃松江,遭匪人劫,无以自立,鬻于上海章台。

（25）常珠儿,母女相依,仰给于十指之劳,常朝飧不继,又所嫁非人,堕入青楼。

（26）巧福,上海人,4岁时,母贫不能养,弃之路旁,为人抱作寄女,终被轻薄者所诱,落入风尘。

（27）宝儿,粤人,廖姓妾,其夫以淫博倾家,乃使宝儿作倚门营生。

(28)汤小聪,原系童养媳。

(29)汤兰英,妓家养女。

(30)曾春姑,广东澄海人,自幼父母俱丧,依婶为生,及长流为娼。

(31)石姑,原系妓,嫁四年寡,无所倚,重操旧业。

(32)程月娥,年15岁父死,不克偿逋负,卖身为妓。

(33)袁雅琴,父系县丞,遭太平天国乱,才6岁,与家人散失,被乳媪卖于乐籍。

(34)大文宝,江宁良家女,避太平天国兵火,随母辗转杭沪,遂落平康籍。

(35)岳兰史,苏州农家女,父为布客,咸丰十年殁于兵燹,乃随母至沪,沦为妓。

(36)王翠云,扬州人,父死被母所卖,至沪为妓。

(37)林爱官,江宁人,幼丧父母,被亲戚卖入青楼。

(38)王宝珠,钱塘人,幼为父母鬻于江宁王家,待年长,沦为娼。

(39)李三三,本姓金,杭州世家女,父官于苏州,父亡,随母流落为妓。

(40)万人迷,光绪中京师名妓。初为某副统婢,与仆私通,事觉遭斥逐,遂自鬻于妓院。

(41)赛渌江,湖南醴陵人,少随母,沦落为娼。

(42)王爱宝,父母早亡,幼为邹姓童养媳,因兵燹与家人失散,落入妓院。

(43)王月琴,为偿父债,被迫为妓。

(44)巧宝,自幼为匪人所诱,转辗卖与妓院。

(45)香云,流落外地,遂隶乐籍。

以上45例,都是在一个时期里活跃于南京、苏州、扬州、上海等城市的红妓、名妓。从所录事例看,她们在沦落为妓前,都不同程度地存在这么一些情况:首先,她们的家庭状况,往往不是父母双亡,就是死了父亲、母亲或丈夫,有的从小被父母弃卖,连故家是个什么样子都依稀无辨,就是说,多数人的家庭条件不好,甚至可以说环境恶劣或根本无家;其次,她们的被卖或被迫自卖,乃至自甘为娼,背后无不存在着经济动因,如为了还债、养家,以及为自己能够生存。当然也有像双鸳母亲那样,要女儿进城操妓是急于摆脱贫困生活,使全家过得好一些。所以,尽管在她们出名之后不断受到人们的追逐、赞美,缠头银滚滚而来,生活亦今非昔比,但无论如何也改变不了她们受害者的本质。下面这一段话就反映了她们真实的处境:

哀者自哀,乐者自乐矣,而乐籍娇娃,原是蓬门弱女;假母但知爱钞,狎客止解求欢。虽一曲红绫,每多投赠,而数声金线,长此飘零,迨年华老大,门前车马既稀,虽欲为商人妇,亦不可得矣!①

她们在社会上的地位十分低下。那些豪绅富商、阔老阔少们可以泡在妓院里捧妓夸妓,但真的要指望他们作为终身靠山,那就难上加难了,最多做个小星,由妓而成妾,变化仍然不大。正如有人所说:

与其倚门而富,无宁补屋而贫;与其为伧父妻,无宁为才人妻。②

一旦为妓,终身难以翻身。她们中,除少数麻木不仁者外,在身心深处,几乎都埋藏着凄凉和悲苦。

在妓女的群体中,人数最多,也最反映社会面貌的,还是那些处于底

---

① 《秦淮感旧录》卷上。
② 捧花生:《画舫余谈》。

层的土娼、游妓。在清代,几乎每个大中城市,以及客商来往的交通冲途,都有她们的踪影。北京的妓院有三等:一等小班、二等茶室、三等曰下处。下处之外还有暗下处,就是暗中干此勾当的等外娼寮,而以下处和暗下处为最普遍,人数也最多。京师之外的情况也大抵如此。康熙末,有人取道山西至西安,途经平定州、寿阳、榆次、平遥、介休、霍州、洪洞、曲沃、安邑、蒲州等州县城镇,处处皆是娼窑凑聚,其中不少是暗地或半公开进行的。① 江苏的清江浦(今清江市),在清代是河督衙门的驻所,城池不大,官员吏役不少,加上漕运船只来往,嘉道之际,各色流娼桓盘于此者,竟多达3000人。② 即使在经济不发达的贵州省,也有为数不少的"塘子""私门子"这样的嫖妓场所。③

这些女子沦落成为土娼、游妓,迫于生计是直接的原因。比如直隶东明县人汪玉(34岁),携妻张氏(33岁),于乾隆八年(公元1743年)八月间到山东曹县打工谋生。他给人拉车,收入微薄,每月房租就需200文,入不敷出,无奈之下,只好让妻子张氏在家卖奸;④赵美姐,37岁,山东郓城县人,因原籍歉收,携儿媳茧娃姐(15岁)逃荒到安徽宿州。两个女子寄居客地,无法谋生,起意与儿媳一起卖奸;⑤山东籍张二即张丕林,携妻至关外奉天佣工度日,乾隆四十一年(公元1776年)间,张二因穷苦无以为生,来到岫岩红土崖地方,令妻卖奸;⑥安徽宿州董高氏,30岁,因丈夫董香谋生无门,听从本夫卖奸;⑦山东白庭华,贫苦难度,抑勒其妻刘氏卖奸;⑧以上等等,都是在生计无着的情况下,操持皮肉生意的例子。

---

① 汪景琪:《读书堂西征随笔·忆途中所见》,上海书店,1984年。
② 包世臣:《安吴四种》卷1《中衢一勺》,光绪十四年重刊本。
③ 李宗昉:《黔记》卷1,贵州人民出版社,1992年。
④ 档案,乾隆二十年三月十日阿里衮题,第128号。
⑤ 档案,乾隆二十年七月十六日鄂乐舜题,第126号。
⑥ 《驳案新编》卷21《以妻卖奸复故杀其妻同凡论》。
⑦ 档案,乾隆二十年四月二十一日鄂乐舜题,第120号。
⑧ 《刑案汇览续编》卷15。

由于上述人等的卖奸活动,都是在暗地或半公开情况下进行的,系官府禁止之列。即所谓"一逢禁令,辄生死逃亡,不知所之"①,具有一定的风险性。而且她们受年龄、姿色、应酬技能、奸宿条件等种种限制,求奸者只能是些中下层人士,并以下层为主,不但收入有限,人身也得不到尊重和保障。前述汪玉妻张氏,曾遇河南仪封县捕役田振途经其地,来到张住处嫖宿,事后只给钱 38 文。张氏嫌少,要求增加,田竟借口私设娼寮,进行报复。白庭华妻子刘氏在卖奸过程中,有个叫崔小有的嫖客常常前来刘处。后崔因无钱求奸,遭到拒绝,便残忍地将白、刘夫妇双双杀死。这些卖奸女子如果落在官府的刀口上,恰巧又无人情、银钱疏通,官府在处理时更是毫不留情。光绪十七年(公元 1891 年),北京有关衙门查获王赵氏因贫卖奸,结果王赵氏并嫖客满洲镶红旗人保清,依军民相奸例,分别受到枷号一个月、杖一百的处分。②

在这些下层人群的卖奸、买奸活动中,还有一种叫作以奸抵欠。山西曹二,向贾元借粮 1 石,无力偿还,曹便让妻子柴氏与贾奸宿抵欠。此后,曹二又勾引张钧与柴氏奸宿,以期得到经济上的资助。③ 再如北京朱四儿,曾向镶黄旗包衣关义借钱 5 吊,朱无钱归还,引关到家,与妻李氏奸宿偿欠。④ 乾隆二十二年(公元 1757 年),山东郓城县民段考向顾三稳借大钱 650 文,无力偿还,顾提出要段妻陆氏睡宿抵欠,段无奈,只得允从,是夜由段引至偷奸。八月,顾复令段引至陆房,由段告诉妻子与顾同寝,随后顾时往奸宿,不知其数。顾先后送给陆氏丝带、耳坠等物,并陆续向段考补助钱文。随后,段考又向邻庄童三驴借钱,童声言欲往奸宿陆氏,段考依允。童三驴出大钱 200 文,段考于是夜引童至家与陆氏成奸。⑤ 这种

---

① 李斗:《扬州画舫录》,江苏广陵古籍刻印社,1984 年,第 189 页。
② 档案,《八旗都统衙门·政法类》,第 520 号。
③ 档案,乾隆十年阿里衮题,第 123 号。
④ 档案,《内务府来文》,第 2127 号。
⑤ 《驳案新编》卷 11《本夫纵奸被杀照罪拒捕杀人》。

以奸抵欠，虽不属于经常性的卖奸活动，也很难把这些妇女统统归入娼妓一类，但在一些穷人中却时有发生。

这些下等土娼、游妓收入微薄，而且不是总能接到客人，有一首叫《穷妓》的小曲，就充分地反映了她们朝不保夕的悲惨生活：

> 清晨起来门边站，身上无衣怨着天寒。这几天，何曾见个嫖客面。遇一人，一把拉到勾栏院，不当你是调情，只当你是可怜。可怜我三天吃了一顿饭，叫爷们，给我八个大钱吃碗面。①

小曲中的这位女子，尽管在清晨大白天，也得顶着凛冽寒风，上街苦苦候客。因为长时无人光顾，吃饭都成了问题，以致只八个大钱，便可卖身。

至于妓女队伍中存在的所谓贱民层，那是相沿前朝的说法。这些人在雍正时，已被政府明令豁除贱籍，同列编氓。不过因为他们的生活生存条件并无改变，仍须操旧业、理旧事。比如活跃于浙江钱塘江中上游的江山船，随船女子号称"严桐妹"（严州府桐庐一带人），就是专门以色服侍来往过客的，并由此吸引了很多豪商大贾、显宦要员的光临。据传他们都是九姓渔户的后代，至少从明初起贬入舟居，执贱役无异于教坊，女孩家从小习丝弦大小曲，及长陪酒荐寝，做着官妓的营生。有人估计，直到道光、咸丰间，此类船只还有千数百艘。因为船以奉官为名，官员照例征收课银，故明知有碍风化，却无法禁止。② 国家的渔课银不废，他们又无法上岸去谋别的生计，操妓生涯也就熬不到头。

再一种就是散落于广东珠江、韩江一带的疍民，或有诡称疍女而实为娼妓者。清初人李调元说：

---

① 《白雪遗音》卷2，载冯梦龙编述《明清民歌时调集》下册，上海古籍出版社，1987年，第666页。
② 戴槃:《两浙宦游纪略》，载《官箴书集成》第6册。

> 粤郡遍及舟航,广州城外,载酒移棹春游者,名曰花船;又有高尾艇诸名,船户间有鬻色者。①

到乾隆中,这些以脂粉为生计的疍船,仅广州一地,已不下七八千艘。两广总督李侍尧有感于此,准备下令禁止,却遭到广州知府赵翼的反对。他认为此风由来已久,每船十余人,皆持此供衣食,一旦绝其生计,将使七八万人有断炊之虞。② 七八万人失业没饭吃,这不是一件小事,吓得李侍尧噤口不敢再言禁。比赵翼稍晚的浙江山阴人俞蛟,目击荡漾于粤东韩江之上的花船疍女,也说:

> 盖其相沿之习,有不能不为娼者。非如燕赵之区,随处可游,资生多术,乃不顾廉耻,以身为货,可同日而语。③

所谓有不能不为娼者,也就是资生无术了。

在南方的有些地方,还有利用尼庵作为游乐场所,迫使年轻女尼为妓的。乾隆时,陈宏谋出任江苏巡抚,在他发布的《风俗条约》中,就提到有这样的事:

> 女尼中有少妇幼女,戴发修行,艳服男装,勾引男妇,无异娼妓,又惯入富家吹唱弹经。甚而群尼一路弹唱,赴庵烧香,名曰发赦。遂致恶少结队跟随,途中拦截,逼令弹唱为乐。一切引诱淫荡之事,皆尼庵之所有。④

---

① 孙嘉淦:《南游记》,载《小方壶斋舆地丛钞》第5帙。
② 赵翼:《檐曝杂记》,第62页。
③ 俞蛟:《梦厂杂著》,第183页。
④ 光绪《苏州府志》卷3。

施鸿保在《闽杂记》中述及福建福州一带尼庵修行者,"其虽亦落发,然卖笑售欢,与青楼无异"。还有像广东潮州等地,老尼多以重金物色容姿姣好的幼女,作为小尼蓄养庵中,待长大后,便可招待接客。① 看来利用佛门静地作掩护,干卖色勾当的,很多地方都有。不过像陈宏谋那样,将过错全都算在尼庵和女尼的头上,亦属责之过甚。如果没有背后的主使撑腰者,她们是不敢有此胆量的,何况多数女尼也是苦命人。

如果说操妓者本人多数是被迫而为的,那么一些专干诱骗拐卖女子勾当的狗男女,亦即官府所称的里猾、无赖、三姑六婆之类,便是领头人和教唆者。他们的恶劣作用是不可忽视的。且不说有的专买贫家稚女,选稍有姿容者刻意修饰,教以歌舞书画,以备将来高价索取的荐头、老鸨等人,因为这样的记载在明清小说笔记中经常可见。另有一些是平日人们注意不多,却混杂在众人之中的那些二道人贩子;或是拐卖认领后,名为母女、夫妻,实为勒令卖奸以收取好处的主使人。

先说那些拐卖女子的人贩子。在前面《童养媳》的一章中,我们曾引述镶蓝旗闲散宗室国存,勾串人贩子,将在伊家临时帮工的松史氏家的童养媳庆秃儿,由北京诱骗至锦州,以身价银650元,卖给一处叫三顺的妓院,改名金红,逼令接客卖淫,就是很好的例子。再如北京有个名叫王胖儿的女子,因父母俱故,别无亲属,落入人贩子刘常福的手里。刘索银80两,把王胖儿卖与寡妇汤高氏。汤高氏也是个人贩子,经与妹夫宋得顺商量,将王胖儿改名金桂,送往胡姓开设的一处妓院卖奸,汤高氏和宋得顺则每天到姓胡的那里抽取夜合费。② 在这里,王胖儿成了汤、宋和刘姓两家手中任其所为的抵押品。有时候,一个女子还被转手几次。比如北京

---

① 张心泰:《粤游小志》,载《小方壶斋舆地丛钞》第9帙。
② 档案,《八旗都统衙门·政法类》,第520号。

有一个叫韩铃儿的女子,先由小崇将其送交"下处"卖奸,接着又有金绪明将韩从小崇那里诱出奸宿后,再要她卖奸图利。随后来了个叫李玉的,从金绪明手中得到韩铃儿,李把韩寄放到赵樊氏开设的"下处",接客分肥,直到她与买奸人刘二小双双私奔,这中间转了几道手,换了三个卖奸处所。① 在人贩子的眼里,人就是货物、是掌中的买卖,可以随时倒手折腾。

还有一种情况是将买得或领养的女子名义上作为女儿,实际上令其卖奸图利。像山东王李氏,"纵容乞养义女王成妮,卖奸度日,先后留宿过客,得钱花用"②;山东周氏,伙同郝日,"窝娼渔利,价买义女招儿卖奸"③;居住于北京安定门内香儿胡同的张邢氏,利用充当官媒身份,在家开设"暗下处",引诱义女阎三姐卖奸。④ 这些人实质上也是纵容或逼令卖奸的主使人和策划者。更有甚者,在唆使人中,还有为民表率的官员。道光二十七年(公元1847年),江苏府候补经历陈尧年在嫖妓时结识妓女倪娃,将她买纳为妾,后因陈在客地浪荡无度,衣物典质殆尽,于是要求倪重操旧业,商定得钱后归两人分用。⑤ 这位身为正八品的候补府经历,竟然连起码的面子也毫不顾忌。

清代的买奸者,也就是嫖妓者,最主要的是绅宦商贾。这不只指他们的人数,而是说这些人在支持着卖淫业的繁荣兴盛。

按照清律,凡文武官吏宿娼者,杖六十,挟妓饮酒坐罪亦同。但仍有很多官员乃至王公贵胄不顾禁令,涉足于声色场中。一些被称为官员兼学者的名士,更视此为豪放风流之举,著名者如王士禛(山东新城人,顺治十五年进士,官至刑部尚书)、赵执信(山东益都人,康熙十八年进士,官

---

① 档案,《八旗都统衙门·政法类》,第520号。
② 《刑案汇览续编》卷28。
③ 《刑案汇览续编》卷20。
④ 档案,《八旗都统衙门·政法类》,第520号。
⑤ 《刑案汇览续编》卷11。

翰林院编修、右春坊右赞善)、朱彝尊(浙江秀水人,举康熙十八年博学鸿儒科,入值南书房)、汤右曾(浙江仁和人,康熙二十七年进士,官至翰林院掌院学士)、袁枚(浙江钱塘人,乾隆四年进士,曾任江宁等县知县)等,都有嫖妓的记录。袁枚在《上台观察书》中,公然自诩"喜枚于《国风》好色之外,余罪无他"。还说:"东山女妓即是苍生,连狭无伤,小德出入可耳。"①对自己的行为颇感得意。宗室宝廷,本是郑亲王济尔哈朗的后裔,同治七年(公元1868年)进士。光绪八年(公元1882年),他以内阁学士兼礼部侍郎衔充福建乡试正考官,在归途中,乘坐江山船,公然嫖妓,把一位年届18岁、漂亮聪明的严桐妹带回北京,遭到弹劾,被革职处分。② 这件事不但没有在京城士大夫中引起震动,不少人还认为宝廷有艳福,而且不到一年,皇帝又赏给他一个三品官职衔。后来他儿子编《先考(宝廷)侍郎公年谱》,曾把这件事写入谱中:"光绪八年十二月,途中买妾,自行检举,奉旨议处。"稍作隐讳的是将先嫖后纳这段情节给删除了。其实这种先嫖后纳的做法,在当时官场中时常可见,超勇公海兰察的宠妾阿芸,相传就出自苏州画舫。③ 有人曾对乾隆至嘉庆、道光时苏扬等地士大夫的嫖娼之风,说过这样的话:

> 时际升平,四方安乐,故士大夫俱尚豪华,而尤喜狭邪之游,在江宁则秦淮河上,在苏州则虎丘山塘,在扬州则天宁门外之平山堂,画船箫鼓,殆无虚日。④

在广州,亦因娼寮花艇触目皆是,以致官员及在衙门办事的幕友、长随、书

---

① 袁枚:《小仓山房诗文集》,第2020页。
② 李伯元:《南亭笔记》卷2。
③ 陈康祺:《郎潜纪闻二笔》,第361页。
④ 钱泳:《履园丛话》,第193页。

差等所得银钱,大半落到她们的腰包之中。①

商人也是光临妓院的常客。一些拥有巨资的大商人,可以一掷千金,在财富上完全能与大绅宦相匹敌,甚至有过之而无不及。清代著名商业城市如扬州、苏州、广州、天津、汉口以及后来的上海等,娼妓业兴盛,均与该地商业发达、商人麇集有关,其中如扬州的盐商、广州有洋商,沿海的宁波、上海、天津有海商、船商,在全国都很出名。他们也是各妓院争相巴结的对象。有的名妓便因此成为商客的专房。如南京的陆绮琴依于一位木商,王岫云则为某盐商所赎纳,蒋玉珍首次荐枕席的是一位米商。② 如此等等,说明他们在风月场上的花费是十分可观的。

再一种人就是绅宦子弟,就像京戏《玉堂春》中看到的王金龙这样的人。他们仗着祖上或父辈挣得的产业,出入酒楼妓院,挥金如土,以表示豪爽大方。据说有公子某,自恃翩翩风姿,带着上百万两银子出游,由淮南而及苏州、江宁,最后盘桓于秦淮游船上,所见大江南北佳丽极多,曲巷幽闺,几乎无一处不留下此公足迹。以致有人诒媢说,凡未经其过目者,均可斥之谓村妓。这样不过一年光景,百万资财便花得所剩无几。他的一位族人,亦是一方显要,见他如此游荡不是办法,设计将其谁骗返乡,才算了结这宗荒唐事。③ 还有一个叫孙艾的年轻人,在游金陵时,一些好事的狎客见他有钱,便怂恿他去寻花问柳。孙于是遍访秦淮名妓,得艳美妙龄女子 7 人,将每人用千金赎出,于京师构精舍 7 处,做藏娇之用。④

当然,不是所有子弟都能像前两位这样花钱如流水,但钱少不等于没有追逐风月的事。特别是有的子弟平常只住在县城或乡下,加上家里管得严,不易出门,便乘着每届乡会试的机会,到外面开眼界、享艳福。京

---

① 程含章:《岭南续集·告条》。
② 捧花生:《秦淮画舫录》卷上,载《申报馆丛书》正集。
③ 李斗:《扬州画舫录》,第 191 页。
④ 王应奎:《柳南随笔》,第 115 页。

师、各省城以及沿路码头的酒楼、饭店和妓院,便随机而动,想方设法把他们带来的钱榨干。江苏省城江宁的河房一带,与贡院、学宫毗邻,乾隆时,每值宾兴之岁,多士云集,豪华者挟重赀择丽姝,暂筑安乐窝。即使是带钱不多的穷秀才也不免要寻花觅柳,做出些风流事来。据说真正称得上洁身自好的,不过十之二三。① 福建省城福州,届时土娼借尼庵图利,而且放出空气说,士子宿尼庵可保佑举科及第,②使秀才们趋之若鹜。

官绅巨商及其子弟大多生活优裕,华屋精食,还少不了有三妻四妾作伴。他们迷恋妓院,原因不外乎是:(一)显示阔绰、附弄风雅;(二)作为交际场上的应酬;(三)在家庭生活之外寻求新奇和刺激,或作为官场、商场争夺后的歇息场所;(四)有的也带有物色美艳可心女子以充媵妾的目的。他们既为色,又不全为色,所以除了要求陪侍的女子姣好俊丽,亦需她们体贴温柔,善解人意,此外还要有技艺才能,如说唱弹拉,乃至和诗作画。他们是为寻欢作乐,也为了能清闲消遣,所以在吃好、住好外,常常要求有好的环境、好的气氛。于是高级妓院多建精舍楼阁,有的还利用水道设画舫、花艇以投其所好。既是如此,嫖客们的花费当然也是惊人的,往往动辄百两、千两乃至以万两计,上述那位某公子,不到一年就把随带的百把万两银子花得所剩无几,显然不是寻常人家所能领略的。所谓画舫勾栏,纸醉金迷;温柔乡里,却是销金之窟。在这种骄奢淫逸生活的背后,是人们意志的沉湎,精神的怠惰,风气的败坏,以及社会财富的无端耗费。

在嫖妓人群中,还有相当部分属于中下层人士。大抵是长年单身外出的随官幕客、长随、贩运商货者、船工水手、匠作手艺人、搬运工、店铺伙计、作坊帮工,车夫轿夫,以及各色城市帮闲人等。他们中有的已有妻室,只是出于解舒化闷,或追求廉价的婚外感情,才进入妓院的。但绝大多数

---

① 珠泉居士:《续板桥杂记》卷上《雅游》。
② 施鸿保:《闽杂记》,载《小方壶斋舆地丛钞》第9帙。

是无妻无室的光棍汉,或虽有妻房,却因谋生需要而分离的客居者。他们嫖妓,按照现在的时髦说法,是因长期与异性隔绝而出现的性饥渴,是为了满足一时的生理需求。清代农村人口大量涌入城市和交通沿线地带,使得此类性买卖显得异常活跃。另外,也有少数无赖、泼皮之类,利用强力霸妓、嫖妓,作为显示黑势力的一种方式。这些人群中,绝大多数财力有限,或无多少余钱,甚至还有挣多少算多少、生活朝不保夕者。他们只能涉足那些中下等妓院,而且多数是下等妓院,或者连妓院也够不上的私门子和暗下处。他们也不可能像前面的老爷、少爷、老板们那样,在妓院长期包房,尽情厮混,只能偶一为之,最多几天。嫖资的花费,像幕客、吏员和贩货者能出得起几十两、百把两,一般最多以两计,或百十文大钱。在小曲《穷妓》中说到的八个大钱的嫖资,就更低得可怜了。就嫖妓者的人数而论,中下层人士当然远多于前面的老爷、少爷和老板,但就钱财的耗费计,体现了这个行业兴盛的,无疑仍是那些有钱有势者。

到了清朝后期,卖淫业常常和吸食鸦片的吸毒、贩毒者串联在一起,而且扩及许多茶楼、酒肆等餐饮娱乐行业,各种黑社会势力也插足其间,使其更加充满黑暗和凶险。

第二节 403例男女私通案例分析

男女私通,在清代司法案例中称为"和奸"或"通奸"。如果说卖淫赤裸裸地表现为金钱与肉体的交换关系的话,私通却总是以情欲为主要推动力的,这或可说是私通与卖淫之间最主要的区别,尽管私通中也掺杂有诸多社会和经济因素。

私通在清代婚外性关系中大量出现,在民事和刑事案件中占有相当的比重。① 为此我们从有关文献中选取了403起案例,以对私通的原因和性质作具体分析。

一、案例的基本状况

这403个私通案例分别录自:档案,《乾隆朝刑科题本·婚姻奸情类》(乾隆元、十、二十年,计69件),《内务府来文》(16件),《八旗都统衙门·刑罚类》(2件);再就是薛允升鉴定,吴潮、何锡俨汇纂的《刑案汇览续编》(158件)、全士潮等校刊的《驳案新编》和《驳案续编》(56件)、周光赤辑录《刑案汇编》(28件);剩下74件,各录自各地方官的谳语和判语,其中有李渔编辑的《资治新书》、傅岩《歙记》、董沛《南屏判语》和《汝东判语》、樊增祥《樊山政书》。

403例的地区分布情况是:直隶46件,奉天32件,吉林3件,黑龙江1件,山西21件,山东28件,河南19件,陕西44件,甘肃8件,江苏22件,安徽44件,浙江27件,江西12件,福建9件,湖北18件,湖南18件,广东8件,广西5件,四川24件,云南5件,贵州8件,另有1件地点不明。案例中,陕西、安徽、浙江三省的数量偏多,是由于《刑案汇编》和《歙记》所收多系安徽事,《樊山政书》则是樊增祥在陕西当官时经手的案件,而《资治新书》则又以浙江案例为最多。由于各记载所反映的内容多寡不

---

① 根据黄宗智教授在《民事审判与民间调解:清代的表达与实践》(中国社会科学出版社,1998年)中所说,清代的民事案件,可归为土地、债务、婚姻、继承四大类,其中婚姻类案例占总数的22%(从巴县、宝坻、淡新三家档案中抽样统计得出)。按照我对有关案例的接触,在婚姻类中,因通奸引起纠纷的,估计占一半到2/3,即22%中的50%—75%。又据我对中国第一历史档案馆所藏《婚姻奸情类》档案数统计,乾隆间,各省区每年上报朝廷批决的婚姻奸情类命案要案,平均在800件。这800件中,因通奸引发的约为250—530件。通奸和奸杀案件的频发,也能看出在当时,男女私通属于社会上经常可见的、不可忽视的事实。

一,这对我们分析案例时会有所影响。比如《刑科题本》和《刑案汇编》,事件的来龙去脉,交代得都较详细。有的像《刑案汇览续编》,一般只有结论性的意见。判牍之类,多系官员审判定谳后所作的批语,更加简单。所以我们的讨论,只能就每个案例能够得到的内容加以归纳,在作统计或说明时,有的可能较为全面详细,有的也许很少。

下面先就案例中的某些基本情况作些交代。

(一)年龄因素

前面多次提到,夫妻之间年龄差距过大,容易产生感情隔阂,有的并发生婚外恋,甚至引出恶性案件。在私通案例中,我们共得到37对夫妻的年龄,同岁4对,妻子年岁大于丈夫的6对,丈夫年岁大于妻子的27对。在妻子大于丈夫的6对中,只1对相差7岁,相差较大,余均不超过4岁。丈夫年龄大于妻子的27对中,有10对在5岁以内,可归于正常范围之列,余下分别是:

相差6—10岁的7对

11—15岁的4对

16—20岁的4对

20岁及以上的2对

就男女的生理状况而言,夫妻相差10岁以内尚可,10岁及以上就不合洽了,这样的夫妻共有10对,约占丈夫年龄大于妻子的27对中的37%,比例可谓不小。

在情夫、情妇的年龄统计中,我们一般都是以他们发生私通时的年龄为准,有的取不到私通时的年龄,只好以案件发生时所报年龄为计。我们将所录得的77个男子(情夫)和85个女子(情妇)的年龄,按每5岁作为一个年龄段,列表11-1。

表 11-1　情夫、情妇私通年龄

年龄段	女子		男子	
15 岁及以下	6 人	占 7.06%	1 人	占 1.28%
16—20 岁	17 人	20.00%	6 人	7.69%
21—25 岁	13 人	15.29%	13 人	16.67%
26—30 岁	21 人	24.71%	19 人	24.36%
31—35 岁	6 人	7.06%	15 人	19.23%
36—40 岁	13 人	15.29%	8 人	10.26%
41—45 岁	5 人	5.88%	5 人	6.41%
46—50 岁	3 人	3.53%	6 人	7.69%
51—55 岁	1 人	1.18%	3 人	3.85%
56 岁及以上			2 人	2.56%
合计人数	85 人	100%	78 人	100%

　　列表显示，在男女私通年龄中，女子以 16—30 岁比例最高，达 59.99%，41 岁后开始降低，到 56 岁及以上基本绝迹，另外 15 岁以前也占有一定的比重，这大概与女子的生理发育特点有关。根据资料，女子 15 岁前基本上属未成婚少女，其私通行为多与受男子引诱有关。31—45 岁之间的妇女与人私通，则主要是经济原因。此时，她们大抵已有子女，且很多尚待成长立业，一旦遇到突然变故，如死了丈夫，或丈夫有病等，对于以力为食的小户人家，立即会感到生活的压力，于是，便有男子乘虚而入，通过小恩小惠进行引诱，发生私通。在这个年龄段的妇女私通中，还有一个因素不能忽视，即成了寡妇或因丈夫长年外出，非常需要填补感情的空缺。

　　与女子相比，男子发生私通的年龄，似乎要高出女子一两个年龄段，从 21 岁起急速增多，一直延续到 40 岁，可占到总数的 70.52%，41 岁以后人数减少，但比起女子，还是多了将近一倍（占 20.51%，女子仅占 10.58%），而且在 56 岁以后仍有一定比例。一般说来，男子对异性渴求的萌发期比女子稍晚,可后续期比女子要长得多。上述的年龄特点,反映了男女身体发育的客观事实。此外,在贫苦男子中,直到40岁后还有不少人尚无妻室,以及在外谋生人群中,单身男子人数众多,也是造成后期私通比例大于女子的重要原因。

在年龄统计中,我们还收录了78例情夫、情妇的年龄差,其中同岁的3对,情夫年龄大于情妇的45对,情妇年龄大于情夫的30对,按年龄段归类,见表11-2。

表11-2 情夫、情妇年龄差

年龄段	情夫年龄大于情妇		情妇年龄大于情夫	
1—5岁	15人	占33.33%	17人	占56.67%
6—10岁	13人	28.89%	9人	30.00%
11—15岁	7人	15.56%	2人	6.67%
16—20岁	4人	8.89%	1人	3.33%
20岁及以上	6人	13.33%	1人	3.33%
合计人数	45人	100%	30人	100%

男女私通时,对于年龄的考虑虽不如婚聘时多,但是,特别对那些生活条件较好的男子婚外恋者,还是希望女子年轻漂亮,这在资料中亦有明确显示。湖北枣阳县孙绍文引诱舒唤大与之私通一事,就很典型。孙绍文本与舒唤大的父亲舒添成熟识相好,见唤大少艾有姿色,借故常相往来,并于乾隆三十五年(公元1770年)八月间与其发生私情。随后舒家迁居别处,孙恋色情切,亦借故跟至,贷舒屋旁余地,搭盖小房居住,得以与舒女朝夕厮守,结果事情暴露,闹出人命。至于女子,由于她们的私通有的带有经济方面因素,在年龄上不得不降低要求。此外,不少女子愿意寻找一个年龄稍大、处事更成熟的男子做伴,期待得到某种保护,如此等等,都是造成在情夫、情妇的年龄中,情夫往往要大于情妇的原因。

(二)婚姻状况

有关私通者的婚姻状况,我们除了考察已婚、未婚,对女子,又细分为已婚无子女、已婚有子女、守孀无子女、守孀有子女几种情况;对男子,则分为妻子已故鳏夫,单身长期在外和经常在外者三种。在单身在外者中,有的在家留有妻室,有的纯属光棍汉。

女子婚姻情况:

未婚		36 人		8.57%
已婚	有子女	51 人		
	无子女	28 人	313 人	74.52%
	子女情况不详	234 人		
守孀	有子女	23 人		
	无子女	6 人	44 人	10.48%
	子女情况不详	15 人		
婚姻情况不详		27 人		6.43%
			420 人	100%

男子婚姻情况:

未婚	125 人(内 6 人系出家和尚)	28.28%
已婚	87 人	19.68%
单身长期在外和经常在外	35 人	7.92%
妻子已故鳏夫	4 人	0.9%
婚姻情况不详	191 人	43.21%
	442 人	100%

以上共有男子 442 人,女子 420 人,超过了上述 403 个案例的人数,

原因是他们的私通中,有人的情人不止一个,其中女子与 1 个以上男子有私通行为的计 27 人,男子与 1 个以上女子发生私通的有 9 例。①

对照两组统计,在私通案例中,未婚男子的比例远高于女子,这是因为在整体人口中,男女的性别比例原本不平衡,男多于女,而在婚姻中,女子很少有不出嫁的,且总体婚龄亦稍偏低。男子不同,在婚嫁论财的风气下,许多贫苦家庭往往无法娶妻,长期过着单身生活,乃至终身未娶。根据刘翠溶教授对家谱资料的考察,在 49 个家族、147 956 个男性成员中,年满 50 岁尚未成婚的有 2281 人,占总数的 1.5%,最高的更占到 3.8%、4.8% 和 5.1%。② 由于修谱的时限以及男子卒年记录的缺失,上述数字与实际未婚人数存在着一定的差距,即实际人数应高于 1.5% 的比例,因为相当部分不满 50 岁的未婚者,由于此前死亡而无法包括在内。又据前面统计,男子私通 21—35 岁年龄段的约占总数的 60.26%。按清代男子平均婚龄为 20—22 岁,这意味着 21 岁以后,还有相当数量的人是尚未结婚的光棍汉。就此看来,在私通中,男子未婚者所占比例较高应不足为奇。

在女子栏中,我们把已婚者分成有子女和无子女两种。一般说来,妻子若做了母亲,容易把感情寄托在子女身上,婚外恋的事相对会少得多。在已婚女子中,根据同类资料的统计确知系无子女者 79 人,其中发生私通的 28 人,占 35.44%。考虑到当时女子都是早婚早育,这个比例还是不小的。孀妇发生私通,很大程度上反映了妇女在再嫁问题上常常会受到各方面的干扰,特别当有了子女后,顾虑更多,但盛年守孀,感情的寂寞又是客观存在的,加上有的还有经济方面的原因,欲嫁不敢或不能,只好走私通这条路了,10.48% 的比例数,在相当程度上反映了这样的现实。

与女子相比,男子婚姻情况不详的比例远高于女子,原因是女子的婚

---

① 《驳案新编》卷 12《强奸本妇立时杀死》。
② 刘翠溶:《明清时期家族人口与社会经济变迁》,第 45、46、60 页。

姻状况在资料中容易体现,女子从夫,出嫁后前面必须缀夫家的姓,这从所载的张王氏、赵孙氏等记录就可得知了。可男子除了正式说明已婚、未婚外,便没有别的明显标志了。按照我们的估测,在被统计的191个男性婚姻情况不详者中,应有2/3上下的人业已成婚。在男子类中,我们还单独列出单身长期在外和经常在外的人,此类人群,不管家乡有妻无妻,于客地长期鳏居,往往一见猎物,便想乘虚而入,属于男女私通行为中的最积极者。

(三)情夫身份和情妇的家庭情况

关于情夫的身份,是指他们所从事的职业,或本人的身份地位。见表11-3。

表11-3 情夫身份统计

情夫身份	绅衿和绅衿弟子	地主	幕客、训蒙	自耕农民	佃农	商人铺主、雇主	手艺人、小贩	佣工、学徒	兵丁、衙役	奴仆	僧侣	无业游民、逃犯	合计
人数	6	8	3	17	11	19	18	29	9	7	6	14	147
所占比例%	4.08	5.44	2.04	11.56	7.48	12.93	12.24	19.73	6.12	4.76	4.08	9.52	100

列表统计了147人。在被统计的人员中,所占比例最大的是佣工、学徒。这些人大抵长年单身在外,地位不高,挣钱不多。有的像学徒,因正在拜师学艺,无基本经济收入,很多人尚未成亲,可他们均处于青春年华期间,最易做出越轨之事,在私通队伍中占有较大的比重,当不足为奇。无业游民、逃犯之类,本来就是社会的不安定分子,行为放荡,包括在性关系中亦不例外。幕客、训蒙以及有的商人等,因为经常或长时外出谋生,常感身心寂寞,而他们的身份地位,又能较多地得到女人们的青睐。僧侣

从全国的人口比例看,也许不到总数的1%,可在列表中,僧人犯奸者却有4.08%,这确实引人注目。至于绅衿、地主、铺主、雇主与人私通,很大程度上是仗恃家庭经济条件较为优越,引诱女子与其相好,少数也有利用权势进行要挟的。

在私通者的妇女一方,我们也做了159人的统计,见表11-4。

表11-4 情妇家庭情况统计

情妇的家庭情况	绅衿	地主	训蒙医生	自耕农民	佃农	商人、雇主	手艺人、小贩	佣工	旗人、兵丁	婢女	孤寡人家	乞丐和无业者	合计
人数	5	8	4	23	16	22	12	41	5	7	5	11	159
所占比例%	3.14	5.03	2.52	14.47	10.06	13.84	7.55	25.79	3.14	4.4	3.14	6.92	100

统计中,所占比例最大的是佣工者妻,另如商人和佃农之妇亦有不少,这与前面说过类似此等身份男子的私通行为,多少是相同的。自耕农家庭女子私通者人数众多,那是与在整体人口中,她们也是人数多、占有比例最大有关。在妇女的私通行为中,下层女子寻求第三者,除了感情因素,也有不少是基于家庭困难,希望求得情夫的经济帮助,这在寡妇和孤贫女子里尤为常见。婢女们的私通,有的是受家主勾引;也有的是业经年长,可主人仍羁留不给婚配,从而闹出事端。

若将表11-3和表11-4中的佃农、手艺人、小贩、佣工、学徒、兵丁、衙役、奴仆、婢女、孤寡人家,以及无业游民、乞丐、逃犯等出身者列为下层贫民,那么在情夫中,约占统计总数的60%,在情妇中占61%。这既与他们或她们的婚姻、家庭经济状况等密不可分,同时亦与其所受传统伦理道德熏染较少,周围环境不若中上层家庭管束严紧,有相当的关系。

(四)私通者之间的关系

在男女私通者的关系方面,统计了 335 例,大致可分为亲属之间的私通和街坊邻里及其他熟识者之间的私通两种。

在有亲属关系的人群中,还可分为三种类型。一是平辈关系,二是不同辈分之间,三是关系较远的夫族或妻族族人之间。请先看统计:

同辈之间:

弟与嫂或兄与弟妹(含堂辈)	34 对	
姐夫与小姨	1 对	42 对
表兄妹或表弟表姊	7 对	

隔代之间:

侄与婶(含堂辈)	7 对	
叔伯与侄媳(含堂辈)	12 对	
叔与侄女	1 对	
翁与儿媳	1 对	
婿与岳母娘	1 对	27 对
舅与甥女	1 对	
父与女	1 对	
继父与女	1 对	
祖与孙媳	1 对	
孙与祖父妾	1 对	

关系较远的亲戚之间　　　　　　　　13 对

在 335 例中,亲属之间发生私通行为的有 82 例,占总数的 24.28%,比例可谓不小。要知道,在私通行为中,亲属相奸,在伦常上是绝对禁止的,不但会受到社会舆论的严厉谴责,法律的制裁也比普通和奸要重得多,一般是罪加一等,有的还要更重,特别是小辈和长辈有奸,那是乱伦之举,一旦张扬出去,就被视为禽兽行为,闹到官府,还会判处绞斩一类的死刑。① 所以在正常情况下,人们基于道德的约束和法律的威严,不能不有所约束。可是至戚之间,毕竟接触的机会较多,在一些尚未析产的家庭,小叔与嫂子、大伯和弟妹,几乎朝夕相处,若设夫妻吵架,或双方出现某些裂痕,平日又与小叔、大伯或嫂嫂、弟妹谈得来,感情的天平很可能会出现倾斜,以致发生亲属相恋。在隔代私通中,侄与婶、叔伯与侄媳占有较大的比重,除了接触机会多这个因素外,在婚嫁偏早的风气下,大侄与小婶,小叔与侄媳,在年龄上常常相差无几,甚至还有倒挂的。乾隆初,陕西发生一起由婶与侄通奸引发的命案,情夫姚令儿 31 岁,情妇姚王氏,也就是姚令儿的婶婶 36 岁,双方的年龄十分接近。② 年龄相近,缩小了辈分之间的差距,一旦伦理屏障被感情的浪潮冲没,苟且乱伦之事就发生了。与关系较远的亲属间的私通,尽管在道德方面所受到的谴责,较之前面两类要小些,可相互接触的机会也远不如前,所以在总体比例上较低。

在亲属私通的比例中,总的顺序是:同辈多于隔辈,最后才是关系较远的亲属。在同辈中又以兄与弟妹、弟与嫂为最多,隔代中最常见的则是侄与婶、叔伯与侄媳。这大体与生活中接触的多少和因伦理观念引发的羞耻感,是互有关系的。

在 253 起非亲属私通中,我们也按不同的关系,分类进行统计:

村邻街坊	113 对
干亲	8 对
外乡来的寄居者	18 对
客居者与客居者	16 对

---

① 参见《大清律例通考校注》卷 33《刑律·犯奸·亲属相奸律文》。
② 档案,乾隆十年七月十八日陈宏谋题,第 125 号。

房主和房客	11 对
地主和佃户	13 对
主人和帮工	16 对
佣工之间	2 对
奴婢之间	4 对
主与婢、奴与主母	5 对
师兄妹	2 对
徒弟母和师父	1 对
师母和学生	2 对
其他	42 对

在非亲属关系的私通中，人数上占绝对多数的是村邻街坊，就关系的亲密程度言，当然比不上亲属中的叔嫂、大伯、弟妹等，但也都是些低头不见抬头见的熟人，尤其是因为他们没有家庭伦理方面的隔阂，在某种程度上似乎更容易产生感情联系。

干亲指的是结拜关系，虽然也有父母兄妹的称呼，可无血缘相连，因经常往来，接触较多。干亲中的私通，主要是干兄妹和干姊弟，也有干妈和干儿子。乾隆二十七年（公元 1762 年），湖南桂阳县民何先佑的父亲，请何元三到家里为儿子教读。同年先佑的父亲病故，母亲朱氏以先佑年幼，将家事托付何元三料理。何元三遂拜朱氏为干妈。此年四月十四日，何元三与朱氏发生私情。[①] 又如北京镶黄旗汉军马甲杨某与大兴人崔常德妻王氏，系干舅与干甥女的关系。杨 17 岁时常去干姐家玩，便与甥女王氏成奸。[②]

统计中的第三项，外乡来的寄居者，指的是从外省、外府州县到该地

---

① 《驳案新编》卷 17《因奸威逼人致死》。
② 档案，《内务府来文》，第 2127 号。

做买卖、佃田的人户和帮工干活的人。他们大都是一些不带妻室，或根本没有成婚的单身男子，有的虽有家眷随同，大抵属于底层生活困难的人，这便使一些人有机可乘。他们中既有外来单身男子勾引当地妇女私通的，也有当地男子趁外来者贫穷、谋生困难，引诱外来女子通奸的。外地男子与当地女子发生恋情的如：柴赴霄（57 岁），山西太平县（今襄汾县）人，单身在甘肃肃州（今酒泉市）开铺做买卖，与本地做皮匠营生的王进美及妻刘氏（24 岁）相邻近。刘家收入微薄，开支紧张，陆续向柴赊取粮食杂品等物，柴常到王家讨账。一次见王不在，柴给刘氏 25 个大钱，调戏成奸。① 又比如陕西三原县何彭氏，老病卧床，家有孙男、孙女各一，委托孩子舅母屈王氏代为照管。何家隔壁住着一个叫王云娃的湖北单身客民，他见何彭氏无力照管，屈王氏只是兼顾，便不时到何家串门，很快赢得了彭氏孙女何桂秀的好感，进而有了私情，随后由于何家拒绝王的求婚要求，还把何桂秀拐带逃匿了。② 至于本地男子勾引外来客居女子成奸的，在数量上虽不如客民诱奸当地女子多，但也常可见到。比如安徽定远人盛锡振，原系染匠，后因逃荒，携妻子胡氏（35 岁）、儿子盛鹤孜（10 岁）来到藕塘镇地方，暂借李鳌家余房居住。李鳌 59 岁，无兄弟妻室。锡振安顿好妻儿后，便外出找活维持生计。李鳌乘虚而入，与胡氏相好，还怀孕生下一女。待锡振返回，痛责胡氏，将女婴活活淹死。胡氏悲羞莫及，乘丈夫外出服烟土自杀，造成命案。③ 李永发的妻子胡氏与董庆私通，并双双私奔，其性质也颇相类同。李永发（56 岁）与妻子胡氏（44 岁），都是江苏安东县（今涟水县）人，寄居安徽盱眙县（今属江苏），种田度日，与董庆互为邻居。董是本县人，48 岁，无妻室。他见胡氏常一人在家，便时往接近。胡氏与李永发，本来年岁相差较大，见董庆有意，也萌发了感情，发生

---

① 档案，乾隆二十年十二月八日吴达善题，第 125 号。
② 樊增详：《樊山政书》卷 13《批三原县倪令禀》。
③ 《刑案汇览》卷 16《诬轻为重原告始终狡执众供俱凿照例奏请定夺》。

私通。此事不久被李永发所得知,严禁妻子再与董庆往来。可两人情意深密,无法分开,于是合谋外逃,直到 6 年后重返盱眙时,被丈夫发现,邀人拿获杀害。①

第四项客居者与客居者的私通,很大程度上与同在外乡,生活境遇相同,情感易于沟通有关,特别有的还是同乡,更是容易接近。客居者之间的私通,最常见的情况是,一个恰好是单身、有劳力,另一对是处在生活困顿中的夫妻,因不顺心而互有埋怨,于是单身客便作为第三者插足其间了,刘升封的妻子胡氏与郑富的恋情就是如此。刘是安徽怀宁人,与妻胡氏、父刘相到贵池县租地耕种,同在耕地的郑富也是怀宁人。郑见刘初来乍到,人地生疏,答应把他搭盖的草房让出一间,给刘家居住。同乡加邻居,再加上同是种地人,共同的经历把他们拢在一起。郑富因无妻室,生活比较自在,刘家则显得拮据,胡氏还需乞讨以补衣食。生活上的差距,使胡氏对郑颇感羡慕。在郑的引诱下,两人有了私通行为。郑还陆续以钱物帮助刘升封一家,使郑、胡的关系,居然维持了相当一段时间。② 再如湖南芷江县人曹文锡,在家难以度日,于乾隆十八年(公元 1753 年)带妻蔡氏、幼子曹遭龙,来到贵州古州(今榕江县)谋生,在王阴寨一庵旁搭篷栖息。庵主周明彻亦来自湖南,出于对同乡的爱怜,不但答允居住,还让曹做些零工,给些周济。不久,明彻与蔡氏有了私情,并为曹所得知,但因贪图好处,有意纵容,以致周、蔡合谋,将曹杀害致死。③

在统计中,我们把房主和房客、地主和佃户、主人和帮工、主和婢等,均各单独罗列,一是因为他们中有的数量不少,二是其中也多少包含有主人利用特殊有利地位引诱私通之意。不过需要说明的是,这里除了主要表现为男房主与房客妻、男地主与佃户妻,以及男主人和女帮工、帮工妻,

---

① 《刑案汇编》卷 12《奸拐同逃事后捉获忿激致毙》。
② 《刑案汇编》卷 12《奸夫致伤纵奸本夫身死奸妇讯不知情》。
③ 档案:乾隆二十年二月九日胡宝瑔题,第 124 号。

也有少数是女主人(或妾)、女房东和男帮工、男房客之间的私通。佣工和奴婢虽同为人执役,但法律地位是不同的,佣工属良民,奴婢系贱民,良贱有间,这在开头时我们已经说过,所以表中我们特别加以区别。在奴婢之间私通一栏中,有一例是帮工与婢女相恋。帮工是良人,良人与贱民有奸,按照当时的说法是自甘堕落,故亦归在一起。至于奴与主母有奸,道理也是一样的。

在非亲属私通中,辈分上的排列不如亲属之间关系清楚,但有的也可归于乱伦之列,如师母和学生、奴和主母等,依照清代法律,都要从重判刑。最后的其他一栏,都是指线索清楚,却不好归类的案件。比如湖南长沙府城杨氏与驻扎塘兵徐兴通奸;①江西东乡县艾国保与女儿的奶娘刘氏私通②等,共计42件。

对335例私通者之间关系的归类,大体反映了当时男女之间的人际活动圈,不过由于私通毕竟不是光彩的事,所以当感情受到诱惑时,道德伦理的因素也是在起作用的,这就是在私通行为中,非亲属关系的远多于有亲属关系的,在亲友中,同辈关系的要高于有长幼辈分的重要原因。

二、私通原因透视

上面提到的年龄、婚姻,以及私通者之间的关系等,只能说是背景性资料,至于直接导致私通行为的,还应该有更具体的缘由。从大的方面看,不外乎三类,一是感情原因;二是出于经济压力,亦即经济原因;三是某些人利用地位和其他权力,威逼利诱妇女就范,多少含有逼奸的意思,可归为社会原因。当然这三类也不是绝对分离的,有时往往既有感情方面的原

---

① 档案,乾隆十年杨锡绂题,第123号。
② 董沛:《汝东判语》卷3《刘严氏呈词判》。

因,同时也与经济有关。此外也有少数情况较为复杂,且归之为其他类。

(一)情欲原因

还可分为几种。

1.妻子嫌弃丈夫,夫妻无感情

这是在案例中所见最多的,共 114 例,占归类案例的 40.28%,可见问题之严重。就具体案情考察,一种像广东长乐县(今五华县)钟韵采妻子刘氏与钟的养侄张法胜发生私通,是刘嫌丈夫年纪大,家中贫穷。当时钟 56 岁,刘 36 岁,相差 20 岁。刘和张,论辈分是婶婶和侄子,可依年龄,张法胜 37 岁,比刘还大 1 岁。相比之下,刘当然愿意选择张,而嫌弃丈夫刘韵采了,结果两人合谋,将钟毒死,双双外逃。① 另一种是丈夫有病,夫妻关系名存实亡,因而发生私通。山东即墨县宋坤妻张氏与高哲通奸,即属于此。宋坤因患麻风病,夫妇长期不同房,张氏对宋亦由怨到恨,进而与邻右高哲有了私情,公然约高到家奸宿。② 与此类似的还有陕西沔县胡马家保妻蒋氏与胡秀通奸事。蒋氏与胡马家保结婚 10 年,因丈夫赋性痴呆,从未同床行房事。胡秀家境不好,但为人勤勉,常到胡家帮工,不收工价,得到蒋氏和蒋氏婆婆张氏的赞赏。蒋氏还不时给胡秀缝些衣服之类,彼此由心照不宣,进而发生私情,结果是胡秀毒死胡马家保,酿成悲剧。③ 同样,直隶开州(今河南濮阳县)李如成妻于氏与远房族弟李帛私通,也是因为李如成素有黄疸病,伊翁李士魁两目俱瞽,于氏身心压力极大,李帛乘机介入,纾缓了于氏的郁闷,使她下决心与丈夫决裂。④ 在妻

---

① 档案,乾隆元年五月二十五日允礼题,第 115 号。
② 《驳案新编》卷 13《奸妇被本夫逼令帮同杀死奸夫》。
③ 《驳案新编》卷 12《奸妇虽不知情拟绞》。
④ 《驳案新编》卷 12《比照奸妇不知情拟绞》。

子嫌弃丈夫的情况中,有的更直接表现为对父母包办婚姻的不满。湖北孝感县(今孝感市)胡氏,婚前已与做京货生意的叶四相好,却遭到父母的反对,将她嫁给一个比之小 4 岁的李长生为妻。婚后,胡氏身在夫家,心里仍惦着旧恋人,经与叶四合谋,将李长生杀死,一起外逃。①

男子虐待、打骂妻子,向妻子发威风,也会导致妻子变心,移情别恋。在《内务府来文》档案中有这样两则案例。一则发生在乾隆二十八年(公元 1763 年),直隶河间县民张二诱奸三保女人王氏,并拐带外逃;另一则是大兴人赵大与邻居胡氏私下相好,伙同外逃。据王氏和胡氏的供说,她们之所以偷情、私奔,都是因"不够吃穿,又要打骂""家中穷苦,又屡被其夫打骂"所引起的。②

在有钱娶妾的富贵大家,老夫少妾的旷怨心理,也是促使私通行为频发的一个重要原因。陕西人苏某,侨寓安徽芜湖。他先买蔡福生为仆,又纳王某之女王氏为妾。仆年少英俊,妾艾且巧,而苏某已是白发萧萧的老翁。正好苏又返乡探亲,从而使少仆艾妾有机可乘,由私通进而挟财逃走,闹出一场不大不小的官司。③ 值得注意的是这种私通,在家庭内部也时有发生,像江西郑欢喜妾吴氏和堂兄郑善生有染;浙江严州府某妾与身份上应属孙辈洪雨生私通等,都是因夫妾年龄过分悬殊,又常常独守空房,嫌弃夫翁而出现的。④

有关妻子嫌弃丈夫的私通案例中,相当部分没有具体记载妻子不满丈夫的内容,但从情夫、情妇策划私奔,因私奔失败(途中被获等等)和虑及奸情暴露而共同殉情,以及由女方主谋,或情妇、情夫合谋杀害丈夫事件数量之多,也可看出夫妻感情的彻底破裂业成事实。见统计:

---

① 档案,乾隆二十年三月十日阿里衮题,第 128 号。
② 档案,《内务府来文》,第 2121 号、第 2157 号。
③ 李渔:《资治新书》卷 18,李维岳:《大逆奸盗事》。
④ 《刑案汇览》卷 32;李渔:《资治新书》卷 11 侯筼庵:《淫烝灭伦事》。

情夫、情妇离家私奔(包括由情夫主谋策动的)	50 例
情夫、情妇自杀殉情	13 例
由女方主谋或情夫、情妇合谋杀死丈夫的	44 例

(另有情夫主谋、女方知情或阻止不及导致丈夫被杀的22例不包括在内)

| 妻子因私通暴露,自觉生活无望而自杀的 | 23 例 |

以上统计,有的略有重复,比如他或她先策划私奔,当截获后又一起自杀殉情,也有的私奔失败或杀夫后,自觉无望,或感到罪孽深重而自杀,即便如此,上述数字也够触目惊心的了。从案情的叙述中,有的殉情还颇具悲壮色彩:河南裕州张信之妻刘氏,与徐成河私通,为了表示忠贞,刘令徐买毒药共死,结果徐发觉被救,刘毒重身死。① 安徽六安州陈采章妻朱氏与王陶力有染,两人乘陈采章外出,私奔至河南桐柏县被获。朱氏因被获羞愧,恐见到官府出丑,解回怕见本夫,又感到从此再不能与情人欢聚,便与王相约,俱各自尽。② 湖广刘曹氏,因与徐人桂相好,为本夫及人桂父查知,均各严加看管。情急之下,商谋同死,正好曹氏存有砒霜,约定各自在家服用。结果人桂自杀,曹氏因见幼子啼哭,转念贪生未食,致得幸免。③ 还有像陕西刘大余妻谢氏与无服族人刘家存偷情,为大余所发现,将家存杀死,妻子谢氏面对死去的情人,悲切啼哭,表示愿意死在一起,促使刘再起杀心。④

当妻子移情别恋后,丈夫因处置失当,导致矛盾激化,造成恶性事故的案例,仅从《刑案汇览》中就可见到多起。

(1)安徽望江人柴山(29岁)与妻查氏并同其父,到浙江建德县种田

---

① 档案,乾隆二十年鄂乐舜题,第124号。
② 档案,乾隆二十年十二月十二日汪由敦题,第125号。
③ 《刑案汇览续编》卷20。
④ 《刑案汇览续编》卷13。

度日,与同在建德种田的同乡富幅(24岁)相邻居。来往中,查氏与富幅发生私通,被柴山得知,屡次责打妻子,并禁止再有往来。查氏向富幅哭诉,劝告他要小心提防。富幅恋奸情切,与查氏密议将柴山谋害,以图长久奸好。查氏应允,约定当晚下手。这样,在查氏的配合下,乘柴山熟睡之际,用麻绳将其勒毙。

(2)安徽太和县程利(27岁)妻倪氏(34岁),与邻居程宣(32岁)有染,被程利探知,将倪痛加责打,禁绝往来。倪起意杀死丈夫,与程宣长相厮守,程宣允从。于是由倪通风报信,合同将程利杀死。

(3)安徽黟县胡氏,27岁,与从事竹蔑手艺的周光得相好。当时,胡的丈夫黄宝庆已年届54岁,周才24岁,未娶且有手艺。相恋后,胡对周一往情深,不能自已。不久私情败露,黄将胡大加责打,禁绝往来。胡无法忍受,起意要把丈夫谋害,与周作长久夫妻,嘱咐周光得帮同下手。在一次捉奸中,胡氏在周的协助下,将丈夫用乱刀砍死。

(4)赵仪(45岁),安徽无为州人,携妻石氏(40岁)、女赵玉珠(17岁)到南陵县种地度日,石氏与邻居穆洪邱有了私情,被丈夫识破,痛加责打。赵仪并警告石氏,若再发现往来,定将重责。穆自行动遭禁,情思更切,起意将赵仪谋害,图作长久夫妻。石氏知情后,当即允从,合伙将赵仪杀死,刹尸灭迹。

在列举的4起杀夫案例中,有两起策划人是妻子,另两起由情夫提出,女方没有异议,并参与了行动。但不管由谁为主,事件的本身都说明了,当第三者插足或插足以前,夫妻关系已不如意,甚至发生嫌弃,丈夫只靠棍棒等过激手段,是震慑不住妻子的,有时更起到相反的作用。

当然,在妻子嫌弃丈夫的情况中,也有不少完全是妻子方面的责任,比如像嫌贫爱富等。山西万泉县王国忠妻董氏与吴国英私通,就是因为国忠是个赤贫穷汉,吴国英家中富有,做妻子的被吴家的钱给吸引住了。① 直隶乐亭县王永合妻沈氏,嫌夫家穷苦,时相吵闹。赌气回到娘家,便与有钱的黄之凉有奸,并由沈的父亲出面,逼迫王永合休妻。在宁为富家妾,不为贫家妻的思想支配下,沈便成了黄之凉的小老婆。② 再如滋阳县(今山东兖州)徐盛氏听从奸夫王连等杀夫、杀婆,除了受王连等哄骗,亦与丈夫是个寄居外地的打工者,地位低下,时时受人白眼,生活亦无多大保障有关。③

2. 丈夫嫌弃、打骂妻子

丈夫因嫌弃妻子而感情外移,与人私通。这样的事相当常见。我们的统计只有9例,显然是少了些,究其原因,恐怕与在案情叙述中,办案人出于女人是祸水的偏见,总是过多地谴责妻子有关,以致在相当程度上把丈夫嫌弃妻子、粗暴地对待妻子的行为给掩盖住了。本来,夫妻的感情是双方的,在很多情况下,往往是丈夫首先嫌弃妻子,才导致妻子对丈夫的变心。类似情况,在前面已多有列举。在我们统计的丈夫因嫌弃妻子而另找情妇的9个案例中,除了因年龄差距过大,或妻子拒绝与其同房等原因,也有嫌妻子愚丑、痴呆的。比如直隶贾逢钰与赵曹氏私通,被妻子贾胡氏和赵曹氏儿子赵世清识破,贾起意与赵曹氏商谋,诬捏妻子与赵世清有奸,将贾胡氏杀死,制造了一宗诬陷命案,究其起因,就是因为贾逢钰对妻子的"愚丑"早已心存嫌恶,待贾胡氏揭穿私情,更使其恼怒异常,认为胡氏妨碍了他与赵曹氏的相好,这才下此毒手。④ 福建武平县训蒙老师邱得成谋害妻子邱钟氏一案,也是因为邱嫌妻子"素性痴愚"而"向不和睦"。当他与学生胞姊刘钟氏,乘妻子回母家大宿⑤的机会发生恋情后,

---

① 李渔:《资治新书》卷18,李锦来:《人命事》。
② 档案,《内务府来文》,第2150号。
③ 《驳案新续编》卷4《因奸谋杀本夫致死母子二命》。
④ 《刑案汇览续编》卷23。
⑤ 当地乡例,初婚之女,回娘家留住一载,名为大宿。

对妻子就更加冷漠了。面对着岁末将至,一个要回夫家,另一个也要歇塾返乡过年,竟两厢眷恋,不忍分离,于是经精心设计,由邱先将妻子谋害,然后又让刘钟氏在夫家扬言贫苦不如自尽等语,以为将来永好制造舆论。① 贾和邱恋奸杀妻,当然要受到法律的制裁,但夫妻不和又无法摆脱,乃是诱发众多命案的根本原因。

3.丈夫长年或经常外出,第三者乘虚而入

这样的案例共有 22 起。下面先择要摘录几条以便分析:

(1)湖南宜章县何氏,24 岁,丈夫何高远(42 岁)外出贸易,留妻 1 人在家。村邻刘添怀(41 岁)与 77 岁寡母顾氏相依佃田度日,家贫未娶。何氏见刘添怀诚恳朴实,赠鞋传情,私昵相好。②

(2)叶氏,29 岁,河南光州(今潢川县)人,丈夫王琚在湖广做生意,有固始县客居者乔友年(20 余岁),借机常到叶家走动,有了私情。③

(3)乾隆四十四年(公元 1779 年)六月初,陈万才由广东合浦县(今属广西北海)赴广西贸易,遗妻吴氏在家,与陈素相熟识的王文哲前往探望,遂与吴氏私通。④

(4)山西省民妇李氏,因丈夫周万保时常外出,道光十年(公元 1830 年)间,李氏 1 人在家寂寞,唤侄子周顺到房内做伴,发生私通。⑤

(5)光绪三年(公元 1877 年),许氏 15 岁时,嫁与安徽宣城县人刘芳达为妻。刘训蒙糊口,长年在外住歇学堂。光绪十四年(公元 1888 年),有名叫欧得锁的,租刘家房屋开设烟铺。欧见许长年独居,又同住一院,常相往来,借机勾引许氏有奸。⑥

---

① 《驳案新编》卷 10《谋杀加功》。
② 档案,乾隆二十年二月二十五日阿里衮题,第 124 号。
③ 档案,乾隆二十年三月二十日阿里衮题,第 128 号。
④ 《驳案新编》卷 13《杀奸案内加工照余入律》。
⑤ 《刑案汇览续编》卷 28。
⑥ 《刑案汇编》卷 14《抢夺犯奸妇女已成》。

（6）韩舒氏，安徽黟县人，23岁。丈夫韩观龄长年在外贸易，平日只与婆婆方氏同住。邻居余右祥（26岁），与舒年岁相仿，互有情意，适逢方氏外出，余、舒嬉戏相好。①

（7）山东夏津县李照，拉船为生，很少在家居住，平时只妻子殷氏1人。殷氏常托李照族弟李化代买柴米之类，时相往来。乾隆四十四年（公元1779年）九月二十日，李化乘李照外出拉船，引诱殷氏成奸。②

上述7例的记载都比较明晰，加上其他15例，共22例。综合来看，大体具有如下情况：

（1）丈夫外出，主要以经商贩货为主，计8人，在外佣工者（包括在商店做伙计）5人，教书1人，当兵1人，情况不明者8人。他们外出，少则一月两月，多则几年，有的还经常如此，把妻子长时抛在家里；

（2）各家的生活虽然有富有穷，但基本上没有为吃穿发愁的，说明妻子有外遇不是出于经济原因；

（3）案例中，10个妻子记有年龄，两个超过30岁，最大的38岁，其余均系20多岁。有的记载虽阙，但从案由推测，都是些青年或中年女子，正当精力旺盛时期；

（4）这些人的家庭构成，多数比较简单，有的只夫妇2人，连孩子也没有；有的有公公、婆婆，或只有婆婆，几乎没有联合大家庭。生活平淡孤独，缺少人际交流；

（5）就记载所见，私通前，她们与丈夫的关系都没有明显的不和；私通后，间或有跟情夫私奔，或合谋杀夫者，但多数是消极地忍受丈夫的责罚。

如此说来，她们与人私通，主要是长期独居，感情上的寂寞导致的，与

---

① 《刑案汇编》卷16《刁徒借端吓诈致被诈之人自尽》。
② 《驳案新编》卷18《比照因奸威逼人致死》。

其他诸如经济原因等无关。

(二)基于经济原因的私通

这可分以下为几种情况。

1.男子以小恩小惠进行勾引,或女子贪图经济上的帮贴而引发私通行为。大体可分两种情况:一种是只为钱财,一旦男方无钱,便拒绝欢好,类于卖奸性质,但又不属单纯的卖奸行为。福建浦城县余五妹,租用张黄氏公公张起泰店房住宿,与张黄氏见面不避。嘉庆十三年(公元1808年)九月初,余五妹趁张家人外出,与张黄氏调戏成奸,陆续给过银钱不计数目,张起泰与丈夫张朝奉均不知悉。嘉庆十四年二月间,张黄氏向余五妹索钱使用,余无钱借给,张黄氏声称嗣后不与奸好。三月间,余两次求欢,均被斥骂。余心怀忿恨,于四月初五日趁张黄氏赴溪边洗衣,持刀将其戳伤致死。① 安徽贵池县寡妇马王氏与邻居张相私通,也是因为贪图钱财,后因张相久不给钱,马王氏相待冷淡,叫张不要再来,张相不肯,口角走散。某晚,张相企图强行续奸,结果被马王氏用铁条直入口内捅死。② 在只为钱财的私通中,最典型的莫过于道光二十五年(公元1845年)直隶总督具题的鲍振杀死李杨氏丈夫一案。鲍振与李杨氏通奸,其夫鉴于鲍有钱资助,纵容不问。在前后六年间,李用鲍的银钱,将从前典出的地亩赎回,后因鲍不能时常给钱,便相待冷淡。待鲍又到李家寻找相好时,李因借钱不允,与鲍发生争吵,致鲍怒而将李杀死。③ 这实际上是丈夫拿到把柄后,挟制妻子行以色骗钱的勾当,可惜鲍长期沉溺不悟,造成人财两空的悲剧。

---

① 《驳案新编》卷6《奸妇索钱未给被骂疑另好致死》。
② 《刑案汇览》卷12《拒奸故杀奸夫》。
③ 《刑案汇览续编》卷14。

在贪图帮贴而发生私通的情况中,另一种很有些投之以桃,报之以李的意思。往往男子给些好处,女子就被引诱上钩,也有因无法偿欠而发生私通的。河南镇平县陈贾氏,因在孟天臣开设染店内染布,欠钱无还,向孟赠鞋表示歉意,孟见贾情意殷切,又给钱150文,亦不索欠,贾便与孟发生私情。① 贵州婺川县(今务川仡佬族苗族自治县)吕卢氏,因丈夫吕明弱不务正业,盗牛被官府拘禁,家中乏食。堂兄吕明善前往探望,送米1斗,卢氏感激万分,留明善住宿,并发生私通。② 还有像广东兴宁县潘兴来,剃头生理,遗妻温氏在家挑担度日。乾隆三十六年(公元1771年)十一月,铁铺张庆官以温氏常给铺子挑铁,买酒肉进行款待,从此来往密切,并有了私情,张还每次送温大钱200—300文至数百文不等。鉴于潘兴来嗜酒好赌,不顾妻子,张的做法,既买了潘氏的身,也笼住了她的心。③

在妇女因贪图帮贴而与人私通的案例中,有些人确实是为了贪图享受,但更多的还是出于贫苦的熬煎,无奈而为之。正像贵州省威宁州王氏与边傻子有奸,被拘到官府后招供说:"小妇人先是不肯,原因家穷,没得吃的,图他帮贴,才与他通奸起。"④又如郭贵与妻子郭氏,受不了家主的打骂,逃出京城讨乞佣工,郭氏因系女流,无人雇佣,求乞又所得不多,常常挨饿。有个叫刘丙的兵部笔帖式佟伊龄的家人,见有机可乘,向郭氏说:"你男人无能力养赡,不如合我好了罢。"郭氏为求得帮助,乘丈夫外出佣工,与刘丙私通。⑤

在图利私通中,常可见到在妇女背后有丈夫纵容或主使的身影。前面涉及的直隶鲍振杀死李杨氏丈夫一案,就是很好的例子。还有像乾隆四十二年(公元1777年),湖北钟祥县的一起命案,起因也是如此。钟祥

---

① 《驳案新编》卷29《和奸殴死奸妇依计杀》。
② 《驳案新编》卷11《奸夫自杀其夫奸妇奉旨减等发落》。
③ 《驳案新编》卷12《比照奸夫自杀其夫》。
④ 档案,乾隆十年张广泗题,第123号。
⑤ 档案,乾隆二十年方观承题,第128号。

县百姓萧举贤,曾借用沈国寅钱 20 千文未还,后沈复出钱与萧合伙贩牛赚钱。乾隆三十九年(公元 1774 年)三月,沈国寅借机调戏萧妻彭氏。彭氏喊叫,沈当即跑出。待萧回家,彭氏告知前情,劝勿再与沈往来,被人耻笑。萧举贤竟说事属常情,无可耻笑。六月中,萧携鱼沽酒,邀沈至房,与彭氏共饮,彭氏不允。是夜,沈即潜至彭氏房内哄诱成奸,萧知情不问。嗣后沈常至萧家与彭氏奸宿,陆续送给彭氏衣袄,又零星资助萧举贤钱文。如此局面,一直维持到乾隆四十二年(公元 1777 年)八月底,终于在一次争奸中,沈将萧打伤致死。① 在丈夫明知故纵下,表现得最露骨的,莫过于湖南祁阳县张云衢串通妻子引诱表兄陈亚长私通一案。乾隆四十一年(公元 1776 年),张云衢携程氏及两个儿子到宁远县投亲种山,途遇陈亚长。张因盘费用尽,向陈借贷。陈借与 1400 文,并表示愿意同行。途中,陈与程氏嬉笑无度,张知其属意,便与妻子密商,如陈向她调戏,可不必拒绝,若果通奸,不但所借钱文无须还给,将来种山亦可借作帮手。由于张的授意,当晚宿店时,陈与程氏发生了奸情。②

在贪图帮贴而与人私通的 59 起案例中,丈夫明知而隐忍,或加以故纵的,有 25 例,占了将近一半,虽然隐忍和故纵的原因是多方面的,但比例最大的,仍是贪图奸夫的钱财。这里既有人穷志短的因素,可确实也有像张云衢那样,利用男子好色,制造圈套,诓诱上钩的情况。

2.因夫死夫病缺少劳力、无依靠,或丈夫不管妻子衣食而导致妻子与人私通。这里既有经济原因,也有因妻子缺少劳力、欠人张罗照顾的问题。其中尤以寡妇为最多,22 例中占了 17 例,达 77%以上。她们的年龄,最大的有 50 岁,多数是四十几岁和三十几岁,少数也有 20 多岁的。说明在当时社会上,失去丈夫的中年和年轻寡妇生活之不易。试举几例。

---

① 《驳案新编》卷 9《纵奸本夫被奸夫殴死》。
② 《驳案新编》卷 13《故杀》。

(1)江苏长洲县(今苏州市)周三妻邱氏,25岁结婚,6年后周三病故。邱氏与同居共炊小叔周四(比邱氏大2岁,未婚)姘居,生有1子;①

(2)福建安溪县谢圭嫂,44岁,丈夫死后,子幼无劳力,耕种困难,常常缺柴少米。邻居王益让(58岁,妻陈氏尚在)不时加以周济,发生私情;②

(3)直隶陈氏,50岁,生1女妞儿,因夫故穷苦难度,被其兄陈四接到家中居住。陈四家雇工朱大,东安县人,42岁,未婚,来往中两人有了私情;③

(4)直隶民妇刘氏,夫故,孤身无依,寄居于小叔二虎家,发生奸情,又虑败露,两人同时自尽死;④

(5)安徽潜山县汪王氏,41岁,丈夫病故,生1女亦死,守孀无依,欲仰仗原相好张三庆扶助,过家同居;⑤

(6)刘王氏,25岁,河南息县人,寄居安徽霍邱县,不久翁姑、丈夫俱故,子女亦相继亡,无亲可投,口食难度,被同乡人万林(30来岁,有妻室)所见,带回家,名为帮工,实则通奸同居;⑥

(7)孙氏,45岁,山东莱芜人,原与丈夫宋芳寄于安徽宿州。宋芳病故,孙氏举目无亲,儿子兹孜刚5岁,生计艰难。光绪十年(公元1884年),邻居马元江(58岁,种地贩货度日)雇孙氏到家帮工,答应可随带儿子抚养。当年底,两人调戏成奸。⑦

在所列7个例子中,除第3例陈氏和朱大私通似乎与生活难过关系

---

① 档案,乾隆元年四月八日允礼题,第129号。
② 档案,乾隆二十年十二月十七日钟音题,第125号。
③ 档案,《内务府来文·刑罚》,第2127号。
④ 档案,《内务府来文·刑罚》,第2150号。
⑤ 《刑案汇览》卷11《因奸商同谋杀与奸妇私相苟合之奸夫照律以凡论》。
⑥ 《刑案汇览》卷13《妒奸谋杀先与奸拐之奸夫》。
⑦ 《刑案汇览》卷14《抢夺犯奸妇女已成》。

不大，因为陈至少可借哥哥的帮助，暂有栖身处，其他差不多都提到缺乏劳力，没有依靠，或口食难度的问题。其中第1例邱氏与周四，实际上就是前面说到的叔就嫂，但不知为什么他们没有成婚，只苟且姘居。第5例的汪王氏和第6例的刘王氏，后来都有了第二个情夫。她们在开始时可能更着重于摆脱生活困境，但这毕竟是苟且之行，有的当姘居后，就发现有不尽如人意之处，于是便出现选择，像刘王氏后来又与李征洪（39岁）有奸，就是因为李除一个70岁的老母外，别无兄弟妻室，更适合于长久生活在一起。

在寡妇的私通中，还有顺天府大兴县刘氏这样的情况。刘氏于乾隆三十年（公元1765年）41岁时死了丈夫，跟着女儿度日。乾隆四十七年（公元1782年）十一月，旗人德敏死了妻子，缺人服侍，出钱4吊，请刘氏帮忙，随后刘氏便与德敏有奸，原因是德敏答应病好后收刘氏为填房。不想德敏于乾隆四十九年九月病故，希望成了泡影。[1] 刘氏与德敏私通时，已是五十八九岁的人了，显然不是出于性的要求，而是对德敏的承诺感兴趣，希望余年的生活有靠。

根据我搜集的资料，丈夫不管衣食而导致妻子与人私通的案例，均发生在穷苦家庭，这里既有丈夫对妻子缺乏责任和感情的问题，也有一些属于实在难以顾及的客观原因。像江苏南汇县瞿鹤姐，嫁夏补为妻。夏外出谋生无音信，瞿鹤姐生活艰难，回娘家住。瞿的父亲是个卖糕度日的穷汉，连住房也没有，借城隍庙戏楼下栖身。有个叫邵文元的，常给瞿家周济，来往中与鹤姐成奸。[2] 又如江苏溧阳县（今溧阳市）王氏，29岁，因丈夫流荡在外，不管妻子衣食，邻居陈存锦，37岁，借帮助为名，接近王氏，有了奸情。[3] 贫苦家庭，特别是无田无地的佃农和临时佣工者，他们的生

---

[1] 档案，《内务府来文·刑罚》，第2150号。
[2] 档案，乾隆二十年十二月四日庄有恭题，第125号。
[3] 档案，乾隆二十年十二月十三日庄有恭题，第125号。

活本来就是靠佃地和打工勉强度日,一旦田主撤佃或主人辞工,便立时陷入窘境。他们中有的在本地找不到工作,只好到外地去碰运气,留妻子在家苦度。沉重的生活担子,丈夫的久无音信,都使妻子倍感压力,也给某些人可乘之机。这些留守妻子与人私通,在很大程度上是生计和精神的双重压迫所致。当然也有像溧阳县王氏的丈夫那样,四处游荡,不管妻子的衣食,对妻子既无责任心,亦无感情可言,从而促使妻子变心,投入别人怀抱的例子。

3.男子以感情进行笼络,以图得到经济上的好处

这里可分为两种情况,一种是男子对所恋女子的确有感情,同时又利用女子的一片痴心,得到帮贴;另一种可说从一开始就动机不良,只为获取经济好处。比如江苏宝山县(今属上海)陈七,与对门邻居徐二姐有奸。在奸宿中,陈七向徐借用银钱,徐把家里的首饰顶充,被陈典当花用。① 陈就属于居心不良者。浙江秀水县朱龙山的妻子陆氏拿钱供应情夫顾应龙,是因为与丈夫决裂后私奔,把银子给顾作为做生意的本钱,为的是两人将来生活有靠。② 还有像寄居于安徽宿州的郭氏(48 岁),多次被人卖休、典卖,后来碰到山东郓城人胡二(40 岁,未娶妻室,卖馍生理),从认识往来到有了恋情,郭因在感情生活中历尽沧桑,所以对与胡的关系十分珍惜。为笼住胡的心,陆续给胡二衣物钱文无法统计,反映了郭的一片痴情。③

男女私通,还常常为第三者所乘,从中要挟。道光十九年(公元 1839年),有寡妇陈俞氏与佃户高良通奸,被俞的嗣子陈正富查知,将高良逐出,禁绝往来。俞氏避羞,跑到夫侄陈正己家暂住。陈正己觊觎陈俞氏的产业,乃招高良密谋,图害陈正富。还要俞氏更改继承关系,并许诺将来

---

① 《驳案新编》卷 21《奸淫起衅凶残幼婢绞决》。
② 档案,乾隆元年十一月二十六日张若震题,第 135 号。
③ 《刑案汇编》卷 1《奸妇起意商同奸夫谋杀知情典卖卖休妇女之人照律以凡论》。

必定好好孝养。俞氏受到蒙骗,听凭所为,结果引出命案。① 这是一起利用男女私通发生的家庭纠纷,以达到谋夺财产的典型案例。虽然主使人不是情夫、情妇,但他们都被有意无意地牵涉进去了。

(三)带有某种挟制性的通奸行为②

这多少具有逼奸、骗奸的意思。可分为几种情况。

(1)男子利用权势。像陕西凤翔府白魁,以身在公门,仗势奸占孀妇陈氏,③便属于此类。

(2)采用光棍无赖做法。四川范沅勋,见丁在忠妻年轻有姿色,强拉至家,恐吓说,如敢不从,定将夫妻一并杀死,刘氏畏惧,应允成奸。④ 再如山西归化厅周存仁,持刀吓逼随母改嫁而来的继女桂娃子,多次行奸,致桂娃子的身心受到很大的伤害。⑤

(3)使用经济手段,迫使就范。安徽宿州李毛,在外佣工,妻子丁氏被王家雇作厨娘,主持王家家务的妻舅耿二,持权屡次调戏丁氏,并扬言若不允从,即逐出。丁氏无奈,同意成奸。⑥ 山西贫民白三旺仔,因伊沅

---

① 《刑案汇览续编》卷13。
② 按照《清律》:"凡问强奸,须有强暴之状、妇人不能挣脱之情,亦须有人知闻及损伤肤体、毁裂衣服之属,方坐绞罪。若以强和以和成,犹非强也。……依刁奸律"。又言:"凡和奸,杖八十。有夫者,杖九十。奸者(无夫、有夫)杖一百。强奸者,绞(奸后);未成者,杖一百,流三千里";"其和奸、刁奸者,男女同罪。奸生男女,责付奸夫收养。奸妇从夫嫁卖,其夫愿留者,听"(《大清律例通考》,第950页)。从清律的定案到最后判决,强奸与和奸有很大的区别,而刁奸则介乎强奸与和奸之间,又偏于和奸一边。虽然这种分类,今天看来并不科学,在当时却是颇费斟酌的。我们便是根据清律,又参照具体案情,将因慑于权势或压力而发生的性行为,归在刁奸之列,并在论述男女私通原因时,单独分成一类,以示与强奸有所不同。
③ 樊增祥:《樊山政书》卷9《批凤翔府尹守昌详》。
④ 《刑案汇览续编》卷7。
⑤ 《驳案新续编》卷3《殴死奸妻前夫之女照擅杀扣抵》。
⑥ 档案,乾隆二十年二月十八日阿里衮题,第121号。

城留其放牧牲畜,供给全家饭食,致妻子刘氏受伊挟制,调戏通奸,白知情不敢言。伊又得寸进尺,向白童养儿媳薛二娃仔求奸,为薛所拒绝,这才激起白的抗争。①

(4)利用把柄进行要挟。奉天府萨克达氏,12岁时受骗与西楞额通奸。道光五年(公元1825年),萨氏因儿子已渐长大,欲断绝往来,西楞额不允,声言如要拒绝,即行杀害,萨克达氏畏惧,仍与续奸。道光二十六年(公元1846年)三月,西楞额又挟持萨克达氏,准备带往他处,以图长期霸占,最终闹出人命。② 西楞额之所以能屡逞其欲,开始是利用萨克达氏年幼无知,上了当。有了把柄后,又利用她的软弱和隐忍,使之无法摆脱控制。

男女私通,本属双方自愿,上面所列,除第4种开始属于受骗上当之外,其余多少都具有恃强胁迫的意思,特别是第2种,实际上就是强奸,至少是先强后从。不过因此类事件在当时具有一定的普遍性,仅我们收集到的就有25例,占总数的5.17%,说明对这种现象是不能忽视的。

(四)其他

属于这一类的如:

1.公婆虐待儿媳,无法生活

我们收集的唯一一个这样的案例,其情实出无奈。广西新宁州(在今崇左)李曾氏,在家不断受到婆婆的斥骂,还不给饭吃。曾氏没有办法,只好背着幼子李恒它,前往投靠远在百色厅谋生的父亲。因为路远,沿途讨乞为生,结果被人诱奸。事后,此人还准备把她拐卖了。③

---

① 《刑案汇览续编》卷14。
② 《刑案汇览续编》卷4。
③ 档案,乾隆二十年二月四日卫哲治题,第121号。

2. 受托被人照管的女子，与照管人发生恋情

多发生于夫亡子幼的寡妇，或丈夫外出，不放心妻子孤身在家，以及父母皆故，夫妻年龄太小等一些人身上，差不多都是些小有产业的中等家庭。江苏扬州就发生过这样的案件。弘道临死前，托孤于好友居轩。居轩系服役于衙门的司员，平日很有手腕。他借受托之机，主持家政，先与弘道遗孀有了奸情，接着又引诱大儿媳妇陈氏与之私通。当他们的奸情被仆人刘二撞破后，居轩竟把刘也拉到淫乱的圈子里，把一个好端端的家庭，弄得乌烟瘴气。① 再如前面曾提到过的直隶沙河县杨氏，12岁出嫁给韩贵蛮为妻，当时韩才几岁，又是哑巴，不久父母相继过世，家庭事务委托近房堂兄韩贵珠料理。待杨氏稍长，即被贵珠挑诱成奸，后来竟合谋将贵蛮杀死。②

3. 婢仆无婚姻自主权，与相欲者私通

在私通行为中，我们之所以把仆婢列出来单归一类，是因为这些人地位低下，无自主权，无论是嫁或娶，均唯主人之命是从，有的仆婢年届20岁、30岁，因主人无意指配，亦得光身苦挨，可慕春之心人人皆有，这就是婢仆间常有私通行为的原因。我们所见的4个案例，几乎都是这样发生的。比如山西平阳府丰士二家婢春花，因年长未配，乘主人外出经商，与男仆阿寿勾搭相好，并外逃他乡。③ 湖北崇阳县张海家婢卢喜梅，与常至张家作裁缝的张明祥私通有孕，张托人求娶，遭到拒绝，以致明祥拿刀砍伤张海夫妇。④ 前面我们曾多处引述官员们告诫养婢主人要适时为仆婢择人婚配，务勿锢禁不放，就是因为这实际上已成了社会问题，需要官府劝导干预了。

---

① 李渔：《资治新书》卷11，王贻上：《四号烝杀事》。
② 档案，乾隆元年六月二十二日李卫题，第132号。
③ 李渔：《资治新书》卷18，吴亮公：《占妻杀命事》。
④ 档案，乾隆二十年二月张若震题，第124号。

4. 未嫁女子受人引诱

发生私通行为的未嫁女子,年龄一般都不大,有的不过十四五岁,多数是受人诱惑。江苏上海县(今上海闵行区)瞿才的女儿徐姐与刘四私通便是如此。刘四与瞿才熟识,常至其家,遂与刘六聘妻徐姐有奸。得知刘六将择期完姻,刘四乃诱迫徐姐潜逃。待官府追回徐姐,刘六入赘瞿家,刘四又多次前往滋扰,还企图抢夺徐姐,致刘、瞿二家不胜苦恼。① 当然也有婚前发生私通,婚后旧情未断,共同私奔的,此类例子,因前面曾经列举过,这里不再重复。再就是婚前由通奸而"私订终身",可得不到家人的承认,结果闹出人命。道光二十一年(公元1841年),在直隶就发生过这样的事:

> 张起得与邱安泰女达妞通奸,私订婚姻。邱安泰妻叔李帼润风闻其事,许为说合亲事,并无回音。张为激成亲事,往见邱家,口称岳父母,为邱安泰喊嚷。达妞羞愧,自缢身死。②

看来张起得与达妞是一对真心相爱的男女,可惜行为莽撞,又不虑及后果,以致酿成悲剧。在婚前性行为中,也有像云南罗平州吴正女儿与已聘未婚夫婿刘六私通的。尽管这不牵涉第三者的问题,但因未婚成奸仍属非法,舆论压力很大,以致当事情被母亲发现后,做女儿的羞愧莫释,当天就自缢身死了。③

三、讨论

我们将私通的原因归纳为四个大类,只是就所掌握的案例粗略分类

---

① 《驳案新编》卷4《先经诱逃后复强抢》。
② 《刑案汇览续编》卷28。
③ 《驳案新续编》卷6《未经成婚先奸忿缢扑殴殒命》。

得出的,现实情况远比这要复杂得多。案例中以感情类私通数量最多,其中许多人在私通前夫妻关系已出现裂痕,私通使裂痕更加扩大,直至不可调和。但也有相当部分,本来夫妻关系并无明显不和,有的还相当不错,只是在出现第三者之后,恋情别移,才发生变化。在这种情况下,夫妻中的一方,特别是做丈夫或长辈的处置是否得当,是很关键的。遗憾的是受当时的环境和道德约束,人们总是把责任过多地归之于女方,甚至轻率地采取过激行动,迫使妻子铤而走险,案例中的很多悲剧性结局,常常与此有关。

在案例中,颇有一些是男女之间偶尔冲动造成的过错,过后便悔过并断绝了关系。像浙江金华县朱小奶,曾在堂叔朱受松家搭伙吃饭。乾隆三十一年(公元1766年)正月二十六日,朱受松妻,也就是朱小奶的堂婶姜氏,因丈夫在田工作,让朱小奶挑水,朱乘机挑逗姜氏成奸。随后姜氏追悔莫及,两天后,朱小奶再次提出求欢,被姜一口回绝,并令其以后不必再来。① 又如山西有个名叫老毛儿的女子与张沆得有奸,嗣后悔过,张沆得复向逼奸,致老毛儿服毒身死。② 这都属于一时感情出格铸成的过错,与其他诸如夫妻关系不和等情况无关。也有的婚前一度与人发生私通,许婚后断然悔过。山东于四姐,先与曹军通奸,自许聘田二奇为妻后,改悔不与曹见面。③ 也有的虽属被迫悔过,但在防止夫妻关系和家庭的破裂上也还是值得称道的。比如嘉庆二十年(公元1815年)陕西杨思魁与任氏通奸,被公公任克俊撞见,任立誓改悔;④吉林冯桂与堂嫂张氏通奸,经本夫冯坤斥责,张氏悔过,表示再不与冯桂往来;等等。⑤ 男女感情本来是很复杂的,偶尔冲动,踏进误区,在所难免。问题是当事者以及周围

---

① 《驳案新编》卷17《因奸威逼致人死》。
② 《刑案汇览续编》卷20。
③ 《刑案汇览续编》卷14。
④ 《刑案汇览续编》卷26。
⑤ 《刑案汇览续编》卷29。

的人如何看待、如何处置,这在现代社会是如此,在当时也是如此。

对于因经济等原因出现的私通,除某些人系别有用心之外,大多数人尤其是劳苦大众主要是迫于生计。这与妇女在经济上多仰赖男子,很难自立的社会环境密不可分,故就性质而言,亦不能等同于卖奸和买奸。因为其中多少渗透着情的因素。经济和感情问题虽有区别,却不是截然无关,这就是矛盾交错,难以梳理之处。

男女私通,不管是感情因素,或是基于生活的要求,在古今中外都是经常发生的,但由于男女在感情上的自私性和相对的专一性,以及社会对贞操问题的重视,任何有损于这一准则的行为,往往都被视为对业已形成的稳定关系的破坏,在处置上都偏于严紧。不过因各个国家、民族,在不同时期对此类属于道德范畴的价值趋向评估不一,掌握的尺度亦不完全相同,所以在涉及感情一类的男女私通问题的看法上也各有差异,从而影响到私通所产生的后果,亦大小不一。

从 403 个案例中可见,很多私通行为的发生,都与当时的婚姻制度有着密切的关系,反映出有清一代的道德尺度对人性的束缚。比如在私通中,为什么会出现如此众多的夫妻谋杀和男女自杀案件?这与当时婚姻中一经聘定很难变更的观念有着重要关联。再比如在私通中,寡妇比重为何如此之大?这与当时社会上大力倡导妇女从一不二,歧视寡妇再嫁有很大的关系。社会学家认为,性在社会活动中,总是和爱情、婚姻紧密相连的。私通中的情欲因素,说明了这三者之间情和性受到了忽视,而中国传统社会所倡导的伦理观,以及由此产生的婚姻制度,对情和性多数是漠视的。在一个青年男女无婚姻自由选择、又回避谈爱情、更有人视性为罪恶的时代里,成婚后的夫妻很少有感情交流,一旦相互嫌弃又无法排解,往往难以抵挡外来的感情诱惑,偷尝禁果便成为冲破婚姻枷锁的冒险选择,而社会对男女私情的容忍度过于苛严,则是恶性事故频发的重要原因。这也是清代私通行为所表现的时代特点。

在我们列举的案例中,最大的不足是缺少上层家庭的内容。按说,上层绅宦、贵族之家,礼教森严,男女之防被列在至重至要的位置,加上他们生活优裕,老爷、少爷们有三妻四妾之乐,太太、小姐深居九重之内,无闲杂人员混入,不致像穷人那样,女人因迫于生计而偷奸,男子则由于无妻而去调情。但那里男盗女娼的事同样不少,只是他们有权有势,非出大事,官府管不着或不敢管,人们也不敢轻易张扬,更不可能出现在普通刑事案例中。清代的很多资料记载,尤以小说、笔记对此多有反映。比如《红楼梦》中的贾琏,有娇妻(凤姐)美妾(平儿、秋桐),可仍不断传出他与别的女子有染的风流韵事,在府内与仆妇鲍二媳妇、多姑娘勾勾搭搭,在府外又与尤二姐先奸后纳。在府内既有主仆私通(如贾琏与鲍二媳妇、多姑娘,贾宝玉和花袭人等),也有亲属相奸(如贾珍和秦可卿),以及奴仆通奸(如茗烟与小丫头万儿)。当老爷、少爷有很多女人供其玩乐,独守空房的妻妾们同样会出现感情的荒漠。《二刻拍案惊奇》第34回描写太尉杨戬的7位宠妾与幕客任君用的偷情故事,就说明了这一点。

上层家庭中私通行为的出现,既与他们所追求的淫逸生活有关,同时也有感情方面的原因,因为过分的阻禁和隔绝也会产生反作用。特别是对女子而言,在这种家庭中如果婚姻不顺,就等于永无出头之日,而对精神生活的追求和感情满足的渴望又人皆有之,离婚和改嫁既不可能,只好拼着名誉和性命去私恋、偷情了。

我们讨论私通问题,列出种种原因,当然不是为私通行为作辩护。正如前面多次说到的,它起码要破坏夫妻关系,造成家庭的不睦,严重的还要引发人命官司,对私通者、家庭和有关人员造成不可估量的损害。但它又是客观存在的,属于周围不断发生的社会现象。我们进行讨论,是想看看它的发生与当时的社会、婚姻和家庭制度有些什么内在、外在的联系,而它所引出的许多悲剧性后果,是否与我们的传统思想文化存在着某种有机的共鸣,这才是值得认真思索的。

第三节　男女同性恋及其他

作为一种客观现实,同性恋行为已为如今的社会学家所正视并予以严肃的学术讨论。事实上这种现象在清代记载中也曾大量存在,是值得研究者注意的。

清代的同性恋行为也可分成两种情况:一种是流行于上层圈子里的男色之风。这些人锦衣玉食,妻妾如云。他们有断袖之癖,也像泡妓院一样,是为了寻求某种新的刺激。另外也因官员嫖妓受到国家的禁止,特别在京师的天子脚下,不得不稍加收敛,这也是男色在官场中特别流行的一个原因。官员士大夫好男色,一是捧戏子,二是蓄养娈童,后来又发展到狎男妓。

在清代,除了乡村露台小唱,或来往于乡村码头的"档子班"一类,偶尔有男女混杂的演唱,一般操业优伶都是清一色的男子,他们在台上扮演青衣、花旦,或倜傥小生,婉转清丽的道白唱腔和千姿百态的做功,使台下一些老爷、少爷们如痴如醉,想入非非,于是由听而捧,由捧而狎。对于这些戏子来说,很多是慑于权势,无奈委身者,但也有借此出名,平步青云的。在清代受到官员文人们大捧特捧的优伶中,最出名的当推小旦王稼,亦即王紫稼。他的扮相、优美悦耳的唱腔和婆娑舞姿,使当时的文人学士趋之若狂。紫稼生于江南,成名后长期周旋于上层官绅之间。顺治八年(公元1651年),他第二次进京(第一次在15年前明崇祯时),尽管已年届30岁,但还是引起京城的轰动,被皇帝福临称为才子的尤侗说:"余幼

时所见王紫稼,妖艳绝世,举国若狂,年已三十,游于长安,诸贵人犹惑之。"①诗人吴梅村在《王郎曲》中描写了这种盛况:

> 王郎三十长安城,老大伤心故园曲。谁知颜色更美好,瞳神剪水清如玉。五陵侠少豪华子,甘心欲为王郎死。宁失尚书期,恐见王郎迟;宁犯金吾夜,难得王郎暇。坐中莫禁狂呼客,王郎一声声顿息。移床欹坐看王郎,都似与郎不相识。……梨园子弟爱传头,请事王郎教弦索。耻向王门作伎儿,博徒酒伴贪欢谑。君不见,康昆仑,黄幡绰,承恩白首华清阁。古来绝艺当通都,盛名肯放优闲多。王郎王郎可奈何。②

吴的曲子委婉靡恻,老少士子对王郎的追慕之情和由此引起的轰动场面,跃然纸上。紫稼南回不久,因与华山三折和尚"宣淫无忌",于顺治十年(公元1653年)被江南巡抚李森先用杖,枷毙于苏州阊门。③ 但此后京师士大夫狎优伶的风气,一直相沿不衰。乾隆初,诗人袁枚与京师伶人许云亭的交往也名传一时。袁向许赠诗:"笙清簧暖小排当,绝代飞琼最擅场;底事一泓秋水剪,曲终人反顾周郎。"④曾被人们争诵。嘉庆中,庆成班有方俊官,宣和班有李桂官,先后红极一时,他们一个韶靓动人,另一个波峭可喜,分别受到庄培因和毕沅的眷恋。庄是乾隆十九年(公元1754年)的状元,毕是乾隆二十五年(公元1760年)的状元,故此方、李二人亦有状元夫人的称号。⑤ 有关清代文人士大夫邪狎优伶的情况,还屡见于小说笔记之中,《红楼梦》中描写贾宝玉、薛蟠等与戏子柳湘莲的暧昧关系,在很

---

① 尤侗:《艮斋杂说》,载《西堂余集》本。
② 吴伟业著,程穆衡原笺:《吴梅村诗集笺注》,上海古籍出版社,1983年,第453—454页。
③ 顾公燮:《丹午笔记》,第164页;王培荀《乡园忆旧录》中称三折和尚为三遮和尚,第27页。
④ 袁枚:《随园诗话》卷4。
⑤ 赵翼:《檐曝杂记》,第37页。

大程度上反映了当时的实际。

如果说狎优伶比较招摇,容易引起人们的物议和朝廷的注意,那么蓄养小厮、娈童,一般都限于府内,便隐蔽得多了。有人说,北京的官宦贵胄之家,泣童割袖之风盛行,凡执役无俊仆,便认为不够韵味;侑酒无歌童,则无以谈欢畅。在府有娈童,出门有俊仆,已形成一种潮流。① 京城有此好,外地便紧随。有"江左三凤凰"之称的诗人陈维崧,当其未举康熙博学鸿儒科前,曾在一姓冒的人家中设教馆,与冒家歌童紫云有断袖之好,并为此填了一首《赠云郎合卺》的"贺新郎"词。后来冒辟疆据此写诗道:

陈子奇才乱典坟,陈子痴情痴若云。
世间知己无如我,不遗云郎竟与君。②

把陈热恋紫云说成是痴情汉子痴情种。在士大夫好男色的行为中,经常被人提起的便是毕沅。乾隆三十年代末到五十年代初,毕沅长期担任陕西巡抚职。据说在抚台衙门内,不但他本人爱男色,幕中宾客亦大半有断袖之癖,"入其室者美丽盈前,笙歌既叶,欢情亦畅",把一个偌大的官衙弄得乌烟瘴气。③ 又如郑板桥,在《板桥自叙》中公然声称:余"酷嗜山水,又好色,尤多余桃口齿及椒风弄儿之戏"。自认有男色之恋。男色之风甚至影响到皇帝。康熙二十八年(公元1689年),玄烨南巡,当路过江苏宝应县时,特别把翰林院侍读乔莱家姣童管六郎招至行在,"曾蒙天赐"④。

由于人们好男色,男妓场所便应运而生。何刚德《话梦集》有:"风流置酒少年场,脆管帘栊梦未忘。今日梅村萧瑟甚,吴趋无处觅王郎"的诗。

---

① 柴桑:《京师偶记》,载《小方壶斋舆地丛钞》第6帙。
② 金埴:《不下带编》,第68页。
③ 钱泳:《履园丛话》,第555页。
④ 金埴:《不下带编》,第69页。

诗后自注：

> 相公下处，京师伶人所居也。京伶名曰"像姑"，转音曰"相公"，其居宅曰下处。……其址在八大胡同，与妓寮杂居而陈设独清雅，字画亦可观，京僚多于是寻乐焉。

这便是北京以男色为主的色情场所。

与官员士大夫迷恋男色在性质上有所不同的是，在某些下层人群中也不断传出同性恋的事。一般都发生在无法常与妇女接触的一些人身上，如和尚、单身雇工、矿厂矿丁等。道光二十五年（公元1845年），山西省发生"僧人任英贤与张五经彼此鸡奸，因为寺僧王英代窥破，告知住持，防范甚严。任、张二人自计以剃刀互相自尽"一案。① 这是很典型的男子同性恋的例子。因为寺庙中都是清一色的男子，任、张二人互相产生恋情。当有人企图阻止时，竟相约双双自杀以殉，虽然后来任因昏晕未死，但其举动称得上是激烈的了。再一例是陕西泾阳人章娃，16岁时外出佣工，在醴泉县（今礼泉县）碰到一个叫杨述的光棍汉。杨是富平县人，比章大七八岁，也是个外出打工者。章年纪小，又初次出门，加上四处寻做短工，生活缺少保障，常常由杨带着干活，共同租房吃住，于是发生奸情，而且维持了好几年。章娃随着年龄渐长，生活的独立性增强，觉得不能再长此下去，其中最担心的是怕奸情暴露，难以做人，便想法摆脱。不料被杨述发现。杨认为多年来，章娃靠他带着、养着，极为恩爱，现在要弃他而去，是忘恩负义，感情上难以承受。在争吵中，杨失手将章打死。② 杨、章同性相奸，对章娃而言，很大程度上与生活需仰仗杨的帮助有关，中间杨

---

① 《刑案汇览续编》卷14。
② 档案，乾隆二十年二月十三日陈宏谋题，第124号。

是主动者，章则较为被动，这也是后来章想弃杨他走的原因。但他们之所以发生同性恋行为，与所处环境有密切关系。两个四处流浪打工的穷汉子，连吃饭都无法保证，怎能得到女人的青睐，而青壮年的身躯，又无法遏制不时萌发的性冲动。这便是发生变态性发泄的重要原因。

中下层男子之间的同性恋，并非都是由性压抑导致的。汪景祺《读书堂西征随笔》中记有这么一则故事：

> 汪思忠者，扬州人，一色事人者也。总漕家奴某，与寝处如夫妇。总漕至陕，家奴挟思忠随行。后家奴于九款内为思忠捐通判，遂于康熙六十一年六月选山东济南府通判，凡进士、举人之鸣琴于济南者，咸束带见之。

尽管文中说汪思忠是个以色事人的小人，但他与某家奴之间是有一定感情基础的，特别是这位家奴还利用主人的特殊地位，给汪捐了一个通判实缺，这在像汪景祺一类的文人看来，自然俗不可耐，不过确实也表现了此家奴对汪情意的铭感和报答。

还有一个事例发生在京师附近的通州地界，有渔户张二，娶男子王四魁为妇。在25年伉俪生涯中，两人一直和睦恩爱，还抱养了一个义子作张家的后代，只是义子成人后，张二为他娶了个媳妇，事情才由此暴露，被告到官府，而且一直解送到刑部，问了流迁罪。经手判定此案的刑部侍郎田雯说："其人年已四十余，面饰粉泽，言词行步，宛然女子，真人妖也。"[①]照此看来，王四魁是个完全女性化了的男子，他与张二做夫妻，之所以长期未被乡邻发现，原因也正在此。此种男子女性化的生理、心理原因，在今天完全能得到科学的解释，在清代却是不可思议的，只好归之于

---

① 王士禛：《居易录》卷28。

"人妖"一类。

妇女同性恋,一般都是由性排斥而导致同性爱怜的,前述广州一带的"金兰会"就有这样的情况。她们由结盟抗嫁,或嫁后拒不返回夫家,发展到"以姊妹花为连理枝",而且"妇女订交后,情好绸缪,逾于琴瑟,竟可终身不嫁"。① 还有像我们说过的许、陈姑嫂俩双双"慕清","同居于白首",亦具有同性恋倾向。在闺阁女子中,沈复的妻子陈芸,似乎也存在着同性恋的影子。沈复在《浮生六记》中就隐约地有所描写。其中最值得玩味的便是陈芸和憨园的关系。憨园是一个曾操妓业的冷香的女儿,当时正届瓜期未破,亭亭玉立,是个美且有韵的女子。陈芸和憨园初次见面,便对她产生了强烈的好感。从此,陈芸打着要把憨园争取做丈夫小妾的旗号,频频与憨园约会,密室相聚。当沈复问她"卿将效笠翁《怜香伴》耶"?陈芸也没有否认,而且从此"无日不谈憨园矣"。笠翁即清初大戏剧家李渔,所写剧本《怜香伴》中的一个重要情节,便是崔笺云和曹语花两个女子,因戏耍学着夫妻拜堂动了情,以致得了相思病,属典型的女性同性恋。陈芸想把憨园争取作为丈夫媵妾的设想,终因沈家财势不敌,为有力者夺去而未得成功,可令人不解的是陈芸竟因此抑郁而死。这里说到陈芸和憨园,并不一定指有难以明言的暧昧关系,但是感情上有超越常情的依恋,这是肯定的。

在女子同性恋中,还有一例也颇具代表性:

> 世之以情死者,大抵男女相悦,未有男遇男、女遇女,而以情死者也。桐子沾太守泽,满洲人,守常州几十年。太守有女公子美而慧,太守极爱之。初莅苏任,女结一女友,极相得,形影不离。及太守之常州任,去苏二百里,二女相别,泣不可仰。既别,系念綦切,越数月,

---

① 张心泰:《粤游小志》,载《小方壶斋舆地丛钞》第9帙。

非桐女至苏,即彼女至常,然终嫌不便,不能往来,其女友竟以相思成疾而死。太守得其家函,秘不告女,女以久不得函也,亦疑之,坚请至苏省视,太守许之,既知女友已死,一恸而绝。兹二女者,可谓痴于情矣!①

这两位女子由形影不离,到不得不别,只得定期相聚,终因思念深切而导致一女抱病亡故。当另一女子得知深爱的人已去世时,自己也一恸而绝。这样的炽热感情,显然已超出友情之外了。

女子,特别是中上层人家女子,一般都居于深闺,而且比起男子来,她们的情感更趋于内向或隐蔽性,所以有关妇女同性恋的事,记载相对要少得多。但从我们摘录的例子,说明在当时,女子的同性恋确是存在的,而且也具有心理和生理方面的原因。

同性恋行为被清朝政府严厉禁止。按律,若男子同犯鸡奸,俱拟绞监候。② 社会舆论对同性恋的谴责和歧视,也使他们必须承受比犯其他奸情要大得多的压力,以致连自己都会产生莫名的羞耻感和罪恶感。据我见到的资料,在同性恋中发生的凶杀和自杀比例,要远高于一般奸杀案。其中的主要原因,就是此事一旦被人发现,自觉抬不起头来,再无法做人。此外,像道光二十二年(公元 1842 年),朱明与蒋德成多次发生鸡奸,但蒋一直心存畏惧。当朱再次向蒋求奸时,蒋的羞耻之心陡起,奋而将朱杀死。③ 道光二十五年(公元 1845 年)陕西乔马庄杀死张聚福一案,是因为乔与另一男相好王使富的奸情被张发现,张多次要挟求奸。乔心存嫌恶,但又怕拒绝后张向外宣扬,便怒而杀人灭口。④ 乾隆二十年(公元 1755

---

① 李伯元:《南亭笔记》卷 2。
② 《大清律例通考校注》,第 951 页。
③ 《刑案汇览续编》卷 14。
④ 《刑案汇览续编》卷 14。

年)山西汾阳人卫兴将男主人张琰杀死,则因卫与李世忠的鸡奸行为被主人撞见,卫情急之下越份干下的。① 再如江南孙民安与某人鸡奸,被一幼童得知,孙恨其泄露秽行,寻机将此儿杀死。② 从所举的例子中可见,他们之所以做出如此过激反应,甚至连小孩也不放过,做仆人的敢于冒加等判罪的风险将主人杀害,就是因为社会加予的压力太大、太重所致。

在男女婚外性关系中,还有一些情况,往往公开或半公开地存在于特定地区的特定群体之内。像关外奉天一带,有的女子死了丈夫后不再嫁,可与别的光棍汉"伙度"过日子,更有丈夫外出时间稍长,妻子也可与人"伙度"的。③ 所谓"伙度"用现代话说,就是同居。他们间没有婚姻契约关系,相处好则留,不好则去,比再嫁轻松自由得多。

在更北的黑龙江一带,还有叫"拉帮套"的同居关系。帮套是指套在马车车辕右侧、帮助主辕上的马拉车的那匹马,由此引申到男女关系上。就是妻子在丈夫以外,还有一个或几个非正式关系的男人,这些非正式的男人,就叫"帮套"或"拉帮套"。拉帮套和私下姘居不同,是在丈夫同意或默许下一起生活的,帮套与本夫一般以兄弟相称,与主妇以叔嫂或伯兄弟妹相称。但它又不同于一女嫁二夫,也不像租妻、典妻,没有文书契约或某种承诺担保。三人中,只要有一方表示不再维持关系了,作为帮套者必须打点行装,离开此家,所以至少在形式和内容上,他们间的组合是比较松散的。据说拉帮套在民国和伪满时期,在一些贫穷落后的山区经常可见,在某些地方,每乡乃至每个村屯都有此事。照此追溯,至少在清末,随着政府招民放夂,开垦土地,大批关内和辽东农民纷纷应招北上,类似"伙度"形式的拉帮套便已出现了。④

---

① 档案,乾隆二十年七月二十七日恒文题,第126号。
② 《刑案汇览续编》卷14。
③ 宣统《昌图府志》第5章。
④ 参见石树贤《东北农村的"拉帮套"——一妻多夫制的残余现象》,载《古今掌故》第3辑,1988年。

类似东北农村中的"伙度"和拉帮套的做法,在其他边远落后的农村中也都不同程度地存在。像陕南秦巴山区,"无能懦夫不能教养其妻,听任悍妇择招一夫,名为招夫养夫,共相寝处"①。在汉中,这种一个女子与多个男子同居,俗名之为"放鸽"。② 接邻陕西的甘肃陇东地区的一些州县,自同治、光绪两次回变后,极目荒凉,外地客民纷纷移往,"主客杂居",以致出现"妇或二夫"的情况。③ 在甘肃,更有兄弟几人合娶一个妻子,他们或轮夕而宿,或白昼有兄与妇共寝,于房门外挂上一条裙子,做弟弟便自觉回避。生了儿子,长者归兄,以后依次轮于诸弟。④

　　出现这种一个女子拥有两个或多个性伴侣的情况,既有其社会因素,也有经济方面的缘由。它大都发生在各种权威势力鞭长莫及的新垦移民区,或一些偏远省份,像东北关外和陕南山区即是。这首先是由那里男多女少的特殊环境决定的。其次,移民来自四面八方,旧风俗、旧习惯的束缚相对较少,加上这些地区肇建未久,制度未立,秩序待明,不像在原居地,传统的家庭、家族势力强大,政府的控制严格,时不时地就把三从四德的帽子扣在女子头上。因此人们在精神上比较放松,其对性关系的容忍度也更大,"男女之事颇阔略。"⑤最后,也是很重要的,便是经济上的原因。这与山区和边远贫瘠区的恶劣生产和生活条件有直接的关系。东北的冬天异常寒冷,几乎无法在野外劳作,而他们又都是贫苦劳动者,没有或很少有积蓄,面对漫漫严冬,生活难度。正像有的学者在谈到拉帮套现象时指出的:"这样的经济条件,很难抵挡饥饿、寒冷和各种疾病的袭击。恶劣的生活条件,迫使人们采取各种方式互助合作,彼此扶持以求生存。

---

① 光绪《定远厅志》卷5;又据甘肃《陇德县志》卷1言:"本有夫而私他人,或因生计问题,野男子且无妇,遂乐同饮处,谓之招夫养夫",意思是一样的。
② 徐珂:《清稗类钞》第5册,第1997页。
③ 民国《崇信县志》卷1。
④ 赵翼:《檐曝杂记》,第76页。
⑤ 赵翼:《檐曝杂记》,第76页。

拉帮套就是贫苦农民在这种历史条件下一种特殊的互助互救的方式。"[1]家庭主妇以性为纽带,把另一个有劳动力的男子纳入共同生产的圈子,既缓解了因子女幼小,或丈夫体弱多病的矛盾,同时也使初来乍到,或无家可靠、四处流浪的青壮年汉子,能有一个相对稳定的生活点。在陕南,人们把妻子再招男子上门叫作招夫养夫,意思是差不多的。一些文人士大夫,把这种出于生存需要的迫不得已的做法,不加分析地斥之为"禽兽不若""狐绥其梁",纯属偏见所致。

---

[1] 石树贤:《东北农村的"拉帮套"——一妻多夫制的残余现象》,载《古今掌故》第3辑,1988年。

第十二章　离　婚

在婚姻制度中,如果说结婚标志着男女成为夫妻的开始,那么离婚则是指婚姻出现危机后可能被选择的一种解决方式,意味着男女间的一方,不是因失踪或亡故而导致夫妻关系的终结。由于婚姻同时体现着社会责任,各个国家、民族或群体,都制定有不同的法律和与其相适应的道德规范,而且随着时代的变化而不断变化,所以人们在讨论婚姻行为时所反映的内容也因情况不同而各有差别。一般说来,人们谈婚姻,多看重结婚,对于离婚多倾向消极,这在中国传统社会里如清代尤其显得突出。尽管如此,离婚作为婚姻过程中的一环,仍不时地在发生。

第一节　夫妻离异的法律规定

离婚,在清代文献或官方案牍中,更多地称为离异。离异指解除婚约,既可能是男方的原因,也可能出于女方的要求,至少在法律上并不存在一方对另一方歧视的问题。根据清律的规定,凡出现下列情况者,受害一方可向官府提出要求离异;或一经发现便要判定离异,并受相应的责罚。

第一,发现有欺骗行为,使一方对另一方失去信任,只要受害方提出告诉,官府便可依律判定离异。《大清例通考·男女婚姻律文》规定"凡男女订婚之初,若(或)有残(废或)疾(病)老幼、庶出、过房(同宗)乞养(异姓)者,务要两家明白通知,各从所愿……若为婚而……妄冒者……已成婚者,离异"即是明证。

第二,丈夫为了钱财,将妻妾典雇与人为妻妾,或妄作姊妹嫁人者,一经告发,不但双方需判离异,聘礼钱财入官,丈夫和有关人员还要受到杖责,若买者情知故犯者也要同坐。

第三,"若有妻更娶者,亦杖九十。(后娶之妻)离异(归宗)"。这在今天叫犯重婚罪,已触及刑律,故需离异受责。

第四,与伦理纲纪有违,如同姓为婚、尊卑为婚、居丧嫁娶等。同姓为婚是触犯宗法礼教,即使同姓不同宗,也是一样,而且相隔较远,更可能混淆辈序,这就是大事;尊卑为婚分两种,即亲属尊卑相犯,前夫子女和后夫子女相配和外姻亲属相配;居丧嫁娶系指父母等直系长辈死亡,在居丧期间进行嫁娶活动的,更是关乎孝道。有此三者,都要离异,而且还要受到官府的杖责。

第五,府、州、县官娶部民女为妻妾和文武官娶乐人(妓者)为妻妾。此含有防范官员利用权力所做的限制性措施,有犯者亦需离异受罚。

第六,有违戒律和混淆等级的。如僧道娶妻、良贱为婚,要离异受责。

以上六条,虽多有民不告官不究的情况,但一旦探追,官判离异,便具有强制的性质。除此以外,便是"出妻律文"中说的出妻和休妻了。此处的"出"和"休",都是从男子角度说的。夫妻成婚,妻方称嫁,就是从本家嫁到男家;在夫方则称娶,即由女家迎娶过来,成了夫家的人。那时女子在出嫁前通常都以娘家的姓作为称呼,如张氏、王氏等,嫁后则必须在本家姓以上再冠以夫家姓,若嫁于陈姓,叫陈张氏、陈王氏;嫁与李姓则呼李张氏、李王氏。把夫姓放在本姓之上,体现了该女子已由父母家转到夫家,把从夫放在从父之上。出妻除了显示在婚姻关系中,丈夫占有绝对的主导地位,同时含有把妻子从夫家再退回到娘家的意思。既然双方离异了,失去了夫妻的名分,妻子也就没有理由在夫家待下去,必须离开。董沛在《汝东判语》中说"退回母家谓之出妻",讲得便很明白。不过在婚姻中,也有丈夫入赘妻家的,就是通常说的入赘婚。赘夫与妻子发生婚变,做丈夫的要离开妻家,即使如此,也不能叫"出夫""休夫",因为它有违夫妻间夫为大的伦理原则,而且在法律上也无此定例。

  七出之说,早在唐代已归入律文,清代只是照例沿用而已。按照当时的律条,丈夫在七种条件下可以出妻:一是"无子",即婚后多年无子,丈夫怕断了血脉后代,可休妻别娶。在唐律中,丈夫以50岁为限年,过了50岁便有理由出妻。清律取消了限年,给予丈夫更多的选择权,这对妻子当然不利。二是"淫佚",妻子与人私通,或另有所爱。三是"不事舅姑",不能好好侍奉、孝顺公婆。四是"多言",好搬弄是非,搞得全家、亲友、邻里不安。五是"盗窃",有偷摸窃盗行为。六是"妒忌",待人悍泼嫉妒。七是"恶疾",主要指慢性难以治愈的隐疾。上面七条,有的可以算是理由,如"淫佚",妻子有了第三者,或有背夫卖娼行为;"盗窃",小的属于品质问题,大者触犯刑律;再如石女或婚后发现有疯癫、癔症一类疾病,这在今天也被准许离婚,但有的就没有道理,至少理由不够充分。其中最突出的便是因无子而出妻。根据现代医学的观点,是否能生出孩子,责任不全在妻子,因为丈夫也可能得不育症,但那时却全是妻子的过错,甚至为此永远抬不起头来。另如"多言""妒忌"之类,亦无确定标准,主要由丈夫或公婆、叔伯、小姑的意志而定,具有相当的随意性。不过,为了对丈夫的出妻行为有所约束,清律同时规定有"三不去",即"与更三年丧",妻子曾为丈夫的父母服过丧期;"前贫贱后富贵"和"有所娶无所归",妻子被休后无可去之处。前述约束,若妇女犯奸则不在"三不去"之列,因为丈夫可以通过告官判决离异,或由官媒发卖、财礼入库的办法加以解决。清人在解释条文时,一再强调需将"七出"和"三不去"看作一个完整的法律条例,尽管它在总体上明显地偏袒男子一方,但毕竟有所制约,使丈夫不得滥施七出之条,确保夫妻和家庭关系的相对稳定。

在《清律·出妻律文》中,还有一个规定,就是夫妻"义绝"者必须离异。《大清律例通考校注》在校注中对"义绝"的解释为:"夫妻中一人殴打、杀伤对方亲属者,表明恩义已绝,必须判决离婚。"虽然夫妻是一家,但既然伤害到对方的至亲,说明已无情义可言,不能不离。故律条又定:"若犯义绝而不离者,亦杖八十。"这与前面说的"七出",指法律允许丈夫可据此提出离异,但不等于必须离异是有根本不同的。

在法律条文中,允许由妻子提出解除婚姻关系的只有两条,一是犯奸,"男子有犯,听女别嫁;女子有犯,听男别娶"。此条与前者"七出"条的"淫佚"是相对应的。不过考虑到当时妇女无独立的经济地位,加上有的娘家可能不接纳,以及受"从一而终"思想的影响,妻子就此向丈夫提出离异,较之在同样情况下丈夫要休弃妻子,难度要大得多了。再一条是丈夫逃亡三年不还者,妻子可通过官府发给的执照,另行改嫁,而且追还财礼。条文虽是如此,可在实际操作时,官员仍可斟酌行事。有关情况,下面结合具体例子再加以说明。

结了婚可以出妻、离异,已聘未婚的,也同样能退聘。在清律中规定了四条:第一,已订婚期,无故拖延至五年者;第二,聘夫逃亡三年不还,禀明官府给照另聘;第三,聘定后发现当事男女患有残疾而隐瞒不告或以瓜代李骗取对方信任者;第四,已聘未婚男女犯有奸盗或受徒刑者。上述四条,第一条与婚后丈夫无故外出三年,妻子可禀官给照另嫁,以及第四条与丈夫犯奸,听妻子别嫁,意思大体是相同的。第三条则有一定的时间限制,也就是限于聘定的初期。理由是行聘后两家成了亲戚,若一方患有残疾等,照理应有觉察,若相隔日子较长,等于是先已默认,后又反悔,有违情理,官府可照实加以驳回。

以上是有关夫妻离异的法律规定,虽然条例的某些方面考虑到了女方的权益,但若整体加以权衡,显然对女方不利,特别是"七出"之条,更充满着对女方的歧视。在离婚中,妻子基本上处于被动接受的地位。

第二节 提出离婚的原因

在中国传统社会里,人们有一种心理,即喜合愿成,而不看好离散。结婚是成人之美,属于好事、喜事,所以要尽量撮合;反之,离婚是分是散,系属坏事、丑事,不但不支持,还会遭到白眼,特别是女方首先提出离异,则更难被社会容忍,随之出现各种诋毁性言辞,乃至责问和围攻。学问家方苞在《书孝妇魏氏诗后》发了这么一段议论:"近世士大夫百行不作,而独以出妻为丑,间阎化之。由是妇行放佚而无所忌,其于舅姑以貌相承而无勃谿之声者,十室无二三焉。"①其实方苞的话完全是站在男性立场说的。在他看来,正因为士大夫家顾着面子,不敢随便出妻谈离婚,这才造成悍妇无所顾忌地向丈夫、公婆撒泼发狠,以致闹得合家不安。当然,方苞所言亦非空穴来风,但更多应是丈夫向妻子发威,妻子只得忍气吞声,乖乖顺从。原因是从整体考量,妇女乃属弱势群体。在当时,有的地方有"休妻一片土,三年不生草";或"住茅屋,讨生妻,愁苦一世"②的说法,表明人们对丈夫随意休妻,以及休妻后再行嫁卖行为的鄙视,同时也反映了对处于弱势妇女的同情。

官府对受理离婚案件,通常采取消极的态度,甚至加以阻挠,下面的一则判语很能说明问题:

---

① 《方苞集》,第 128 页。
② 同治《广信府志》卷 1 之 2。

> 配偶从天作,协女家男室之宜;夫妇重纲常,为居内事外之则。故为关雎叶韵,须如琴瑟调和;配纳弗嫌,德重孔明之盛;馨妻无二,史嘉恭叔之贤。今某伦理不惇,纲常有悖,顿失同心之美,遂成反目之乖。南涧克供,辄借口蒸梨之失;东派既坦,动驾言食枣之非。殊无可去之端,妄坐当离七恶。效尤百里奚之薄,竟忘炭醪之恩;不思宋仲子之仁,必固糟糠之爱。顷违六礼,忍割百年。因衰弛敬,珠宜还于孟尝;倚势移情,法当隶乎萧相。①

这位失去姓名的地方官,引用了很多典故,讲了很多道理,目的就是劝诫那位向官府提出离异(出妻)的丈夫,要慎之又慎,请他收回呈诉,重过和好的生活。类似这样的情况,在小说中也有反映。晚明小说《贪欢报》,有这么一段描写:

> 县主道:为官的把人夫妇止有断合,没有断离的。但此事律应官卖,不若与他,一到空门,这是法度没了。如今待他暂入尼庵,待后再来陈告,那时情法两尽,庶不被人物议。②

这是小说描写的事,但很反映当时的现实。县主说:"为官的把人夫妇止有断合,没有断离",既是社会的道德信仰,也是任官、为官之道。可就丈夫申告而言,又不能不断离异。为了做到情法两尽,不致为此使夫妻为离婚事遭到议论,他建议让妻子先入尼庵暂住,把火气压下去,心平气和地想一想,然后再作决定,这样丈夫也许会撤回状纸,不谈离婚了,真可

---

① 《新纂四六合律判语》,载《明清公牍秘本五种》,中国政法大学出版社,1999年,第90—91页。
② 西湖渔隐主人:《贪欢报》,人民出版社,1993年,第220页。

谓用心良苦。在另一部小说中,我们还看到写书人为了告诫人们不要轻易介入夫妻离婚的纠纷,还特意制造一出因果报应说。《拍案惊奇》第20回中,描写一位萧秀才,命定原可考中状元,以致阴间灵官小鬼也得畏惧避让。一次偶然的机会,他被人拉去代写了一份休书,结果受到天惩,减去爵禄:

> 灵官道:"前日为萧秀才时常此间来往,他后日当中状元,我等见了他坐立不便,所以教你筑墙遮蔽。今他于某月某日,替人写了一纸休书,拆散一家夫妇,上天鉴知,减其爵禄。今职在吾等之下,相见无碍,以此可拆。"①

小说所写当然属无稽之谈,但立意是很明白的,即通过神鬼之鉴,除了劝告夫妻不要轻言离婚,同时也警示他人凡遇此事,应多做劝合,而不做离拆的事。

尽管当时的社会道德取向和官府的态度,对夫妻离异都是消极否定的,而当事者本身也因种种顾忌,不敢轻易谈分手,但生活毕竟是复杂有变的,即使最传统、最保守的社会,也无法避免家庭和夫妻间发生矛盾冲突。当矛盾无法调和时,同样会出现夫妻的离异和家庭的分裂。事实也确实如此,在笔者见到资料中,就有不少离婚的事例。下面就是从刑案等资料中辑得的144宗有关离婚原因所作的大致归类。

1.妻子有外遇	27宗	18.75%
2.夫妻失和	20宗	13.89%
3.家庭生活难过	17宗	11.80%

---

① 凌濛初:《拍案惊奇》卷20,上海古籍出版社,1985年,第6页。

4.嫌夫贫病	16宗	11.11%
5.丈夫外出多年不归	14宗	9.72%
6.嫌妻子不孝、懒惰、悍泼	12宗	8.33%
7.婆媳失和	8宗	5.56%
8.逼妻为娼	6宗	4.17%
9.妻子外逃	6宗	4.17%
10.妻患疯傻恶疾	4宗	2.78%
11.丈夫有外遇	2宗	1.39%
12.妻子无生育	2宗	1.39%
13.妻子有盗窃行为	1宗	0.69%
14.其他	9宗	6.25%

(一)妻子有外遇

从统计的夫妻离婚案例来看,所占比例最大的是妻子有外遇,约占总数的18.75%。在夫妻关系中出现第三者,这是最伤害对方感情的,尤其在当时的社会氛围下,即使做丈夫的不想离婚,家庭和周围的人往往也会给予巨大的压力,何况"七出"中,"淫佚"亦赫然在列,丈夫完全可以排除顾忌,提出离异,做妻子的也不敢不从。从我们见到的案例看,凡属妻子有外遇,一旦发觉,只要丈夫愿意,离异是很容易的,如:

> 直隶束鹿县谷氏,四十二岁,丈夫李三(四十八岁)卖布为生,经常外出运货、贩货,在家的日子不多。雍正十三年(公元1735年)二月间,谷氏与佃耕者周盛(五十六岁)发生私通,后被李三识破。李

三痛殴谷氏,随即休回。①

山西五台县高氏,与无服族侄张大定私通。丈夫张富发觉后,告到官府。官断由本夫听其去留。张富便将高氏另行改适。②

甘肃张掖县石氏,与村邻陈伦偷情,被丈夫张雄抓获报官,判定离异,别行嫁卖。③

直隶南和县魏氏与族弟魏贤生私通,被丈夫张认宗查知殴打,休回母家。④

京师内务府闲散旗人张百岁女大妞,未嫁时与邻居郭三私通怀孕,张百岁强令郭三娶回大妞。后大妞又另与人偷情,为郭所知,便写下休书,不告而辞。⑤

上引 5 宗案例,按照法律条规,都属于和奸性质。律定:凡和奸,若妇有夫者,妇与奸夫各杖 90 大板,奸妇从夫嫁卖,其夫愿留者,听。条件是不能嫁卖给奸夫,否则奸夫和本夫得各杖 80 大板,妇人离异归宗,财物入官。⑥ 5 宗案例中,有两宗是通过官府判决离异嫁卖,另 3 宗由丈夫自行休弃。综观 27 宗因妻子有外遇而导致离异的案例,经官判决的约占三分之一,多数即近三分之二的比例是私下处理的。妻子红杏出墙,一旦被人发觉,作为妻子当然十分难堪,对于丈夫同样很不光彩,所以通常情况下,人们在处理此事时,都愿意尽可能地缩小影响,往往不事张扬地悄悄进行处理。如直隶晋州李四,发觉妻子赵氏与人有了私情,"又虑丑事外扬,即

---

① 档案,《刑科题本·婚姻奸情类》,乾隆元年六月十九日直隶总督李卫题。
② 档案,《刑科题本·婚姻奸情类》,乾隆二年三月十八日山西巡抚觉罗石麟题。
③ 档案,《刑科题本·婚姻奸情类》,乾隆二年闰九月十四日甘肃巡抚德沛题。
④ 《驳案新编》卷 31《和奸后悔过拒奸有据杀死奸夫新例》。
⑤ 档案,《内务府来文》,第 2157 号。
⑥ 参见《大清律例通考》,第 950 页。

寄信往邀氏母来家,欲将氏休回息事"①,就是其中一例。而官府的态度也是如此,只要你不告到公堂,就不着意追究,从而使私下休妻往往要多于官断离异。

(二)夫妻失和

　　这很大原因是出于感情问题,所见记载说得也都十分笼统。像乾隆五十五年(公元1790年),四川巴县王玉贵在向县府谈到他与妻子董氏离婚一事说:身"实与妻不睦仇深,两愿相离"②;又乾隆五十九年(公元1794年),巴县赵福亮与妻子张氏,亦是"夫妇不睦,已非一次,两相离异"③。光绪七年(公元1881年)在台湾,由陈兴官主立与妻子腰娘的离婚契纸,写的是"夫妻不和,无奈求与外家刘番赎回"④。契文所写赎回,是因为当年陈兴官娶腰娘时曾发过聘金,现在作退婚(离异)处理,女家理应有所赔偿,故有是称。有关女家向男家退还聘金的习俗,下面在结合谈离婚手续时还会有所讨论。光绪二十九年(公元1903年),顺天府宛平县女子李氏在谈到她(31岁)与丈夫郑大(29岁)离婚原因时是这么说的:

　　　　小妇人自十七岁过门后,我夫妇总不太和睦。于光绪二十六年间,因避兵灾,我公婆将小妇人带出逃至刘家村赁宋姓房屋居住。后我公婆等均已回家,我男人不肯将我接回。小妇人在外住了一年之久,至二十七年十一月间,我男人始将小妇人叫回,因此我夫妇更不和睦。至二十八年十一月间,我男人郑大总要将我休散。后他托钮

---

① 档案,《刑科题本·婚姻奸情类》,乾隆三年五月初八日直隶总督李卫题。
② 四川省档案馆藏:《巴县档案》6/1/1797。
③ 《巴县档案》6/1/1823。
④ 台北"中研院"台湾史研究所藏:《契约文书》T078·D004·0040

秃子、张德宝、郑四等作中，于是月二十八日，我男人郑大写立休书一张，按了指印，小妇人亦印了斗箕手印，中人等令小妇人替我胞兄李大亦印了斗箕。我男人交给中人过手银二十五两，经中人给了小妇人银五两，其余二十两，他们说给我胞兄。李大送去立字后，小妇人即同我夫堂弟郑六秃子进城，在土地庙地方经张三给我赁张姓之房居住。①

所谓"不睦""不和睦"等，都是夫妻双方说的，故有"两愿相离""两相离异"的说法。但总的说来，应以丈夫主动提出为主，譬如前面举出的陈兴官和郑大的两个例子便是如此。因夫妻不睦而离异的，还常有远因和近因。湖南溆浦县周显正将妻子向氏休弃，两人本"素不相合"。后又因"不受姑训"，被周显正抓住把柄，借机将向氏休回母家。② 又如安徽亳州王氏，原是陈士英的童养媳，成婚三载，夫妻两人"素不和睦"。乾隆五年（公元1740年）十一月二十六日，陈士英令王氏缝袄。王氏不善于针线活计，致相口角。陈即私立休书，将王氏退回岳家。③ 在此，"素不相合"或"素不和睦"是远因，也是最根本的矛盾，而"不受姑训"或"不擅针黹"不过是导致丈夫出妻的导火线。类似这样的情况还有，在此只举两例以作说明。

（三）家庭生活难过

这主要是家穷所致。像山东莱阳县周顺，在京师娶大兴县民女黑妞

---

① 《刑法部档案》，第01145号。
② 档案，《刑科题本·婚姻奸情类》，乾隆二年六月二十二日刑部尚书徐本题。
③ 档案，《刑科题本·婚姻奸情类》，乾隆七年三月初五日安徽巡抚张楷题。

为妻,生有二女均早夭,后因家穷无法养活,遂写书休回。① 直隶宝坻县张氏(29岁),张庆大妻。张庆大在戏班干杂活,有时带钱回家,不带钱的时候居多。张氏平日纺线所得,除交房租外,所剩无几,经常乏食饿肚子。一次,张氏因没吃的寻死,被人发觉,找回张庆大。张庆大给张氏3吊钱,又立了离婚手脚印(据张氏称,"因男人不会写字,没立离字",以手脚印为凭),要她另找出路。此事后经县官批示同意离异,准许张氏再嫁耿得旺为妻。② 四川巴县陈志高所开的离婚书中说得更加可怜:"情因家贫如洗,身带残疾,生意淡泊,日食难度。万般无奈,只得禀明母亲陈傅氏,身自愿夫室两离,各逃生命。与妻达氏言明离异,禀明岳父知道。"③在因家贫离婚中,还常常出现在灾荒的年代。在农村,一场水旱灾荒,会使本来尚可勉强维持生计的中下层家庭,变得一饱难求,出现妻离子散的悲剧。夫妻离异,也就含有"各逃生命"的意思。像同治十年(公元1871年)李国珍开立的一份离婚书中,就写明:"只因年景不及,田禾被淹,房屋倒塌,难以存身,食不能糊口,衣不能遮寒,逃荒在外,寻茶讨饭要不着,回到家中,妻子投奔娘家自顾不暇。"这才商定,"夫妻两离,各逃性命"。④ 光绪十八年(公元1892年),梅氏的公公周俊向官府申请,要求解除梅氏与丈夫周珍的婚约,理由是家本贫寒,儿子长年外出谋生,加上"大水为灾","一无养生之路"。故商允离异,出具离书,听其另嫁。⑤

(四)嫌夫贫病

如果说上面说到的离婚原因也有妻子首先提出的,或经夫妻协商而

---

① 档案,《内务府来文·刑罚》,第2152号。
② 《顺天府档案》28/3/169/101。
③ 《清代乾嘉道巴县档案选编》下册,四川大学出版社1996年版,第485页。
④ 《顺天府档案》28/3/176/158。
⑤ 《顺天府档案》28/3/178/064。

定,但更多的是丈夫主动,妻子只有接受的份儿。嫌夫贫病则不同,它更多地体现了妻子的意愿。原籍山东汶上县张乾因家里穷苦,迁到河南裕州(今属河南方城)谋生,客地无居所,只好借居于先前到此的母舅家中,从而引起妻子牛氏的不满,"终日吵嚷"索要休书,离婚别过。① 湖南长沙县萧昌祚与妻子杨氏的离婚,也是由于杨氏见萧家"家穷,时常吵闹,又不肯侍奉公婆"。据杨氏自供:

> 小妇人父母死了,叔父杨坤山已经分居,家里止有哥子杨带聘。小妇人自幼在萧家抚养做媳妇的,吃的穿的都没有,所以小的与萧昌祚平日不和。乾隆五年四月,小妇人的公公、丈夫对小妇人说,你在家时刻吵嚷,不如改嫁了,别人倒也安静。小妇人回说,你们要我嫁,我就嫁。后来不知小妇人的公公、丈夫同叔父、哥子怎样叫夏六作媒,将小妇人嫁与易成远的。②

这是经夫家、娘家共议,又征得妻子同意,把离异和再嫁一并进行的离婚案。类似将离异和再嫁一并进行的做法,按照当时的法律是不允许的,可在实际生活中却经常出现。另外像在北京生活的张柏,"因妻过门后,未生子女,伊总嫌身家贫,不愿跟身度过……坚欲与身离异……遂忍气吞声,写给退婚字据一纸"③。刘永富:"情缘身妻张氏因嫌身贫苦无能,不与身同心度日,身原将伊休回。"刘还说张的父母,也就是刘永富的岳父母,还帮着女儿"向身逼要休书,身不识字,不能写休书。伊夫妇拿纸按身手脚,用锅灶内黑烟打手印、脚印收去"。④ 此等由妻家父母出面,代

---

① 档案,《刑科题本·婚姻奸情类》,乾隆二年河南巡抚富德题。
② 档案,《刑科题本·婚姻奸情类》,乾隆六年二月二十四日署湖南巡抚许容题。
③ 《顺天府档案》28/3/170/057。
④ 《顺天府档案》28/3/175/187。

女儿向女婿勒要休书离婚的,还不止刘永富一家。直隶乐亭县王永合,48岁,曾娶沈氏为妻。沈嫌王穷苦,不时吵闹,自回娘家,还与有钱的黄之谅偷情,并由丈人逼王休妻,沈遂与黄为妾。① 山西大同人刘沅,种地为生。光绪十二年(公元1886年)娶辛氏为妻。辛氏的父亲辛亮常嫌刘家穷苦,追悔答应嫁女。光绪十九年(公元1893年)十一月二十八日,辛亮找女婿说,你家"愈加穷苦,致女人同受饥寒,不如把女人休回,听他择人另嫁"。在辛亮的勒逼之下,刘沅只好写立休书,将辛氏送还娘家。② 更有甚者如直隶宝坻县(今天津宝坻区)刘天成妻周氏的父亲周顺,自将女儿嫁来后,便嫌刘家贫寒,不断唆使周氏寻找是非,并不安分度日。周顺还将女儿接走,将近一年不给送还,待刘天成将妻子接回,周顺便吵闹逼要休书,并两次用自杀进行威胁,以求一逞。③

(五)丈夫外出多年不归

这是明清以来,特别是清乾隆后所出现的社会新情况。很多青壮男子因为在家无法谋生,出外去闯荡世界。像山东人到东北关外,山西、直隶人去口外蒙古,福建渡海到台湾等,也有进入城市做伙计、卖苦力的。这些人一般都春去秋回,类似候鸟式的流动。但在那时山海阻隔、交通不便的条件下,加上干的都是佃田、卖苦力的活,多年不能回乡也是经常的事,甚至发生意外而家人却无法得到信息。于是就出现丈夫外出多年不归,妻子要求离异以另谋生路的状诉。按照清律:丈夫外出三年不还者,通过官府给照,可允准再嫁。依此只要够了年限,妻子提出离异再嫁应是合法的。不过在我们所见的资料中,仍有很多因此而吃官司。譬如四川

---

① 参见《刑法部档案》,第18071号。
② 《顺天府档案》28/3/165/001。
③ 参见《顺天府档案》28/3/173/129。

巴县王美纯妻李氏离异再嫁,就因美纯又突然回乡而发生矛盾。美纯于乾隆二十年(公元1755年)外出,遗妻李氏在家达15个年头,始终杳无音信。乾隆三十年(公元1765年),"年岁饥馑,其妻李氏不能苦守",便由大伯王美常和婆婆何氏做主,再醮与刘廷先为妻。但此后不久,美纯于乾隆三十五年(公元1770年)十一月由陕西返回巴县,见李氏嫁人,于心不甘,竟至刘家强行抢夺。经官府调解,王美纯将李氏送回刘家,同时令刘廷先向王美纯缴银十千文作为补偿,使这宗离异再嫁案得以了结。① 直隶宝坻县田瑞妻子徐氏离异再嫁,是经徐氏公公田发禀呈县府,由官批照同意的:

> 具状民人田发……切身无子,过继胞侄田可佩之胞弟田瑞承嗣,娶徐氏连弼之妹为妻。于道光七年间,身继子田瑞因家中度日艰难,赴关外谋身去讫,至今十三年,并无音信。经身赴关外往找,实无下落,但身家并无房屋地土,糊口无出。现在身媳田徐氏衣食不济。今身与田可佩商酌,欲将子媳田徐氏着伊胞兄徐连弼领回,另行转聘活生。徐连弼恐身继子回归,向伊要人,坚不领回。现在身家实系糊口无出,难以留养媳妇。情出无奈,只得叩乞仁明太老爷恩准,饬徐连弼将伊妹领回转聘。再,身老无子家贫,无人抱呈施行上禀。
>
> 批:据呈:田瑞外出十三年并无音信,往找无踪,田徐氏应准改适。惟该氏愿守与否,着徐连弼询问明确呈复核夺。
>
> 道光十九年六月初一日②

从禀文中,我们无法得知徐氏的态度,但她守着年迈的公公,在衣食

---

① 《巴县档案》6/1/1685。
② 《顺天府档案》28/3/162/091。

不济的情况下一直苦等了13年,最后经公公田发禀文官府,才得离异,另择出路,可见此种离异也不容易。在还有一些记载中,妻子因为久等丈夫不着,先行改嫁,待丈夫回乡同意离异,以确认再嫁事实的。像薛得才,嘉庆二十四年(公元1819年)赴关东谋生,道光二年(公元1822年)回乡,向县府出具甘结:"身妻(毕氏)实因身外出不回,并无养赡,又兼身母病故,棺木无出,自愿改嫁殡葬身母,抚养幼子……毕氏亦系无奈,对此身实出情愿,永无反悔"①;魏福:"情缘身家贫,于光绪二年间出门谋食,总未回归。至去岁(光绪三年)八月间,身妻赵氏,因贫无养,又兼身出门杳无信息,遂自烦人为媒,改嫁与李瑞为妻,以冀活生……李瑞烦人向身说透情由,实系身妻情甘改嫁李瑞,并无偷聘之情。现李瑞愿给身价钱文,着身另娶。身思赵氏背夫改嫁,已非良妇,身实不愿与其再为重聚彼此见面,均无异说,俱愿息讼"②;又,韩凤山:"身妻魏氏委系因身外出无音,家无恒产,身父与身妻度日难过,日受冻饿之苦。彼时魏氏已向身父说明改嫁张姓,各奔生活之路。延至今岁,身自外归家……现已查明实非魏福(魏氏父)等偷卖。其魏福已将身花过媒礼钱交身收回。乃魏氏改嫁张姓多日,身情甘不要,另娶妻室。"③后两例,即魏福妻赵氏和韩凤山妻魏氏的改嫁,都是丈夫外出,生活难过,不得已而为之。虽然赵氏改嫁,离丈夫出门不满三年,但从魏福向县主说的"因贫无养"来看,确有可谅解之情。另如魏氏改嫁是征得她公公同意的,所以谈不上"偷聘"或"偷卖"。而且两位丈人还都把先前的聘金各退给女婿,请他们另娶妻室,算是一种补偿。尽管魏、韩二人要说几句"背夫改嫁,已非良妇",或已改嫁多日,"身情甘不要",那样带有谴责性的牢骚话,但都接受现实,同意离异,让她们再嫁了。而官府对于这类事,大体采取只要双方和息,就顺水推舟,

---

① 《顺天府档案》28/3/174/053。
② 《顺天府档案》28/3/172/013。
③ 《顺天府档案》28/3/172/019。

以"免究销案"了结,因为他很难对此作出是非公断。

不过也不是所有丈夫久出不归,妻子要求离异再嫁都能得到官府批允的。雍正十二年(公元1734年),浙江浦江县施氏,因丈夫出门到陕西,6年不归,自愿嫁与建德县的罗玉林,结果官府认为他们是苟合成婚。罗玉林依收留在逃女子为妻妾律议杖八十,徒二年,又以符合恩诏条文给予赦免,但两人的婚姻却宣告无效,施氏被退回夫家收留。① 直隶宝坻县马氏与张老于道光十八年(公元1838年)结亲,不到1年,张老就外出谋生,遂将马氏送还娘家暂住,至道光二十五年(公元1845年),已满5年,毫无音信。马氏的母亲王氏系孀居,家业贫寒,难以养赡,欲将马氏送与张老胞兄张天福,被天福拒绝。无奈之下,王氏准备将女儿另选婆家,使其有安身之地,并为此向县衙呈文禀告。县太爷在接到马氏呈文后,却发了如下议论:

> 查例内,妇人因夫逃亡三年未返,原许改适。惟逃亡二字,系指犯事潜迹异地,并无一定栖身之处者而言。倘因经营贸易,或探亲觅友,即无音信,不得与逃亡概论。今尔婿若系因经营等事外出,自有安身之地可查,现今虽无音耗,尔女究未便遽行改嫁。如果实因贫难过度,着邀同张姓房族责令张老之兄张天福暂行收留,一面查访张老下落可也。
>
> 道光二十五年十月初八日②

这位县官在"逃亡"二字上大做文章,实际上是在逃避责任,把因丈夫外出5年毫无音信而要求离异再嫁的请求顶回去。因为按照他的逻辑,只

---

① 档案,《刑科题本·婚姻奸情类》,乾隆二年九月初三日浙江总督嵇曾筠题。
② 《顺天府档案》28/3/162/143。

要不是"逃亡",做妻子的即使饿死,也必须苦守等待。不过由此可见,制律者之所以要用"逃亡"二字,乃是大有深意的。

凡丈夫长久外出,妻子要求离异再嫁,很多是由公婆或父母亲等出面进行操作的,而且所提理由常与家穷难以生活联系在一起。这与当时社会习惯中,人们对妇女要求离异再嫁心存歧视,有着很大的关系。由公婆、父母等长辈出面,等于是由他们承担责任,何况有的本来就是他们的主意,这就会减少很多非议。至于离异的原因,即使有的并不完全出于家穷难守,以此作为托词,也比其他理由可能更能得到周围的谅解,这也是时代使然。

(六)嫌妻子不孝、懒惰、悍泼

这都是由丈夫提出的理由。先说不孝,这在当时可是大事,由此休妻,人们很难提出异议。直隶宝坻县韩国美,就是因为妻子田氏,"时常向身吵骂,并毁骂身之祖父,因此身气忿难忍,将身妻田氏休出"①。直隶玉田县刘士发与丰润县孙氏成婚后,发现她对婆婆陈氏很不孝顺,而且"闺门不严",两年后亦以此将孙氏休回。② 山西大同县许大幅则因不满妻子苏氏"好吃懒做,屡教不听"将其休弃,由苏氏胞兄将她接回娘家。③ 安徽亳州陈士英开立休书,欲将妻子李氏送还娘家,原因是"妻悍泼懒惰",常与丈夫吵闹不让。④ 嘉庆二十一年(公元1816年),宝坻县陈孟龄在他出立的休妻文书中,谈到他之所以请来岳父,要将妻子刘氏休弃,也是因为刘氏不听劝告,终日打骂,闹得家里很不安宁。⑤

---

① 《顺天府档案》28/3/175/043。
② 《顺天府档案》28/3/165/003。
③ 《刑法部档案》,第18076号。
④ 档案,《刑科题本·婚姻奸情类》,乾隆七年五月初九日刑部尚书来保题。
⑤ 《顺天府档案》28/3/161/126。

(七)婆媳失和

在那时,父母与儿子住在一起,常因家庭琐事出现婆媳矛盾,这对夫妻关系也会产生消极影响,当矛盾不可调和时,婆婆可能利用权威要求儿子出妻,或干脆来个婆婆出儿媳。在我们的统计中共见到8个这样的例子,虽然所占比例不大,但也不可忽视。因婆媳失和而导致夫妻离异的,通常由儿子代母休妻。像嘉庆二十一年(公元1816年)闰六月,李国卿按七出中"不事舅姑"之条,亲笔写休书字据一纸,盖上手模脚模,将赵氏退回娘家。① 光绪二十八年(公元1902年)马永俊与妻子李氏离异,也是因李氏不听婆婆教诲,肆行泼刁,由马永俊出立字据的。县主对此作出的批示是:"婆媳不和,总欲离异,迨经人说合,马会之子(马永俊)立给李俊(李氏之父)将女另聘字据,李俊立给马会(永俊父)复娶字据各一纸为凭,两无瓜葛,准销案。"② 少数由婆婆出手休儿媳的(我们的统计中有两例),多半是儿子对妻子尚有感情、不忍离异之故。像云南镇沅县曹氏,夫死子殇,遂领养同宗吴朝凤为嗣子,抚孤守孀。乾隆五年(公元1740年)十月,曹氏聘张氏为子媳。可可张氏进门后,曹、张矛盾便日趋紧张,曹氏欲将张氏休弃,朝凤却推托不愿。曹氏便带朝凤和张氏跑到亲家处说,儿媳是我用银子娶的,现在张氏不孝顺,我要把她退回你家,取走聘金。结果在争执中出了命案。③ 又如安徽歙县李添弟之妻叶氏,亦因与婆婆关系紧张,添弟母亲乘添弟远出,便将叶氏休弃转嫁了。④

---

① 《顺天府档案》28/3/161/049。
② 《顺天府档案》28/3/172/005。
③ 档案,《刑科题本·婚姻奸情类》,乾隆七年七月十三日刑部尚书宋保题。
④ 傅岩:《歙记》卷9《纪谳语》。

(八)逼妻为娼

逼妻为娼与逼良为娼等同,按律也是有罪的,只要妻子或妻方有人提出离异,官府自得批准。下面所举两例均出自四川巴县。

例一:萧兴汉逼妻刘氏为娼,刘氏无法忍受,特向县府提出控告:

> 据刘氏供:小妇人年卅二岁,是恭江县人,前配李姓为妇。夫故,是去年正月初十日嫁与萧兴汉为婚,陈世彪为媒的,过财礼钱六千。去年(乾隆五十四年)冬月二十八日,公公诱陈姓一人来家,叫小妇人与他为妇;腊月初四日,又叫小妇人当娼。小妇人不从,被丈夫萧兴汉打骂多次。如今小妇人情愿回娘家,不与萧兴汉为室,只求作主。

在审讯中,萧兴汉反咬刘氏"不听约束,亦非良妇",所以县主的判决是,刘氏发交官媒发卖,萧兴汉责板示戒。①

例二:道光十三年(公元1833年)李荣炳纳萧氏为妾,然后又勒令做娼,被萧父萧天泰得知,控县要求退婚。下面就是李荣炳出立的退婚文约:

> 情身原配宋氏为妻,因贫苦无度,在渝卖娼度日。于道光十三年又娶萧天泰夫妇之女为妾,时身用过果盆水酒银二十两,尚未过门。经萧天泰夫妇查知身系卖娼之家,悔婚不嫁。致身扭禀前任杨主,断令萧天泰夫妇领女别嫁,缴还身用过果盆银二十两。时届岁暮,萧天泰无力缴钱,有傅启顺从旁挽劝,萧天泰仍将其女嫁身为妾,伊免缴

---

① 《巴县档案》6/1/1790。

银两。身不得将萧氏作贱卖娼,立出永不当娼字据,萧天泰允从完案。嗣后身妻宋氏病故,寻觅不着,日食艰难,于十八年身私逼萧氏招客当娼,不令萧天泰夫妇知觉。萧氏连年央身网开三面,放伊从良,身不□□□,萧氏忍辱至今。伊向父母告知当娼情事,萧天泰夫妇闻知不依,赴县呈告。身恐□□□□,再三央请傅启顺、熊应福等向萧天泰夫妇求情免控理论,众剖令身不应娶良为娼,甘愿将萧氏退回另嫁,永不生事。众劝萧天泰夫妇悯念从前用过盆水酒银二十两,今加倍给身银一百两,别图正业,改娼为良,两相允悦。今萧天泰夫妇给出银一百两正,身如数亲领。身将萧氏当众退还萧天泰夫妇领回,另行择户,听其改嫁自便,身不得从中阻拦滋事。倘择嫁良家之时,身有借故索诈生枝等弊,凭萧天泰夫妇执约禀官,身自甘罪戾无辞。此系身心甘愿,从中并无押逼刁唆谋娶等事。恐口无凭,当众出立退婚文约一纸,交于萧天泰夫妇为据。

道光廿一年四月初一日

文约虽长了些,但从中间的过程可以看出,特别在当时一些城市里,颇有像李荣炳那样不顾廉耻的无赖,不惜逼勒妻妾卖淫,以做牟利工具的。萧天泰夫妇之所以受骗上当,将女儿送入虎口,当然是因为家穷。当他们第一次得知李荣炳的作为,想拯救女儿时,就是因为缺钱而无法赎得,结果使李荣炳逼萧女为娼的行为能再次得逞,从而促使萧天泰夫妇再得向李进行交涉。李则利用他所熟识的傅启顺之流,名为从中调停,实际明显偏袒李荣炳,以致最后萧天泰夫妇还需出银百两,才能将萧氏赎回,这明显又是一种勒索。可作为为民做主的巴县正堂,却认为李荣炳既已同意退人出据,逼良为娼自然告一段落,因此亦可销案了结,受害者竟连一点补偿都没有,这是很奇怪的。因逼妻妾为娼要求离异的事,虽然不可能很多,但在我们见到的资料中也有6件,占总数的4.17%。它与其他逼良为娼的行为一样,成为清中叶后一个不可忽视的社会问题了。

(九)妻子外逃

妻子外逃,起因可能与夫妻不和或与家庭中其他矛盾有关,但在所见案例中交代得都很简单,如:

> 王亭富,自幼聘蓟州姜氏为妻,因姜氏私逃,伊愿将姜氏休回;
> 吕守福妻刘氏,过门后子媳不与同心,时常私逃。当经传讯,吕刘氏情愿离异,追还财礼,断令另行转聘;
> 陈敏,……身妻王氏逃跑,妻母等并不知情,身查无下落。王氏既已逃跑失节,身情愿不要王氏为妻,倘蒙拿获,求恩公断;
> 张福元,其妻意绝于夫,私行逃匿,理应休弃另娶。①

所举4例,均出自《顺天府档案》中宝坻县卷宗,时间分别为嘉庆二十一年(公元1816年)、道光十四年(公元1834年)、道光二十一年(公元1841年)和光绪十年(公元1884年),一个并不很大、经济也不算发达的县份,几十年间连续发生妻子外逃而离异的事件(相信这远不是全部),扩大到全国,平均每年总会有数十起到百余起。这种妻子意绝于夫,私自逃匿的行为,往往掺杂外来的第三者因素,以致即使是农村女子,也敢大胆出逃,是当时夫妻离异中值得注意的动向。②

---

① 《顺天府档案》28/3/174/024,28/3/163/150,28/3/165/133,28/3/177/126。
② 有关清代妇女离家外逃情况,笔者曾写过《情理法的矛盾:清乾隆朝妇女奔逃案件中的情欲因素》(载《情欲明清——达情篇》,台北麦田出版社,2004年)一文,可参考。

（十）妻患疯傻恶疾

七出中有"恶疾"一条，这就使丈夫有理由以此出妻。请看下面的休书：

> 立休书人正蓝旗宗室荣耀，于道光二十四年娶正蓝旗满洲四甲德玉之女为妻，素无不合，因有疯疾之症，自行逃走，并无下落。如若找回，荣姓同玉姓之面言明，情愿认（任）凭改嫁，并无改诲（悔）争论。恐口无凭，立此休书为凭，永远存照。
>
> 咸丰十年十二月初七日立休书人荣姓①

休书中，荣耀提及夫妻不合，但正式要求离婚的理由是妻子有疯疾之症。自行外出，是疯疾症病发时的一个症状。既然理由充分，妻子的父亲德玉即使不愿，也无法反对，只好接受休弃事实。另如大兴人赵邵氏，因有痰迷症，被丈夫赵三元休弃②；再像赵氏，患有疯病，由婆婆出面休弃，③情况亦大体相同。

（十一）丈夫有外遇

根据清律：妻子犯奸，丈夫可以出妻。与此相对应，丈夫犯奸，妻子也可以提出离异再嫁，显示法律对双方都是平等的。但实际情况并不都是如此。我们所见因丈夫有外遇而导致离婚的两个例子就是很好的明证。

---

① 档案，《宗人府来文》，437号。
② 参见《刑法部档案》，第10852号。
③ 参见《顺天府档案》28/3/173/009。

因为它不是妻子上诉离异,相反,却是由此导致丈夫折磨妻子、逼迫妻子离婚。在此,且举河南滑县宋光远借故休妻一案为例,下面便是宋祖母、宋妻杨氏和宋本人三人的口供:

> 据高氏(宋光远祖母)供:六十二岁,丈夫、儿子、儿媳均已故世,只遗下一个孙子宋光远,是小的抚养大的,娶杨氏为妻。杨氏为人并没有不端的事,不知小的孙子为什么只是不爱见他,时常合(讴)气。雍正十三年六月二十日,小的孙子把杨氏休回娘家去了。
>
> 据杨氏供:小的男人宋光远娶小的到家,先二年原是和好的,到雍正十三年春间,他时常寻小的不是,只要打骂。五月二十八日打了小的一顿,小的回娘家住了一夜回来,男人拿刀弄杖,要打死小的。小的害怕,六月初间又回娘家去了。他说小的私奔娘家,六月十二日立了休书,把小的休回去了。至男人与赵氏通奸,小的并不知道,也不知道他杀死薛三(赵氏夫)是实。
>
> 宋光远供:小的二十八岁,雍正十三年正月十七日晚与薛三妻赵氏(28岁)有奸,并日渐情密。小的欲拐赵氏逃走,赵氏以小的有妻她有夫加以推托。小的就借故将妻子休回。又与赵氏商议将薛三杀死。①

依照口供:宋妻杨氏是一个"无不端之事"的妻子和孙媳妇,她连宋有外遇都不知道,而且也不晓得丈夫为什么非要休她。而宋光远则完全陷于被情所困之中,爱了不该爱的人,却不能自拔,以致休妻杀人,最后连自己和情人的命也都搭上了(宋以奸夫起意杀死本夫罪判斩决,刺字;赵氏依因奸同谋杀死亲夫律凌迟处死)。通过此案,同时显示司法条例的实

---

① 档案,《刑科题本·婚姻奸情类》,乾隆二年五月十一日河南巡抚尹会一题。

践是离不开社会大环境的。当夫妻关系中妻子的地位在总体上处于被动、受压的位置时,那是很难让其采取主动,依律维权的,更不要说依此向丈夫提出离异了。这也是我们在谈离婚原因时,将其单独列出的道理。

(十二)妻子无生育

这是"七出"中的首条。我们所见两个例子,都是夫妻关系本不和睦,然后借着妻子不生育的大帽子,将其休弃。广西岑溪县张亚德与赖氏结婚13年,赖氏嫌夫家贫穷,常怀怨恨。亚德母亲梁氏认为赖既不能生孩子,还不相安。于是亚德便承母命,将赖氏休弃,令其别嫁。① 山东曲阜县孙敏英(28岁)与颜氏(27岁)结婚10年,"只因颜氏为人痴呆丑陋,娶了许多年并没有生育",先后休她几次,都因颜氏抵死不从,甚至以跳井威胁,没能休成。最后孙敏英竟用砒霜合成丸药,冒充调经丸将颜毒死,闹出人命。②

(十三)妻子有盗窃行为

这也属于"七出"中的一条,不过由此休妻的只见一例:山西灵石县张翔鹄与妻赵氏,原本并不和谐。乾隆四十六年(公元1781年)二月,赵氏在归宁母家期间,与人赌博,输欠张辛氏等钱530文。三月初四日赵氏回家,趁丈夫不在,乘机窃银5钱,以偿赌欠,却被张翔鹄搜获,悉询前情,向其责詈。赵氏躺地哭骂。张便以赵氏不守妇道,提出休妻,并告知妻母,将赵氏领回。③

---

① 参见档案,《刑科题本·婚姻奸情类》,乾隆五年十一月初八日刑部尚书那苏图题。
② 档案,《刑科题本·婚姻奸情类》,乾隆四年十二月十六日刑部尚书尹继善题。
③ 参见《驳案新编》卷16《听从妻母将妻勒毙》。

（十四）其他

这都是些比较零散不好归类的案例：像陕西府谷县阎启嵩于乾隆五年(公元1740年)十一月初十日娶张氏为妻。乾隆六年(公元1741年)三月十七日早,张氏推碾被闪伤胎,即行生产,系属无气男孩,大小不过数寸。启嵩年幼,只知十月生子,未识有小产之事,心疑张氏未嫁前行为不端,欲行休弃,经人解释而止。但因出外听人议论,心生羞愧,随又起波澜,终于将张氏休归母家。① 广东英德人全自进,在广西平南县垦山劳作,娶当地女子陈观娇为妻。观娇年轻恋家,对丈夫照顾不够。全便将陈休送娘家。② 贵州铜仁县罗氏,原嫁周重先为妻,雍正九年(公元1731年),重先病故,留下3个年幼的儿子,罗氏乃招陈天顺抚养幼子,才过半年,天顺便外出不归,随后寄回手印离书,嘱令罗氏再嫁。据天顺供称,他与罗氏离婚,"想是姻缘不对,夫妻不相和合。他家四口,连小的五个,做庄稼的事小的做不来,一人不能养活五口"③。另如直隶丰润县刘振魁,因失和于岳丈家,被岳丈逼要休书,将女张氏领还;宝坻县邳仲山嫌妻杨氏"愚丑",坚欲休妻;王进福因出外求食,考虑妻子郭氏在家缺养,休妻令其再嫁;黄永和嫌岳父李宽行为不检,愿退亲休妻;王富嫌妻子庞氏貌丑,休弃送回娘家④;湖北天门县董先兆娶谢氏,婚后发现原来是石女,要求退婚等,⑤均一并归于此类。

---

① 参见档案,《刑科题本·婚姻奸情类》,乾隆七年四月初十日署陕西巡抚岱奇题。
② 参见档案,《刑科题本·婚姻奸情类》,乾隆元年七月二十六日管刑部事允礼题。
③ 档案,《刑科题本·婚姻奸情类》,乾隆七年七月二十九日贵州巡抚张广泗题。
④ 参见《顺天府档案》28/3/170/002,28/3/173/007,28/3/175/194,28/3/168/186,28/3/163/004。
⑤ 参见档案,《刑科题本·婚姻奸情类》,乾隆四年三月二十七日刑部尚书尹继善题。

第三节 离异诉求中的角色分析

综观夫妻的离婚原因，虽然各种各样，但从离婚的诉求来看，应以丈夫休妻为多。当然也有夫妻协商，或夫家与妻家协商，以及公婆出儿媳和妻方父母要求离异的等。这在结合介绍离婚原因时已多有涉及。下面再就离婚中究竟谁是诉求的主体，也就是首先由谁提出，对上述144宗离婚案例再加分类排比：

丈夫出妻	78宗	54.16%
妻子要求离异	18宗	12.50%
夫妻协议离婚	11宗	7.64%
妻方家长要求离异	11宗	7.64%
公婆出儿媳	9宗	6.25%
迫于外来压力休妻	4宗	2.78%
夫家与妻家协调离婚	2宗	1.39%
情况不详	11宗	7.64%

分类排序显示，即使像清代这样的传统社会，离婚也不只指丈夫出妻，在主诉者中，还有妻子和其他人，而且各占一定的比例，说明社会永远不会只有一种要求、一种行为；可另一方面，从丈夫出妻占到总数一半以上，达到54.16%，则又表明在社会和家庭中，男子和丈夫较之妇女和妻子，仍是绝对的主导者，主要还是由他们说了算。

其实在离婚诉求中体现丈夫意志的并不只有"出妻"一项,在夫妻协议离婚或夫家和妻家协调离婚中,也往往体现了丈夫的意愿,只是在离异方式上比较平和。像前述广西岑溪县张亚德与赖氏、湖南长沙县萧昌祚与杨氏的两宗离婚案,夫妻间本来已互不满意,所以一旦丈夫提出离异,很快就与妻子达成协议。再如陕西府谷县阎启嵩因妻子张氏小产怀疑行为不端而导致的离异,也是阎本人态度坚决,经双方父母协商,认为"夫妇既不和谐,亦即允从",整个过程办理均称平和。在通常情况下,由于出妻会影响妻子的名声,也关系到妻家乃至妻家亲属的颜面,除非妻子行为实在理亏(如有私情),或像前面说的本人也不想维持关系,一般总要遭到妻子或妻子本家的抗拒。当私下无法解决时,就会告到官府决断,包括有的丈夫径直告官要求审理的在内。我们集辑的离婚例子,绝大部分取自案例,其中相当部分就是因为离婚出现争端,闹到官府求告解决的。

在妻子作为诉求主体的离婚活动中,有时确实也表现了妻子的尖刻强悍,但背后却常伴随着另外一些主使者,像直隶祁州宁六儿妻李氏(26岁)吵着要与丈夫离婚,一是她已另有相好,二有其父亲的插手教唆。且听宁六儿对此事的供述:

> 小的是本州人(祁州)。小的于十八岁娶□□李氏过门,过了八年养下一个女儿叫喜姐。小的因家里穷,时常在外做活,挣了几个钱带回来,都是他(指李氏)吃酒花了……乾隆三年十一月里,李氏说小的不能养活,天天合他老子李图光与小的吵嚷。小的管他不下,原叫他另寻主儿。后来李氏说要嫁金重会,小的也依了他,是李图光说合,给了小的三千钱,当时立契成交,连女儿也给金重会了。小的家并没一个人,自卖李氏之后,就上定州去了。①

---

① 档案,《刑科题本·婚姻奸情类》,乾隆五年闰六月二十一日直隶总督孙嘉铨题。

就供述言,宁六儿是个很本分老实的人,比较起来,妻子李氏显得泼辣多了。不过说到李氏要求离婚再嫁,那是等她有后台,自持有了退路才敢做的。另如四川巴县周氏,声言要与丈夫詹凤离婚,当着婆婆的面用剪刀剪发显示必走的决心,到最后袖揣休书底稿一份,逼勒詹凤照样誊录付予,原因是有亲戚王珍、周上贤为其煽风撑腰。① 还有像郭旺妻李氏,在父亲李万才主唆下,"不安分度日,时常寻死觅活,偷去庚帖,强用手脚各印"以达到离婚的目的;陈秉魁称其妻董氏,"嫌身家穷,言说不能与身收心度日",欲离异再嫁,也是因为有人趁陈外出佣工,不断引诱她,并为其出点子;张柏妻张氏,过门后便嫌家贫,加上张柏身在北京做活,张氏则留在老家,两地分居更增加了隔阂,有人起而乘之,促进了妻子的求离之心。在张氏的坚持下,张柏只好"忍气吞声,写给退婚字据一纸"。随后张氏便改嫁家乡白宽之子为妻。② 在上述女子的离婚诉求中,第三者的身影固然对事件发展起着促进作用,但根本问题还是妻子对丈夫感情依靠上的绝望。当然这不排除有的人存在嫌贫爱富、别有所图的思想。在这里,妻子的诉求应是最主要的,丈夫则属被动的角色。至于她们需要借助第三者,是与妇女总体上处于弱势地位有关。她们害怕在与丈夫的较量中遭遇失败,而且确实经受不住失败,另外一旦离异成功,总要有个可仗持的出路(如改嫁或娘家愿意接纳),而第三者便起到这样的作用。然而,不管妻子在离异中如何采取主动,有一点却对女方不利,即要使离婚生效,得到社会承认,必须由丈夫出具离书、休书,或者有官府的判决才行。这是法律对妇女离婚权利的一种限制,也可以说是压制和歧视。

在夫妻离异中,双方真正算得上平等协商的是家庭遭遇变故,需要以

---

① 《巴县档案》6/1/1804。
② 《顺天府档案》28/3/176/080,28/3/169/127,28/3/170/057。

离求生之时。像四川巴县蔡永在"退醮文约"中称他自得配赵氏继室为妻后,便"命运不济,无业营生,难以养活。夫妇商议,情愿两相离异"便是如此。① 前面"家庭生活难过"中列举的一些例子也大体相同,只是这种协商显得太苦涩了些。

公婆出儿媳是在夫妻并无离婚诉求,纯属外来干预的结果,系婚姻大事父母做主思想在离婚中的体现。前述云南镇沅县曹氏因儿子吴朝凤不愿休退妻子张氏,便亲自跑到张氏父母家要求追聘退亲,就是很典型的例子。又如道光九年(公元1829年)陈有融向官府所立退妾具结,也是在父亲严命下,经官府责惩后被迫做出的:

> 情生父陈酌宜以逆恶不悛具首生并何氏在案。沐恩讯明,生实无知,私娶何氏为妾,致触父怒。将生责惩押候,饬生休退。生将何氏缴案,令伊母何池氏领回。生立休约,何氏另行择配。生自今以后痛改前非,再不妄为,自取罪戾,缴结状是实。②

陈有融休退的是妾而非妻。但这种出妾,不是夫妾己愿,而是由父亲干预的结果(也许还有陈的妻子),故在性质上是一样的。

最后说一下迫于外来压力的休妻,也就是第三者为了达到自己的目的,利用权力逼使夫妻离异。道光十年(公元1830年)安徽有一个叫吴传薪的地主,见佃户张国威妻徐艾姐年轻有姿色,借口雇艾姐做针线活计,将艾姐骗至吴家,然后将其诱奸。此事为艾姐婆婆张卢氏所知,准备搬家逃避。吴传薪先用买地给种、不要还租等许诺,阻止张卢氏与张国威远迁,然后扬言欲纳艾姐为妾,逼勒张卢氏并张国威开出休书。在此,吴传

---

① 《顺天府档案》28/3/161/126。
② 《刑案汇览续编》卷28。

薪利用地主身份，施行威胁加利诱的办法，把佃户之妻弄到他的手里，把原本一对恩爱夫妻给拆散了。这就是利用权力逼人休妻。

总之，在离异中各个角色的诉求，既与矛盾中的利害和要争取的权益有关，同时也离不开整个社会大环境对它的制约，所以尽管也有妇女、妻子诉求的声音，但它只能是被动、微弱和细小的。

第四节　离婚的实践

清人离婚分为自行了断和官府判处两种。自行了断就是由夫妻两人或在有关亲属参与下不经官府解决。在这种情况下，丈夫必须给妻子出具文字凭证，讲明离婚原因和有关保证事宜，这就是人们习称的"离书"或"休书"。在唐、宋时期的离婚书（叫放妻文书）格式里常夹杂着历史典故或华美的辞藻，清人的休书一般都直入主题，很少见到作着意修饰的，如下契例：

　　立休妻人陈孟龄，年二十八岁。妻刘氏，本土梁头一宗里人，□□不法妻节劝为□，中（终）日打骂，故将岳父请来，情愿令回□□□□令嫁别人，自出□之后，不与陈孟龄相干。三面言明，至于二家情愿□□□反悔，如有反悔者，定到当官太爷问罪。恐后无凭，立字存照。
　　嘉庆二十一年六月二十一日立　休妻人陈孟龄（押）□□生来[①]

---

① 《顺天府档案》28/3/161/126。

这是一份十分普通的休妻文书,意思是夫妻不和,经常吵闹,丈夫陈孟龄请岳父来说明情况,协商与妻子梁氏离婚,保证以后梁氏再嫁或本人再娶,都互不相干,永不反悔。休书中说的三面言明,指的是妻方岳父、陈本人和可能是中人或知见人的□□生来,至于二家情愿,当然就是陈和妻家了。契纸的文字朴实,且有个别错字,当系粗通文字的乡村训蒙者所为,也不排除出自陈孟龄本人之手。这也是当时休书中最常见的样式。

前面提到,有的夫妻离婚,因为丈夫不识字,写不了休书,无钱或不想请人代写,只好用丈夫的手印、脚印拓在纸上,付给妻子当作凭证。其实这种方法很早就有,但官府一直禁止此举,原因是单靠手脚印模不能说明问题,且容易假冒。但在乡间仍不时出现,这也是穷人无奈之下的做法。像直隶宝坻县陈邱氏言:

> 小的二十二岁,道光十五年到陈家的(丈夫陈言嵩)。今年(指道光十九年)五月初九日,陈言嵩不要小的上他家去。在小的家立给的手模脚印,合小的离散。①

也有的为了表示重视,采用离契再加手、脚印模的。像前述李国珍"因年景不及"与妻子李陈氏离婚所开的离书中,就附有手模脚印,并写明"有文约手木(摹)脚木(摹)可凭"字样。另如李国卿给妻子赵氏所开休书中,也同时"盖有手墨脚墨"。嘉庆二十五年(公元1820年)宋开业聘娶业已离婚的韩氏为妻,韩氏父亲韩全为证明韩氏的身份,将"前夫休书、手模脚印"给予验看,并留存于宋开业之手。以上例子都出自《顺天府档案》,但以手模脚印为凭不仅止于直隶宝坻县,我们在《刑科题本》和四川《巴县档案》中同样见到过,在此不另举例。

---

① 《顺天府档案》28/3/174/103。

在清代，丈夫开立休书，有时还需加上妻子的签押。顺天府宛平县郑李氏和丈夫郑大离婚时，先由郑大当着中人出具休书，按下指印，然后要妻子李氏和李氏的哥哥也按手印（李氏哥哥由李氏代按），以此表示这次离婚也是经妻子及妻家同意了的。此外，郑大还通过中人向李氏交了25两银子，作为退聘金。有的在离婚开休书时，还得将早先定聘时的婚书退还或予销毁。直隶宝坻县邢尝与妻子张氏离婚，邢尝先出具离书，然后又把当年张家发来的张氏年庚礼帖交还给张氏。① 四川巴县胡氏夫故后，被夫家人改嫁与张顺为妻，不久胡氏向官府禀呈，表示不想与张顺同过，愿回原夫家守孀，经县主批准，张顺和胡氏各出具离异结状，张顺则把婚书交出，当堂销毁。② 在离婚时，想着把早年互结姻好的婚书也一块儿交付，表示了原来婚姻的终结，尤其对于女方，更含有防微杜渐之意。

丈夫休妻，有的需向妻子退还早先的聘金。但当妻子再嫁时，也有妻子再向丈夫支付费用的，特别是把离异和再嫁同时或先后进行时，等于是再娶人把聘金转交给原夫。前述四川巴县陈志高因贫病交加与妻子达氏商妥离婚时，陈在出具离书、手印（手印指头空白处写"心甘情愿"四字）外，还在愿娶达氏的某"妥户"处领得礼钱8000文，并为此出立"亲领财礼文约"。③ 在台湾府的有关文契中，发现一宗先由丈夫出立休书，随后妻子的娘家又开具婚书将其再嫁，同班人马，几乎同时进行。

离书：

□下愿字陈兴官，自娶一妻名腰娘，年登二十八岁，夫妻不和，无奈求与外家刘番颠赎回，备出佛银贰拾四□元正，交与陈兴官收入足讫，改过（适）□人，不敢异言生端滋事。此系二比甘愿，各无反悔，

---

① 参见《顺天府档案》28/3/172/081。
② 参见《巴县档案》4/1/1768。
③ 《清代乾嘉道巴县档案选编》下册，第485页。

□恐无凭,今欲有凭,立出甘愿字壹纸,付执为炤(照)。

　　再批明:实收过佛银贰拾肆大元正

　　在场中人郭名蛋(押)　代笔林九官(押)　光绪七年四月日立

　　甘愿字人陈兴官(押)

婚契:

　　立出过嫁字人刘番颠,饱(抱)养一妹名腰娘,年登廿八岁,托谋(媒)过□文却为夫,仝(同)与岳父郑来福□聘金贰拾捌大元正,交与刘番颠收入足讫,吉日取娶,与□无干,不敢异言,生端兹(滋)事,此□□比甘愿,各无反悔,□恐无凭,今欲有凭,立出过嫁壹纸,付执为炤(照)。再批明:实收过聘金银贰拾捌元口

　　为媒人郭名蛋(押)　代笔人林九官(押)　光绪七年四月日立

　　过嫁字人刘番颠押①

　　陈兴官和腰娘夫妻不和,要求离婚,但腰娘原系刘家抱养女,仅剩一兄刘番颠,不可能像一般女子那样接纳归宗,所以在陈兴官立下离书后,刘番颠便以回赎形式,交付兴官银圆24枚作为补偿,了断陈兴官和腰娘之间的婚姻关系。然后,刘番颠又以义兄身份出具婚书,将腰娘嫁与文却,唯婚书中称:"仝(同)与岳父郑来福备□聘金贰拾捌大元正",郑来福系指文却之父,或是腰娘亲生父,无法考订,估计应为文却父亲。这28元佛银聘金中,24元即先前交与陈兴官作为补偿的,剩下4元,除了作为媒人和代笔人报酬,可能包括备办喜酒花红之类的开销。照此,刘番颠只是尽到做义兄的责任,在经济上并没得到多少好处。把离婚和再嫁连在一

---

① 台湾"中研院"台湾史研究所藏:《契约文书》T078・D078・004,T078・D078・005。

起进行的好处是手续上方便,特别是对娘家已无父母无法归宗的女子,算是另有归宿,减少了离婚的阻力,在大陆也有这样做的。

需要由官府判处离异的大概有两类。一是事涉欺瞒或违律婚嫁,二是夫妻双方无法妥协而告到官府。

违律婚嫁系指前面提到的如重婚、良贱作配,以及为了钱财典卖妻妾等。凡涉此告官者,都是原订婚书上缴涂毁,聘礼发还或入官,女子归宗或发官媒嫁卖。再就是事关欺瞒,引出矛盾,要求官府审断的,这在有关案件中,不止一处。在此且举乾隆四年(公元1739年)四川合江县的一宗案例:

> 缘(李)国祥之父李盈舟有义女辰姑(18岁)未字,比(萧)于池之戚陈子正凭媒陈于王、梁平安求聘为室。子正年逾四旬(48岁),虑盈舟不允,遂指伊弟陈子珍出名聘定。盈舟允诺,随同至伊子李国珍家议定财礼银三十八两,乾隆四年三月十八日写立婚书、交银,于王得子正谢媒银一两五钱,又指国珍为名,索子正谢仪四两,只给国珍一两五钱,余银尽为于王中饱。平安亦得子正谢媒银一两。十九日迎娶,李盈舟令子国祥夫妇及辰姑胞兄李继保送亲过门。二十日,子正出与辰姑成亲,继保系知妄冒,即与于王等争论,趋诉盈舟。距盈舟随令继保唤伊子李国柱并国珍于二十一日偕往接回辰姑,途遇国祥及原媒平安,遂同邀至子正门首……唤出辰姑。继保即将辰姑令盈舟、国祥领回。……陈子正合依男家妄冒成婚律杖九十,责折三十五板;陈于王除骗银不议外,合依媒人知情减犯人罪一等,杖八十,责折三十板。……辰姑应听李继保另行择配。财礼银三十八两照律免追,婚书追缴涂销。李国珍所得谢仪银一两五钱,陈于王所得媒银

并私骗银四两,梁平安所得媒银两五钱,均照追入官。①

陈子正聘娶李辰姑,尽管媒证、婚书齐全,但因在说聘时串通媒人以其弟冒充本人前往相亲,欺骗女方,显系存心妄冒,直至成婚之日,才被辰姑胞兄李继保拆穿,回告父亲李盈舟。盈舟于次日率子匆匆赶往接讨辰姑,可子正已与辰姑举行过婚礼,并同房过夜,成为事实上的夫妻。诚然,事件的发展结果,因李盈舟"率众强接起衅",又在争抢中出了人命,成了本案的主犯,但从婚姻律的角度,乃是一宗确实无疑的妄冒骗婚案。因此,陈子正以及媒证陈于王、梁平安等均得受到惩处,包括判处陈子正与李辰姑为无效婚姻,离异,追缴婚书和财礼、媒银入官。

至于夫妻在离异中因矛盾无法解决,需要官府决断的,在笔者所见资料中大概有如下几种。

一是夫妻双方无法就离异达成协议,而另一方又坚持不愿和好者。四川巴县胡文达和妻子徐氏,本无矛盾,后因徐氏生疮长期不愈,落下残疾,便在徐家遭到歧视。乾隆三十五年(公元1770年)四月,徐氏因受气不过,跑到相识的陆荣家暂时躲避。胡文达的父亲胡巨卿抓住机会,借口徐氏不守妇道,向县衙呈控,要求与儿子离婚。县主偏听胡家,认为徐氏背夫出逃,有亏"妇道",胡文达遂和父亲表示愿离,于是批示:"着将徐氏给伊兄徐子珍领回可也。"徐氏兄妹明知胡家父子借此落套,但面对现实,只得接受。如此离婚,不需要丈夫出立休书,胡家免去了借着病残休妻的恶名(因为它不属于"七出"中不可共"粢盛"的恶疾),让责任由官府承担了。官断离异,双方必须出立甘结,存衙备案:

甘结一:胡巨卿、胡文达今于台前与结状事。情蚁胡文达娶配徐

---

① 档案,《刑科题本·婚姻奸情类》,乾隆四年十一月二十四日署四川巡抚方显题。

子珍之妹徐氏为室,不料徐氏不听约束,兼染毒疮,文达情愿休退,控案蒙恩审断,将徐氏交伊兄徐子珍另行拆嫁。蚁等日后不敢滋事,中间不虚,状结是实。乾隆三十五年闰五月廿九日　具结状人胡巨卿、胡文达

　　县批:准结

　　甘结二:领状人徐子珍,今于台前与领状事。情蚁妹徐氏,幼配胡文达为妻,因徐氏染疮残病,文达不愿□□,捏故□案休退。蒙恩审断,将蚁妹交蚁另嫁另字拆配,令蚁当堂领回,中间不虚,领状是实。乾隆三十五年闰五月廿九日　具领状人徐子珍

　　县批:准结①

　　结状和领状,在诉述理由时,侧重点是不一样的。胡家父子强调的是徐氏不守妇道,染疮残疾只是附带的;而徐子珍在领状中,陈述了因妹徐氏染疮,才是捏故休妻的动机,重在"捏故"二字。暗含有对官府判决的不满和无奈。

　　二是丈夫外出多年无音信,妻子呈请官府给照,以便再嫁;或妻子出走,丈夫向官府申请离异,以便再娶。这两类,无论是妻子请照再嫁,或是丈夫禀呈再娶,虽然对象不同,但论性质都是一样的。当然在律条或政策中偏向丈夫这是肯定的,因妻子再嫁,必须要等到三年以上,而且不一定能得到批准;可丈夫再娶则无须时间限制。这些在前面结合谈离婚时,已多有涉及。其实丈夫在禀呈再娶中,还有重要的一点是追还财礼,好用此钱再娶。像宝坻县吕守福,因妻子刘氏常常私自出逃。经吕控县刘氏表示愿意离婚,于是县主批示同意,追还财礼,使吕有钱另娶。当然也有追不回财礼的。像陈敏妻王氏,自与李贤有了私情以后,便有离异之心,终

---

①　《巴县档案》6/1/1681。

于双双出逃关外。经陈敏控县公断,县府认为两人既无踪影,可以判定离婚,财礼却无法追回了。①

三是离异后牵涉财产方面的纠纷。道光元年(公元1821年),直隶宝坻县张士第自写离书,将妻子朱氏休回母家。照例,妻子无过错,丈夫主动离异,妻子有权带回当初陪嫁来的物品,但当张士第听到朱氏的父亲朱福昌将朱氏再嫁与赵家庄一姓刘人家的消息后,便以索讨原聘金为名,要朱退还被带走的衣装首饰,结果引起讼案。经官府查明,朱氏确系张士第自写离书休回,属于无理取闹,将其驳回。② 再如四川巴县民妇秦氏被丈夫徐以仁休弃后,秦氏要求退还嫁时金银衣饰,经官府调解,徐以仁按照秦氏所开单目,折算成240两银子,交予秦氏收纳,然后各具甘结存照。③ 还有像山西大同县刘沅的岳父辛亮,嫌女婿家穷,借口如其让女儿辛氏受饥吃苦,不如休回择主再嫁,并许诺归还原给财礼。待刘沅写立休书,辛氏离异再嫁后,辛亮却自食诺言,只交出原聘金的9000文,余下的3000文一直拖延不给,致刘沅上控,恳请县府做主,补足全数。④

四是离异后,原夫或妻家常借故骚扰。譬如四川巴县卢顺,逼妻罗氏为娼,经罗氏提出离异,愿削发为尼,以度余生。不料卢顺仍不断向罗寻衅,迫使罗氏只好通过官府讨要安宁,县主的批决如下。

> 卢顺既不能养妻,勾引余老三□□□,自应断离另适。今罗氏皈依三宝,削发为尼,静守清规,想日后万不能□□再嫁。卢顺恬不知耻,以已判离之妇,哓哓搅扰,应责十五板,取结逐去。⑤

---

① 《顺天府档案》28/3/165/133。
② 《顺天府档案》28/3/175/006。
③ 《巴县档案》6/1/1791。
④ 《刑法部档案》,第18071号。
⑤ 《巴县档案》6/1/1814。

这也属于离异后留下的尾巴,需要求助官府解决的。除此之外,还有类似妻子与人私通,被丈夫报官要求发落;有的因妻家无人,官府得发官媒择主嫁卖;也有妻子受人指使,逼夫离异而走上法庭的。凡此种种,也是人们在离异中经常碰到,要求官府介入进行调处。

一般说来,在涉事夫妻离异的案件中,只要不触及人命,官府在审理时,更多的是采取调解促和的方式。譬如陈秉魁,与人佣工度日,妻子董氏受人挑拨,向陈表示家里太苦,不能共同生活,出逃到一个叫吴楚人的家中,要求离异。控县后,经私下调解,秉魁言其妻已心回意转,加上他急欲回到主人那里与人佣工,实难在县久久耽搁,请求撤诉。县主批示:"姑准如呈,免究销案。"一场离婚案,至少暂告结束。① 又如李有成妻史氏与人私通,被丈夫禀县,最后也是和息解决。首先是史氏向丈夫赔礼认错,然后李有成向县主禀示:"缘身向在外佣工,身父年近八旬,缺人侍奉,情愿身妻史氏回家,奉养有人。此时身给幼子择期□□,身子想母情切,悲啼不已。兼之史氏再四央身,着身呈恳□候开释,从此改过自新,跟身收心安度,仰恳天台怜念亲老开释史氏回家。"既然妻子能悔过自新,原告丈夫亦愿放过一马,县官当然顺水推舟,乐得出个人情,立即批决:"李氏枷责开释团聚。"②李有成在开具领状后,便带着妻子和解回家。据黄宗智教授对四川巴县、直隶宝坻、台湾淡新三种档案案件的统计,凡牵涉婚姻一类的案件总共 140 宗,除去原档残缺、法庭拒绝裁决和案件撤除等原因 61 宗,真正由法庭裁决的 48 宗,而通过调解和息的却有 31 宗。③ 可见调解和息比例之大。婚姻类案件当然不只是离婚,但它应该占有一定的分量,由此类推,调解和息在离婚中当不在少数,这与"为官的把人夫妇只有断合,没有断离"的传统思想是相吻合的。

---

① 《巴县档案》6/1/1814。
② 《顺天府档案》28/3/169/127。
③ 参见黄宗智《民事审判与民间调解:清代的表达与实践》,第 231—232 页。

第五节　离婚后妇女的归宿

结婚是人生大事,离婚也不是小事,特别在当时社会条件下的妇女,更是关乎她后半生的历程。妇女离婚,除了要经受周围舆论压力和带有歧视性对待,更大的问题是由于多数妻子在经济上必须仰仗丈夫或习惯依赖丈夫,离异后除非娘家愿意收留、长期供养,否则立时会面临生活的窘境。这就促使分离后,妻子必须很快选择再嫁。直隶丰润县人孙氏,嫁与玉田县刘士发为妻,孙与婆婆关系不好,被丈夫休回娘家,随后便由父亲将她转嫁与同县人董帼太;有的妻子无娘家可归,这就需要丈夫出面为其张罗再嫁。直隶宝坻县田氏被丈夫韩国美休离,"田氏并无家可归",国美乃托熟识人孙宗孔找主另聘。经孙说合,改嫁赵聋子。赵出东钱100吊作为聘钱,由韩收入,原来所生一子一女,被田氏带走。[①] 妻子的离异再嫁,有时须由官府判处。前面提到的山西五台县张富妻高氏、甘肃张掖县张雄妻石氏,都因与人私通,被丈夫告官,经官府判定由本夫听其去留,然后才被丈夫安排再嫁的。因为被丈夫休弃名声不好,特别是牵涉私情之事,往往择嫁也难,有的只好沦为妾媵。直隶乐亭县王永合妻沈氏,嫌夫家穷苦,时常吵闹,私自返回娘家,王迫于无奈,只好休妻,沈遂为一姓黄富家纳之为妾。[②] 北京张大妞,婚后与人私通,为丈夫郭三所知,写下休书不告而别。大妞父母年老,无力赡养,愿以8两身价银,将大妞送到某外委(武职从九品低级官)家做妾。[③] 直隶巨鹿县人常氏,原系王之

---

① 《顺天府档案》28/3/163/092,28/3/175/043。
② 参见档案《内务府来文·刑罚》,第2150号。
③ 参见档案《内务府来文·刑罚》,第2157号。

实妻,被休弃后因为人彪悍霸道,无人敢娶,结果被无力婚娶的陈更龙收留为妻。① 有的妇女被丈夫休弃后,一些别有用心者便起而乘之,干起骗卖勾当。宝坻县唐永发因家穷,通过一个叫焦幅来的人写立离书,印了手脚印,以京钱60吊,将妻子赵氏休卖与张幅。张幅其实是个人贩子,隔日便把赵氏送到北京教场七条胡同的王二家,由王二出面约请媒人王四,用京钱120吊,再把赵氏卖到一刘姓家。② 更不幸的像在北京西河沿曹家做饭为生的王润堂,原把24岁的女儿嫁与刘和为妻,生有一女。光绪二十三年(公元1897年)因家庭不和睦被休弃,结果有人设局,名为择嫁,却把王氏卖到朱毛胡同叫马猫的家里,逼良为娼。③ 需要说明的是类似这样被人多次嫁卖或沦落为娼的,远不止上述两例。

妻子被休后要求再嫁,还常常会受到官府的奚落。宝坻县刘氏,因丈夫陈孟龄"屡行不善",曾多次加以规劝,竟被陈看成有意刁难,嘉庆二十一年(公元1816年)陈于是将刘休弃。刘氏回到娘家后,感到父母也有难处,向官府呈文请求再嫁。不料该县主竟以为"被夫休弃,意图改适,父母尽可呈明,该氏自行出头,实属无耻",批示所在牌甲查明刘氏究竟何事被休,是否两愿,大有借此兴罪的意思。④ 这与有的妻子鉴于丈夫外出多年无音信,要求再嫁,受到某些官员的刁难,情况是一样的。

在所见资料中,还有两位女子离异后,以出家为尼作为归宿的。她们都出在四川巴县,一是前面刚说过的罗氏,因不满丈夫卢顺逼良为娼,要求离异为尼的。为了表示决心,罗氏还向县太爷立过结状:

具结状卢罗氏,今于老爷台前与结状事。氏以勒良为娼,具控卢

---

① 参见档案《刑科题本·婚姻奸情类》,乾隆元年正月二十八日直隶总督李卫题。
② 参见《顺天府档案》28/3/160/079。
③ 参见《顺天府档案》28/3177/175。
④ 《顺天府档案》28/3171/149。

明山并氏夫卢顺逼良为娼,蒙恩审讯,前龚主讯实,氏已离异,削发为尼,情愿具结后□结备案。倘有还俗,自甘坐罪,结状是实。

乾隆五十八年八月廿五日　具结状人卢罗氏十　批:存①

再一个女子姓秦,父母俱故,前夫去世后,生活困难,于乾隆四十八年(公元1783年)再醮与由湖北麻城来重庆开铺子的徐以仁为妾。乾隆五十四年(公元1789年)三月,秦氏随徐以仁歇铺返乡,却为婆婆所不容,以仁将秦氏进行嫁卖。秦氏因以逼嫁为名告到麻城县,经官判离异,徐氏便在玉皇殿削发为尼;以仁则退还秦氏嫁来时的金银衣饰等项银240两,作为终身度日之资,并各立结状存案。②

有的妇女被丈夫休弃后,感到压力太大,无法承受,只好选择自杀。前述直隶束鹿县(今河北辛集市)谷氏,私情暴露,被丈夫休回,在娘家投环殒命;大兴县人邵氏因得痰迷症被丈夫赵三元休弃,虽有人张罗准备让邵氏再嫁,但邵仍感到绝望,遂投井自杀。也有女子被休回到本家,父母兄弟认为丢不起脸,竟有逼着女儿、姐姐或妹妹去死的。前述山西灵石赵氏因偷钱被丈夫张翔鹄休弃,赵氏的母亲赵张氏羞愤难当,起意将赵氏勒死,便颇具典型。

为了防止丈夫出妻或离异,妻子和亲友常常采取各种办法加以阻挠。直隶南和县张认宗在得知妻子魏氏的不轨行为后,将其休回娘家。魏氏母亲黄氏带着女儿,亲自到张认宗处赔礼央恳,还要魏氏立誓再不与相好往来。张认宗有碍颜面,只得收回成命。但也有促和不成,反而出了人命的。乾隆初发生于广东开平县(今开平市)的一起案例便颇有典型性。案情的经过大致是这样的:19岁的李宣满和21岁的徐氏结婚两年,并未

---

① 《巴县档案》6/1/1814。
② 参见《巴县档案》6/1/1791。

生育，宣满家贫乏食，许氏常有怨言，并由此争吵不断，徐氏更扬言欲出家为尼。乾隆四年(公元1739年)七月二十五日，徐氏背夫出逃，行至中途遇到大雨，借宿于某村旁老妇伍氏家中。当宣满发现徐氏不见，便赶往告知妻兄徐琏昌协同寻找。二十六日在伍氏家寻获带回。宣满虑有后患，要求琏昌将妹择人另嫁，取还财礼。琏昌不忍拆离，向宣满提出互立断约。下面是徐琏昌向李宣满出具的断约全文：

> 立断约人徐琏昌，承父主婚，有妹许婚与李宣满为妻。因妹妇道不执，潜逃别方，二家协力细寻，方得追回。宣满虑及后患，不愿收留，令琏昌带回另嫁，取还财礼。琏昌不忍离异，二家互相教训，写立断约。嗣后或仍蹈前辙，听人诱拐逃走不见，不干李宣满之事，亦不干徐琏昌之事。至若悬梁、刎颈、投河、落井等情，俱属天命。此系二家相爱相望，百年偕老。今欲有凭，立断约各执一本为照。

在徐琏昌出具断约的同时，作为回应，李宣满也出了一份内容相似的断约交予徐琏昌：

> 立断约人李宣满，承父主婚，娶徐氏为发妻，因妇道不执，潜逃别方，二家协力细寻，方得追回。两家互相教训，至今仍前不改，二家恐有后果，特立断约。嗣后或仍蹈前辙，听从拐诱，逃走不见，不干琏昌之事，亦不干李宣满之事。至若悬梁、刎颈、投河、落井等情，俱属天命。此系二家相爱相望，百年偕老。今欲有凭，立断约为照。

两份断约，等于宣告了徐氏的命运，此后只得乖乖听从丈夫和兄弟的安排。特别是订断约后的两个来月，因夫妻再次吵架，徐氏归至兄家，被嫂子留住。及琏昌外出回家看见，大加训斥，令其速返，使徐氏感到夫家不好住,娘家又回不得,更不要说作其他设想了。绝望之余,萌发了谋杀丈夫的念头,希图以此来逃脱樊笼,于是她用砒霜拌在饭里的办法,将李宣满毒死。事发,徐氏以故意杀夫罪被判凌迟处死。① 一宗本可疏导化解矛盾的案例,就因为观念上的僵化,拒绝离婚,以致造成同归于尽的惨剧。容再举一例:直隶宝坻县王氏,嫁到王家后,见到家贫,丈夫王三又是个傻子,多次欲图摆脱羁绊,另找出路。光绪三十二年(公元 1906 年)六月二十六日,王氏背夫出逃。七月初三日被王三找回,加以责打。次日,王氏又逃回娘家,却被哥哥王立国送还。王氏自觉无望,于当晚服盐卤身死。②

夫妻离婚,一方面,对双方特别是女子一方带来无尽的伤痛和利益的损害;可另一方面,人们对离婚的压制,把本来无法弥合的情感,仍扯连在一起,同样也会造成反弹,出现悲剧。有人说,"诗书家绝少再醮、离婚之事"③。似乎这些矛盾在仕宦绅衿家庭中并不存在,这当然不是事实。只是他们在处理此事时,限于各种关系,需要压抑感情,更多的以理智从事。原因是在这些家庭中,子女婚配本来就含有互为攀缘的意思,发生离异,不但会造成两家不和,甚至会影响两个姓氏的关系。加之其中又牵涉家庭教养、闺门隐私等,都不便暴露于世,所以能隐忍、化解的,也就算了。况且绅宦家庭,夫妻不和睦,丈夫可用纳妾来作缓冲。只要丈夫的压力能排解,深居闺门中的妻子便很难能大闹起来。当然,也有人反对无端隐忍。前面引述过方苞的话就很典型,他并且认为"人道之所以不立,皆由于此"④。不过方苞的话主要是站在男子立场上说的,在他看来,即使是绅宦家庭,该出妻时应允许出妻,否则便是纵容某些妇女向丈夫、公婆发

---

① 参见档案《刑科题本·婚姻奸情类》,乾隆七年二月二十三日广东巡抚王安国题。
② 参见《顺天府档案》28/3/171/149。
③ 光绪《莆田县志》卷 2。
④ 《方苞集》,第 128 页。

施威风,会姑息坏事的。著名思想家李塨也因为想出妻而不能,苦恼异常。他 14 岁时娶同县生员王蕴奇女儿为妻,可惜王氏命运不济,只两年便去世了。后来他再娶马氏。这位马氏伴随了他大半生,然而双方感情始终无法融合。雍正六年(公元 1728 年)六月,马氏卒。他对长子习中(妾吕氏出)说:"此予之出而不去者,汝等不以母礼葬之亦可,从厚以母礼葬之亦可也。"①李塨说这话固然迫于无奈,其实真正痛苦的是马氏。因为李塨至少可以把她冷在一边,另外纳妾生子,享受天伦之乐。马氏却因受丈夫冷落,有家不似家,加上又无子女,只能寂寞终了。所以方苞的话和李塨的行为对于女子仍显得不公平。比较起来,钱大昕提出的夫妻不和允许离而再嫁再娶的主张,就比较公允中肯。他说:

> 夫妇,以人合者也……同居而志不相得,往往有之,其真能安于义命者不得一也。先王设为可去之义,义合则留,不合则去,俾能执妇道者可守从一之贞,否则宁割伉俪之爱,勿嫁骨肉之恩,故嫁曰归,出亦曰归……去妇之义,非徒以全丈夫,亦所以保匹妇……故父母兄弟不可乖,而妻则可去,去则更嫁,不谓之失节……出嫁于乡里,犹不失为善妇,不必强而留之,使夫妇之道苦也。②

应该说,钱的言论很大胆,也很有道理,可惜当时的社会环境不允许,很大程度只能停留在纸面上。不过在士大夫中是件大难的事,在普通百姓中却相对显得宽松易行些,因为很多离婚事实就表明了这一点。这也许是他们在礼教和现实利害中,不允许有更多虚套,现实的需求,要求他们作出现实的抉择。

---

① 冯辰等编:《李恕谷先生年谱》。
② 钱大昕:《潜研堂文集》卷 8《答问五》。

附录一 方志所见清代妇女初婚年龄表

单位：人

	8岁	9岁	10岁	11岁	12岁	13岁	14岁	15岁	16岁	17岁	18岁	19岁	20岁	21岁	22岁	23岁	24岁	25岁	26岁	27岁	28岁	29岁	30岁	31岁	39岁	41岁	合计人数
直隶				1	2	12	80	108	320	144	241	56	37	15	16	4	8	3	1								1048
奉天								14	207	47	125	33	61	18	14	7	6	2	1							1	549
山西					6	19	106	143	208	89	69	21	5	2	2						1						670
山东	1			1	1	1	32	81	361	457	475	231	106	41	24	8	7	9	2	1		1					1839
河南					2	11	33	94	313	237	476	122	80	34	13	6	3	1									1426
陕西						14	49	85	137	38	25	9	2				1		1					1			363
甘肃						4	9	18	24	12	11	2					1			1							82
江苏					2	8	33	61	198	175	334	93	75	56	33	22	11	14	9	4	2	1					1131
浙江					2	8	55	112	169	205	199	193	129	78	55	53	34	8	14	18	4	4	2				1342
安徽					1	6	31	97	127	129	125	65	35	25	6	7	3	2	1		1	1					662
江西			3		5	16	38	97	99	127	96	51	19	13	4	2		1		1							573
福建		2	4		6	19	39	102	150	171	144	78	26	16	6	10	2				1				2		777
台湾		1				4	11	39	48	87	37	101	15	10	9	6	9	3		4							384

续表

	8岁	9岁	10岁	11岁	12岁	13岁	14岁	15岁	16岁	17岁	18岁	19岁	20岁	21岁	22岁	23岁	24岁	25岁	26岁	27岁	28岁	29岁	30岁	31岁	39岁	41岁	合计人数
湖北				3		5	17	67	97	114	95	107	22	17	5	10	1	2	1	1	1						562
湖南				3	5	13	38	60	95	125	105	70	21	21	5	8	3	1	1	1	4						580
广东			3	3	18	24	60	128	282	374	197	180	29	31	17	10	1		1					1			1358
广西				4	9	18	41	95	103	120	78	105	15	11	1	3		1									603
四川			2		5	28	102	239	295	376	281	190	35	22	22	6		4	2		2						1614
贵州		1		1		10	33	72	63	80	55	47	13	10	2	2	2										388
云南						6	27	31	26	39	20	13	4	3		1	3	1	1		1						179
总计	1	1	8	23	67	226	846	1743	3322	3146	3188	1767	729	423	232	165	94	52	35	31	17	7	2	2	2	1	16130
南方诸省		1	8	21	55	165	525	1200	1752	2122	1766	1293	438	313	163	140	68	37	30	29	16	6	2	1	2		10153
北方诸省	1		2	2	12	61	321	543	1570	1024	1422	474	291	110	69	25	26	15	5	2	1	1		1		1	5977

附表资料出处：

直隶：光绪《顺天府志》卷110、112,光绪《乐亭县志》卷10,民国《邯郸县志》卷11,光绪《吴桥县志》卷9,嘉庆《长垣县志》卷12,民国《新河县志·列传前编》,嘉庆《枣强县志》卷13,同治《枣强县志补正》卷3,光绪《阜城县志》卷20,民国《望都县志》卷9,光绪《永年县志》卷35,民国《定县志》卷15,乾隆《束鹿县志》卷8,同治《束鹿县志》卷7,光绪《定兴县志》卷12,光绪《丰润县志》卷3,民国《景县志》卷9,乾隆《任丘县志》卷9,民国《无极县志》卷11,乾隆《天津县志》卷19,同治《续天津县志》卷14,光绪《南皮县志》卷12,光绪《赞皇县志》卷24,民国《任县志》卷6,光绪《宁津县志》卷9,光绪《滦州志》卷17,乾隆《东明县志》卷6,民国《东明续志》卷3,光绪《蠡县志》卷7,光绪《涞水县志》卷7,民国《宣化县志》卷14,光绪《怀安县志》卷7。

奉天：民国《沈阳县志》卷9,光绪《奉化县志》卷8,民国《开原县志》卷4,民国《复县志略》第45,民国《安东县志》卷8,民国《北镇县志》卷3,民国《辽阳县志》卷15,民国《盖平县志》卷9,民国《新民县志》卷14,咸丰《岫岩县志》卷8,民国《昌图县志》卷4,民国《辑安县志》卷3,民国《兴京县志》卷10,民国《西丰县志》卷12,民国《铁岭县志》卷10。

山西：民国《洪洞县志》卷14,民国《太谷县志》卷6,民国《浮山县志》卷28,光绪《寿阳县志》卷9,民国《临汾县志》卷4,同治《稷山县志》卷6,光绪《长治县志》卷7,民国《永和县志》卷11,光绪《长子县志》卷10,道光《壶关县志》卷8,民国《岳阳县志》卷12,民国《虞乡县新志》卷6,民国《闻喜县志》卷18,民国《芮城县志》卷11,民国《解县志》卷8,民国《翼城县志》卷36,民国《灵石县志》卷9,民国《安泽县志》卷10之2,民国《平陆县续志》卷6,民国《沁源县志》卷4,同治《阳城县志》卷12、13,民国《陵川县志》卷9下,民国《和顺县志》卷8,民国《临晋县志》卷11,光绪《吉志》卷5,光绪《榆社县志》卷6。

山东：民国《长清县志》卷14,民国《定陶县志》卷7,光绪《邹县续志》卷12,民国《寿光县志》卷12,民国《无棣县志》卷14,民国《增修胶志》卷49、50,民国《曲阜县志》卷6,民国《茌平县志》卷3,民国《牟平县志》卷8。

河南：光绪《鹿邑县志》卷15,宣统《项城县志》卷26—30,光绪《光州志》卷10—12,民国《确山县志》卷19,咸丰《淅川厅志》卷3,乾隆《新野县志》卷5,光绪《卢氏县志》卷10,乾隆《新乡县志》卷34,民国《新乡县续志》卷6,光绪《宜阳县志》卷11,道光《河内县志》卷32、33。

陕西:光绪《甘泉县志》卷16、17,光绪《武功县志》卷2,民国《南郑县志》卷4,光绪《麟游县志》卷6,光绪《渭南县志》卷9,宣统《郿县志》卷16,民国《宝鸡县志》卷10,光绪《蓝田县志》卷15,宣统《泾阳县志》卷15,光绪《富平县志稿》卷8、9,民国《中部县志》卷19,光绪《凤县志》卷7,民国《鄠县志》卷6,乾隆《同官县志》卷8,民国《商南县志》卷9。

甘肃:宣统《甘肃新通志》。

江苏:光绪《常昭合志稿》卷35—39,乾隆《娄县志》卷29,光绪《娄县续志》卷19,道光《昆新两县志》卷31—34,光绪《昆新两县续修合志》卷38—41,民国《昆新两县续补合志·列女》,乾隆《直隶通州志》卷15、16,民国《宝山县续志》卷14,民国《镇洋县志》卷10,民国《崇明县志》卷14,民国《重修金坛县志》卷10,光绪《丹徒县志》卷38—41,光绪《溧水县志》卷14、15,道光《高邮县志》卷10下,光绪《睢宁县志》卷17,民国《沛县志》卷14,民国《铜山县志》卷68,光绪《萧县志》卷14、15,光绪《丰县志》卷10。

浙江:光绪《嘉善县志》卷28、29,光绪《平湖县志》卷19—22,民国《德清县志》卷9,同治《长兴县志》卷27,嘉庆《余杭县志》卷31,光绪《余杭县志稿·列女》,乾隆《海宁州志》卷13、14,光绪《海宁州志》卷36—38,光绪《上虞县志》卷14、15,光绪《余姚县志》卷25,光绪《奉化县志》卷29、30,光绪《太平续志》卷6,民国《平阳县志》卷41,民国《西安县志》卷42,光绪《遂昌县志》卷9,光绪《兰溪县志》卷5下,民国《建德县志》卷14,民国《新昌县志》卷13,光绪《宣平县志》卷12,民国《丽水县志》卷11,同治《景宁县志》卷11,民国《寿昌县志》卷8,光绪《仙居县志》卷16,光绪《庆元县志》卷10。

安徽:光绪《卢江县志》卷10,民国《芜湖县志》卷54、55,民国《怀宁县志》卷23—25,光绪《续修舒城县志》卷44、46,民国《歙县志》卷11—13,民国《南陵县志》卷34—39,民国《全椒县志》卷13,光绪《凤阳县志》卷12,光绪《颍上县志》卷10,光绪《霍山县志》卷12,民国《太和县志》卷10,光绪《五河县志》卷16,嘉庆《备修天长县志稿》卷8中下,《涡阳风土记》卷14,民国《涡阳县志》卷14。

江西:民国《南昌县志》卷47—52,同治《万年县志》卷8,民国《宜春县志》卷18、19,同治《兴安县志》卷13,同治《永新县志》卷19、20,同治《新城县志》卷10,同治《安义县志》卷12,同治《德化县志》卷42,光绪《贵池县志》卷33、36,同治《赣县志》卷42,同治《清江县志》卷8下,同治《乐安县志》卷9,光绪《长宁县志》卷2。

福建:乾隆《福州府志》卷65—70,民国《同安县志》卷38,民国《龙岩县志》卷33,光绪《福安县志》卷27、28,同治《宁化县志》卷4,光绪《宁洋县志》卷9,乾隆《永春州志》卷11,民国《永春州志》卷25上中,民国《南平县志》卷22,光绪《邵武府志》卷25—27,乾隆《汀州府志》卷38,光绪《长汀县志》卷25,民国《政和县志》卷32,民国《霞浦县志》卷39,民国《建瓯县志》卷30,民国《沙县志》卷11、12,光绪《续修浦城县志》卷28、29。

台湾:乾隆《续修台湾府志》卷12,道光《续修台湾县志》卷3,同治《淡水厅志》卷10,光绪《澎湖厅志》卷8,《凤山县采访册·列传·列女》,《云林县采访册·列女》,《彰化县节孝册》。

湖北:光绪《武昌府志》卷24,光绪《孝感县志》卷17—21,民国《麻城县志》前编卷12、13,光绪《黄州府志》卷27—31,同治《施南府志》卷25,同治《黄陂县志》卷11—13,同治《枝江县志》卷18,道光《蒲圻县志》卷9,同治《远安县志·节孝》,同治《郧阳志》卷6之3,同治《巴东县志》卷13,同治《当阳县志》卷14、15,道光《安陆县志》卷30,同治《公安县志》卷7,光绪《潜江县志》卷18,同治《宜城县志》卷8,光绪《宜城县续志》卷下。

湖南:光绪《湘潭县志》卷8,民国《蓝山县志》卷32,光绪《桃源县志》卷11,民国《重修桃源县志》卷8,同治《龙山县志》卷15,同治《醴陵县志》卷10,同治《城步县志》卷8,同治《衡阳县志》卷8,光绪《东安县志》卷7,民国《澧县志》卷8,道光《道州志》卷7,光绪《耒阳县志》卷5,同治《茶陵县志》卷19,同治《石门县志》卷10,光绪《兴宁县志》卷14,同治《续修慈利县志》卷8,同治《江华县志》卷9,光绪《华容县志》卷11,光绪《会同县志》卷11,光绪《零陵县志》卷10、11。

广东:同治《番禺县志》卷51,民国《番禺县续志》卷52,道光《南海县志》卷22,宣统《南海县志》卷22,咸丰《顺德县志》卷28、29,民国《顺德县志》卷21,民国《东莞县志》卷76—79,光绪《高明县志》卷13,民国《开平县志》卷35,道光《鹤山县志》卷8,宣统《高要县志》卷19,光绪《四会县志》编7上,光绪《惠州府志》卷41—43,嘉庆《澄海县志》卷19,光绪《海阳县志》卷44,乾隆《揭阳县志》卷6,光绪《揭阳县续志》卷3,同治《大埔县志》卷17,民国《仁化县志》卷6,光绪《曲江县志》卷15,光绪《高州府志》卷41—45,道光《化州志》卷9,光绪《吴川县志》卷8,民国《罗定县志》卷7,光绪《崖州志》卷18,光绪《嘉应州志》卷26,道光《长乐县志》卷10,民国《阳山县志》卷12。

广西:光绪《临桂县志》卷30,民国《怀集县志》卷7,光绪《平乐县志》卷8,民国《邕宁县志》卷39,光绪《郁林州志》卷17,民国《贺县志》卷8,光绪《镇安府志》卷23、24,民国《桂平县志》卷40,民国《上林县志》卷12,民国《贵县志》卷16,光绪《藤县志》卷18,民国《全县志》11编。

四川:同治《重修成都县志》卷8,光绪《重修彭县志》卷8,民国《温江县志》卷10,民国《金堂县志》卷8,光绪《增修灌县志》卷9,民国《新繁县志》卷19,民国《简阳县志》卷14、15,光绪《珙县志》卷10,道光《新津县志》卷53,民国《安县志》卷52,光绪《井研志》卷26、27,宣统《内江县志》卷8,民国《江安县志》卷4,民国《南充县志》卷10,光绪《垫江县志》卷9,民国《重修广元县志稿》卷24,道光《重修昭化县志》卷43,民国《合川县志》卷44,民国《云阳县志》卷41,同治《忠川直隶州志》卷11,民国《渠县志》卷9、10,光绪《梁山县志》卷9,光绪《兴文县志》卷4,民国《巴县志》卷10下之下,嘉庆《纳溪县志》卷8,道光《直隶泸州志》卷10,光绪《青神县志》卷39,同治《酉阳直隶州总志》卷18。

贵州:民国《贵州通志·烈女志》卷2—6。

云南:民国《宜良县志》卷9下,光绪《霑益州志》卷4,光绪《呈贡县志》卷3,民国《姚安县志》卷32,光绪《云南县志》卷10,民国《建水县志》卷8,民国《续修蒙自县志》卷8,民国《马关县志》卷6,咸丰《邓川州志》卷12,民国《新平县志》卷22,民国《昭通县志》卷7,民国《禄劝县志》卷11,光绪《顺宁府志》卷31,道光《宣威州志》卷5,民国《路南县志》卷8下。

附录二 文献所见清代存在童养媳婚姻的州县厅

直隶(计52个)：大兴、宛平、宝坻、武清、永清、文安、昌平、顺义、怀柔、卢龙、乐亭、迁安、昌黎、遵化州、滦州、丰润、邢台、沙河、巨鹿、广宗、南和、永年、肥乡、广平、曲周、鸡泽、邯郸、清河、正定、获鹿、平山、无极、藁城、新河、定州、曲周、天津、静海、青县、献县、吴桥、张家口厅、建昌、栾城、束鹿、晋州、大名、八沟厅、青县、涿州、南宫、安平

奉天(计8个)：奉化县(今梨树)、辽阳州、盖平县(盖州)、辽中县、金州厅、岫岩厅、义州、海城

山西(计18个)：阳曲、平定州、沁源、襄陵、浮山、翼城、临晋、永和、绛州、闻喜、天镇、稷山、垣曲、永宁、宁朔卫、长治、右玉、寿阳

山东(计22个)：长清、聊城、蒲台、清平、冠县、恩县、泰安、临清州、菏泽、惠民、阳谷、寿光、临朐、潍县、胶州、招远、莱阳、宁海州、海阳、安邱、章丘、郯城

河南(计30个)：禹州、鄢陵、长葛、淮宁(睢阳)、扶沟、项城、鹿邑、宜阳、新安、渑池、安阳、武安、获嘉、济源、南阳、邓州、罗山、汝阳(汝南)、上蔡、信阳州、光州(潢川)、固始、桐柏、中牟、裕州、商丘、泌阳、兰阳、滑县、光州

陕西(计20个)：长安(西安)、泾阳、兴平、临潼、渭南、鄠县(户县)、富平、同官、宁陕厅、长武、扶风、郿县(眉县)、华阴、南郑、定远厅(今镇巴)、白河、安定、延长、府谷、洵阳(旬阳)

甘肃(计11个)：华亭、隆德、合水、灵台、崇信、西宁、古浪、肃州(酒泉)、固原、金县、秦州

江苏(计56个)：上元、江宁、句容、高淳、六合、阜宁、山阳(淮安)、清河(清江)、盐城、桃源(泗阳)、沭阳、邳州、江都(扬州)、仪征、宝应、兴化、

泰州、东台、海州(连云港)、铜山(徐州)、沛县、宿迁、睢宁、丰县、通州(南通)、如皋、武进(常州)、阳湖(常州)、无锡、金匮(无锡)、宜兴、荆溪(宜兴)、江阴、靖江、丹徒、金坛、吴县(苏州)、长洲(苏州)、元和(苏州)、昆山、新阳(昆山)、常熟、昭文、华亭(松江)、娄县(松江)、奉贤、上海、南汇、太仓、镇海(太仓)、镇洋(太仓)、嘉定、宝山、崇明、甘泉、吴江。

安徽(计35个):怀宁(安庆府)、桐城、宿松、歙县、婺源(今属江西)、祁门、黟县、绩溪、宣城、南陵、贵池、当涂、芜湖、舒城、庐江、无为、凤阳、凤台、宿州、天长、五河、太和、阜阳、颍上、蒙城、和州、含山、霍山、六安州、霍丘、盱眙(今属江苏)、合肥、潜山、亳州、寿州。

浙江(计46个):钱塘(杭州)、海宁州、於潜、嘉兴、秀水(嘉兴)、石门(桐乡西)、桐乡、平湖、海盐、乌程(湖州)、归安(湖州)、长兴、金华、兰溪、义乌、东阳、武义、浦江、西安、江山、开化、遂安、鄞县(宁波市)、镇海、慈溪、象山、定海、山阴(绍兴)、会稽(绍兴)、萧山、诸暨、余姚、上虞、嵊县、新昌、太平(温岭)、永嘉、乐清、平阳、玉环厅、遂昌、龙泉、庆元、建德、嘉善、富阳。

江西(计45个):南昌、奉新、东乡、南城、广昌、新城(黎川)、高安、新昌(宜丰)、宜春、分宜、萍乡、万载、新淦(新赣)、上饶、贵溪、广丰、玉山、铅山、乐平、浮梁、德兴、万年、德化(九江)、湖口、都昌、安义、庐陵、吉水、永宁(宁冈)、永新、万安、大庾、南康、上犹、赣县、雩都(于都)、兴国、信丰、安远、长宁(寻乌)、宁都州、瑞金、丰城、兴安、会昌。

湖北(计32个):武昌(今鄂城)、咸宁、崇阳、黄陂、孝感、沔阳州、黄安、麻城、蕲水(浠水)、蕲州(蕲春)、罗田、黄梅、随州、京山、潜江、宜城、谷城、郧县、房县、郧西、当阳、监利、东湖(宜昌)、兴山、长乐、宣安、恩施、蒲圻、应山、天门、光化、竹溪。

湖南(计38个):湘潭、宁乡、湘乡、醴陵、浏阳、城步、新化、武冈州、巴陵(岳阳)、平江、安福(临澧)、桃源、慈利、衡阳、衡山、安仁、零陵、祁阳、东安、道州、宁远(江华西北)、江华、新田、郴州、永兴、兴宁(资兴)、桂阳(汝东)、桂东、临武、蓝山、沅陵、会同、芷江、晃州(新晃)、邵阳、长沙、麻阳、宜章

四川(计75个):成都、华阳(成都)、彭县、新繁、简州(简阳)、郫县、灌县、金堂、崇庆、新津、绵州(绵阳)、德阳、安县、江油、什邡、巴县(重庆)、江津、永川、荣昌、长寿、涪州(涪陵)、合州(合川)、綦江、忠州、垫江、梁山(梁平)、酉阳州、黔江、奉节、万县、云阳、达县、东乡(宣汉)、大竹、阆中、广元、巴州(巴中)、南充、仪陇、邻水、三台、中江、蓬溪、遂宁、安岳、乐至、太平(万源)、南溪、庆符(今并高县)、富顺、筠连、珙县、屏山、隆昌、仁寿、井研、内江、资阳、泸州、江安、合江、乐山、夹江、威远、眉州、彭山、渠县、岳池、宜宾、长宁、射洪、道州、营山、通江、西充

福建(计45个):闽县(福州)、侯官(福州)、福清、长乐、闽清、罗源、古田、霞浦、福鼎、福安、宁德、寿宁、莆田、仙游、同安、南安、安溪、厦门厅、永春州、德化、建安(建瓯)、大田、建阳、崇安、浦城、松溪、政和、南平、沙县、尤溪、永安、邵武、光泽、长汀、上杭、武平、永定、龙溪(漳州)、漳浦、海澄、云霄厅、龙岩州、漳平、南靖、平和

台湾(计7个):安平(台南)、嘉义、宜兰(噶玛兰厅)、凤山、彰化、云林、澎湖厅

广东(计45个):清远、花县、高要(肇庆)、四会、鹤山、开平、恩平、罗定州、西宁(郁南县境)、赤溪厅(台山境)、乐昌、仁化、阳山、博罗、永安(紫金)、归善(惠州市)、海丰、陆丰、连平州、海阳(潮州)、饶平、惠来、大埔、丰顺、澄海、普宁、嘉应州(梅州市)、平远、镇平(蕉岭)、长乐(五华县)、兴宁、茂名(高州)、电白、信宜、吴川、化州、海康、遂溪、阳汇、阳春、合浦(今属广西)、灵山(今属广西)、钦州(今属广西)、翁源、开建

广西(计20个):临桂(桂林)、永福、平乐、富川、贺县、永安州(蒙山)、苍梧(梧州)、岑溪、怀集、融县(融水)、宜山、思恩(环江)、桂平、平

南、武宣、宾州(宾阳)、迁江(今来宾境)、上林、崇善(崇左)、兴安

云南(计6个):昆明、呈贡、昆阳州(晋宁县)、姚州(姚安)、河西(今通海县境)、新平

贵州(计22个):贵筑(贵阳市)、贵定、开州(开阳县)、广顺州(长顺县境)、瓮安、湄潭、平坝、贞丰州、兴义、遵义、桐梓、仁怀、古州厅(榕江)、镇远、施秉、天柱、黄平州、铜仁、都匀、清平(凯里境)、八寨厅(丹寨县)、绥阳

附录三　苦志守节申报册式

> 苦志守节册式
>
> 一,氏系某里某甲某人室女,生于某年月日时,于某年月日于归某里某甲某人为妻、继妻、妾,年若干岁。于某年月日时夫故,年若干岁,有无子息,几岁守节若干年,现年若干岁,如系故后者,声明于某年月日时,氏故,年若干岁。
>
> 一,氏夫亡守志,舅姑年老无奈,妇兼子职,奉养终身(各叙本妇完节事实,不可全抄语句,以上仿此)。
>
> 一,氏为宗祧所系,藐孤茕孑子,抚育有成,以绵嗣续,备叙事实。
>
> 一,氏外迫强暴,毁形见志,事近捐躯,终保贞节,备叙事实。
>
> 一,氏境处卑微,甘心荼蓼,饥寒并迫,秉节愈坚,备叙事实。
>
> 一,氏子某人现年若干岁,或生监贸易务农,备叙事实。
>
> 以上各条实系苦志守节,理合造报

苦志守节结式

某里某甲某人等,今于
妻
与结状为敬陈管见,仰祈睿鉴事。依奉结得苦志守节,本县本甲某人妻
继妻
妾
节妇某氏,系某里某甲某人室女,生于某年月日时,于某年月日于归某人为妻,
继妻、妾
年若干岁,于某年月日时夫故,氏年若干岁,守节若干年,现年若干岁
(如系故后者声明于某年月日氏故,年若干岁)

委系苦志守节,不敢冒滥,所结是实

循分守节册式

一,氏系某里某甲某人室女,生于某年月日,于某年月日于归某甲某里某人为妻、继妻、妾,年若干岁,于某年月日时夫故,氏年若干岁,有无子息,几岁守节若干年,现年若干岁。(如系故后者,声明于某年月日时氏故,年若干岁)

一,氏夫亡,孝事舅姑,克尽孝道,各叙事实

一,冰霜自操,甘心抚孤

一,氏抚育嗣子某人,宗祧有赖,现在子年若干(或贸易、生监读书,备叙事实)

一,氏勤俭成家,坚操不改,备叙事实

以上各条实系循分守节,理合造报

循分守节结式

某里某甲某人等,今于

与结状为陈管见仰祈睿鉴事。依奉结得循分守节,本里本甲某人之妻、继妻、妾

节妇某氏,系某里某甲某人室女,生于某年月日时,于某年月日于归某人为妻、继妻、妾,

并若干岁,于某年月日时夫故,氏年若干岁,守节若干年,现年若干岁。(如系故后者,声明于某年月日时氏故,年若干岁)

委系循分守节,不敢冒滥所结是实。

《培运堂文檄》卷29《举报节孝檄》
乾隆十五年正月
《陈榕门先生遗书》

附录四 清历朝实录所载历年旌表节烈妇女人数

单位:人

年份	节妇		夫亡殉节	未婚守志	其他
	旗人	民人			
顺治九年	共1				
十年	共81		41	4	烈女4
十二年	共3		14		
十三年	40	43	40		
十四年	共23		8		
十五年	共68		31	1	烈女5
十六年	共53		10	5	烈女5
十七年	共56		29		烈女7
十八年	28		2		
康熙元年	11	1	11		
二年	24		10		
三年	12		12		
四年	17	1	7		
五年	16	5	8		
六年	61		6		
七年	48	6	7		
八年	31		5		
九年	27	30	6	1	
十年	34	12	9		
十一年	25	2	6		
十二年	15	18	10		
十三年	32	4	8		
十四年	共30		2		

续表

年份	节妇		夫亡殉节	未婚守志	其他
	旗人	民人			
十五年	14	12	2		
十六年	16	1	2		
十七年	23	10	2		
十八年	35	2	10		
十九年	35	12	6		
二十年	27	1	5		
二十一年	68	24	8	4	
二十二年	53	12	7		
二十三年	48	32	9		
二十四年	40	18	14		
二十五年	47	50	18	2	
二十六年	24	36	9	3	
二十七年	68	24	8		
二十八年	58	2	6		
二十九年	35	8	1		
三十年	54	12	4		
三十一年	60	18	1		
三十二年	56	15	1		
三十三年	73	23	6		
三十四年	100	2			
三十五年	128	9			
三十六年	9	54		6	
三十七年	80	23		6	
三十八年	5	10			
三十九年	5	50			
四十年	21	14			

续表

年份	节妇		夫亡殉节	未婚守志	其他
	旗人	民人			
四十一年	29	22			
四十二年	106	42		2	
四十三年	23	62		1	
四十四年	25	70		5	
四十五年	10	86		1	
四十六年	17	6		1	
四十七年	38	34		1	烈女 1
四十八年	16	66			
四十九年	292	31		4	
五十年	107	62			
五十一年	171	56		3	
五十二年	394	27			
五十三年	165	131		4	
五十四年	249	85		1	
五十五年	33	22			
五十六年	36	51		6	
五十七年	4	40		4	
五十八年	23	10		3	
五十九年	28	83		4	
六十年	86				
雍正元年	70	205		13	
二年	248	742		22	
三年	267	1088		22	
四年	210	1049		18	
五年	149	620		12	
六年	110	530		12	

续表

年份	节妇		夫亡殉节	未婚守志	其他
	旗人	民人			
七年	193	643		10	
八年	114	672		22	
九年	148	913		19	
十年	220	864		31	
十一年	172	921		17	
十二年	148	871		11	
十三年	157	877	3	12	
乾隆元年	572	1571	5	25	
二年	422	3253	14	63	
三年	307	2784	24	53	
四年	301	2133	4	52	
五年	183	2501	14	42	
六年	335	2772	7	50	
七年	332	2506	37	35	
八年	308	2268	27	30	
九年	280	2236	12(另未婚殉节3)	31	烈女2
十年	377	2084	51	30	烈女6
十一年	376	2140	8	47	
十二年	273	2379	31	56	
十三年	320	2048	3	39	
十四年	493	1846		23	
十五年	144	941	5	17	
十六年	203	845	19	19	
十七年	186	855	4	28	
十八年	287	1005	36	22	
十九年	260	863	22	11	

续表

年份	节妇		夫亡殉节	未婚守志	其他
	旗人	民人			
二十年	172	662	3	16	
二十一年	156	567	1(另未婚殉节1)	24	
二十二年	195	691	9	12	
二十三年	141	450	1(另未婚殉节1)	13	
二十四年	238	641	17	15	
二十五年	223	682	19	17	
二十六年	166	568	5	7	
二十七年	195	624	2	20	
二十八年	187	903	9	20	
二十九年	223	620	13	20	
三十年	668	990	15	22	
三十一年	364	650	16	16	
三十二年	240	549	11	13	
三十三年	189	516	14	12	
三十四年	206	457	12	11	
三十五年	332	564	10	15	
三十六年	199	586	17	14	
三十七年	226	626	20	19	
三十八年	232	1143	20	40	
三十九年	194	1020	24	48	
四十年	212	616	18	27	
四十一年	188	647	25	24	
四十二年	207	582	11	15	
四十三年	263	723	11	16	
四十四年	238	677	14	14	

续表

年份	节妇		夫亡殉节	未婚守志	其他
	旗人	民人			
四十五年	278	600	12	14	
四十六年	248	892	13	30	
四十七年	215	740	13	19	
四十八年	208	563	11	17	
四十九年	367	669	14	16	
五十年	276	677	19	15	
五十一年	244	797	13	23	
五十二年	265	760	13	23	
五十三年	257	616	17	15	
五十四年	313	738	16	19	
五十五年	382	844	23	21	
五十六年	361	1197	17	35	
五十七年	373	955	20	30	
五十八年	333	761	15	24	
五十九年	326	768	13	19	
六十年	406	839	11	32	
嘉庆元年	421	972	18	17	
二年	398	978	17	26	
三年	315	948	31	27	
四年	330	890	—	21	
五年	347	1064	—	27	
六年	243	988	—	21	
七年	322	935	18	18	
八年	292	957	33	20	
九年	355	1014	27	17	
十年	366	1116	23	—	

续表

年份	节妇		夫亡殉节	未婚守志	其他
	旗人	民人			
十一年	276	946	31	28	
十二年	309	1182	29	25	
十三年	342	1045	24	26	
十四年	361	1053	22	22	
十五年	342	1460	—	25	
十六年	343	1252	38	20	
十七年	352	1077	—	33	
十八年	284	1064	—	36	
十九年	385	1246	—	31	
二十年	384	1241	—	21	
二十一年	432	1260	—	29	
二十二年	444	1358	34	34	
二十三年	407	1302	—	14	
二十四年	471	1308	25	59	
二十五年	466	2523	50	79	
道光元年	481	1822	25	44	
二年	518	1995	45	44	
三年	281	1706	42	42	
四年	393	1904	32(另聘妻殉节10)	25	
五年	474	2372	42	51	
六年	395	2128	45	44	
七年	434	2089	4	35	
八年	299	2038	58	47	
九年	401	1714	52	46	
十年	452	2297	39	33	
十一年	408	2001	43	33	

续表

年份	节妇		夫亡殉节	未婚守志	其他
	旗人	民人			
十二年	417	1864	44	33	
十三年	413	1876	45	25	
十四年	431	1825	39	29	
十五年	571	2460	59	27	
十六年	388	1762	41	33	
十七年	387	2001	40	42	
十八年	374	1904	54	23	
十九年	384	1881	39	39	
二十年	372	1771	36	37	
二十一年	459	1961	45	28	
二十二年	491	2321	45	22	
二十三年	434	1581	30	28	
二十四年	432	1466	31	33	
二十五年	517	1557	49	28	
二十六年	530	1457	39	22	
二十七年	487	9062	122	408	
二十八年	342	12 323	221	328	
二十九年	484	9586	564	176	烈女 70
三十年	449	12 944			贞节女 545
咸丰元年	358	21 071	45	198	
二年	514	14 720	42	253	
三年	359	7726	12	85	
四年	414	4471	48	48	
五年	376	1891	11	13	
六年	536	3902	17	43	
七年	512	3965	17	49	

续表

年份	节妇		夫亡殉节	未婚守志	其他
	旗人	民人			
八年	486	6719	26	105	
九年	543	5392		39	
十年	439	2256		24	
十一年	422	4912	7	23	
同治元年	273	6972	6	14	
二年	339	5656	14		
三年	316	6858	12	18	
四年	583	16 208	19	64	
五年	228	12 674	13	17	
六年	289	15 897	10	15	
七年	298	21 533	19	20	
八年	416	14 385	27	25	
九年	358	23 727	18	49	
十年	372	25 347	25	30	
十一年	631	20 239	17	24	
十二年	459	20 544	20	11	

引用文献与书目

一、档案文书·碑刻类

中国第一历史档案馆藏:档案,《刑科题本·婚姻奸情类》。
中国第一历史档案馆藏:档案,《八旗都统衙门·政法类》。
中国第一历史档案馆藏:档案,《内务府来文》。
中国第一历史档案馆藏:档案,《宗人府堂稿·来文》。
中国第一历史档案馆藏:档案,《顺天府档案》。
《清代乾嘉道巴县档案选编》下册,四川大学出版社,1989年。
辽宁省档案馆藏:嘉庆六年《镶黄旗开原等处打蜜户口册》。
辽宁省档案馆藏:嘉庆十三年《盖州镶黄旗XX管领下户口册》。
辽宁省档案馆藏:嘉庆十四年《镶黄旗鄂起管领下户口册》。
辽宁省档案馆藏:道光七年《关东广宁界内苏临户口册》。
辽宁省档案馆藏:道光十九年《奎宽管领下户口册》。
四川省档案馆藏:《巴县档案》。
《满文老档》,中华书局,1990年。
中国第一历史档案馆编:《雍正朝汉文朱批奏折汇编》,江苏古籍出版社,1991年。
台北故宫博物院编:《宫中档雍正朝朱批奏折》,1980年。

台北"中研院"台湾史研究所藏:《契约文书》。

《曲阜孔府档案史料选编》,齐鲁书社,1980年。

《徽州千年契约文书》,花山文艺出版社,1993年。

辽宁省档案馆编译:《盛京内务府粮庄档案汇编》,辽沈书社,1993年。

辽宁省档案馆:《清代三姓副都统衙门满汉文档案选编》,辽宁古籍出版社,1995年。

季永海、何溥滢译:《盛京内务府顺治年间档》,载《清史资料》第2辑,中华书局,1981年。

关嘉录、王佩环译:《〈黑图档〉中有关庄园问题的满文档案文件汇编》,《清史资料》第5辑,中华书局,1984年。

刘厚生译:《清雍正朝镶红旗档》,东北师范大学出版社,1985年。

《清代地租剥削形态》,中华书局,1982年。

《清代土地占有关系与佃农抗租斗争》,中华书局,1988年。

《清代的矿业》,中华书局,1983年。

《康雍乾时期城乡人民反抗斗争资料》,中华书局,1979年。

《上海碑刻资料选辑》,上海人民出版社,1980年。

《明清佛山碑刻文献经济资料》,广东人民出版社,1987年。

方树梅:《滇南碑传集》,云南民族出版社,2003年。

张沛编:《安康碑石》,三秦出版社,1991年。

二、政书类

《明史》,中华书局,1974年。

《清实录》。

《清史列传》,中华书局,1987年。

《清史稿》,中华书局,1977年。

万历《明会典》。

康熙《大清会典》。

光绪《大清会典事例》。

《大清通礼》,乾隆武英殿刊本。

吕立人等编撰:《大清律例通考校注》,中国政法大学出版社,1992年。

《大清律例汇辑便览》,光绪三年刊本。

《大清律例刑案汇纂集成》,清刻本。

咸丰《户部则例》。

同治《户部则例》。

道光《礼部则例》。

乾隆《理藩院则例》。

道光《宗人府则例》。

《皇清奏议》,清刻本。

《清经世文编》,中华书局,1992年。

《清朝经世文续编》,光绪上海久敬斋铅印本。

《碑传集》,载《清代碑传全集本》,上海古籍出版社,1987年。

《续碑传集》,载《清代碑传全集本》,上海古籍出版社,1987年。

《碑传集补》,载《清代碑传全集本》,上海古籍出版社,1987年。

陈宏谋:《培远堂文檄》,载《陈榕门先生遗书》本。

戴肇辰:《从公续录》,载《官箴书集成》第8册,黄山书社,1997年。

戴槃:《两浙宦游纪略》,载《官箴书集成》第6册,黄山书社,1997年。

德福等:《闽政领要》。

但湘良:《湖南苗防屯政考》,清刻本。

丁日昌:《抚吴公牍》,宣统南洋书局石印本。

董沛:《南屏判语》,载《正谊堂全集》本。

董沛:《南屏赘语》,载《正谊堂全集》本。

董沛:《汝东判语》,载《正谊堂全集》本。

董沛:《晦暗斋笔语》,载《正谊堂全集》本。

樊增祥:《樊山政书》,载《官箴书集成》第 10 册,黄山书社,1997 年。

胡衍虞:《居官寡过录》,青照堂丛书本。

黄六鸿:《福惠全书》,康熙年间刻本。

李渔:《资治新书集》。

刘汝骥:《陶甓公牍》,宣统年间排印本。

刘兆麒:《总制浙闽文檄》,康熙年间刻本。

柳堂:《宰惠纪略》,载《官箴书集成》第 9 册,黄山书社,1997 年。

钱实甫编:《清代职官年表》,中华书局,1980 年。

全士潮等纂辑:《驳案新编》《驳案新续编》,清刻本。

吴德功:《彰化节孝册》,台湾文献史料丛刊本,大通书局,1984 年。

徐栋:《保甲书》,载《牧令全书》。

薛允升鉴定,吴潮、何锡俨汇纂:《刑案汇览续编》,台北文海出版社,1970 年。

袁啸波编:《民间善书》,上海古籍出版社,1995 年。

余治:《得一录》,光绪年间刻本。

周守赤:《刑案汇编》,光绪年间刻本。

朱保炯、谢沛霖编:《明清进士题名碑录索引》,上海古籍出版社,1980 年。

三、文集类

包世臣撰:《包世臣全集》,黄山书社,1991 年。

包世臣:《安吴四种》,光绪十四年重刊本。

陈繁弨:《善卷堂四六》,清刻本。

陈确撰:《陈确集》,中华书局,1979年。

陈仪:《陈学士文集》,乾隆间刻本。

陈兆仑:《紫竹山房诗文集》,嘉庆年间刻本。

程含章:《岭南集》《岭南续集》,清刻本。

方苞:《方苞集》,上海古籍出版社,1983年。

顾炎武:《顾亭林诗文集》,中华书局,1983年。

纪昀:《纪晓岚文集》,河北教育出版社,1991年。

蒋士铨:《忠雅堂集校笺》,上海古籍出版社,1993年。

龚景瀚:《平凉新乐府》,载《澹静斋全集》本。

焦循辑:《扬州足征录》,载《榕园丛书续刻》本。

蓝鼎元:《鹿洲初集》,载《鹿洲全集》本。

厉鹗:《樊榭山房集》,上海古籍出版社,1992年。

李塨:《恕谷后集》,载《恕谷全书》本。

李因笃:《受祺堂文集》,康熙年间刻本。

刘大櫆:《刘大櫆集》,上海古籍出版社,1990年。

毛奇龄:《西河文集》,载《西河合集》本。

袁绍升:《二林居集》,载《长洲彭氏家集》。

彭定求:《南昀文稿》,光绪年间刻本。

钱大昕:《潜研堂文集》《潜研堂诗集》,载《潜研堂全集》本。

裘曰修:《裘文达公文集》,清嘉庆年间刻本。

阮元:《揅经室集》,中华书局,1993年。

施淑仪:《清代闺阁诗人征略》,上海书店,1987年。

施闰章:《施愚山集》,黄山书社,1992年。

孙星衍:《孙渊如诗文集》,载《四部丛刊》本。

宋荦:《西陂类稿》,康熙年间刻本。

汤斌:《汤子遗书》,载《四库全书》本。

王芑孙:《惕甫未定稿》,清刻本。

王先谦:《虚受堂文集》,宣统三年刻本。

汪由敦:《松泉文集》,载《四库全书》本。

汪中:《述学》《述学补遗》,载《江都汪氏丛书》本。

魏际瑞:《四此堂稿》,载《宁都三魏全集》本。

魏禧:《魏叔子文集》,载《宁都三魏全集》本。

魏象枢:《寒松堂集》,山西人民出版社,1992年。

魏源:《魏源集》,中华书局,1976年。

吴伟业原著,程穆衡原笺:《吴梅村诗集笺注》,上海古籍出版社,1983年。

吴琠:《吴琠文集》,山西人民出版社,1990年。

萧穆:《敬孚类稿》,黄山书社,1992年。

姚鼐:《惜抱轩全集》,中国书店,1991年。

袁枚:《小仓山房诗文集》,上海古籍出版社,1988年。

袁枚:《随园诗话》,随园三十种,同治年间本。

钟叔词整理校点:《曾国藩家书》,湖南大学出版社,1989年。

张伯行:《正谊堂文集》,载《丛书集成》本。

张符骧:《依归草》,康熙间刻本。

张九钺:《紫岘山人文集》,载《陶园全集》本。

张穆:《月斋文集》,载《山右丛书初编》本。

张士元:《嘉树山房集》,道光年间刻本。

张澍:《养素堂文集》,道光年间刻本。

张英:《笃素堂文集》,康熙年间刻本。

卞孝萱编:《郑板桥全集》,齐鲁书社,1985年。

郑光策:《西霞文钞》,清刻本。

张应昌编:《清诗铎》,中华书局,1983年。

朱珪:《知足斋文集》,载《丛书集成》本。

朱轼:《朱文端公集》,道光刻本。

朱彝尊:《曝书亭集》,载《四部丛刊》本。

四、笔记与杂类

爱必达:《黔南识略》,贵州人民出版社,1992年。

《白雪遗音》,载冯梦龙编述《明清民歌时调集》,上海古籍出版社,1987年。

柴桑:《京师偶记》,载《小方壶斋舆地丛钞》第6帙。

陈去病:《五石脂》,江苏古籍出版社,1985年。

陈盛韶:《问俗录》,清刻本。

陈诗:《湖北旧闻录》,清刻本。

陈康祺:《郎潜纪闻初笔、二笔、三笔》,中华书局,1984年。

程庭:《春帆纪程》,载《小方壶斋舆地丛钞》第5帙。

崇纶:《陕西育婴堂条规》,载《保甲书》卷3。

崇彝:《道咸以来朝野杂记》,北京古籍出版社,1982年。

方浚师:《蕉轩随录》,中华书局,1995年。

傅岩:《歙记》,康熙藏抄本。

龚炜:《巢林笔谈》,中华书局,1981年。

顾公燮:《丹午笔记》,江苏古籍出版社,1985年。

何刚德:《话梦集》,北京古籍出版社,1995年。

黄钊:《石窟一征》。

金埴:《不下带编》,中华书局,1982年。

李伯元:《南亭笔记》,上海古籍书店,1983年。

李调元:《尾蔗丛谈》,载《函海》第34函,光绪本。

李斗:《扬州画舫录》,江苏广陵古籍刻印社,1984年。

李光庭:《乡言解颐》,中华书局,1982年。

李宗昉:《黔记》,贵州人民出版社,1992年。

刘世馨:《粤屑》,载《申报馆丛书》本。

刘体仁:《异辞录》,上海书店,1984年。

刘献廷:《广阳杂记》,中华书局,1985年。

鲁琪光:《南丰风俗物产志》,载《小方壶斋舆地丛钞》第6帙。

陆耀:《保德风土记》,载《小方壶斋舆地丛钞》第6帙。

陆以湉:《冷庐杂识》,中华书局,1984年。

钮琇:《觚賸》,上海古籍出版社,1986年。

孙嘉淦:《南游记》,载《小方壶斋舆地丛钞》第5帙。

欧阳昱:《见闻琐录》,岳麓书社,1986年。

捧花生:《画舫余谈》,载《申报馆丛书》正集。

捧花生:《秦淮画舫录》,载《申报馆丛书》正集。

平步青:《霞外捃屑》,上海古籍出版社,1982年。

钱泳:《履园丛话》,中华书局,1979年。

萍梗:《秦淮感旧集》,载《秦淮香艳丛书》本。

二石生:《十洲春语》,载《申报馆丛书》正集。

沈复:《浮生六记》,江西人民出版社,1980年。

石成金:《传家宝》,天津社会科学院出版社,1992年。

石荣暲:《合河政记》,载《蓉城仙馆丛书》。

施鸿保:《闽杂记》,载《小方壶斋舆地丛钞》第9帙。

佚名:《台游笔记》,载《小方壶斋舆地丛钞》第9帙。

谈迁:《北游录》,中华书局,1960年。

佚名:《汤阴风俗志》,载《小方壶斋舆地丛钞》第 6 帙。

王培荀:《乡园忆旧录》,齐鲁书社,1993 年。

王培荀:《听雨楼随笔》,巴蜀书社,1987 年。

王韬:《海陬冶游录·附录·余录》,载《艳史丛钞》本。

王韬:《花国剧谈》,载《艳史丛钞》本。

王士禛:《居易录》,载《四库全书》本。

王士禛:《池北偶谈》,中华书局,1982 年。

王应奎:《柳南随笔》《柳南续笔》,中华书局,1983 年。

王有光:《吴下谚联》,中华书局,1982 年。

汪辉祖:《双节堂庸训》,天津古籍出版社,1995 年。

汪景琪:《读书堂西征随笔》,上海书店,1984 年。

谢肇淛:《五杂俎》,中华书局,1959 年。

余金:《熙朝新语》,上海古籍书店,1983 年。

西清:《黑龙江外记》,载《丛书集成》本。

徐珂:《清稗类钞》,中华书局,1984 年、1986 年。

许豫:《白门新柳记》,载《申报馆丛书》续集。

杨蕚:《白门衰柳记》,载《艳史丛钞》本。

姚元之:《竹叶亭杂记》,中华书局,1982 年。

叶梦珠:《阅世编》,上海古籍出版社,1981 年。

尤侗:《艮斋杂说》,载《西堂余集》本。

余怀:《续板桥杂记》,载《艳史丛钞》本。

俞蛟:《梦厂杂著》,上海古籍出版社,1988 年。

俞樾:《右台仙馆笔记》,载《春在堂全书》本。

俞正燮:《癸巳类稿》,载《安徽丛书》本。

张心泰:《粤游小志》,载《小方壶斋舆地丛钞》第 9 帙。

昭梿:《啸亭杂录》,中华书局,1980 年。

赵翼:《檐曝杂记》,中华书局,1982年。

周亮工:《书影》,上海古籍出版社,1981年。

周寿昌:《思益堂日札》,中华书局,1987年。

周询:《蜀海丛谈》,巴蜀书社,1986年。

钟琦:《皇朝琐屑录》,光绪二十三年刊本。

珠泉居士:《续板桥杂记》,载《艳史丛钞》本。

曹雪芹:《红楼梦》,作家出版社,1953年。

凌濛初:《二刻拍案惊奇》,上海古籍出版社,1985年。

西湖渔隐主人:《贪欢报》,人民中国出版社,1993年。

五、年谱类

汤斌等:《征君孙先生年谱》(孙奇逢),乾隆间刻本。

沈起:《查继佐年谱》,中华书局,1992年。

吴光酉等:《陆陇其年谱》,中华书局,1993年。

《王崇简自订年谱》,载《青箱堂文集》附。

吴骞辑,陈敬璋补订:《陈乾初年生年谱》(陈确),载《陈确集》附录。

顾师轼编:《梅村先生年谱》(吴伟业),载《梅村家藏稿》;又,冯其廊、叶君远:《吴梅村年谱》,江苏古籍出版社,1990年。

黄炳垕:《黄宗羲年谱》,中华书局,1993年。

苏惇元:《张杨园先生年谱》,载《张杨园先生全集》。

缪朝荃:《陈安道先生年谱》,光绪年间刻本。

张穆:《顾亭林先生年谱》,载《嘉业堂丛书》本。

赵经达:《归玄恭先生年谱》(归庄),昆山赵氏又满楼丛书本。

赵经达:《汪尧峰先生年谱》(汪琬),民国年间刊本。

魏荔彤:《魏贞庵先生年谱》(魏裔介),载《畿辅丛书》本。

魏象枢口授:《魏敏果公年谱》,载《畿辅丛书》本。

程光裎:《李相国文襄公年谱》(李之芳),《李文襄公集》附。

温聚民:《魏叔子年谱》,商务印书馆,1936年。

施念曾:《施愚山先生年谱》(施闰章),《施愚山先生文集》附。

方苞:《汤子年谱》(汤斌),《汤子遗书》本。

《王熙自订年谱》,载《王文靖公集》附。

汪宗衍:《屈翁山先生年谱》(屈大均),澳门于今书屋,1970年。

吴怀清:《天生先生年谱》(李因笃),《关中三李年谱》本。

温肃撰:《陈独漉先生年谱》(陈恭尹),载《独漉堂集》附录,中山大学出版社,1988年。

《清初翁铁庵先生叔元自叙年谱》(翁叔元),台北商务印书馆,1978年。

单锦珩编:《李渔年谱》,《李渔全集》附。

宋荦自编:《漫堂年谱》,《西陂类稿》附。

惠栋注补:《渔洋山人自撰年谱》(王士禛),《渔洋山人精华录训纂》附。

李墡纂,王源订:《颜习斋先生年谱》,载《畿辅丛书》本。

彭定求:《生圹志》,载《南畇文稿》卷9。

章培恒:《洪昇年谱》,上海古籍出版社,1979年。

《华野郭公年谱》(郭琇),历史所图书馆藏残抄本。

李清植:《李文贞公年谱》(李光地),《李文贞公全书》本。

陈敬章撰:《查慎行年谱》,中华书局,1992年。

冯辰等编:《李恕谷先生年谱》(李塨),载《畿辅丛书》本。

朱瀚编:《朱文端公年谱》(朱轼),载《朱文端公集》附。

俞正燮编:《何端简公年谱》(何世璂),载《何端简公集》附。

苏惇元编:《方苞年谱》,载《方苞集》附录,上海古籍出版社,1983年。

沈曰富:《沈端恪公年谱》,载《沈端恪公遗书》附。

张廷玉自编:《张廷玉年谱》,中华书局,1992年。

顾镇编:《黄昆圃先生年谱》(黄叔琳),载《畿辅丛书》本。

鄂容安等撰:《鄂尔泰年谱》,中华书局,1993年。

王又朴:《介山自订年谱》,民国年间刊本。

王恕自编:《楼山省身录》,清末刊本。

钱仪吉编:《文端公年谱》(钱陈群),光绪二十年刊本。

吕炽等编:《尹健余先生年谱》(尹会一),载《畿辅丛书》本。

尹会一:《博野尹太夫人年谱》(尹会一母)。

朱文藻等:《厉樊榭先生年谱》(厉鹗),载《樊榭山房集》。

寿富:《先考侍郎公年谱》(宝廷),民国年间刊本。

周积寅、王凤珠编:《郑板桥年谱》,山东美术出版社,1991年。

陈钟珂编:《陈文恭公年谱》(陈宏谋),载《培远堂集》附。

陈玉绳编:《紫竹山房年谱》(陈兆仑),载《紫竹山房诗文集》附。

史梦蛟:《清全谢山先生祖望年谱》(全祖望),台北商务印书馆,1978年。

蒋致中:《清牛空山先生运震年谱》,台北商务印书馆,1978年。

那彦成:《阿文成公年谱》,嘉庆年间刊本。

许重炎:《先大人愧庵先生年谱》(许乾),清刻本。

陈辉祖等编:《陈文肃公年谱》(陈大受),清刻本。

劳潼编:《冯潜斋先生年谱》(冯成修),清刻本。

刘耀东:《韩湘岩先生年谱》(韩锡胙),清刻本。

张家栻编:《陶园年谱》(张九钺),清咸丰刻本。

孙致中编:《纪晓岚年谱》,载《纪晓岚文集》第3集附录,河北教育出版社,1991年。

赵廷俊等编:《瓯北先生年谱》(赵翼),载《赵瓯北全集》附。

《钱竹汀居士年谱》(钱大昕),载《十驾斋养新录》附,商务印书馆,1957年。

史仲文编:《弇山毕公年谱》(毕沅),同治年间刊本。

汪辉祖:《病榻梦痕录》《病榻余录》,载《汪龙庄先生遗书》本。

朱锡经编:《南崖府君年谱》(朱珪),嘉庆年间刊本。

顾光旭自述:《响泉年谱》,光绪年间刊本。

郑福照编:《姚惜抱先生年谱》(姚鼐),同治年间刊本。

钱景星等编:《露桐先生年谱前编》《续编》(李殿图),嘉庆年间刊本。

姚绍华:《崔东璧年谱》(崔述),商务印书馆,1931年。

闵尔昌编:《王石臞先生年谱》(王念孙),高邮王氏年谱本。

花沙纳:《德壮果公年谱》(德楞泰),咸丰年间刻本。

吕培等编:《洪北江先生年谱》(洪亮吉),载《洪北江遗集》附。

《鹤皋(自撰)年谱》(祁韵士),载《万里行程记》外编。

长白铁保梅庵:《梅庵自编年谱》,载《梅庵全集》本。

张绍南:《孙渊如先生年谱》,载《云自在龛丛书》本。

《懋亭自定年谱》(长龄),又作《长文襄公自定年谱》,道光年间刊本。

宝琳等:《昇勤公直公年谱》(昇寅),道光年间刊本。

《端邻居士自纪年谱》(蒋祥墀),道光年间刊本。

闵尔昌编:《焦理堂先生年谱》(焦循),民国年间本。

张鉴:《阮元年谱》,中华书局,1995年。

《杜文端公自订年谱》(杜㮾),咸丰年间刊本。

闵尔昌编:《王伯申先生年谱》(王引之),高邮王氏年谱本。

《瞿木夫(自订)年谱》(瞿中溶),载《嘉业堂丛书》本。

蒋彤编:《李夫子年谱》(李兆洛),光绪年间刊本。

《思补老人(自订)年谱》(潘世恩),咸丰年间刊本。

郑福照:《方仪卫先生年谱》(方东树),载《仪卫轩文集》附。

《退庵自订年谱》(梁章钜),载《归田琐记》附,中华书局,1981年。

孙慧惇等:《孙平叔年谱》(孙尔准),道光刊本。

徐士燕编:《岁贡士寿臧府君年谱》(徐同柏),载《嘉业堂丛书》本。

陈韬:《汤贞愍公年谱》(汤贻汾),民国年间刊本。

张壬林编:《栗恭勤公年谱》(栗毓美),民国年间刊本。

钱宝琛自订:《颐寿老人年谱》,光绪年间刊本。

魏应麒:《林文忠公年谱》(林则徐),商务印书馆,1935年。

张金吾自编:《言旧录》,载《嘉业堂丛书》本。

杜翰等:《杜文正公年谱》(杜受田,杜㙔子),咸丰年间刊本。

〔日〕小泽文四郎编:《仪征刘孟瞻年谱》,文思楼铅印本。

徐明德:《王得禄将军年谱》,载《清代水师名将王得禄传略与年谱》,杭州大学出版社,1991年。

钱应溥撰:《钱警石年谱》(钱吉泰),光绪年间本。

吴养源编:《吴文节公年谱》(吴文镕),同治年间刊本。

《小浮山人(自订)年谱》(潘曾沂,潘世恩子),咸丰年间刊本。

郭延礼:《龚自珍年谱》,齐鲁书社,1987年;又,吴昌绶编:《定庵先生年谱》。

骆秉章自编:《骆公年谱》,光绪年间刊本。

袁行云:《许瀚年谱》,齐鲁书社,1983年。

徐宗幹:《斯未信斋主人自订年谱》,同治年间刊本。

《赵文恪公自订年谱》(赵光),光绪年间刊本。

王传璨编:《王文勤公年谱》(王庆云),民国年间本。

《傅雅三先生自订年谱》(傅诗),民国年间本。

王家勤:《王靖毅公年谱》(王懿德),同治年间本。

《武秋瀛先生自订年谱》(武澄),光绪年间本。

《沈文忠公自订年谱》(沈兆霖),载《沈文忠公集》附。

张集馨:《道咸宦海见闻录》,中华书局,1981年。

《殷谱经侍郎自订年谱》(殷兆镛),民国年间刊本。

赵宗复:《汪梅村年谱稿》,载《史学年报》1967年第2卷第3期。

郭嵩焘《清罗忠节公泽南年谱》(罗泽南),台北商务印书馆,1970年。

常恩:《纳喇斋清阿年谱》(斋清阿),咸丰年间刊本。

梅英杰:《清胡文忠公林翼年谱》,(胡林翼),台北商务印书馆,1978年。

《还读我书室老人手订年谱》(董恂),光绪年间本。

谢逢源:《龙川李夫子年谱》(李龙川)。

徐鼐自编:《敝帚主人年谱》,同治年间本。

黎庶昌编:《曾文正公年谱》(曾国藩),载《曾文正公全集》附。

林履庄编:《鉴园主人年谱》(林希祖),光绪年间本。

罗正钧:《左文襄公年谱》(左宗棠),光绪年间本。

罗惇衍自编:《罗文恪公年谱》,光绪年间本。

马新祐:《马端敏公年谱》(马新贻),光绪年间本。

邵亨豫:《吏部左侍郎汴生府君自订年谱》,光绪年间本。

严辰:《桐溪达叟自编年谱》,光绪年间本。

孙迺琨编:《贺清麓先生年谱》(贺瑞麟),民国刊本。

李书春:《清李文忠公鸿章年谱》,台北商务印书馆,1978年。

王定安:《清曾忠襄公国荃年谱》,台北商务印书馆,1978年。

唐炯:《丁文诚公年谱》(丁宝桢),民国年间刊本。

唐炯:《成山老人自撰年谱》,宣统刊本。

张藩:《清岑襄勤公毓英年谱》,台北商务印书馆,1978年。

夏敦复等:《夏侍郎年谱》(夏同善),民国年间刊本。

唐鸿学:《皇清诰授建威将军云南提督署四川提督唐公年谱》(唐友耕),清光绪刊本。

林绮撰:《子颖林公年谱》(林穗),光绪年间刊本。

朱彭年:《春渚草堂居士年谱》,家刻本。

许同莘编:《张文襄公年谱》(张之洞),商务印书馆,1944年。

徐润:《徐愚斋自叙年谱》,民国十六年香山徐氏铅印本。

孙振烈自编:《次皙次斋主人年谱》,民国年间本。

王先谦:《葵园自订年谱》,长沙王葵园四种本。

《先太夫人年谱》(王先谦母鲍氏),载王先谦《虚受堂文集》卷16。

王祖畲:《溪山老农自订年谱》,民国年间刊本。

陆宝忠自撰:《陆文慎公年谱》,民国年间刊本。

金兆丰:《晏海澄先生年谱》(晏安澜),晏氏家刻本。

吴孟复:《文献学家萧穆年谱》,载《敬孚类稿》附,黄山书社,1992年。

刘蕙荪:《铁云先生年谱长编》(刘鹗),齐鲁书社,1982年。

陈声暨:《石遗先生年谱》(陈衍),民国年间刊本。

杨守敬自述:《邻苏老人年谱》,民国年间刊本。

王蘧常:《严几道年谱》(严复),商务印书馆,1936年。

吴士鉴:《含嘉室自订年谱》,民国年间刊本。

王崇焕等:《王文敏公年谱》(王懿荣),载《中和》1943年第4卷第7期。

六、家谱类

北京:

《马佳氏宗谱文献汇编》,1995年家刻本。

《石井本宗族谱》,载《郑成功族谱三种》,福建人民出版社,1987年。

河北:

民国(河北庆云)《崔氏族谱》

宣统(河北保定)《戴氏宗谱》

嘉庆《景城纪氏家谱》,载《纪晓岚文集》附录,河北教育出版社,1991年。

光绪《定兴鹿氏二续谱》

民国(宁津)《六箴堂张氏家谱》,载《辽宁回族家谱选编》,天津古籍出版社,1992年。

辽宁:

民国《辽阳吴氏族谱》

第六次续修(海城)《尚氏宗谱》,家刊本,1994年。

康熙(北镇)《张氏族谱》

民国(辽阳城南)《张氏宗谱》,载《满族家谱选编》,辽宁民族出版社,1988年。

山东:

道光(潍邑)《陈氏族谱》

民国(禹城)《程氏族谱》

民国(山东)《东莱赵氏家乘》

民国(山东临清)《黑氏宗谱》,载《辽宁回族家谱选编》,天津古籍出版社,1992年。

山西:

民国《代州冯氏族谱》

嘉庆《洪洞刘氏家谱》

河南:

道光(商丘)《睢阳沈氏家谱》

民国《西平县权寨镇陈氏家乘》

江苏:

民国《武进陈氏族谱》

宣统(武进)《陈氏家乘》

光绪(常州)《毗陵陈氏宗谱》

道光(江苏)《京江马氏宗谱》

民国《荆西孙氏宗谱》

同治(丹阳)《云阳郑氏宗谱》

光绪(丹阳)《云阳后分陈氏族谱》

光绪(丹阳)《云阳嘉山刘氏家乘》

光绪(常州)《李氏迁常支谱》

浙江：

民国(建德)《朱氏重修宗谱》

民国(青田)《东鲁端木氏小宗家谱》

同治(余姚)《孝义徐氏宗谱》

光绪(浙江)《山阴安昌徐氏宗谱》

民国(浙江)《东鲁端木氏小宗家谱》

民国(上虞)《经氏宗谱》

安徽：

民国《亳县郭氏宗谱》

光绪(泾县)《荥阳潘氏统宗谱》

湖南：

咸丰(衡阳)《王氏族谱》

光绪(善化)《文氏三房支谱》

嘉庆(宁乡)《资阳高氏三修族谱》

光绪(郴州)《蓉城北乡沙里房氏宗谱》

民国《两湘陈氏续修族谱》

民国(中湘湘潭)《谭氏续修族谱》

光绪(长沙)《周氏三续族谱》

湖北：
    同治(湖北)《范氏支谱》
    光绪(湖北)《黄冈朱氏支谱》
广东：
    民国(香山)《南溪盛氏家谱世系图》
    光绪《长乐郭氏六世族谱》
    民国(花县)《洪氏宗谱》,浙江人民出版社,1982年
广西：
    民国《桂林张氏族谱》
四川：
    民国《蜀西崇阳王氏族谱》
    宣统(四川)《邻水李氏族谱》
    民国(成都)《蓉城叶氏四修宗族全谱》
    民国《云阳涂氏族谱》
    民国《简阳游氏谱》
    民国《陇西李氏续修族谱》
    光绪(四川简阳)《傅氏重修宗谱》
    民国(四川)《绵西张氏族谱》
    民国(成都)《陈氏润周公派下支谱》
福建：
    光绪(福建)《魏塘江头房郭氏谱牒》
    乾隆(福建)《双阙郭氏族谱》
    民国(福建)《罗峰傅氏族谱》
台湾：
    东海堂编:民国(台湾)《徐氏族谱》,抄本
    (台湾新竹)《何氏宗谱》,抄本

七、方志类

直隶：

光绪《保安州续志》　　光绪《重修广平府志》
嘉庆《长垣县志》　　　乾隆《衡水县志》
民国《定县志》　　　　光绪《怀来县志》
乾隆《东明县志》　　　乾隆《鸡泽县志》
光绪《丰润县志》　　　光绪《乐亭县志》
民国《高邑县志》　　　光绪《涞水县志》
民国《邯郸县志》　　　光绪《滦州志》
光绪《怀安县志》　　　光绪《南皮县志》
康熙《怀柔新志》　　　咸丰《平山县志》
民国《景县志》　　　　民国《清河县志》
光绪《蠡县志》　　　　光绪《重修曲阳县志》
嘉庆《滦州志》　　　　乾隆《任丘县志》
道光《南宫县志》　　　光绪《深州风土记》
光绪《宁津县志》　　　同治《束鹿县志》
民国《平山县志料集》　乾隆《天津县志》
咸丰《庆云县志》　　　光绪《通州志》
民国《任县志》　　　　乾隆《万全县志》
光绪《昌平州志》　　　民国《无极县志》
民国《大名县志》　　　道光《武强县志》
光绪《定兴县志》　　　同治《西宁县新志》
民国《东明续志》　　　乾隆《行唐县志》
光绪《阜城县志》　　　民国《新河县志》

民国《盐山县志》　　　　　光绪《吴桥县志》
光绪《永年县志》　　　　　道光《武强县新志》
乾隆《蔚县志》　　　　　　乾隆《献县志》
嘉庆《枣强县志》　　　　　光绪《邢台县志》
乾隆《正定府志》　　　　　民国《宣化县志》
乾隆《束鹿县志》　　　　　民国《盐山新志》
光绪《顺天府志》　　　　　乾隆《蔚州补志》
同治《续天津县志》　　　　光绪《赞皇县志》
雍正《完县志》　　　　　　同治《枣强县志补正》
民国《望都县志》　　　　　民国《涿县志》

奉天：
　　民国《沈阳县志》　　　　　民国《安东县志》
　　民国《北镇县志》　　　　　宣统《昌图府志》
　　民国《昌图县志》　　　　　民国《复县志略》
　　宣统《抚顺县志略》　　　　民国《盖平县志》
　　民国《开原县志》　　　　　民国《辑安县志》
　　民国《铁岭县志》　　　　　民国《辽阳县志》
　　咸丰《岫岩县志》　　　　　民国《新民县志》
　　民国《西丰县志》　　　　　民国《兴京县志》

吉林：
　　郭熙楞：《吉林汇征》　　　光绪《奉化县志》

黑龙江：

民国《呼兰府志》

内蒙古：

民国《归绥县志》　　　　　光绪《五原厅志》

山西：

光绪《山西通志》　　　　　民国《襄陵县志》
民国《安泽县志》　　　　　民国《沁源县志》
光绪《长治县志》　　　　　乾隆《翼城县志》
道光《大同县志》　　　　　光绪《榆社县志》
光绪《丰镇县志书》　　　　民国《永和县志》
雍正《洪洞县志》　　　　　乾隆《太原府志》
道光《壶关县志》　　　　　康熙《保德州志》
光绪《交城县志》　　　　　光绪《长子县志》
同治《稷山县志》　　　　　民国《浮山县志》
民国《解县志》　　　　　　民国《和顺县志》
民国《陵川县志》　　　　　民国《洪洞县志》
康熙《临晋县志》　　　　　道光《直隶霍州志》
民国《灵石县志》　　　　　光绪《吉县志》
光绪《平定州志》　　　　　光绪《直隶绛州志》
光绪《平遥县志》　　　　　雍正《井陉县志》
光绪《清水河厅志》　　　　民国《临汾县志》
光绪《荣河县志》　　　　　民国《临晋县志》
民国《太谷县志》　　　　　乾隆《宁武府志》
民国《闻喜县志》　　　　　民国《平陆县续志》

道光《偏关志》 同治《阳城县志》
民国《芮城县志》 民国《翼城县志》
光绪《寿阳县志》 民国《虞乡县新志》
光绪《天镇县志》 康熙《永宁州志》
乾隆《武乡县志》 民国《岳阳县志》
乾隆《孝义县志》 乾隆《平阳府志》

山东：

道光《博兴县志》 道光《济南府志》
民国《长清县志》 民国《定陶县志》
道光《冠县志》 光绪《菏泽县志》
民国《增修胶志》 雍正《乐安县志》
民国《临清县志》 民国《临朐续志》
民国《陵县志》 民国《牟平县志》
咸丰《青州府志》 民国《曲阜县志》
民国《荏平县志》 道光《荣成县志》
民国《寿光县志》 宣统《滕县续志稿》
民国《无棣县志》 民国《夏津县志续编》
乾隆《鱼台县志》 乾隆《诸城县志》
康熙《邹县志》 光绪《邹县续志》
光绪《文登县志》

河南：

道光《扶沟县志》 道光《河内县志》
光绪《光州志》 光绪《卢氏县志》

乾隆《直隶陕州志》				民国《确山县志》
道光《商河县志》				光绪《鹿邑县志》
咸丰《淅川厅志》				康熙《上蔡县志》
乾隆《新野县志》				宣统《项城县志》
民国《新乡县续志》				民国《新安县志》
嘉庆《渑池县志》				乾隆《新乡县志》
同治《叶县志》				民国《重修信阳县志》
民国《伊阳县志》				民国《鄢陵县志》
光绪《扶沟县志》				光绪《宜阳县志》
乾隆《光山县志》				嘉庆《正阳县志》

陕西：

乾隆《陕西通志》				乾隆《潼关县志》
光绪《白河县志》				光绪《新续渭南县志》
光绪《定远厅志》				乾隆《咸阳县志》
嘉庆《扶风县志》				乾隆《延长县志》
光绪《富平县志稿》				嘉庆《延安府志》
光绪《甘泉县志》				民国《宜川县志》
民国《鄠县志》				乾隆《镇安县志》
宣统《泾阳县志》				民国《盩厔县志》
乾隆《临潼县志》				民国《宝鸡县志》
乾隆五十二年《雒南县志》				光绪《凤县志》
民国《南郑县志》				乾隆《府谷县志》
道光《宁陕厅志》				光绪《沔县志》
光绪《乾州志稿》				民国《甘泉县续志》
道光《石泉县志》				光绪《靖边县志稿》

光绪《蓝田县志》　　　　　光绪《武功县志》

光绪《麟游县志》　　　　　光绪《洵阳县志》

宣统《眉县志》　　　　　　民国《延长县志》(抄本)

光绪《宁羌州志》　　　　　乾隆《宜川县志》

光绪《续修平利县志》　　　光绪《永寿县志》

民国《商南县志》　　　　　光绪《镇安乡土志》

光绪《绥德州志》　　　　　民国《中部县志》

光绪《同州府续志》

甘肃：

宣统《甘肃新通志》　　　　民国《崇信县志》

康熙《巩昌府志》　　　　　民国《陇德县志》

乾隆《陇州续志》　　　　　乾隆《宁夏府志》

民国《镇原县志》　　　　　光绪《海城县志》

江苏：

光绪《宝山县志》　　　　　乾隆《句容县志》

民国《宝山再续志》　　　　道光《昆新两县志》

康熙《常州府志》　　　　　民国《昆新两县续补合志》

民国《川沙县志》　　　　　民国《六合县续志稿》

民国《崇明县志》　　　　　光绪《娄县续志》

嘉庆《东台县志》　　　　　光绪《南汇县志》

民国《阜宁县志》　　　　　民国《邳志补》

嘉靖《海门县志》　　　　　道光《蒲溪小志》

乾隆《嘉定县志》　　　　　同治《上海县志》

同治《嘉定府志》　　　　　光绪《苏州府志》

民国《重修金坛县志》　　　民国《铜山县志》

乾隆《吴江县志》
光绪《无锡金匮县志》
嘉庆《重修扬州府志》
乾隆《元和县志》
民国《镇洋县志》
民国《宝山县续志》
民国《宝应县志》
光绪《常昭合志稿》
康熙《崇明县志》
光绪《丹徒县志》
光绪《丰县志》
道光《高邮县志》
乾隆《淮安府志》
光绪《嘉定县志》
民国《江阴县志》
光绪《靖江县志》

光绪《续纂句容县志》
光绪《昆新两县续修合志》
光绪《溧水县志》
光绪《娄县志》
光绪《罗店镇志》
咸丰《邳州志》
民国《沛县志》
同治《重修山阳县志》
光绪《松江府续志》
光绪《睢宁县志稿》
乾隆《直隶通州志》
光绪《吴江县续志》
光绪《萧县志》
光绪《宜兴荆溪县新志》
雍正《昭文县志》

浙江：

光绪《慈溪县志》
同治《长兴县志》
康熙《嵊县志》
民国《德清县志》
民国《定海县志》
光绪《奉化县志》
光绪《海宁州志》
同治《湖州府志》

光绪《嘉善县志》
光绪《嘉兴县志》
康熙《金华府志》
民国《鄞县通志》
乾隆《景宁县志》
乾隆《开化县志》
光绪《乐清县志》
宣统《临安县志》

民国《龙游县志》　　　　　同治《景宁县志》
雍正《宁波府志》　　　　　光绪《兰溪县志》
民国《平阳县志》　　　　　民国《丽水县志》
光绪《庆元县志》　　　　　康熙《龙游县志》
乾隆《瑞安县志》　　　　　民国《南田县志》
光绪《上虞县志》　　　　　光绪《平湖县志》
康熙《绍兴府志》　　　　　乾隆《平阳县志》
民国《寿昌县志》　　　　　光绪《浦江县志稿》
光绪《松阳县志》　　　　　康熙《衢州府志》
光绪《太平续志》　　　　　康熙《上虞县志》
康熙《汤溪县志》　　　　　光绪《上虞县志校续》
乾隆《温州府志》　　　　　民国《双林镇志》
康熙《萧山县志》　　　　　光绪《遂昌县志》
嘉庆《西安县志》　　　　　民国《松阳县志》
民国《西安县志》　　　　　民国《台州府志》
民国《新昌县志》　　　　　光绪《桐乡县志》
光绪《淳安县志》　　　　　乾隆《乌程县志》
康熙《定海县志》　　　　　民国《萧山县志稿》
光绪《分水县志》　　　　　宣统《西安县志略》
乾隆《海宁州志》　　　　　光绪《仙居县志》
天启《海盐图经》　　　　　嘉庆《义乌县志》
光绪《黄岩县志》　　　　　光绪《於潜县志》
光绪《嘉兴府志》　　　　　光绪《余杭县志稿》
民国《建德县志》　　　　　康熙《永康县志》
光绪《金华县志》　　　　　光绪《镇海县志》
雍正《景宁县志》　　　　　乾隆《诸暨县志》

光绪《三修诸暨县志》　　光绪《余姚县志》
光绪《宣平县志》　　　光绪《永嘉县志》
光绪《玉环厅志》　　　民国《镇海县志》
嘉庆《余杭县志》　　　光绪《诸暨县志》

安徽：
光绪《凤台县志》　　　民国《凤台县志》
光绪《凤阳县志》　　　光绪《广德州志》
民国《怀宁县志》　　　光绪《霍山县志》
嘉靖《泾县志》　　　　嘉庆《泾县志》
宣统《泾县志》　　　　光绪《庐江县志》
民国《南陵县志》　　　嘉庆《宁国府志》
民国《宁国县志》　　　同治《祁门县志》
民国《全椒县志》　　　民国《歙县志》
光绪《续修舒城县志》　民国《太和县志》
嘉庆《备修天长县志稿》民国《桐城续修县志》
民国《芜湖县志》　　　光绪《五河县志》
民国《涡阳风土记》　　民国《涡阳县志略》
康熙《休宁县志》　　　顺治《颍上县志》
光绪《颍上县志》　　　道光《徽州府志》

江西：
同治《安义县志》　　　乾隆《浮梁县志》
同治《德化县志》　　　光绪《长宁县志》
同治《东乡县志》　　　同治《德兴县志》

民国《分宜县志》　　乾隆《袁州府志》
同治《赣县志》　　　同治《广丰县志》
同治《广信府志》　　光绪《贵池县志》
顺治《吉安府志》　　同治《乐安县志》
光绪《龙南县志》　　民国《南昌县志》
同治《南康县志》　　同治《萍乡县志》
同治《清江县志》　　同治《饶州府志》
光绪《瑞金县志》　　光绪《上犹县志》
同治《万年县志》　　同治《新城县志》
同治《新淦县志》　　乾隆《信丰县志》
同治《兴安县志》　　同治《兴国县志》
民国《宜春县志》　　同治《永新县志》

福建：
道光《重纂福建通志》　民国《同安县志》
乾隆《福州府志》　　　民国《霞浦县志》
乾隆《海澄县志》　　　民国《永春州志》
民国《建瓯县志》　　　民国《政和县志》
光绪补刻道光《龙岩州志》　乾隆《长泰县志》
民国《闽清县志》　　　光绪《福安县志》
民国《南平县志》　　　嘉庆《海澄县志》
光绪《宁洋县志》　　　民国《连城县志》
光绪《莆田县志》　　　民国《龙岩县志》
光绪《邵武府志》　　　同治《南安府志》
光绪《顺昌县志》　　　同治《宁化县志》
乾隆《汀州府志》　　　光绪《续修浦城县志》

民国《沙县志》
光绪《重纂邵武府志》
民国《顺昌县志》
光绪《长汀县志》
道光《厦门志》

乾隆《永春州志》
民国《永春县志》
雍正《永安县志》
道光《永安县续志》

台湾：

康熙三十年《台湾府志》
乾隆十二年《台湾府志》
嘉庆《续修台湾县志》
康熙《凤山县志》
光绪《澎湖厅志》
康熙《诸罗县志》

康熙五十一年《重修台湾府志》
乾隆三十九年《续修台湾府志》
同治《淡水厅志》
光绪《凤山县采访册》
光绪《云林县采访册》

湖北：

道光《安陆县志》
同治《巴东县志》
同治《长乐县志》
同治《东湖县志》
同治《公安县志》
同治《黄陂县志》
光绪《荆州府志》
光绪《黄州府志》
民国《麻城县志》
光绪《潜江县志》
光绪《武昌县志》

光绪《襄阳府志》
同治《宜城县志》
同治《远安县志》
同治《枝江县志》
同治《安陆县志补正》
同治《保康县志》
同治《当阳县志》
同治《房县志》
同治《续汉州志》
同治《江夏县志》
同治《利川县志》

光绪《麻城县志》　　　　　光绪《孝感县志》
道光《蒲圻县志》　　　　　光绪《宜城县续志》
同治《施南府志》　　　　　同治《郧阳县志》
光绪《咸宁县志》　　　　　同治《竹溪县志》

湖南：
同治《安福县志》　　　　　光绪《桃源县志》
同治《巴陵县志》　　　　　同治《善化县志》
同治《茶陵县志》　　　　　同治《石门县志》
道光《安福县志》　　　　　光绪《湘潭县志》
乾隆《长沙府志》　　　　　光绪《兴宁县志》
嘉庆《常德府志》　　　　　乾隆《永顺府志》
同治《城步县志》　　　　　光绪《永兴县志》
道光《道州志》　　　　　　同治《续修慈利县志》
光绪《东安县志》　　　　　光绪《道州志》
同治《桂阳直隶州志》　　　同治《桂东县志》
同治《衡阳县志》　　　　　嘉庆《桂阳县志》
道光《晃州厅志》　　　　　光绪《华容县志》
同治《江华县志》　　　　　光绪《会同县志》
光绪《耒阳县志》　　　　　民国《蓝山县志》
同治《直隶澧州志》　　　　同治《醴陵县志》
同治《临武县志》　　　　　民国《澧县志》
同治《龙山县志》　　　　　光绪《零陵县志》
民国《宁乡县志》　　　　　光绪《龙山县志》
同治《平江县志》　　　　　嘉庆《宁远县志》
同治《祁阳县志》　　　　　嘉庆《祁阳县志》

民国《汝城县志》　　　　　同治《新化县志》
民国《重修桃源县志》　　　同治《续修永定县志》
光绪《善化县志》　　　　　道光《永州府志》
光绪《石门县志》　　　　　乾隆《岳州府志》

广东：
光绪《广州府志》　　　　　民国《罗定县志》
乾隆《博罗县志》　　　　　道光《南海县志》
嘉庆《澄海县志》　　　　　宣统《南海县志》
同治《大埔县志》　　　　　乾隆《普宁县志》
民国《东莞县志》　　　　　光绪《曲江县志》
宣统《番禺县续志》　　　　民国《仁化县志》
宣统《高要县志》　　　　　民国《顺德县志》
道光《恩平县志》　　　　　光绪《吴川县志》
道光《长乐县志》　　　　　光绪《崖州志》
民国《赤溪县志》　　　　　民国《阳山县志》
道光《电白县志》　　　　　民国《儋县志》
同治《番禺县志》　　　　　乾隆《海丰县志续编》
光绪《高明县志》　　　　　道光《鹤山县志》
光绪《高州府志》　　　　　光绪《惠州府志》
道光《广宁县志》　　　　　乾隆《揭阳县志》
光绪《海阳县志》　　　　　民国《开平县志》
道光《化州志》　　　　　　光绪《临高县志》
光绪《嘉应州志》　　　　　光绪《茂名县志》
光绪《揭阳县续志》　　　　同治《南海县志》
道光《廉州府志》　　　　　嘉庆《平远县志》

道光《钦州府志》　　康熙《西宁县志》
道光《琼州府志》　　道光《阳江县志》
咸丰《顺德县志》　　道光《肇庆府志》
光绪《四会县志》　　道光《永安县三志》

广西：
道光《博白县志》　　民国《贵县志》
光绪《富川县志》　　民国《贺县志》
民国《桂平县志》　　民国《怀集县志》
民国《邕宁县志》　　民国《荔浦县志》
光绪《荔波县志》　　民国《陆川县志》
光绪《临桂县志》　　民国《全县志》
光绪《平乐县志》　　民国《上林县志》
民国《三江县志》　　光绪《藤县志》
杨宗珍:《天河县乡土志》　　民国《武鸣县志》
民国《同正县志》　　光绪《镇安府志》
民国《宜北县志》　　光绪《郁林州志》
乾隆《岑溪县志》

四川：
民国《安县志》　　道光《大竹县志》
道光《安岳县志》　　光绪《垫江县志》
民国《巴县志》　　乾隆《富顺县志》
民国《长寿县志》　　民国《重修广元县志稿》
民国《崇庆县志》　　民国《合川县志》

光绪《珙县志》　　　　　　光绪《增修灌县志》
民国《江安县志》　　　　　　民国《合江县志》
民国《江津县志》　　　　　　民国《简阳县志》
民国《金堂县志》　　　　　　光绪《江油县志》
同治《筠连县志》　　　　　　嘉庆《金堂县志》
光绪《梁山县志》　　　　　　光绪《井研志》
道光《直隶泸州志》　　　　　光绪《邻水县志》
同治《直隶绵州志》　　　　　咸丰《隆昌县志》
民国《眉山县志》　　　　　　民国《泸县志》
嘉庆《纳溪县志》　　　　　　嘉庆《眉州属志》
民国《南充县志》　　　　　　民国《名山县志》
宣统《内江县志》　　　　　　民国《南川县志》
民国《彭山县志》　　　　　　民国《南溪县志》
光绪《黔江县志》　　　　　　光绪《重修彭县志》
民国《渠县志》　　　　　　　同治《郫县志》
道光《补辑石柱厅志》　　　　光绪《青神县志》
光绪《潼川府志》　　　　　　民国《荣县志》
乾隆《威远县志》　　　　　　乾隆《潼川府志》
道光《安乐县志》　　　　　　民国《万源县志》
道光《巴州志》　　　　　　　光绪《威远县志》
光绪《重修长寿县志》　　　　民国《温江县志》
同治《重修成都县志》　　　　道光《新津县志》
民国《达县志》　　　　　　　光绪《秀山县志》
民国《德阳县志》　　　　　　光绪《叙州府志》
嘉庆《峨眉县志》　　　　　　同治《仪陇县志》
同治《富顺县志》　　　　　　民国《云阳县志》

道光《重修昭化县志》　　乾隆《雅州府志》
同治《忠川直隶州志》　　咸丰《云阳县志》
民国《新繁县志》　　　　同治《酉阳直隶州总志》
光绪《兴文县志》　　　　同治《彰明县志》
民国《宣汉县志》　　　　民国《中江县志》

贵州：

民国《贵州通志》　　　　同治《毕节县志》
光绪《古州厅志》　　　　民国《黄平县志》
光绪《黎平府志》　　　　民国《平坝县志》
道光《思南府续志》　　　道光《永宁州志》
光绪《正安县志》　　　　道光《遵义府志》

云南：

师范：《滇系》　　　　　光绪《呈贡县志》
道光《大姚县志》　　　　咸丰《邓川州志》
民国《建水县志》　　　　光绪《浪穹县志略》
民国《禄劝县志》　　　　民国《路南县志》
民国《马关县志》　　　　民国《续修蒙自县志》
光绪《顺宁府志》　　　　光绪《续顺宁府志稿》
民国《新平县志》　　　　民国《姚安县志》
民国《宜良县志》　　　　民国《元江县志》
光绪《云南县志》　　　　光绪《沾益州志》
民国《昭通县志》　　　　道光《宣威州志》

八、今人著作与文章

陈顾远:《中国婚姻史》,上海书店,1992年。

陈支平:《近500年来福建的家族社会与文化》,读书·生活·新知三联书店,1991年。

陈支平:《福建族谱》,福建人民出版社,1996年。

董家遵:《中国古代婚姻史研究》,广东人民出版社,1995年。

定宜庄:《满族的妇女生活与婚姻制度研究》,北京大学出版社,1999年。

冯尔康等:《中国宗族社会》,浙江人民出版社,1994年。

费孝通:《江村农民生活及其变迁》,敦煌文艺出版社,1997年。

郭松义等:《中国政治制度通史·清代》,人民出版社,1996年。

黄宗智:《民事审判与民间调解:清代的表达与实践》,中国社会科学出版社,1998年。

姜涛:《中国近代人口史》,浙江人民出版社,1993年。

蒋宝德等编:《中国地域文化》,山东美术出版社,1997年。

经君健:《清代社会的贱民等级》,浙江人民出版社,1993年。

梁其姿:《施善与教化——明清的慈善组织》,台北联经出版事业公司,1998年。

刘翠溶:《明清时期家族人口与社会经济变迁》,台北"中研院"经济所,1992年。

刘铮等:《人口统计学》,中国人民大学出版社,1981年。

乔润令:《山西民俗与山西人》,中国城市出版社,1995年。

杨珍:《康熙皇帝一家》,学苑出版社,1994年。

喻松青:《明清白莲教研究》,四川人民出版社,1987年。

章有义:《明清及近代农业史论集》,中国农业出版社,1997年。

郑杭生:《社会学概论新修》,中国人民大学出版社,1994年。

朱静编译:《洋教士看中国朝廷》,上海人民出版社,1995年。

庄英章:《家族与婚姻——台湾北部两个闽客村落之研究》,台北"中研院"民族学院研究所,1994年。

张仲礼:《中国绅士——关于其在19世纪中国社会中作用的研究》,上海社会科学院出版社,1991年。

〔美〕D·布迪、C·莫里斯:《中华帝国的法律》,江苏人民出版社,1993年。

Cameron Campbell, James Z. Lee. *Fate and Fortune in Rural China—Social Organization and Population Behavior in Liaoning 1774—1873*, Cambridge University Press, 1997。

〔美〕艾尔曼(B. A. Elman):《经学、政治和宗族——中华帝国晚期常州今文学派研究》,江苏人民出版社,1998年。

庄为玑、王连茂编:《闽台关系族谱资料选编》,福建人民出版社,1985年。

张海鹏等:《徽商研究》,安徽人民出版社,1995年。

朱勇:《清代宗族法研究》,湖南教育出版社,1987年。

郑振满:《明清福建家族组织与社会变迁》,湖南教育出版社,1992年。

〔日〕多贺秋五郎:《宗谱の研究》,日本东京大学出版会,1960年。

陈达:《节育、晚婚与新中国人口问题》,载《新建设》1957年第5期。

冯尔康:《"少守三从太认真,读书误尽一生春"——袁机评传》,载《庆祝王钟翰先生八十寿辰学术论文集》,辽宁大学出版社,1993年。

郭松义:《明清两代诏选"淑女"引起的动乱——由日本史籍记载谈起》,载《故宫博物院院刊》1991年第1期。

郭松义:《清代人口问题与婚姻状况的考察》,载《中国史研究》1987年第3期。

郭松义:《清代牛租剥削初探》,载《中华文史论丛》,上海古籍出版社,1987年第1期。

郭松义:《清宗室的等级结构及经济地位》,载《清代皇族人口行为和社会环境》,北京大学出版社,1994年。

郭松义:《清初四川外来移民和经济发展》,载《中国经济史研究》1988年第4期。

顾颉刚:《由"烝""报"等婚姻方式看社会制度的变迁》,载《文史》14辑,1982年。

胡启松:《清代早期宗室人口寿命浅探》,载《历史档案》1993年第2期

黄培:《清初的满洲贵族:婚姻与政治》,载《庆祝王钟翰先生八十寿辰学术论文集》,辽宁大学出版社,1993年。

鞠德源:《清代皇族人口册籍》,载《清代皇族人口行为和社会环境》,北京大学出版社,1994年。

蒋炳钊:《惠安地区长住娘家婚俗的历史考察》,载《中国社会科学》1989年第3期

赖惠敏:《明清海宁查陈两家族人口的研究》,载《大陆杂志》第78卷第3—4期,1989年。

李铁枝:《从生育率抽样调查的部分资料看益阳地区的计划生育工作》,载《人口研究》1983年第6期

王丰、李中清:《两种不同的节制性限制机制:皇族人口对婚内生育率的控制》,载《清代皇族人口行为和社会环境》,北京大学出版社,1994年。

李中清:《中国历史人口制度:清代人口行为及其意义》,载《清代皇族人口行为和社会环境》,北京大学出版社,1994年。

梁其姿:《清中期后期慈善组织的"儒生化"——以清节堂为例》,载《华夏文明与传世藏书:中国国际汉学研讨会论文集》,中国社会科学出版社,1996年。

林金枝:《闽粤侨乡族谱与华侨史研究》,载《中国家族谱纵横谈》,广西教育出版社,1993年。

《刘绍棠独白——我差一点跟一个比我大6岁的女孩定亲》,载《中华读书报》1996年10月23日第4版。

刘静贞:《杀子与溺女——宋人生育问题的性别差异》,载《中国历史学会史学集刊》1994年第26期。

刘素芬:《清代皇族婚姻与宗法制度》,载《清代皇族人口行为和社会环境》,北京大学出版社,1994年。

孟森:《关于刘爱塔事迹的研究》,载《清史论丛》第2辑,中华书局,1980年。

邱松庆:《福建客家婚俗及其特点初探》,载《台湾与福建社会文化研究论文集》,台北"中研院"民族学院研究所,1994年。

石树贤:《东北农村的"拉帮套"——一妻多夫制的残余现象》,载《古今掌故》第3辑,1988年。

杨殿洵:《中国家谱通论》,载《中国家族谱纵横谈》,广西教育出版社,1993年。

阎云翔:《传统中国社会的叔嫂收继婚——兼及家与族的关系》,载台北《九州学刊》第5卷1期,1992年。

姚永森:《新发现〈刘氏宗谱〉中有关刘铭传的史料》,载《历史档案》1985年3期

庄为玑:《论我国一部较大的华侨族谱》,载《中国家族谱纵横谈》,广西教育出版社,1993年。

庄英章、武雅士:《台湾北部闽、客妇女地位与生育率——一个理论

假设的建构》,载《台湾与福建社会文化研究论文集》,台北"中研院"民族学院研究所,1994年。

《广东鹤山女子谈不落家》,载新加坡《联合早报》1994年11月13日。

〔日〕夫馬進:《中國明清時代にすゐ寡婦地位と強制再婚の風習》,载前川和也主编《家族・世带・家門:工業化以前の世界かウ》,京都ミネルヴア书房,1993年。

徐泓:《明代的婚姻制度(下)》,载《大陆杂志》76卷2期,第1989年。

重要人名和专有名词索引

A

暗婚　238

暗下处　426,431,435

B

保节局　329

逼醮　329,363,364

毕沅　58,138,269,280,471,472

表亲婚　17,60,62,64—73,86

C

财礼　7,26,53,91,96,105,107—109,157,187,200,203,230,236,237,242,345,366,373,378,384,402,405,410,417,419,482,483,499,501,512,514—517,522

侧室　283,284,288,290,294,296,301,302,315,316,327,330,347,350

拆婚　271

长龄　56,57

陈盛韶　280

冲喜　210,217,223,224,344

出妻　2,4,5,296,396—398,400,402,407,417,422,481—485,490,498,502,506,507,521,523,524

出赘　265,267,273—275

初婚年龄　8,9,157,168—172,177—182,185,186,207,208,231,232

从一而终　6,18,72,321,331,361—363,390,392,395,483

D

档子班　470

倒佩蓑衣　265

倒踏门　264

等郎媳　212

嫡出　318—320

典妻　5,121,407—412,417,420,477

定亲　52,53,158—161,164—166,187,210,320

E

鄂尔泰　56,69,74

F

翻身子　279

放鸽　11,478

封赠　4,316,329

孵床佬　374

抚子承差　376,377

副室　298,315,394,395

G

丐户　24,29

割袖　472

龚自珍　61,70,209

钩拐　264

姑娘不对外　124,140

顾炎武　54,289—300,305

寡妇　6,7,10,11,20,31,44,195,226,254,264,265,276,307,314,323,325,328,329,331,345—347,350—352,361—368,370—376,378—380,390,395,408,416,430,438,443,457,459,461,462,465,468

寡妇再嫁　7,11,244,265,276,330,361,362,364—367,370,374,375,389,390,395,468

官妓制　421

官商联姻　99—101,103

官商通婚　103,107

光婚　238

归宁不返　416

H

海宁陈家　53,54

和奸　435,444,463,488

洪亮吉　69,281,302

黄叔琳　57,132,161

惠安女　416

婚嫁愆期　170,195,204,206—210

婚龄　8,9,16,155,157,158,170,172,173,176—188,195,208,232,235,236,308,363,441

婚聘论财　106

婚书　3,158,166—168,273,373,417,491,510,512—515

婚姻地域圈　122,123,141,153

婚姻契约　166,168,477

婚姻圈　2,13,23,66,74,77,124,139,141,147,319

婚姻社会圈　66,79,86,95,108,127

婚姻延期　187

伙度　11,477,478

J

鸡对　213—215

鸡对子　213

纪昀　69,77,126,132,284

寄肚　408

嫁娶论财　4

见喜　223

贱民　24—27,285,421,428,449

蒋士铨　161,205,358

接脸女　279

节妇　3,6,10,13,14,16,18,158,173,321—328,331—337,339,340,343,347,348,353,356,365,367,370,371,390,395,536,538—547,596

节母　254,345,351,355,370

结婚论财　88

金兰会　415,416,475

旌表节妇烈女　331,334

旌表制度　6

九姓渔户　30,428

卷帐　281,282

K

窠落上头　212,215

客籍　85,147,150,151

跨国婚姻　152

L

拉帮套　11,477—479

嫠妇招夫　364

良贱不通婚　24

良民　24,25,30,147,288,449

两头大　283

烈妇　4,10,13,14,16,323,325—328,332—334,336,340,342,346,365,370,539

烈女 10, 13, 14, 127, 130, 158, 242, 322, 325—328, 330—334, 336, 337, 339, 353, 356, 371, 374, 539, 541, 542, 546

刘纶 75, 266

六礼 88, 104, 157, 158, 167, 353, 485

娈童 470, 472

乱伦 220, 387, 445, 449

M

卖妻 5, 254, 260, 313, 402—407, 412, 417, 420

门当户对 49, 125, 266, 280, 282, 284

门第婚 2, 4, 38, 52, 55, 66, 73, 79, 88, 95, 99, 101, 106, 141

门槛里 412

蒙汉通婚 48, 49

慕清 414, 415, 475

N

男妓 470, 472

溺女 5, 109—120, 225, 230, 257, 403, 411

溺婴 5, 106, 108, 109, 113, 115— 121, 229, 362, 364

年龄差 144, 187—189, 193— 196, 201, 204, 234—236, 289, 290, 292, 305, 308, 309, 437, 439, 454

P

潘世恩 70, 132, 138, 139

陪嫁 92, 94, 104, 106, 110, 113, 236, 237, 287, 302, 517

偏房 283

聘定 9, 13, 42, 43, 105, 133, 157—166, 213, 221—224, 227, 230, 235, 237, 238, 240, 244, 245, 268, 413, 468, 483, 514

聘金 5, 91, 92, 104, 106, 108, 109, 113, 157, 237, 245, 265, 371, 489, 495, 498, 512, 513, 517

聘礼 9, 89—92, 104, 107, 114, 203, 210, 236, 242, 279, 385, 414, 481, 514

璞妻 408, 409

Q

七出 295, 396, 397, 399, 402,

482—484,487,498,502,504,515

旗民通婚　18,32—35

弃夫他嫁　396,412,413,416,418,419

抢醮　5,121,329

襁褓成聘　165

妾　2,4,15,19,27,41,42,51,63—65,71,113,130,144,205,227,249,283—312,314—320,327,328,330,338,362,380,383,390,391,396,397,400,401—403,405,408,411,412,416,423,425,431,432,434,444,449,451,454,469,470,475,481,493,496,499,500,509,514,519,521,523,524,535—538

亲属相奸　220,444,469

清节堂　329,367

瞿中溶　70,162,208,209,227,229

R

人口流动　85,141,146,151—153

人妖　474,475

乳养苗媳　222,230

入赘更姓　21,275

入赘婚　8,264,265,268—270,272,273,282,482

入赘文书　273

阮元　69,118,132,137—139,162,286,302,318,319

S

三不出　396

嫂接叔　381,382

少夫娶长(壮)妇　199

沈复　69,227,459,475

施闰章　78,79,118,161,205,206,227,229,315,398

世婚制　2,4,67,73—75,77—79,86,88,127,138—141

收继婚　7,379,380,382—389

守正捐躯　324,346

叔接嫂　381,382,385

庶出　166,318,319,320,481

私妓制　421,422

私通　234,248,251,252,259,424,435—469,482,487,488,518,519

厮养媳　212

宋荦　60,68,132,297

T

汤斌　58,60,132,383

汤嘉民　281,282

塘子　426

通婚地域半径　122,123,127,129,131

通婚地域圈　131,133,134,136,140,141,151

通奸　145,201,233,247,249,259,262,291,396,401,407,435,436,445,447,449,450,457—460,462—464,466,467,469,503

同性恋　470,473—476

同姓为婚　7,8,15,17,18,21,87,275,388,481

桐严妹　288

童婚　160,175,213

童养媳　8,9,40,121,196,211—219,221—246,248,249,251—261,263,264,312,343,344,377,384,385,422,424,430,490

童养媳婚姻　5,8,16,211,212,215—217,227,229,230,232,235,236,238—240,245,256,257,259,260,264

童养婿　262,263

土娼　10,426,428,434

土著　10,85,105,146—151,267

囤娘子　212,213

豚养　212,218

W

娃娃亲　159,196

汪梅村　70,164,205

王揆　54,289

王崇简　59,132,161,298,304,305,309,318,319

王士禛　58,317,431

王紫稼　470,471

魏禧　300

翁叔元　114,161,265,266,270

吴尚贤　101,102

X

下处　426,431,473

闲伴媳妇　214

小抱媳　214

小接　212—215,217

小妻　283,284,316

小引　214,215

小坐　214

谢光宗　101,102,107

性别比例　5,8,11,12,13,42,119,187,362—364,384,390,441

徐潮　266

恤嫠会　329,357

选秀女　34,38,39

血盆抱养　213,229,230,231

Y

雅尔哈善　325,326

养生媳　212

养小媳　212

姚鼐　75,206,326

以女易地　105

尹继善母徐氏　316

游妓　10,426,428

于成龙　49,50,295

袁昶　266,267

Z

曾国藩　71,133,137,320

养老女婿　264,268,270

早婚　8,168,172—179,200,441

张集馨　63,70,162,209,227,229,301,315

张履祥　64,161,296

张姚婚姻圈　74,139

张姚世婚制　74

张英　73—75,302

张之洞　61,62,133,137,139,305,354

招夫养夫　11,478,479

招夫养子　376—379

招拐　374,375

招硬　377

赵国麟　101,102,107

赵翼　58,227,229,429

贞节堂　329

贞女　3,6,10,13,14,16,18,158,159,165,166,321,326,328,332—334,336,337,339,352—359,596

争醮　329

正身旗人　36,38,39,42,44

指腹为婚　52,159,161,164,166

置妾延嗣　299

中外表亲婚　67,71,72

朱轼　98,132,291,355,361

朱彝尊　75,266,367,432

助婚　156,157

助孀济困　329

转房　7,20,276,379—382,385

赘夫承业　374

赘婿　8,9,20,21,264—280,376,378,379,397

租妻　121,407—409,477

尊卑为婚律　17,220

左宗棠　70,133,137,163,266,267,286,302,316,317

坐产招夫　264,276,374—378

后　记

　　1990年，历史所领导为适应新的学科发展需要，决定成立社会史研究室，要我负责新室的筹建工作。既然到社会史室，当然要搞社会史研究，于是我选择了"清代的婚姻和家庭"作为专题。把清代作为时代断限，是因为我原本就在清史研究室工作，清史是我长期的研究方向，历史大背景比较熟悉，至少在整体把握上不至出大纰漏。况且清代正是传统社会和近代社会的交接点，里面充满着旧传统的沉重积淀，同时也有某种新因素的躁动，这在其他朝代是很难见到的。至于将婚姻和家庭作为内容，一是它比较具体；二是虽有人做过研究，但空缺仍多，大有潜力可挖，只要下功夫，是可以写出新意的。

　　1991年，我的选题得到了国家社会科学基金的资助，钱算是有了一些，可在头几年，我的工作一直进展不快。那是因为我到社会史室以前的许多旧账尚待还清；再就是婚姻家庭史的资料分散，收集需要时间。为了加速进度，我决定由易及繁，先做出若干专题。我从年谱资料入手，加上过去的积累，做了诸如"清代绅士阶层的婚姻行为""清代的纳妾制度""清代的节妇、烈女和贞女"等五六个小题目，有的还拿出去发表了，目的是想听听反应，同时也好权衡我下一步的走向。因为我的目的不只是写上层或中上层人士的婚姻和婚嫁观，而是要把更多的力量放在人数众多的平民百姓身上，这也是社会史研究的重要落脚点。在随后的岁月里，我几次到中国第一历史档案馆查阅《刑科题本》中的"婚姻奸情类"档案与其他有关档案，还翻阅了1500多种地方志，以及家谱、诗文别集等文献资料，并在此基础上完成了清代婚姻家庭史的初稿写作。接着，从1998年起，我又花了一年多时间，对原稿作了一次较大的修改。在修改时，鉴于婚姻和家庭本来分属上下两编，婚姻部分份量偏大，家庭部分相对较小，而且需要补充和完善的地方也更多一些，所以决定把家庭部分搁下，留待以后再说，将婚姻部分单独成书，起名为《伦理与生活——清代的婚姻关系》。

  本书从定题立项到收集资料做专题，最后完成书稿，在先后七八年时间里，我曾得到许多同行学者的关心和帮助，当时的历史所领导林甘泉、李学勤、李新达诸先生，热情地支持了我的选题，为我申请国家社科基金出了力；当项目结束后，王戎笙、冯尔康、陈高华、何龄修等先生为书稿写了审定书。我室同仁商传、吴玉贵、胡宝国、张印栋、孟彦弘、陈爽也对我的研究给予很多的关心和帮助，侯旭东和孟彦弘等还为书稿《绪论》部分组织过一次小型研讨会；中央民族大学的苏钦副教授则就法律史方面的问题回答了我的咨询。另外台湾"中研院"的赖惠敏研究员、美国加州理工学院的李中清教授、本院近代史所的刘小萌研究员、我所的周绍泉研究员、王培真、阿风等诸先生、天坛公园姚安女士和美国加州大学圣芭芭拉分校的邵丹女士，分别向我提供过资料、图片。中央民族大学的齐文瑛副教授则帮我校对了部分史料，多数稿件由王昆萍女士代为打印。再有，美国加州大学尔湾分校的王丰教授、加州大学的康贝尔教授、我院研究生院的李尚英编审，也给了我不同程度的帮助。借此，我均一一向他们表示谢意。

  我室定宜庄研究员，因她从事的专题"清代满族的妇女生活与婚姻制度研究"（现已成书出版）和我的题目十分相近，我所碰到的疑难，她往往也有同感，多年来，我们经常在一起就有关问题进行切磋讨论，中间虽不乏有分歧争论,但最终都感到互有收获。我的初稿完成后,她通读了全稿,从结构、史料乃至文字措辞,提了很多有益的建议,纠正了不少疏漏。本书最后的引用文献与书目、专有名词索引,以及稿件版式定型,是由她帮我整理或做成的。可以说,我的这本书,包含了她的许多劳动。

我还要感谢我的妻子孙爱成女士,数十年来,我们相濡以沫,互为支持。她是一位教师,教学任务繁重,退休后也没有很好歇息,仍承担了全部家务,为我潜心作研究帮了大忙。

本书得以顺利出版,与商务印书馆的支持密不可分,当我的书稿尚在进行时,他们就向我表示了对它的兴趣,初稿刚完结,他们就索取了我的写作章节提纲和样稿,还召开座谈会,随后正式通知我已将书稿列入出版计划。这在目前学术著作出版普遍亏多赚少的情况下,他们的做法,不仅对作者是一种鼓舞,也是在为繁荣学术尽心竭力,表现了商务这家有名望的出版社的气魄。本书历经三任编辑,先是由任寅虎编审负责沟通联系,我的一些样稿曾经他过目;著作室的郑殿华副主任接受了我的书稿,并洽商签订合同等事宜;最后由王齐女士承担了全部稿样的编辑工作。他们工作负责,态度热情,使我铭感至深,亦借此表示感谢。

郭松义
于 2000 年 2 月 28 日

新版后记

郭松义先生的学术专著《伦理与生活——清代的婚姻关系》，由商务印书馆初版于2000年世纪之交，当时我刚刚考取四川大学历史系硕士研究生。那时候，这本书是有志投身于方兴未艾的社会史、妇女史、婚姻家庭史研究的学子们必读论著。三年之后，我考入中国社会科学院古代史研究所定宜庄先生门下攻读博士学位，有幸和古代史研究所社会史研究室的老主任郭先生有了近距离接触的机会。老先生亲切和蔼，温润如玉，让我很放松。从学业的指导和点拨，到学业困境、家庭琐事，什么都可以跟先生聊，百无禁忌，先生总是微笑着认真倾听，作为后学的我，感到无比温暖和幸运。

跟郭先生相处的二十多年间，让我感触最深的，是郭先生对史料所下的"硬功夫"。定老师曾多次跟我说，郭先生的文章就像一块大石头，虽然不一定很好看，但你却总绕不过去。我想，这种扎实和厚重，正来自于郭先生对史料的深耕熟耘。郭先生多次提到，为了辑录有关资料，他曾三次大规模翻阅地方志：第一次在20世纪80年代初期，主要收录各地的人口、田地、赋税资料，共查阅了两千多种；第二次是搞农业生产研究，再次普查方志近三千种，其中辑得的关于玉米、番薯和粮食亩产方面的资料，各有千余条；第三次则在20世纪90年代，也就是本书《伦理与生活》研究和写作过程中，郭先生翻了一千五百余种地方志。郭先生跟说我：一遍一遍地重复，有时连自己也会产生不知何时才能到头的不耐烦想法，但想到搞的题目不同，着眼点不同，辑录的门类也不完全相同，似乎只能采取如此笨办法。时至今日，先生家里还存有数万张卡片、多本笔记本，记录着先生已经引用或尚待研究的几十万条史料。

近几年，郭先生年事已高，一直想再版《伦理与生活》，陆续修改了诸多内容，并增加了第十二章《离婚》。但碍于疫情和自己的身体情况，再版事情一再搁置。2023年底，我与研究室王正华拜访郭先生，再度提及此事，郭先生请正华联系商务印书馆商议再版事宜，然而因编辑人事变动，未能如愿。为此，我联系了广西师范大学出版社的张洁老师，得到了积极的响应。郭先生将再版事情全权委托给我，在张洁老师高效率工作推进下，本书于2024年5月正式启动再版。

半年来，我的研究生梁雪蕊、唐闻饶、孙聪文、赖俊杰承担了校对文稿、查阅史料、统一体例等具体工作。郭先生的书稿写于二十多年前，很多史料，诸如地方志、档案等文献，注释方式与现在的差异很大，几位同学不辞辛苦，尽可能核查。广西师范大学出版社的张洁老师、邓进升老师一直积极推动，中间虽有一些意外，但经过他们的沟通、协调让本书得以顺利出版。

很幸运能为郭松义先生新版的《伦理与生活：清代的婚姻与社会》做一点微薄的工作，谢谢每一位对本书再版给予过支持和帮助的朋友！

最后，我想用一段我最喜欢的郭先生的话作为结尾："我不自卑，也不高估自己。我了解自己不是个有很高灵性、理论魅力不是很强的人，所以只能按照一定的起点，从资料工作开始，由史料形成论点，再综合出结论，写书作专题。……我从不说我的研究具有创造性或有全新突破这样的话。对于每一个经过努力得出的结论，我都由衷地尊重，也绝不因为自己有些新看法而贬低他人的努力，因为每一项研究均不可能凭空而起，都或多或少地参照吸收过前辈或同辈先行者的成果，是在他们基础上前进的。"

邱源媛

2024年12月18日

大学问，广西师范大学出版社学术图书出版品牌，以"始于问而终于明"为理念，以"守望学术的视界"为宗旨，致力于以文史哲为主体的学术图书出版，倡导以问题意识为核心，弘扬学术情怀与人文精神。品牌名取自王阳明的作品《〈大学〉问》，亦以展现学术研究与大学出版社的初心使命。我们希望：以学术出版推进学术研究，关怀历史与现实；以营销宣传推广学术研究，沟通中国与世界。

截至目前，大学问品牌已推出《现代中国的形成（1600—1949）》《中华帝国晚期的性、法律与社会》等100余种图书，涵盖思想、文化、历史、政治、法学、社会、经济等人文社会科学领域的学术作品，力图在普及大众的同时，保证其文化内蕴。

"大学问"品牌书目

大学问·学术名家作品系列
朱孝远　《学史之道》
朱孝远　《宗教改革与德国近代化道路》
池田知久　《问道：〈老子〉思想细读》
赵冬梅　《大宋之变，1063—1086》
黄宗智　《中国的新型正义体系：实践与理论》
黄宗智　《中国的新型小农经济：实践与理论》
黄宗智　《中国的新型非正规经济：实践与理论》
夏明方　《文明的"双相"：灾害与历史的缠绕》
王向远　《宏观比较文学19讲》
张闻玉　《铜器历日研究》
张闻玉　《西周王年论稿》
谢天佑　《专制主义统治下的臣民心理》
王向远　《比较文学系谱学》
王向远　《比较文学构造论》
刘彦君　廖奔　《中外戏剧史（第三版）》
干春松　《儒学的近代转型》
王瑞来　《士人走向民间：宋元变革与社会转型》
罗家祥　《朋党之争与北宋政治》
萧瀚　《熙丰残照：北宋中期的改革》

大学问·国文名师课系列
龚鹏程　《文心雕龙讲记》
张闻玉　《古代天文历法讲座》

刘　强　《四书通讲》
刘　强　《论语新识》
王兆鹏　《唐宋词小讲》
徐晋如　《国文课:中国文脉十五讲》
胡大雷　《岁月忽已晚:古诗十九首里的东汉世情》
龚　斌　《魏晋清谈史》

大学问·明清以来文史研究系列
周绚隆　《易代:侯岐曾和他的亲友们(修订本)》
巫仁恕　《劫后"天堂":抗战沦陷后的苏州城市生活》
台静农　《亡明讲史》
张艺曦　《结社的艺术:16—18世纪东亚世界的文人社集》
何冠彪　《生与死:明季士大夫的抉择》
李孝悌　《恋恋红尘:明清江南的城市、欲望和生活》
李孝悌　《琐言赘语:明清以来的文化、城市与启蒙》
孙竞昊　《经营地方:明清时期济宁的士绅与社会》
范金民　《明清江南商业的发展》
方志远　《明代国家权力结构及运行机制》
严志雄　《钱谦益的诗文、生命与身后名》
严志雄　《钱谦益〈病榻消寒杂咏〉论释》
全汉昇　《明清经济史讲稿》
陈宝良　《清承明制:明清国家治理与社会变迁》

大学问·哲思系列
罗伯特·S.韦斯特曼　《哥白尼问题:占星预言、怀疑主义与天体秩序》
罗伯特·斯特恩　《黑格尔的〈精神现象学〉》
A.D.史密斯　《胡塞尔与〈笛卡尔式的沉思〉》
约翰·利皮特　《克尔凯郭尔的〈恐惧与颤栗〉》
迈克尔·莫里斯　《维特根斯坦与〈逻辑哲学论〉》
M.麦金　《维特根斯坦的〈哲学研究〉》
G·哈特费尔德　《笛卡尔的〈第一哲学的沉思〉》
罗杰·F.库克　《后电影视觉:运动影像媒介与观众的共同进化》
苏珊·沃尔夫　《生活中的意义》
王　浩　《从数学到哲学》
布鲁诺·拉图尔　尼古拉·张　《栖居于大地之上》
何　涛　《西方认识论史》
罗伯特·凯恩　《当代自由意志导论》

维克多·库马尔　里奇蒙·坎贝尔　《超越猿类:人类道德心理进化史》
许　煜　《在机器的边界思考》

大学问·名人传记与思想系列
孙德鹏　《乡下人:沈从文与近代中国(1902—1947)》
黄克武　《笔醒山河:中国近代启蒙人严复》
黄克武　《文字奇功:梁启超与中国学术思想的现代诠释》
王　锐　《革命儒生:章太炎传》
保罗·约翰逊　《苏格拉底:我们的同时代人》
方志远　《何处不归鸿:苏轼传》
章开沅　《凡人琐事:我的回忆》
区志坚　《昌明国粹:柳诒徵及其弟子之学术》

大学问·实践社会科学系列
胡宗绮　《意欲何为:清代以来刑事法律中的意图谱系》
黄宗智　《实践社会科学研究指南》
黄宗智　《国家与社会的二元合一》
黄宗智　《华北的小农经济与社会变迁》
黄宗智　《长江三角洲的小农家庭与乡村发展》
白德瑞　《爪牙:清代县衙的书吏与差役》
赵刘洋　《妇女、家庭与法律实践:清代以来的法律社会史》
李怀印　《现代中国的形成(1600—1949)》
苏成捷　《中华帝国晚期的性、法律与社会》
黄宗智　《实践社会科学的方法、理论与前瞻》
黄宗智　周黎安　《黄宗智对话周黎安:实践社会科学》
黄宗智　《实践与理论:中国社会经济史与法律史研究》
黄宗智　《经验与理论:中国社会经济与法律的实践历史研究》
黄宗智　《清代的法律、社会与文化:民法的表达与实践》
黄宗智　《法典、习俗与司法实践:清代与民国的比较》
黄宗智　《过去和现在:中国民事法律实践的探索》
黄宗智　《超越左右:实践历史与中国农村的发展》
白　凯　《中国的妇女与财产(960—1949)》
陈美凤　《法庭上的妇女:晚清民国的婚姻与一夫一妻制》

大学问·法律史系列
田　雷　《继往以为序章:中国宪法的制度展开》
北鬼三郎　《大清宪法案》

寺田浩明 《清代传统法秩序》
蔡　斐 《1903:上海苏报案与清末司法转型》
秦　涛 《洞穴公案:中华法系的思想实验》
柯　岚 《命若朝霜:〈红楼梦〉里的法律、社会与女性》

大学问·桂子山史学丛书
张固也 《先秦诸子与简帛研究》
田　彤 《生产关系、社会结构与阶级:民国时期劳资关系研究》
承红磊 《"社会"的发现:晚清民初"社会"概念研究》

大学问·中国女性史研究系列
游鉴明 《运动场内外:近代江南的女子体育(1895—1937)》

其他重点单品
郑荣华 《城市的兴衰:基于经济、社会、制度的逻辑》
郑荣华 《经济的兴衰:基于地缘经济、城市增长、产业转型的研究》
拉里·西登托普 《发明个体:人在古典时代与中世纪的地位》
玛吉·伯格等 《慢教授》
菲利普·范·帕里斯等 《全民基本收入:实现自由社会与健全经济的方案》
王　锐 《中国现代思想史十讲》
王　锐 《韶响难追:近代的思想、学术与社会》
简·赫斯菲尔德 《十扇窗:伟大的诗歌如何改变世界》
屈小玲 《晚清西南社会与近代变迁:法国人来华考察笔记研究(1892—1910)》
徐鼎鼎 《春秋时期齐、卫、晋、秦交通路线考论》
苏俊林 《身份与秩序:走马楼吴简中的孙吴基层社会》
周玉波 《庶民之声:近现代民歌与社会文化嬗递》
蔡万进等 《里耶秦简编年考证(第一卷)》
张　城 《文明与革命:中国道路的内生性逻辑》
洪朝辉 《适度经济学导论》
李竞恒 《爱有差等:先秦儒家与华夏制度文明的构建》
傅　正 《从东方到中亚——19世纪的英俄"冷战"(1821—1907)》
俞　江 《〈周官〉与周制:东亚早期的疆域国家》
马嘉鸿 《批判的武器:罗莎·卢森堡与同时代思想者的论争》
李怀印 《中国的现代化:1850年以来的历史轨迹》
葛希芝 《中国"马达":"小资本主义"一千年(960—1949)》